Johannes le Roi

Die evangelische Christenheit und die Juden

in der Zeit der Herrschaft christlicher Lebensanschauungen unter den Völkern

Johannes le Roi

Die evangelische Christenheit und die Juden
in der Zeit der Herrschaft christlicher Lebensanschauungen unter den Völkern

ISBN/EAN: 9783743347267

Hergestellt in Europa, USA, Kanada, Australien, Japan

Cover: Foto ©Lupo / pixelio.de

Manufactured and distributed by brebook publishing software (www.brebook.com)

Johannes le Roi

Die evangelische Christenheit und die Juden

Schriften des Institutum Judaicum in Berlin. Nr. 9.

Die

evangelische Christenheit

und die Juden

in der Zeit des Zwiespalts in der christlichen Lebens-
anschauung unter den Völkern.

B.
Grossbritannien und die aussereuropäischen Länder
während des 19. Jahrhunderts.
Nachträge und Register zum ganzen Werke.

Von

Lic. J. F. A. de le Roi,
Pastor in Elberfeld.

Berlin,
H. Reuther's Verlagsbuchhandlung.
(H. Reuther & O. Reichard.)
1892.

Inhalt.

I. Grossbritannien.

A. Die Londoner Missionsgesellschaft.

	Seite
1. In Grossbritannien	6—79
a. London	41—71
b. Liverpool	71—75
c. Bristol und Bath	75
d. Dublin	75—77
e. Manchester	77—78
f. Hull	78—79
2. Im Auslande	79—249
a. Holland	80—86
b. Deutschland	86—116
c. Schweiz	116—117
d. Schweden und Norwegen	117—118
e. Polen	118—135
f. Frankreich	135—138
g. Oesterreich-Ungarn	139—145
h. Italien	145—156
i. Balkan-Länder	156—172
α. Europäische Türkei	156—164
β. Rumänien	164—172
k. Asien	172—214
α. Palästina	172—203
β. Asiatische Türkei	203—208
γ. Persien	208—211
δ. Ostindien und China	211—214
l. Afrika	214—245
α. Aegypten	214—215
β. Nordafrikanische Länder	215—225
γ. Abessinien	225—245
3. Die Londoner Mission im Allgemeinen	245—249

B. Die Britische Gesellschaft.

a. Grossbritannien	249—265
b. Deutschland	265—276

	Seite
c. Frankreich	276
d. Oesterreich	276—280
e. Russland	280—282
f. Balkan-Länder und Italien	282—286
g. Afrika	286—288
h. Asien	288—290

C. Kleinere Gesellschaften und allgemeine Missionsbemühungen.

1. Die Parochial Mission	290—294
2. Die Presbyterianer Englands	294—296
3. Die Mildmay Mission	296—304
4. Kleinere englische Gesellschaften	304
5. Die Kirche von Schottland	305—313
6. Die Frei-Kirche von Schottland	313—345
a. Jassy und Lemberg	316—317
b. Breslau	317—321
c. Pesth	321—331
d. Constantinopel	331—337
e. Amsterdam	337—343
f. Andere Stationen	343—345
7. Die Schottische Gesellschaft	345—347
8. Scotish Home Mission	347
9. Die Presbyterianer von Irland	348—349
10. Hebrew Christian Prayer Union	350—351
11. Allgemeine Missionsbemühungen	351—355

D. Proselyten in Grossbritannien.

1. Theologen	356—358
2. Staats- und hervorragende Männer	358—364
3. Frauen	365—366

E. Rückblick auf Grossbritannien. 366—368

Europa im Allgemeinen.

II. Die aussereuropäischen Länder.

1. Asien	369
2. Afrika	370
3. Amerika	370—398
4. Australien	398—400

III. Schlusserwägungen. 401—407

Nachträge und Berichtigungen	408—413
Namenverzeichnisse	414—453

I.
Grossbritannien*).

Der Druck der napoleonischen Zeit hatte viele Gemüther im Inselreiche ernst gestimmt und ein religiöses Fragen weithin im Volke zur Folge. Vielfach erwachte ein neues Leben und führte zunächst auch eine Annäherung der gläubigen Kreise in der Staatskirche und unter den Dissenters an einander herbei. Die politische Entwickelung aber drängte je länger desto mehr dahin, die Privilegien der Staatskirche zu beseitigen und den Angehörigen der anderen evangelischen Gemeinschaften, den Nonconformisten und später auch den Katholiken und Juden, die bürgerliche Gleichstellung zu gewähren. Das erfüllte nun aber wieder viele in der Staatskirche mit Widerwillen; und da es das Parlament war, welches über die kirchlichen Angelegenheiten entschied, richtete sich eine stets wachsende Strömung gegen das Eingreifen des Staates in das religiöse Gebiet. Nicht bloss drangen nun die Dissenters auf Abschaffung der Staatskirche, sondern auch eine Richtung in der eigenen Mitte derselben, welche auf jeden Versuch, die Grenzen zwischen ihr und den andern kirchlichen Gemeinschaften zu verrücken, damit antwortete, dass sie die Mauern zwischen sich und jenen nur desto mehr erhöhte. In der Universität Oxford fand diese Richtung ihr Hauptlager, und Prof. Pusey daselbst wurde ihr anerkannter Führer. Das allgemein Evangelische tritt für diese Richtung völlig in den Hintergrund, und in gleichem Maasse

---

*) J. Peixotto, Sketches of Anglo-Jewish History, London 1875. Palmer, History of the Jews from the earliest times to the present day, London 1874. Murray, History of the Jews, London 1874, 2 Bände. ‖ K. Kohler, Die Juden in England vom 8. Jahrh. bis zur Gegenwart, Karlsruhe 1899.
J. F. A. de le Roi, Missionsberichtungen. III.

fand sie vielmehr eine Verwandtschaft zwischen sich und der römischen Kirche heraus. Der Zug zum Römischen brachte dieser Partei auch den Namen der Ritualisten ein und denselben hat sie verdient. Die Partei geht aber stets entschlossener vor und hat ein immer weiteres Umsichgreifen römischen Wesens innerhalb der Staatskirche, sowie den Uebertritt grosser Schaaren, besonders aus den vornehmeren Kreisen und unter den Theologen, zur Papstkirche herbeigeführt. Es sei nur an Newman erinnert, welcher hernach Cardinal wurde. Die ritualistische Partei bedroht die Staatskirche in ihrer eigentlichen Existenz; und ob die evangelisch Gesinnten in derselben sie aufrecht zu erhalten im Stande sind, ist eine Frage, welche Niemand mit einem getrosten Ja beantworten kann.

Die eigentlichen Träger des evangelischen Lebens in der Staatskirche aber sind die Anhänger der Low Church oder Evangelical Party und neben ihnen die freien Kirchen des Landes. In ihrer Mitte ist auch der Trieb für die Mission, Bibel- und Traktatverbreitung wie für alle Werke der Inneren Mission zuerst erwacht. Darf man gleich auch der ritualistischen Richtung eine grosse Rührigkeit auf allen diesen Gebieten nicht absprechen, so ist es doch viel mehr die Nothwendigkeit, mit ihren Gegnern gleichen Schritt zu halten, und das stolze Bewusstsein ihrer hohen Stellung, welche sie zu solcher Thätigkeit treibt, als der evangelische Trieb das Heil der Seelen zu schaffen. Von der Judenmission hält sich wohl gerade darum diese Partei ziemlich fern.

Allerdings aber fühlt man auch in den evangelischen Kreisen den Antrieb zur Judenmission vielfach von einer andern Seite her. Die ungemeine Werthschätzung des Alten Testamentes hat vielen evangelischen Christen des Landes die Bedeutung Israels nahe geführt. Die bleibende Stellung Israels im Reiche Gottes ist recht weiten Kreisen in Grossbritannien zum Bewusstsein gekommen. Damit hängt ein gewisser Enthusiasmus für die Judenmission zusammen und eine ungemeine Hoffnungsfreudigkeit in der Arbeit, ein Geist des Ausharrens unter Schwierigkeiten und eine grosse Opferwilligkeit für das Werk. Anderseits erklären sich hieraus aber auch viele Schwächen der britischen Judenmission. Man hat oft wenig Auge für die

Gegenwart der Juden, sondern lässt sich an erster Stelle von Zukunftsgedanken für dieselben bestimmen. Man kennt die Juden recht häufig nicht, wie sie in der Wirklichkeit sind, sondern hat sich ein Bild von ihnen entworfen, wie es etwa die Zeit der Erfüllung der Weissagungen aufzeigen wird. Phantasieen herrschen zu häufig, und sentimentale Anschauungen bestimmen da, wo eine wirkliche Kenntniss der Dinge und ein nüchternes Schriftverständniss erforderlich sind. Eben deshalb sind auch englische Missionsberichte oft so gefärbt, dass man sie nur mit Vorsicht gebrauchen kann, und die wunderlichsten Verirrungen, welche dem Missionswerk grossen Schaden zugefügt haben, sind auf britischem Boden zu Tage getreten.

Der Ruhm aber bleibt dem Inselreiche, dass hier die Rückkehr zur Schrift im Anfange des Jahrhunderts auch sogleich die Augen vieler Gläubigen auf die Juden gerichtet und zu thätiger Arbeit an denselben geführt hat. Ja es sind von hier die Anregungen zu der gesammten evangelischen Missionsarbeit unserer Tage ausgegangen. Auch Deutschland, die Heimath der ersten evangelischen Judenmission, hat sie in unserer Zeit erst wieder, durch das Beispiel Grossbritanniens zur Nachfolge gereizt, aufgenommen. In letzterem aber haben sich sowohl England als Schottland und Irland und alle bedeutenderen kirchlichen Denominationen an derselben betheiligt.

Die Anzahl der das Inselreich bewohnenden Juden ist erst allmählig gewachsen. Am Anfange des Jahrhunderts zählte man in den drei Königreichen nur 14 000 Juden, in Schottland und Irland wohnen noch heute nur wenige derselben. Fand man aber 1874 etwa 50 000 Juden in Grossbritannien, so ist seitdem, infolge der grossen Einwanderungen aus Russland, ihre Zahl auf 100 000 gestiegen, von denen gegen 70 000 in London wohnen mögen. Der Kampf um die bürgerliche Gleichstellung der Katholiken kam dann auch den Juden zu statten. Bis dahin waren sogar die getauften Juden von der bürgerlichen Gleichstellung ausgeschlossen, und erst 1828 wurde dieselbe zu Gunsten einiger Herren Saul vor dem Court of Aldermen entschieden, der dieselbe den Proselyten 1785 aberkannt hatte. 1835 wurde der Eid für die Juden abgeändert, und 1847 wurden durch eine Bill des Lord John Russel alle bürgerlichen Beschränkungen der Juden aufgehoben. 1858 wurde um ihretwillen der christliche Eid für die Parlamentsmitglieder geändert, und Lionel Nathan Rothschild trat als erster Jude in das Parlament ein. Seitdem sind verschiedene Juden Parlamentsmitglieder geworden, andere haben hohe Richterstellen oder das Amt eines Lordmayor von London wie auch höhere Posten im Militär bekleidet, und ihre grosse Menge hat sich, von den jüngst zugezogenen russischen und polnischen Juden abgesehn, englisirt. Eine Anzahl der britischen Juden ist sehr reich, die Masse dagegen entsetzlich arm; viele besonders, die das Schneiderhandwerk ausüben, sind ein Opfer des traurigen Schwitzsystems geworden. Die grosse Wohlthätigkeit der reicheren Juden hat dieser Noth nicht steuern können, und überdem besteht zwischen Reichen und Armen eine tiefe Kluft; ein persönliches Sichannehmen ihrer Elenden sucht man bei den reichen Juden vergeblich.

Unter den Juden des Inselreiches nahmen bis in die ersten Jahrzehnte des Jahrhunderts die von der Pyrenäischen Halbinsel und Holland Eingewanderten (Sephardim) die erste Stelle ein und schieden sich als eine Aristokratie von den aus Deutschland und Polen Herübergekommenen (Aschkenasim) streng ab. Seitdem aber viele der Letzteren zu hohem Wohlstand gelangt sind, kommen beide Theile einander näher. Die Sephardim haben noch ihre besonderen Synagogen und Wohlthätigkeitsanstalten, sind aber religiös überaus kühl. Orthodoxe und Reformer, die einstmals hart an einander geriethen, dulden sich jetzt gegenseitig ruhig, weil es beiden an religiösem Eifer fehlt. Alle Richtungen haben ihre besonderen Blätter, aber der Rationalismus übt die eigentliche Herrschaft aus. Nur etwa ein Drittel der Londoner Juden gehört einer Gemeinde an, die anderen leben in den Tag hinein. Auch hier wird immer mehr die Rassenzugehörigkeit das vereinigende Band, das Religiöse tritt zurück und verflüchtigt sich vielfach bis zur Leere. Die Vereinigung der Synagogen in London war 1883 genöthigt 13500 Mark das Jahr zu zahlen, damit stets 10 Juden zur Abhaltung des Gottesdienstes erschienen. Die Anglo-Jewish Association und eine Art Synagogenparlament, Board of Deputies, haben es aber verstanden, die Sache der Juden in Grossbritannien und auswärts gegen ihre christliche Umgebung zu führen. Je haltloser die Juden des Reiches in sich selbst werden, desto mehr versuchen es ihre Führer, sie wenigstens zur gemeinsamen Abwehr und Bekämpfung des Christenthums zu verbinden. Die wachsende Befreundung mit den Unitariern ist hieraus erklärlich; anderseits aber wird dieselbe auch vielfach gesucht, weil man in der Synagoge nichts findet und doch zur Kirche nicht übertreten mag.· Die Kinder derer, welche mit den Unitariern Hand in Hand gehn, treten aber oft zur Kirche über. Grosse Mühe um den Zusammenschluss der Juden im Lande und ausserhalb desselben haben sich Sir Moses Montefiore, zuerst durch sein Eintreten für die Juden in Damaskus 1840 bekannt geworden, und Nathanael Rothschild gegeben. Ebenso haben die ersten Männer der jüdischen Gemeinden in London das Parlament und die britische Regierung bei der Erhebung gegen die Juden in Russland zum Einschreiten für dieselben bewegt. Seitdem sich aber eine grosse Zahl russischer Juden in London niedergelassen hat, ist die allgemeine Stimmung nicht mehr die frühere judenfreundliche, und angesehene Blätter erheben ihre Stimmen gegen dieselben. Die verkehrte Praxis vieler Missionskreise und Israelsfreunde, die Juden zu verherrlichen und alles Unrecht derselben zu beschönigen, für sie in ungerechtester Weise Partei zu ergreifen und bei den Conflikten derselben mit ihrer Umgebung alle Schuld auf die anderen abzuwälzen, hat auch dazu beigetragen, dass die Stimmung gegen die Juden offenbar in einem Umschwunge begriffen ist, und die Mission mit wachsendem, aber freilich vielfach verschuldetem Misstrauen zu kämpfen hat.

A. Die Londoner Missionsgesellschaft*).

1. Das Werk der Londoner Gesellschaft in Grossbritannien.

Im Anfange des Jahrhunderts zeigen sich etliche Spuren von einem Werke, welches auf die Bekehrung der Juden abzielt. Näheres hierüber berichtet Jewish Expositor 1825, S. 1 ff. unter dem Titel »Horae Judaicae, Sermons for the Jews. The Bury Street Lecture«. Der Schreiber des Artikels theilt mit, er habe 1796 eine Reise nach Portsmouth zu Dr. Haweis gemacht. Dieser habe ihm erzählt, dass er die Predigten eines jugendlichen Predigers Cooper in London fleissig besuche, und dass auch Juden, die in der Nähe seiner Kirche in Bury Street wohnten, dieselben vielfach hörten. Haweis forderte nun mehrere der geachtetsten Prediger auf, auch den Juden zu predigen; aber dieselben erklärten auf einer Conferenz, dass sie der Sache nicht gewachsen seien. Der Vorsitzende bekannte, dass dies auch für ihn zutreffe, er aber diesen Mangel zu ersetzen suchen wolle. Cooper pflichtete ihm bei, und es wurden nach dem Plane des damaligen Sekretärs der Heidenmissionsgesellschaft Rev. John Love in Bury Street Vorträge und Predigten gehalten. Aermere Juden wohnten denselben auch vielfach bei, besonders wenn Cooper auftrat, selten reichere; die Londoner Juden waren damals entweder sehr reich oder ganz arm. Dann besuchten auch einige christliche Laien arme und kranke Juden, um unter ihnen Schriften zu vertheilen und sie zu unterstützen; aber aus

---

*) Th. D. Halsted, Our Missions, London 1866. ‖ A Jubilee Memorial, London 1858. ‖ Die Blätter der Gesellschaft: The Jewish Repository 1813—15, The Jewish Expositor 1816—Apr. 1831, The Monthly Intelligence von 1830 ab, seit 1836 genannt The Jewish Intelligence. ‖ Auszüge zur Vertheilung für Sammler, seit 1818 unter dem Namen Jewish Records, sind neuerdings eingegangen. ‖ Für die Jugend, Jewish Advocate for the Young 1845, seit 1858 unter dem Titel Children's Jewish Advocate. ‖ Jahresberichte (Reports) von 1809—11, halbjährig, seitdem jährig. ‖ Eine scharfe, vielfach gehässige Kritik enthielt Westminster Review, Jan. 1886 »Missions to the Jews«. ‖ Nathanael 1888, Nr. 4 u. 6 macht in gerechterer Weise Bedenken geltend.

Furcht vor den Reichen, von denen sie abhängig waren, nahmen letztere nichts an. Zuletzt verbot die Synagoge den Besuch der Vorlesungen, und da auch andere Versuche, den Juden nahe zu kommen, fehl schlugen, fühlten sich die Christen entmuthigt. Die Vorlesungen wurden anfangs gedruckt, hernach nicht mehr. Dr. Hunter erkannte zwar an, dass die Vorlesungen viele Christen gegen die Juden günstiger gestimmt hätten, erklärte sie aber für unnütz, da die Bekehrung der Juden nach den Propheten noch nicht zu erwarten stehe; vielleicht jedoch werde der mildere Sinn der Christen der Canal werden, durch welchen den Juden die Güte Gottes zufliessen werde. Später nahm die Londoner Gesellschaft die Vorlesungen wieder auf, und auch die Predigten hatten in Verbindung mit der Boyle-Stiftung ihren Fortgang.

Dann aber berichten eine 1811 in London erschienene Schrift: »Considerations respecting the Jews and in favor of the measures adopted by the London Society« und »A letter to the English Israelite in answer to his observations on the mission of C. F. Frey for the conversions of the Jews, by Perseverans, London 1809« Weiteres. In der ersten heisst es, dass vor etwa 15 Jahren einige wenige Personen in England sich innerlich getrieben gefühlt hätten, für das Wohl der Juden zu sorgen. Man habe deshalb den Versuch gemacht, jüdische Kinder zu unterrichten und ihren Eltern zu predigen, das aber bald wieder aufgegeben. Da kam 1801 ein junger Mann aus der Missionsanstalt des P. Jänicke in Berlin nach London. Dessen Anstalt hatte mit grossen Schwierigkeiten zu kämpfen, und deshalb nahm er gern das Anerbieten der Londoner Heidenmission an, drei seiner besten Zöglinge, unter ihnen Frey, ihr zur Unterstützung des Dr. van Kemp in Süd-Afrika zu überlassen. Frey besuchte aber während seines Londoner Aufenthaltes die dortige Synagoge und missionirte unaufgefordert unter den Juden der Stadt. Darüber erwachte in ihm der Wunsch, dies ein Jahr lang thun zu können. Er schrieb diesen seinen Gedanken in seinem Tagebuche nieder, das dann Missionar Ringeltaube las, der nun Frey bestimmte, seinen Wunsch dem Präsidenten der Heidenmission schriftlich mitzutheilen. Letzterer nahm das Schreiben freundlich auf und bewirkte, dass man

Frey auf ein Jahr in den Dienst der Gesellschaft für den genannten Zweck stellte. Während er nun von 1802—5 das Seminar in Gosport besuchte, wirkte er gleichzeitig unter den Juden. Auch Predigten denselben zu halten wurde ihm gestattet, die erste geschah am 6. Juli 1805 in Jewry Street. Die Direktoren der Gesellschaft erkannten jetzt, dass Frey besondere Gaben für das Werk an den Juden habe, und boten ihm nun an, sich demselben ganz zu widmen. Frey ging darauf gern ein, fand immer mehr Eingang bei den Juden und hatte zeitweise 50—100 derselben als Zuhörer bei seinen Vorträgen. Bereits im Sept. 1805 konnten drei durch ihn erweckte Juden getauft werden, unter ihnen ein Samuel Pindar Jacobs und Freys spätere Frau. Auch sonst hat Frey auf manche Juden einen entscheidenden Einfluss ausgeübt, wovon noch später die Rede sein wird. In den ersten Jahren des Jahrhunderts geschahen überhaupt mehrere Uebertritte, welche das Aufsehn der Juden erregten. So wurde der älteste Sohn des angesehenen Kaufmanns Benjamin Goldsmid von Dr. Owen in Fulham getauft, und Isaak Littlcham von den Unitariern. Frey nun bat die Gesellschaft, sich vor allem der Juden anzunehmen, welche nach der Wahrheit forschten und dafür von den Ihrigen verstossen wurden. Diese aber wollte ihre Fürsorge auf die Getauften beschränken. Doch liess Frey nicht nach, bis wenigstens eine Freischule für jüdische Kinder errichtet wurde. Als sich aber die Juden gegen dieselbe erhoben, war weiteren Fortschritten auf diesem Gebiete gewehrt. Da jedoch die Noth der im Unterricht befindlichen Juden stetig wuchs, gab die Gesellschaft auf das Drängen von Frey endlich nach, dass derselbe ein Hilfscomité sammeln durfte, welches für jene Leute Beschäftigung suchen sollte. Der andere Vorschlag Freys, eine Schule für jüdische Kinder zu errichten, wo dieselben Kost und Wohnung erhalten sollten, an welche sich für erwachsene Juden eine Industrieschule anschlösse, und in der besondere Gottesdienste für Juden gehalten würden, erschien damals als viel zu weitgehend, ist aber dann von der Londoner Gesellschaft vollständig verwirklicht worden.

Die Sache wollte nicht recht voran kommen; die Heidenmissionsgesellschaft betrachtete das Werk an den Juden als

Nebensache und ertrug das Vorwärtsdrängen Freys immer widerwilliger. So befahl sie ihm denn, sich auf die Predigt vor den Juden zu beschränken, und überliess ihm Anfang 1808 die Kapelle in der Artilleriestrasse zu diesem Zweck; aber als Unordinirter war er auch hier behindert; taufen z. B. konnte er nicht. Da löste sich eine andere Gesellschaft, Drapers Society, auf, und 12 ihrer Mitglieder, welche Freys Unternehmen mit Theilnahme verfolgt hatten, erklärten sich bereit, ihn mit der Summe, welche sie für die frühere Gesellschaft gezahlt hatten, zu unterstützen. Manche von ihnen, und viele auch aus andern Kreisen, durch die Noth der Kriegszeit zu ernstem Fragen gelangt, erwarteten die baldige Wiederkunft Christi, und dass nun die Zeit nahe sei, wo alle auf Erden den Herrn erkennen würden. Da sahen sie es denn als ein besonderes Zeichen an, dass sich die Juden zu bekehren anfingen und wenigstens 30 getaufte Juden bereits in England lebten. Eben darum hätten nun aber auch die Christen die Pflicht, dafür zu sorgen, dass unter dem alten Volke Gottes die Erkenntniss Christi erwüchse.

Und nun geschah der entscheidende Schritt. Am 8. Aug. 1808 verbanden sich 10 Männer zu einem besonderen Judenmissionswerk neben dem der Heidenmissionsgesellschaft, von welcher sie sich aber nicht trennen wollten. Dieselben nannten ihre Vereinigung »London Society for promoting Christianity amongst the Jews«. Als Zweck gab § 1 des Statuts an, die Kranken und Elenden zu besuchen und zu erleichtern, die Unwissenden zu unterrichten, und besonders die von der jüdischen Nation. Ein Schatzmeister, zwei Unterschatzmeister und zwei Sekretäre sollten zum Comité gehören, Mitglied aber jeder sein, der eine Guinee oder mehr unterschreibe, lebenslängliches Mitglied, wer 10 Guineen zeichne oder ein Legat von 20 Guineen überreiche. Das Comité sollte ausser den Obengenannten aus 24 Mitgliedern bestehn. Zum wöchentlichen Besuch der Kranken u. s. w. sollten geeignete Personen angestellt werden und diese dem Comité Bericht erstatten. Bei den halbjährigen Versammlungen sollten zwei Collektenpredigten gehalten werden, eine in der Staatskirche und eine bei den Dissenters.

Als aber die Heidenmissionsgesellschaft das Comité nicht

als eine Abtheilung von sich anerkennen wollte, zeigte am 18. Januar 1809 Frey seinen Austritt aus derselben an, und am 1. Mai 1809 erklärte sich dann die neue Vereinigung als selbständige Gesellschaft. Die Trennung war zur Nothwendigkeit geworden, denn ohne dieselbe wäre das Judenmissionswerk verkümmert. Die Gründer der Gesellschaft waren fast unbekannte Männer; erwähnt seien der Schatzmeister Sam. Fearn Esq. und die Sekretäre Jos. Fox und Rev. Will. Guerney.

Die Seele des Ganzen war Frey*). Ihm ist es zu danken, dass die Gesellschaft ins Leben trat, und dass es überhaupt eine evangelische Judenmission in unsern Tagen giebt. Alle Grundlagen der Londoner Gesellschaft sind nach seinem Plane gelegt, bei dem er selbst dem Beispiele des alten Institutum Judaicum in Halle folgte.

Josef Samuel Christian Friedrich Frey ist 1771 in Main-Stockheim bei Würzburg geboren. Sein Vater Samuel Levi war Rabbinatsassessor; er selbst führte als Jude nur seine zwei ersten Namen. Die Eltern waren ziemlich wohlhabend und daher im Stande, ihre fünf Söhne und fünf Töchter ohne Sorge zu erhalten. Der Vater hielt den Söhnen einen eigenen Lehrer. Derselbe war ein erbitterter Feind des Christenthums und las z. B. den Kindern am Weihnachtsabend aus dem Lästerbuche Tholedoth Jeschu vor. Die Mutter unterstützte ihn hierin; denn sie fürchtete, nachdem ein Bruder von ihr in Strassburg Christ geworden war, dass auch andere Glieder ihrer Familie abfallen könnten. Nachdem dann Frey den gewöhnlichen Gang jüdischer Kinder jener Tage gegangen war, begab er sich im 18. Jahre auf die Wanderschaft, war drei Jahre Lehrer bei jüdischen Familien in Hessen und dann Chasan (Vorbeter) der dortigen Gemeinde. Aus dieser Stellung rief ihn seine Mutter zu ihrer Hilfe zurück, und er besorgte nun grosse Getreidelieferungen für die preussischen Truppen in Frankfurt a. M. Hierauf aber folgte er wieder seiner Neigung zum Lehrerberuf und suchte eine Stelle in Norddeutschland. Ein betrügerischer Jude bot ihm eine Lehrerstelle in Schwerin an, aber Frey fand dann,

---

*) Saat auf Hoffnung 1874, 59. Freund Israels, Basel 1874, 78; 1880, 70. Hope Isr. 1880, Apr.

dass die ihm dort genannte Familie gar keine Kinder hatte. Auf der Reise nach Schwerin wurde ihm durch einen frommen jungen christlichen Kaufmann die erste christliche Anregung zu theil. Er beschloss demselben nachzureisen und suchte ihn in Rostock auf, fand ihn aber nicht. Nach einigem Hin und Her kam er hierauf in den Unterricht des P. D. Haupt zu Wismar. Während dieser Zeit trat er bei einem Schuhmacher in die Lehre. Als dieser aber sein Geschäft einstellte, erhielt er sich durch Abschreiben von Theaterstücken für eine wandernde Schauspielergesellschaft. Aus dieser traurigen Lage wurde er durch einen frommen Mann, Matthias v. Gilben befreit, der ihn zu P. Kortüm nach Neu-Brandenburg sandte, der ihn in Unterricht nahm und gleichzeitig bei einem Schuhmacher unterbrachte. Am 3. Mai 1798 wurde er getauft und nahm jetzt zu seinen früheren Namen noch die anderen Christian Friedrich Frei an, in England schrieb er sich Frey. Seine Stellung zum Christenthum war damals eine völlig verstandesmässige und noch nicht tiefer begründete. Geselle geworden, ging er auf Reisen und kam 1798 nach Prenzlau. Im Verkehr mit einem frommen Gerber Michaelis wurde er dort innerlich angeregt, besuchte die Stunden eines christlichen Kreises und wurde hier von Herzen bekehrt; sein weltlich gesinnter Meister entliess ihn aber gerade deshalb. So ging denn Frey 1799 nach Berlin und trieb hier sein Handwerk, bis er, von Freunden dazu ermuthigt, sich bei P. Jänicke meldete, der ihn 1800 in sein neu entstehendes Missionsseminar aufnahm; von hier kam er nach London.

Als es ihm dann gelungen war, die Londoner Gesellschaft ins Leben zu rufen, ging er mit grossem Eifer an das Werk. Er hielt Vorlesungen in Bury Street und später in einer von der Gesellschaft gekauften französischen Kirche in Spitalfields, welche nun die jüdische Kapelle hiess. Daneben legte er am Mittwoch den Hebräer-Brief aus und hielt am Freitag Abend Gebetsstunde und Ansprache, anfänglich unter grossem Zulauf der Juden, der hernach aber abnahm. Zugleich richtete er die Aufmerksamkeit der Gesellschaft auf die Schriftenverbreitung und bewirkte es, dass z. B. Leslie's Short and easy Method vertheilt wurde. Im Ganzen wurden Ende 1800 acht Traktate theils in englischer, theils in deutscher Sprache ge druckt und in dieser Zeit etwa 8000 Exemplare derselben verbreitet. Ein solcher Traktat veranlasste eine Jüdin, ihre zwei Kinder der Schule der Gesellschaft zu übergeben.

Die Einnahme des ersten Jahres betrug 6840 Mark, die Ausgabe 1840 Mark; viele einfache Leute, besonders auch Dienstboten steuerten zu, ein bekehrter Jude 100 Mark, der grösste Beitrag belief sich auf 420 Mark. Vierteljährlich wurden auch Vorträge von Mitgliedern der verschiedenen Kirchengesellschaften gehalten, welche den Titel führten: »Demonstration-sermons or sermons demonstrative of our Lord Jesus Christ«. Den ersten Vortrag hielt Rev. Andr. Fuller vor zahlreichen Juden 1809; derselbe wurde gedruckt. Ebenso wurden Predigten gehalten. Die Dissenters predigten in der Gesellschaftskapelle, die Bischöflichen, welchen ihr Gesetz verbot mit den Dissenters an einem Ort zu amtiren, in der Kapelle von Ely Place. In den Themaeten ging man von dem für Juden und Christen Gemeinsamen aus, um von da aus weiter fortzuschreiten. Die in der Kapelle abgehaltene Freischule wurde zahlreich besucht.

Die Thätigkeit der Gesellschaft wurde von den Juden bald empfunden und daher in Schriften angegriffen. In christlichen Kreisen beschuldigte man die Gesellschaft mehrfach eines falschen Enthusiasmus, weil manche ihrer Anhänger die nationale Wiederherstellung der Juden besonders laut verkündigten. Das Comité betonte dem gegenüber, dass die Sache der Mission nur die Bekehrung der Juden sei. Auch eine Reihe von Hilfsvereinen bildete sich bereits, und die Einnahme des zweiten Jahres betrug 36760 Mark.

Neben einer Freischule für Kinder aller Bekenntnisse im jüdischen Viertel errichtete man auch eine Erziehungsanstalt, in die jüdische Kinder aus der Freischule aufgenommen wurden; die Zahl derselben stieg bald von 18 auf 44; ein armer vernachlässigter Knabe von 15 Jahren in der Anstalt liess sich taufen. Die Juden suchten denselben dann vergeblich zuerst mit Gewalt und hiernach auf dem Rechtswege der Mission zu entreissen. In einer Sonntagsschule für Erwachsene lernten viele derselben lesen und schreiben. Besondere Schwierigkeit aber bereitete es, die in näheren Verkehr mit der Mission tretenden Juden vor dem bürgerlichen Untergange zu bewahren;

denn die Ihrigen verfolgten sie aufs Bitterste. Eine alte Jüdin, Barnard Jacobs, z. B. wurde blutig geschlagen, und ein junger Metzger, welcher die Kapelle besuchte, aller Mittel beraubt. Christliche Metzger weigerten sich aus Vorurtheil ihn anzunehmen, und so sah sich die Gesellschaft genöthigt, dem Plane Freys, ein Industriehaus zu errichten, näher zu treten. Eine Baumwollenspinnerei und eine kleine Druckerei waren die ersten derartigen Unternehmungen; die Gesellschaft hat aber mit denselben viele Noth gehabt.

Der zunehmende Erfolg der Gesellschaft erregte die Juden immer mehr. Am dritten Jahresfeste wurde von 24 an Erwachsenen und Kindern vollzogenen Taufen berichtet, und 1812 war diese Zahl auf 41 gestiegen; wobei hinzugefügt wird, dass alle bis auf drei ihres Christennamens würdig wandelten. Das alles rief in den Missionskreisen eine grosse Begeisterung hervor, und kühnlich erklärte man, dass seit den Tagen der Apostel noch nicht so viele Taufen vorgekommen seien. Die Theilnahme, welche die Gesellschaft fand, tritt auch am deutlichsten in der Thatsache zu Tage, dass der Vater der jetzigen Königin Victoria, der Herzog von Kent, 1813 das Patronat der Gesellschaft übernahm, das er freilich später wieder niederlegte, weil ihm das Recht der Judenmission hernach fraglich geworden war; an seine Stelle schlug er vor einen Bischof zu setzen. In demselben Jahre 1813 legte er den Grundstein zu der bischöflichen jüdischen Kapelle in Bethnal Green, Spitalfields. Man hatte dort die französische Kirche mit den umliegenden Häusern gekauft, und beide wurden für die Gesellschaftszwecke mit grossen Kosten eingerichtet. Der Platz erhielt seitdem den Namen Palestine Place; über dem Portal des Haupteingangs der Capelle steht in hebräischer Schrift 1. König. 8, 36: »Du wollest hören im Himmel und gnädig sein der Sünde deiner Knechte und deines Volkes Israel.« Als erster Prediger an dieser Missionskapelle wirkte seit 1816 Rev. C. S. Hawtrey, der nach mehrjähriger treuer Amtsthätigkeit 1831 starb. Er hatte hier jeden Sabbath viele Proselyten um sich gesammelt und den Juden in Vorträgen und Predigten das Evangelium verkündigt. Diese Capelle übte überhaupt stets eine grosse Anziehungskraft auf die Juden aus; besonders der am Sonntag

Nachmittag 3 Uhr gehaltene Gottesdienst, den alle Anstaltskinder, viele Proselyten und die mit der Mission in Verbindung stehenden Juden besuchen. Auch auswärtige Juden sind oft gegenwärtig, weil sie diese den Juden allenthalben bekannte Stätte kennen lernen wollen. Bis 1888 einschliesslich haben in dieser Kapelle nicht weniger als 1650 Taufen stattgefunden, von denen die Hälfte Erwachsene waren. Das Hereinströmen deutscher Juden in London hat dann zur Folge gehabt, dass seit 1842 in der Kapelle auch deutsche Predigten und Vorträge gehalten werden; die Zahl der jährlichen Taufen hat sich seitdem sichtlich gemehrt.

Beim dritten Jahresfest hielt Rev. D. Claudius Buchanan eine Ansprache, welche zu einem neuen Schritt der Gesellschaft Anlass gab. Derselbe hatte sich früher in Indien aufgehalten und auch die Juden in Travancore besucht. Von ihnen erhielt er werthvolle Handschriften, welche er der Universität Cambridge überliess. Unter den Manuskripten befand sich eine hebräische Uebersetzung des Neuen Testamentes, welche der jüdische Verfasser angefertigt hatte, um die syrischen Christen in seiner Umgebung zu widerlegen. Der Uebersetzer kam aber nur bis zum Römerbriefe. Da scheint ihm Paulus zu mächtig geworden zu sein, denn mit einem Fluch über den gelehrten Benjaminiten endigt er seine Uebersetzung. Aber er konnte nicht vergessen, was er gelesen hatte, und später wurde er Christ. Seitdem fürchteten sich die Juden jener Gegend schon vor der blossen Berührung des Neuen Testamentes; denn sie meinten, dass man dadurch unter den Einfluss der bösen Geister käme und Christ werden müsse. Buchanan schlug nun vor, unter Zugrundelegung dieser Uebersetzung eine neue Uebersetzung zu veranstalten, und man ging auf seinen Vorschlag ein. Zwar die indische Uebersetzung war zu voll von Rabbinismen, als dass man sie hätte gebrauchen können, eine der anderen früheren Uebersetzungen fand auch nicht Beifall, und so wurde denn im Bericht von 1811 angekündigt, dass man an eine ganz neue Uebersetzung gehn wolle. 1813 wurde mit derselben von Thomas Frey und William B. Collyer begonnen, 1817 war sie beendigt und wurde in 3500 Exemplaren gedruckt, aber das Unternehmen kostete auch nicht weniger als 73 000 Mark.

1819 erfolgte eine neue stereotypirte Ausgabe. Bald jedoch sah man sich zu einer Revision genöthigt. Dieselbe wurde dem Prof. Gesenius übertragen, der sie aber nur zu einem Theile vornahm, an dessen Stelle Dr. R. Neumann in Breslau trat, der sie auch beendigte. Aus Mangel an Mitteln geschah aber der Druck zuerst noch nicht. Als dann Bagster die Polyglottbibel herausgab, benutzte er die Arbeit von Gesenius und Neumann mit Erlaubniss des Comité. Die Gesellschaft veranstaltete hiernach eine neue Revision, die durch M'Caul, den späteren Bischof Alexander, J. C. Reichhardt und den Proselyten S. Hoga veranstaltet wurde. 1838 wurde dieselbe beendigt und im nächsten Jahre stereotypirt. 1840 kam eine Ausgabe in 32^0 heraus. 1852 wurde von einem Legat der Miss Cook eine Duodezausgabe hergestellt. Eine mit Accenten versehene Ausgabe erschien von 1863—66; Delitzsch nennt dieselbe eine Verschlechterung gegen die früheren. Bis 1866 waren von der alten Uebersetzung 50000 Exemplare verbreitet. Wohl war nun dieser Londoner Versuch ein unvollkommener, so dass sich Delitzsch und Salkinson zu neuen Uebersetzungen entschlossen, aber auch auf dieser Ausgabe hat grosser Segen geruht. Sogleich nach dem Erscheinen der ersten Exemplare 1818 meldete sich ein polnischer Jude in London, den das Gelesene den Unterricht zu erbitten trieb, und der auch getauft wurde. Delitzsch selbst hebt hervor, dass so treue Proselyten wie Jedidja, Lurja und Landsmann, letzterer durch ein auf Jerusalems Strassen aufgehobenes Blatt dieses Neuen Testamentes, durch diese Uebersetzung zu Christo geführt worden sind; und überall im Missionsgebiete begegnet man den reichen Segensspuren, welche dieses Neue Testament hinterlassen hat. Jedesfalls aber kommt der Londoner Gesellschaft das Verdienst zu, in diesem Jahrhundert wieder den ersten Versuch einer Uebersetzung des Neuen Testamentes gemacht und dasselbe zuerst wieder verbreitet zu haben.

1820 erschien eine deutsche Uebersetzung der Bibel in hebräischen Buchstaben und ebenso eine neue jüdisch-deutsche Uebersetzung für die polnischen und russischen Juden. Als äusserst dringend aber stellte es sich auch heraus, das Alte Testament zu verbreiten, in dessen Besitz sich nur wenige Juden befanden. Man verbreitete unter grossen Kosten die theure Van der Hooghtsche Bibel. Andre accentuirte Bibeln musste man vermeiden, weil diese bei den Juden in dem Verdachte standen, dem Missionsinteresse zu dienen. Neben der ganzen Bibel verbreitete man auch Theile derselben in Jüdisch-Deutsch, Hebräisch und Holländisch. Besonders wurden die Haphtaren (Abschnitte aus den Propheten) verbreitet, weil die Propheten den Juden fast unbekannt waren. Anfangs hatte man denselben die hauptsächlichsten Prophezeiungen über den Messias hinzugefügt und das Ganze mit der Duodezausgabe des hebräischen Pentateuch zusammengebunden. In ihrem Bibelverbreitungswerke wurde die Gesellschaft auch von der Britischen und der Edinburger Bibelgesellschaft unterstützt.

Ausserdem wurde die Liturgie der englischen Kirche ins Hebräische übersetzt, von 1834—36, und dadurch den Juden Form und Inhalt des ihnen wenig bekannten christlichen Gottesdienstes näher gebracht. Man benutzte die Uebersetzung des Proselyten Abraham Bar Jacob aus dem Jahre 1717, von der sich ein Exemplar in Dublin im Trinity College vorfand. Ebenso wurde von der Uebersetzung des Common Prayer Book, welche der Proselyt Czerskier in Warschau veranstaltet hatte, Gebrauch gemacht und dieselbe von M'Caul und Reichhardt revidirt. Diese Liturgie wird in den Gottesdiensten der Gesellschaftskapelle auf Palestine Place seit 1837 und in Jerusalem seit 1838 gebraucht. Da der jüdische Gottesdienst ein durchaus liturgischer ist, war die Einführung der hebräischen Liturgie im Missionsgottesdienst von Werth.

Nach dem überraschen Vorgehn der ersten Jahre machten sich nun aber ernste Schwierigkeiten geltend. Der anfängliche Enthusiasmus hatte das Zusammenwirken der Episcopalen und der Dissenters in der ersten Zeit erleichtert, in der Folge aber trat die Verschiedenheit an immer neuen Punkten zu Tage. Man konnte nicht in denselben Gotteshäusern predigen; und so oft Taufen zu vollziehen waren, entstand die Frage, in welche kirchliche Gemeinschaft die Täuflinge aufgenommen werden sollten. Frey war nicht ordinirt, und alle Bemühungen, ihm die bischöfliche Ordination zu ertheilen, scheiterten, so dass er die von ihm Unterrichteten nicht selbst in die bischöfliche

Kirche aufnehmen konnte. Dazu hatte man im Eifer die Sache zu fördern übermässige Ausgaben gemacht, sehr kostspielige und umfangreiche Bauten ausgeführt, auch sonst vielfach ausgegeben ohne zu fragen, ob man die Mittel zur Vollendung würde beschaffen können, und sich darüber eine Schuldenlast aufgeladen, der die Gesellschaft zu erliegen drohte. In diesem kritischen Augenblicke trat ein Mann helfend ein, welcher für die weitere Geschichte der Londoner Gesellschaft von entscheidender Bedeutung geworden ist, Lewis Way, und ermuthigte durch seine grossartige Wohlthätigkeit wie durch seinen trefflichen Rath die Verzagenden am Werke zu bleiben. Dass die bisherigen Verhältnisse nicht fortbestehen konnten, sondern für alle Theile und für die Mission nur hinderliche geworden waren, gestand man sich allerseits ein. Zunächst erkannte man, dass die bisherige Verbindung der Episcopalen und Dissenters für die Weiterentfaltung des Werks nur schädlich sei, und so überliessen die letzteren den ersteren das Arbeitsfeld in ganz friedlicher Weise am 14. Februar 1815: vom 14. März desselben Jahres ab besteht die neu konstituirte Gesellschaft als eine Gesellschaft, die sich in engster Verbindung mit der Staatskirche von England hält. Als Patrone und Vicepräsidenten sehn wir ihr seitdem Erzbischöfe und Bischöfe der Staatskirche vorstehn, und ihre eigentliche Kraft hat die Londoner Mission dadurch erhalten, dass sie der Kirche von England als ihre Mission erschien und von ihren Gliedern getragen wurde.

Freys Zeit war nun vorüber. Seine ganze innere Stellung zog ihn mehr zu den Dissenters herüber. Dies und die Verweigerung der Ordination brachte ihn in eine schiefe Stellung zu der neu gestalteten Gesellschaft. In seinem Wesen lag überdem etwas Unruhiges, das ihn leicht die Grenzen überschreiten liess und ihn auch später nicht zu rechter Stetigkeit in seiner kirchlichen Stellung kommen liess. Er beging zunächst in der Mission sehr ernste Fehler, die seine Entlassung im Lauf des Jahres 1816 zur Folge hatten. Nach dem Wortlaut des 9. Berichts hat er sich unziemliche Aufführung zu Schulden kommen lassen. Welcher Art dieselbe war, wird nicht gesagt, jedoch ausdrücklich hinzugefügt, dass kein Fall des Betruges vorgelegen habe. Lewis Way, der seine Tochter Drusilla durch ihn hatte

unterrichten lassen, lud ihn vor seiner Abreise mit seiner
ganzen Familie noch in sein Haus ein, wie er denn auch Frey
und den von ihm unterrichteten Katechumenen ein ihm ge-
höriges Haus zur Wohnung eingeräumt hatte; ebenso trug er
die Kosten seiner Uebersiedelung nach Amerika. Nur kurz
sei noch des weiteren Lebens von Frey gedacht. Im September
1816 ging er nach Amerika. 1818 erhielt er dort die Ordination durch die Presbyterianer und war Prediger derselben in
New-York bis 1823, von da bis 1828 Agent der amerikanischen
Gesellschaft für die Verbesserung der Lage der Juden. Inzwischen
hatte er baptistische Ueberzeugungen gewonnen und trat darum
zu den Baptisten über. Nach 1828 war er besonders Reiseprediger,
von 1816—37 hat er 5147 Predigten gehalten, die oft viele Leute
herbeizogen, da es in jener Zeit wohl kaum noch einen andern
Proselyten unter den Predigern von Amerika gab. Seine Liebe
zu den Juden und sein Eifer für ihre Bekehrung blieben auch
in Amerika dieselben. Ein Proselyt, Dr. Marcus aus England,
forderte ihn brieflich auf, zur Ansiedlung von 200 judenchristlichen
Familien als Ackerbauer in seiner neuen Heimath behilflich zu
sein. Seine anfängliche Weigerung wurde durch das fortgesetzte
Drängen des Dr. Marcus überwunden, und nun ergriff er selbst
die Sache mit Feuergluth, so dass er alle Kraft daran setzte,
den phantastischen Plan von Dr. Marcus zu verwirklichen. Es
gelang ihm 1820 in Amerika eine Gesellschaft zur Verbesserung
der Lage der Juden zu Stande zu bringen, und derselben flossen
auch reichliche Gaben zu. Man hatte schliesslich 16 000 Dollars
gesammelt, aber da zeigte sich die Schwierigkeit dieselben zu
verwenden. In Amerika fanden sich nicht die nöthigen Proselyten, und von Europa solche herüberzuholen, reichte die Summe
nicht aus. Frey schlug deshalb vor, ihn nach England und
Deutschland zu senden, damit er dort die Mittel für die Verbreitung seiner Missionsschrift »Josef und Benjamin« und zur
Gründung eines Missionsseminars sammele. 1827 machte er
denn auch diese Reise. In England und Deutschland wurden
seine Vorträge viel gehört, sein Werk in London aufgelegt und
1839 von der Berliner Gesellschaft ins Deutsche übersetzt. Da
ihm aber die amerikanische Gesellschaft nur die Mittel zur
Ueberfahrt gegeben hatte, musste er einen Theil der gesammelten

Gelder auch zum Unterhalt seiner Familie verwenden. Zur Verwirklichung seines Hauptplanes trug die Reise nichts bei; doch hat sie immerhin die Aufmerksamkeit vieler wieder auf die Juden gelenkt. Für ihn selbst hatte die Reise die Bedeutung, dass sie ihm für seine literarischen Unternehmungen die Mittel brachte. Schon 1809 hatte er den Juden in einer Schrift »Education« gezeigt, wie man seine Kinder recht erziehe. Seine Selbstbiographie, »Narrative« betitelt, hat dann in New-York 15 Auflagen erlebt; 1838 aber erschien sein Werk »Juda und Israel« in London. Besondere Verbreitung fand seine Schrift »Josef und Benjamin«, den Stoff von Vorlesungen bildend, die er in Amerika und England gehalten hat. — In 9 Abtheilungen behandelt diese Schrift auf 554 S. die wichtigsten Fragen der Religion und des Christenthums mit Gründlichkeit, Wärme und Kenntnis auch der jüdischen Literatur, ist aber sehr schwerfällig geschrieben. In Amerika und England erlebte sie mehrere Auflagen, in Deutschland nur eine. Von seinem weiteren Leben ist nichts bekannt. Er starb 1851. Jew. Int. 1851, 47 schildern seinen Heimgang, der ein überaus erbaulicher war. Für die Geschichte der Judenmission bleibt er eine der wichtigsten Persönlichkeiten, denn er ist der eigentliche Vater des heutigen Missionswerkes.

Die weitere Entwickelung der Londoner Mission hängt dagegen mit der Person des Rev. Lewis Way zusammen.*) Derselbe ist 1773 geboren; von seinen früheren Lebensumständen wissen wir nichts. Er schlug die juristische Laufbahn ein und wurde Advokat. Ein reicher Mann in seiner Nachbarschaft, welcher denselben Namen führte, aber nicht mit ihm verwandt war, dachte ihm seine Tochter zu; Lewis Way war aber bereits verlobt. Trotzdem erhielt der andere ihm seine Gunst und stattete ihn sogar zu seiner Hochzeit aus. Die Tochter des älteren Way verheirathete sich später, starb aber kinderlos. Und als dann das Testament ihres Vaters eröffnet wurde, fand es sich, dass der Advokat Lewis Way zum Erben eingesetzt war.

---

*) Ralph W. Harden, Jane Parminter's Will. Dublin 1882. Dibre Emeth 1884, 19. Rhein.-Westf. Blatt 1844, Nr. 3 u. 4; Saat auf Hoffnung 1876, 200; 1877, 126; Everlasting Nation 1889, 145. Freund Israels, Basel 1891, 2.

Es hiess in dem Testamente: »Ich vermache dem Advokaten Lewis Way Esq. mein ganzes persönliches und Landeigenthum zur Ehre Gottes«. Dass ihm so unerwartet ein grosser Reichthum zufiel, erschütterte ihn, besonders aber die Clausel »zur Ehre Gottes«. Er erkrankte ernstlich, so dass ein Geistlicher herbeigerufen wurde, ihm Trost zu spenden. Der Prediger hörte ihn fortwährend die Worte aussprechen: »Die Ehre Gottes, was soll das bedeuten?« Der treue Seelsorger verlor keine Zeit, ihm die Erlösung durch Jesum Christum zu verkündigen, und hinterliess ihm ein Neues Testament. Die Zusammenkunft beider Männer aber war gesegnet. Way genas und war fortan ein neuer Mensch. Die Advokatur gab er jetzt auf und studirte Theologie, wurde ordinirt und widmete fortan alle seine Gaben und Güter dem Dienste des Herrn.

Die Aufmerksamkeit dieses Mannes wurde nun in besonderer Weise auf die Juden gelenkt. 1811 starb Jane Parminter, eine ebenso reiche und wohlthätige als den Juden freundlich gesinnte Dame. Sie hatte zuletzt eine merkwürdige Bestimmung getroffen, allerdings nicht schriftlich in ihrem Testamente, wie Harden nachweist, aber als mündliche Anweisung für ihre Testamentsvollstrecker. Ihre Anordnung betraf eine Gruppe von Eichen auf ihrem Landsitze A la Ronde bei Exmouth in Devonshire. »Diese Eichen sollen bleiben und keine menschliche Hand soll sich gegen dieselben erheben, bis Israel wieder in das Land der Verheissung zurückkehrt.« Wenige Wochen nach dem Tode dieser Dame ritt Lewis Way mit einem Freunde neben diesen Eichen vorüber. Der Freund erzählte ihm von der über dieselben getroffenen Bestimmung. Die Sache der Juden war Way neu, er forschte ihr in der Schrift nach und wurde von den Zeugnissen derselben hinsichtlich Israels tief ergriffen. Die zukünftige Herrlichkeit desselben und seine gegenwärtige Erniedrigung standen ihm so lebhaft vor Augen, dass er es fortan als seine Lebensaufgabe erkannte, den Juden den Reichthum des Evangeliums mitzutheilen. So schloss er sich denn der neugegründeten Londoner Gesellschaft an und wurde das Werkzeug, dieselbe von dem ihr drohenden Untergang zu retten und ihr Werk zu seiner eigentlichen Bedeutung zu bringen. Im December 1814 versammelten sich Thomas

Rabington, ein fürstlicher Kaufmann, Onkel von Macaulay, Charles Simeon aus Cambridge, Lewis Way und Dr. Ryder, damals Dekan von Wells, später Bischof von Gloucester und Patron vieler kirchlichen Gesellschaften, in Angelegenheit der Londoner Mission zur Berathung. Die Verpflichtungen derselben beliefen sich auf 280 000 Mark, denen an nicht einmal gewissen Einnahmen 30 000 Mark gegenüberstanden. Vergeblich suchte man einen Weg die Einnahmen zu erhöhen. Als der Präsident der Gesellschaft, Thomas Baring, der sich seiner Zeit nur durch den Zuspruch von Way zur Uebernahme des verantwortungsvollen Postens entschlossen hatte, die Sachlage erfuhr, wollte er sein Amt niederlegen, da er es für unrecht hielt, dass eine religiöse Gesellschaft solche Schulden machte. Da legte Lewis Way am Jahrestage der Gesellschaft, den 9. Mai, dem Präsidenten 200 000 Mark in die Hände. Der Letztere wollte eine so grosse Summe nicht annehmen, da er meinte, dass damit dem Geber und seiner Familie ein zu grosser Abbruch geschehe; aber Way erklärte ihm, dass er diese Summe neben 60 bis 80 000 Mark, die er früher gespendet, als Legat für die Gesellschaft in seinem Testamente ausgesetzt habe. Da nahm der Präsident das hochherzige Geschenk an, die noch fehlenden 80 000 Mark wurden sogleich durch Unterschrift der Freunde aufgebracht, und die ganze Schuld war getilgt. Auch für eine freundliche Auseinandersetzung mit den Dissenters hatte Way ganz besonders gewirkt, und so ruht die gegenwärtige Gesellschaft in der That auf dem von ihm gelegten Fundament.

Aber es war Way nicht genug, die Gesellschaft in den Stand gesetzt zu haben, ihr Werk auszurichten, sondern er gab auch vor anderen den Anstoss dazu, dass es recht wirksam betrieben wurde. Durch seine Predigten überall in Grossbritannien regte er daselbst weithin das Interesse für die Judenmission an. Besonders aber erkannte er, dass die Gesellschaft sich nicht auf die Juden des Inselreichs beschränken dürfe, sondern sie in ihren Hauptwohnsitzen aufsuchen müsse. Er selbst erbot sich, die rechten Missionsposten aufzusuchen, und machte deshalb auf eigene Kosten längere Reisen durch Holland, Deutschland, Polen, Russland, Frankreich und die Länder des Mittelmeeres. Er besuchte Petersburg und hatte vier Unterredungen mit Kaiser Alexander I., den er für die Unterstützung der Judenmission in seinem Reiche gewann. Auch verkehrte er mit sehr vielen Juden aller Klassen in Russland und besuchte selbst die Karaiten in der Krim. Dorthin führte ihn der Plan des Kaisers judenchristliche Colonieen daselbst anzulegen, der aber freilich nicht zur Ausführung gekommen ist. Für den mitgenommenen Missionar Salomon erwirkte Way die Erlaubniss in Polen zu missioniren. Den Brief, welchen der Kaiser ihm ausstellte, verglich er dem Schreiben, das König Arthahsastha dem Nehemia an den Landpfleger jenseits des Euphrat mitgab. In Berlin gab er den ersten Anstoss zu den dortigen Missionsbestrebungen. Besonders gewann er dort den britischen Gesandten Sir George Rose, der hernach ganz besonders an der Gründung der Berliner Gesellschaft betheiligt war, und den Kronprinzen, späteren König Friedrich Wilhelm IV., der stets ein warmer Freund der Judenmission blieb. Unter den jüdischen Studirenden der Universität Berlin, an welche er sich auch wandte, wurde es ihm gegeben, einen derselben, Reich, zur Erkenntniss Christi zu führen. Derselbe, bereits verheirathet, studirte Physik und wurde dann mit Frau, zwei Kindern und Schwester getauft.

1818 traf Way, der getroffenen Abrede gemäss, auf dem Congress in Aachen ein, wo er den versammelten Herrschern und Bevollmächtigten eine die Sache der Juden und der Judenmission empfehlende französische Denkschrift überreichte. Dieselbe ist ein treues Spiegelbild des Mannes, voll Begeisterung und Kraft, voll Glaubens an die Schrift und die Macht des göttlichen Wortes über die Herzen, aber auch voll jenes Idealismus, der die Wirklichkeit ganz übersieht und Geistliches und Weltliches nicht auseinanderzuhalten weiss. Sogleich im ersten Satze fordert er Gewährung aller bürgerlichen und socialen Rechte an alle Juden, und dass keinerlei Unterschied zwischen ihnen und ihrer Umgebung bestehn solle. Es steht ihm fest, dass die Juden alles aus dem Wege räumen würden, was sie von den Christen trennte und isolirte, und dass sie alle Gebräuche und Sitten aufgeben würden, welche dem noch hindernd im Wege stünden. Dabei nennt er die Juden die königliche Nation und erklärt den Fürsten, dass Jeremias vor ihnen seine

Stimme erhebe, wenn er das unbussfertige Volk bedrohe und die Erlösung Israels weissage. Die Stelle Jerem. 1, 14f., welche von einem Volk des Nordens und den Königen an der Küste der Erde redet, bezieht er auf die versammelten Fürsten, und ähnliche Ueberschwänglichkeiten enthält auch sonst noch das Memorial. Way gehörte zu der grossen Zahl britischer Israelsfreunde, welche neben glühendem Eifer für das Beste des Volks Vieles, das erst für die endliche Bekehrung der Juden gilt, unbesehens auf die unbekehrten Juden anwenden. Zu Zeiten finden sich jedoch bei ihm auch Spuren einer nüchternen Anschauung der Dinge. So äusserte er einmal gegen Sir Thomas Baring: Die jüdische Sache erfordert mehr als Abrahams Glauben, mehr als Mosis Ausdauer und mehr als Hiobs Geduld. Sein Memorial hatte keinen Erfolg.

Auf einer Reise durch Frankreich nahm er den Grossrabbiner mit sich zu einer Sitzung der französischen Bibelgesellschaft und richtete zum ersten Male die Augen der Evangelischen Frankreichs auf die Juden. Ueberall verbreitete er Bibeln und Schriften. In Cairo fühlte sich ein jüdischer Arzt gedrungen, ein Lobgedicht auf ihn anzufertigen. Der Rabbi in Nizza gab ihm Empfehlungsschreiben an die Juden in Jerusalem mit. Für das Werk in Palästina sammelte Way in Nizza einen Fonds von 4600 Mark. Die Londoner Gesellschaft steuerte 1000 Mark für denselben Zweck bei und bestimmte, dass ein bleibender Fonds für Palästina eingerichtet werden sollte. So hat Way auch den Grund zur Mission in Palästina gelegt. In Malta stiftete er eine Hilfsgesellschaft, die einige Zeit bestand. Jerusalem selbst erreichte er nicht, weil ihn Krankheit zur Rückkehr zwang. Dagegen schuf er in dem Antura Collegium auf dem Libanon für die nach dem Orient bestimmten Missionare eine Zwischenstation zu geistlicher und körperlicher Erholung.

1825 gründete er eine noch heute bestehende englische Kapelle in Paris. Er selbst war ihr erster Prediger und wirkte von hier aus vielfach auf die Juden ein. Schon früher war er zur Gründung eines Missionsseminars geschritten. 1820 sprach er in einer grossen Versammlung in der Rotunde von Dublin. Unter den Zuhörern befand sich ein sehr begabter Student des Trinity College Alexander M'Caul, der spätere ausgezeichnete

Missionar. Ways Worte machten auf denselben einen solchen Eindruck, dass er sich ihm vorstellte und bereit erklärte, Missionar zu werden. Way errichtete nun in seinem Parke zu Stansted 1821 ein Seminar zur Heranbildung von Missionaren, in dem M'Caul Aufnahme fand und bald nach ihm Ayerst, W. B. Lewis, später auch Wolff, Becker, Reichhardt, Hartmann, Thelwall und eine ganze Zahl der ersten Londoner Missionare. Die Bibliothek der Gesellschaft ist gleichfalls ein Vermächtniss von Way. Der erste Leiter des Seminars war Rev. Edwin Jacob aus Oxford von 1821—27. Es wurde später nach Palestine Place verlegt und war zeitweilig geschlossen. Unter den Leitern der Anstalt seien noch genannt M'Caul, der in besonderem Maasse für das Amt geeignet war, und J. B. Cartwright von 1840—47. Von 1821—51 besuchten das Seminar 100 junge Männer. Ausser den vorher genannten Zöglingen desselben seien ferner angeführt: Wendt, Hoff, Graf, Goldinger, Wermelskirch, Waschitschek, Lange, West, Deutsch, Dr. Dalton, Nicolaysen, Bergfeldt, Fenner, Hausmeister, Moritz, Ewald, Poper, Stockfeld, Schlochow, Bellson, Brühl, Eppstein, Händler, Kleinhenn, Lawrence, Pauli, Stern, Skolskowski, die uns alle noch in der Mission begegnen werden. 1880 wurde eine Missionary Union der gegenwärtigen und früheren Mitglieder des Seminars ins Leben gerufen, der auch andere Personen beitraten. Die Studirenden der Anstalt werden angehalten, zu ihrer Uebung mit den Juden Londons zu verkehren.

1826 hören wir Way das letzte Mal auf dem Londoner Jahresfeste sprechen; hernach zog er sich wegen geschwächter Gesundheit zurück. Präsident Baring sagt von ihm, dass ihn recht eigentlich der Eifer für das Haus Israel gefressen habe. In den letzten Jahren schwanden seine Geisteskräfte merklich, und in geistiger Umnachtung ist er gestorben. Sein Todestag war der 30. Januar 1840. In der Kapelle von Palestine Place hat ihm die Gesellschaft ein Epitaph gesetzt: »Geweiht dem Andenken des Rev. Lewis Way. M. A. gestorben den 23. Jan. 1840 im 67ten Lebensjahre, dessen rechtzeitig bethätigte Freigebigkeit dieses Bethaus der Kirche von England und den Juden erhalten hat, dessen rastloser Eifer daheim und auswärts den Grund zu dem Missionswerke unter Gottes altem Volk legte, dessen kraftvolle Ansprache die christlichen Souveräne nicht erfolglos aufrief, das Unrecht der Jahrhunderte wieder gut zu machen, dessen Auslegungen des Wortes Gottes die Kirche Christi erweckten, mitfühlend Antheil an der Bekehrung und Wiederherstellung der Juden zu nehmen. Die Gedenktafel wurde errichtet durch den Präsidenten und die Mitglieder der Gesellschaft zur Beförderung des Christenthums unter den Juden in aufrichtiger Dankbarkeit für alles, was er gethan hat, und mit dem demüthigen Wunsche, Gott in ihm zu verherrlichen. Um Zions willen, so will ich nicht schweigen, und um Jerusalems willen, so will ich nicht inne halten, Jes. 62, 1.«

Unter den Persönlichkeiten, welche sonst der Londoner Gesellschaft wichtige Dienste geleistet haben, sind noch einige zu nennen. Sir George Rose*), der britische Gesandte in Berlin, blieb, seitdem er durch Way gewonnen war, ein eifriger Beförderer der Mission. Die alttestamentlichen Prophezeiungen nahmen jetzt in seinem Denken eine bedeutende Stelle ein, so dass ihn Viele und nicht ganz mit Unrecht für einen Enthusiasten ansahen. In seinem Berliner Hause hielt er eine Niederlage von Schriften der Gesellschaft, die er überall in das Festland aussandte, und stand in lebhaftem Briefwechsel mit den Freunden und Arbeitern der Mission, ebenso wie er auch von vielen Juden besucht wurde, mit denen er sich eifrig und geschickt über die christliche Wahrheit unterhielt. Er hat auch eine Missionsschrift verfasst: »Address to the daughters of Israel«, welche die Berliner Gesellschaft »An die Töchter Israels« jüdisch-deutsch erscheinen liess. Durch ihn erhielt die Londoner Gesellschaft einige ihrer tüchtigsten Missionare aus Jänickes Seminar: Becker, West, Hoff, Wermelskirch, Reichhardt, Nicolaysen und Bergfeldt. Ebenso wusste er die königliche Familie in Berlin für die Mission zu interessiren. Durch ihn besonders auch neben Way geschah es, dass die sich damals bildende Berliner Gesellschaft am Könige Friedrich Wilhelm III. einen grossen Beschützer und an dessen Flügeladjutanten General v. Witzleben ihren ersten Präsidenten erhielt. Die ersten Ver-

---

*) Jew. Int. 1855, 237.

öffentlichungen der Berliner Gesellschaft stammten aus seiner Feder. Ebenso hatte er das erste Packet Schriften, welches die Londoner Missionare in Warschau 1821 erhielten, mit eigener Hand gepackt und mit einem Ermuthigungsschreiben an die dortigen Arbeiter versehen. Zwei der durch Berlin reisenden und bei ihm logirenden Missionare, Becker und M'Caul, führte er bei dem Fürsten Radziwill, dem damaligen Gouverneur von Posen und seiner Gemahlin, einer geborenen Prinzessin Louise von Preussen ein, durch deren Empfehlung es ihnen dann gelang, das wichtige Missionswerk in der Provinz Posen zu begründen. Ebenso ist es durch seine Vermittelung geschehn, dass diesen Missionaren ein kaiserlicher Schutzbrief für eine Mission in Polen ausgestellt wurde. 1823 kehrte Rose nach England zurück und bekleidete den Posten eines Vicepräsidenten der Gesellschaft, den er mit grossem Eifer versah, während er gleichzeitig auch andere religiöse Gesellchaften unterstützte. Sein Hauptanliegen blieb aber das Wohl der Judenmission. Dem Plane der Errichtung einer Handwerkerschule stimmte er sofort zu und wurde ihr thätiger Präsident. Ebenso bemühte er sich um die Errichtung des Missionsseminars, die Verbesserung der Gesellschaftsschulen und wollte Palestine Place zum lebendigen Mittelpunkte des Judenmissionswerkes auf der ganzen Erde machen. Dabei war er ein gelehrter Mann und hatte bedeutende geschichtliche und geographische Kenntnisse. Als Beweis seines Forschens in der Schrift erschienen ›Scriptural Researches‹ (Schriftuntersuchungen), aber auch ›Tracts on the Afghans‹, die er mit anderen in England und Amerika zu Nachkommen der 10 Stämme stempeln wollte; eine ›Abhandlung über die Verbreitung der Beschneidung‹ u. a. Seine letzten Gedanken beschäftigten sich mit dem Lamme, das von Grundlegung der Welt an geschlachtet ward, und über diesen Gegenstand sprach er noch wenige Stunden vor seinem Tode mit glühenden Worten. Er starb 1854, eine der edelsten Erscheinungen im Missionsgebiete, die auch ganz das charakteristische Gepräge der Missionsfreunde in Grossbritannien trägt, welche die Propheseiungen des Alten Testamentes und die nationale Zukunft Israels mit grossem Nachdruck betonen.

Rev. Charles Simeon*) hat durch seine Ansprachen und Predigten viele Herzen im Inselreich für Israel erwärmt. Auch er legte besonderen Nachdruck darauf, dass die alttestamentliche Prophetie im wörtlichsten Sinne für Israel und dessen Zukunft verstanden werden müsse. Er gehört zu den ältesten Freunden der Mission. Bereits 1800 steht er in der Liste der Beitragenden. 1811 hält er die Jahrespredigt, 1813 wird er unter den Trustees des Eigenthums der Gesellschaft genannt. Auch an den monatlichen Vorlesungen für die Juden in Ely Chapel betheiligte er sich. Way stand er in der kritischen Zeit der Gesellschaft mit grosser Energie zur Seite und hatte für dieselbe stets eine offene Hand. Bei einer Gelegenheit spendete er 20000 Mark, für die Erbauung der Kapelle 4000 Mark. Der Verlassenen und Armen unter den Proselyten nahm er sich stets hilfreich an. Als die Handwerkerschule aufgehoben werden sollte, war er krank, aber vom Krankenbette aus widersetzte er sich der Schliessung. An die Juden selbst richtete er wiederholt öffentliche Ansprachen und wurde von ihnen gern gehört. Viele der Hilfsgesellschaften in England und Schottland sind infolge seiner Ansprachen entstanden. 1818 besuchte er mit Marsh zusammen Holland, und seine in Amsterdam gehaltene Predigt wurde dann englisch, holländisch und französisch verbreitet. Vor einer Versammlung holländischer Prediger in Rotterdam brachte er die Judenmission zur Sprache und rief die Theilnahme mancher wach. Es wurde darauf denn auch Rev. A. S. Thelwall als Missionar und Prediger der Englischen Kapelle nach Amsterdam gesandt. Noch kurz vor seiner letzten Krankheit schrieb er einen Brief darüber, was für die jüdischen Frauen geschehn könne. Ebenso geschah es besonders auf seinen Rath, dass die Bibel weithin unter den Juden verbreitet wurde, und die hebräische Uebersetzung des Neuen Testamentes betrieb er mit grossem Eifer. Ganz kurz vor seinem Abscheiden erinnerte er sich daran, dass er den Studenten der Universität ihr Judenmissionsjahresfest halten wollte, und schickte ihnen einen Brief, den er mit schwacher Stimme einem

---

*) W. Carus, Memoir of the life of the Rev. C. S. London 1848. Rev. J. B. Cartwright, Love to the Jewish nation, London 1836.

Freunde diktirt hatte. Er starb 1835 im Alter von 78 Jahren, nachdem er fast 45 Jahre Pastor an der Trinity-Kirche in Cambridge gewesen war.

Dr. Marsh*) war nach einander Pastor an grossen Gemeinden in Reading, Brighton, Colchester, Birmingham, Leamington und Beddington und ein hervorragender Geistlicher der bischöflichen Kirche. Zur Judenmission wurde er in eigenthümlicher Weise geführt. Einer seiner Freunde hatte eine Judenmissionspredigt in einer Stadt des westlichen Englands zugesagt, erkrankte aber und konnte so sein Versprechen nicht halten. Marsh besuchte ihn gerade in diesem Augenblick und wurde von dem Kranken gebeten ihn zu vertreten. Er lehnte ab, weil er die Judenmission nicht kenne; aber der Freund liess nicht nach und übergab ihm das Manuskript der Predigt, welche er halten wollte. Mit dieser Predigt versehn, ging denn Marsh an den bestimmten Ort. Dort angelangt fand es sich, dass sein Gepäck, in dem sich auch die Predigt befand, nicht mit gekommen war. In dieser Noth zog sich Marsh auf sein Zimmer zurück, betete, dass der Herr ihm das rechte Wort geben möge, und fing alsdann an einen Text suchen. Er erinnerte sich, dass Röm. 11 etwas über die Juden enthielt, las das Kapitel und wurde von dem Inhalt desselben überwältigt. Aus demselben schloss er: »Die Bekehrung der Juden ist möglich, ist wahrscheinlich, ist gewiss.« Nach diesen drei Gesichtspunkten verfasste er nun auch seine Predigt. Als er dann in die Kirche gegangen war, erhielt er dort die Nachricht, sein Gepäck sei angekommen; aber er brauchte nun das Manuskript nicht mehr, sondern wusste selbst, was er zu sagen hatte, und war von da ab einer der erfolgreichsten Vertheidiger der Judenmission. Seine ruhige und sanfte Art that hierbei neben der energischen seines Freundes Simeon sehr wohl. Den Juden erwies er ungemein viele Freundlichkeit, die aber oft missbraucht wurde. Von ihm zuerst ist der nachmalige Bischof Alexander auf das Evangelium hingewiesen worden. Marsh, damals Vikar von St. Peter in Colchester, traf dort eines Tages mit ihm zusammen und sagte ihm, dass er mit ihm ein hebräisches Buch

---

*) Jew. Int. 1864, 263. Life of W. M. von seiner Tochter, London 1868.

lesen wolle. Alexander konnte damals nur wenig Englisch und verstand deshalb nicht, was für ein hebräisches Buch Marsh meine. Einige Tage später las Alexander auf Anschlagezetteln die Anzeige einer Versammlung der Londoner Gesellschaft. Die Worte Judenthum und Christenthum dicht neben einander machten ihn neugierig. Ein Freund sagte ihm zur Erklärung, dass hier auf das Neue Testament angespielt werde, und dass jeder gebildete Jude dasselbe lesen müsse. Von einem Neuen Testamente aber wusste damals Alexander noch nichts. Da erinnerte er sich, dass es das von Marsh genannte Buch sei, las es, und dies wurde der erste Schritt auf der Bahn, die ihn zum Christenthum führte. Marsh hatte eine besondere Gabe die Kinder in der hebräischen Schule anzureden und hat dies oft gethan; ebenso hat er häufig für die Gesellschaft gepredigt; seine letzte Predigt für dieselbe war die Jubiläumspredigt 1858. Auch bevorwortete er ein Werk über die Wiederherstellung Israels 1828: »A cloud of witnesses to the truth of the divine declarations respecting the restoration of the Jews to their own land and the future glory of the church in connexion with the second coming of Christ, proved from God's faithfulness to his charakter and oath«. Er starb 1864.

Ferner verdient Erwähnung Rev. Edward Bickersteth*), Rektor von Watton. Schon 1814 erregte die Mission seine Aufmerksamkeit. Auch er wurde durch das prophetische Wort für die Sache Israels gewonnen. Bei einem Jahresfest der Londoner Gesellschaft hatte Simeon die Judenmission das gesegnetste aller Werke der christlichen Liebe genannt. Das rief den Widerspruch von Bickersteth hervor, und er schrieb jenem einen Zettel mit den Worten: 6 Millionen Juden und 600 Millionen Heiden, was ist das Wichtigste?« Simeon antwortete schnell: »Aber wenn die Bekehrung der 6 das Leben von den Todten für die 600 sein soll, was dann?« Das Wort machte auf ihn Eindruck, und er lernte es verstehn, dass Gottes Wort den Juden eine hervorragende Stelle in seinem Reiche anweist. Ohne im Eifer für die Heidenmission zu erlahmen, wetteiferte er hernach mit Simeon in tiefem und leb-

---

*) Rev. T. R. Birks, A memoir of the Rev. E. B. London 1853.

haftem Interesse an dem Werke der Bekehrung der Juden. Besonders gern predigte er über die Wiederherstellung Israels im tausendjährigen Reich. So schrieb er: »Guide to the prophecies«, und »Restoration of the Jews«; letzteres Werk eine Sammlung von Predigten über diesen Gegenstand, das viele Leser fand und der Judenmission reiche Gaben eintrug. Bei seinem ökumenischen Sinne war er auch ein Freund der deutsch-lutherischen Kirche und freute sich, dass diese Kirche mit der englischen vereint das Bisthum Jerusalem gründete. 1841 veranlasste er die beiden Erzbischöfe und 14 Bischöfe, welche der Gesellschaft noch nicht beigetreten waren, sich derselben anzuschliessen. Er starb 1850.

Ein besonderer Freund und Mitarbeiter von Marsh in dem Werke der Judenmission war Rev. T. S. Grimshawe, der die Sache der Mission in viele Kreise brachte, die bis dahin von ihr noch nichts wussten. Auch er gehört zu denen, die von sich selbst bekennen, dass nicht die Bekanntschaft mit den Juden, sondern die Verheissungen der Schrift für Israel sie zur Judenmission geführt hätten. Ganz Aehnliches gilt von Rev. Isaaks Saunders, Rev. Thomas Fry, Rev. Basil Wood, G. T. King Esq., Legh Richmond, eifrigen Beförderern des Werkes.

Sogleich im Anfange waren viele auch bestrebt, die Mission literarisch zu vertreten und ganz besonders das Zeugniss der Propheten den Christen und Juden vorzuhalten. W. Cunninghame Esq. gehörte zu den Mitgliedern der Gesellschaft, welche am frühesten in direkten Verkehr mit den Juden traten; besonders führte er mit Joseph Crooll, Lehrer des Hebräischen an der Universität Cambridge, einen öffentlichen Briefwechsel über die Fragen des Christenthums und Judenthums 1815. Jenem jüdischen Gelehrten, der behauptete, dass nach dem Alten Testament das Reich des Messias ein rein irdisches sei, antwortete auch Rev. Thom. Scott in einer Schrift »The Restoration of Israel« 1815. Dr. John Leland führte in »The advantage and necessity of the Christian revelation« 1818 aus, dass die Bekehrung der Juden vor allem geschehn müsse, weil von derselben der Eingang der Heiden in die christliche Kirche abhinge. Melville Horne erhob sich gleichfalls für die Zukunft Israels. J. A. Brown schrieb 1822: »The Eventide or last triumph of the blessed and only Potentate«, 2 Bände, der jüdischen Nation gewidmet. Die Auslegung ist eine ganz zeitgeschichtliche und will genau die Jahre der Erfüllung der Weissagungen bestimmen. Auch Rev. S. M. Maitland schrieb über das zukünftige Schicksal der Juden, 1830 deutsch übersetzt in Berlin. Haben alle diese mündlich und schriftlich sich die Förderung der Mission angelegen sein lassen und ihr eine Stelle im kirchlichen Leben Englands erobert, so kann doch nicht geleugnet werden, dass apokalyptische Erwägungen in der Missionsarbeit einen zu weiten Raum einnahmen und die Missionsthätigkeit vielfach in nicht heilsamer und gesunder Weise beeinflussten. John Allen gehört zu den Wenigen, die sich in jener Zeit getrieben fühlten, den Juden die Unhaltbarkeit ihrer gegenwärtigen religiösen Zustände zu Gemüthe zu führen: »Modern Judaism or a brief account of the opinions, traditions, rites and ceremonies of the Jews in modern times«, London 1816. Zu den hervorragenden Freunden der Londoner Gesellschaft zählt aber auch eine Dame Miss Cook in Cheltenham. Wahrhaft fürstlich hat dieselbe für die Judenmission und besonders für ihr Werk in Jerusalem gesorgt. Sie starb 1851. Nachdem sie schon fort und fort die Gesellschaft überaus reich beschenkt hatte, hinterliess sie derselben all ihr fundirtes Eigenthum, ungefähr 500000 Mark, welche Summe ein Reservefonds der Gesellschaft sein sollte, dessen Zinsen nur verwandt werden dürfen. Im Ganzen haben die Schenkungen der Dame die Höhe von 1 200 000 Mark erreicht.

Was nun die Einrichtung der Gesellschaft betrifft, so steht an der Spitze derselben ausser den Patronen ein Präsident nebst einigen Vicepräsidenten, Trustees, Governors, ein Ehrentitel für solche, die dem Werke besondere Dienste geleistet haben, und dann vor allem das Comité, welches die Gesellschaft leitet. Zu demselben gehören als wichtigste Mitglieder zwei Sekretäre, ein Schatzmeister, Hilfsgesellschaften- und Distriktssekretäre und andere Personen.

Der erste Präsident Sir Thomas Baring übernahm 1815 sein Amt und hat dasselbe mit grosser Treue und Umsicht verwaltet. Er starb 1848. Von 1834—48 war Vicepräsident, von da ab Präsident Lord Antony Ashley Cooper, hernach

Earl of Shaftesbury*). In seiner Ansprache am Jahresfest 1848 forderte er die Anwesenden auf, das Evangelium den Juden zu bringen, damit es dann durch dieselben zu allen Nationen käme. Dieses sein erstes Auftreten als Präsident kennzeichnet ihn. Die zukünftige Wiederherstellung Israels war es besonders, welche ihn zur Judenmission geführt hatte und an derselben auch festhalten wie für sie begeistert eintreten liess, während doch schon seine übrige Arbeit zum Besten der Nothleidenden und Elenden eine fast übergrosse war. Seine Liebe zu Israel war eine überaus innige und begeisterte, aber bei derselben fehlte es auch ihm wie den allermeisten Judenfreunden in Grossbritannien an der Erkenntniss der Schäden und des Verderbens der Juden. Für die Judenfrage der Gegenwart hatte deshalb auch er kein Verständniss. Als die Judenverfolgungen in Russland ausbrachen, rief er in einer Versammlung in Mansion House wohl mit Recht die Theilnahme für die Verfolgten wach, hatte aber, wie die allermeisten andern Judenfreunde seines Landes, kein Wort der Mahnung für die Juden, welche doch die christliche Bevölkerung bis aufs Blut gepeinigt haben. Sein Nachfolger ist Sir John Kennaway geworden.

Eine besonders wichtige Stellung nehmen in der Londoner Gesellschaft die Sekretäre ein, weil diese den Verkehr mit den Missionaren unterhalten und das Bindeglied zwischen der Gesellschaft und ihren Arbeitern sind, wie ihnen denn auch ein grosser Theil der eigentlichen Leitung des Werkes obliegt. 1814 wurde Rev. C. S. Hawtrey als Ehrensekretär und Kaplan angestellt, von 1824—31 übte er das Amt eines besoldeten Sekretärs aus. Mit den auswärtigen Nationen verkehrte Rev. Peter Treschow von der Brüdergemeine als Sekretär. Derselbe kannte die jüdischen Zustände auf dem Festlande genau. Die Gesellschaft that sehr wohl daran, dass sie diesen nüchternen und eifrigen Mann für ihren Dienst erwarb; denn neben dem oft phantastischen Enthusiasmus der Engländer war Sachkenntniss durchaus erforderlich. 1828 ging er nach Neuwied in Deutschland

---

*) The late Earl of S., a life sketch, London 1885. Edwin Hodder, Life and work of the seventh Earl of S. London 1886. Jew. Int. Nov. 1886. Calwer Familienbibliothek, Das Leben des Grafen S., 1889, Nr. 20.

zurück und trat seitdem von seinem Missionsamte ab. — An seine Stelle trat Rev. J. B. Cartwright*), der von 1832 an auch Gesellschaftskaplan war und bis 1861 im Missionsamte stand. Derselbe hatte schon als Knabe von seinen kleinen Einnahmen stets etwas für die Judenmission gespendet. Sein Vater übernahm ein Predigtamt in Neu-Süd-Wales, liess aber den Sohn zu seiner Erziehung in England zurück und dieser wurde dann Prediger. Simeon lernte ihn durch einen Bericht über den Ortsmissionsverein kennen, was den Anlass zu seiner Berufung in das Sekretariat der Londoner Gesellschaft gab. Er machte als solcher im Interesse der Gesellschaft viele Reisen im Inselreich und gönnte sich oft selbst des Nachts keine Ruhe, was ihn bei seiner an sich schon schwächlichen Constitution sehr angriff. Von seinen in der Gesellschaftskapelle gehaltenen Predigten sind viele gedruckt worden. Die Zahl der von ihm getauften Juden ist eine sehr grosse, und mehrere Hundert jüdische Kinder haben seinen Unterricht genossen. Auch als Vorsteher des Hebrew College hat er gute Dienste geleistet. An seinem 55. Geburtstage bewiesen ihm die Kinder und die Proselyten durch reiche Geschenke ihre dankbare Liebe. Er starb 1861. Auch literarisch ist er thätig gewesen. So gab er heraus: ›Missionary hymns for Jews and Gentiles with prayers for the conversion of the Jews‹. Diese Gebete und Lieder werden in der Anstaltskapelle gebraucht; den breitesten Raum nimmt unter ihnen das Thema der Wiederherstellung Israels ein. Ebenso liess er für Kinder erscheinen: ›Hymns for Hebrew children with prayers for the use of the Hebrew schools, Palestine Place‹, London 1850. Ferner: ›The Israelite indeed‹. Sodann: ›The Church of St. James‹; ›The primitive Hebrew Christian Church of Jerusalem, its history, character and constitution‹; hier verfolgt er auch die Geschichte der christlichen Kirche in Jerusalem bis ins vierte Jahrhundert, besonders führt er die Bischöfe jüdischer Abstammung an. Zur Abhilfe der Noth der Church Mission rief er ›The Episcopal Jews' Chapel Missionary Association‹ ins Leben und veranlasste so bekehrte Juden sich der Heidenmission thätig anzunehmen.

---

*) Jew. Int. 1861, 73.

Von Sekretär Rev. J. J. Reynolds, 1833—46, erschienen 1847
»Lectures on the Jews«; sie behandeln die Berufung Abrahams,
die Trennung Israels von den andern Nationen, die Gefangenschaften Israels, den gegenwärtigen Zustand der Juden, die Aussichten der Juden für die Zukunft und die Pflichten der christlichen Kirche gegen die Juden.

Einer der hervorragendsten Sekretäre und Missionare war
Rev. W. Ayerst*). Er ist 1802 in Tenterden, Kent, geboren.
Sein Vater war ein geschickter Wundarzt, der im 89. Jahre
seines Alters 1866 starb. Der Sohn erhielt eine ernst christliche Erziehung von seinen Eltern, er selbst ist von Jugend auf
unter dem Einflusse der Gnade geblieben, die Furcht und die
Verheissungen Gottes bestimmten ihn stets. Die Bekehrung
der Juden hielt er früher für fast unmöglich. Als sein Vater
einmal von London zurückkehrend erzählte, er habe einen bekehrten Juden predigen gehört, entgegnete der Sohn, dass derselbe gewiss nicht von Geburt Jude war oder dass er es sonst
nicht aufrichtig mit dem christlichen Glauben meinte. Sein Vater
wollte ihn auch Wundarzt werden lassen und unterrichtete
den Sohn selbst in den Anfangsgründen seiner Kunst; später
aber sandte er denselben zu seiner grossen Zufriedenheit nach
Cambridge, denn sein Herzenswunsch war es stets gewesen,
Prediger zu werden. Auf der Universität zeichnete er sich so
aus, dass er 1826 den Grad als Baccalaureus artium als erster
erhielt. Sein Wunsch war es eigentlich Missionar zu werden,
aber sein Gesundheitszustand rieth davon ab. Doch glaubte
er als Lehrer an einem Missionsseminar in der Heidenwelt
wohl wirken zu können. Er theilte dies Simeon mit, dessen
Predigten er regelmässig hörte. Derselbe entgegnete ihm, dass
sein Plan gut sei, dass aber die Juden die geborenen Missionare
der Welt seien, gegenwärtig jedoch selbst noch der Erziehung
bedürften. Ayerst antwortete ihm, dass er in dieser Weise nie
der Juden gedacht hätte, worauf ihm Simeon entgegnete, dass
es dann Zeit sei, derselben so zu gedenken. Dieses Wort
verliess ihn nicht; er lernte die Verheissungen der Schrift für die
Juden kennen, sah aber seinen Weg nicht klar vorgezeichnet. Er

---

*) Jew. Int. 1883, 50.

hatte von dem Wirken M'Cauls und Beckers in Polen gehört, und das zog ihn an, anderes aber schien ihm den Eintritt in die Judenmission zu widerrathen. Er erklärte sich aber gegen Simeon bereit, einmal probeweise unter die Juden zu gehn. Nun wurde festgesetzt, er solle nach der Ordination in die Judenmission eintreten und inzwischen tüchtig Hebräisch und jüdische Controverse lernen. Das that er denn auch im Seminar zu Stansted. Um diese Zeit war Alexander in Plymouth zur Erkenntniss Christi gelangt. Nach seiner Taufe 1825 ging A. nach Dublin, um dort am Trinity College zu studiren und darauf ordinirt zu werden. Sein Gesundheitszustand aber hatte unter den heftigen Seelenkämpfen so gelitten, dass er diesen Plan nicht ausführen konnte. Erzbischof Dr. Magee ordinirte ihn deshalb ohne vorhergegangenes Studium. 1826 nun wurde Alexander Curate von St. Peter in Ipswich für ein Jahr, das Jahr darauf sollte er als Londoner Missionar nach Danzig gehn. Ayerst begleitete ihn dorthin; er sollte Alexander in der Theologie, Latein und Griechisch weiter unterrichten, von ihm hingegen Deutsch und Hebräisch lernen. So geschah es auch, und beide arbeiteten mit einander. Ayerst fand sich immer besser in die jüdische Art. Alexander wurde 1830 nach London berufen, um dort das Missionswerk zu übernehmen; Ayerst musste auch krankheitshalber nach England zurückkehren und wurde dann genesen nach Breslau gesandt. Hier fand er besonders bei gebildeten Juden vielen Eingang; christlicherseits aber wurden ihm in der Stadt, die damals durch den Kampf zwischen Rationalismus und Altlutherthum bewegt war, die grössten Hindernisse bereitet, so dass er nur verstohlen, oft allein in der Nacht unter den Juden wirken konnte. Deshalb ging er, einer Aufforderung der Berliner Judenmissionsgesellschaft folgend, 1832 nach Berlin. König Friedrich Wilhelm III. hatte Missionspredigten gestattet. M'Caul sollte dieselben zuerst halten; da derselbe aber verhindert war, bat die Berliner Gesellschaft Ayerst an dessen Stelle zu treten. Er predigte nun jeden Sonntag in einer grossen Kirche, die Juden wurden zu den Predigten in den Blättern eingeladen; Sonnabend abends sprach er in einem grossen Zimmer seiner Wohnung zu den Juden. $3^{1}/_{2}$ Jahr hatte er ununterbrochen zahlreiche Juden als Zuhörer bei seinen Predigten und Vorträgen. Auch von allen Klassen der christlichen Bevölkerung strömten Zuhörer zu seinen Predigten herbei; einige Male besuchten sie auch Glieder der königlichen Familie, Universitätsprofessoren, Juristen, Offiziere u. s. w. Die Arbeit übermannte ihn fast. Etwa 300 Juden meldeten sich in dieser kurzen Zeit bei ihm zum Unterricht; 46 Erwachsene taufte er, oft unter grosser Theilnahme der Gemeinde. Von den Getauften und dem Berliner Werke wird später mehr zu berichten sein. 1837 kehrte er nach England zurück und hielt dort wie in Irland überall Ansprachen und Vorträge. Ein engherziger englischer Geistlicher aber verklagte ihn bei dem Bischofe Blomfield von London, dass er bei den Gottesdiensten in Preussen die preussische Liturgie gebraucht hätte, und der Bischof erklärte ihm ebenso einseitig, dass er nur die englische Liturgie gebrauchen dürfe. Durch diese verkehrte Anordnung wurde Ayerst die Wiederaufnahme des grossen Werks in Berlin unmöglich gemacht; in ähnlicher Weise hat auch sonst englische Engherzigkeit die Mission z. B. in Warschau aufs Tiefste geschädigt. Immer wird es die englische und britische Wirksamkeit beeinträchtigen, dass sie ihre kirchlichen Verhältnisse auf Orte übertragen will, wohin sie gar nicht passen, und dass sie fast gar kein Verständniss dafür hat, wie nothwendig es ist, die Mission überall in enger Verbindung mit den evangelischen Landeskirchen, unter denen sie wirkt, zu treiben. Auf diesen bösen Punkt wird noch mehrfach an verschiedenen Stellen der Missionsunternehmungen der Briten hingewiesen werden müssen. 1838 erhielt Ayerst den Auftrag die Stationen des Festlandes zu besuchen. Sein Bericht über diese Reise (Jew. Int. 1838, 231) zeigt, dass er die Dinge überall mit einem gesunden Verständniss angesehen hat. Er wurde darauf nach Frankfurt a. M. versetzt, wo er in der bisher von ihm innegehaltenen Weise weiter arbeitete. Hier fing er an eine lange Reihe von Artikeln zu schreiben, die 1848 in einem besonderen Buche: ›The Jews of the nineteenth century‹, London, erschienen sind und jüdische Literatur, jüdische Gebräuche und Gottesdienst, Talmudisches, Geschichtliches, auch Missionsgeschichtliches u. s. w. behandeln; dieselben sind noch heute von Werth.

1840 predigte er wieder für die Gesellschaft in England

und wurde 1841 als Sekretär für die auswärtigen Missionen angestellt, 1853 übernahm er das Pfarramt in Egerton, Kent. Jewish Intelligence brachten beständig von ihm Artikel, die zu den besten des Blattes zählten. Auch Traktate hat er herausgegeben: »The hope of Israel or the doctrine of the ancient Jews concerning the Messiah«, englisch, hebräisch, italienisch und deutsch. »Faith in Israel exemplified in the testimony borne to the power of the gospel by members of the house of Israel« (als Glaubensbeispiele aus Israel werden dargestellt: Bischof Alexander, Frau Lauria, Peter Meier, Heinrich Graf, Maria, Dr. Fränkel, Capadose), englisch und deutsch. »The Atonement«, englisch. »Pentateuch its own witness«, englisch. Die Missionsarbeit setzte er auch als Pfarrer treulich fort. 1856 besuchte er die Juden in vielen Orten Deutschlands und Polens, überall auch den Christen die Mission ans Herz legend. 1857 arbeitete er in Berlin, wurde dann aber krank; doch war er 1858 schon wieder auf dem Plan. 1858 und 59 predigte er 154 Mal für die Gesellschaft in England. Sein ältester Sohn war sein Begleiter und Gehilfe. Aehnlich wirkte er in den späteren Jahren: 1867 bereiste er das Festland, 1868 versah er bis zur Anstellung des Proselyten Paulus Cassel die Berliner Station, wohnte 1870 der Berliner Judenmissionsconferenz bei und eröffnete dann der Mission die Thüren in Wien. Ihn selbst ergriff es aufs Tiefste, wenn er an die Wandlung dachte, welche in seiner Zeit mit den Juden vorgegangen war, und wie er im Anfange seines Wirkens nur etwa ein Dutzend Proselyten kannte, hernach aber persönlich über 1000 derselben. Er starb 1882. Durch Nüchternheit, Energie, Verständniss für die Juden und die Eigenthümlichkeit des Missionswerkes in den verschiedenen Ländern nimmt Ayerst einen der hervorragendsten Plätze unter den Londoner Missionsarbeitern ein.

Unter den übrigen Sekretären mögen Rev. B. W. Wright, Rev. C. J. Goodhardt, Rev. W. J. Adams, ein verständiger Mann, und Rev. W. Fleming genannt werden. Von diesen verdient Wright besonders erwähnt zu werden. Allerdings hat derselbe das Sekretariat nur ein Jahr bekleidet, aber auf vielen Reisen der Gesellschaft grosse Dienste erwiesen und sie in vortheilhaftester Weise berathen. Er trat 1845 in den Dienst der Gesellschaft und wurde von ihr nach Berlin geschickt, wo wir ihm später noch begegnen werden. Er zuerst drängte darauf, in Berlin eine Missionskirche zu errichten, aber freilich aus dem wenig stichhaltigen Grunde, damit die Juden den evangelischen Gottesdienst in der reinen Gestalt, wie ihn die englische Kirche darbiete, kennen lernten. Als Missionsarbeiter wusste er jedoch seinen Posten wohl auszufüllen. Mit grosser Klarheit beurtheilte er die Zustände unter den Juden des Festlandes und hat auch ihre moderne Literatur mit Fleiss verfolgt, um den Juden der Gegenwart so recht ein Jude werden zu können. Er vor allen andern englischen Missionsfreunden wies auf die Thatsache hin, dass sich die Juden an der Revolution in Europa in vorderster Reihe betheiligten, und dass der von ihnen in weiten Gebieten auf entsetzliche Weise geübte Wucher mit Nothwendigkeit den Zorn der übrigen Bevölkerung erwecken und zu gewaltsamer Vergeltung treiben werde. Mit seinem ehrlichen und herzlichen Zeugniss aber fand er bei vielen Juden Eingang. Er besuchte sie allenthalben in Deutschland. Nach dreijährigen Reisen schrieb er an die Gesellschaft: »Ich habe im Verlauf dieser Reisen Beispiele erlebt, wie Juden unmittelbar erweckt wurden und bald hernach von Missionaren die Taufe empfingen. Aber im Allgemeinen darf man das nicht erfahren, was man thut, wenn man auch aus den aufmerksamen Augen und dem gespannten Zuhören merken kann, dass man nicht umsonst arbeitet.« Auf seinen Missionsreisen gelang es ihm, viele preussische Pastoren für das Werk an den Juden zu gewinnen; und ihm ist es zu danken, dass die Gesellschaft mehrfach zur Errichtung der damals noch wichtigen Missionsschulen schritt. Oesterreich besuchte er 1848 und erkannte deutlich, dass mit dem Jahre 1848 eine neue Phase in der gesamten Entwickelung der Juden eingetreten sei, welche für das Missionswerk manche Erleichterungen bringen, zunächst aber die religiöse Gleichgültigkeit unter den Juden ausserordentlich steigern würde. So recht Engländer war er darin, dass er in den Zeitereignissen den Anfang der grossen Trübsal über Israel und seiner nationalen Wiederherstellung erblickte. Aber ganz richtig hat er auf dem Jahresfeste in London 1848 erklärt, dass jetzt wohl der Aberglaube unter den Juden zusammenbrechen, diesem zunächst jedoch eine Zeit des Rationalismus und des Unglaubens folgen würde. Eben deshalb sei es die Pflicht der Christen, ihre Missionsbemühungen zu verdoppeln und so dem Verderben unter den Juden zu wehren. Ebenso richtig war es, dass er betonte, das wichtigste Arbeitsfeld der Mission seien die unter den Slaven wohnenden Juden, der dortige Boden sei der empfänglichste, und der grösste Theil der Proselyten der Gegenwart stamme aus diesen Gegenden. Versäumten aber die Christen ihre Pflicht an den Juden in dieser kritischen Zeit, so würde sich das in ihrem eigenen Leben bitter rächen.

Er bereiste dann Oesterreich und bewirkte es, dass die britische Bibelgesellschaft in jenem Lande eine Niederlage errichtete und 25 Colporteure anstellte. In den letzten Monaten 1849 besuchte er die Juden in Nizza, Padua, Ancona, Rom, Livorno und Venedig und erkannte sofort den Unterschied zwischen den italienischen und polnischen Juden. Er fand, dass zwar Fanatismus und Aberglaube nicht in solchem Maasse wie unter den polnischen Juden unter den italienischen herrschten, dass es ihnen aber an tieferem religiösem Sehnen durchaus fehlte, und die Reform bei ihnen Eingang zu finden begann. Dann als britischer Kaplan in Triest angestellt, suchte er von dort aus die norditalienischen Juden auf und durfte wenigstens zwei Juden in jener Stadt taufen. 1853 übernahm er das Amt eines Sekretärs der Londoner Gesellschaft, trat nach einem Jahre aber das Pfarramt in Norton Cuckney an. Mit der Mission blieb er in steter Verbindung und machte in ihrem Auftrage noch manche Deputationsreisen. Nüchternes Urtheil und eine wirkliche Kenntniss der Juden zeichneten Wright vor den meisten britischen Missionsarbeitern aus, in seiner Beharrlichkeit und seinem unermüdlichen Eifer aber war er ein echter Typus der angelsächsischen Rasse.

Von den Kaplänen der Gesellschaft sind auser den bereits angeführten Rev. Thomas Frey und Rev. C. Hawtrey noch zu nennen: Rev. Isaak Brook von 1861—65; Rev. W. Warren von 1865—79, der 1882 die Schrift: »Jew and Christian, their mutual relations and duties«, Cambridge, erscheinen liess; Rev. J. B. Barraclough von 1879 an.

Ueber ganz England und Irland ist ein Netz von Hilfsgesellschaften gezogen, für die eigene Sekretäre, Prediger der englischen Kirche, angestellt sind.. Die Einnahmen der Gesellschaft betrugen im ersten Jahrzehnt jährlich durchschnittlich über 8500 Lstr., im zweiten über 9100, im dritten gegen 14 000, im vierten über 11 400, im fünften über 21 000, im sechsten über 27 000, im siebenten gegen 30 000, in den 70 er Jahren über 40 000, sind aber gegenwärtig auf etwa 34 000 zurückgegangen, zum Theil infolge der gegen die Gesellschaft gerichteten Angriffe und der wirklichen Mängel derselben. Neben dem Haupteinnahmeposten giebt es besondere Fonds für Jerusalem, die Mission daselbst, die Christuskirche, das Hospital, das Industriehaus, das Institut für Jüdinnen, für die Unterstützungskasse der Bekehrten in Jerusalem und den dortigen Bischof, für die Mission in Hamadan (Persien), für die Schulen auf Palestine Place, für getaufte und im Unterricht stehende Juden, für Wittwen und emeritirte Missionare, für das Werk in Rom, für Wanderers' Home und einen Reservefonds.

In einer solchen Organisation nun arbeitet die Londoner Gesellschaft. Je mehr das Werk voranging, desto mehr häuften sich jedoch auch die Schwierigkeiten. Die grösste Noth erwuchs ihr aus der traurigen äusseren Lage vieler Getauften und Unterrichteten und aus der Aufgabe, für diese eine angemessene Beschäftigung zu finden. Dieser Uebelstand besteht noch heute vielfach fort. Die Gesellschaftsdruckerei konnte nur wenigen Arbeit gewähren, aber doch that jene Buchdruckerei ein heilsames Werk; der rührende Brief eines jungen Juden Henry Adams aus dem Jahre 1818 (Our Missions S. 80) ist ein Beweis davon. Auch die Schulen gediehen und wirkten Gutes[*]. Die ersten jüdischen Kinder waren am 23. Januar 1809 in die Gesellschaftsschulen aufgenommen worden. Am Schluss des Jahres zählten dieselben schon 18 jüdische Knaben und vier jüdische Mädchen; 1878 waren bereits über 1000 Kinder in diesen Schulen unterrichtet worden und gar manche derselben in ihrem späteren Leben Christen geworden. 1819 wurde an der Nordseite der Kapelle eine Schule für Knaben errichtet

---

[*] Jew. Int. von Mai 1878 an und der besondere Abdruck »Historic notices of the Society's mission work amongst Jewish children« 1879.

und im Sommer 1821 eine solche für Mädchen. Als 1822 zum ersten Male das gegenwärtige Schulgebäude auf Palestine Place in Gebrauch kam, wurden daselbst 38 Knaben und 44 Mädchen unterwiesen. Kinder aus England und dem Festlande, aber auch selbst aus Jerusalem, Afrika und Indien fanden hier Aufnahme; die ärmeren Kinder waren die weit überwiegenden, doch waren auch solche aus allen Gesellschaftsklassen zu finden. Die Knaben hat man in der Regel ein Handwerk erlernen lassen, die Mädchen gewöhnlich in den Dienst gegeben; über die kleinere Zahl ist nach Beendigung der Schulzeit von den Eltern selbständig verfügt worden. Der Kaplan der Kapelle ist über alle Kinder gesetzt, der Unterricht ist natürlich ein ausgeprägt christlicher und soll die Kinder besonders zur Kenntniss der Schrift führen. Die ältesten Mädchen müssen auch im Hause helfen, alle werden in weiblichen Handarbeiten unterrichtet. Von den Knaben sind manche Prediger der Kirche von England, Missionare in der Inneren und Aeusseren Mission, nicht wenige Lehrer an höheren und niederen Schulen, andere Juristen, Beamte und Kaufleute, die meisten aber Handwerker geworden. Von einer Anzahl weiss man, dass sie im lebendigen Glauben gestorben sind. Am Jahresfest wird eine Versammlung früherer Schüler veranstaltet, bei der zuweilen hundert derselben erscheinen.

a. London.

Man begann nun aber die Nothwendigkeit zu fühlen, den Juden in England durch besonders für sie angestellte Missionare das Evangelium nahe zu bringen. Rev. J. C. Reichhardt, der bereits vier Jahre unter den Juden des Festlandes gearbeitet hatte, wurde zuerst für diesen Posten erlesen[*]. Man wollte einen Nichtjuden anstellen. Ueber die Frage, ob Proselyten oder andere Christen in der Mission besonders zu verwerthen seien, wurde in der ersten Zeit mehrfach verhandelt. Pinkerton wünschte Proselyten nur in geringer Zahl, hernach stellte man besonders Proselyten an. Thatsächlich kommt alles auf die Person an; doch hat das Beispiel der Britischen Gesellschaft

---

[*] Jew. Int. 1873, 97. Rhein.-Westf. Missions-Blatt 1874, Jan.

gezeigt, dass es durchaus nicht rathsam ist nur oder völlig überwiegend Proselyten zu beschäftigen, da in diesem Falle die Mission leicht mit allen den oft recht ernsten Fehlern derselben behaftet wird. Man besetzte nun zuerst London, hernach auch andere Städte des Königreichs. Die Wahl von Reichhardt war in mancher Beziehung eine ganz richtige. Derselbe ist 1803 in Ruhrort (Rheinprovinz) als jüngstes von 11 Kindern geboren. Sein Vater war ein geachteter Wundarzt, seine fromme Mutter verlor er früh; aber ihre Erziehung und das Beispiel seiner ältesten Schwester, welche dann die erste Diakonisse in Kaiserswerth wurde und als solche 1869 starb, übten einen nachhaltigen Einfluss auf ihn aus. Während seiner Schulzeit besuchte ein kleines jüdisches Mädchen ihren Vater, um ärztlichen Rath zu erfragen; bis sie vorgelassen wurde, beschäftigte sich der Knabe mit ihr und lernte von ihr das hebräische Alphabet. Durch einen ernsten, einfachen Christen wurde er in seinen Jünglingsjahren innerlich gefördert, so dass er Heidenmissionar zu werden wünschte. Durch die Barmer Missionsgesellschaft kam er dann auch zu P. Jänicke auf das Missionsseminar in Berlin; den ganzen Weg dahin machte er zu Fuss. Durch seine ernste Frömmigkeit und seine Ausdauer gereichte er den Mitstudirenden zum Segen. Von dem britischen Gesandten Sir Rose, in dessen Hause er den englischen Gottesdiensten beiwohnte, wurde er dann zuerst auf die Juden hingewiesen, und 1824 trat er denn auch in die Londoner Gesellschaft ein. Er wurde hernach mit Wermelskirch auf das hoffnungsreiche Feld in Polen geschickt und machte dort mit den andern Missionaren weite Reisen, besuchte aber auch Bayern und Holland. 1830 wurde er nach England berufen, um neben Alexander unter den britischen Juden zu arbeiten. Mit grossem Eifer trat er hier in sein Feld ein, und seine regelmässigen Vorlesungen für Juden in der Palestine-Place-Kapelle wurden von denselben zahlreich besucht. Nach denselben veranstaltete er Besprechungen, denen zuweilen 50 und mehr Juden beiwohnten. Ausserdem vertheilte er Schriften unter den Juden und empfing häufige Besuche derselben in seinem Hause. Von seinem Werke an dem 1831 errichteten Operative s. S. 44. 1832 wurden die Aldermanbury-Conferenzen an den Abenden des Samstags begonnen, so genannt, weil sie in dem Hause Aldermanbury 16 stattfanden. Auch Reichhardt betheiligte sich an denselben. Die Juden wurden dort aufgefordert, die Beweise zu hören, dass Jesus der Messias sei. Oft ging es in diesen Versammlungen sehr stürmisch zu, doch haben manche der Zuhörer von denselben einen Eindruck mitgenommen. 1834 eröffneten die Juden Vorlesungen, zu denen sie die Christen einluden, ihre Gründe gegen das Christenthum und für das Judenthum zu hören. Wiederholt wurden dann die Aldermanbury-Conferenzen geschlossen und wieder eröffnet, bis das unwürdige Benehmen der Juden sie unmöglich machte. Hernach über diesen Punkt mehr. Reichhardt ging später, als er der Leitung des Operative bei dem eigenthümlichen Charakter der Zöglinge nicht mehr gewachsen war, 1857 nach Jerusalem zu kurzer Vertretung von Nicolaysen. Nach seiner Rückkehr reiste er viel für die Mission in England und arbeitete literarisch für dieselbe. Besonders schrieb er Traktate, die aber bei den heutigen religiösen und Bildungs-Verhältnissen der Juden überlebt sind, so: »Bestimmung des Volkes Israel«, »Beweis, dass Jesus von Nazareth der Sohn Davids«, »dass Jesus der Sohn Gottes sei«, »Die biblische Lehre von der Gottheit«, »Der Alte und der Neue Bund«. Diese Traktate sind in verschiedenen Sprachen erschienen und haben früher hier und da Gutes gestiftet. Grosse Mühe verwandte er auf die Accentuirung des hebräischen Neuen Testamentes, eine von ihm überschätzte Arbeit, und liess eine Ausgabe des hebräischen Alten Testamentes mit Parallelen erscheinen. Auch betheiligte er sich an der Vorbildung der Zöglinge im Missionsseminar und hat auf viele derselben höchst vortheilhaft eingewirkt. Er starb an den Folgen einer im Auftrage der Gesellschaft unternommenen Winterreise 1872.

Marsh, Hawtrey und Maitland hatten bereits 1828 die Nothwendigkeit betont, ein Arbeitshaus zur Beschäftigung von Proselyten ins Leben zu rufen, nachdem sie ähnliche Einrichtungen auf dem Festlande angetroffen hatten. Selbst wollte die Gesellschaft ein solches Haus nicht bauen, wohl aber eins der ihr gehörigen Häuser auf Palestine Place für diesen Zweck um einen mässigen Preis vermiethen. So wurden nun die drei oben Genannten in das Comité für die Einrichtung dieses

Hauses gewählt und förderten das Unternehmen mit vieler Liebe. Dieses Institut, genannt Operative Jewish Converts' Institution, besteht noch heute selbständig, aber im engsten Anschlusse an die Gesellschaft. Hier lernen Proselyten und Taufkandidaten Buchbinderei und Buchdruckerei unter christlicher Erziehung und Unterricht. Reichhardt wurde zuerst an die Spitze des Operative gestellt und hat demselben unter dem Beistand seiner trefflichen Gattin, einer Schwester des Rev. Goodhardt, mit aller Treue 20 Jahre vorgestanden; nur war er zu weich für diesen schwierigen Posten. Als er von der Anstalt schied, überreichten ihm die aus derselben hervorgegangenen Proselyten als Zeichen ihrer Dankbarkeit eine schön gebundene englische Bibel. Aus dem Operative, auf das noch weiter zurückzukommen ist, sind viele Prediger, Missionare, Lehrer und Handwerker hervorgegangen. Bis 1883 belief sich die Zahl der in dasselbe Aufgenommenen auf nicht weniger als 798. Zu der nicht kleinen Zahl von Juden, auf die Reichhardt einen entscheidenden Eindruck gemacht hat, gehört besonders H. A. Stern.

Von den Missionaren, die in London gearbeitet haben, sind dann noch einige hervorzuheben. Reichhardt hatte darauf hingewiesen, dass Ein Missionar in London nicht zu leisten im Stande sei, was geleistet werden müsse, und so wurde 1830 auch Rev. Michael Salomon Alexander[*]) in das Missionshaus berufen, um in der Hauptstadt zu wirken. Derselbe ist 1799 in Schönlanke (Posen) von jüdischen Eltern geboren, die sehr streng am Talmud festhielten. Schon in seinem 16. Jahre musste er wandern, um sich sein Brot als Lehrer zu erwerben. Als solcher wirkte er zunächst in Deutschland. Als ihm dann aber eine Stelle in England angeboten wurde, zog er dorthin, und das war der Weg Gottes für ihn. 21 Jahre alt kam er nach England, ohne die Sprache des Landes zu kennen. Das Christenthum war ihm nur aus den Darstellungen des Talmud bekannt und in der Heimath allein in der römischen Gestalt entgegengetreten. Die Prozessionen, welche er dort oft erblickt,

---

[*]) Jew. Int. 1846, 38 u. öfters. Ayerst, The Jews of the 19. century, S. 120 u. öfters; Glaube in Israel, S. 1; W. H. Hechler, The Jerusalem Bishopric. London 1883.

hatten in ihm eine solche Vorstellung vom Christenthum hervorgerufen, dass er meinte, dasselbe unterscheide sich nicht wesentlich vom Heidenthum; das Neue Testament kannte er nicht einmal dem Namen nach. Als er dann in England eine Anstellung als Lehrer einer wohlhabenden jüdischen Familie erhielt, lernte er das Christenthum von einer neuen Seite kennen. Er wurde, wie früher schon erzählt ist, mit der Mission bekannt und gerieth darüber in grosse Kämpfe, die 4 Jahre lang dauerten. Zweimal wechselte er seine Stelle, liess sich dann als Rabbiner in Plymouth nieder und verheirathete sich in der Hoffnung, auf diesem Wege zur Ruhe zu kommen -- vergeblich. Er nahm sich vor, jeder Kirche aus dem Wege zu gehn, und doch schlich er sich am Sonntag Abend an eine Kirche heran, um die Orgeltöne zu hören. Seine christlichen Bekannten liessen ihn auch nicht gehn; Marsh, eine fromme Dame und Rev. John Hatchard führten ihn immer weiter, während ihn der Oberrabbiner durch Schroffheit und vornehme Verachtung des Christenthums dem Judenthum völlig entfremdete. 1825 wurde er von Hatchard getauft, seine Frau etwas später in Exeter; am Weihnachtstage folgten ihm zwei andere Juden, die durch sein Wort gewonnen worden waren. Von seinem Aufenthalt in Dublin und seiner Ordination war bereits die Rede. Es war die erste Ordination eines Proselyten nach der Salomon ertheilten, und durch die Erfahrungen mit diesem belehrt schritt man nur mit grosser Vorsicht zu derselben. Seine erste Predigt hielt er dann in Sandford Church bei Dublin über Ps. 51, 15, die erste Predigt in Jewish Chapel zu London im Juli 1827 über Röm. 1, 16. Ende dieses Jahres trat er ganz in den Dienst der Londoner Gesellschaft, die ihn mit Ayerst nach Danzig sandte. 1828 besuchte er auch seinen Geburtsort, um seine Verwandten noch einmal zu sehn. Dieselben nahmen ihn freundlich auf; die Juden der Stadt aber geriethen bei seinem Erscheinen in die grösste Erregung, so dass er den Ort bald verlassen musste. Die Arbeit in Danzig war keine leichte, die Danziger Bibelgesellschaft wollte nicht einmal Bibeln für jüdische Kinder gewähren. Alexander aber liess nicht nach. Im Gespräch mit den Juden betonte er denselben gegenüber immer besonders, dass sie ohne den heiligen Geist die göttlichen Dinge nicht verstehn könnten, und wies sie auf das Psalmwort hin: Oeffne mir die Augen, damit ich sehe die Wunder in deinem Gesetze. Dabei war er voll Eifers, sein Amt recht auszuüben. Ayerst erzählt, wie er sich einmal plötzlich von einer gastlichen Tafel erhob, um den Juden des Ortes das Evangelium zu verkündigen. Unter vielen Schwierigkeiten gelang es ihm auch eine Schule zu eröffnen, und diese wurde von jüdischen Kindern zahlreich besucht. Einige Taufen geschahen gleichfalls in der Zeit des gemeinsamen Wirkens von Alexander und Ayerst. 1830 kam er dann nach England und wohnte in einem der Mission gehörigen Hause nahe der Missionskapelle. Durch gedruckte Zettel lud er die Juden ein, Vorlesungen, die er an den Nachmittagen des Samstags hielt, beizuwohnen, und ebenso hatte er am Sonntage eine Stunde nach dem Gottesdienste festgesetzt, um von Jedem, der es wünschte, in der Kapelle gesprochen werden zu können. Dieser Einladung aber folgten wenige. Da schlug er vor, ihm ein besonderes Zimmer zu miethen, in welchem er die Juden empfangen und sprechen könnte; aber die Finanzen der Gesellschaft gestatteten nicht sogleich die Ausführung dieses Planes. Deshalb besuchte er die Juden in ihren Wohnungen und machte Missionsreisen unter ihnen, hielt aber auch vor Christen viele Predigten. 1832 wurde er Professor des Hebräischen und der rabbinischen Literatur an King's College, blieb aber in Verbindung mit der Mission. Auch an den Aldermanbury-Conferenzen nahm er thätigen Antheil. Sein Erscheinen hierselbst erregte die Juden immer aufs äusserste; er ertrug aber alle Schmähungen ruhig und erklärte ihnen nur, dass sich an ihnen alle Prophezeiungen des Messias erfüllt hätten. 1836 wurde ein Missionshaus in der City eröffnet, welchem der Proselyt Saul als Hausvater vorgesetzt wurde. Dasselbe wurde von den Juden fleissig besucht, und hier fanden sie nicht bloss Bücher zum Lesen vor, sondern trafen sie vielfach auch Missionare an. An dieser Stätte hat Alexander treulich gearbeitet. Einige der Juden, die er dort sprach, sind hernach unterrichtet und getauft worden. Als das erste Mal im Januar 1837 der Gottesdienst mit der hebräischen Liturgie in der Kapelle gehalten wurde, predigte Alexander über Röm. 11, 14. Auf seinen Missionsreisen in England suchten ihn oft viele Juden auf, und bei manchem derselben ist dann der eingestreute Same aufgegangen. Besonders ergreifend war es für ihn, als ihn auf einer solchen Reise 1837 ein todkranker Jude zu sich rufen liess, der, durch Marsh angeregt, jetzt zur Entscheidung kam und nun unmittelbar vor seinem Tode getauft wurde. Ebenso wurde durch ihn Rabbi Wolff mit seiner ganzen Familie zu Christo gebracht. Mit besonderem Nachdruck wies er auf die Pflicht hin, sich der Proselyten auch in bürgerlicher Beziehung anzunehmen, von denen viele durch ihre Taufe in die schwierigste Lage versetzt worden waren. Als aus Anlass der Ermordung des Pater Thomas in Damaskus die Beschuldigung gegen die Juden erhoben wurde, dass sie Christenblut gebrauchten, unterzeichnete er an erster Stelle den Protest der damals in England lebenden Proselyten hiergegen. Als dann aber durch Friedrich Wilhelms IV. von Preussen Bemühungen das evangelische Bisthum in Jerusalem errichtet wurde, lenkte man auf Veranlassung von M'Caul die Wahl auf Alexander; am 2. Nov. 1841 wurde er zum Bischof geweiht; die Predigt hielt bei dieser Gelegenheit M'Caul. Hochkirchliche Kreise hatten sich freilich der Einsetzung eines anglikanischen Bischofs in Jerusalem widersetzt, weil ihnen dieselbe als ein Eingriff in die Rechte der Römischen und der Griechischen Kirche erschien. Alexander hat bei diesen Leuten nie in Gunst gestanden, und sie haben ohne jede Ursache viel Thörichtes und Böses über ihn verbreitet; während in andern Kreisen die ausschweifendsten Hoffnungen auf die Einsetzung eines evangelischen Bischofs in Jerusalem gesetzt wurden und viele von derselben eine neue Aera der Kirche erwarteten. Jene Hoffnungen konnten gar nicht in Erfüllung gehn; denn die Zeit war noch nicht erschienen, welche nach der Schrift Zion wieder zu seiner besonderen Bedeutung in der Geschichte des Reiches Gottes bringen soll. Immerhin aber hat, wenigstens früher, die Aufrichtung des Bisthums zur Befestigung der evangelischen Mission im heiligen Lande beigetragen. Vor seinem Abgange nach Jerusalem ertheilte Alexander noch den in der Gesellschaftskapelle zahlreich erschienenen Proselyten das Abendmahl in hebräischer Sprache und predigte über Apostelgesch. 20, 22—24; der gewählte Text war wie eine Weissagung dessen, was hernach wirklich geschehn ist. Am 21. Jan. 1842 zog er in Jerusalem ein. Auch die Juden kamen ihm sehr freundlich entgegen. Aber er hatte viele Noth in der heiligen Stadt zu bestehn. Am 13. Febr. starb ihm ein 14 Tage altes Kind. Doch durfte er dann am 28. Febr. den Grundstein zur Christuskirche der Londoner Gesellschaft auf Zion legen und im April die erste Ordination an Joh. Mühleisen, Missionar der Church Society, der nach Abessinien bestimmt war, vollziehn. Dass die erste Ordination nicht einen Prediger für die Juden weihte, schmerzte ihn; dagegen bewegte es ihn tief, dass nun wieder Prediger von Jerusalem ausgesandt werden sollten. Im September ordinirte er übrigens als ersten Proselyten den Missionar Tartakover. Schon im August hatte er und seine Frau viel vom Fieber zu leiden, erholte sich aber wieder und ertheilte gegen 20 Proselyten im Oktober die Konfirmation. Vielfach von Krankheit heimgesucht, that er doch, was in seinen Kräften stand, um den Anforderungen seines Amtes zu genügen. Er besuchte Samaria, Beirut und Damaskus, berichtete 1844, dass bisher, während seiner Anwesenheit in Jerusalem, 37 Juden getauft, 21 Personen ordinirt, neun als Diakonen, fünf als Priester geweiht seien, und unter diesen vier Proselyten. Er hatte auch die Genugthuung, dass ein Firman des Sultans endgiltig den Bau der Zions-Kirche genehmigte, und ebenso ging sein Wunsch, in Jaffa eine Missionsstation zu errichten, in Erfüllung. Da, auf einer Reise, die er zur Erholung nach England antrat und die ihn durch die Wüste nach Aegypten führte, erkrankte er und starb einige Stunden von Cairo entfernt, am Nil, den 23. Nov. 1845. Sein Leichnam wurde nach Jerusalem zurückgebracht und dort am 20. Dec. auf dem Berge Zion beerdigt. Er wurde von den Proselyten und allen Mitarbeitern tief betrauert, denn er hatte durch seine ungeheuchelte Liebe alle Herzen gewonnen. M'Caul gab die Anregung zu einer Versorgung der Wittwe; die Erzbischöfe von Canterbury und Dublin stellten sich an die Spitze einer Sammlung für dieselbe, welche 70000 Mark einbrachte. Die Wittwe*) kehrte dann nach England zurück. Dort verheirathete sie ihre Tochter mit

---

*) Jew. Int. 1872, 65, Saat auf Hoffn. 1873, 21.

Rev. T. G. Hatchard, der später Bischof von Mauritius wurde. Sie selbst starb im lebendigen Glauben an ihren Heiland 1872 zu St. Leonhards' on Sea. Sie war die Tochter eines Juden Levy zu Plymouth und wurde 1804 geboren. Dort lernte sie Alexander in seiner Stellung als jüdischer Beamter kennen, und 17 Jahre alt heirathete sie ihn. Während der Zeit der Verlobung hatte Alexander seine ersten christlichen Eindrücke erhalten; er entdeckte sich seiner Braut, aber diese glaubte nicht, dass er übertreten würde, und liess sich mit ihm trauen. Als Alexander dann wirklich getauft wurde, wollten die Juden seine Frau von ihm mit Gewalt entfernen. Er trat aber dazwischen und brachte sie nach Exeter, wo sie bei einer christlichen Dame liebreiche Aufnahme fand und nach sechsmonatlichem Unterrichte von Rev. Hatchard getauft wurde. Ihre Mutter zürnte ihr sehr wegen ihres Uebertritts, versöhnte sich aber endlich mit ihr und liess sich während ihrer letzten Krankheit aus dem Neuen Testamente vorlesen, ohne jedoch zur Entscheidung zu kommen. Ihrem Ehemann war sie stets eine treue Gehilfin. In Jerusalem eröffnete sie eine Schule für jüdische Kinder in ihrem eigenen Hause, in der sie auch selbst unterrichtete. Sie starb in vollem Glauben an ihren Heiland und wurde von ihrem jüngsten Sohne Rev. A. B. Alexander in Churt, dem Kirchspiele desselben, beerdigt.

Noch tiefer in das ganze Missionswerk der Gegenwart hat Alexander M'Caul eingegriffen[*]). Derselbe ist 1799 in Dublin geboren. Schon früh zeigte sich sein grosses Sprachtalent, sieben Jahre alt sprach er bereits das Französische so fliessend wie das Englische. Nach seinem siebenten Jahre begann er den Unterricht in den klassischen Sprachen, und mit 12 Jahren war er für die Universität reif. Wegen seiner grossen Jugend konnte er jedoch in Trinity College nicht aufgenommen werden, und so benutzte er die Zeit sich in Latein und Griechisch zu vervollkommnen. Er besass ein ausserordentliches Gedächtniss, und bis ins späteste Alter erinnerte er sich noch dessen, was er als Jüngling in den klassischen Schriftstellern gelesen hatte,

---

[*]) A memorial sketch of the Rev. A. M'Caul von seinem Sohne J. B. M'Caul, London 1863. Jew. Int. 1864, 30.

so genau, dass er oft die Seite angeben konnte, auf welcher ein Wort eines Autors stand. Im Oktober 1814 trat er 15 Jahre alt in Trinity College zu Dublin ein und studirte hier sehr eifrig. In seinen Ferien hat er einen ganzen Monat lang täglich 16 Stunden gearbeitet, ohne das Zimmer zu seiner Erholung zu verlassen. Diese angespannte Kraft zu studiren behielt er bis in sein höheres Alter, aber freilich wurde durch solche Ueberanstrengungen seine physische Kraft erschüttert, und er hat sich nie einer Gesundheit wie viele seiner Genossen erfreut. Weil er seine Zeit auskaufen wollte, um zu nützen, was er nützen könnte, kannte er keine Schonung für sich selbst. 1819 erhielt er den Grad eines Baccalaureus Artium und fing an als Fellow Vorlesungen an der Universität zu halten. In dieser Zeit stand unter seiner Aufsicht auch der Earl of Rose. Dieser ausgezeichnete Astronom sprach es stets aus, dass er M'Caul für seine geistige und wissenschaftliche Entwickelung sehr viel zu danken habe. L. Way war es dann, welcher den Studenten durch eine Ansprache in der Rotunde zu Dublin für die Judenmission begeisterte. Er gehörte hernach zu denen, mit denen das Waysche Seminar in Stansted eröffnet wurde. 1820 trat er in dasselbe ein; das Jahr darauf wurde er mit dem Proselyten Solomon ausgesandt, um zu untersuchen, ob eine Mission in Polen eröffnet werden könne. Beide gingen zuerst nach Amsterdam. Da verliess ihn Solomon, und M'Caul setzte deshalb sogleich, die angefangene Arbeit in Amsterdam unterbrechend, die Reise nach Warschau fort. Dort angekommen, fing er sofort an die regste Missionsthätigkeit zu entfalten. Die Juden hörten, dass er Traktate verbreite, und stürmten förmlich auf ihn ein, um solche und Neue Testamente zu erlangen. Sein erstes Gespräch, das er mit einem Juden hatte, beschreibt er selbst: »Ich disputirte nicht mit ihm, sondern bewies ihm aus dem Alten Testament, dass er ein Sünder sei, der unter Gottes Fluch stehe, und zeigte ihm ebenso aus dem Alten Testament, dass er eine Wiedergeburt nöthig habe. Diese Lehre setzte ihn in Erstaunen; zugleich aber wollte er wissen, wie er denn ein neues Herz erlangen könne. Das zeigte ich ihm aus dem Neuen Testamente und wies ihm nach, dass Jesus Christus der einzige Erlöser vom Fluche des Gesetzes sei. Das Ergebniss war, dass er sich das einzige jüdisch-deutsche Neue Testament borgte, welches wir bei uns hatten. . . . Ich hatte viel Gelegenheit den Juden das Wort des Lebens zu verkündigen . ., ich habe sie nicht allein willig, sondern sehr eifrig und zuweilen neugierig gefunden, was dieser Mensch ihnen wohl zu sagen im Stande sei. Der Eifer der Juden Bücher zu erhalten und ihre Willigkeit zu hören, haben in mir den Gedanken erweckt, dass Polen ein verheissungsvolles Missionsfeld für mich oder irgend eine andere Person sein werde.« Auf seine Wirksamkeit in Polen aber wird noch später zurückgekommen werden müssen.

Der Muth nun und die Begeisterung, mit welchen er das Missionswerk in Warschau angriff, haben viel dazu beigetragen, dass die Londoner Gesellschaft die Arbeit in Polen sofort mit grossem Nachdruck betrieb. Seine eigene Arbeit war keine leichte. Sechs Wochen lang hat er oft in Pferdeställen schlafen müssen, und als Kopfkissen diente ihm sein Reisesack. Dazu die schlechten Wege auf der Fahrt. Die Wirthshäuser, welche sich fast ausschliesslich in den Händen der Juden befanden, waren die traurigsten Unterkunftsstätten, und an den Sonnabenden war daselbst nichts zu erlangen. So mussten er und Missionar Becker sich Kartoffeln im Garten ausgraben und nebst einem wenig Bienenhonig verzehren; Brot und Salz waren nicht zu finden. Nach einem Jahre aufreibendster Arbeit kehrte er dann nach London zurück, um dort die Ordination zu empfangen, und arbeitete darauf neun Jahre in Polen, Berlin und Breslau. Sichtlicher Erfolg begleitete alle seine Unternehmungen. Zugleich vermehrte er seine Kenntnisse im Hebräischen und in der jüdischen Controverse. Der nachmalige Bischof Alexander war ganz erstaunt, als er ihn die Juden in Warschau fliessend hebräisch anreden hörte; das Alte und Neue Testament übersetzte er für dieselben in das Jüdisch-Deutsche. 1830 kehrte er nach England zurück und revidirte hier für die Gesellschaft die hebräische Uebersetzung des Neuen Testamentes. Von 1832—35 nahm er hervorragendsten Antheil an den Aldermanbury-Conferenzen. Als dieselben dann geschlossen wurden, liess er seine Vorträge in erweiterter Gestalt unter dem Titel: »Old Paths« oder »Nethivoth Olam« oder »Der wahre Israelit«

1836 erscheinen. Das Werk stellt Vergleiche zwischen modernem (talmudischem) Judenthum und der Religion des Moses und der Propheten an. So kommt hier das Judenthum in seiner rabbinischen Gestalt, in seinen Lehren, Gebeten und Gesetzen zur Erscheinung. Nirgends in dem gehässigen Geiste Eisenmengers, wohl aber in jenem hohen Ernst, welcher den Juden ihren Abfall von der Wahrheit der Schrift und den ungöttlichen Geist, in den das talmudische Judenthum versunken ist, zum Bewusstsein bringen will. Das Buch enthält 60 Abhandlungen über das mündliche Gesetz, die Stellung der jüdischen Rabbinen, Frauen und Kinder, über Vielweiberei, Scheidung, Freiheit die Ungelehrten zu tödten, Ausschliessung der Götzendiener von den Rechten der Menschheit, Feste, Gebräuche, Schlachtung, Fabeln und Gebete der Synagoge, Zauberei, unmenschliche Strenge des Sabbathgesetzes, die Rechtfertigung vor Gott und andere rabbinische Lehren. Aus allem aber wird der Schluss gezogen, dass das Judenthum eine falsche Religion ist, dessen Stifter kein Vertrauen verdienen, dass ihre Zeugnisse gegen das Christenthum ohne Werth sind, und dass in allen Punkten, wo sich die mündliche Ueberlieferung als untauglich erweist, die Lehre des Neuen Testamentes volle Anerkennung verdient.

Dieses Buch hat sofort das allgemeinste Aufsehn unter den Juden erweckt, und es ist keine Uebertreibung, wenn behauptet worden ist, dass seit den Tagen der Apostel keine Schrift die Juden so sehr wie diese erregt hat. Ihre Bedeutung liegt darin, dass sie sehr viel zur Erschütterung des talmudischen Judenthums in ganz Osteuropa beigetragen hat. Noch heute wirkt sie fort und wird vielfach gegen den Talmudismus zu einer tödtlichen Waffe. Sie ist ins Holländische, Deutsche, Französische, Italienische, Jüdisch-Deutsche, Jüdisch-Spanische und Hebräische übersetzt worden. Die Juden selbst haben sie überall einander zugestellt, und die Mission hat nicht einmal die Hauptsache zu ihrer Verbreitung gethan. Oeffentlich und geheim haben die Juden diese Schrift gelesen, ganze Gesellschaften von Alten und Jungen haben sie gemeinschaftlich studirt, vielen ist sie der Anstoss geworden, nach der Wahrheit des Evangeliums zu fragen und hernach das Heil in Christo zu ergreifen. Die Juden haben denn auch viele Versuche gemacht das gefährliche Buch zu widerlegen (Jew. Int. 1867, 104), aber eine eigentliche Widerlegungsschrift ist lange nicht zu Stande gekommen. Erst 1857 erschien in Wien ein Buch, welches eine Widerlegung versuchte; hebräisch geschrieben führt es doch den Titel: »Voice of Judah«. Der Verfasser ist seinem Gegner nicht im Mindesten gewachsen. Er giebt vor, dass M'Caul ein getaufter Jude aus Lithauen sei, Jehuda, Sohn des Rabbi Israel aus Brody, geboren 1800, gesteht zu, dass er im Talmud sehr bewandert sei und meint, M'Caul hätte sich mit den Missionaren verbunden, um ihnen die Seelen der Juden zuzuführen. Dafür hätten diese ihm 100 000 Mark und noch mehr gegeben. Mit diesem Gelde sei er von England nach Amerika gegangen, dort wieder Jude geworden und habe nun eine Gegenschrift seiner ersten Schrift geschrieben, die in mehrere Sprachen übersetzt worden sei. Der Verfasser sagt von seiner eigenen Schrift, sie erst werde im Stande sein, den bisher vergeblich unternommenen Kampf gegen die Nethivoth recht zu führen. Dem Hamaskir und Hamaggid seien 10 000 Mark für die beste Widerlegung der Nethivoth angeboten worden. Davon habe er, der Verfasser, aber nichts gewusst, sondern seine Arbeit nur zur Ehre Gottes angefertigt. Er habe sich hernach an Hamaggid und an Dr. Steinschneider vom Hamaskir gewandt, sei aber mit ihnen nicht recht zum Ziele gekommen. In der Zeitschrift »Ben Chananja« sei 1860 von Dr. M. Jost eine Kritik über Dr. Klein erschienen, in welcher Kleins Vertheidigung des Talmud gegen seine Angreifer als das Maass der Wahrheit überschreitend dargestellt worden sei. Deshalb habe der Verfasser der »Voice of Judah« dem Dr. Klein seine Zustimmung ausgesprochen und denselben ermuntert, gegen die Nethivoth zu schreiben. Aber weder dieser noch ein anderer Gelehrter habe ihm geantwortet, und so habe er denn schliesslich selbst diese Gegenschrift erscheinen lassen. Diese selbst aber ist überaus schwach, ihre Auslassungen sind theilweise fast kindische zu nennen; interessant bei dem Ganzen ist nur, dass man erfährt, wie überall in den gelehrten jüdischen Kreisen die Nothwendigkeit gefühlt worden ist, M'Caul entgegenzutreten, und dass man nun doch lange dazu den Muth nicht gefunden hat. Erst in jüngster Zeit sind zwei bemerkenswerthe Gegenschriften erschienen, von Isaak Bär Levinsohn:

»Serubbabel«, Warschau 1880 und von Elieser Zweifel: »Senigor«, Warschau 1885.

Andere Schriften M'Cauls sind nicht ohne Werth, reichen aber an die Nethivoth nicht heran. 1833 erschien »The Doctrine and Interpretation of the 53 th chapter of Jsaiah«, eine Auslegung des Kapitels, welche die rabbinische Literatur wohl berücksichtigt und von den Juden viel gelesen wird. Auch dieses Schriftchen ist in mehrere Sprachen übersetzt. 1834 »Mosaism, Rabbinism and Christianity«, Vergleichung derselben mit einander. 1837 »Dav. Kimchi's Commentary upon the prophecies of Zachariah«, aus dem Hebräischen übersetzt und mit Anmerkungen versehen. Die Schrift hatte den doppelten Zweck, das Werthvolle in diesem Commentar den Juden zu Gemüthe zu führen und die dem Christenthum ungünstigen Auslegungen zu widerlegen. 1837 »The personality and work of the Holy Spirit as revealed in the Old Test.«, mehrfach übersetzt. »Eternal sonship of the Messiah« und »The Jewish Inquirer«. Alle diese Schriften sollen den Juden den Weg zum Christenthum ebnen. »Sketches of Judaism and the Jews«, ferner eine Uebersetzung und Beantwortung der das Christenthum angreifenden Schrift des Don Isaak Orobio: Israel Avenged, 1839. Aus Anlass der Blutbeschuldigung der Juden in Damaskus 1840, »Reasons for believing that the charge lately revived against the Jewish people is a baseless falsehood«. Ferner vertheidigte er lebhaft die Lehre von der Rückkehr der Juden in ihr Land nach dem Neuen Testament: »New Test. evidence to prove, that the Jews are to te restored to the land of Israel« und ebenso 1846 »The conversion and restoration of the Jews«. 1845 »The Angel of the convenant«, von Hoga ins Hebräische übersetzt. »Claims of the Jews on the sympathy of the Christian church« 1850, eine Vorlesung vor der kirchlichen Gesellschaft junger Männer, welche die Mission unterstützen. Alle diese Schriften sind immerhin lesenswerth.

M'Caul hat es ferner bewirkt, dass im Gottesdienst der Londoner Missionskapelle die hebräische Liturgie gebraucht wird; und als er Pastor an St. James', Dukes' Place in London, war, hatte er oft Juden, die sein Ruf anzog, als Zuhörer. Zehn Jahre hat er ferner das Hebrew College geleitet und die Gesellschaft oft auf Versammlungen vertreten. 1850 trat er aus dem eigentlichen Missionsdienst aus und übernahm das Rektorat von St. Magnus, London Bridge, blieb aber ein Vicepräsident der Gesellschaft. Er trat jetzt besonders lebhaft in den Kampf für die Inspiration der Schrift ein und wirkte thätig mit für die Errichtung und Erhaltung des Operative. Die Proselyten dankten ihm vielfach herzlich seine warme Fürsorge für ihr Wohl; als Zeichen ihrer Verehrung überreichten ihm 1843 einmal 138 Proselyten Bagsters Polyglottenbibel in Prachtband. Seine letzte Ansprache zum Besten der Mission hielt er denn auch 1863 für das Operative.

Als Professor der Theologie an King's College wandte er sich eifrig gegen den modernen Unglauben unter den Christen; besonders gegen Colenso schrieb er, unter grosser körperlicher Schwachheit: »An examination of Bishop Colenso's difficulties with regard to the Pentateuch and some reasons for believing in its authority and divine origin«. Nachdem er diese Schrift vollendet hatte, war seine Kraft erschöpft, und sein Ende nahte sich mit schnellen Schritten. Drei Tage vor seinem Tode sagte man ihm, dass er sterben werde; er nahm die Nachricht mit grösster Ruhe, ja mit Freude auf und erklärte, dass zwei Schriftworte sein Trost für alle Zeit seien: 2. Cor. 5, 19: »Gott war in Christo und versöhnte die Welt mit ihm selber und rechnete ihnen ihre Sünde nicht zu« und Luc. 15, 20: »Da er aber noch ferne von dannen war, sah ihn sein Vater und es jammerte ihn, lief und fiel ihm um seinen Hals und küsste ihn«. Auf diesen zwei Worten, sagte er, stehe ich, und mir bleibt nichts übrig als so friedsam wie möglich in Jesu einzuschlafen. An demselben Abend diktirte er mit einer Ruhe, als gälte es ein gewöhnliches Schreiben, seinen Söhnen seine letzten Wünsche und starb Freitag, den 13. Nov. 1863, Mittags Punkt 12 Uhr. Seinem Begräbnisse wohnte auch eine grosse Zahl von Proselyten bei, die ihn mit vollem Recht einen Freund Israels nannten, und beklagten ihn fast am tiefsten unter allen Leidtragenden. König Friedrich Wilhelm IV., hervorragende Bischöfe und Adlige, Männer der Wissenschaft und aus den höchsten Lebensstellungen in England haben ihn sehr hoch geachtet. Die Augen grosser Schaaren unter Hoch und Niedrig aber hat er auf die Juden gelenkt und sie gewöhnt, dieselben anders als bisher zu betrachten. Er und Way sind es vor allen anderen gewesen, die es bewirkt haben, dass man in den christlichen Kreisen Grossbritanniens vielfach eine neue Stellung gegen die Juden einnimmt. Er selbst fühlte tief, dass die Juden einen Heiland nöthig hätten, hatte aber auch offene Augen für das Gute in ihnen, für den religiösen Eifer besonders der polnischen Juden und ihr Festhalten an der Offenbarung eines lebendigen Gottes wie für ihre Mildthätigkeit gegen ihre Armen. Dabei gaben ihm die Verheissungen der Schrift stets neuen Muth für Israel. Ueberaus ergreifend trat dies zu Tage, als ihm der bischöfliche Stuhl in Jerusalem angeboten wurde. Er erklärte damals, dass den Sitz des Jacobus nur ein Sohn Abrahams einnehmen dürfe, und veranlasste die Wahl von Alexander. Allerdings darf aber auch nicht verschwiegen werden, dass seine Vorliebe für die Juden ihn oft zu weit führte, und er bei seiner geringen Menschenkenntniss vielfach Unwürdigen unter ihnen sein Vertrauen schenkte. Wenn Deutsche recht oft einer natürlichen Antipathie gegen die Juden die Zügel schiessen lassen, so ist es der Fehler der Briten nicht weniger häufig, dass sie eine unheilige Vorliebe für die Juden hegen und die grösste Ungerechtigkeit gegen die Christen zu Gunsten der Juden üben.

In der Gesellschaftskapelle ist M'Caul wie Way ein Denkmal errichtet, und neben diesem verdient er vor allen in der Londoner Mission genannt zu werden. Denn hat Way die Mission in die Kreise der Christen hineingetragen, so hat M'Caul dieselbe zu einer Macht inmitten der Juden erhoben. Die seinem Gedächtniss gewidmete Gedenktafel lautet: »Dem Gedächtniss des Rev. Alexander M'Caul D. D., früheren Missionars unter den Juden, dann Vorstehers des Hebrew College, Palestine Place, späteren Rektors von St. Magnus der Märtyrer, Präbendars von St. Paul's und Professors des Hebräischen an King's College, London. Diese Tafel ist errichtet in dankbarer Liebe für die grossen Dienste, die er unter Gottes Hilfe der Kirche Christi im Allgemeinen und der jüdischen Nation insbesondere zu leisten im Stande war, gestiftet von einer Schaar christlicher Israeliten, die lange den Edelsinn seines christlichen Charakters erkannt und verehrt haben und jetzt sein Gedächtniss als das

Gedächtniss eines geliebten Freundes und verehrten Vaters im Evangelio des Herrn Jesu Christi in Ehren halten; geboren 16. 5. 1799, gestorben 13. 11. 1863.«

Ein Sohn desselben, Rev. Joseph B. M'Caul, Honorary Canon of Rochester Cathedral, schrieb: »The Epistle to the Hebrews in a paraphrastic commentary with illustrations from Plato, the Targums, the Mischna and Gemara, the later rabbinical writers and Christian annotations«. Er will hier die Verwandtschaft des Hebräerbriefes mit der jüdischen Literatur aufzeigen.

Die vorher genannten Männer hatten zuerst die Arbeit in London aufgenommen. Als dieselbe immer umfangreicher wurde, musste man stets neue Arbeiter in derselben anstellen. Zunächst Aaron Saul*). Dieser ist in Dover geboren und hat schon in der Anfangszeit der Mission Eindrücke vom Christenthum empfangen. Nachdem zuerst Dissenters ihn angeregt hatten, ist er dann durch Londoner Missionare zur klaren Erkenntniss geführt und 1812 in London getauft worden. Lewis Way nahm ihn in das Seminar auf; nach dieser Zeit aber wurde er nicht sogleich Missionar, sondern zunächst Kaufmann; er unterrichtete jedoch an der Sonntagsschule auf Palestine Place, wurde dann Klerk an der Kapelle und bekleidete diesen Posten 27 Jahre lang. Dabei arbeitete er direkt unter den Juden und liess sich hierin durch alle ihm widerfahrene Unbill nicht stören. Durch ihn besonders sind M'Cauls Nethivoth unter die Juden Londons gekommen, und er hat recht eigentlich zuerst die Aufmerksamkeit der Juden auf diese Schrift gelenkt. Für forschende Juden verschaffte er unermüdlich Arbeit und besuchte Kranke und Arme. Selbst bei Nacht liess er sich oft keine Ruhe und lebte nur anderen, während er sich für seine Person an einem ganz kleinen Gehalt genügen liess. So gewann er denn auch das Vertrauen der Juden in seltenem Maasse und durfte mit solchen verkehren, welche sonst vor den Missionaren ihre Thür verschlossen. Ungemein treu hing er an seiner Kirche von England; gutbezahlte Missionsposten anderer Gesellschaften, die ihm angeboten wurden, schlug er ab.

---

*) Jew. Int. 1843, 401.

1841 wirkte er unter den Juden in Brüssel und wurde 1842 auf Wunsch der dortigen Missionsfreunde in jener Stadt als Missionar angestellt. Er hat dann unter den Juden von Holland und Belgien mit grosser Treue, aber unter vieler körperlicher Schwachheit gearbeitet. Infolge der überhand nehmenden Kränklichkeit musste er nach London zurückkehren und starb dort 1843; viele Juden begleiteten ihn zu Grabe. Die Spuren seines Wirkens fand später Missionar Pauli noch in den Niederlanden vor.

Seit 1840 wurde der Proselyt J. A. Pieritz*) in London beschäftigt. Derselbe ist 1808 in Klecko (Posen) geboren und höchst fanatisch erzogen worden. Schon mit 11 Jahren besuchte er die Vorträge eines berühmten Rabbiners. Damals fühlte er sich von religiösen Dingen sehr angezogen und freute sich den Disputationen beiwohnen zu dürfen, die sein Rabbi mit Christen hielt. Nachdem er 18 Jahre alt seine Studien in Rawicz, damals einem Hauptsitz rabbinischer Gelehrsamkeit, beendigt hatte, beschloss er, um den Staatsanforderungen an einen Rabbiner zu genügen, die Universität Berlin zu besuchen. Die Eltern jedoch sahen alle nichtjüdischen Studien als etwas Teuflisches an und versagten dem Sohne zu seinem tiefen Kummer die Erlaubniss zur Ausführung seines Vorhabens. Er machte dann eine Reise nach Hannover und erhielt durch den Rabbiner dieser Stadt eine Anstellung im Hannöverschen. Hier blieb er zwei Jahre und lernte die Protestanten kennen. Um mit ihnen besser streiten zu können, begann er das Neue Testament zu lesen; aber das Buch stiess ihn nicht so ab, wie er gedacht hatte, und er gewann den Eindruck, dass die protestantische Religion nicht so völlig verkehrt wie die katholische sei. 1829 kam er nach England und nach abgelegter scharfer Prüfung vor einem Rabbi in London erhielt er eine Lehrerstelle an der jüdischen Gemeinde in Yarmouth. Dort kam er vielfach in Verkehr mit Christen und Proselyten, was dann zu heftigen Disputationen führte. Manches hier Gehörte blieb in ihm haften und verursachte ihm innere Unruhe. Er verliess deshalb England und begab sich nach Calais 1832. Der Verkehr mit einer frommen

---

*) Jew. Int. 1835, 227.

Familie Morgan vermehrte noch diese innere Unruhe, und in Paris war er dann so weit, dass er nach England zurückkehren wollte, um die Taufe zu erbitten. Aber der Gedanke an seine Familie liess ihn die Gewissensbedenken, welche ihm das Judenthum zu verlassen geboten, zum Schweigen bringen. Die Folge war, dass er an jedem Glauben Schiffbruch zu leiden drohte. In seiner inneren Angst flüchtete er nun aber wieder zur Bibel. Inzwischen war er nach Berlin übergesiedelt, wo er französischen Unterricht ertheilte. Hier wurde er mit Ayerst bekannt und von diesem ist er 1835 getauft worden. Durch Ayerst empfohlen, wurde er von der Gesellschaft in London 1840 angestellt. Er fand bei den Juden hierselbst einen nicht gewöhnlichen Eingang, und eine verhältnissmässig grosse Zahl wurde durch ihn bestimmt, in den Taufunterricht einzutreten. 1842 übernahm er die Station Bristol, wo seiner noch Erwähnung gethan werden wird, ebenso in Jerusalem und Bukarest. Dann trat er aus der Mission aus. In seiner späteren Zeit liess er erscheinen: »The Gospels from the rabbinical point of view«, Oxford und London 1873, in welcher Schrift er die Evangelien durch die talmudische Literatur zu vertheidigen sucht und seine im Orient gemachten Erfahrungen für die Erklärung des Neuen Testamentes verwerthet. Das Buch enthält manche treffliche Winke, aber auch grosse Wunderlichkeiten und zeigt, dass der Verfasser den national-jüdischen Standpunkt in einseitigster Weise einnahm.

Viel bedeutender ist F. C. Ewald, von dem schon früher die Rede war und noch öfter zu reden sein wird. Ehe er nach London kam, stand er in Jerusalem, musste aber diese Stadt verlassen und nach England übersiedeln. Hier fand er bei Juden wie bei Christen für die Mission vor anderen Gehör. Die von ihm gehaltenen Gottesdienste und Vorträge wurden von den Juden zahlreich besucht; schon in den neun ersten Monaten seines Aufenthalts in London wurden durch dieselben zwei bisher völlig gleichgültige Juden zum Fragen und schliesslich zum Uebertritt gebracht. Besonders nahm er sich der Taufkandidaten an und führte viele von ihnen in das Operative über; sechs derselben wurden sogleich im ersten Jahre getauft. Die Taufen mehrten sich in den folgenden Jahren stetig. 1857 berichtet Ewald, dass jetzt in Grossbritannien bei überhaupt 50 000 das Land bewohnenden Juden 3000 Proselyten vorhanden seien. Seine Berichte sind voll der ergreifendsten Mittheilungen über einzelne Bekehrungen junger und alter Personen; Auszüge aus denselben müssten zu weiterer Kenntniss gebracht werden; dieselben würden viel zur Erweckung des Missionsinteresses beitragen. Von 1851—59 sind von den durch ihn unterrichteten Juden 164 Erwachsene und 50 Kinder getauft worden; von diesen lebten 75 noch in England, die andern waren auf das Festland oder nach Amerika und den Kolonien ausgewandert. Die im Lande zurückgebliebenen hatten sich verschiedenen Gemeinden angeschlossen und verschiedene Lebensberufe erwählt. 1860 waren in London zehn Prediger der Staatskirche Proselyten, einige bei den Dissenters, acht bei der Judenmission, einige bei der Stadtmission oder der Bibelgesellschaft angestellt. In seiner Liste standen 1860 nicht weniger als 400 getaufte Juden, grösstentheils ärmere, da sich, wie Ewald berichtet, die Reicheren und Gebildeteren meist von der Mission fernhielten und von derselben gewöhnlich nur durch das gedruckte Wort erreicht wurden. Sehr rege blieb sein Verkehr auch mit den hin und her zerstreuten Proselyten. Er stand in stetem Briefwechsel mit vielen derselben bis in die fernsten Länder hinein, und musste hier über die innerlichsten Fragen Auskunft geben, vielen Missionaren auch seinen Rath ertheilen. 1862 erwähnt er die interessante Thatsache, dass während der Londoner Ausstellung in diesem Jahre 15 Proselyten als Prediger für die Besucher aus dem Auslande beschäftigt wurden. Unter den Täuflingen des Jahres 1865 befand sich eine Familie, aus deren Verwandtschaft bereits 20 Personen übergetreten waren. Von 1851—67 waren ausser einzelnen Personen 22 ganze Familien getauft worden, von denen nur drei den gehegten Erwartungen nicht entsprachen; in 36 Familien war der Mann Jude, die Frau Christin, in neun der Mann Christ, die Frau Jüdin, zehn jüdische Wittwen traten mit allen Kindern über. 1868 sagt Ewald, dass es in England wohl keine jüdische Familie gebe, in deren Kreise nicht ein Glied Christ geworden sei. Ende 1870 legte er sein Amt nieder, nachdem er es 19 Jahre verwaltet und in demselben Hervorragendes geleistet hatte. Erst die Beschwerden des Alters und seine wankende Gesundheit liessen ihn nach 40 jährigem Missionsdienst von demselben abtreten. Doch blieb er ein treuer Berather der Gesellschaft und setzte seinen umfangreichen Briefwechsel fort. Als er die Mission verliess, veranstalteten Proselyten eine Zusammenkunft und überreichten ihm als Zeichen ihrer dankbaren Verehrung ein silbernes Kaffee- und Theegeschirr. Auch literarisch ist er thätig gewesen. 1837 erschien der Bericht über seine nordafrikanische Reise; 1845 ein Bericht über das Jerusalemer Missionswerk (1842—44), London. Die Erlanger Philosophische Fakultät verlieh ihm den philosophischen Doktorgrad 1855. Im Jahre 1856 schrieb er eine Uebersetzung des talmudischen Traktates »Abodah Sarah«. Er starb 1874. Bischof Villiers nannte ihn »a missionary genius«; sein ältester Sohn ist englischer Prediger in Australien geworden.

Noch ist eines besonderen Werkes von Ewald Erwähnung zu thun. Die Noth der Juden, welche nach der Wahrheit fragen, lag ihm sehr am Herzen. Allerdings hatten auch andere schon derselben gedacht, aber doch nicht genügende Hilfe geschafft. 1830 hatte sich bereits in London eine »Union of Hebrew Christians« gebildet, welche sich in einer öffentlichen Ansprache an die Juden Englands wandte. 1835 wurde dann in London ein Verein gebildet, welcher gewöhnlich die »Abrahamic Society« genannt wird. Proselyten der Londoner Mission stifteten im Anschluss an die Londoner Missionskapelle eine Gemeinschaft »Episcopal Jews' Chapel Abrahamic Society corresponding with and relieving the temporal wants of believing and inquiring Jews«. Da auf der einen Seite das Londoner Operative nur einer beschränkten Anzahl von Taufkandidaten und Getauften Gelegenheit zum Broterwerb geben konnte, und andrerseits viele Fälle eintraten, wo wahrheitsforschende oder getaufte Juden in Noth geriethen, so that sich eine Anzahl von Bekehrten der Londoner Mission zur Unterstützung der eben Genannten zusammen. Die Unterstützung sollte aber Personen überall in Grossbritannien zu Theil werden. Diese Gesellschaft nun hat über nicht ganz unbedeutende Mittel verfügt. Im dritten Jahre ihres Bestehens hatte sie eine Einnahme von 2700 Mark, und das will etwas bedeuten, da die meisten Vereinsmitglieder in einfacheren Verhältnissen lebten. Die Gesellschaft besteht noch heute und hat viel Gutes gestiftet. 1885 hat sie ihr 50jähriges Jubiläum gefeiert und in jenem Jahre beispielsweise 219 Unterstützungen gewähren können. Sehr erfreulich aber ist es, dass Proselyten ihren Brüdern in solcher Weise zu Hilfe eilen und ihnen damit den Beweis führen, dass sie ihr Christenthum zu werkthätiger Liebe treibt. Der Noth, welche die augenblickliche Unterbringung von Juden, die Unterricht begehren, verursacht, konnte jedoch die Abrahamic Society nicht begegnen. Da trat Ewald als Leiter des von Palestine Place ausgehenden Werks ein. Mit Hilfe der Abrahamic Society und einiger persönlicher Freunde rief er ein Asyl zur Aufnahme wahrheitsforschender Juden und dürftiger Proselyten unter dem Namen »Wanderers' Home« ins Leben. Dieses Heim ist keine Sache der Londoner Gesellschaft, sondern eine persönliche Schöpfung von Ewald; die Gesellschaft aber hat das Home*) stets unterstützt. Eröffnet wurde es 1853 mit Raum für acht, hernach für zehn Personen. Zweck war, armen Juden, welche oft aus fernen Ländern nach London kommen, um das Evangelium zu hören, für einige Zeit ein Unterkommen zu bieten, wo sie das Wort Gottes in Ruhe lesen, christlichen Unterricht empfangen und christliches Leben kennen lernen könnten. Ebenso sollte dasselbe solchen Juden offen stehn, welche ihre Beschäftigung wegen christlicher Neigungen verlören. Die Unterrichteten sollten beobachtet werden, um dann für sie passende Beschäftigung zu finden, und, falls sie den Unterricht begehrten, im Asyl auf ihre Lauterkeit geprüft werden. Für die Verheiratheten sollte ein Unterkommen in der Nähe des Home eingerichtet werden. Im Heim isst der Hausvater und dessen Familie mit den Aufgenommenen, die möglichst eine Familie bilden sollen. Nach sechs Jahren des Bestehens der Anstalt wird berichtet, dass 303 Personen durch dieselbe gegangen seien, von denen 150 die Taufe erhalten hätten, nämlich 113 Männer, 11 Frauen und 26 Kinder, einschliesslich der 40 von dem Operative Ueberwiesenen. In das Operative sind überhaupt aus dem Home eingetreten 76 männliche Personen, 19 sind zu andern Gewerben übergegangen,

*) Jew. Int. 1859, 263.

auf höhere Schulen sechs, und eine Anzahl ist unterstützt worden, um auswandern zu können. Nach kurzer Schliessung 1859 wurde das Home noch in demselben Jahre wieder eröffnet und hatte bis 1865 nicht weniger als 677 Personen aufgenommen, von denen 320 die Taufe erhielten; fünf derselben waren damals landeskirchliche Prediger, drei Judenmissionare, sechs Studenten der Theologie, viele hatten sich in Deutschland und Amerika niedergelassen und die mannigfaltigsten Berufsarten ergriffen. 1866 war die Zahl der Aufgenommenen auf 746 gestiegen, der Getauften auf 359; im Jahre 1870 waren es 966 und 430, unter ihnen acht landeskirchliche Prediger; 1875 bereits zwischen 14—1500, Getaufte 600. Gegenwärtig finden stets 50—70 Personen Aufnahme. Natürlich hatte man immer auch mit vielen betrügerischen und unbeständigen Personen zu thun. Ewalds Nachfolger wurden Heinr. Stern und darauf Eppstein. Der Segen, welcher von diesem Home Ewalds ausgegangen ist, ist ein ausserordentlicher; sehr viele treffliche Proselyten haben demselben ihr Lebensglück zu danken.

Ewald fand zunächst in einem der hervorragendsten Missionare der Gesellschaft Heinrich Aron Stern seinen Nachfolger*). Dieser ist 1820 in dem Dorfe Unterreichenbach bei Gellnhausen (Hessen-Cassel) geboren. Seine Eltern Aaron und Hannah waren eifrige Juden. Dieser Sohn war ihr jüngstes Kind und sollte Arzt werden. Sie brachten ihn auf die Schule nach Frankfurt a. M., wo er bis zum 14. Jahre blieb; dann zogen die Eltern selbst dahin. Dem Wunsche des Sohnes Kaufmann zu werden gaben die Eltern nur mit Widerstreben nach. Als junger Kaufmann kam er 17 Jahre alt nach Hamburg, wo er öfters bei dem Hause des Missionar Moritz vorüberkam, an dem hebräische und deutsche Bücher in einem Glaskasten ausgestellt waren. Die aufgeschlagenen Seiten zogen die Aufmerksamkeit des Jünglings auf sich, so dass er bei dem Hause öfters vorüberging, um noch mehr aus dem Inhalt der Bücher zu erfahren. Als er dann erfuhr, dass der Besitzer des Kastens die Juden

---

*) Biography of the Rev. A. H. St. von A. A. Isaaks, London 1886. Jew. Int. 1885, 107. Freund Israels, Basel 1885, 149. Rhein.-Westf. Blatt 1886, Nr. 1. Saat a. H. 1886, 77. Nathanel 1889, 161.

bekehren wollte, erschien ihm dies sehr thöricht; doch war er schon damals der Meinung, dass immerhin das Christenthum vernünftiger als das Judenthum und seine Ceremonien sei. Eine ihm in London angebotene Stelle führte ihn 1839 dorthin; er gerieth aber daselbst in grosse Noth, weil das Haus, bei dem er eintrat, fallirte. Etliche Genossen luden ihn in dieser Zeit ein, mit ihnen einmal in der Kapelle von Palestine Place abtrünnige Juden predigen zu hören. M'Caul leitete gerade den Gottesdienst. Das Gehörte veranlasste Stern zu einem neuen Besuch auf Palestine Place, wo er sich von Reichardt sehr angezogen fühlte. Jetzt begann das Forschen. Als er das Neue Testament las, so schreibt er selbst: »Da erschienen mir zu meiner Verwunderung die Lehren, welche es einprägte, die moralischen Vorschriften, die es verkündigte, und die Charaktere, welche es zeichnete, ganz ausserordentlich. So vollkommene Menschen wie diese Zöllner und Fischer waren nie sonst auf Erden gesehn worden. Woher nahmen diese also ihre Modelle und Ideale? woher ihre Inspiration? Das Buch, welches ich zuerst in gleichgültiger Stimmung zu lesen angefangen hatte, las ich jetzt mit Aufmerksamkeit. Wenn es einen Erlöser giebt, rief mein Verstand aus, dann muss es Jesus sein. Niemand sonst bewies je eine solche Liebe, legte so übernatürliche Kräfte an den Tag oder äusserte Worte solcher Weisheit. Ich wünschte sein Jünger zu werden, fürchtete mich aber vor dem Jammer, den die Nachricht hiervon meinen Eltern bereiten würde.« Und nun begannen heftige Seelenkämpfe, die ihn fast zur Verzweiflung führten. Ueberdies waren seine geringen Mittel erschöpft, selbst seine Uhr und Bücher hatte er verpfändet; aber die Eltern wagte er bei seiner inneren Seelenstimmung nicht anzugehn. Als Reichardt von seiner Noth hörte, empfahl er ihm in das Operative einzutreten, und er folgte dem Rath. Am 15. März 1840 konnte er dann getauft werden, im Operative blieb er noch zwei Jahre und arbeitete dort gewissenhaft. Reichardt veranlasste darnach seine Aufnahme in das Hebrew College. Er erwarb sich hier tüchtige Kenntnisse und wurde auch ein Meister des englischen Stils. Seine Darstellung ist eine sehr lebhafte, anschauliche, begeisternde und verräth überall den nicht gewöhnlichen Mann. 1844 wurde er nach Bagdad geschickt, in Jerusalem wurde er unterwegs von Bischof Alexander zum Diakon geweiht. Von seiner Missionsarbeit ausserhalb Englands wird aber erst später zu berichten sein. Er musste dann gesundheitshalber nach England zurückkehren, wo er 1849 die priesterliche Ordination erhielt und sich mit Charlotte Elizabeth Purday verheirathete; dann kehrte er nach Bagdad zurück. Von hier wurde er nach Constantinopel versetzt und machte dann eine überaus gefährliche Untersuchungsreise in Arabien. Später besuchte er von Constantinopel aus die Juden der Krim und besuchte darauf 1859 Abessinien, um unter den Falascha zu missioniren. 1862 ging er das zweite Mal nach Abessinien, wurde dort, wie später ausführlich davon zu berichten ist, gefangen gesetzt und mit anderen von einem englischen Heere 1868 befreit. Er berichtete hernach überall in England über seine Erlebnisse; sein Gesundheitszustand aber erlaubte es nicht, ihn auf einen Missionsposten draussen zu senden. Da es auch nicht gelang, ihm in England ein Pastorat zu verschaffen, übertrug man ihm 1870 die Oberleitung der Home Mission und des Wanderers' Home. Hier arbeitete er mit grossem Eifer und sichtbarem Erfolge. Vom April 1871 bis Ende April 1873 nahm er 53 Erwachsene und 20 Kinder in die Kirche auf. In besonderem Maasse war er auch an der Bildung der Hebrew Christian Prayer Union betheiligt, deren erster Präsident er wurde. Den 30. Jahrestag seiner Ordination 1880 wollten viele Proselyten nicht vorübergehen lassen, ohne ihm ihre herzliche Anerkennung zu bezeugen: von dem Ertrage einer Sammlung wurde ein silbernes Kaffee- und Theeservice gekauft und ihm überreicht; der Erzbischof von Canterbury aber verlieh ihm den Titel eines Doktors der Theologie. Seine Predigten wurden von Christen und Juden zahlreich besucht. Am 13. März 1885 starb er. Seine erste Frau, die ihm mehrere Söhne und Töchter schenkte, starb 1847; er heirathete dann 1883 Miss Rebekka Goff, die ihn überlebte. Von seinen Schriften sind zu bemerken: »Dawnings of light in the East, with biblical, historical and statistical notices of persons and places visited during a mission to the Jews in Persia, Curdistan and Mesopotamia«, London 1854.

Die Londoner Gesellschaft hat dann noch durch andere

Unternehmungen die Missionssache gefördert. Für junge Juden aus der Fremde ist 1883 eine Schule errichtet worden, in welcher dieselben Englisch lernen. Auch Strassenpredigten finden statt. Jährlich werden an einem Theeabend bis 500 Juden und Jüdinnen versammelt, wo ihnen das Evangelium verkündigt wird. Auch an die Frauen der deutschen Juden ist gedacht. Unter denselben haben besonders die Damen Hiscock, Reynold und Hooper heilsam gewirkt. Den jüdischen Frauen und Jungfrauen wird Arbeit gewährt und Unterricht ertheilt. In Wenworth Street ist eine »Lumpen-Schule« für verkommene Kinder mit gutem Erfolge errichtet worden; die Hälfte der Kinder sind jüdische. 1882 ist in derselben Strasse eine ärztliche Mission errichtet worden, welche durchaus den Missionscharakter trägt. Gesellschaftsarzt ist gegenwärtig der Proselyt Dr. Benoly, welcher vordem als Missionar der Britischen Gesellschaft in Jassy stand. Colporteure suchen ferner die Juden von London auf, und in Missionshallen ist ihnen Gelegenheit geboten, sich mit den Missionaren zu besprechen. Ganz London ist in Distrikte eingetheilt, welche unter die Arbeiter der Gesellschaft vertheilt und von ihnen zu besorgen sind. Gegenwärtig wirken in der Hauptstadt sechs ordinirte Londoner Missionare, sieben nicht ordinirte und höhere Laienagenten, drei Colporteure und Schriftvorleser, sechs Lehrer und Lehrerinnen, im Ganzen 22 Personen, eine dem Bedürfniss durchaus entsprechende Zahl.

In London wurde dann seit 1850 der Proselyt E. Margoliouth, nicht zu verwechseln mit Moses Margoliouth, zunächst als Schriftvorleser unter den Juden verwandt. Dr. Ewald verdankte ihm die Bekanntschaft mit vielen Juden, denn M. stand mit weiten Kreisen derselben in Verbindung. Durch seine Gelehrsamkeit hatte er die Achtung und durch seine Freundlichkeit das Herz vieler Juden gewonnen. Auch in anderen Städten Englands besuchte er dieselben hier und da. Besonders aber wurde er für die Uebersetzung der Traktate und Flugblätter der Gesellschaft ins Hebräische und für die Revision des hebräischen Neuen Testamentes verwandt. In alle dem stand er Reichardt treu zur Seite; ebenso half er an der neuen Ausgabe des jüdisch-polnischen Neuen Testamentes in Quadratschrift und an der Herausgabe des hebräischen Pentateuchs mit den Haphtharen und ausgewählten prophetischen Weissagungen. Sein Verkehr mit den Juden war auch nicht ohne sichtbaren Erfolg, denn wiederholt wird von Taufen solcher berichtet, die durch ihn angeregt worden sind. 1871 wurde Rev. M. Wolkenberg nach London berufen. Derselbe war aus Jassy nach London gekommen und dort getauft worden. Hernach wurde er zuerst in Jassy verwandt und arbeitete dann in England. Seinen Predigten wohnten die Juden oft zahlreich bei. Man veranstaltete jüdischerseits Gegenpredigten, und es bildete sich sogar in Birmingham eine Antibekehrungsgesellschaft, deren Präsident Wolkenberg aufforderte mit ihnen über die Fragen des Christenthums und Judenthums öffentlich zu verhandeln. Natürlich folgte er dieser Einladung, und viele Juden, die sonst nie das Christenthum hatten darstellen hören, lernten nun die wahre Gestalt desselben kennen. Die jüdische Gesellschaft löste sich infolge dessen auf. Auch sonst hat Wolkenberg nicht ohne Erfolg gearbeitet, und manche Taufen sind eine direkte Frucht seiner Predigten gewesen. 1876 wurde er nach Manchester, später nach Birmingham versetzt.

1875 trat in das Londoner Arbeitsfeld der bewährte Missionar Rev. J. H. Brühl ein. Derselbe stammt aus Galizien, kam nach London und wurde dort getauft. Er kam dann in das Operative, hierauf in das Hebrew College und wurde 1881 nach Bagdad gesandt. Er hat das Operative mit Treue und geistlichem Sinn geleitet, und in demselben viele erfreuliche aber auch viele schmerzliche Erfahrungen gemacht. Viele der in das Operative Aufgenommenen sind durch ihn der Kirche zugeführt worden; eine ganze Reihe derselben sind nützliche Bürger, einige Missionare und mehrere andere Arbeiter im Dienst der Kirche geworden. 1887 trat er in den Ruhestand.

Sterns Nachfolger im Home wurde 1886 Rev. J. M. Eppstein. Derselbe ist 1844 von Ewald in Jerusalem getauft worden, nachdem er die dortige Industrieschule besucht hatte. Er kam aus Smyrna nach London und trat hier sogleich in sehr rege Thätigkeit ein. Im Jahre 1886 genossen nicht weniger als 150 Juden seinen Unterricht; 22 derselben wurden getauft, 1887 dann wieder 19 und 15 im Jahre 1888. Ein jüngerer Jude, der seinem Unterricht beigewohnt hatte, kam einige Zeit darauf zu Eppstein und bat ihn unter Thränen um Vergebung: er habe sich in das Home nur aufnehmen lassen, um die Schändlichkeit des Missionstreibens kennen zu lernen, sei aber durch das hier gehörte Wort überwunden worden und bitte nun herzlich um die Taufe; dieselbe wurde ihm denn auch gewährt. Von den Täuflingen Eppsteins konnten bereits sechs in den Dienst der Kirche und Mission eingestellt werden.

1881 berief man Rev. A. Bernstein aus Liverpool nach London; auch er ist Proselyt. Durch Unterricht und Predigt kam er in vielen Verkehr mit Juden der Hauptstadt und der Provinzen. 1883 wurden sechs Juden, die sein Wort angezogen hatte, durch andere Prediger getauft. 1886 unterrichtete er 64 einzelne Juden und fünf jüdische Familien. Sein Name ist den Juden wohl bekannt, und selbst aus Galizien haben ihn solche brieflich um seinen geistlichen Rath gebeten. 1886 kann er berichten, dass durch ihn bisher 50 Juden zur Taufe gebracht worden seien, unter ihnen fünf seiner Verwandten. Besonders eifrig hat er sich um die Vereinigung der Proselyten bemüht. Er ist Sekretär der Abrahamic Society und der Hebrew Christian Prayer Union. Zum Eintritt in letztere suchte er mündlich und schriftlich viele Proselyten in England und auf dem Festlande zu bestimmen. 1888 ist er nach Frankfurt a. M., 1891 nach Birmingham versetzt worden.

Unter den in London arbeitenden Missionaren hat David Baron herausgegeben »Rays of Messiah's Glory«, worin er aus alttestamentlichen und rabbinischen Schriften nachzuweisen sucht, dass die Juden stets einen persönlichen Messias erwartet hätten, und in der Person Jesu Christi nun alles Erhoffte zur Erfüllung gekommen sei.

An keinem Orte würde man weniger Recht haben von der Erfolglosigkeit der Mission zu reden als in London. Die Zahl der in der Missionskapelle Getauften belief sich bis 1888 auf 1730, theils Erwachsene, theils Kinder, und diese Zahl ist immer nur Ein Beleg zu dem Einflusse, den die Gesellschaft in London auf die Juden gewonnen hat. Von diesen Proselyten mögen einige wenige jetzt hier angeführt werden, nämlich solche, die uns sonst wenig oder gar nicht auf dem Missionsfelde begegnen. Aber freilich erfährt man überhaupt nur gelegentlich von diesem oder jenem bekehrten Juden, der in London durch das Werk der Gesellschaft zur Annahme des Evangeliums geführt worden ist. Zuerst wird uns ein trefflicher Mann, Erasmus H. Simon genannt. Derselbe war durch Frey zur Erkenntniss gelangt und zur Taufe geführt worden. Man liess ihn dann in Edinburgh Theologie studiren und schickte ihn 1820 nach Amsterdam, um unter Thellwall zu arbeiten, weil er des Holländischen mächtig war; er scheint auch aus Holland zu stammen. Später treffen wir ihn als Vorsteher des Inquirers' Home in London. Er lebte nur kurze Zeit, aber in derselben hat er grossen Segen gestiftet. Im Jahre 1829 rief er unter dem Patronat des Bischofs von London eine Gesellschaft ins Leben, welche den Namen »Freunde der hebräischen Nation« führte. Dieselbe miethete drei Häuser in Cambden Town, um daselbst ein Asyl für wahrheitsforschende Juden zu errichten. Die dort Aufgenommenen wurden unterrichtet, mussten sich aber von ihrer eigenen Hände Arbeit ernähren. 1830 wurden durch Simon nicht weniger als 12 Juden auf einmal zur Taufe gebracht und von Bischof Dr. Blomfield von London in St. James, Picadilly getauft. Unter den Täuflingen befanden sich der nachmalige Gründer der Britischen Gesellschaft Ridley H. Hershel, von dem hernach die Rede sein wird, der spätere Buchhändler in Paternoster Road, Benjamin Wertheim, ein nachmaliger Schuldirektor und etliche, die Handwerker wurden; alle aber haben sich als Christen bewährt. Ueber Wertheim ist hier einiges zu sagen*). Derselbe ist zuerst durch Missionar Pauli angeregt worden. Aus Deutschland gekommen, war er Barbier geworden, hielt aber daneben eine fliegende Buchhandlung, welche Bücher schlimmster Art enthielt, die von der arbeitenden Bevölkerung eifrig gelesen wurden. Pauli, damals Student auf dem Missionskollegium, bemerkte bei einem Besuche diese Bücher, machte Wertheim ernste Vorhaltungen und bat ihn, dass er ihn einmal besuche. Dies geschah, und einige Zeit danach gab Wertheim sein Haarschneidegeschäft am Sonntage auf, verbrannte seine schlechten und verkaufte seine besseren Bücher, stellte dann sein

---

*) Jew. Int. 1856, 71. Freund Israels, Basel 1885, 79.

Geschäft ein und trat in regelmässigen Unterricht bei Cartwright und Thellwall. Er erfasste hier die Wahrheit aufs Innerlichste, hatte aber während dieser Zeit viel durchzumachen und, da er seine Lage nicht offenbaren wollte, oft geradeswegs Hunger gelitten. 1824 wurde er von Hawtrey in der Missionskapelle getauft. Pauli sammelte dann für ihn etwa 1500 Mark. Mit dem Gelde legte Wertheim einen kleinen Buchhandel an; hernach erweiterte er sein Geschäft und später wurde dasselbe das bedeutendste für Traktate und Jugendschriften in England. Von seiner Buchhandlung ist reicher Segen weithin ausgegangen. Ueberaus redlich als Geschäftsmann und entschieden als Christ, war er zugleich ein sehr demüthiger Mensch und ein treuer Anhänger seiner Kirche; er starb 1856.

Der erste, welchen die Londoner Gesellschaft aus ihren eigenen Proselyten im Missionsdienst angestellt, der ihr aber wenig Freude bereitet hat, war Rabbi Benjamin Nehemiah Solomon. Derselbe, 1791 in Lemberg geboren, war 1814 nach London gegangen und dort mit Frey bekannt geworden. Er kam zum Glauben und hat es anfangs auch aufrichtig gemeint; aber darüber, dass man ihn auf Höhen brachte, schadete man ihm an seinem inneren Leben. 1817 wurde er ziemlich voreilig ordinirt und von L. Way auf seiner Forschungsreise nach Russland mitgenommen. Way liess ihn dann in Warschau zurück und verschaffte ihm die Erlaubniss des Kaisers Alexander unter den polnischen Jnden zu missioniren. Durch eine Uebersetzung des Neuen Testamentes in den Dialekt der polnischen Juden hat er sich ein gewisses Verdienst erworben. 1821 wurde er M'Caul beigegeben, um mit demselben wieder nach Polen zu gehn. In Amsterdam aber schrieb er plötzlich an Thellwall, dass er in seine Heimath zurückgehe; die Liebe zu Frau und Kindern scheint ihn hierzu bestimmt zu haben. Er lebte dann in Lemberg. Sein eigener Vater erklärte dem Missionar Smith 1827, dass er nicht wieder Jude geworden sei; aber er blieb verschollen.

Mehrfach wird in den 30 er und 40 er Jahren der Proselyt George Abrahams, Prediger an Regent Street Chapel in London, genannt, den M'Caul als bekannten Geistlichen anführt, von dem aber Weiteres nicht zu erfahren war. In derselben Zeit treffen wir die Proselyten Rev. William Tobias und Rev. Moses Marks. Ferner begegnet uns wiederholt Stanislaus Hoga aus Casimir in Russland, der durch seine hebräischen Kenntnisse besonders bei der Revision des hebräischen Neuen Testamentes der Gesellschaft Dienste geleistet hat. Die in der Kapelle gesungenen hebräischen Lieder sind Uebersetzungen desselben. Ebenso stammt von ihm die hebräische Uebersetzung von M'Cauls Nethivoth, und 1840 hat er eine englisch-hebräische Grammatik herausgegeben, welche hauptsächlich zum Gebrauch für die in England einwandernden Juden dienen sollte. Auch stammt von ihm »Eldad and Medad, a dialogue«, in welchem er Neues Testament und Talmud einander gegenüberstellt, den verderblichen Einfluss des letzteren darstellt und die Gründe entwickelt, warum dem Neuen Testament zu glauben sei.

Die Arbeit der Gesellschaft beschränkte sich aber nicht auf die Hauptstadt, sondern breitete sich über das ganze Inselreich aus. Feste Stationen sind heute Birmingham (seit 1886) mit zwei ordinirten und einem nicht ordinirten Arbeiter, Manchester mit einem nicht ordinirten, Leeds mit einem ordinirten, Liverpool mit einem ordinirten Missionar und einem Colporteur, Hull mit einem von der Gesellschaft unterstützten Prediger der Parochial Mission. Schottland hat die Gesellschaft den Schotten zu überlassen wohl gethan; in Irland zählt sie viele Freunde, unterhielt dort aber, da die Zahl der dortigen Juden sehr gering ist, nur zeitweise einen Missionar.

b. Liverpool

wurde zunächst besetzt. Schon vorher hatte hierselbst ein Proselyt Rev. H. J. Joseph ein Missionswerk begonnen. Derselbe war der Vorbeter an der Synagoge in Bedford gewesen und hatte im Verkehr mit Christen sein Ohr dem Evangelium zu öffnen angefangen. Er gab deshalb seinen Posten auf und wandte sich nach Norwich, wo er 1829 von Rev. Samuel Titlow getauft wurde. Seine Bekehrungsgeschichte gab er unter dem Titel »Reasons for renouncing Judaism and embracing Christianity« 1830 in Norwich heraus. Er erhielt sich dann zunächst als Lehrer des Hebräischen, wurde aber hernach von seinen Freunden in den Stand gesetzt Theologie zu studiren und 1836 ordinirt.

In Liverpool erhielt er seine erste Anstellung an der St. Simons Kapelle und richtete dort mit Erlaubniss des Bischofs einen Gottesdienst für Juden ein, welchen er Hebrew Service nannte. An Josephs Ordinationstage wurden in Liverpool von Rev. J. H. Stewart sechs jüdische Personen getauft: Theodor Bernstein und Josua Georg Lazarus mit Frau und drei Kindern. 1837 trat dann die Londoner Gesellschaft mit Joseph in Verbindung und unterstützte ihn. Derselbe fand bei den Liverpooler Juden vielfach Eingang. Diese waren damals religiös recht angeregt; in dem Jahre vor der Ordination Josephs hatten 18 Taufen stattgefunden und in dem Jahre darauf geschahen wieder zehn. Joseph eröffnete ein Haus, in dem die Taufkandidaten Aufnahme und Unterricht fanden; 1838 wurden zehn seiner Insassen getauft, das Jahr darauf wieder sechs. 1839 wurde er dann als eigentlicher Missionar von der Londoner Gesellschaft in Liverpool angestellt und taufte in diesem Jahre wieder drei Juden. 1844 wird seiner das letzte Mal Erwähnung gethan. 1842 wurde ihm der Proselyt J. G. Lazarus zur Hilfe gesandt, der selbst in Liverpool zum Christenthum übergetreten war. Derselbe wirkte hernach auch in Manchester. 1851 berichtet er, dass seit seinem Eintritt in das Arbeitsfeld jener zwei Städte in demselben 68 Juden getauft worden seien. 1853 legte L. sein Amt wegen geschwächter Gesundheit nieder und starb 1869. Durch Joseph sind mehrere tüchtige Männer zur Erkenntniss und Annahme des Christenthums geführt worden. Der bedeutendste unter denselben ist der nachmalige Bischof O. Hellmuth*). Dieser ist 1815 in Stettin, nach einer anderen Angabe in einer kleinen Stadt von Posen geboren, wo sein Vater Vorbeter war. Später besuchte er das Gymnasium in Breslau und kam nach manchen fehlgeschlagenen Versuchen sich selbst zu erhalten 1841 nach England, wo eine verheirathete Schwester von ihm lebte. Dort kam er in Liverpool mit Joseph in Verbindung, der ihn in sein Heim aufnahm. Ein Proselyt, der damals anf der Universität Dublin studirte, ertheilte ihm unter Josephs Aufsicht täglich zwei Stunden Unterricht. 1842 wurde er von Joseph getauft. Durch seine grosse Begabung erregte er die Aufmerk-

---

*) Saat 1878, 93. Scattered Nation 1877, 249. Jew. Int. 1871, 290; 1883, 143.

samkeit Vieler: man liess ihn studiren, und schon 1843 wurde er ordinirt. Noch in demselben Jahre schiffte er sich auf den Rath einiger Freunde nach Kanada ein. Dort hatte er zuerst mit vielen Schwierigkeiten zu kämpfen, nach zehn Jahren wurde er aber infolge einer in Huron gehaltenen Predigt dorthin als Prediger berufen. Er gewann hier eine einflussreiche Stellung als Archidiacon und Dechant und rief in dieser Stadt das Huron Collegium, ein theologisches Seminar, ins Leben. In einem eigenen Gebäude entstand dann durch seine Bemühungen die London Collegiate School, die sich unter dem Namen Hellmuth Collegium einen grossen Ruf erwarb. 1869 errichtete er zur Ausbildung der weiblichen Jugend ein Young Ladies' Seminary. 1871 wurde er zum Bischof Coadjutor der Diöcese Huron unter dem Titel eines Bischofs von Norfolk ernannt. Er trat mit Entschiedenheit den Ritualisten entgegen und erklärte sich sehr ernst gegen Rom. Später wurde er nach England versetzt und ist 1884 Coadjutor Bischof von Ripon geworden, zugleich nahm er die Pfarrstelle in Bridlington an. Geschrieben hat er: ›Biblical Thesaurus or a literal translation and critical analysis of every word in the original language of the Old Test. with explanatory notes‹, London 1885, für Studenten der Theologie verfasst.

Ferner verdient unter den Täuflingen von Joseph der Prediger A. M. Myers oder Meyers Erwähnung*). Derselbe ist in Breslau von streng orthodoxen Eltern geboren. Als Knabe lebte er ganz in der Welt des Talmud. Hass gegen das Christenthum wurde ihm früh eingeimpft. Mit 12 Jahren kam er zu einem berühmten Rabbi, fing aber jetzt an allerlei Anstoss am Talmud zu nehmen. Um über die in ihm erwachten Zweifel Herr zu werden, überbot er sich in peinlicher Beobachtung der Satzungen und fastete viel, kam aber so nicht zur Ruhe. Eine Zeit lang schien er dann die verlorene Sicherheit wieder gewinnen zu sollen; aber dieselbe wurde aufs Neue gestört, als zwei Missionare in Breslau anlangten und am Versöhnungstage in der Synagoge Traktate vertheilten. Er begab

---

*) Er hat sein Leben selbst beschrieben in: Both one in Christ, London und Liverpool 1839. The History of a young Jew, Chester 1840. Jew. Int. 1880, 102. Aus dem Leben des preussischen Israeliten Alfred Moritz Meyers, Basel 1845.

sich den Tag darauf heimlich zu ihnen und fand zu seinem Erstaunen bei ihnen viele Juden vor. Eine alte Dienerin, die von seinem Besuch bei den Missionaren hörte, holte ihn von denselben hinweg, und er musste nun dafür büssen. Da beschloss er die Heimath zu verlassen, und nach dem Tode der Mutter begab er sich auch 1830 nach London, später nach Liverpool, wo er einen älteren Bruder aufsuchte. In dieser Stadt wurde er aber durch die hebräische Inschrift, welche über dem Sir Thomas Gebäude stand, angelockt und dies doppelt, als ihm gesagt wurde, hier predige ein getaufter Jude. Er trat ein, und die gehörte Predigt, hernach aber auch ein Gespräch mit dem Prediger machten auf ihn einen tiefen Eindruck. Es folgten monatelange Kämpfe, die mit seiner Taufe durch Joseph 1839 endigten. Seine darauf herausgegebene Schrift »Both one in Christ« erlebte mehrere Auflagen, ebenso seine andere Schrift »The Jew«, deutsch, Frankfurt a. M. 1856. Letztere besteht aus drei Theilen: »Israel hat keine vorübergehende, sondern eine bleibende Aufgabe unter den Völkern. Der Bund Gottes mit dem Volke besteht noch und wird in der letzten Zeit zu seiner Vollendung kommen«. Der zweite Theil ist überschrieben: »Ein Wort für Israel«. Er enthält eine Betrachtung über das gegenseitige Verhältniss von Juden und Christen und will aufzeigen, wie viel Unrecht den Juden geschehn ist, und wie die Gegenwart ein Besseres angebahnt habe. Dann folgt ein Gespräch zwischen zwei Juden, von denen der eine auf jüdischem Standpunkte steht, der andre von der christlichen Wahrheit überwunden worden ist. Meyers hat auch mehrere Schriften für Kinder verfasst, z. B. »The Peep of day«, »Line upon Line«, »The Night of toil« über den ersten Missionar der Südsee, »Reading disentangled«. Nach seiner Taufe war er zuerst Schriftvorleser bei der Pastoralhilfsgesellschaft, später wurde er selbst Pastor. Er stand zuletzt in Dalston und hatte die Würde eines Doktors der Theologie erlangt; er war ein sehr begabter Prediger und hat vielen Seelen zum Leben geholfen; 1880 starb er.

1852 wurde der Proselyt Rev. J. D. Hirsch, Prediger an der deutschen Kirche in Liverpool, für das Missionswerk in jener Stadt gewonnen. Besonders bei Juden, die nach

Amerika auswanderten, fand er Eingang, und unter seinen Täuflingen befand sich auch ein Bruder des Professor Rubino von Marburg, ein anderer wurde Missionar in China. 1876 legte er seine Aemter wegen Kränklichkeit nieder. 40 der von ihm Unterrichteten hat er selbst getauft, andere sind an anderen Orten übergetreten. 1875 wurde ihm der Proselyt Paul Warschawski zur Unterstützung beigegeben, der in den zwei Jahren der Arbeit in Liverpool vier Juden der Kirche zuführte. Sein Nachfolger wurde Bernstein. Besonders viel hatte der letztere mit Juden, die in Mischehen lebten, zu thun. Durch ihn wurden nicht wenige zur Taufe gebracht, unter anderen ein Freimaurer, der in seinem Orden einen höheren Grad gewonnen hatte. 1886 wirkte Friedrich Flad, Sohn des bekannten Missionars in Abessinien, mit grossem Eifer besonders unter den jüdischen Auswanderern. Die Bekehrten schloss er zu einem Verein zusammen, der sich recht nützlich erwies. 1888 aber wurde er nach Tunis gesandt.

c. Bristol und Bath

wurden 1843 besetzt und von hier aus viele Missionsreisen gemacht. J. A. Pieritz wurde hierselbst angestellt. Ein kranker Jude, dem er M'Cauls Nethivoth gab, kam zur Erkenntniss. Als er, wieder gesund geworden, sich taufen liess, riss man Frau und Kinder von ihm. Die Kinder erhielt er zurück und führte sie der Kirche zu, ebenso einen Bruder, den man herbeigerufen hatte, um ihn vom Uebertritt abzuhalten. 1850 ging Pieritz nach Britisch Guyana. Unter seinen Nachfolgern durfte F. G. Kleinheim einen bisher völlig ungläubigen Juden auf dem Sterbebette taufen, dessen Geschichte und ergreifende Gebete er unter dem Titel »A Jewel picked up in the night«, London und Bristol 1855, veröffentlichte. 1863 ist Bristol als Station aufgegeben, weil es doch zu wenige Juden zählt und diese leicht von andern Orten her erreicht werden können.

d. Dublin

ist auf den Wunsch der Irischen Hilfsgesellschaft 1846 als Station erwählt worden. In Irland giebt es nur wenige Juden, und diese hatte man bisher von England aus besucht. Die ersten Missionare hatten keinen Erfolg, und so gab man 1850 Dublin wieder auf. Dagegen hatte die Irische Hilfsgesellschaft für die Juden in Belfast 1836 den Proselyten Joseph Nathanael Kronheim angestellt (Jew. Int. Mai 1853). Derselbe, in Magdeburg geboren, war der Sohn wohlhabender Eltern. In seiner Jugend war er ein sehr unruhiger Mensch, und so trieb es ihn denn auch in die Fremde. Er diente dann im Heer Napoleons als Commissar, zog mit nach Russland und stand auch während des Freiheitskrieges auf französischer Seite. Nach Beendigung des Krieges kehrte er nach Magdeburg zurück und errichtete hier eine aufblühende Schule. Doch sollte daselbst seines Bleibens nicht sein. Auf seinen früheren Wanderungen war er einmal eingesperrt worden, weil er keinen Pass bei sich hatte. Er bat den Gefängnisswärter um ein Buch; dieser gab ihm ein Neues Testament, weil er nichts anderes besass. Dasselbe, besonders die Bergpredigt, fesselte ihn. Als Lehrer schaffte er sich dann das Neue Testament an und trug auch in seinen Moralstunden manches aus demselben vor. Als ein Rabbi dies bemerkte, löste er die Schule auf. Kronheim wanderte wieder und kam nach London. Hier verkaufte er optische Instrumente und kam auf seinen Wegen in Bekanntschaft mit dem späteren Bischof Alexander. Die Gespräche, welche er mit demselben hatte, brachten ihn zu weiterem Fragen, und 1832 wurde er von Rev. Wyndham Madden in Woodhouse Parsonage bei Huddersfield getauft. 1835 liess er sich als Optiker in Belfast nieder. Wegen seiner christlichen Tüchtigkeit und grossen Bibelkenntniss bat man ihn sein Geschäft aufzugeben und in den Dienst der Irischen Missionshilfsgesellschaft zu treten. Das that er 1836, damals schon 60 Jahre alt. Durch ihn ganz besonders ist das Interesse der irischen Protestanten für die Judenmission geweckt worden, wie er denn auch den ersten Anstoss zur Errichtung der Belfaster Hilfsgesellschaft gegeben hat. Er wurde sehr treu von seinem Freunde Rev. W. M'Ilwaine unterstützt, der für die Judenmission in Irland vor anderen von Bedeutung geworden ist. Als beide für die Sache zu werben begannen, betrug der Jahresbeitrag an die Londoner Gesellschaft 240—300 Mark, nach fünf bis sechs Jahren 8000 bis 10000 Mark. Kronheims Begeisterung riss, obgleich er anfangs das Englische nicht rein sprach, die Leute mit sich fort; und obwohl er kein Prediger war, forderte man ihn doch fast 100 Mal zu Missionspredigten in Kirchen auf. Sein ungewöhnlicher Humor machte ihn überdem zu einer anziehenden Erscheinung und würzte seine Ansprachen. Dabei besass er eine wahre Kunst Gaben für die Mission zu erlangen. 17 Jahre stand er im Missionsdienst und verrichtete denselben trotz seines zunehmenden Alters mit grossem Eifer. Leider kam es zwischen ihm und der Irischen Hilfsgesellschaft wegen seiner Eigenthümlichkeiten zu Missverständnissen, so dass er zuletzt seine Arbeit auf Ulster beschränkte. Doch sah man hernach ein, dass man ihm Unrecht gethan hatte, und beide Theile versöhnten sich völlig mit einander. Er starb 1852. In Irland hat jetzt die Londoner Gesellschaft keine Station.

e. Manchester.

1849 wurde J. G. Lazarus nach Manchester gesandt und arbeitete treulich unter den Juden, von denen damals dort viele übertraten. Sein Nachfolger war P. S. Hershon, der aus Jerusalem dahin für zwei Jahre kam. Derselbe ist 1818 von jüdischen Eltern in Galizien geboren, hat in Jerusalem auf dem College studirt und dort das Industriehaus geleitet. Später hat er sich literarisch einen Namen gemacht. 1874 gab er heraus »The Pentateuch according to the Talmud I. Genesis«, London, worin er das 1. Buch Moses aus dem Talmud erklärte. Er starb 1888. Von den Nachfolgern mag der Proselyt L. C. Mamlock genannt werden, der 1868 in England angestellt wurde. Durch viele Vorträge und Errichtung eines Heim drang er in weitere jüdische Kreise ein und taufte auch eine Anzahl von Juden. Rev. M. Wolkenberg, Mamlocks Nachfolger, traf unter den Proselyten der Stadt einen treuen Prediger, einen Kirchenvorsteher, einen Arzt, einen reichen Kaufmann und andere an, die fast alle eine Frucht der Mission waren und zumeist dieselbe unterstützten. Wolkenberg hat vor vielen Missionaren eine nüchterne Auffassung der Dinge und ein Verständniss für das, was die Gegenwart von der Mission fordert. Er hat denn auch ganz besonders unter den Predigern des Landes für das

Werk manche Theilnahme erweckt. Zuletzt arbeitete in Manchester der Proselyt F. Spiro.

f. Hull.

In Hull steht der Proselyt Rev. J. C. S. Krönig, Vicar an St. Barnabas' Church. Derselbe ist in der Kapelle von L. Way in Paris von Missionar Markheim 1857 getauft worden; der Earl of Shaftesbury war sein Pathe. Schon in den 60er Jahren wirkte er selbständig unter den ziemlich zahlreichen Juden der Stadt und den nach Amerika Auswandernden. Er eröffnete ein Missionszimmer und stellte einen seiner Täuflinge 1875 als Hilfsarbeiter an. 1878 musste er grössere Räumlichkeiten eröffnen, die nun von früh bis spät den Juden offen standen, und in denen Schriften ausgegeben, mündlich aber auch die Fragen des Glaubens besprochen wurden. Sonnabend nachmittags hielt er dort den Juden einen Vortrag, dem eine Besprechung des Gehörten folgte. 1881 konnte er ein eigenes Haus für Missionszwecke kaufen, welches die hebräische Inschrift: »Thore Zions, Haus für das Studium des göttlichen Wortes« trägt. Die Londoner Gesellschaft unterstützte ihn von 1874 ab. In ergreifender Weise erzählte er 1884 die Geschichte eines jungen jüdischen Mannes, der zuerst ein Lästerer war, dann Christ wurde und nun Krönig eifrig helfend zur Seite steht. Die in Hull zurückbleibenden Proselyten pflegen überhaupt Krönig in seiner Arbeit zu unterstützen; mit einer ziemlichen Anzahl an andere Orte Ausgewanderter steht er in regem Briefwechsel.

Im Inselreiche thut die Londoner Gesellschaft alles, was in ihren Kräften steht, um die Juden desselben zu erreichen. Die Vornehmeren sind freilich für den mündlichen und persönlichen Verkehr nicht erreichbar. Doch folgen viele derselben der Einladung, Predigten der Mission in den Kirchen des Landes zu hören. Auch höher gestellte Geistliche und Bischöfe übernehmen oft derartige Missionspredigten und Missionsvorträge. Viele der über das ganze Land verbreiteten Hilfsgesellschaften erkennen es überdem als ihre Aufgabe, die Juden ihrer Gegend in den Bereich des Wortes zu ziehn. Besonders geschieht dies in England, das in sieben Missionsdistrikte getheilt ist, an deren Spitze stets ein besoldeter Prediger als Sekretär steht, welcher überall in seinem Bezirk für die Missionssache spricht und wirbt. In keinem andern Lande ist denn auch die Judenmission so bekannt wie in England; und dass auch die Theilnahme für dieselbe grösser als sonst irgendwo ist, muss besonders den Bemühungen der Londoner Gesellschaft zugeschrieben werden. Durch ihre enge Verbindung mit der Kirche des Landes, dadurch, dass die Bischöfe ihre Patrone und angesehene Männer des Landes ihre Präsidenten sind, hat sie es dahin gebracht, dass sie den anderen kirchlichen Bestrebungen als ebenbürtig zur Seite stehend anerkannt wird. Nur wird man in letzter Zeit gegen diese Gesellschaft wie überhaupt gegen die Judenmission im Lande bedenklicher, weil man viele böse Erfahrungen mit den Juden in Grossbritannien gemacht hat, und die Missionsgesellschaften oft eine ganz übertriebene Verherrlichung der Juden getrieben haben.

Den Juden selbst sucht die Mission auf immer neuen Wegen nahe zu kommen, und es ist der Eifer, der hier waltet, sehr anzuerkennen, wenngleich mit diesem Eifer nicht immer die rechte Weisheit gepaart ist. In ganz England wirken jetzt (natürlich von den Sekretären und Beamten abgesehen) 30 eigentliche Missionsarbeiter der Londoner Gesellschaft, denen viele freiwillige Helfer zur Seite stehn; man giebt sich in der That die grösste Mühe, die gestellte Aufgabe zu erfüllen.

2. Das Werk der Londoner Gesellschaft im Auslande.

Der Plan der Gesellschaft war es anfangs gewesen sich auf die Juden Grossbritanniens zu beschränken, aber sie wurde ganz von selbst über denselben hinausgedrängt; lebt doch die allergrösste Zahl der Juden ausserhalb des Inselreichs. Dazu wurde vielfach vom Festlande her der Wunsch geäussert, die Schriften der Gesellschaft zu besitzen, und derselbe wurde bereitwillig erfüllt. Besonders Dr. Cleardo Naudi in Malta und der Agent der britischen Bibelgesellschaft in Russland Rev. Pinkerton richteten die Aufmerksamkeit der Gesellschaft darauf, dass es wohlgethan sein würde, die auswärtigen Juden mit Bibeln zu versorgen. Ausserdem aber drängten seit 1811 die Prediger der Brüdergemeine Nitzschke und Ramftler dazu, sich der auswärtigen Juden anzunehmen; und schon die Berichte von 1815 und 1816 betonen, dass es nothwendig sein werde, den Juden in Russland, am Mittelmeer und in Jerusalem das Evangelium zu bringen. Dem entsprechend wurde auch der Gedanke an die Errichtung eines Missionsseminars laut. Nitzschke erbot sich eine Reise unter den Juden Deutschlands und Polens zu machen, worauf die Gesellschaft einging, und 1815 wurde ihr der Reisebericht desselben vorgelegt. Dieser betonte, dass sich die deutsche Kirche in einem Zustande befände, der sie unfähig mache, gegenwärtig Mission zu treiben. Und da Professor Augusti in Breslau, Nachkomme des bekannten Pastor Augusti, gleichzeitig aber auch Rev. Pinkerton zur Errichtung einer Mission auf dem Festlande drängten, wurde beschlossen der Sache näher zu treten. Auf das Anerbieten von L. Way, das Festland zu bereisen, wurde dieser mit Rev. Cox Bridgeworth und dem Proselyten Solomon auf das Festland ausgesandt. Sie führten eine grosse Menge von Schriften mit sich, welche die Juden überall begierig annahmen, und durchzogen Holland, Deutschland und Russland. In Moskau erhielt Way eine Audienz bei Kaiser Alexander, der die Erlaubniss zur Eröffnung einer Mission in Polen gab. Ways Berichte aber bestimmten die Gesellschaft auf dem Meeting am 20. Juli 1818, die Errichtung der Mission auf dem Festlande zu beschliessen und zwar zuerst in Polen; doch wurde gleichzeitig Holland in Angriff genommen. 1819 wurde Nitzschke als Sekretär für die auswärtigen Missionen angestellt; derselbe starb aber bereits 1820.

a. Holland.

L. Way und Solomon fanden in Holland gute Aufnahme. In Rotterdam predigten sie in Gegenwart vieler Juden, und Way durfte einen von dem Schottischen Prediger der Stadt ihm empfohlenen jüdischen Studenten taufen. In Amsterdam bestand eine englische Kirche, augenblicklich aber ohne Prediger. Hier predigte Way und übernahm es einen englischen Prediger zu besorgen, der gleichzeitig Judenmissionar sein sollte. Die Schriften der Gesellschaft fanden unter den Juden reissende Abnahme, und zwei Drucker erbaten sich die Erlaubniss dieselben neu auflegen zu dürfen. 1819 wurde dann Rev. A. S. Thelwall vom Trinity College zu Dublin nach Amsterdam gesandt und ihm Erasmus Simon, später andere, beigegeben. Thelwall bildete eine Traktatgesellschaft, welche sich die Verbreitung von Schriften unter den Juden angelegen sein liess; ein anderer Verein sammelte Gaben zur Unterstützung des Werkes von Thelwall, der aber 1827 sein Amt wegen geschwächter Gesundheit niederlegen musste. Thelwall hat vier Traktate verfasst, welche unter dem Gesammttitel ›Old Testament Gospel‹ herausgegeben worden sind. Noch heute wird sein ›The City of Refuge‹ gebraucht, ein Gespräch zwischen einem gelehrten Rabbinen und einem reuigen Sünder. Ein herzlicher Ton und ein Dringen auf innere Religiosität zeichnen seine Schriften aus. In England hielt er später noch häufig Vorlesungen für Juden und starb daselbst 1864. Er und einige, die ihm folgten, haben die erste Säearbeit in Holland gethan, zum Fruchtbringen dagegen ist es erst unter C. W. H. Pauli gekommen. Dieser fand sogleich vielseitige Unterstützung bei den Christen des Landes und stellte auf ihre Bitte den Proselyten Bloch als Traktatvertheiler in Rotterdam an. Anfangs predigte er in der ihm bereitwillig zur Verfügung gestellten grossen lutherischen Kirche in Amsterdam, die 6000 bis 7000 Personen fassen kann und oft vollständig gefüllt war; Juden freilich fanden sich hier nur wenige ein. Man gestattete es ihm sogar, den Gottesdienst nach anglikanischem Ritus zu halten, da er grossen Werth darauf legte. Verständniss für die lutherische Kirche hatte er nicht, sondern legte ihr gegenüber vielmehr stets eine grosse Engherzigkeit an den Tag. Sein ganzes Auftreten aber lenkte die Aufmerksamkeit der Juden auf ihn, und schon im Jahre seiner Ankunft (1844) durfte er zehn Juden taufen. Das erregte die Judenschaft sehr, aber sie konnte nichts aufhalten. Es bildete sich ein Verein junger Juden, welcher an den Abenden das Neue Testament las. Vergeblich fiel man selbst auf der Strasse solche an, die seinen Unterricht besuchten, und misshandelte sie; 1845 konnte er wieder zehn Juden die Taufe ertheilen. Eine ähnliche Erregung rief sein Erscheinen in Rotterdam hervor, wo er wie auch in andern Städten predigte. 1846 geschahen 15 neue Taufen, und in Amsterdam begann sich eine kleine Proselytengemeinschaft zu bilden. Pauli dachte deshalb jetzt ernstlich an die Errichtung einer eigenen Missionskirche. Der König gab hierzu die Erlaubniss; 1847 war sie auch bereits fertig gestellt, und neben ihr wurde eine Schule aufgethan. Auch gelang es eine Niederländische Hilfsgesellschaft ins Leben zu rufen, welche sich die Unterstützung der Proselyten zu ihrer Aufgabe machte. In elf Jahren wurden durch dieselbe 11 000 Gulden für ihre Zwecke aufgebracht. Taufen geschahen fort und fort auch in den folgenden Jahren. Im Jahre 1849 gehörten 45 Proselyten zur Missionsgemeinde; ausserdem kannte Pauli damals noch 30 Proselyten in Amsterdam und 22 in andern Städten Hollands. Unter den Täuflingen des Jahres 1849 befanden sich auch vier Taubstumme, später noch einmal zwei andere, die sich alle als Christen bewährt haben; 1850 wurde auch eine Sonntagsschule eröffnet. Mit der Ertheilung der Taufe wurde er übrigens jetzt vorsichtiger, er hatte hier zeitweise etwas sehr eilig gehandelt. Besondere Noth machte ihm oft die Erhaltung armer Proselyten, so dass er manche Taufbewerber ersuchen musste, anderwärts ihren Uebertritt zu vollziehen. Wie sehr aber das Eis gebrochen war, zeigte sich darin, dass es immer mehr Juden wagten, den Gottesdienst zu besuchen. 1854 wurden vom Bischof Spencer 54 Proselyten confirmirt. Vorlesungen, die er vom Jahre 1855 ab über prophetische Weissagungen in Amsterdam und anderwärts hielt, mussten wiederholt in grössere Lokale verlegt werden, da sie die erschienenen Christen und Juden nicht fassen konnten. Für Vorlesungen hatte er überhaupt eine besondere Gabe, und bei seiner grossen Sprachenkenntniss kam es vor, dass er solche an einem Tage in drei Sprachen hielt. 1866 errichtete er eine Bibelstunde für Proselyten und forschende Juden, die ein schönes Band um viele derselben wurde; Kinder der Proselyten und andere Kinder unterrichtete er, wenn es anging, jeden Morgen im Katechismus und in der Bibel. Ergreifend ist sein Bericht 1867 über einen Juden, dessen Schwester getauft war, und der von ihr, als er an schwerer Augenkrankheit litt, brieflich auf Jesum hingewiesen, denselben um Hilfe anrief und der, obwohl nicht geheilt, infolge seines Gebetes ein solches Vertrauen zu Jesu gewann, dass er hernach Christ wurde. 1872 erbat Pauli sich wegen Abnahme seiner Kräfte in London einen Gehilfen; ihm wurde deshalb August Carl Adler aus Frankfurt zugesandt. 1877 wurde er am 50jährigen Gedenktag seiner Taufe von Proselyten beschenkt. In der Zeit seines holländischen Aufenthalts bis 1874 hat er über 120 Juden getauft. In England brachte er seinen Feierabend zu und starb daselbst 1877. Sein Sohn Henry hatte in England Theologie studirt und soeben angefangen dem Vater in der Mission zu helfen, als er 1854 26 Jahre alt starb. Paulis Enthusiasmus für die Mission ist bis zuletzt derselbe geblieben, nur war derselbe nicht immer mit der rechten Vorsicht und Nüchternheit gepaart; aber vielen Seelen ist er zum bleibenden Segen geworden. Von den durch ihn Getauften und seinen Missionserfahrungen verdient noch Einiges gesagt zu werden. 1845 taufte Pauli einen 84jährigen Greis H. de Graf. Derselbe war durch die Erfolge Paulis aufs Aeusserste erregt worden, und als nun selbst sein Neffe getauft wurde, begab er sich zu dem Missionar, um ihn zu ermorden. Mit den Worten, dass er ihm das Leben nehmen wolle, trat er bei ihm ein und nannte ihm ganz offen seinen Namen, damit er wüsste, wer ihm den Lohn seiner Thaten ertheilte. Pauli erklärte dem Wüthenden, dass derselbe seinem Namen nach aus Deutschland stamme, und fragte ihn dann: »Wie geht es Ihrem Bruder David?« Das überraschte Graf, und als Pauli fortfuhr, sich nach der Frau desselben Sarah zu erkundigen, war der Alte sprachlos. Pauli gab noch Näheres aus der Familie des Bruders an; da meinte Graf es mit einem Zauberer zu thun zu haben und fürchtete sich vor ihm. Pauli benahm ihm alle Furcht, drang aber jetzt an sein Gewissen und predigte ihm Christum. Schliesslich wurde der Alte inmitten einer dichtgedrängten Menge getauft, lebte dann noch vier Jahre und hatte ein überaus erbauliches Ende.

Eine ähnliche Erfahrung machte Pauli ein andermal. Er besuchte mit Bloch in einer stürmischen und regnerischen Nacht einen kabbalistischen Juden Benjamin. Andere Juden aber hatten seine Anwesenheit im Hause desselben bemerkt, und als die beiden Missionare auf dem Rückwege über eine Brücke kamen, tauchte plötzlich ein Haufe Juden vor ihnen auf, die schrieen: »Hängt ihn, macht ihm ein Ende.« Eben sollte er ins Wasser geworfen werden, da erscholl laut die Stimme eines Juden: »Wer diesen Mann anrührt, ist ein Kind des Todes,« und mit den Worten: »Weg mit euch,« schob er die Angreifer zur Seite. Dann fügte er hinzu: »Dieser Mann ist ein guter Mensch; er hat mir am letzten Freitag Geld gegeben, um die Sabbathmahlzeit halten zu können.« Das verfehlte seine Wirkung nicht, die Angreifer liessen von Pauli ab und mit den Worten: »Wenn er solche gute Thaten thut, die im Gesetz gelehrt sind, dann mag er in Frieden gehn,« entliessen sie die Beiden. Die Folge war, dass sich Benjamin mit seiner ganzen Familie später in Gegenwart von 3000 Juden taufen liess; das war die erste in Amsterdam von Pauli getaufte Familie.

Im Dezember 1851 fiel er auf seinem Gange zur Kirche im dichten Nebel in einen Kanal und rettete sich nur mit Mühe aus demselben. Sein Hilferufen hatte eine Familie aus einem benachbarten Hause herbeigeführt, die ihm trockene Kleider gab, und noch rechtzeitig kam er in das Gotteshaus. Kurze Zeit darauf beerdigte er ein treues Glied seiner Gemeinde. Der Leichenzug musste das Judenviertel passiren. Pauli hatte den Proselyten gerathen, sich dem Zuge nicht anzuschliessen, damit sie nicht den Zorn der Juden erregten; sie aber liessen sich nicht zurückhalten. Pauli selbst war nach dem Kirchhofe vorausgefahren. Als nun der Sarg am Kirchhofe ankam, wurde er von einem wilden Geschrei der zahlreich herbeigeströmten Juden begrüsst. Pauli trat mit dem Leichengefolge und einigen anständigen Juden in den Kirchhof ein, liess denselben schliessen und predigte an dem offenen Grabe, während grosse Schaaren der Juden draussen blieben und alles hörten, was der Missionar sprach. Als Pauli den Kirchhof verliess, bat ihn eine christliche Dame, welche nahe dem Kirchhofe wohnte, dringend bei ihr einzutreten, und dies that er auch. Aber nun stürzten sich die Juden auf die Proselyten und griffen die 22 zu ihrem Schutze herbeieilenden Polizisten wüthend an. Schliesslich mussten die letzteren mit ihren Säbeln einhauen, während ein Hagel von Steinen gegen sie geschleudert wurde, der aber zumeist Juden traf, welche in Schaaren herzuliefen.

Die Proselyten flüchteten sich in die Polizeistation und erlitten mit Ausnahme von zweien keinen Schaden. Pauli sah sie dann von einer starken Polizeimacht begleitet bei dem ihn schützenden Hause vorbei kommen; da schloss er sich ihnen an, und alle kamen trotz der furchtbaren Erregung der ihnen folgenden Juden sicher nach Hause. Kämpfe mit Juden, welche Proselyten in entsetzlicher Weise verfolgten, hatte Pauli aber noch öfters zu bestehn. Seine Arbeit war in den früheren Jahren eine rechte Kampfesarbeit, später gestaltete sie sich ruhiger. Auch literarisch hat er in Amsterdam gewirkt. So gab er 1871 heraus: »The Chaldee Paraphrase on the Prophet Jesaia«, London, in englischer Sprache; er wollte durch die chaldäische Uebersetzung des Jesaia die Juden überzeugen, dass die christliche Lehre vom Messias die richtige sei. 1863 hatte er den Juden die Trinitätslehre in »The great mystery or how can three be one« nahe zu bringen gesucht.

In dem einfachen Dienste eines Colporteurs und Missionsgehilfen hat J. P. Bloch in Rotterdam recht Treffliches geleistet. Derselbe ist Proselyt und hatte schon vor Paulis Ankunft in Holland 1842 die Taufe empfangen. 1844 wurde er zur Unterstützung Paulis von der Gesellschaft angestellt. Mit ungemeiner Treue hat er den Juden des ganzen Landes Christum verkündigt. Er hat oft die allerschlimmsten Misshandlungen erlitten und mehrfach in der grössten Lebensgefahr unter den fanatischen Juden, die sich in Holland damals noch zahlreich fanden, geschwebt, aber sich dadurch nie irre machen lassen. Man kannte ihn überall in Holland, und gar manchen ist er der Wegweiser zum Leben geworden. Zu den durch ihn Gewonnenen gehört z. B. einer, der hernach Theologe und ein anderer, der Mediziner wurde. Er hat sein Amt mit der grössten Einfalt und Anspruchslosigkeit ausgerichtet, ist aber ein lebendiger Beweis dafür, dass auch Ungelehrte auf dem Missionsfelde mit vielem Segen wirken können.

1872 trat dann Rev. A. C. Adler in die Holländische Mission ein. Auch er ist Proselyt und im Hebrew College vorbereitet worden. Derselbe ist ein ruhiger und tüchtiger Mann, der auch die Gabe des öffentlichen Wortes besitzt und durch seine Predigten und Vorträge viele Juden anzieht. 1867 ist er in den Missionsdienst eingetreten und hat in 20 Jahren über 50 Juden der Kirche zugeführt. Ueberall in Holland konnte er die Frucht der Arbeit Paulis wahrnehmen; dieselben zeigen sich jetzt sehr viel zugänglicher als in der ersten Zeit seines Vorgängers und besuchen ohne Anstand die Missionspredigten in den Kirchen. Der Talmudismus hat inzwischen immer mehr im Lande seine Herrschaft an den Unglauben abgetreten. Vielfach sammelten sich um Adler die Proselyten, unter denen er drei Pastoren vorfand; für die erwachsenen Proselyten richtete er eine Bibelstunde, für ihre Kinder eine Sonntagsschule ein. Auch gelang es ihm der Niederländischen Hilfsgesellschaft, welche durch Pauli ins Leben getreten war, einen Frauenverein hinzuzufügen.

In Belgien hat die Londoner Gesellschaft nur vorübergehend die Missionare Oster und Saul beschäftigt; auch Pauli und andere arbeiteten dort gelegentlich; das eine Zeitlang als Station besetzte Brüssel wurde mit Recht bald wieder aufgegeben, das Arbeitsfeld war ein zu kleines.

b. Deutschland.

Von dem auf deutschem Boden getriebenen Missionswerke der Londoner verdient das Berliner eine besondere Darstellung, weil in der Hauptstadt das moderne jüdische Wesen unter allem Ringen mit dem alten zu seiner klarsten Ausprägung gekommen ist, und es hier deutlicher als irgendwo zur Erscheinung kommt, wie sich das Verhältniss von Christenthum und Judenthum unter dem Einflusse der neueren Cultur in seiner gegenseitigen Sichanziehung und Abstossung gestaltet. Eben daher hat es sich hier auch mehr als an jedem andern Orte gezeigt, was die Arbeit der Kirche und Mission an den Juden vermag. Das Berliner Feld ist wohl das charakteristischste unter allen andern in der Gegenwart.

Durch L. Way sah sich die Londoner Gesellschaft zuerst veranlasst Professor Tholuck, der bei der preussischen Mission stand, seit 1823 zugleich als ihren Repräsentanten in Preussen anzustellen; Station der Londoner aber wurde Berlin erst 1833, wo man Ayerst dahin sandte, die entschieden für den Posten geeignetste Persönlichkeit. Ayerst setzte es durch, dass ihm eine Kirche zur Abhaltung von Missionsgottesdiensten zugewiesen wurde, und denselben wohnten viele Juden und Christen bei. Auch auf schriftstellerischem Wege suchte er die Juden der Hauptstadt zu erreichen: besonders übersetzte er die Nethivoth von M'Caul ins Deutsche, die dann von vielen Juden gelesen wurden. Damals traten die Juden schaarenweise zur evangelischen Kirche über, und so konnte denn auch Ayerst schon im ersten Jahre zehn taufen; bis zum 21. Juni 1834 war die Zahl derselben auf 23 gestiegen, bis zum 24. Juli waren noch vier hinzu gekommen; in zwei Jahren vier Monaten betrug ihre Zahl 33, denen in den Monaten darauf noch einige folgten. Unter den Getauften sind zu erwähnen: Friedrich Albrecht Frank, Doktor der Medizin, 1809 in Breslau geboren, dessen Vater Bankier war; Ferd. Aug. Fränkel, Student der Rechte, 1813 in Breslau geboren, getauft 1834; der Gymnasiast Leopold Gottschalk aus Gross-Glogau, getauft 1836; der Chirurg Carl Wilh. Albert Gerstmann, 1815 in Ostrowo geboren, 1837 getauft; der Chirurg Carl Heinrich Liebermann, 1800 in Wolhynien geboren, 1835 getauft; der Musiklehrer Sam. Aug. Marcus, 1816 in Hamm geboren; der Philolog und Theolog Louis Moritz Moses 1812 in Wriezen geboren. Besondere Erwähnung aber verdient Gottschalk Eduard Guhrauer*). Derselbe ist 1809 in Bojanowo geboren, wo sein Vater Kaufmann war; später zog derselbe nach Königsberg und starb daselbst. Der Sohn studirte in Berlin Philosophie und wurde hier 1836 durch Ayerst getauft, nachdem er sein Herz aufrichtig dem Evangelium erschlossen hatte. Schon als Student gewann er 1831 eine Preisaufgabe über Leibnitz, dessen Studium er besonders trieb und über den er Arbeiten von bleibendem Werth geliefert hat. Bald nach seiner Taufe erlangte er den philosophischen Doktorgrad. Seit 1841 wirkte er an der Universität Breslau. Dort liess er sein Hauptwerk »Gottfried Wilhelm Freiherr v. Leibnitz« 1842 erscheinen und wurde nun zum ausserordentlichen Professor der Literaturgeschichte ernannt. Später schrieb er viele Aufsätze geschichtlichen und literaturgeschichtlichen Inhalts, so über Goethe und Lessing, besonders »Lessings Leben und

---

*) Allg. Deutsche Biographie 10, 99. Brockhaus 7, 802.

Wirken in der Periode der vollendeten Reife«, Leipzig 1852—54. Zweiter Band des Danzelschen Werkes. Er starb bereits 1854 mit Hinterlassung einiger Kinder.

Hochkirchliche Engherzigkeit in England litt dann Ayerst nicht länger auf seinem Posten, und er wurde abgerufen. Kurze Zeit arbeitete hierauf C. Becker an seiner Statt in Berlin; auch er wirkte mit grossem Erfolge, trat aber bald wegen confessioneller Bedenken aus dem Missionsdienste aus. Ihm folgte Pauli. Auch er fand bei den Missionsfreunden das grösste Entgegenkommen und ebenso bei den Proselyten, von denen er eine Anzahl um sich sammelte, um ihnen hebräischen Unterricht zu ertheilen und sie in der christlichen Erkenntniss zu fördern; manche der Proselyten brachten dann Juden zu ihm, die hernach selbst übertraten. Seine öffentlichen Versammlungen, besonders die Stunden an den Abenden des Sonnabends und seine Gottesdienste, vormittags in englischer und nachmittags in deutscher Sprache, wurden ausserordentlich besucht; die letzteren mussten in die grössere Klosterkirche verlegt werden, um die Zuhörer zu fassen; ähnliches galt von den an zwei Wochenabenden gehaltenen Gottesdiensten. 1842 taufte er 25 Juden; zur Unterstützung der Proselyten gelang es ihm einen Frauenverein ins Leben zu rufen, für den selbst der König 300 Mark jährlich beisteuerte. 1843 taufte er wieder 16 Juden, 1844 aber wurde er nach Amsterdam berufen. Der bedeutendste unter seinen Berliner Proselyten ist Philipp Wolfers, 1803 in Minden geboren, wo sein Vater als Rentner lebte. Derselbe wurde später Professor an der Berliner Universität und Direktor der dortigen Sternwarte. 1842 ist er von Pauli getauft worden. Eine Predigt desselben über den Spruch: »Ein Stern wird aus Jakob aufkommen«, hatte den Anlass dazu gegeben, dass Wolfers mit ihm in Verbindung trat und schliesslich die Taufe erbat. Sonst ist unter Paulis Täuflingen zu nennen Theophil Karl Emmanuel Hirsch aus Krotoschin, ein Arzt, der 30 Jahre alt übertrat; der Mediziner Ludwig Steiner aus Ungarn, 1843 getauft, und der Historienmaler Josef Ballin aus Weener in Ostfriesland.

Der Nachfolger von Pauli, Rev. R. Bellson, ein Proselyt, trat in ein wohl vorbereitetes Arbeitsfeld 1844 ein. Derselbe ist 1805 im Casselschen geboren und war seit 1831 im Londoner Missionsdienst angestellt. Derselbe war ein gebildeter Mann, der auch mit den Juden der höheren Stände in Verbindung trat. Sogleich im ersten Jahre seiner Berliner Thätigkeit konnte er 20 Juden taufen. 1848 war er Zeuge der Berliner Revolution. Damals nahm er wahr, welch ein furchtbarer Christushass noch in grossen Schaaren von Juden lebte. Den Kampf gegen die christliche Weltordnung, die mit Stumpf und Stil ausgerottet werden müsse, hörte er immer wieder aus dem Munde sehr vieler Juden als das eigentliche Ziel ihres Strebens aussprechen. Seine Berichte über diese Zeit in Jew. Int. sind höchst beachtenswerth. Trotz aller Erregung in der grossen Masse der Juden zeigten sich aber einzelne noch recht zugänglich. Im Jahre 1849 war es doch möglich 14 und 1850 wieder 12 Juden zu taufen; bei nicht wenigen unter diesen waren es in der christlichen Schule empfangene Eindrücke, die schliesslich zum Uebertritt führten. In den folgenden Jahren aber erlahmte das religiöse Interesse der Juden zunächst immer mehr, und Bellson erlahmte auch in seiner Thätigkeit. In den Jahren 1845 und 46 gab er ein »Monatsblatt für Israels Gegenwart und Zukunft« heraus. Nach 39 jährigem Dienst trat er in den Ruhestand 1871; er war dem wichtigen Berliner Posten schon eine Reihe von Jahren nicht gewachsen gewesen. Immerhin hat er in seinem langen Missionsleben über 100 Juden der Kirche zugeführt. Er starb 1885 in Hastings (England). Unter seinen Täuflingen befindet sich der Maler Gabriel Schoen in Berlin, ein Docent an der dortigen Universität und der Missionar Albert David Hefter, über den später berichtet werden wird.

Der Weg durch Missionsschulen auf die Juden einzuwirken war in Berlin von vorn herein ein verfehlter und musste aufgegeben werden. Dagegen erkannte man richtig die Nothwendigkeit der öffentlichen Predigt. Besonders durch die Bemühungen von G. W. Schultze, der einige Jahre im Dienste der Londoner Gesellschaft in Berlin wirkte, gelang es eine Missionskirche, die Christuskirche, daselbst zu erbauen. Die Gesellschaft steuerte 30000 Mark zu, das Uebrige wurde durch die Missionare Schultze und Klee collektirt. Am 23. Nov.

1863 wurde das Gotteshaus eingeweiht; es trägt ganz den Charakter einer englischen Kirche und ist bis Ende März 1891 in ununterbrochenem Gebrauch der Mission geblieben.

Durch seine literarische Thätigkeit hat dann besonders Dr. Joachim Raphael Heinrich (früher Hirsch) Biesenthal*) der Misson gute Dienste erwiesen. Er ist 1800 in Lobsens (Posen) geboren. Um Rabbiner zu werden, studirte er auf den jüdischen Schulen in Posen, Rawitsch und Mainz. In letzterer Stadt genoss er besonders den Unterricht des bekannten Hebraisten Wolf Heidenheim und erwarb sich durch ihn eine tüchtige Kenntniss der hebräischen Sprache und talmudischen Literatur. Er ging dann nach Berlin und besuchte dort von 1827—35 die Universität, zugleich aber erhielt er sich durch literarische Arbeiten und Unterricht. Besonders mit dem gelehrten Orientalisten Wilh. Vatke trat er in nähere Beziehung, folgte aber nicht dessen theologischer Richtung, sondern wurde vielmehr vom Evangelium so mächtig angezogen, dass er sich 1838 durch P. Kunze unterrichten und taufen liess. Von seinen Arbeiten ist zuerst ein hebräisches Schulwörterbuch 1837 zu nennen. Durch dieselben wurde er weiter bekannt und hat in nicht wenigen Liebe für die hebräische Sprache, hernach aber auch für die Mission geweckt; die Professoren Strack und Schlottmann bekennen dies für ihre Person. Er gab dann mit Lebrecht zusammen eine »Neue Ausgabe des Wörterbuchs von D. Kimchi« heraus, 2 Bd., 1838—48, sodann eine »Volksausgabe der deutschen Theologie«, wie er sich denn überhaupt viel mit der Mystik beschäftigte. Für Kinder liess er erscheinen »Chr. Ch. Sturms Predigten für Kinder reiferen Alters«, Berlin, 3 Theile, 1866. Im Jahre 1844 trat er in den Dienst der Londoner Gesellschaft und war für dieselbe hauptsächlich literarisch beschäftigt. Er schrieb für Juden eine Schrift: »Zur Geschichte der christlichen Kirche in ihrer ersten Entwickelungsperiode bis zum Anfange des 4. Jahrhunderts« unter Benutzung talmudischer Quellen. Dieselbe hat mehrere Auflagen erlebt; ihr Werth beruht darin, dass sie die Verbindungen der Juden mit der ersten christlichen Kirche nachweist. Auch veranstaltete

---

*) Nathanael 1887, 27. Saat a. H. 1886, 236. Jew. Int. 1886, 142.

er eine neue Ausgabe der Auszüge aus dem Sohar, welche
Tholuck vor ihm in die Hand genommen hatte. Später gab
er das hebräische ›Evangelium Lucas von Frommann‹, dessen
Leben er in Axenfelds ›Leben von den Todten‹ beschrieb,
neu und vervollständigt heraus, ferner die ›Apostelgeschichte‹
(1867), den ›Römerbrief‹ (1855) und den ›Hebräerbrief‹ mit
rabbinischem Commentar (1857). Vom letztgenannten Briefe,
über den er auch einen deutschen Commentar erscheinen liess,
behauptete er, dass er von Paulus ursprünglich hebräisch geschrieben und später erst ins Griechische übersetzt sei; seine
eigene Uebersetzung sollte denn auch eine Rückübersetzung
sein. Diese Commentare haben bis zur Stunde unter den östlichen Juden grossen Segen gestiftet. Delitzsch zählt dieselben
zu dem Besten, was im Dienst der Mission geschrieben ist,
und erklärt, dass durch die Arbeiten von Biesenthal die Anregung zur Abfassung der im Missionsdienste stehenden neueren
hebräischen Literatur gegeben sei. Auch jüdischerseits haben diese
Arbeiten hohe Anerkennung gefunden. Der jüdische Historiker
M. Jost schrieb (Jew. Int. 1858, 71), dass Biesenthal schon im
Lucas und im Römerbrief alle seine Vorgänger in der Benutzung
der Rabbinen für die Auslegung des Neuen Testamentes weit
übertroffen, das Beste aber im Hebräerbrief geleistet habe.
Sprache und Ausführung der Gedanken des Briefes seien hier
gleich klassisch. Die Art und Weise, wie die Gefühle des
jüdischen Lesers geschont würden, sei aller Anerkennung werth;
ihm sei allerdings der Beweis gelungen, dass sich die Rabbinen
aller Zeiten in ihrer Schilderung des Charakters des Messias in
Uebereinstimmung mit dem Neuen Testament befänden, wenn
sie auch nicht die Person Jesu als Messias gelten liessen. Wenn
irgendwie könnten Juden durch die Darstellungen von Biesenthal für den christlichen Glauben gewonnen werden. Und der
jüdische Gelehrte Dr. Fürst (Jew. Int. 58, 373) erklärte gleicher-
weise Biesenthals Commentare für das Trefflichste, was zur Er-
läuterung des Neuen Testamentes aus der rabbinischen Literatur
geschrieben sei. Er lobt den Reichthum der angezogenen
Quellen, Klarheit in der Darlegung der Gedanken der neu-
testamentlichen Schriftsteller, das Fehlen alles Künstlichen in
der Auslegung, sein vortreffliches Hebräisch; besonders müsse

die Schilderung des Lebens des Apostels Paulus jeden jüdischen Leser ungemein anziehn, und bekennt, dass die Londoner Gesellschaft keinen trefflicheren Darsteller der christlichen Gedanken habe finden können.

Minder bedeutend ist sein Traktat »Die liebe Zeit« über die Bussgebete vor dem Versöhntage und über den Versöhntag 1869. Werthvolle Beiträge lieferte er in Bellsons »Blätter für Israels Gegenwart und Zukunft«, in »Dibre Emeth« und in Klees »Jeschurun«. Aus Anlass der Vorgänge in Damaskus nahm er unter dem Namen Karl Ignaz Corvé die Juden in: »Ueber den Ursprung der wider die Juden erhobenen Beschuldigung, bei der Feier ihrer Ostern sich des Bluts zu bedienen, nebst kurzer Darstellung des jüdischen Rituals in Beziehung auf den Genuss des Blutes«, Berlin 1840, in Schutz. 1844 gab er heraus eine »Chrestomathia rabbinica cum versione latina«. Giessen verlieh ihm den wohlverdienten Titel eines Doktors der Theologie.

Auch im mündlichen Verkehr wirkte er auf die Juden anregend ein und hat eine Anzahl derselben auf die Taufe vorbereitet. 1868 wurde er nach Leipzig versetzt, 1881 trat er in den Ruhestand, 1886 starb er in Berlin, wohin er sich zurückgezogen hatte. Durch seine Schriften übt er noch immer einen nachhaltigen Einfluss auf hebräisch lesende Juden aus.

Pastor Dr. C. H. Klee, welcher bis dahin Pfarrer der preussischen Landeskirche gewesen war, trat 1858 in den Dienst der Londoner Gesellschaft und arbeitete bis 1867 in Berlin, von da an bis 1883 in Danzig. Seine besondere Gabe war es, durch Predigten den Missionssinn unter den Christen zu wecken. Manchem Juden aber auch ist er zum Segen geworden. Unter den von ihm Getauften ist besonders Bernhard Pick zu nennen, der später ein beachtenswerther Prediger in Amerika geworden ist und als Herausgeber des Blattes »Messenger of Faith« wie als Verfasser zahlreicher Schriften in jenem Lande Einfluss gewonnen hat; später wird noch über ihn zu berichten sein. Ebenso ist Paul Dworkowicz ein geistlicher Sohn von Klee; bei der Britischen Gesellschaft wird von demselben die Rede sein. Insbesondere auch Dr. med. Nathan Immanuel

Mossa*). Derselbe ist ein Sohn einfacher Eltern, besuchte die christliche Schule seines Ortes und wurde schon damals durch die Erzählung der Leidensgeschichte Jesu bewegt. Hernach verwischte sich dieser Eindruck, und er fühlte sogar eine Abneigung gegen die Person Christi. Später wurde er, weil er in demselben gelacht haben sollte, vom christlichen Religionsunterricht ausgeschlossen und erhielt nun Unterricht bei Juden. Von den Mitschülern hatte er stets, hernach auch auf dem Gymnasium, viel zu leiden. Er kam dann in freigeisterischen Verkehr, der ihm viel schadete. Auf der Universität studirte er Medizin; der dort vorgetragene Materialismus stiess ihn ab, das Studium der Philosophie befriedigte ihn auch nicht, er suchte etwas gewisses und blieb wenigstens in dem Glauben an einen Schöpfer fest. Das Judenthum und der jüdische Handelsgeist aber waren ihm zuwider, während er sich vom Christenthum angezogen fühlte, wie er dies auch in manchen Gedichten aussprach. Da bat ihn einmal ein erkrankter jüdischer Prediger um Vertretung in einer Predigt vor Gefangenen, und Mossa predigte auch über »Suchet den Herrn, weil er zu finden ist; ruft ihn an, weil er nahe ist«. Zur Verwunderung der Juden brauchte er hierbei das neutestamentliche Gleichniss vom verlorenen Sohn. Als er dann in eine andere Stadt verzog, wo keine Synagoge war, besuchte er den christlichen Gottesdienst, wohnte der Grundsteinlegung des Melanchthon-Denkmals in Wittenberg bei und beschäftigte sich immer mehr mit der Frage über die Ansprüche des Christenthums. Versuche, sich wieder der Synagoge zu nähern, deren Gottesdienste er an einem andern Orte, in den er verzogen war, besuchte, entfremdeten ihn derselben nur desto mehr. Da wurde er nach Berlin geführt und im Verkehr mit Klee kam er zur Entscheidung. Unmittelbar vor Ausbruch des Dänischen Krieges wurde er getauft, hat später an Koppels Anstalt Salem zu Bromberg gewirkt und ist nun in Strassburg thätig. Eine Reihe trefflicher Gedichte desselben enthält Saat auf Hoffnung.

Klee erwähnt auch einen andern viel beschäftigten Arzt, der durch sein Zeugniss bewogen Christ wurde. Im Hause

---

*) Dibre Emeth 1865, 142; Saat a. H. Ostern 1866, 55.

eines Oheims hatte er die ersten Eindrücke durch einen Rabbi empfangen, der ihm das Neue Testament empfahl und später selbst Christ und Pastor wurde (Jew. Int. 1865, 280).

Einen neuen Aufschwung nahm das Berliner Missionswerk der Londoner Gesellschaft durch Professor Paulus Cassel von 1868 bis Ende März 1891. Durch Predigten, Vorträge, schriftstellerisch und auf andere Weise hat er sowohl viele Juden der Hauptstadt und weithin mit seinem Zeugniss zu erreichen, als auch, wenigstens vor seinem Uebergang in das philosemitische Lager, viele Christen für die Missionssache zu gewinnen gewusst. Für die vielen auswärtigen Juden, die seinen Unterricht begehrten, schuf er ein Asyl, in dem sie Unterkunft fanden. Die Mittel für seine Missionsunternehmungen sind ihm reichlich zugeflossen. Ein Nähverein hilft viele Proselyten versorgen, und durch eine grosse Sonntagsschule werden schon zahlreiche Kinder in das Missionsinteresse hineingezogen. Eine grosse Zahl von Taufen von Juden aus allen Klassen derselben ist durch ihn geschehn; zu seinen Proselyten gehören Aerzte, Lehrer, grosse Kaufleute, Literaten, Architekten u. s. w. Seine Parteinahme für die Juden in der antisemitischen Bewegung hat ihm viele Freunde unter denselben erworben, die innere Kraft des Missionswerks aber nicht gestärkt. Bisher hat er über 200 Juden in Berlin getauft. Ueberhaupt sind durch die Londoner in Berlin über 400 Juden der evangelischen Kirche einverleibt worden, unter ihnen nicht wenige, die hernach eine ansehnliche Stellung als Christen erlangt haben.

Aus andern Stationen der Gesellschaft in Deutschland ist sodann noch Manches hervorzuheben. Als erster Missionar wurde hier von ihr der Proselyt Johann Peter Goldberg angestellt*). Beer Goldberg, so hiess er als Jude, ist 1780 in Hotzenplotz (Oesterreich-Schlesien), geboren. Von den Eltern war er zum Rabbinat bestimmt. Eigene Bewahrungen und die Rettung seines Bruders aus drohendster Lebensgefahr machten früh einen tiefen Eindruck auf ihn. Bald machte er grosse

---

*) Jew. Int. 1848, 57. Züge aus dem Leben und Wirken von J. P. G., Basel 1848, von Hausmeister. J. P. G., Nathanael 1890, 39 (dort sind auch andere Quellen genannt).

Fortschritte im talmudischem Wissen, und sein Vater schickte ihn deshalb zu weiterer Ausbildung nach Mähren zu einem berühmten Rabbi. Hier versenkte er sich anfangs in die kabbalistische Geheimlehre, hernach stiess ihn dieselbe ab, und er studirte die Bibel. Dass er aber um die Ankunft des Messias und um Ruhe der Seele viel betete, machte den Rabbi besorgt, er könne Christ werden. Später sandte ihn der Vater nach Berlin. Hier verlor er allen Geschmack am Talmud und trat nun bei einem verwandten Bankier in die Lehre. Er verlor alles Vertrauen zum Judenthum, fühlte sich aber dabei leer. In seiner Noth gerieth er an einen rationalistischen evangelischen Geistlichen, der ihn an die Vernunft verwies; da drohte er allen Glauben zu verlieren. Mit seinem Prinzipal verfallen, trat er hernach in Hamburg in ein Geschäft ein. Zweimal gerieth er hier in ernste Lebensgefahr. Es litt ihn dann nicht länger in Hamburg, und so kam er auf seiner Wanderung 1801 nach Neuwied a. Rhein. Hier gab er den Handel auf und wurde Hauslehrer bei einem reichen Juden, hernach Lehrer der jüdischen Gemeinde. Ein Besuch des Neujahrsgottesdienstes 1803 in der Neuwieder Herrnhuter Gemeinde. zog ihn an und führte ihn in Verbindung mit Gliedern derselben. Einen Antrag des reichen Hamburger Kaufmanns seine Tochter zu heirathen lehnte er ab und trat 1806 in die Ehe mit Sarah Rubens, Tochter des jüdischen Metzgers Rubens in Neuwied. Auf einer Reise nach der Heimath 1811 hatte er wieder grosse Gefahren zu bestehn, blieb aber wohl erhalten. Hernach arbeitete er an der hebräischen Zeitschrift »Meassef« und diente 1813 als Dolmetscher der durchziehenden Russen. Ernste Krankheiten in seiner Familie riefen ihn dann zur Bibel zurück. Durch einen christlichen Kaufmann Keetmann aus Elberfeld aber erhielt er 1817 ein Neues Testament und Bogues Schrift »Das göttliche Ansehn des Neuen Testaments«. Die gelesenen Schriften und der Verkehr mit Keetmann brachten ihn zu der Erkenntniss, dass er nicht länger bleiben könne, was er war. Um über seine Zukunft zu berathen, reiste er nach Cöln, gerieth aber hierbei zweimal in augenscheinliche Lebensgefahr; die Folge war ein heftiges Nervenfieber. Das alles brachte ihn in schwere innere Kämpfe, aber nach seiner Genesung legte er seine Lehrerstelle nieder.

Christliche Freunde suchten ihm nun an einem andern Orte den Unterricht ertheilen zu lassen. Das gelang schliesslich in Esslingen (Würtemberg), wo ihn Dekan Herwig unterrichtete. Dort wurde er 1820 mit seiner ganzen Familie, die ihm inzwischen nachgezogen war, getauft; im Thurmknopf der Kirche ist eine Beschreibung dieser Taufe niedergelegt worden. Das Jahr darauf trat er in den Dienst der Londoner Gesellschaft. Er wurde 1822 nach Dresden gesandt. Hier hatte er jüdische Kinder an einer Missionsanstalt zu unterrichten und Erwachsene für die Taufe vorzubereiten. In den 16 Jahren seines Dresdener Aufenthalts hat er 22 Erwachsene und 20 Kinder der Kirche zugeführt. Besondere Freude bereitete ihm die Familie Fröhlich aus Friedland in Mecklenburg, deren Geschichte Hausmeister unter dem Titel »Die fünf Geschwister« veröffentlicht hat. In der Art seines Verkehrs mit den Juden erinnerte er an St. Schultz; ungemein geschickt verstand auch er es an die augenblicklichen Umstände anzuknüpfen, um den Seelen der Juden nahe zu kommen. Besonderen Eingang fand er bei ihnen auf der mit Vorliebe von ihm besuchten Leipziger Messe. Aber auch vielen Christen wurde er zum Segen; manche junge Theologen hat er tiefer in das Wort Gottes eingeführt und sie zur Thätigkeit im Reiche Gottes angeleitet. Besonders sorgte er für die armen Evangelischen in Böhmen. Höchst ergreifend war sein Besuch bei den Geschwistern in Hotzenplotz. 1838 wurde er nach Strassburg versetzt. Hausmeister und Börling wurden seine Schwiegersöhne. 1847 trat er in den Ruhestand, 1848 starb er. Unter seinen Täuflingen ist ein Bruder des bekannten Reisenden Jos. Wolff zu nennen, der mit seiner Familie durch ihn in Dresden der Kirche zugeführt wurde.

J. D. Marc, ein Proselyt, der zuerst 1819 im Dienst der Frankfurter Gesellschaft gestanden zu haben scheint, stand lebhaft unter dem Eindruck des verderblichen Einflusses des Talmuds auf die Juden und wusste ihnen dies auch zu Gemüthe zu führen. Durch ihn zuerst sind die Schweizer auf die Mission hingelenkt worden, wie dies ein Baseler Anschreiben an die Londoner Gesellschaft 1820 betont. An den Bewegungen unter den Juden von Frankfurt und Umgegend, deren etwa 90 in drei oder vier Jahren getauft wurden, hat er keinen geringen Antheil gehabt. Auf seine Empfehlung wurde die Reckesche Anstalt in Düsseldorf von den Londonern unterstützt. Er starb als Missionar in Offenbach 1841. Unter den von ihm gewonnenen Proselyten ist der nachmalige Pastor T. L. Fay in Serneus, Schweiz, zu nennen.

J. G. G. Wermelskirch aus dem Jänickeschen Seminar wurde 1826 in Posen angestellt. Seine sonnabendlichen Gottesdienste wurden von Juden und Christen zahlreich besucht. Unter den durch ihn gewonnenen Proselyten befanden sich ein Regierungsbeamter und ein Lehrer mit seinen zwei Söhnen. Durch ihn zuerst wurde eine Schule für jüdische Kinder in Posen eröffnet; und da der Erfolg ein günstiger war, hat man hernach eine ganze Reihe solcher Schulen in der Provinz errichtet. Zuerst standen die Schulen unter der Posener Gesellschaft, welche die Berliner, Schottische und Londoner unterstützten; 1836 aber übernahm die Londoner Gesellschaft dieselben ganz in ihre Hände. 1849 war die Zahl der diese Schulen besuchenden Kinder auf 548 gestiegen, 1865 auf 604, neben denen auch einige Erwachsene Unterricht erhielten. 1868 hörte Ayerst bei eingezogenen Erkundigungen von mehr als 20 Getauften, welche ihre ersten Anregungen in diesen Schulen erhalten hatten. Allmählich liess man aber dieselben eingehn; 1869 wurden nur noch drei erhalten, christliche Schulen aber, die jüdische Kinder annahmen, unterstützt. 1874 wurde die letzte Schule in Sandberg geschlossen, eine Kleinkinderschule in Breslau unter Leitung der trefflichen Wittwe Silberstein noch einige Jahre länger erhalten. Jedesfalls haben diese Schulen den Samen des Evangeliums in viele Seelen geworfen; die preussischen Schulverhältnisse und die Veränderungen in der Lage der Juden aber machten ihnen ein Ende. Wermelskirch schloss sich später der altlutherischen Bewegung an und nahm deshalb 1835 seinen Abschied; er war ein tüchtiger und gesegneter Arbeiter gewesen.

Ihm zur Seite stand Johann Christoph Hartmann*). Der-

---

*) Dibre Emeth 1887, Nr. 1, 4, 6, 8, 10. Nathanael 1887, 28. Jew. Int. 1887, 20. Rhein.-Westf. Blatt 1887, Nr. 3.

selbe ist 1801 in Königshain (Schlesien) von bäuerlichen Eltern geboren, kam später in Jänickes Seminar nach Berlin und dann nach England auf das Seminar der Gesellschaft. 1826 wurde er nach Posen gesandt und war an der Errichtung von Schulen mit andern thätig. 1828 wurde er als eigentlicher Missionar angestellt, bestand in Preussen die theologische Prüfung und zog durch seine Predigten viele Juden an. Besonders ergreifend war ein Erlebniss mit einem jüdischen Mädchen Ida Schönkalowska aus Kempen, welche durch die Missionsschule angeregt zu Hartmann nach Fraustadt, seiner Station, kam und dort den Unterricht erbat. Man holte dann dieselbe mit Gewalt zurück, konnte aber ihren Entschluss, Christin zu werden, nicht hindern; sie eilte zu Hartmann zurück und wurde getauft. 1843 wurde er nach Frankfurt a. O. versetzt, 1845 gründete er die Zeitschrift »Dibre Emeth«, die noch fortbesteht und manche wichtige Beiträge zur Geschichte der Judenmission enthält. Seine Traktate sind unbedeutend. 1850 kam er nach Breslau und rief dort Missionsgottesdienste ins Leben, die gleichfalls bis heute bestanden haben. Bis 1869 hat er in Breslau 42 Taufen vollzogen, auf vielen Missionsreisen in Oesterreich und dem östlichen Preussen den Samen des Evangeliums ausgestreut und 1876 die Mission in Polen neu eröffnet. Er liess sich 1882 pensioniren und starb 1887.

Das Posener Missionsfeld hat stets seine Eigenthümlichkeit gehabt. Das enge Zusammenwohnen der Juden daselbst und die Abhängigkeit der dortigen Juden von einander hat den einzelnen, welche sich christlich angeregt fühlten, gewöhnlich den Uebertritt an ihren Orten sehr schwer gemacht. Die Zahl der Judentaufen in der Provinz selbst ist daher eine geringe, desto grösser die Zahl derer, welche auswärts den in der Heimath empfangenen Eindrücken Folge gaben und sich taufen liessen. Deshalb ist es denn auch richtig, dass diese Provinz von den Londoner Missionaren noch heute als ein wichtiges Saatfeld angesehn und vielfach bereist wird.

Johann Gottlieb Bergfeldt hatte zuerst das Jänickesche, dann das Missionsseminar in England besucht und kam 1826 nach Königsberg. Die Christen der Provinz hat er vielfach mit der Mission bekannt gemacht und den Juden derselben wie denen an der russischen Grenze das Evangelium mit grossem Fleisse verkündigt. Ueberhaupt ist vielen russischen Juden durch die Mission in der Provinz Preussen das Wort Gottes nahe gebracht worden, und so hat dieselbe auch stets für das Nachbarland ihre Bedeutung gehabt. 1835 berichtet er von 23 durch ihn gewonnenen Proselyten, unter ihnen von Pastor Benni in Polen. 1842 starb er in Königsberg. Unter seinen Täuflingen befanden sich sieben Geschwister einer Familie in Königsberg, ferner eine Schwester des nachmaligen Prediger Jacoby daselbst, ein Mediziner J. Damier aus Mitau, der Mediziner H. B. Simson, Bruder des bekannten Reichsgerichtspräsidenten, und Jacob Skolkowsky aus Kalwary in Polen, der hernach selbst Missionar der Londoner Gesellschaft wurde. In denselben Gegenden wirkte auch Tobias W. Goldinger (Dibre Emeth 1889, 74 u. 89). Derselbe ist 1804 in Monkim bei Augustow, Polen, geboren, betrieb später ein blühendes Goldarbeitergeschäft in Suwalki und lernte dann im Verkehr mit den Missionaren und durch M'Cauls »Wahren Israeliten« die ganze Nichtigkeit des talmudischen Systems erkennen. Er brachte seine Ueberzeugungen zu Papier, und sein Manuskript wurde von vielen Bekannten gelesen. Darüber entstanden Verfolgungen gegen ihn und seine Gesinnungsgenossen, seine eigene Frau war gegen ihn; doch fand er bei der Regierung Schutz. Er nahm in Warschau Unterricht und wurde getauft, später folgten ihm auch die Seinigen. 1842 trat er in den Missionsdienst in Polen, wo durch sein Zeugniss manche Juden gewonnen wurden; er übersetzte auch M'Cauls »Wahren Israeliten« in das Jüdisch-Deutsche. Später kam er nach Oleczko in Ost-Preussen und wirkte von hier aus ganz besonders unter den russischen Juden. Der Erfolg seiner Arbeit und der der übrigen Missionare war ein sichtlicher. P. Redener in Memel allein hat während seiner Amtszeit daselbst 185 Juden aus Russland und Polen getauft, und ein anderer Pastor in einer Landstadt bei Königsberg 22 derselben. Von 1866 an arbeitete Goldinger in Breslau, wo er 1876 starb.

Zu den hervorragendsten Missionaren der Londoner Gesellschaft zählt sodann Johann Christian Moritz*). Derselbe war

---

*) Jew. Int. 1868, 73. Dibre Emeth 1867, 75. Rhein.-Westf. Blatt 1868, Nr. 12. Freund Israels, Basel 1868, 89. Hope Israels 1882, Nr. 2.

ein Sohn des Kaufmanns Marcus und der Deborah Treitel in Bernstein (Pommern). Der Sohn wurde 1786 geboren, seine Eltern nannten ihn Moses; die Mutter starb, als er erst vier Jahre alt war. Als sie ihn das letzte Mal segnete, sprach sie zu ihm die Worte: »Du wirst die Ankunft des Messias erleben; bleibe fest im Glauben deiner Väter, dass du einen reichen Antheil an seinem Reiche haben mögest.« Diese Worte gingen später über alle Erwartung der Mutter in Erfüllung. Der Sohn wurde von Privatlehrern sorgfältig im Talmud unterrichtet, besuchte daneben aber einen Theil des Tages die christliche Schule. Die Geschichte, Dichtkunst und Philosophie, besonders Mendelssohns Werke zogen ihn hernach sehr an. Bald erkannte er auch den Unterschied zwischen Altem Testament und Talmud. Darüber erwachten in ihm Zweifel; sein Vater und seine Lehrer warnten ihn, als er dieselben äusserte, ein Epikuräer (Ungläubiger) zu werden. Ein gelehrter polnischer Rabbi, dem er gleichfalls seine Anfechtungen mittheilte, erklärte dem Vater, dass er von einem bösen Geiste besessen sei und wohl ein Meschummad (Christ) werden würde. Der Vater misshandelte deshalb den Sohn, und derselbe vergrub fortan seine Gedanken in seiner Brust. Immer klarer aber wurde es ihm, dass Bibel und Talmud nicht zu gleicher Zeit von Gott stammen könnten; doch hielt er sich von Christen fern. Als dann die Wiederverheirathung des Vaters dem Sohne eine schiefe Stellung im elterlichen Hause brachte, ging Moritz, 16 Jahre alt, nach Berlin zu einem Oheim, der ihn freundlich aufnahm und mit seinen Kindern unterrichten liess. Freidenkende Juden aber übten hier auf sein Leben und Wandel einen nachtheiligen Einfluss aus; doch liess ihm das Gewissen in dieser Zeit keine Ruhe. Preussens Niederlage durch Napoleon bestimmte ihn später nach England auszuwandern, und mit einem Empfehlungsschreiben an den Oberrabbiner Englands Dr. Herschell versehn kam er 1807 nach London. Dieser nahm ihn freundlich auf, warnte ihn aber vor Frey; doch beachtete er diese Warnung nicht, da er gar nicht daran dachte Christ zu werden. Die Feier des christlichen Sonntags in England aber überraschte ihn. Bei der Erkundigung hierüber sagte ihm seine jüdische Wirthin, dass, wenn die Juden ihren Sabbath so feiern würden wie die englischen Christen ihren Sonntag, der Messias bald kommen würde. Hierdurch zuerst sah er sich auf das Christenthum gewiesen. Er beschloss jetzt das Neue Testament zu lesen, studirte es oft Nächte lang, verglich es mit dem Alten Testament und kam zu der Ueberzeugung, dass Jesus der Messias sei. Vor allem aber kam er jetzt zu einer gründlichen Erkenntniss seiner Sünde; und auf diesem innerlichen Wege, den die meisten Proselyten erst nach ihrer Taufe zu beschreiten pflegen, gelangte er zum Ergreifen des Heils in Christo. Als er dann den Juden seine Ueberzeugungen bekannte, kam es zum Bruch mit ihnen. Auch der Vater, dem man alles mittheilte, vermochte ihn nicht umzustimmen und verfluchte ihn, wie er ihm denn auch sein Erbe entzog. Der Sohn betete hingegen für seine Verwandten, bis er von ihrem Tode hörte. Zunächst erhielt er sich kümmerlich durch Ertheilung französischen Unterrichts. Durch P. Dr. Steinkopf von der deutsch-lutherischen Kirche, dessen Gottesdienste er besucht hatte, wurde er dann 1809 getauft und nannte sich fortan Johann Christian Moritz. Anfänglich wollte er nun Heidenmissionar werden; doch rieth man ihm unter die Juden zu gehn. 1811 folgte er der Aufforderung eines frommen Kaufmanns in Gothenburg (Schweden), sich daselbst niederzulassen, und erhielt sich hier durch Unterrichtgeben und Bücherverkauf. Daselbst verheirathete er sich auch mit Charlotte Elisabeth Hedberg, mit der er in fast 50 jähriger glücklicher, aber kinderloser Ehe lebte. Als dieselbe 1864. starb, vermachte sie alle ihre Ersparnisse der Londoner Gesellschaft. Moritz wurde dann 1817 durch L. Way in die Mission eingeführt und zunächst von Kaiser Alexander berufen, unter den Juden seines Reiches zu wirken. Von dieser seiner wichtigen Thätigkeit war schon früher die Rede. Acht Jahre blieb er in derselben, wurde darauf aber durch Kaiser Nikolaus genöthigt dieselbe einzustellen. In dieser Zeit schrieb er einen Zuruf an die Juden in zwei Briefen, dem Jer. 31, 31—34 zu Grunde lag (Elberfeld 1820). 1825 trat er in den Dienst der Londoner Gesellschaft, die ihn zuerst nach Hamburg schickte. Seine Berichte zu lesen ist überaus erquicklich; sie zeigen, in wie innerlicher und die Herzen tief erfassender Weise er das Evangelium verkündigte. Er richtete sogleich in

Hamburg Gebetsversammlungen ein, die von Christen und Juden gut besucht wurden und in denen er über den Messias nach dem Alten Testament sprach. Sein Wirken erregte besonders die Anhänger des Tempels, die modern gesinnten Juden, die alles aufboten, um ihn von Hamburg zu entfernen. Eine Anzahl von denen, welche er unterrichtete, sandte er nach Berlin oder Düsselthal, um dort die Taufe zu empfangen. 1827 übertrug ihm die Edzardsche Stiftung den Unterricht der bei ihr sich meldenden Juden. Es folgten Missionsreisen in Schweden, Dänemark und Deutschland. Von Neuwied aus missionirte er weithin, und mehrere der von ihm in dieser Zeit Angeregten traten hernach in Unterricht bei evangelischen Pastoren. Darauf missionirte er in Frankfurt, Bayern und Württemberg und verkehrte auch mit vielen der angesehensten Rabbinen. In den nächsten Jahren war er wieder in verschiedenen Gegenden und Ländern zu finden. Ein 1834 an die Juden Hamburgs gerichteter Circular-Brief rief unter denselben eine grosse Erregung hervor. Holland und Norddeutschland waren darauf sein Arbeitsfeld; 1843 aber kehrte er nach Schweden und Dänemark zurück und starb 1868 nach 42 jähriger Arbeit bei der Londoner Gesellschaft, 82 Jahre alt. Unter den von ihm für das Christenthum Gewonnenen zeichnete sich besonders der Missionar und Pastor Jacob Börling aus. Wie sonst der von ihm ausgestreute Same Frucht brachte, davon erzählt Jew. Int. 1883, 144 ein Beispiel. Eine englische Jüdin war durch ihn zu Christo geführt worden, durch diese wurde eine andere gewonnen, die letztgenannte durfte auch ihrerseits eine Jüdin dem Evangelio zuführen, und diese wieder ist dann für ihren Bruder, den nachmaligen Bischof Hellmuth, vor anderen ein Werkzeug zu seiner Bekehrung geworden. Wenn im Uebrigen die Zahl derer, welche durch ihn direkt der Kirche zugeführt worden sind, keine grosse ist, so lag dies hauptsächlich daran, dass er zumeist von Ort zu Ort gesandt wurde, und vielfach andere ernteten, was er er gesäet hatte. Das schwedische Arbeitsfeld aber war ein zu geringes, als dass auf demselben viel erreicht werden konnte; und man hätte die Kraft eines Mannes und Missionars, wie Moritz es war, auf demselben nicht so lange brach legen müssen.

Einige Erwähnung verdient sodann Johann Stockfeld (1796

bis 1869), der aus Stockfeld bei Mörs (Rheinpreussen) stammte*). Seit 1825 arbeitete er in Holland, am ganzen Rhein und in Bayern. Mit besonderem Eifer liess er sich die Verbreitung der Bibel unter den Juden angelegen sein; bis 1852 hat er unter denselben über 50 000 heilige Schriften abgesetzt. Philippson und die Juden sahen sich genöthigt, um ihm zu begegnen, die Israelitische Bibelanstalt ins Leben zu rufen. Viele Christen hat er aber auch für die Judenmission erwärmt. Ihm hat es die Rheinische Gesellschaft zu danken, dass P. Kalthoff ihr erster Agent wurde. Ebenso hat er den Dr. Richter und P. Küpper in Köln zur Errichtung des Rheinischen Missionsvereins ermuthigt und war recht eigentlich die Seele des Rheinischen Vereins zu nennen, wie denn auch die erste Liebesgabe an denselben 1842 von ihm stammt. Nicht minder hat er zur Stiftung des Niederländischen Israelsvereins den ersten Anstoss gegeben. Als in Neuenhofen im Jülicher Lande eine Verfolgung der Juden ausbrach, hat er die evangelischen und katholischen Kirchenbehörden veranlasst, sich der Juden anzunehmen, die ihm das denn auch von Herzen anerkannt haben. Juden, die sich bei ihm zum Unterricht meldeten, wies er grundsätzlich an die Pastoren, weil er selbst ausschliesslich Missionar sein wollte.

Erwähnung verdient auch der schon früher bei der Sächsischen Gesellschaft genannte Carl Becker, der von 1832—1841 im Dessauischen und auf der Leipziger Messe viele Juden anregte, dann nach Berlin versetzt in grossem Segen dort arbeitete, aber 1841 wegen confessioneller Bedenken von der Gesellschaft abtrat. Unter anderen hat er einen Verwandten des Bischofs Alexander in Berlin getauft.

Insbesondere muss sodann genannt werden Jacob August Hausmeister**), 1806 in Stuttgart geboren. Sein Vater war ein stiller Mann, die Mutter dem Christenthum nicht abgeneigt; sie äusserte oft: »Ach wenn doch mein Sohn Jacob ein Christ würde. Wir Juden können unsere Gebote nicht halten und

---

*) Jew. Int. 1870, 37. Rhein.-Westf. Blatt 1870, Nr. 1, 2, 4.
**) Axenfeld, Leben von den Todten. Allg. Deutsche Biographie 11, 99. Winke und Mittheilungen 1860 von Dr. Fink.

sind darum ohne Trost, während ein Christ aus Gnaden selig wird.« Der Sohn verlor die Eltern früh, kam zu einem Oheim, besuchte von diesem aus die christliche Schule und empfing schon hier innere Eindrücke. Als er in der Jünglingszeit auf Abwege zu gerathen drohte, machte ihn ein Freund mit frommen Christen bekannt und führte ihn besonders in L. Hofackers Predigten. Sein Oheim, ein Uhrmacher, in dessen Lehre er stand, und die Verwandten setzten ihm deshalb hart zu, aber er blieb standhaft. Er verliess endlich die Seinigen, wurde dann 1825 mit dem Dekan Herwig in Esslingen bekannt und von demselben im November des Jahres getauft. Er trat darauf in das Baseler Missionshaus ein und blieb fast sechs Jahre in demselben; seine Kränklichkeit aber verhinderte die Aussendung in die Heidenwelt. Da berief ihn die Londoner Mission und sandte ihn 1832 nach Strassburg. Alle Missionsfreunde der Stadt glaubten, dass er hier nichts würde anfangen können, aber er fand bald Eingang. Einem Anschreiben an die Juden, seinen Predigten beizuwohnen, folgten einige, und gern hörten ihn dieselben überall im Elsass, Baden, Württemberg, Bayern, Schweiz und in Paris. Im Elsass bildeten sich Frauenvereine, die ihn wesentlich unterstützten, und besonders entstand durch seine Bemühungen die Strassburger Gesellschaft zur Unterstützung von Proselyten, die bis heute fortbesteht. Der treffliche Pastor Haerter stand ihm in dem allen hilfreich zur Seite. Die Belebung des Missionssinnes in Süddeutschland und in manchen Gegenden der Schweiz ist vor allen anderen auf ihn zurückzuführen. Aus den verschiedensten Gegenden erhielt er Briefe von Juden, die ihn baten, sie in Strassburg zu unterrichten; er konnte dies aber nur in einigen Fällen thun und musste viele an andere Orte senden. Die Strassburger und neben ihnen die Baseler und Neufchateller standen ihm treulich bei. Der Erste unter seinen Täuflingen war ein 1813 in Hechingen geborener Lehrer Johannes Lichtenstein, über den später bei Amerika weiteres berichtet werden soll.

Bis 1845 war die Zahl der durch Hausmeister zur Taufe geführten Juden auf 45 gestiegen; im Ganzen hat er etwa 60 in Strassburg zur Kirche gebracht. Der Proselyten nahm er sich mit treuer Sorge an; jeden Sonntag versammelte er die in

Strassburg wohnenden zu einer Gebetsversammlung; mit vielen, die verzogen waren, blieb er in brieflichem Verkehr. Die durch ihn anfangs mit vielem Erfolge betriebene Bücherverbreitung wusste dann der Strassburger Bischof zu verhindern. Die Juden des Landes aber verschlossen sich immer mehr gegen sein Zeugniss. Darunter litt er schwer. Die Missionsleitung sollte denn auch besser darauf achten, wo ihr die Thüren verschlossen und wo sie ihr geöffnet werden; dann würden nicht oft ihre besten Kräfte lahm gelegt werden.

Hausmeister hat sich auch literarisch einen guten Namen gemacht. Ein überaus herzliches Wort an die Juden ist sein Traktat: »Worte der Liebe an meine Brüder nach dem Fleisch«, Frankfurt. Denselben innerlich gewinnenden Ton stimmt er an in: »Gespräch zweier jüdischen Freunde über das Wort Gottes«, Frankfurt. Für die rechte Beurtheilung der Mission dienlich ist: »Winke und Mittheilungen über die Mission unter Israel«, Heidelberg. Einem dringenden Bedürfniss entsprach; »Ueber den Unterricht und die Pflege von Proselyten,« Heidelberg. Für Missionsstunden brauchbar sind: »Lebens- und Bekehrungsgeschichten jüdischer Proselyten,« Basel; »Lebensgeschichte des Missionars J. P. Goldberg«, Basel; »Lebensgeschichte des Pf. Börling«, Basel.

Auch für die Geschichte des allgemeinen christlichen Lebens besonders im Elsass hat Hausmeister seine Bedeutung gehabt. Er trug viel dazu bei, dass die Evangelische Gesellschaft, der Traktatverein, die Colportage und die Lesesäle gestiftet oder erneuert wurden. 1860 starb er; an seinem Grabe legten mehrere Pastoren Zeugniss von dem mannigfachen Segen ab, der von ihm ausgegangen war.

Im westlichen Deutschland wirkte auch Heinrich Poper*). Derselbe ist 1813 in Breidenbach geboren. Der Vater starb noch vor seiner Geburt, die Mutter kehrte mit dem Sohne nach ihrer Vaterstadt Hildesheim zurück. Dort bereitete derselbe sich auf den Beruf eines jüdischen Lehrers vor. Schon mit 14 Jahren fing er an in jüdischen und christlichen Familien zu unterrichten. 18 Jahre alt wurde er jüdischer Lehrer und

---

*) Jew. Int. 1870, 169.

Vorbeter an einer Synagoge. Von Hause aus streng orthodox, begann er allmählich die Widersprüche zwischen Talmud und Bibel zu bemerken und wurde dann durch den Umgang mit Christen weiter geführt. Drei Jahre lang kämpfte er nun einen sich stetig steigernden Kampf, ging dann nach England und wurde dort 1839 von Reichardt getauft. Er besuchte hierauf das Operative und das College, um danach 1842 als Missionar in Frankfurt a. M. angestellt zu werden. Später erhielt er die Ordination und den Titel eines Doktors der Philosophie. Poper arbeitete mit grosser Hoffnungsfreudigkeit und sah alles im hellsten Lichte. Dabei war sein Wirken nicht ohne Erfolg. Von 1843—70 taufte er z. B. in Frankfurt 88 Juden. Besonders thätig war er auch in der Verbreitung von Bibeln und Missionsschriften. Ebenso wusste er die Theilnahme nicht weniger Christen für die Mission zu wecken. In 15 Jahren sammelte er in einer von ihm gegründeten Zionsgesellschaft für die Arbeit in Palästina über 10000 Mark. Er starb 1870. Unter den durch ihn gewonnenen Juden befanden sich einige Lehrer, wie er denn überhaupt bei jüdischen Lehrern besonderen Eingang fand. 1855 schreibt er, dass von seinen Täuflingen jetzt drei Prediger, mehrere Lehrer, Professoren an Gymnasien und Seminarien seien und andere einfachen Berufsarbeiten nachgingen. Einer derselben habe ein Waisenhaus, Sonntagsschulen und Lumpenschulen errichtet. Besondere Erwähnung unter seinen Täuflingen verdient

Maximilian Christian Heinrich Stern, als Jude Rabbi Jecheskiel Stern*), der seine frühere Lebensgeschichte selbst in: ›Glaubensgründe für meinen Uebertritt zum Christenthum‹ mitgetheilt hat, 1846. Sein Vater war Rabbiner und Lehrer in Prag, Strakowitz und Bamberg. Der 1794 zu Tennstadt in Bayern geborene Sohn erhielt schon als 17jähriger Jüngling vom Oberrabbiner Gersfeld in Bamberg das Recht zu unterrichten; später wurde er von der Regierung als Lehrer in Hoechburg angestellt. Den begüterten Juden war es nicht recht, dass sie ihre Kinder mit den ärmeren gemeinschaftlich in dieselbe Schule

---

*) Jewish Witnesses, Nr. 11. Jew. Int. 1846, 123. Rhein.-Westf. Blatt 1872, Nr. 12.

schicken sollten, und sie liessen dies Stern entgelten. Um dem Streit ein Ende zu machen, versetzte ihn die Behörde nach Heidingsfeld. Hier widersetzte er sich dann aber der Einführung eines neuen jüdischen Religionsbuches, das nur Ceremoniendienst und nicht einmal die zehn Gebote lehrte. Auf seine Bitte wurde es ihm gewährt nach eigenem Plan unterrichten zu dürfen, aber dies rief neue Streitigkeiten hervor. Indessen wurde er literarisch thätig; seine Schriften über »die Confirmation« 1829 und »Baum des Lebens« 1835 wurden in vielen Schulen eingeführt. 1836 berief die Regierung Versammlungen jüdischer Abgeordneter, um über die Emanzipation zu berathen. Ueber die von der Regierung unter anderen gestellte Frage, ob das Alte Testament etwas von der Dreieinigkeit enthalte, berichtete Stern, der auch Abgeordneter war, dass man nicht ohne weiteres behaupten könne, das Alte Testament wisse nichts von einer Dreieinigkeit, und erbat in einem Circular »Das Israelitenthum in seiner Würde und Bürde« um Auflösung der offenbar vorhandenen Schwierigkeiten. Widder diese Schrift erschienen dann Gegenschriften, die aber statt Beweise Schmähungen über Stern enthielten. Man verfolgte ihn nun in seinem Amte und wusste es auch zu erreichen, dass er der Verletzung von jüdischen Gebräuchen angeklagt wurde, worauf eine Strafversetzung desselben nach dem Dorfe Main-Stockheim erfolgte, 1836. Hier aber wurde ihm das Leben blutsauer gemacht, und schliesslich gelang es seinen Feinden ihn ganz aus dem Amte zu bringen, 1842. Er begab sich jetzt nach Frankfurt a. M. und ertheilte hier Privatunterricht. Mit dem Judenthum zerfiel er immer mehr. 1844 gab er eine Wochenzeitschrift »Die Auferstehung« heraus, in welcher er stets deutlicher christliche Erkenntniss an den Tag legte. 1846 wurde er dann durch Poper, 52 Jahre alt, getauft; seine Familie folgte ihm zwei Jahre später. Sein zweiter in der Blüthe der Jahre dahinsterbender Sohn Salomon rief kurz vor seinem Ende aus: »Es giebt nur einen dreieinigen Gott.« Auch zwei seiner Brüder wurden Christen und Pastoren in Amerika. Er selbst wurde dann in Frankfurt Missionar der Britischen Gesellschaft, worüber später zu berichten ist, und starb 1861. Im Jahre 1856 liess er erscheinen: »Die jüdische Zeitrechnung. Neuer und unumstösslicher Beweis, dass das Christenthum auf Wahrheit, das Judenthum hingegen auf Irrthum und Täuschung beruht.« Er hat sich hierbei mit Vorliebe auf die Kabbala berufen, ein allerdings sehr gewagtes Ding.

Zu den durch Poper gewonnenen Juden gehört auch der Arzt Dr. Leopold Fulda in Frankfurt, der in reifen Jahren übertrat und 71 Jahre alt starb. Derselbe war ein vielbeschäftigter Arzt, treuer Christ und auch theologisch tüchtig gebildet (Jew. Int. 1868, 109).

Im westlichen Deutschland besonders wirkte auch E. M. Schlochow*). Derselbe ist in Winzig (Schlesien) geboren. Seine Eltern hielten so wenig auf das Judenthum, dass sie erst von Freunden gedrängt nach sechs Monaten ihren Sohn beschneiden liessen. Sein Vater nannte ihn Emmanuel, weil der Heiland der Welt vom Propheten mit diesem Namen genannt ist. Nach des Vaters Wunsch sollte er denn auch christlich erzogen werden, und erst durch die Spöttereien seiner Altersgenossen erfuhr er, dass er ein Jude sei. Die Schule in Breslau bot ihm keine religiöse Anregung. Da ihn der Vater drängte, sich taufen zu lassen, trat er mit einem römischen Priester in Verbindung, gelangte aber, weil er durch seine Freunde auf atheistische Wege gedrängt worden war, nicht zum Uebertritt. Er schloss sich sogar einer geheimen Verbindung an, deren Zweck war, auch andere vom Aberglauben zu befreien. Die ersten besseren Eindrücke erhielt er durch einen frommen Proselyten und im Verkehr mit dem schottischen Judenmissionar Cerf drang er zur rechten Erkenntniss durch, so dass er sich 1848 taufen liess. Die jüdische Familie, deren Kinder er unterrichtete, wollte ihn trotzdem anfangs nicht entlassen, that dies dann aber doch, als eines ihrer Kinder den Arm brach, und Freunde ihnen das als Strafe für ihre religiöse Gleichgiltigkeit bezeichneten. Auch seine eigenen früheren Freunde verliessen ihn. In dieser Zeit wollte, er durch Gützlaff bestimmt, Missionar in China werden; aber es kam nicht dazu, vielmehr berief ihn die Londoner Gesellschaft in ihren Dienst, 1851. Nach dem Besuch des College wirkte er von 1853—1863 in Jassy, später in

---

*) Jew. Int. 1877, 49. Freund Israels, Basel 1877, Mai.

Schlesien und von 1856 ab im Elsass, wo er den Ausbruch des Krieges 1870 erlebte, nach dessen Beendigung er wieder auf dieses Arbeitsfeld zurückkehrte. Ein frommer und demüthiger Mensch, zeichnete er sich im Missionswirken durch eine innerliche Art aus, durch die er auch viele Christen besonders in der Schweiz und der Brüdergemeine für die Mission gewann. Er eröffnete dann ein Asyl für Taufkandidaten, später ein Heim für Jüdinnen, in Mülhausen hernach ein Missionshaus und führte manche Juden der Kirche zu. Auf der Pariser Weltausstellung 1867 trat er sehr vielen Juden nahe und hat dort reichen Samen ausgestreut. Nach dem Kriege konnte er sein Werk noch ungehinderter fortsetzen, da jetzt der Schriftenverbreitung nichts mehr in den Weg gelegt wurde. 1875 aber versetzte man ihn nach Crefeld (Rheinprovinz). Schwere Erkrankung nöthigte ihn den Abschied zu nehmen, und 1876 starb er in England. Auf seinen Grabstein bestimmte er hebräisch die Worte: »Ich weiss, dass mein Erlöser lebt,« zu setzen, damit er noch als Todter den Juden predige.

Eine merkwürdige Persönlichkeit war ,Siegmund Hermann Deutsch*), 1791 in Peiskretscham (Schlesien) geboren. Nachdem er zuerst Talmud gelernt hatte, besuchte er das Gymnasium und die Universität; er studirte Mathematik und Astronomie in Breslau. 1815 zog er in den Krieg mit, kam nach dem Friedensschluss auf die Kriegsschule in Berlin und wurde 1817 Lieutenant und Lehrer an der Divisionsschule in Trier. Bis an sein Lebensende trat auch er als warmer Patriot für sein Vaterland ein. Wegen eines Duells wurde er 1821 zu drei Jahren Festung verurtheilt, aber nach einem Jahre begnadigt. Während seiner Festungshaft in Wesel liess er sich taufen. Schon lange war er voll Verehrung für die Person Jesu gewesen, wie man ihn denn auch allgemein für einen Christen angesehn hatte. Doch war sein Taufunterricht ein sehr mangelhafter. Er nahm dann am griechischen Befreiungskriege als Artillerieoffizier Theil; aber seine Begeisterung für die Griechen kühlte sich hernach merklich ab, und 1824 verliess er den griechischen Dienst. In

---

*) Jew. Int. 1864, 282. Saat a. H. 1864, Heft 3, S. 33. Freund Israels, Basel 1865, 10. Jew. Herald 1874, 171.

Berlin erstarkte dann sein geistliches Leben unter den Predigten von Gossner und im Verkehr mit dem Proselyten Taubstummenlehrer Lachs. Er hörte auch theologische Vorlesungen, besonders Neander, studirte aber Philologie und machte das Oberlehrerexamen für Mathematik und Naturwissenschaft. Im Begriff wieder Soldat zu werden, erhielt er von M'Caul die Aufforderung, in die Mission einzutreten, folgte derselben und kam 1828 nach Warschau, später nach Breslau, wo er Theologie besonders bei Scheibel weiter studirte und Altlutheraner wurde. Von 1833 an arbeitete er bis zur Aufhebung der Mission 1853 wieder in Polen. Sein letztes, freilich wenig Ermuthigungen bietendes Missionsfeld war Bayern; es war ein schwerer Fehler ihn auf dasselbe zu verpflanzen. Um so mehr freute er sich der Zukunft Israels; ein Manuskript über dieselbe ist nicht zum Druck gelangt. Er starb 1864. Wohl ein Verwandter desselben war der aus Peiskretscham stammende und 1825 in Berlin getaufte Ignaz Friedrich Gottlieb Deutsch.

Im östlichen und mittleren Deutschland wirkte Albrecht Nathanael Romann*). Derselbe ist 1819 in Kobylin (Posen) geboren und besuchte die Rabbinerschulen in Lissa und Breslau, an letzterem Orte auch die Vorlesungen der Universität. Arm von Hause aus, musste er sich sehr durchschlagen und verdiente sich durch das gutbezahlte Fasten für reiche Juden manchen Thaler. Der bekannte Reformrabbiner Dr. Geiger machte ihn am talmudischen Judenthum irre; er fühlte aber seitdem eine grosse innere Leere. Als Lehrer an der jüdischen Industrieschule wurde er mit den Berliner Missionaren Teichler und Caro, dem schottischen Missionar Cerf und dem Consistorial-Rath Wachler bekannt. Besonders durch letzteren gelangte er zur völligen Erkenntniss der Wahrheit, und dieser taufte ihn auch 1847. Er wurde darauf christlicher Lehrer in Ziegenhals. 1851 wurde er von der Londoner Gesellschaft in Breslau angestellt und besuchte dann noch das Londoner College von 1852 bis 1854. Hierauf arbeitete er mit grosser Treue in der Mission und wurde nicht wenigen Juden zum Segen. Eine Zeit lang entfremdete ihn der Missionar der Freien Schotten Edward in

---

*) Jew. Int. 1871, 246. Freund Israels, Basel 1872, 128.

Breslau der deutschen Kirche und der Londoner Mission; aber die mit demselben gemachten Erfahrungen bestimmten ihn hernach wieder zur Rückkehr. Er arbeitete dann in Breslau und Berlin, wo er 1871 starb.

F. W. Becker*), 1797 in Berleburg geboren, fühlte sich durch die Predigten von G. D. Krummacher und Döring in Elberfeld getrieben Missionar zu werden. Durch letzteren kam er in das Missionsseminar des P. Jänicke in Berlin 1817 und wurde von diesem 1820 der Londoner Mission überwiesen. Er wurde dann zuerst nach Warschau gesandt, wo er, wie später zu berichten ist, eine höchst fruchtbare Thätigkeit entfaltete. Nach Aufhebung dieser Mission kam er nach Hamburg. Die dortige Arbeit aber befriedigte ihn nicht, so treu und gewissenhaft gleich er sein Amt verwaltete. Er war an die polnische Art so gewöhnt, dass er sich in die neue nicht mehr einarbeiten konnte. Gegen Harms, der sich wider die Judenmission erklärte, erhob er sich, und Harms widerrief auch später. Als die Missionskasse in schlechten Verhältnissen war, setzte er selbst freiwillig sein Gehalt herab und bezahlte die Kosten seiner Missionsreisen in Polen aus eigener Tasche. Er starb 1866.

Ein wenig mehr Eingang fand in Hamburg und Norddeutschland J. C. H. West**). Derselbe ist in Altona 1799 geboren. Aber von Hause aus sah er sich durch die Mission innerlich angezogen, und es gelang ihm in den Dienst der Londoner zu treten. Nach zurückgelegtem Studium im College arbeitete er in Holland, Warschau und zuletzt seit 1854 in Hamburg bis 1868. Während dieser 14 Jahre führte er daselbst elf Juden zur Taufe, während sich in die städtischen Gemeinden eine sechs- bis siebenfach so grosse Zahl aufnehmen liess. Beim Kirchentage in Hamburg 1856 setzte er es durch, dass auch der Judenmission gedacht wurde, und die Predigt hielt ein Proselyt, der zuerst von West das Evangelium gehört hatte. Er starb 1873.

Die Jahre, in welchen Becker und West in Hamburg ar-

---

*) Ref. Kirch.-Ztg. 1883, Nr. 2—6. Jew. Int. 1863, 54. Dibre Emeth 1883, 65. Rhein.-Westf. Blatt 1883, Nr. 7.

**) Dibre Emeth 1885, Nr. 6.

beiteten, waren die ungünstigsten für die Mission während unsers Jahrhunderts, weil in denselben die Juden ganz in den Genuss der neuen Freiheit versunken waren, und diese noch keine Trübung erfahren hatte. Günstiger als sie war ihr Nachfolger S. T. Bachert gestellt. Derselbe ist Proselyt und war, ehe er in den Missionsdienst trat, Curat' von St. Michaelse and all Angels, South Hackney in London. Er selbst ist seiner Zeit durch West in Hamburg zur Erkenntniss gekommen und hat fünf Jahre in seinem Hause gewohnt. 1874 wurde er nach Hamburg gesandt. Von vorn herein machte sich für ihn die Frage der Versorgung der Proselyten peinlich geltend. Er war sehr bald genöthigt, solche, die er unterrichtet hatte, an andere Orte zu senden, weil er keine Möglichkeit zu ihrer Unterbringung fand; in zwei Jahren schickte er zehn Personen nach verschiedenen Orten. Um aber den Juden und Christen öffentlich das Missionszeugniss zu verkündigen, miethete er die Französisch-Reformirte Kirche und fand bald unter Christen wie unter Juden Eingang. Dann gelang es ihm ein Heim für die zu unterrichtenden Juden herzustellen, mit dem ein Saal für öffentliche Gottesdienste und Vorträge verbunden war. 1883 hat er darauf eine Missionskapelle erbaut und zugleich ein grösseres Haus, das den Namen »Heimath für Juden und Proselyten« erhielt. In einem Arbeitshause wurde auch Proselyten und Taufkandidaten Gelegenheit zum Broterwerb geboten und eine starke Schriftenverbreitung ins Werk gesetzt. Die Mission machte sich denn auch den Juden in Hamburg so fühlbar, dass man durch Plakate an den Synagogen vor Bachert warnte. 1884 wurden drei seiner Proselyten zum Judenmissionsdienst, zwei für die Heidenmission, einer in einem theologischen Seminar, zwei als Colporteure vorbereitet, und in der Kapelle stifteten die Proselyten den Taufstein. Bis 1887 stieg die Zahl der Täuflinge auf 45. Im Jahre 1888 studirten von den Proselyten Bacherts zwei in Schweden, zwei in Brecklum, andere wurden in verschiedenen Stellungen der Inneren Mission verwandt, während andere Kaufleute oder Handwerker geworden waren. Recht ansehnlich aber ist die Zahl solcher, die in Hamburg angeregt, dann auswärts getauft worden sind. Bachert treibt sein Werk mit grosser Frische und Hoffnungsfreudigkeit, wenn er auch oft zu hell sieht. Jedesfalls hat er es verstanden die reiche Gelegenheit, welche Hamburg für die Missionsarbeit bietet, wohl zu benützen. Posten wie Hamburg werden stets Männer nöthig haben, die gerade mit den Gaben ausgerüstet sind, welche bei Bachert zu Tage treten. Unter den im Glauben gestorbenen Täuflingen Bacherts mag ein aus Ungarn gebürtiger Jude Kempfer genannt werden, der sich als Missionslehrer in Constantinopel bewährt hat und dort 1887 starb.

In Breslau wirkt ein Sohn des Missionar F. W. Becker, der Pastor W. Becker, seit 1884. Seit 1852 waren in dortiger Stadt durch die Missionare 77 Juden getauft worden, und unter den Christen war die Theilnahme für das Werk gewachsen. Becker nahm die Arbeit mit Ruhe und Umsicht auf. Sogleich 1885 durfte er fünf Juden taufen, während gleichzeitig durch Pastoren der Stadt 73 das Sacrament empfingen. Eine ganze Zahl Täuflinge folgten diesen ersten nach, unter denselben ein Verwandter von Rabinowitz, ein Arzt, ein Gutsbesitzer, ein Bankier, ein Apotheker u. a. Ein Kreis christlicher Freunde unterstützt den Missionar; er edirt ›Dibre Emeth‹ und verfasste die treffliche Schrift: ›Tremellius, ein Proselytenleben im Zeitalter der Reformation‹, 2. Aufl., Leipzig 1890. Demnächst wird er Cassels Nachfolger in Berlin.

In den verschiedensten Theilen Deutschlands hat endlich Albert David Hefter gearbeitet*). Er ist 1819 in Dombrowa, Galizien, geboren; sein Vater war ein wohlhabender Juwelenhändler. Ein Gelübde der Mutter hatte den Sohn zum Rabbiner bestimmt. Mit vier Jahren bereits kam er in den Unterricht eines als Talmudist und Wunderdoktor bekannten Rabbi. Ein Neues Testament, das er bei seinem Vater fand und viele Fragen in ihm erweckte, wurde ihm weggenommen. Während seiner Studienzeit auf der Jeschiba verlor er kurz hintereinander Vater und Mutter und zog nun zu einer verheiratheten Schwester nach Tarnopol. Dort setzte er seine Studien fort, ärgerte sich aber über manche Kameraden, welche die philosophische Facultät der Stadt besuchten und dort allen Glauben verloren. Einer seiner Freunde erbot sich nun ihn auch in den Wissen-

---

*) Jew. Int. 1846, 334.

schaften der Christen zu unterrichten, und Hefter nahm dies in der Hoffnung, den Freund für den Talmud zurückzuerobern, an, verlor jedoch während dieses Unterrichts selbst den Glauben an den Talmud, allmählich aber auch allen Glauben. Einige Jahre ging er dann wie im Rausche dahin. Da verlor er seine Stelle bei der Familie, in welcher er unterrichtet hatte, weil dieselbe bankerutt wurde. Er kam auf eine andere Stelle in Podgorze bei Krakau. Bei einem Besuch in Krakau lernte er Missionar Hoff kennen, der ihm das Buch von Fränkel: ›Das Bekenntniss des Proselyten‹, zu lesen gab, und dieses Buch machte auf ihn einen tiefen Eindruck. Er verkehrte nun weiter mit Hoff und erhielt von ihm ein Neues Testament, in dem er zu seinem Erstaunen das ihm früher bekannt gewordene Buch wieder erkannte. Es folgten lange innere Kämpfe. Bei einer durch Hoff vollzogenen Taufe fühlte er zum ersten Mal, dass Jesus auch sein Heiland werden könnte. Er dachte nun ernstlich an den Uebertritt, wurde aber, um den Gefahren in der Heimath zu entgehn, nach Berlin zu Bellson geschickt, der ihn 1846 taufte. Von 1847 an stand er dann im Dienst der Bremerlehe Gesellschaft und studirte während des Winters in Rostock Theologie, wo ihn Delitzsch besonders anregte. Zwei Jahre lang war er hierauf Pfarrvikar in Cassel und trat dann bei der Londoner Gesellschaft ein. Er wirkte hernach, wie davon später zu berichten sein wird, in Jerusalem acht Jahre, anderthalb Jahr in Pesth und darauf in Memel, wo er höchst erfolgreich unter preussischen und russischen Juden missionirte. Seinen Anregungen besonders ist das Entstehn der Baltischen Mission zu danken. Später kam er nach Posen und zuletzt nach Frankfurt a. M. Von hier aus trat er mit vielen Verwandten in Verbindung. 1873 kann er berichten, dass etwa 43 derselben getauft seien, und dass er noch 1870 eine 66 jährige Verwandte getauft habe. Das dem Missionar Poper von Juden und Christen entgegengebrachte Interesse übertrug sich auch auf Hefter. Ein blinder Jude, der in der Blindenanstalt das Lesen gelernt hatte, wurde von ihm zur Erkenntniss Christi geführt und 1880 getauft; Weihnachten 1881 starb dann derselbe mit den Worten: ›Ich werde Ihn sehen.‹ Ein junges Mädchen, das gemeinsam mit Hefters Tochter seinen Unterricht genoss, liess sich von ihm taufen und zog dann ihre Familie, sieben Personen, nach sich. Besonders ist unter seinen Täuflingen in Frankfurt N. Kameras (London Report 1882, 68) zu nennen. Derselbe stammt aus Russland. Auf seinen Reisen in jenem Lande von 1863—69 hatte Hefter viele Traktate verbreitet. Bis 1883 wurden ihm sechs Fälle bekannt, dass Juden durch diese Traktate zum Uebertritt bewegt worden waren. Kameras nun las eins der von Hefter vertheilten Neuen Testamente mit einem Freunde heimlich. Da er das Alte Testament wenig kannte, verstand er das Neue Testament nicht, kam aber, um besseren Aufschluss zu erlangen, zu seinem Freunde nach Wilna. Von da ab war es um seine innere Ruhe geschehn. Er ging auf Wanderung und gelangte endlich nach Wien, wo er mit Missionar Schönberger zusammentraf. Dieser, selbst ein geistliches Kind von Hefter, schickte ihn zu demselben, und durch Hefter wurde er dann 1881 getauft. Kameras ist jetzt Missionar der Briten in Wien. 1888 trat Hefter wegen geschwächter Gesundheit aus dem Missionsdienst, in dem er sehr erfolgreich gewirkt hatte.

Eine ganze Reihe anderer Missionare übergehn wir. Dass die Londoner Deutschland besetzten, hat die Deutschen angespornt, eine eigene Mission in ihrem Lande zu errichten. Gegenwärtig aber ist man in London zu der Erkenntniss gelangt, dass man den Deutschen in dem Maasse, als sie ihr Feld selbst bestellen wollen, dasselbe überlassen müsse. Eben deshalb hat die Londoner Gesellschaft ihr deutsches Werk stets mehr beschränkt. Entbehrt kann jedoch ihre Mitarbeit noch nicht werden; denn die deutsche Mission ist bisher nicht im Stande ihre Aufgabe hinreichend zu erfüllen. Die Wahl der Stationen durch die Londoner war im Ganzen eine glückliche; doch hat man auch nicht wenige Missgriffe gethan und vielfach hin und her getappt. Richtig war es, dass Deutschland im Norden von Hamburg, in der Mitte von Berlin, im Osten von Königsberg und Posen, im Süden von Frankfurt a. M. aus in Angriff genommen wurde. Alle diese Orte haben entweder für die einheimischen oder die in grosser Zahl durchreisenden Juden ihre besondere Bedeutung.

Unter den nach Deutschland gesandten Missionaren gab es

stets eine Anzahl tüchtiger Männer. Man war immer in der glücklichen Lage solche zu besitzen, die aus Deutschland stammten oder mit deutscher Art vertraut waren. Manche ihrer Arbeiter haben es auch wohl verstanden, dass ihr Werk nur in freundlichem Anschluss an die Kirche des Landes recht gedeihen konnte; allgemein aber herrschte freilich unter ihnen dieses Verständniss nicht. Den Londonern hat es oft nicht wenig geschadet, dass manche ihrer Arbeiter die englische Art auf den deutschen Boden verpflanzen wollten oder die Eigenart derer nicht würdigten, unter den sie missionirten. Wo die Arbeiter den Anschluss an die Kirche des Landes suchten, wurde ihre Thätigkeit fruchtbarer; wo sie ihrer Umgebung fremd gegenüberstanden, litt die Mission.

Auch literarisch suchte man in Deutschland zu wirken und verbreitete die Schriften besonders von M'Caul, Ayerst, Reichardt, Hausmeister, A. M. Myers, Saphir, Biesenthal, Hartmann und Delitzsch. Neue Schriften hat man freilich den Juden nicht genug dargeboten, und die meisten aus früherer Zeit sind durchaus veraltet, weil für den früheren Talmudismus berechnet.

Von vergeblichen Bemühungen der Londoner in Deutschland zu reden, wäre höchst ungerecht; das wird unser Ueberblick gezeigt haben. Direkt und indirekt haben die deutschen Juden den Einfluss dieser Mission genug kennen gelernt, wie ihnen denn Mission und englisches Werk fast völlig gleiche Begriffe sind. Jedesfalls aber hat die langjährige Arbeit der Londoner in Deutschland ganz besonders dazu beigetragen, dass man hier in den christlichen Kreisen wenigstens die Juden immer mehr mit Missionsaugen ansehn gelernt hat, und dies hat dann seine weittragenden Folgen in dem gesammten Verhältniss zu den Juden gehabt.

c. Schweiz.

Die besonders auf den Londoner Missionar Marc zurückzuführenden Anregungen brachten es schon 1820 dahin, dass sich ein Comité zur Pflege der Judenmission in der Schweiz bildete. W. Koellner und C. F. Spittler wandten sich nach London mit der Bitte, sie zu unterstützen. 1824 wurde denn auch der Schweizer J. J. Banga als Missionar nach Basel gesandt. Derselbe besuchte fleissig die Juden der Schweiz, Süddeutschlands und des Elsass, bat aber, da ihm die Schweiz selbst zu wenig Arbeit bot, um Versetzung nach Strassburg 1827 und bereiste von hier aus die ·Schweiz. Gelegentlich thaten dies auch Oster, Moritz und Hausmeister. Das eigentliche Missionswerk der Londoner war in der Schweiz nur ein vorübergehendes, ebenso auch in

d. Schweden und Norwegen.

Der Sekretär der Gesellschaft Prediger Treschow wurde von ihr und der Bibelgesellschaft 1821 nach Dänemark, Schweden und Norwegen gesandt, um über die Verhältnisse der dortigen Juden Erkundigungen einzuziehen. Er fand die Verhältnisse der Christen gegen eine frühere Zeit, die er in Kopenhagen zugebracht hatte, sehr verändert. Der ehemalige Unglaube herrschte unter ihnen nicht mehr, und bei vielen Christen war eine herzliche Sympathie für die Juden wahrzunehmen. Eine ähnlich freundliche Aufnahme fand er in Schweden-Norwegen; mit Recht aber sah er die Zeit für die Errichtung einer Missionsstation in jenen Gebieten noch nicht gekommen. Zu neuer Untersuchung der Lage wurde Moritz 1827 dorthin gesandt. Der König von Dänemark gewährte ihm aber nicht die erbetene Erlaubniss in seinem Lande zu missioniren. Dagegen besuchte Moritz die Juden in Schweden zweimal und wurde dann in Gothenburg von 1844—68 stationirt. Das war ein grosser Fehler, denn es war ein Unrecht die Kraft eines Mannes für die 1700 Juden, welche damals in Schweden lebten, zu verbrauchen; nur hier und da hätte er dieselben besuchen sollen. Wohl machte er auch Missionsreisen in Dänemark, das damals 15 000 Juden zählte, und in Norddeutschland, aber Monate lang war er in Gothenburg zum schweren Druck für sein Herz fast zur Unthätigkeit verurtheilt. 1846 wurde ihm als erste Frucht seiner nordischen Missionsthätigkeit in Kopenhagen ein jüdischer Student geschenkt. 1847 wieder vier Personen daselbst, unter ihnen die Schwestern Betsy und Amalie Moresco, über die schon früher berichtet worden ist. Der von ihm ausgestreute Same ging überhaupt noch öfters auf. Nach seinem

Tode 1868 hat die Gesellschaft mit Recht es der Landeskirche überlassen, in Schweden zu missioniren.

e. Polen

ist lange das.eigenartigste Missionsfeld der Londoner gewesen. Mit der Geschichte des Landes sind hier die Juden allenthalben verwachsen. Ihre Vertreibung aus Deutschland führte sie schaarenweise in die polnischen Gebiete, und in keinem Theile der Welt haben sie sich so zahlreich wie in dem ehemaligen Polen niedergelassen. Warschau ist die grösste Judenstadt der Erde, es zählt 150 000 derselben, und im heutigen Polen bilden die Juden den siebenten Theil der Bewohner. Man gegewährte ihnen hier früh eine Stellung, welche sie sonst selten besassen. Die entehrenden Bestimmungen, denen sie vielfach im übrigen Europa unterlagen, blieben ihnen in Polen erspart, und in der Berufswahl waren sie so gut wie nicht beschränkt. Sie vertraten im Lande gewissermassen den dort fehlenden Bürgerstand, freilich aber nur in dem Sinne, dass sie den ganzen Handelsverkehr desselben an sich zogen. Hierüber und über die Folgen dessen ist schon bei Russland die Rede gewesen. Immerhin hat sich das Verhältniss zwischen den Juden und ihrer Umgebung in Polen während der Zeit der russischen Herrschaft erträglicher gestaltet, da die russische Gesetzgebung und Ordnung den polnischen Juden Schranken gezogen haben, die beiden Theilen zum Heile gereichen.

In den Kämpfen zwischen Russen und Polen sind die Juden auf die Seite der letzteren getreten; ein irgend wie heilsamer Einfluss der Polen auf die Juden aber ist nirgends zu erkennen gewesen. So sehr die Polen die Juden brauchten, so tief verachteten sie doch dieselben, und oft genug kam es zu blutigen Fehden zwischen ihnen. Den Juden des Landes aber muss man nachrühmen, dass sie bei allem rücksichtslosen Jagen nach Geld und Gewinn doch immer noch etwas Höherem nachstrebten. Die polnischen Juden waren sogar im vorigen Jahrhundert die eigentlichen Führer innerhalb des Judenthums, und polnische Gelehrte, Rabbiner und Lehrer waren allenthalben in Europa gesucht. Der entschlossenste und durchgebildetste Talmudismus hatte in Polen seine Burg gefunden. Landtage oder Synoden mit gesetzlichen Befugnissen ausgestattet behandelten und entschieden hier alle tiefer gehenden Fragen, und den Entscheidungen derselben musste sich jeder Jude unterwerfen; erst Poniatowski hob diese Landtage auf. Der Kahal, die dem Einzelnen alle Freiheit raubende Gemeindeverfassung, besteht, obgleich durch Ukas von 1822 aufgehoben, vielfältig noch fort.

Jetzt aber dringt in diese Festung des Talmudismus der moderne Geist stets mächtiger ein. Immerhin jedoch beschäftigt hier die religiöse Frage viele jüdische Gemüther ernster als im westlichen und mittleren Europa, so dass die Mission in Polen ein reiches Arbeitsfeld besitzt. Doch stellen sich allerdings derselben von Jahr zu Jahr entschiedener die moderne Aufklärung einerseits, welche bis zum völligen Nihilismus fortschreitet, und der fanatische Chassidismus anderseits entgegen, während die russische Regierung die evangelische Missionsarbeit nur in bestimmten und stets enger gezogenen Grenzen gestattet.

Die Londoner Gesellschaft nun hat zuerst in der evangelischen Welt ihre Augen auf Polen gerichtet, und ihre Arbeit daselbst bietet, wenigstens in der früheren Zeit, ein ansprechendes Bild; in der Gegenwart hat sich dies geändert. Ihre Aufmerksamkeit ist auf Polen und Russland zuerst durch Mitglieder der Brüdergemeine, P. Nitzschke in Niesky, Gustav Nietz in Absenan und Prediger Ramftler in Fulnek und den Agenten der Britischen Bibelgesellschaft in Russland Rev. Robert Pinkerton gerichtet worden. Lewis Way aber war es, der dann der Sache ernstlich näher trat und sie mit seiner gewohnten Energie und Begeisterung aufnahm. Begleitet von dem Proselyten Rev. N. Solomon, Rev. R. Cox und Sultan Katagary machte er sich 1817 auf, um die Zustände der Juden im östlichen Europa und besonders im Russischen Reiche kennen zu lernen. In Moskau wurde er vom Kaiser Alexander überaus gütig aufgenommen und durfte denselben sogar nach der Krim begleiten. Seine Bitte in Polen die Mission eröffnen zu dürfen wurde bald erfüllt. Der Kaiser erliess einen Ukas, welcher allen christlichen Kirchen das Missioniren unter den Juden gestattete, und die Anstellung Solomons als Missionar in Polen wurde genehmigt.

1818 wurde dieser als erster Missionar, den überhaupt die Londoner Gesellschaft aussandte, nach Polen geschickt, und er wie L. Way wurden von grossen jüdischen Schaaren gern gehört. Solomon kehrte dann nach London zurück, um dort das Neue Testament ins Jüdisch-Deutsche zu übersetzen und sollte darauf mit M'Caul 1821 wieder nach Polen zurückkehren, verliess aber in Amsterdam seinen Begleiter. M'Caul ging nach Warschau und fing dort an, unter den Juden Schriften zu vertheilen. Das Verlangen der Juden solche zu erhalten war so stark, dass es nicht genügend befriedigt werden konnte. Weil M'Caul die Arbeit nicht bewältigen konnte, wurde ihm F. W. Becker zu Hilfe gesandt. Auf ihren Missionsreisen im Lande sahen sich dann beide überall von Juden umringt, hernach aber, durch die Polizei behindert, genöthigt nach Posen überzusiedeln, wo sie bei den Juden gleichfalls den besten Eingang fanden. Aehnliche Schwierigkeiten hatten die Missionare Wendt und Hoff zu bestehn, als sie aus Königsberg nach Polen kamen. Durch den Berliner Gesandten Sir G. Rose wurde ihnen aber volle Freiheit in der Missionsarbeit beim Kaiser erwirkt.

Seit 1823 arbeiteten nun Becker, Wendt und Hoff in Polen. J. L. C. Hoff[*]) ist 1795 zu Laage in Mecklenburg geboren und lernte ein Handwerk. Von früh auf dem Worte Gottes ergeben, wollte er 1813 nach beendigter Lehrzeit in das Jänickesche Missionshaus zu Berlin eintreten, gerieth aber unterwegs in grosse Gefahr und gab deshalb diesen Plan auf. 1817 kam er dann als Handwerker nach Berlin, und 1819 fand er Aufnahme in Jänickes Seminar, unter dessen Gebet er auch von tödlicher Krankheit genas. Auf den Vorschlag von Sir Rose wurden er und Wendt hernach von der Londoner Gesellschaft in ihren Dienst gerufen und gingen 1821 nach London. Nach kurzem Aufenthalt im Seminar zu Stansted kam er 1822 nach Polen.

Als jetzt das Werk von mehreren Missionaren auf einmal neu aufgenommen wurde, ergriff die Juden eine grosse Erregung; aber es war vergeblich, dass die Rabbiner ihre Leute durch den Bann von den Missionaren abzuhalten versuchten, man hörte allenthalben ihr Zeugniss an. Wendt und Hoff

---

*) Jew. Int. 1854, 242.

wurden nach Petrikow gesandt, M'Caul, Becker und O'Neil kamen nach Warschau. Um dem Mangel an Predigern unter den Evangelischen des Landes abzuhelfen, wurden dann Becker in der reformirten und Hoff in der lutherischen Kirche von Warschau zum Hilfsdienst in Polen ordinirt. Die Gesellschaft kannte damals nicht Bedenken, welche sich hernach zum Schaden ihres Werkes in ihrer Mitte noch öfter geltend gemacht haben; und für ihre polnische Mission war es von geradeswegs entscheidender Bedeutung, dass die ersten Missionare mit der evangelischen Kirche des Landes in enge Verbindung traten. Der Jahresbericht von 1824, S. 44 spricht dies auch offen aus. Unterdessen geschahen die ersten Taufen. Ein junger jüdischer Lehrer, den M'Caul unterrichtet hatte, wurde vom General-Senior der Reformirten Kirche in Warschau getauft und dann christlicher Lehrer. 1824 wurde der Kreis der Missionare durch den Zutritt von Reichardt und Wermelskirch verstärkt. In Warschau wurden deutsche und englische Gottesdienste und Bibelstunden eröffnet und zahlreich besucht. Als eine wohlhabende Jüdin getauft werden sollte und in grosse Gefahr gerieth, bat M'Caul die Grossfürstin Constantin ihre Pathe zu werden; diese erfüllte die Bitte nicht bloss, sondern liess auch die Taufe in ihrem Palast vollziehn. Damit war denn zugleich erreicht, dass öffentlich das Recht der Mission zu taufen anerkannt war. Jetzt drängten sich die Taufen und alle Verfolgungen hielten dieselben nicht auf.

M'Caul aber erkannte bald, dass man den Juden das Alte Testament in die Hand geben müsse, um sie mit den biblischen Gedanken bekannter zu machen, und so machte er sich, von Einheimischen unterstützt, an die Uebersetzung desselben in das Polnische der Juden. Die jüdischen Frauen verstanden überdem nur diese und nicht die hebräische Sprache. Doch wurde auch die hebräische Bibel zu herabgesetztem Preise verbreitet und sehr viel verkauft. Je mehr Kenntniss der Bibel aber erwuchs, desto enger wurde das Feld für den Talmudismus und desto mehr sah sich derselbe bedrängt; das durften die Missionare fort und fort erfahren.

Nach dem Tode des Kaisers Alexander bestätigte dann Kaiser Nikolaus auf die Bitte von M'Caul der Mission das Recht in Polen zu arbeiten, aber diese Erlaubniss wurde allerdings auch streng auf Polen beschränkt. Als 1827 Juden ausserhalb Polens die Missionare zu sich riefen, wurden Becker und seine Begleiter an der Grenze Polens abgewiesen. Alle Versuche diese Beschränkung aufzuheben erwiesen sich als erfolglos. Missionsreisen wurden gewöhnlich von zweien gemacht, von denen der eine meistens ein Proselyt war. Der früher durch das Zeugniss von Wendt und Hoff in Königsberg gewonnene Benni ist 1828 Pastor in Petrikow geworden, später in Radom, und ihm überliess man nun das Werk an den Juden in ersterer Stadt. Benni hat durch sein Zeugniss nicht wenige Juden gewonnen, 1828 z. B. taufte er einen Lehrer. Er war ein gesegneter Prediger. Neben ihm wird ein anderer Pastor genannt, der Proselyt und eine Frucht der Mission war: Lewin, welcher in Halle unter Tholuck studirte. Derselbe war in Brzeszin angestellt; sein Nachfolger dort aber ein Pastor Hermann, der gleichfalls Proselyt und durch die Mission gewonnen worden war.

In Warschau sah man die Nothwendigkeit ein, für die vielen sich zur Taufe meldenden Juden, die ihre bürgerliche Stellung verloren, neue Arbeitsgelegenheit zu schaffen. Man errichtete deshalb, von evangelischen Christen Warschaus und der Gesellschaft unterstützt, eine Arbeitsstätte, die sich höchst segensreich erwies. Dort wurden Buchbinderei und Buchdruckerei getrieben, und da die Mission stets viele Schriften verbreitete, war hier immer für die genannten Personen Beschäftigung vorhanden. 1828 wurden auch in Warschau zwei Missionsschulen eröffnet.

Unter den 1829 durch Becker Getauften befand sich Asriel, hernach J. F. Rosenfeldt*), 1807 geboren. Er verlor seine Mutter früh. Der Vater, welcher ein Landstück pachtete, gab den Sohn zu einem Oheim in Berditschew. Dort studirte er den Talmud und die Bibel, letztere aber zog ihn mehr an. Im Verkehr mit getauften Juden jener Stadt milderten sich seine Vorurtheile gegen das Christenthum. Als er dann Schriften, die er von ihnen empfangen hatte, las, musste er schwere Vorwürfe hören. 14 Jahre alt wurde er bereits verheirathet und zog zu seinem Schwiegervater, bei dem er weiter studirte. In

---

*) Jew. Int. 1828, 379; 1853, 213.

Berditschew, wo er bei einem Oheim seine Studien fortsetzte, erhielt er von seinem Freunde Schottländer ein Neues Testament. Sein Oheim schickte ihn deshalb als einen Ketzer zu seinem Schwiegervater zurück. Die innere Unruhe trieb ihn jetzt mit seinem Freunde die Missionare in Warschau aufzusuchen. Nach manchen Kreuz- und Querzügen zu ihnen gelangt, wurde er in das Arbeitshaus aufgenommen, lernte die Buchbinderei und wurde 1828 getauft. Später trat er in den Missionsdienst, 1830 bereits war er Missionsgehilfe in Lublin und dann an verschiedenen Orten. Er hat viele Juden zur Entscheidung gebracht und starb 1853 in Lublin.

Ungemeine Rührigkeit legten die Missionare in Polen an den Tag. 1829 hielten sie Gottesdienste in polnischer, deutscher, jüdisch-polnischer, hebräischer und englischer Sprache. Hier und da wurden auch besondere Gottesdienste für die Proselyten und Katechumenen veranstaltet. Am Sonnabend hielten die Missionare Droschen (jüdisch geartete Predigten) über das Alte Testament in hebräischer oder jüdisch-polnischer Sprache und liessen sich dabei nach der jüdischen Sitte auch durch Fragen der anwesenden Juden unterbrechen. An den Sonnabenden fand auch ein polnischer Gottesdienst statt. Rev. Smith war Hausvater des Arbeitshauses und unterrichtete die Insassen. 1828 erliessen die Rabbinen ein Verbot die Bibeln der Mission zu kaufen und ihre Lokale zu betreten. Da suchte man die Juden in den Häusern und Wirthshäusern auf; Lawrence und Deutsch hatten besonders diese Arbeit zu thun, und der Erfolg war, dass sich noch grössere Schaaren von Juden um sie sammelten.

Besondere Erregung aber verursachte die Taufe eines merkwürdigen Mannes, des Rabbi Abraham Schwarzenberg*). Derselbe lebte in dem Städtchen Kasimir an der Weichsel und stand im Dienste eines jüdischen Getreidehändlers, bis derselbe Bankrutt machte, wobei er viele Leute um das Ihrige brachte. Trotzdem wurde er, weil er ein guter Talmudist war, in Lublin zum Rabbiner gemacht. Schwarzenberg, der als redlicher Mann überall geachtet war, nahm hieran Anstoss und

---

*) Jew. Int. 1842, 325. Dibre Emeth 1848, 26. Rhein.-Westf. Blatt 1872, Nr. 10 u. 11.

schärfte den Juden mit unbeugsamem Ernst ein, was das Gesetz ihnen vorhielt. Da traf er bei einem Bekannten Missionsschriften. Als er dieselben gelesen hatte, erklärte er den Juden, dass diese Bücher lauter nöthige und nützliche Lehren enthielten. Von dieser Ueberzeugung durchdrungen, predigte er ihnen nun das Evangelium, setzte sich dabei aber nur Gefahren aus. Auf seine Erkundigung nach den Missionaren logen ihm die Juden vor, dass dieselben das Land wieder verlassen hätten, und ihn selbst erklärten sie als einen Irrsinnigen. Das Wort Christi: »Wer da glaubt und getauft wird, der wird selig werden«, ging ihm aber beständig nach, und da er keinen Missionar fand, der ihn taufen konnte, ging er mit dem Neuen Testament in der Hand zu einem katholischen Priester und bat ihn um die Taufe. Dieser aber forderte von ihm, zuerst das Neue Testament wegzuthun, wenn er ein guter Christ werden wolle; Schwarzenberg verliess ihn darauf natürlich. Nun hörte er, dass in Lublin ein evangelischer Geistlicher wohne, aber der bejahrte dortige Pastor war vielfach von Juden betrogen worden und wies ihn deshalb ab. So glaubte er denn, dass es solche Bekenner des Evangeliums, wie das Neue Testament sie beschreibt, in der Welt nicht mehr gebe, beschloss aber trotzdem den Juden das Evangelium zu verkündigen. In Lublin wollten ihn deshalb die Juden einmal auf einsamem Wege überfallen und züchtigen; ein jüdischer Jüngling aber, dem sein Wort durch das Herz gegangen war, führte ihn auf einem Nebenwege aus der Stadt. Der Gedanke an die Taufe liess ihn jedoch nicht los, und so beschloss er sich selbst zu taufen, was er denn auch that; dreimal tauchte er im Namen des Vaters, des Sohnes und des heiligen Geistes selbst unter das Wasser. Da hörte er, dass in Warschau Missionare seien, und begab sich sogleich zu ihnen. Die Missionare lernten ihn bald als redlichen Mann kennen und nahmen ihn in das Arbeitshaus auf. Hier wurde er unterrichtet und 1828 in seinem 65. Lebensjahre von M'Caul kirchlich getauft. Um sich selbst recht zu belehren und um sich, da er schwerhörig war, im Gottesdienst wenigstens an den Gesängen und Gebeten betheiligen zu können, lernte er jetzt noch Deutsch lesen. Dabei war er voll brennender Liebe für sein Volk. Den Juden zu zeigen, dass er auch als

Christ noch zu ihnen gehöre, trug er die jüdische Kleidung weiter. Man hielt ihn deshalb oft noch für einen Juden und führte ihn vor die Obrigkeit, damit er den damals von den Juden in Warschau noch zu lösenden Tageszettel löse. Wenn nun die Thatsache seines Uebertritts festgestellt wurde, antwortete er, Christus habe nicht die Kleider, sondern die Herzen zu taufen befohlen. Sein Haus und kleines Vermögen überliess er dem Sohne, der wegen der Taufe des Vaters manches zu leiden hatte. Er selbst aber wollte sein eigenes Brod essen und so durchzog er, alle Unterstützungen zurückweisend, die Strassen Warschaus Obst verkaufend und an die Käufer Traktate austheilend. Die Christen achteten ihn ungemein hoch, und die Regierung ertheilte ihm das Recht, allein unter dem Thorwege des Gouvernementsgebäudes seinen Handel zu treiben. Sein Zeugniss hat manche Juden zu Christo geführt. Oft freilich aber wurde er auf den Strassen beschimpft und mit Steinen geworfen. Als jedoch Polizisten einmal auf Juden, die ihn misshandelten, dreinschlugen, kniete er nieder und stand nicht eher auf, als bis die Polizisten von seinen Feinden abliessen. Auch in Kasimir und Lublin verkündigte er den Juden Christum. Nach dem Jünglinge, der ihn einst gerettet hatte, erkundigte er sich und führte ihn dann zu den Missionaren. Derselbe wurde später als Erstling in Lublin getauft, und mehrere junge Leute folgten hernach seinem Beispiele. Fast 80 Jahre alt starb Schwarzenberg in seligem Frieden 1842 in Warschau.

1830 unterbrach die Revolution das Missionswerk. In Warschau standen damals Becker, Lange, Lawrence, Waschitschek. Smith, der gerade in Deutschland abwesend war, kehrte auf die Nachricht von der Empörung sogleich zurück, um für das Arbeitshaus Sorge zu tragen. Alle aber waren desto eifriger bemüht in dieser Zeit den Seelen das Wort des Lebens nahe zu bringen. Lange durfte in der Synagoge zu Ostrolenka an die Juden eine Ansprache richten, der eine öffentliche Besprechung seines Vortrages folgte. In Warschau konnten während des Jahres 1830 doch elf Personen getauft werden. Auch in Lublin verharrten die Missionare in der allergefährlichsten Lage auf ihrem Posten. Das Jahr darauf wurde ihre Lage noch schwieriger. Zu den Schrecken des Krieges kamen die der Cholera, so dass eine Missionsarbeit oft völlig unmöglich war. Mehrfach schwebten die Missionare in Lebensgefahr, besonders als Warschau bombardirt wurde. Dennoch geschahen einige Taufen, unter ihnen die des Dr. Leo und seiner Familie, eines angesehenen Arztes der Stadt, der bereits acht Jahre lang im Verkehr mit den Missionaren gestanden hatte. Als Lublin von den Russen wieder erobert wurde, mussten sich die Missionsfamilien im Keller des Missionshauses verbergen und eine furchtbare Plünderung der Stadt erleben. Einer der Missionare erhielt selbst eine leichte Wunde. Als aber der befehlhabende General von den Missionaren hörte, gab er ihnen eine Schutzwache. Auch ferner schützte sie Gottes Hand, aber sie litten freilich auch den grössten Mangel und waren von jeder Verbindung mit ihren Freunden abgeschnitten. Nur durch ein Darlehn eines Freundes wurden sie vor der äussersten Noth bewahrt, und die Juden begegneten ihnen jetzt zumeist unfreundlicher, wiewohl es auch an Ermuthigungen nie fehlte. Ein 70 jähriger Greis wurde 1832 im Palast des Fürsten Paskiewitsch von Becker getauft, und in Lublin geschahen während desselben Jahres 12 Taufen.

1834 wollte die Regierung den freien Verkehr zwischen der Gesellschaft und den Missionaren unterbrechen. Das folgende Jahr ging die Gesellschaft darauf ein, dass erst nach erfolgter Genehmigung durch das General-Consistorium von Polen die Berichte nach London abgesandt werden sollten. Ununterbrochen aber konnte die Arbeit selbst ruhig fortgesetzt werden. In fünf Jahren belief sich die Zahl der Proselyten auf 100. Kielce im Süden des Landes wurde besetzt, und dorthin gingen zunächst Wendt und Rosenfeldt. Wendt predigte auch viel in evangelischen Kirchen, die der Prediger ermangelten. Auf ihren Reisen fanden die Missionare den gewaltigsten Zuspruch von Seite der Juden, aber ihre Kräfte wurden auch aufs äusserste angespannt. In Lublin wurde 1836 der Proselyt G. J. Zuckertort als Missionsgehilfe angestellt, der 1831 von Wendt getauft worden war.

Das Arbeitshaus erwies sich fort und fort als ein wichtiges Institut. Die Einnahme des Jahres 1835 mit 6530 Gulden wird als besonders klein bezeichnet. Ein ganze Reihe von Missionsschriften wurde in der Druckerei gedruckt; dieselben waren für den Bildungsstand der damaligen Juden ganz geeignet.

1836 wurden wieder 21 Personen getauft, unter ihnen Dr. Wolfson, Sohn eines Rabbiners in Wilna, und Frau. Er hatte lange Hoff besucht, um seine religiösen Ansichten mit denen des Missionars zu vergleichen. Die Gespräche und die Schrift von Bogue über die Autorität des Neuen Testamentes brachten ihn auch zur Anerkennung dessen, dass der Bibel göttliche Autorität zukomme. Aber die Gottheit und die Versöhnung Christi hielt er noch lange für unfruchtbare Lehren. Schliesslich überwand ihn besonders Jes. 53. Bei seiner Taufe legte er ein selbst aufgesetztes Glaubensbekenntniss ab. Viele andere, welche durch die Missionare angeregt waren, liessen sich durch evangelische Pastoren in Polen und ausserhalb desselben oder in der griechischen und römischen Kirche taufen. Erwähnung verdient noch unter den Proselyten dieser Jahre Adolf Richard Sittenfeld, 1835 und dessen Bruder Ferdinand 1838 getauft. Der letztere hatte die Friedrich-Wilhelm-Schule in Breslau besucht und wurde später ein sehr geachteter Buchdrucker in Berlin, der die Mission stets treulich unterstützte. Besonders aber der Uebertritt eines jüdischen Lehrers, den seine Frau deshalb verliess, erregte die Juden und führte zu vielem Fragen, dessen Frucht neue Taufen waren.

Wendt*) konnte die furchtbaren Anstrengungen des polnischen Missionsdienstes nicht länger ertragen und nahm deshalb eine Pfarrstelle in Zdunska Wola bei Kalisch an. Wendt, in Osnabrück geboren, war früher Sattlermeister gewesen, verkaufte dann sein ganzes Eigenthum und trat bei P. Jänicke in das Missionsseminar ein. Später von Sir Rose an die Londoner Gesellschaft empfohlen, wurde er nach vorhergehendem Besuch des College in Stansted 1822 von ihr nach Warschau gesandt. Seine Arbeit gereichte vielen Juden zum Segen, besonders für den späteren Missionar Rosenfeldt wurde sein Zeugniss von entscheidender Bedeutung. Ebenso treu wie im Missionsdienst war er als Pastor und unterstützte als solcher die Mission

---

*) Jew. Int. 1856, 344.

fortdauernd, vielfach auch von den Missionaren um seinen Rath angegangen. Er starb 1856.

1838 wurden die Missionare in Lublin inne, dass sie mehrfach in der Ertheilung der Taufe zu schnell gewesen waren; die fortan geübte grössere Vorsicht war für alle Theile nur heilsam. 1839 belief sich die Zahl der Proselyten auf über 130, von denen sich übrigens die Mehrzahl der reformirten, die kleinere der lutherischen Kirche anschloss. Der reformirte Prediger Spleszynski unterstützte die Mission besonders nachdrücklich und vollzog eine sehr grosse Zahl von Taufen an Juden, welche die Missionare ihm zuführten, während ausserdem allenthalben im Lande als Frucht der Arbeit der Mission viele Juden von den Pastoren getauft wurden. Eine besondere Folge des missionarischen Wirkens war es aber auch, dass die polnischen Juden jetzt eine viel grössere Kenntniss der Lehren des Christenthums erlangten und so bei weitem milder gegen dasselbe gestimmt wurden. Auch predigte ihnen der Wandel vieler trefflicher Proselyten, unter denen es Aerzte, kaiserliche Beamte und Mitglieder aller Klassen gab, von denen sich die meisten ihr Brot redlich verdienten. Unter den Getauften wird besonders ein Lehrer Holz hervorgehoben, den P. Hermann hernach zu weiterer Ausbildung in sein Haus aufnahm.

Die Missionare Rosenfeldt und Goldinger hatten einen Aufruhr der Juden zu bestehn, in dem sie nur mit äusserster Mühe von der Polizei gerettet wurden, aber nicht ohne zuvor arge Misshandlungen erlitten zu haben. Aehnliche Scenen wiederholten sich oft, und besonders wenn Juden in die Arbeitsanstalt der Mission aufgenommen wurden. Dem Werke aber that es keinen Abbruch; vielmehr wurden die Missionare gerade dann vielfach am meisten überlaufen, wenn der Widerstand gegen sie am heftigsten geworden war. 1840 fanden sich zu Zeiten an einem Tage 80—100 Juden im Missionshause ein, um mit den Missionaren zu sprechen.

Unter den 1842 Getauften seien erwähnt der 63 jährige Bankier Löwe und seine Tochter; ein Sohn und eine Tochter waren bereits früher getauft. Der Graveur Steinmann fand bei der Rückkehr von seiner Taufe Frau und Kinder verschwunden und konnte sie nicht mehr zur Rückkehr bewegen. 1842 wurden in Warschau 17 Personen getauft, die höchste bisher erreichte Zahl; im Jahre 1845 stieg dieselbe sogar auf 30; unter ihnen war ein mit dem Missionar Zuckertort verwandter Arzt aus Lublin, dessen vier Kinder dem Vater sogleich und dessen Frau ihm 1849 folgten. Wiederholt geschah es, dass Eltern ihre Kinder brachten, um sie im Christenthum unterrichten zu lassen, während sie selbst noch vor dem Uebertritt zurückschreckten; besonders in gebildeten Familien kam dieser Fall öfters vor. Unter den 1846 Getauften begegnet uns Christian Ginsburg, damals 21 Jahre alt. Jahre lang hatte er mit den Missionaren verkehrt, und sein scharfer Verstand hatte stets neue Widersprüche im Christenthum gefunden. Endlich erkannte er in schwerer Krankheit den ganzen Ernst seiner Lage und wurde nun durch Becker getauft. Seine Frau wollte sich von ihm deshalb scheiden lassen und mit ihrem Kinde zu den Eltern zurückkehren. Später siedelte er nach England über und hat sich als Missionsschriftsteller bekannt gemacht. Er schrieb: »The Kabbalah, its doctrines, development and literature«, London 1865. Besondere Beachtung hat seine Ausgabe der »Massorah« nach alten Manuskripten (London 1880 ff.) gefunden. Christen wie Juden haben dieses gelehrte Werk gleichmässig anerkannt.

In der Wahl der Stationen trat mancher Wechsel ein. Warschau und Lublin wurden stets festgehalten, andere nur zeitweise behauptet, so Kalisch, Suwalki, Zgierz u. s. w.; dasselbe gilt auch für die Missionsschulen. Das Land aber wurde bis in seine letzten Winkel hinein besucht und die Judenschaft des ganzen Polens mit der Botschaft des Evangeliums erfüllt. 1848 machte die Taufe eines Sohnes des Rabbiners von Mariampol L. Altschiller besonderes Aufsehn. Goldinger vor allen hatte sein Herz zu treffen gewusst, nachdem der Traktat »Augusti« den ersten Stachel in sein Herz geworfen hatte; die schweren Kämpfe mit seiner Familie bestand er siegreich. Die Zahl der Taufen belief sich bis 1849 auf 300. 1848 gab die Mission ein Werk eines Lehrers am Warschauer Rabbinerseminar, A. Buchner, »Der Talmud in seiner Nichtigkeit«, heraus, was unter den Juden grosse Erregung hervorrief und sie bewog um die Entfernung Buchners von jener Schule zu bitten.

Hoff schrieb einen Traktat über die Mosaischen Opfer, der vielen Eingang fand; besonders aber bewährte sich die Kraft des Evangeliums an vielen jüdischen Herzen unter den Schrecken der Cholera 1848.

Nach 1848 trat man der immer erfolgreicher wirkenden Mission entschlossener entgegen. Viele Juden fürchteten für den Fortbestand der Synagoge, weil offenbar das Ansehn des Talmud stark abnahm. Dazu fiel manches Altjüdische unter den Maassnahmen der russischen Regierung. Man machte die Juden in der Kleidung der christlichen Bevölkerung möglichst ähnlich. Ueberdem traten weit grössere Schaaren von Juden infolge des Eisenbahnverkehrs mit Deutschland in Verbindung, und immer zahlreicher besuchten jüdische Kinder christliche Schulen. Der Widerstand der Mehrzahl gegen die Mission hatte dann die Folge, dass unter dem wachsenden Einfluss der modernen Verhältnisse der Unglaube unter den Juden überhand zu nehmen anfing, und auf der andern Seite der extreme Aberglaube des Chassidismus immer mehr Anhänger gewann. Freilich aber war hier und ist überall das talmudische Judenthum der grösste Gegner des Christenthums gewesen, und erst da, wo diese Festung zu wanken beginnt, kann das Evangelium auf grössere Eroberungen rechnen.

Von den 326 durch die Mission bis 1851 Getauften lebten in jenem Jahre noch 180 in Polen und Warschau, die anderen waren verzogen oder gestorben. 15—20 besuchten regelmässig den Missionsgottesdienst in Warschau, die andern die übrigen evangelischen Kirchen der Stadt, durch deren Pastoren sie ja, nach der gesetzlichen Bestimmung, die Taufe erhalten hatten. Dass auf diese Weise von vorn herein für eine engere Verbindung zwischen Proselyten und Landeskirche Sorge getragen war, gereichte beiden Theilen nur zum Vortheil; die Verbindung mit der Mission hörte deshalb nicht auf. Unter den 1851 in Warschau getauften 44 Juden fielen 11 auf die Mission, im Lande lebten jetzt schon ganze Proselytenfamilien. 1852 waren seit Beginn der Mission über 15000 Neue Testamente unter den polnischen Juden ausgetheilt, dazu eine grosse Menge hebräischer Bibeln, über 10000 Bibeln in verschiedenen Sprachen und über 100000 Traktate; alle diese Schriften hatte die Mission verbreitet. 1853 wurde Reichardt an die Spitze der Mission gestellt, Kleinhenn und Deutsch wurden abgerufen. Das Werk schien noch mächtiger als bisher gedeihn zu wollen, Missionsreisen waren weit unbehinderter, der Einfluss der Mission wurde stets stärker in dem benachbarten eigentlichen Russland gefühlt, Taufen als Folgen des Studiums der Missionsschriften wurden von dort her gemeldet. Da brach 1854 der Krimkrieg aus, und es war vorauszusehen, dass Russland jetzt eine englische Mission in seinem Gebiete nicht dulden würde. Die Censur, der alle Traktate vor dem Druck vorgelegt werden mussten, hielt diese jetzt zurück, und im Mai wurden die Missionare vor die Behörde gerufen, um sich zunächst vielen Beschränkungen zu unterwerfen. Sie sollten allen Briefwechsel mit der Gesellschaft nur durch die Regierung führen und keine Schriften, selbst keine Bibeln unter Christen verbreiten. Sie gehorchten, aber ihre Briefe wurden nicht nach London geschickt. Da erfolgte am 28. Dezember eine neue Vorladung, und als die Missionare erschienen, wurde ihnen aufgegeben, sofort alle Missionsthätigkeit einzustellen und am 13. Januar, dem russischen Neujahrstage, das Land zu verlassen.

Plötzlich wurde die Mission aus dem Felde vertrieben, das sie 33 Jahre inne gehabt hatte. Der Abschied der Missionsarbeiter war ein ungemein schmerzlicher und ergreifender. Juden, Proselyten, Protestanten, griechische und katholische Christen gaben ihnen bis zur Eisenbahn das Geleit; und kein einziges Wort der Freude wurde unter den Juden laut, als diese Vertreibung geschah. Gerade drei Wochen vor dem Tode des Kaiser Nikolaus wurde die Mission geschlossen. 361 Juden waren durch sie in die evangelische Kirche aufgenommen worden. Andere grosse Schaaren, welche ihr Zeugniss vernommen hatten, waren selbständig zur evangelischen, katholischen oder griechischen Kirche übergetreten, und überall unter den Juden hatte man die Kirche Jesu Christi als eine ganz andere Geistesmacht als vordem kennen gelernt. Die ältere polnische und die abessinische Mission sind die beiden Glanzpunkte in der Geschichte der Londoner Gesellschaft. Mit unwiderstehlicher Gewalt drang hier das Evangelium in eine nach Hunderttausenden zählende Judenschaft ein, die in den letzten Jahrhunderten als die eigentliche Trägerin und Vorkämpferin des Judenthums gegolten hatte. Die Rabbinen und Führer der Juden vermochten die Ihrigen nicht zurückzuhalten. Einer trug die Botschaft dem andern zu, einer warnte den andern vor den Seelenverführern, und wenn ihm ein Missionar begegnete oder nahe kam, zog es ihn selbst mit unwiderstehlicher Gewalt an sein Wort zu hören. Nicht ein mühseliges Werk wie sonst so oft war hier die Mission, sondern ein Werk, das aus dem Vollen heraus mit grosser Frische und Siegesmuth getrieben wurde, und das die Kraft des Evangeliums auch unter Israel ganz sichtbar zu Tage treten liess. Auf die Zahl der direkt oder indirekt der Kirche durch die Mission zugeführten Juden ist hierbei durchaus nicht das Hauptgewicht zu legen, sondern dass in Wahrheit die ganze Judenschaft Polens durch das Zeugniss des Evangeliums in ihrem Innersten erregt und es so offenbar wurde, dass auch nach 1800 jährigem Widerspruch und Widerstreben Juden das Evangelium von Christo als die gewaltigste Lebensmacht erfahren. Die Missionare haben hier mit keinerlei weltlichen Waffen gekämpft und waren nicht durch die Gunst der äusseren Verhältnisse getragen, sondern haben alles ausschliesslich durch die Geistesmacht ihres Zeugnisses erreicht. Um so mehr haben sie und hat die ganze Mission durch die Erfahrungen auf dem polnischen Arbeitsfelde die freudige Gewissheit gewonnen, dass Christus auch für Israel der Höchste und Letzte sein wird. Und so hat denn die polnische Mission der Londoner eine reichsgottesgeschichtliche Bedeutung, sie ist eine Weissagung auf die zukünftigen Tage.

Deshalb kann man es auch wohl begreifen, dass die Londoner Gesellschaft alles that, das verlassene Feld wieder zu gewinnen. Vom Jahresbericht 1862 ab findet sich der Breslauer Station ein Schriftvorleser für Polen beigegeben; es war der Proselyt A. E. Ifland, der in Warschau wohnte und von der Gesellschaft unterstützt wurde. Derselbe war besonders mit der Vertheilung von Schriften beschäftigt und unterrichtete auch Juden, die dann von evangelischen Pastoren getauft wurden.

Eine edle Frucht seiner Arbeit ist Jedidja*). Derselbe

---

*) Saat a. H. 1871, 93.

hiess eigentlich Hirsch Leib Smolinsky und ist 1847 in der polnischen Stadt Grajewo geboren. Sein Vater war ein Talmudist, und er selbst machte in talmudischer Wissenschaft schon früh erstaunliche Fortschritte. Später besuchte er mehrere jüdische Lehranstalten, in Plozk verband er sich innig mit Samuel Nasielsky, einem aus Warschau stammenden jungen Juden; beide zog die Liebe zur neueren hebräischen Literatur zu einander. Später trafen sie wieder in Warschau zusammen. Beide waren damals schon vom Talmud nicht mehr befriedigt; da sie aber wussten, dass ihnen die Eltern den Besuch eines Gymnasiums nicht erlauben würden, beschlossen sie nach Preussen zu gehn und sparten fleissig, um diesen Plan ausführen zu können. In Warschau lernte Smolinsky indessen Ifland kennen und erhielt von ihm ein Neues Testament und andere christliche Schriften. Die Freunde studirten dieselben und wurden so mit dem Christenthum bekannt. Vor der Ausführung ihrer Flucht aber wurden sie entdeckt, und ihr Vorhaben wurde so zunächst vereitelt. Dagegen verkehrten sie jetzt und disputirten viel mit einem gelehrten Kapuzinermönche über das Christenthum. Das trieb sie weiter ins Forschen, und immer mehr entdeckten sie nun, dass zwischen Altem und Neuem Testament ein inniger Zusammenhang besteht. Smolinsky ging jetzt wieder zu Ifland nach Warschau, während der Freund noch bei seinem Bruder bleiben musste. 1865 wurde er dann getauft und erhielt die Namen Heinrich Leon Jedidja. Ifland sandte ihn hierauf zu Koppel nach Salem, und dort werden wir seine weitere Geschichte kennen lernen.

Nach vielen vergeblichen Versuchen wieder die Erlaubniss zur Errichtung einer Mission in Polen zu erlangen wurden die Bemühungen endlich mit Erfolg gekrönt. Rev. F. Smith und J. Alexander vom Krystallpalast in London als Deputirte zum Kaiser Alexander 1875 nach Petersburg gesandt, erhielten die Erlaubniss, die Mission in Polen wieder zu beginnen, die dann unter gesetzlich festgestellten Bedingungen 1876 eröffnet werden konnte. Auch diesmal beschränkte sich die ertheilte Erlaubniss auf Polen, das übrige Russland war ausgeschlossen. In der Zwischenzeit waren unter den Juden merkliche Veränderungen vorgegangen. Warschau war ein Mittelpunkt des Handels geworden, und deshalb sammelten sich jetzt hier sehr viele Juden, unter denen sich schon nicht wenige die moderne Bildung angeeignet hatten. Das religiöse Interesse war darüber merklich zurückgetreten, immerhin aber waren viele Juden noch für religiöse Fragen recht zugänglich. Die Zahl der Juden belief sich 1876 in Warschau auf 100000, sie ist gegenwärtig auf 150000 gestiegen, und unter diesen finden sich Anhänger aller religiösen Richtungen. Der Verkehr mit ihnen ist in der Regel nicht schwer.

Die Eröffnung der Mission fiel dem alten Missionar J. C. Hartmann aus Breslau zu, der für einige Monate nach Warschau gesandt wurde; ihm folgte sein Sohn Pastor H. Hartmann aus Schlesien. Die Verbindung mit den Juden war bald hergestellt, und auch viele Christen interessirten sich für das wieder beginnende Missionswerk. Alles liess sich gut an, es fehlte nicht an Taufkandidaten. Die Missionsgehilfen A. E. Ifland und N. D. Rappoport, beide Proselyten, traten in regen Verkehr mit Juden, und es stand zu hoffen, dass die alte Zeit wieder aufleben würde. Da beging die Gesellschaft einen Fehler, der das ganze weitere Werk gelähmt hat. Die frühere Missionsthätigkeit war lediglich darum so wohl fortgegangen, weil sie, dem Regierungsgebote gemäss, sich eng an die evangelische Landeskirche Polens anschloss. Jetzt änderte sich die Sache. Die Gesellschaft suchte das Heil der Mission darin, dass sie derselben streng den englisch staatskirchlichen Charakter aufdrückte, und damit war ihr Schicksal besiegelt. 1877 wurde an die Spitze der Mission Rev. O. J. Ellis, ein Engländer, gestellt, der erst das Deutsche zu erlernen hatte; H. Hartmann trat zurück, da er die neue Gestaltung des Missionswesens mit Recht als eine unheilvolle betrachtete. Die Mission in Polen hat nun etwas Sektenhaftes und stösst dadurch von vorn herein viele Juden des Landes ab. Ellis war ganz fleissig, machte viele Reisen im Lande, predigte auch, und die Pastoren waren freundlich genug ihm die Kirchen zu öffnen, auch hat es ihm am Verkehr mit Juden nicht gefehlt; aber die Mission der Londoner in ihrer neuen Gestalt ist allen im Lande etwas Fremdes geblieben und die Einzwängung in englische Kirchenform hat ihr die Lebensadern unterbunden. Bis 1887 hat Ellis 22 Personen in der Missionskapelle getauft und klagt in seinen Berichten, dass die Juden die Taufe in der Landeskirche vorziehn, ohne sich des Fehlers der Mission bewusst zu werden. Wollte die Gesellschaft Besseres in Polen leisten, dann müsste sie mit ihrer bisherigen Praxis einfach brechen.

Sonst unterstützen die Londoner noch den Pastor Faltin in Kischinew, und hierdurch haben sie viel Segen gestiftet. Die Erfahrung, welche sie durch Förderung der Verbindung zwischen den Kirchen des Landes und den Juden gemacht haben, sollte ihnen die Augen dafür öffnen, was auf dem Missionsgebiete heilsam ist. Aller Wahrscheinlichkeit nach werden aber freilich die Londoner nicht lange mehr in Russland arbeiten dürfen, da die russische Regierung darauf ausgeht, jede Art Mission allein der griechischen Kirche vorzubehalten, und alle ihr möglichen Maassregeln trifft, um die evangelische Kirche in ihrem Gebiet nach und nach auszurotten.

f. Frankreich.

Nachdem L. Way die ersten Verbindungen mit Frankreich 1822 geknüpft hatte, erhielt die Gesellschaft 1823 von C. Rostan einen Brief, in welchem er sie aufforderte sich der französischen Juden anzunehmen und sie besonders auf den Elsass wies. Ueber das dortige Werk nun ist bereits bei Deutschland berichtet; 1824 besuchte dann Rev. Smith Metz und wurde von dem dasigen evangelischen Geistlichen aufgefordert sich für die Juden dieser Stadt besonders zu interessiren. Smith, der auch Paris besucht hatte, berichtete hierauf der Gesellschaft, und diese beauftragte nunmehr den Missionar J. J. Banga in Strassburg die Juden Frankreichs zu besuchen. Der in Strassburg 1804 geborene P. J. Oster sollte ihn unterstützen, und dieser missionirte auch in Paris wie im südlichen Frankreich 1830, von manchen evangelischen Christen treu unterstützt. Seinen Anregungen ist die Entstehung der Gesellschaft in Toulouse 1831 zu danken, die aber allerdings nur ein kurzes Dasein hatte. Nach mehreren Reisen in den nächsten Jahren kam er 1835 nach Metz. Ein offener hebräischer Brief an die Juden der Stadt brachte ihn in Verkehr mit vielen derselben, wobei ihm ein Proselyt Neuhaus zur Seite stand. Oster eröffnete auch einen Schriftenladen, übersetzte die »Freistadt« und

M'Cauls ›Wahren Israeliten‹ ins Französische und schrieb gegen den unter den Metzer Juden grassirenden Unglauben eine Schrift ›Ueber die göttliche Autorität des Moses‹. Besonders die literarische Thätigkeit von Oster erschien den Juden sehr gefährlich, so dass der Rabbiner von Mülhausen, der Direktor des Metzer Rabbinerseminars und ein Advokat Cohen in Aix Gegenschriften erscheinen liessen, die Oster unter dem Titel: ›Rabbinisme français‹ widerlegte; dieselben erschienen 1841 zusammen in Strassburg. In Metz bildete sich eine Gesellschaft zur Vertheidigung des jüdischen Glaubens unter den noch dem Talmud anhangenden Juden. Die Moderngesinnten, und diese waren die Mehrzahl, freuten sich dagegen über Osters Angriffe auf den Talmud, und das führte eine ganze Anzahl derselben zum Lesen des Neuen Testamentes. Die durch Oster unter den Metzer Juden hervorgerufene Bewegung führte ausserdem dahin, dass sich eine Anzahl derselben zusammenthat, um ihren Gottesdienst nach modernen Principien in einem sogenannten Tempel einzurichten. 1842 aber verliess Oster die Mission, um altlutherischer Pastor in Posen zu werden. Seine angegriffene Gesundheit wiederherzustellen, ging er 1847 nach Süd-Australien, starb aber unterwegs.

In Paris, das Hausmeister öfters von Strassburg aus besucht hatte, wurde 1855 der Proselyt M. A. Markheim als Missionar angestellt. Der dortige Boden erwies sich freilich als ein sehr harter; religiöse Gleichgiltigkeit und Sittenlosigkeit unter den Juden der Hauptstadt verhinderten ein reicheres Aufgehn der ausgestreuten Saat des Gotteswortes. Manche evangelische Christen, besonders aber die lutherischen Pastoren, halfen ihm in seinem Werk, und zu seiner Unterstützung bildete sich ein kleiner Verein der Freunde Israels in Paris. Einige Taufen geschahen auch, 1857 besonders sechs, unter ihnen die einer jüdischen Dame, die bei einem Besuch in Paris das dort von Markheim vernommene Wort nicht vergessen konnte und mit ihrer Tochter übertrat. 1861 wurde er nach Marseille versetzt, um unter den Juden des Südens zu arbeiten; diese Station aber war noch viel ungünstiger, und 1862 berief man ihn nach Piemont. Sein Nachfolger in Paris war für kurze Zeit der Proselyt E. B. Frankel.

In der französischen Mission verfuhr die Gesellschaft ziemlich planlos, besetzte Posten und hob sie auf, ohne dass man die Gründe für dieses Verfahren recht erkennen kann. Um den die Ausstellung in Paris 1867 besuchenden Juden etwas zu bieten, wurde 1866 Schlochow dahin gesandt*). Ihm wurde für Zwecke der Missionsausstellung ein Platz im Ausstellungsparke frei angeboten, und auf demselben wurde ein kleines schmuckloses Gebäude errichtet, dem die Kaiserlichen Commissare den hochtönenden Namen »Hebräische Alterthümer« gaben. Hier wurden nun ein Modell der Stiftshütte, ein Modell der Zionskirche, andere Modelle, Bücher, Traktate, einige althebräische Manuskripte und Bücher, die ein Strassburger Professor lieh, und Jesaia 53 in mehreren Sprachen gross gedruckt ausgestellt; daneben Probearbeiten von Proselyten der Missionsanstalten in London und Jerusalem. Trotz der Bescheidenheit des Ausgestellten hatten viele an demselben Freude; selbst die Presse sprach sich über dasselbe freundlich aus, und das zog viele Juden herbei. Schlochow und ein Gehilfe desselben erklärten den Besuchern und besonders den zahlreich erscheinenden Juden die ausgestellten Gegenstände, und daran knüpften sich der Regel nach religiöse Gespräche und eine Vertheilung von Traktaten. 400 Alte Testamente in verschiedenen Sprachen wurden verkauft, 800 hebräische Neue Testamente verkauft und vertheilt, über 16000 Theile des Neuen Testaments französisch und deutsch an Juden verschenkt und ausserdem über 12000 Traktate. Da die Regierung geboten hatte, keine Streitliteratur zu vertheilen, wurden besonders »Der Messias als Versöhner« von Delitzsch und die »Morgen- und Abendgebete der englischen Kirche« vertheilt, unter Christen überdem etwa 90000 Schriften. Auf diese Weise wurden einmal Juden aller Kreise bis in die höchsten hinein und aus allen Theilen der Erde vom Worte des Evangeliums erreicht. Als Schlochow auch Rothschild die Stiftshütte erklärte und ihm dabei die Busse, die Erlösung und das Gericht verkündigte, rief derselbe aus: »Träume, Träume, Träume!« Viele Christen aber wurden bei dieser Gelegenheit mit der Mission bekannt, unter ihnen

---

*) Jew. Int. 1868, 128. Vermbaum, Die Mission unter Israel 1869, 84.

der englische, preussische und schwedische Kronprinz. Dass aber der Same, der dort gesäet wurde, nicht vergeblich ausgestreut worden war, hat man hernach auf dem Missionsgebiete noch öfters erfahren.

Rev. W. Burnet wurde hierauf 1869 nach Paris gesandt, durch den Krieg 1870 vertrieben, hernach aber wieder hingeschickt. Zumeist machte er wenig tröstliche Erfahrungen; doch wurde eine Schrift desselben: »Le Nouveau Testament, d'où vient-il?« viel gelesen. Mehrere Pastoren unterstützten ihn und besonders liess ihn Mc All in einigen seiner Pariser Hallen den Juden das Evangelium verkündigen.

Ihm folgte dann der Proselyt L. C. Mamlock. Diesem gelang es mit einer grösseren Zahl von Juden in Verbindung zu treten. Die Ausstellung von 1878 benutzten er und die Gesellschaft wieder dazu, um auf dem Trocadero eine Bibel-Niederlage zu eröffnen und auf dem Marsfelde das Modell der Stiftshütte aufzustellen. Das Unternehmen war auch diesmal wieder so erfolgreich wie bei dem ersten Male und liess dieselben Erfahrungen machen. Freudig erstaunt waren die Missionare darüber, dass thatsächlich Juden aus aller Welt von der Mission wussten und von ihrem Zeugnisse bereits erreicht waren. Eine Jüdin, welche einen Traktat bei dieser Gelegenheit erhalten hatte, trat hernach in Unterricht. In jüngster Zeit hat Mamlock den Versuch gemacht, Vorträge für Juden zu halten, an denen sich verschiedene Pastoren von Paris betheiligten, und die auch von Juden zahlreich besucht wurden. Mamlock steht übrigens auch mit der französischen Gesellschaft in enger Verbindung. Neben Paris ist Marseille in den letzten Jahren vorübergehend besetzt gewesen. Die Londoner Gesellschaft wird gut thun, Frankreich der einheimischen Mission ganz zu überlassen, sobald diese im Stande ist das zu thun, was dort geschehn kann. Der französische Boden gehört aber allerdings zu den ödesten Missionsgebieten. Die wenigen Proselyten, welche die Mission hier aufzuweisen hat, sind grösstentheils Fremdlinge und nicht echt französische Juden.

g. Oesterreich-Ungarn.

Es war ganz richtig, dass die Gesellschaft die slavischen Gebiete ernster ins Auge fasste, die sowohl durch die Menge ihrer Juden als durch das grössere Interesse derselben für die Fragen der Religion das bedeutendste Missionsgebiet der Gegenwart bilden. Die Gesellschaft hat ausser Polen zuerst das diesem Lande benachbarte und damals noch einen Freistaat bildende Krakau 1833 besetzt. In der Stadt und Umgegend wohnten zu der Zeit etwa 20000 Juden; zu diesen wurde als Missionar der Prediger Dr. A. Gerlach gesandt. Demselben wurde volle Freiheit des Missionirens gewährt. Gerlach, früher Katholik, dann evangelisch geworden, hatte sich der Gesellschaft angeboten, von der er 1827 angenommen und nach kurzem Besuch des Missionsseminars 1828 in Thorn angestellt wurde, von wo er nach Krakau kam; später war Rev. T. E. Hiscock sein Gehilfe. An dem Orte herrschte viel religiöse Gleichgiltigkeit und ein äusserliches Wesen, das auch den Uebertritt zum Christenthum sehr leicht nahm. Im Laufe von fünf Jahren liessen sich 16 Juden in die evangelische Kirche aufnehmen, und eine noch viel grössere Zahl in die katholische Kirche, meist aber aus äusseren Gründen. Grosse Schaaren meldeten sich bei Hiscock zum Unterricht, aber an den meisten hatte er wenig Freude. Freilich wer nur über geringe Mittel gebot und übertrat, gerieth dann in die grösste Noth, so dass den Aermeren, auch wenn sie vom Evangelium überzeugt waren, der Uebertritt in Krakau sehr erschwert wurde. Auch Hoff und Behrens, die später nach Krakau gesandt wurden, sahen sich stets von grossen Schaaren der Juden umringt, mussten es aber dann erleben, dass sich die Aermeren durch den Bann der Rabbinen zumeist vom Verkehr mit ihnen zurückschrecken liessen. 1842 geschahen die ersten zwei Taufen durch die Mission; im folgenden Jahre traten ein Arzt, ein Vetter desselben, welcher Medizin studirte, und noch ein dritter hinzu; von da ab mehrten sich die Taufen. Als 1846 der polnische Aufstand in Krakau ausbrach, schwebten die Missionare daselbst in nicht geringer Gefahr, wurden aber gnädig behütet. Während der furchtbarste Aufruhr tobte, durfte an einem der schlimmsten Tage desselben

Hoff die Frau und fünf Kinder eines Kaufmanns, der Proselyt war, taufen.

Im November 1846 wurde Krakau österreichisch, und im Jahre darauf schien sich alles gut anlassen zu wollen. Ein gelehrter Talmudist, Moritz Gluck, konnte getauft werden, bisher die 18. Taufe, zu der später noch sieben andere traten. Aber im Laufe des Jahres 1847 vertrieb die österreichische Regierung die Missionare, der Einfluss der Jesuiten war damals allmächtig. Aber das Jahr 1848 änderte vieles in Oesterreich, und so konnte Hoff 1849 wieder den verlassenen Posten beziehn. Doch die den Juden nun gewährte Freiheit zog jetzt ihr Interesse ganz von den religiösen Fragen ab, so dass die Arbeit zunächst eine recht schwierige war. 1851 gab es in Krakau 34 Proselyten in der evangelischen Gemeinde, von der sie ein volles Sechstel bildeten; während seit 1827 überhaupt 55 Juden zur evangelischen Kirche der Stadt übergetreten waren. Hoff nennt alle diese Proselyten achtbare Leute und sagt von einigen, dass sie durch ein wahrhaft christliches Leben einen heilsamen Einfluss auf die Juden ausübten.

Durch ein Legat einer verstorbenen Miss Coll von 10 000 Mark ermuthigt, machte dann Hoff den Versuch eine Colonie zur Beschäftigung von Proselyten in Dombie bei Krakau zu errichten; aber das gewagte Unternehmen wurde eingestellt, als Hoff im April 1854 starb. In Krakau wurde zunächst kein eigentlicher Missionar angestellt, sondern der Pastor der evangelischen Gemeinde A. Otremba als Agent verwendet. Otremba zählte 1857 in seiner Gemeinde gegen 80 Proselyten, einschliesslich der Kinder derselben, fast alle in besseren Verhältnissen und viele von ihnen auch bereit die Mission zu fördern. 1859 durfte Otremba acht Juden taufen; in diesem Jahre stieg die Zahl der Proselyten in seiner Gemeinde und ihrer Kinder auf 100 Personen, später wurden zwei derselben Aelteste der evangelischen Gemeinde. Bis zum Jahre 1873 hat er noch 30 Juden getauft, unter ihnen einen Arzt. 1872 gehörten zu seiner Gemeinde 150 Proselyten und Proselytenkinder; ein Greis von 74 Jahren, der bereits alle seine Kinder hatte Christen werden lassen, liess sich 24 Stunden vor seinem Ende mit seiner zweiten Ehefrau taufen. Otremba starb 1877. Missionar Händler, der 1873 nach Krakau gesandt wurde, eröffnete dort eine Töchterschule, die von nicht wenigen Töchtern gebildeter Familien besucht wurde; sonst sah er wenig Früchte seiner Arbeit, die er hier bis 1879 that. Gegenwärtig ist diese Station durch J. J. Pick, Sohn des Lemberger Bibelagenten, besetzt. Die Missionare hierselbst sollten mehr Anschluss an die evangelische Gemeinde der Stadt suchen; dann würde ihre Arbeit, wie die Geschichte der Mission in Krakau beweist, mit mehr Erfolg gekrönt sein.

Das grosse galizische Gebiet, bisher besonders durch die Missionare in Breslau mehrfach besucht, wurde 1867 durch J. H. Brühl besetzt, den man in der Hauptstadt Lemberg anstellte. 40 000 Juden wohnten damals in jener Stadt, die Hälfte ihrer Bevölkerung, während ganz Galizien über 500 000 Juden zählte, von denen über die Hälfte zu den Chassidim gehörten. Die talmudistische Judenschaft, die sonst zahlreichste, verliert immer mehr ihrer Anhänger an die Chassidim und an die Reformer. Brühl fand überall in Galizien Eingang bei den Juden. Mit Vorliebe wurde von ihm M'Cauls »Wahrer Israelit« verbreitet und von den Juden eifrig gelesen. Der Uebertritt ist den Juden in Galizien ungemein erschwert, da derselbe in den allermeisten Fällen den bürgerlichen Ruin des Proselyten zur Folge hat. Ein junger Jude in der Provinz, welcher übertreten wollte, wurde von seinem eigenen Vater unter Beistand einiger andrer Juden ermordet; und an demselben Orte, wo dies geschah, entrannen die Missionare Brühl und A. Behrens auf einer Missionsreise nur knapp der grössten Lebensgefahr. Diejenigen, welche Christen werden wollen, muss man deshalb für gewöhnlich aus dem Lande schicken. Die Ausbreitung von Schriften wurde Brühl sehr erschwert, und auch in diesem Punkte war also sein Wirken ungemein behindert.

Als Brühl dann 1871 nach Wien berufen wurde, setzte man 1872 Rev. Jacob Lotka an seine Stelle. Derselbe ist seiner Zeit in London getauft worden, dann erhielt er weitere Ausbildung auf der Crischona bei Basel, wirkte hernach als Prediger in Amerika (Chicago) und kehrte darauf nach Europa zurück. Mit grossem Eifer richtete er in Galizien sein Amt aus. Mehrere Juden, die sein Zeugniss für das Evangelium gewann, schickte er aus Galizien heraus; zwei derselben sind nach ihrer Taufe Judenmissionare geworden und einer Docent an einem theologischen Seminar. Mehrfach aber durfte er hören, dass von ihm angeregte Juden anderwärts getauft worden waren. Für die durch ihn geübte Schriftenverbreitung wurde er durch Juden vor die Obrigkeit gebracht; doch führte dies schliesslich nur dazu, dass er in bestimmten Grenzen die Erlaubniss in dem begonnenen Werke fortzufahren erhielt. 1881 wurde er dann nach Persien gerufen. Als Gehilfen und Nachfolger gab man ihm einen englischen Proselyten, der die Sprache des Landes nicht verstand und daher der Aufgabe in keiner Weise gewachsen war; seine Erfolge waren denn auch sehr geringe. Uebrigens aber haben in den letzten Jahren mehrere Juden in Lemberg den Muth gewonnen, sich in die evangelische Gemeinde der Stadt aufnehmen zu lassen; 1886 war dies mit acht Juden der Fall. An die Stelle des zuletzt erwähnten Arbeiters hat man 1888 den Proselyten M. Rosenstrauch gesetzt, der mit den Verhältnissen der Gegend besser vertraut ist.

Auch Ungarn beschloss man zu besetzen und sandte nach einem schon früher gemachten kurzen Versuch 1862 den Missionar Hefter in das Land. Seltsamerweise wies man ihm das durch die Freien Schotten ganz hinreichend und sehr wohl versehene Pesth an. Hefter wurde es dort geschenkt auf den nachmaligen Missionar der Britischen Gesellschaft Schoenberger einen tiefen Eindruck zu machen. Die Gesellschaft aber erkannte ihren Fehler und rief ihren Missionar nach einem Jahre wieder ab. Prag war auch nur für wenige Jahre besetzt, die Briten und Iren nahmen dort die weitere Arbeit auf.

1870 entschloss sich die Gesellschaft Wien zu einer Station zu erheben. Damals wohnten dort 50 000 Juden; jetzt sind es zwischen 70 000 und 80 000, die dorthin aus der ganzen Doppel-Monarchie zusammengeströmt sind. Unter ihnen findet man alle Schattirungen des Judenthums vor, die eigentliche Herrschaft aber übt daselbst der moderne Geist. Gesellschaftlich und wirthschaftlich haben die Juden im Leben Wiens eine ausserordentliche Bedeutung gewonnen, aber das freilich nicht zum Nutzen desselben. Nirgends jedoch waren die Juden so sicher und so übermüthig geworden, nirgends war ihr Einfluss

grösser; die Börse war ganz, die Presse fast völlig in ihre Hände
gerathen, und es schien längere Zeit, als solle die christliche
Bevölkerung der jüdischen völlig preisgegeben sein. Die antisemitische Bewegung hat hier daher ihren eigentlichen Hauptsitz gewonnen und bereits nicht unbedeutende Erfolge erzielt.
Jedesfalls war die Lage der Dinge eine unerträgliche geworden
und konnte zum Heil von Christen und Juden nicht bleiben
wie sie war. Hier nun lag für die Mission ein wichtiges Feld
vor. Die Londoner Gesellschaft sandte zuerst W. Ayerst nach
Wien, um die Verhältnisse zu untersuchen. Derselbe berichtete
in eingehender und zutreffender Weise über die Zustände der
Juden in Wien und trat mit ihnen in mannigfache Verbindung.
1871 wurde Brühl sein Nachfolger, dem der Proselyt Joseph
Bahri als Gehilfe zur Seite stand. Die Versuche, die zahlreichen Proselyten der Stadt für die Mission zu interessieren,
schlugen bei den meisten fehl; einige jedoch verbanden sich mit
den Missionaren, unter ihnen besonders der Proselyt Professor
C. W. Palotta, der früher selbst im Dienst der Gesellschaft gestanden hatte († 1891). Die Ausstellung in Wien 1873 gab den
Missionaren reiche Gelegenheit zur Verkündigung des Evangeliums unter den Juden, die sich auch hier aus allen Gegenden zusammenfanden. Sehr behindert ist dagegen in Wien wie
überall in Oesterreich die Schriftenverbreitung.

A. D. Behrens, der Nachfolger des 1875 abegerufenen
Brühl, ein Proselyt, that wohl daran, dass er mit den evangelischen Pastoren der Stadt in engere Verbindung trat. So
konnte er denselben im Unterrichte von Juden, welche Christen
werden wollten, manche gute Dienste leisten, während sonst die
Juden die Missionare daselbst mehr zu umgehn pflegen. So
sind z. B. von 36 im Jahre 1880 evangelisch gewordenen Juden
in Wien nur zwei durch Missionare getauft worden. Dem 1883
gestorbenen Behrens folgte der Proselyt H. G. Händler; besonn-
ders galizische Juden, welche von der Rabinowitzschen Bewegung
ergriffen waren, wandten sich an ihn von ihrem Orte aus, und
Händler stand mit ihnen auch eine Zeit lang in schriftlichem
Verkehr. Der Boden in Wien selbst verspricht immer mehr
rechte Arbeit zu lohnen; nur wird es darauf ankommen, dass
die Missionare eine Einsicht dafür gewinnen, wie ihnen allein

ein lebendiger Zusammenschluss mit der evangelischen Kirche des Landes reicheren Eingang bei den Juden verspricht. Bis jetzt ist das Verständniss hierfür noch nicht genügend erwacht. Zeitweilig hat die Londoner Gesellschaft auch in Triest gearbeitet. 1848 hielt sich dort B. W. Wright auf und besuchte von da aus Theile Oesterreichs und Norditaliens. Den Talmud fand er bei den dortigen Juden in geringem Ansehn, den Unglauben dagegen zumeist in der Herrschaft. 1850 nahm er die Stelle eines britischen Kaplans in Triest an, fand aber genug Zeit zur Missionsarbeit; doch waren die allermeisten Juden durchaus unzugänglich, und so verliess er 1852 Triest. 1872 kam H. Cotter dorthin. Durch öffentliche Vorträge hier und an andern Orten suchte er die Aufmerksamkeit der Juden zu erregen, liess Predigten an Israeliten erscheinen, welche ihre Einwände gegen das Christenthum beantworteten, und verbreitete weithin unter ihnen Bibeln und Schriften. Auch errichtete er ein kleines Heim für Juden, welche der Wahrheit nachforschten, und taufte 1873 zwei junge Lehrer, die in demselben ein Unterkommen gefunden hatten. 1875 trat er wegen geschwächter Gesundheit ab. Die Gesellschaft aber besetzte Triest nicht mehr, weil sich die Juden jener Distrikte dem Evangelium sehr unzugänglich erwiesen hatten. Man hätte schon früher diesen Schritt thun sollen. Ueberhaupt aber kann man der Londoner Gesellschaft nicht den Vorwurf ersparen, dass sie in Oesterreich-Ungarn manche Fehler begangen und es versäumt hat Wege einzuschlagen, welche ihr Wirken fruchtbarer gestaltet hätten. Die grosse Zahl der Taufen in den evangelischen Kirchen Oesterreich-Ungarns beweisen es immerhin, dass dieselben doch eine gewisse Anziehungskraft auf die Juden ausüben. Man wird dabei ruhig zugeben können, dass sehr viele der zu den Landeskirchen übertretenden Juden mehr äusserliche Beweggründe hierzu bestimmt haben; aber wenn der Eindruck von der Machtstellung der Kirche auf viele Juden in so bestimmender Weise einwirkt, dann soll die Mission darin einen Wink erblicken mit der Kirche recht treulich Hand in Hand zu gehn und dabei ihr Zeugniss desto eindringlicher den Juden entgegenzubringen. Wo von der Mission auch nur ein Anfang damit in Oesterreich-Ungarn gemacht worden ist, den Juden auf diesem Wege nahezukommen, da hat dies stets für sie die besten Folgen gehabt; aber nur in wenigen Fällen war der Blick der englischen Mission frei genug, um dies zu erkennen und darnach zu handeln.

h. Italien.

In Italien leben, gegenwärtig etwa 40000 Juden. Ehe das vereinigte Königreich entstanden ist, haben sie in verschiedenen Gegenden Italiens nicht wohnen dürfen. Am längsten waren sie von dem Gebiete des Kirchenstaates ausgeschlossen; sie durften nur das Ghetto in Rom bewohnen, aus dem sie erst der Einzug der Piemontesen befreit hat. Die französische Herrschaft hatte ihnen das Bürgerrecht gebracht, nach dem Zusammenbruch derselben kehrten sie in die alten beschränkenden und in Rom geradeswegs schimpflichen Verhältnisse zurück. Leo XII. verschärfte sogar die früheren Bestimmungen, und die Herzöge von Modena nöthigten sie das Judenzeichen an ihrer Kleidung anzulegen. Jetzt ist auch das Ghetto in Rom aufgehoben und wird gänzlich fallen. Juden sind vielmehr bereits in allen Aemtern und Würden des neuen Staates zu finden; sie sind gegenwärtig sogar im Parlament und im Senat durch Mitglieder vertreten. Zwei der Gesandten Italiens bei Republiken sind Juden. Das Heer zählte 1888 einen jüdischen General und fünf Obersten, Enrico Guastella war Adjutant Garibaldis. Das ungewöhnliche Emporkommen der Juden hat selbst eine antisemitische Bewegung im Lande hervorgerufen, und nicht bloss päpstliche Blätter bekämpfen sie heftig, sondern auch in der liberalen »Fanfulla della Dominica« hat sich der gefeierte Senator Professor Mantegazzi gegen sie erhoben und ihren Einfluss in der Presse und Börse wie überhaupt auf dem Geldgebiete heftig angegriffen.

Die religiösen Zustände der italienischen Juden sind ungemein traurige. Der Talmudismus hat sich überlebt, aber etwas Positives ist nicht an die Stelle desselben getreten. Man macht die alten Gebräuche mit oder streift sie ab, aber von religiösen Bedürfnissen ist wenig zu merken. Es kommt nicht einmal zu einem Kampfe der verschiedenen Richtungen, weil man gegen die Religion überhaupt gleichgiltig ist und die materiellen Interessen alles verschlingen. Die römische Kirche hat sich ihrer sehr wenig angenommen, und das gilt nicht bloss für Italien, sondern überall; die katholische Judenmission in Frankreich ist erst durch Proselyten daselbst ins Leben gerufen. Das päpstliche Rom zwang freilich noch bis in die neuere Zeit hinein Juden in einer Kirche der Stadt Predigten anzuhören, aber aus dieser Art Mission zu treiben konnte nichts Gutes erwachsen. Im Gegentheil ist in den Hauptsitzen der römischen Kirche auch den daselbst wohnenden Juden der religiöse Sinn immer mehr abhanden gekommen.

Die Londoner Mission nun hatte den Muth auch dieses Feld zu betreten. Zuerst fasste sie in Malta, das ja den Engländern gehört, Fuss. Dr. Naudi und Rev. Jowett daselbst schrieben 1818 an die Gesellschaft, dass von Malta aus den orientalischen Juden das Evangelium gebracht werden könne. Der Schweizer Prediger Tschoudy wurde deshalb von der Gesellschaft in die Länder des Mittelmeeres 1820 gesandt und berieth sich besonders auch mit den beiden oben genannten. L. Way und Rev. B. Lewis machten dann eine neue Reise in jene Gebiete, die sich bis nach Palaestina und Syrien erstreckte. Darauf gingen 1823 Rev. Charles Neat und Dr. Clarke nach Gibraltar und arbeiteten unter den dortigen Juden. In Malta entstand infolge der durch L. Way gegebenen Anregungen eine Missionshilfsgesellschaft. L. Way übergab auf seiner Reise durch Rom auch dem Papste ein Exemplar seiner Schrift: »Mémoire sur l'état des Juifs«. Für die italienischen Juden wurde eine Reihe von Traktaten der Gesellschaft ins Italienische und Griechische übersetzt.

Auf diesem Missionsgebiete begegnet uns nun auch zum ersten Male Joseph Wolff, über den jetzt Näheres zu berichten sein wird*). Seine Familie war im 18. Jahrhundert zur Zeit der grossen Judenverfolgung von Prag nach Bayern ausgewandert.

---

*) Missionary journal and memoir of the Rev. J. W., written by himself and edited by J. Bayford, London 1824. || Researches and missionary labours among the Jews by the Rev. J. W. between the years 1831—34, Malta 1835. | Sketch of the life and journal of the Rev. J. W., Norwich 1827. | Dr. J. W., ein Wanderleben von H. Sengelmann, Hamburg 1863. || Freund Israels, Juli 1863. || Rhein.-Westfäl. Blatt 1885, Nr. 8—11.

Der Vater war Rabbiner an mehreren Orten, zuletzt in Ullfeld (Bayern), seine Mutter eine Sarah Lipschütz. Er selbst wurde 1795 geboren. In Halle, wo sein Vater eine Zeit lang amtirte, erhielt er von demselben vier Jahre alt den ersten Unterricht, später lernte er Deutsch in der christlichen Schule. Das Elternhaus war geistig angeregt, der Sohn hörte von den grossen Männern der jüdischen Vorzeit, besonders zog ihn Maimonides an. Auch hörte er in den Gesprächen der Eltern von einem hochbegabten Manne Jesus reden, der sich für den Messias ausgegeben habe und deshalb zum Tode verurtheilt worden sei. Der junge Wolff vermuthete in ihm einen Propheten und wurde in diesem Gedanken durch einen christlichen Barbier bestärkt, der ihn auf Jes. 53 wies; der Vater aber, den er um Auskunft über dieses Capitel bat, verweigerte ihm jede Antwort. Zwei Tage darauf ging er zu dem lutherischen Pastor und erklärte ihm ein Christ werden zu wollen. Als er aber sein Alter angab, er war damals acht Jahr alt, hiess ihn der Prediger wiederkommen, wenn er älter wäre. Manche Aeusserungen aus seinem Munde erweckten dann in seinen Eltern die Furcht, dass der Sohn Christ werden könne. In seinem elften Jahre kam er zu einer reichen Jüdin, die ihn weiter unterrichten liess, damit er Arzt würde. Hier lernte er moderngesinnte Juden kennen, die über Moses spotteten; aber infolge einer Erkrankung kam er aus diesem Hause zu den Eltern zurück. In dieser Zeit ging es mit ihm sittlich bergab und im jüdischen Glauben fand er keinen Halt. Er kam dann zu einem Oheim nach Bamberg. Dort unterrichtete ihn ein Katholik im Latein und in der Geschichte; dieser Mann sagte ihm, es sei ohne Jesum unmöglich ein sittlicher Mensch zu werden. Er las mit ihm auch das Evangelium, und dasselbe entzückte ihn so, dass er den Juden erklärte ein Christ werden zu wollen; der Verwandte trieb ihn deshalb aus seinem Hause. Bei seinem entschlossenen Wesen aber war er trotz seiner grossen Jugend nunmehr entschieden, sein Glück in der Fremde zu suchen, und jetzt begann ein Wanderleben, das eigentlich nie zu rechter Ruhe gekommen ist. Ohne Geld wanderte er einen ganzen Tag lang, ein Schäfer auf dem Felde aber lud ihn in sein Haus ein und versah ihn mit Reisegeld bis nach Frankfurt a. M. Von dort begab er sich nach Halle. Hier erklärte er einem evangelischen Pastor, er wolle unterrichtet und getauft werden, um dann die alten Sprachen zu lernen und hernach selbst das Evangelium zu verkündigen. Der rationalistische Prediger aber antwortete ihm, er könne ein sittlicher Mensch werden ohne Christ zu sein. Das machte ihn sehr unruhig. Drei Monate lang lernte er nun alte Sprachen, erkrankte aber und dachte jetzt im Hospital ernster über die Ewigkeit nach. In diesem Zustande wandte er sich an Professor Knapp. Dieser fragte ihn: »Kennen Sie Christum? Er ist Gott über alles. Wenn Sie das nicht glauben, ist es eine grosse Sünde Christ zu werden.« Wolff fasste nun den Entschluss jedesfalls zum Christenthum überzutreten, wurde deshalb aber von den Juden in Halle heftig verfolgt. Mit guten Zeugnissen von Knapp und Professor Niemeyer versehn, verliess er deshalb die Stadt. 1811 finden wir ihn auf dem Gymnasium in Weimar. Falk nahm sich dort seiner liebreich an. Falk war aber damals selbst noch nicht zu christlicher Erkenntniss durchgedrungen und redete Wolff eines Tages an: »Lassen Sie sich rathen, bleiben Sie, was Sie sind; wenn Sie Jude bleiben, werden Sie ein berühmter Mann werden, als Christ hingegen nie einen Namen erlangen. Christen, die tüchtig sind, giebt es in der ganzen Welt im Ueberfluss.« Goethe dagegen, der von Wolff hörte, gab ihm den Rath: »Junger Mann, folgen Sie der Stimme Ihres eigenen Herzens, und lassen Sie sich nicht nach dem gelüsten, was Falk Ihnen sagt.« Die Weimarsche Vermischung von Christenthum und Heidenthum liess aber Wolff daselbst nicht heimisch werden. 16$\frac{1}{2}$ Jahre alt zog er weiter. In den Vorstädten von Wien wanderte er ohne einen Pfennig seufzend umher. Einem österreichischen Offizier fiel er auf; derselbe redete ihn an, erfuhr seine Lage und nahm ihn als Diener an. Von der Gattin des Offiziers aber erhielt er ein Neues Testament und die Propheten, die er, an dem Wunsche Prediger des Evangeliums zu werden festhaltend, fleissig las. Als ihn der Offizier eines Tags bei Virgils Aeneïs fand, liess er ihn nicht länger Diener bleiben, konnte ihn aber auf die Dauer nicht in seinem Hause erhalten. So kehrte er nach Bayern zurück. Bei einem Kloster vorübergehend hörte er Lieder auf Jesum singen; deshalb trat er in dasselbe ein und bat auch sogleich um die Taufe. Der Abt durfte ihn nicht taufen, weil er noch nicht 18 Jahre alt war; und wollte ihn inzwischen behalten, die Mönche aber litten es nicht. In München erklärte ihm dann ein katholischer Priester die Unterschiede zwischen Katholicismus und Protestantismus und gab ihm die Werke von Bossuet und Fenelon und daneben die protestantischer Theologen. Er fand in den ersteren und in Stolbergs Schriften vieles, das er als Irrthum erkannte, aber in protestantischen geradeswegs Gottesleugnungen. So dachte er nun ernster daran Katholik zu werden; zuvor jedoch ging es wieder die Kreuz und Quere. In Solothurn nahm ihn Pater Günther liebevoll auf; Wolff musste aber, um den Unterricht in dieser Stadt geniessen zu können, verschweigen, dass er Jude war. Als jedoch ein Student Biedermann, dem er sein Geheimniss mittheilte, dasselbe verrieth, war seines Bleibens nicht länger in Solothurn, und nun ging er nach Prag, wo er endlich 1812 vom Abt des Benediktinerklosters Emmaus, 17 Jahre alt, getauft wurde; von seinem Taufpathen Joseph Veith nahm er den Namen Joseph an. Dann studirte er zwei Jahre in Wien orientalische Sprachen und lehrte zugleich. Durch den Jesuiten Vicargeneral Hoffbauer wäre er selbst beinahe Jesuit geworden, aber ein innerer Widerwille gegen den Bilderdienst hielt ihn davon ab. Angeregt wurde er dagegen durch Möhler in Nürnberg, G. H. Schubert und besonders durch Graf Stolberg, der ihn zu sich nach Tatenhausen in Westfalen einlud. Durch Stolberg versöhnte er sich wieder mit dem Katholicismus; aber der Graf musste, als Napoleon wieder von Elba zurückkehrte, sein Schloss verlassen. Wolff begab sich jetzt 1815 nach Tübingen und wurde hier, obgleich Katholik, ins Theologische Stift aufgenommen; der Bischof von Regensburg, Prinz Dalberg, gab ihm ein Stipendium, während ihn die Professoren Flatt, Steudel und Bahnmeyer anzogen und zu Ausfällen gegen den Katholicismus erregten. Er wollte deshalb, um zur Entscheidung zu kommen, den Katholicismus an seinem Hauptsitze kennen lernen und ging deshalb, von Protestanten und Katholiken unterstützt, 1816 nach Rom. Dort trat er hernach in die Propaganda ein, um Missionar zu werden. Mit zwei andern deutschen Proselyten, die Maler waren, wurde er in die Propaganda aufgenommen.

Am 19. Aug. 1816 empfing ihn auch Papst Pius VII. sehr väterlich und nahm ihn in das Seminario Romano auf. Von der Leutseligkeit des Papstes eingenommen, klopfte er demselben ganz zutraulich auf die Schulter und bat um seinen Segen. Unter seinen Studiengenossen befand sich auch Graf Ferretti, der nachmalige Pius IX., dem Wolff die Schriften von Savonarola empfahl. Er gerieth aber mit einigen Mitstudenten in grossen Streit, erklärte ihnen, der Papst könne keinen Todten selig und heilig machen und sei nicht unfehlbar. Als aber die Gelehrtesten in Rom den Papst Gott nannten und dies zu vertheidigen suchten, rief er entrüstet aus: »Der Papst ist Staub und Erde, wie ich es bin.« Um so mehr las er jetzt die Bibel, erhielt unterdessen aber die vier unteren Grade. Doch gab es stets neue Conflikte und dies auch in der Propaganda, in die er 1818 eintrat. Dazu kam, dass er mit englischen Protestanten verkehrte und in Briefen seine Feindschaft gegen die antichristliche römische Tyrannei erklärte. Diese fielen in die Hände der Inquisition, und so wurde er entlassen, bis nach Bologna gebracht und von Spionen bis Wien beobachtet. Nur der Verwendung eines bayerischen Prinzen hatte er es zu danken, dass ihm nicht noch Schlimmeres begegnete. Dennoch hielt er an der römischen Kirche fest und trat in ein Kloster ein. Auch hier aber war er stets von Spionen umgeben und gerieth mit den Mönchen beständig in Streit, so dass er um seine Entlassung bat, nach Lausanne ging und von dort, mit Empfehlungsbriefen einiger frommer Christen versehn, nach London 1819. Dr. Drummond empfahl ihn der Londoner Gesellschaft als Missionar für Jerusalem und den Osten. Man sandte ihn zuerst nach Cambridge, dann auf das Seminar in Stansted, wo auszuhalten es ihm bei seiner überaus unruhigen Natur sehr schwer war. 1821 wurde er ausgesandt, zuerst nach Gibraltar. Die dortigen Juden hörten ihn gern, die Katholiken aber zwangen ihn nach zwei Monaten den Ort zu verlassen. In Malta von den Juden entschieden abgewiesen, begab er sich nach Aegypten und der Sinai-Halbinsel, überall unterwegs Bibeln verbreitend. 15 Jahre später hörte er, dass ein durchreisender Jude im Kloster eine dieser Bibeln gelesen habe und Christ geworden sei. Er besuchte dann Joppe, Beirut, Sidon, den Libanon,

Jerusalem und verkehrte hier viel mit Juden, hernach Mesopotamien, wurde auf einem Besuch bei den Jacobiten von Muhammedanern gefangen genommen und erhielt 200 Stockschläge auf die Fusssohlen. Er missionirte dann unter den Juden in Persien, der Krim, Constantinopel und Adrianopel und gerieth, da ihm besonders die Juden die damalige Christenthumsbewegung in Constantinopel Schuld gaben, dort und in Adrianopel in grosse Gefahr. Die Kosten der Reise trug nicht die Gesellschaft, sondern sein Freund Drummond. 1826 nach London zurückgekehrt, fand er in Lady Georgina Walpole eine gleichgesinnte und zu Abenteuern ebenso bereite Gattin. Dieselbe folgte ihm 1827 auf der zweiten Reise, die er auf Kosten der Gesellschaft machte. Auf dieser Reise traf er mit den Seinigen zusammen; in Düsseldorf hörten ihn seine Mutter und Schwester predigen. Sein Bruder Johann, der später in Duisburg lebte, und seine Schwester Jettel wurden hernach durch Dr. Krummacher in Elberfeld getauft; ein Bruder war bereits 1821 übergetreten, ein anderer wurde in Dresden Christ; den Bruder Matthias Levi, der früher Vorsänger in Ammonsgrün (Böhmen) war, hat er selbst getauft.

Wo Wolff auf seinen Reisen hinkam, liess er an die Juden einen offenen Brief ergehn, seine Frau richtete einen solchen auch an die jüdischen Frauen in Alexandria. Gefahren scheute er nicht. In Alexandria schütteten ihm Juden Gift in den Kaffee, aber er genas von demselben; später wurde er von Seeräubern überfallen und kehrte erst nach langer Irrfahrt nach Malta zurück, wo ihn seine Frau und sein in Alexandria geborener Sohn erwarteten. Sein Plan aber war überall den zerstreuten Juden Jesum zu verkündigen und die Zeit der Versammlung Israels wieder anzubahnen. Seine überspannte Phantasie liess ihn auch in der allerseltsamsten Weise überall gewisse Anzeichen der Erfüllung der Prophetie erblicken; zugleich aber erfüllte ihn ein übermässiges jüdisches Nationalbewusstsein. Das alles trieb ihn vorwärts; er kehrte sich gar nicht an die Weisungen der Gesellschaft, sondern ging seinen eigenen Gedanken nach, verliess die Gesellschaft und machte nun, durch die reichen Mittel seiner Frau dazu in den Stand gesetzt, Reisen auf eigene Faust; ein Freund steuerte ausserdem 10000 Mark bei. Ende 1830 von Malta aufbrechend, durchwanderte er predigend Klein-Asien und Persien; in Chorassan wurde er von Räubern überfallen und ausgeplündert; aber in seinen Ketten noch predigte er den dortigen Juden. Durch den Kronprinzen von Persien wurde er frei und missionirte dann weiter unter den Juden in Meschcd und bei den Turkmenen. 1832 durfte er in Bokhara gegen 20 Juden taufen, die er noch 14 Jahre später treu fand. Dann wanderte er nach Afghanistan, überall es ablehnend sich als Muhammedaner auszugeben; denn er kannte keine Furcht und traute unbedingt dem Worte Christi, dass er den vor seinem himmlischen Vater bekennen werde, der ihn vor den Menschen bekennen würde. Im Gebiete von Balkh wurde er von Muhammedanern beinahe umgebracht. Als sie ihn zwingen wollten das muhammedanische Glaubensbekenntniss zu sprechen, rief er aus: »Es giebt keinen Gott' ausser Gott, und Jesus ist sein Sohn." Die Reise ging weiter nach Kabul und Peschawer; auch hier wurde er überfallen und beraubt, fand aber auch hier wieder solche, die sich seiner hilfreich annahmen. Kabul predigend durchwandernd, kam er nach Indien, suchte auch die Juden in Cochin auf und kehrte dann 1833 zurück. 1834 war er bereits wieder in Alexandria, ebenso 1836, auch Abessinien besuchte er. Krankheit aber hinderte ihn weiter in Afrika einzudringen. Die Zustände der Juden in Asien und Abessinien sind eigentlich erst durch ihn bekannt geworden, und guter Same wurde von ihm in viele Herzen gestreut. 1837 besuchte er die Juden in Amerika, wurde hierauf vom Bischof von New Jersey ordinirt und übernahm dann 1838 ein Pfarramt in England, in dem es ihn aber nur fünf Jahre litt. Er ging nach Bokhara, sollte dort hingerichtet werden, wurde aber schliesslich freigegeben. 1844 übernahm er wieder ein kleines Pfarramt in England, gab zur Errichtung einer Kirche, eines Pfarrhauses und einer Schule seine Reisen heraus, hielt Vorlesungen im Inselreich und starb 1862. Man hat ihn einen Meteor in der Mission genannt und nicht mit Unrecht. Ihn erfüllte eine unbändige Wanderlust, aber auch ein ausserordentlicher Eifer für das Heil der Seelen und der Juden zumal. Sein Israel liebte er überschwänglich, vielfach in unheiliger Weise. Manche Anregung hat ihm die

Mission jedesfalls zu danken, und auch die Zahl der Juden, die durch ihn auf den Weg des ewigen Lebens geführt worden sind, ist keine geringe. Sein Sohn Sir H. O. Wolff ist englisches Parlamentsmitglied und ein bedeutender Diplomat geworden. Als Gesandter in Constantinopel galt er für den gefährlichsten Nebenbuhler Russlands.

Vom Jahre 1831 ab hörte die Londoner Arbeit in Malta auf, in Gibraltar schon früher: man hatte zu wenig Eingang bei den Juden gefunden. Eigentliche Mission haben in Italien selbst die Londoner erst seit 1855 getrieben. In diesem Jahre wurde Rev. C. L. Lauria, auch Luria genannt, nach Turin gesandt. Derselbe ist in Jerusalem getauft worden, hat dort das Seminar des Bischofs Alexander besucht und ist dann in den Missionsdienst getreten. Sein italienisches Arbeitsfeld war freilich ein sehr beschränktes. Das Königreich Sardinien zählte damals nur 8500 Juden, von denen der dritte Theil in Turin wohnte. 1848 waren die früheren Beschränkungen der Juden in Sardinien aufgehoben und dieselben genossen alle Freiheit. Die Wohlhabenden in Turin streiften alles Jüdische so ziemlich ab, die Aermeren schienen nur Sinn für die Fragen des Erwerbs zu haben, waren aber recht feindlich gegen alle, die der Mission näher traten; im Lande zeigten sie etwas mehr religiöses Interesse und nahmen die Neuen Testamente, welche der Colporteur ihnen brachte, gern an. Lauria übersetzte den »Wahren Israeliten« ins Italienische, und dieses Buch erwies sich auch hier wie überall in Italien höchst nützlich. Als dann Sardinien auch andere Gebiete Italiens erwarb, thaten sich dieselben ebenfalls für die Mission auf. Sofort begann man Bibeln und Schriften in denselben zu verbreiten. In römischen und griechisch-katholischen Gebieten ist in der That dieser Zweig der Missionsthätigkeit von besonderer Bedeutung, da erst auf diesem Wege den Juden eine andere Vorstellung vom Christenthum, als sie dieselbe durch ihre Umgebung erhalten haben, entgegenkommt; während anderseits die unmittelbare Berührung mit dem reinen Worte der Wahrheit sowohl niederreissend als erbauend ihre Wirkung ausübt.

Luria benutzte schnell die ihm gebotene Gelegenheit. 1861 wurde ihm Rev. R. H. Cotter zu Hilfe gesandt, und beide suchten nun überall in Italien, wo ihnen der Zugang geöffnet war, die Juden auf. Luria wurde nach Livorno, Cotter nach Modena gesandt, und zwei Schriftvorleser wurden ihnen zur Seite gestellt. 1859 geschah die erste Taufe durch Luria, die des P. E. Arias, der hernach als Colporteur und dann als Missionsgehilfe gute Dienste geleistet hat. Markheim wurde 1863 in das aufgegebene Turin gesandt und bereiste Piemont, Cotter Nordostitalien; der 75 jährige Pétavel von Neufchâtel besuchte 1864 auch viele italienische Städte missionirend. 1866 kam, nachdem Luria den Dienst verlassen hatte, Cotter nach Mailand und 1868 Reichardt nach Ancona; man verwandte zu viele Kräfte auf die geringe Zahl der überaus gleichgiltigen Juden Italiens. Die Waldenser und die andern evangelischen Gemeinschaften unterstützten übrigens die Mission treulich. Allmählich erkannte man, dass die Zahl der Arbeiter zu beschränken sei. 1871 aber wurde nach der Eroberung Roms auch dieses besetzt. Der treffliche Rev. S. B. Burtchaell wurde dahin gesandt und von allen Evangelischen der Stadt mit Freuden aufgenommen. Seitdem ist Rom die einzige Station der Londoner in Italien.

Die Verhältnisse der Juden in Rom haben sich mit dem Sturz der päpstlichen Herrschaft völlig geändert. Die Juden wohnen überall in der Stadt, in welcher sie ausserordentlich vorwärts kommen und zahlreich ihre Kinder in die christlichen Schulen senden. Auch Mischehen zwischen Juden und Katholiken kommen immer häufiger vor. Als Burtchaell nach Rom kam, fand er dort 4600 Juden, meistens arme Leute, nach ihren Landschaften in fünf Synagogengemeinden getheilt. Ein Theil derselben war noch orthodox, die grössere Zahl ganz ungläubig: Mazzini, Strauss und Rénan galten vielen unter ihnen als die rechten Führer der Menschheit. Ein in Florenz erschienenes Buch des jüdischen Professors Castelli über den Messias verwirft durchaus einen solchen, erklärt aber auch, dass den italienischen Juden religiöse Fragen höchst gleichgiltig seien.

Burtchaell ging nun sofort daran die Bibel unter den Juden der Stadt zu verbreiten. 1873 erfolgte die erste Taufe, die jemals in Rom einen Juden der evangelischen Kirche zugeführt hat; doch war der Täufling, der hernach als Kaufmann seinem Namen Ehre gemacht hat, kein italienischer, sondern ein ungarischer Jude. Der zweite Fall war der eines Enkels eines früheren Oberrabbiners in Rom, der durch die Predigt eines Wesleyanischen Evangelisten über Christi Wort: ›Ich bin der Weg, die Wahrheit und das Leben‹ erweckt und dann in dieser Gemeinde getauft wurde. 1877 wurde Burtchaell aber nach Jerusalem abgerufen, wo er das Jahr darauf starb; seine Wittwe kehrte nach Rom zurück und errichtete dort eine Schule für jüdische Mädchen und eine für jüdische Knaben, gleichzeitig aber ertheilte sie Handarbeitsunterricht an jüdische Frauen. Ein Missionar wurde zunächst nicht wieder angestellt; doch nahmen sich die evangelischen Gemeinschaften in Rom auch der Juden einigermaassen an. 1883 wurde dann der Missionsgehilfe Arias, der seit 1879 in Verona und Venedig gearbeitet hatte, nach Rom versetzt, um von dort aus überall in Italien die Juden zu besuchen. Eine Reihe der Gesellschaftsschriften ist auch ins Italienische übersetzt, und dieselben werden dort unter den Juden verbreitet. Durch Frau Burtchaells Schulen waren bis 1885 über 570 Kinder gegangen. Die ganze Arbeit ist eine Saat auf Hoffnung, von sichtbarem Erfolge kann man noch nicht reden.

Ueberall im Gebiete des Katholicismus und der griechischen Orthodoxie fühlen sich die Juden von der Gestalt des dortigen Christenthums aufs äusserste und in viel höherem Maasse als von dem protestantischen abgestossen. Eine positive innere Einwirkung des Christenthums auf die Juden ist fast nur in evangelischen Gebieten wahrzunehmen. Lassen sich auch in den katholischen und griechischen Ländern viele Juden taufen, so sind es doch daselbst weit seltener religiöse Beweggründe oder der Eindruck von der Geistesmacht des Christenthums, sondern zu allermeist rein äussere Erwägungen, welche diesen Schritt veranlassen. Auch war der Trieb die Juden dem Christenthum zuzuführen unter den evangelischen Völkern stets ein viel lebendigerer, und ebenso haben die Germanen trotz aller üblen Behandlung, welche sie den Juden zutheil werden liessen, denselben doch ein viel grösseres Herzensinteresse zugewandt als die Romanen und Slaven. Lebten die Juden in katholischen oder griechischen Gebieten in so grossen Massen zusammen, dass sie ein kräftiges Gemeinleben führen konnten, dann blieb ihnen daselbst auch ein reger religiöser Sinn erhalten; war dagegen ihre Zahl in jenen Gegenden nur eine kleinere, dann schien ihre christliche Umgebung ihr religiöses Leben fast zu ertödten. In protestantischer Umgebung war dies vielfach anders; die protestantische Art, die Religion zu einer Frage für den Einzelnen zu machen, übertrug sich auch in gewissem Grade auf die Juden, welche unter ihnen wohnten, und hat sie religiös nirgends so völlig verkümmern lassen wie innerhalb des Katholicismus und der griechisch-russischen Orthodoxie. Die neuere Judenmission ist denn auch ein protestantisches Gewächs, und die Juden selbst denken, wo von Mission und Missionsinteresse für sie die Rede ist, lediglich an den Protestantismus.

i. Die Balkan-Länder.

a. Europäische Türkei.

Die Zahl der Juden in der europäischen Türkei wird gegenwärtig auf 110 000 geschätzt. Ihre äusseren Verhältnisse haben sich im Laufe der Zeit wesentlich verbessert. Seit 1839 und 1856 ist ihnen die bürgerliche Gleichstellung zugesprochen, und obgleich die hierfür geltenden Bestimmungen in der Hauptsache ein Buchstabe geblieben sind, hat sich doch unverkennbar ihre ganze Stellung stetig gehoben. Die grosse Masse der türkischen Juden ist arm; aber unter ihnen finden sich auch die reichsten Leute des Landes, welche von der Pforte und ihren Grossen stets bei finanziellen Operationen gebraucht werden. Rechtlich stehn die Juden der Türkei noch unter ihren religiösen Oberen, welche ihre Macht gern dazu gebrauchen, allen Neuerungen entgegenzutreten und zumal christliche Regungen zu unterdrücken. Die türkischen Juden sind überwiegend aus Spanien und Portugal eingewandert, ein anderer Theil derselben stammt aus Polen, und wieder andere sind aus Klein-Asien und Afrika herübergekommen. Neben den weit verbreiteten Chassidim und einer kleinen Schaar von Karäern sind als grösste Abtheilung die Talmudisten vorhanden. Doch hat sich auch hier die alte Orthodoxie überlebt und ist nicht mehr von der inneren Ueberzeugung getragen. Der moderne Geist bricht sich vielmehr selbst in diesen Gebieten die Bahn, und dieselbe Entwickelung wie in den Kulturländern hat auch hier begonnen, wiewohl sie sich hier langsamer vollzieht.

Die Londoner Gesellschaft nun fasste auch die Türkei und zumal Constantinopel ins Auge, das eine starke jüdische Bevölkerung zählt. 1826 hatte Rev. Leeves, der Agent der britischen Bibelgesellschaft, nach London über grosse Bewegungen unter den Juden von Constantinopel berichtet. Etwa 200 derselben lehnten sich gegen die Tyrannei der Rabbinen auf, und diese suchten die Bewegung vergeblich zum Stillstand zu bringen. Die Rabbinen glaubten, dass die Gemüther durch das Lesen des Neuen Testaments erregt worden seien, und Leeves konnte immerhin berichten, dass er 50 hebräische Neue Testamente verkauft habe.*) Wolff, der in dieser Zeit nach Constantinopel kam, fügt hinzu, dass mehrere Juden, die durch ihn in Jerusalem Eindrücke empfangen hätten, nach der türkischen Hauptstadt gekommen seien und dort das schon erwachte Fragen noch vermehrt hätten; nach andern Berichten sollen überhaupt erst diese Jerusalemer Juden die Bewegung hervorgerufen haben. Wolff predigte jedesfalls in Constantinopel, und einige Juden daselbst baten ihn um die Taufe. Der englische Gesandte widerrieth Wolff jenen Juden die Taufe zu ertheilen, da politische Verwickelungen die Folge sein könnten. Auch an Leeves und Rev. Hartley wandten sich diese Juden mit der Bitte um die Taufe. Als die Rabbinen dies erfuhren, ergriffen sie zwei, ertheilten ihnen die Bastonade und legten sie ins Gefängniss. Drei andere wurden von Hartley getauft. Als die Juden hiervon hörten, wurden die Getauften mit einem Armenier, in dessen Hause sie wohnten, in das Bagno gesteckt und dort sechs Monate sehr übel behandelt. Auf die Verwendung des britischen Gesandten erhielten sie wenigstens einige Erleichterung und hatten nun im Arsenal in Ketten zu arbeiten. Unter den Gefangengesetzten befand sich ein Jüngling von 16 Jahren, den alle Bitten der Seinen nicht wankend machten. Als aber die Verfolgung kein Ende nahm, fiel einer der drei Gefangenen ab, die andern blieben fest. Der Abgefallene, Peter, blieb im

---

*) Freund Israels 1871, 57. Scattered Nation 1871, 70.

Gefängniss und erlangte erst mit den andern die Freiheit. Die übrigen Juden, welche sich der Bewegung angeschlossen hatten, wurden eingeschüchtert, ihre Verbindung mit den evangelischen Predigern abgeschnitten, und Schriften derselben liess man nicht mehr zu ihnen kommen. Nach Verlauf der sechsmonatlichen Haft im Bagno wurde dieselbe um drei Jahre verlängert, und in Ketten mussten die Gefangenen die schwerste Arbeit im Arsenal verrichten. Von den durch christliche Freunde ihnen zugesandten Geldern, die sie zu ihrer Erquickung verwenden sollten, kam nur wenig in ihre Hände. Rev. Smith, Reichardt und Wolff untersuchten die Verhältnisse in Constantinopel selbst und bestätigten alles nach London Berichtete. 1828 endlich kamen durch Verwendung des britischen Gesandten und armenischer Freunde die beiden Leidensgenossen nach 16 monatlichem Gefängniss aus demselben. Der eine derselben, John Baptist, kam dann nach Smyrna, der andere, John Evangelist, blieb in Constantinopel. John Baptist war sogleich voll Eifers den Juden in Smyrna das Evangelium zu verkündigen; Hartley, damals dort, nahm ihn in seine geistliche Obhut. Aber der Aufenthalt in Smyrna war eine Verbannung, und John Baptist, auch John Cohen genannt, wurde dann sogar mit 16—20 andern, die sich ihm angeschlossen hatten, in ein armenisches Kloster in Caesarea (Cappadocien) gethan. Auch dort arbeitete er jedoch unter den Juden und wartete nur auf die Aufhebung der Verbannung, um in den Dienst der Mission zu treten. Dies geschah auch, und wir finden ihn 1838 in Smyrna unter W. B. Lewis arbeiten, wovon noch später zu berichten sein wird. Nachdem er dort einige Jahre gewirkt und wegen seines grossen Eifers um die Bekehrung der Juden ins Gefängniss geworfen war, wurde er zum Tode verurtheilt. Eine Petition, der Sultanin, während sie im Garten spazieren ging, überreicht, brachte es aber zuwege, dass er von der Todesstrafe befreit wurde und im Gefängniss blieb. Es gelang ihm zu fliehen und er kam nach England, wo er von den christlichen Freunden mit offenen Armen aufgenommen wurde. Seine Geschichte, sein hervorragendes Wesen, die Art seines Auftretens verschafften ihm die allgemeine Aufmerksamkeit, und allenthalben verwöhnte man ihn. Endlich schickte man ihn auf die Universität Oxford, damit er sich hier für das Missionsamt vorbereite; aber die unweise Art des Verkehrs mit ihm führte ihn auf Höhen und er fiel tief. Er musste die Universität verlassen, ein Freund aber gewährte ihm ein Asyl und wurde Zeuge seiner aufrichtigen Busse. Später wurde er als Missionsgehilfe in Smyrna angestellt, übersetzte dort die englische Liturgie ins Jüdisch-Spanische und war eben mit der Uebersetzung des »Wahren Israeliten« beschäftigt, als ihn ein hitziges Fieber von hinnen riss; er starb versöhnt mit Gott und in völligem Frieden.

1835 wurde der auf dem Missionscolleg vorgebildete Rev. S. Farman nach Constantinopel gesandt. Die Juden befanden sich damals in grosser Erregung; ein Firman des Sultans, der jedem Rajah den Uebertritt zu einer anderen als der muhammedanischen Religion verbot, suchte sie zu beruhigen. Trotzdem wurden fortwährend Juden von den Griechen, Armeniern und Protestanten getauft. Zwei der von Hartley und fünf der von den Armeniern Getauften hielten sich auch trotz des Verbotes des Sultans in Constantinopel auf und wurden hier geduldet; die übrigen hatten sich nach anderen Orten begeben. Am schwierigsten gestaltete sich natürlich die Sache für die zum Protestantismus Uebergetretenen, denn diese hatten keine anerkannte Kirche hinter sich. Selbst die angeregten Juden fürchteten sich denn auch mit Farman zu verkehren, weil alsbald ihrer Verfolgungen warteten. Trotz dessen vermochte er 1837 drei Juden Isaak, Philipp und Jacob unter grosser Theilnahme der Engländer, Deutschen und Amerikaner zu taufen. Der amerikanische Missionar Schauffler, welcher selbst unter den Juden viel Eingang gefunden hatte, stand ihm treulich zur Seite. 1840 wurde ein Proselyt Gerstmann nach Constantinopel gesandt, um dort als Arzt zu wirken. Ebenso wurde eine Schule eröffnet, und Bibeln und Schriften wurden vielfach verbreitet. 1841 gab Farman plötzlich seine Stelle auf. Von den in der Zeit der ersten Verfolgung durch Leeves und Hartley Unterrichteten wurde jetzt Jacob Levi in Athen getauft. Er war damals von den Rabbinen ins Gefängniss geworfen und mit der Bastonade bestraft worden, aber fest geblieben. Als er in die Casa nigra, das Gefängniss, in das man auch die Wahnsinnigen brachte, gethan wurde, rief ihm der Rabbi zu, er solle nur erklären, dass er ein guter Jude sein wolle, dann werde er sogleich freigegeben werden; aber er antwortete, dass wenn er auch 1000 Jahre im Gefängniss bleiben müsste, er dennoch Jesus als den wahren Messias bekennen werde. Nach fünf Monaten liess man ihn frei; aber nicht weniger als 16 mal wurde er wieder gefangen gesetzt, oft in dieser Zeit am Halse mit einer Kette an die Mauer geschlossen, und seine Peiniger kamen zwei bis dreimal in der Woche, um ihn zu schlagen, weil er im Glauben an den erschienenen Messias verharrte. In dem strengsten Winter, den Constantinopel seit vielen Jahren erlebt hatte, sass er im Kerker ohne warme Kleider und ohne Feuer. Die Qualen der Kälte wurden so gross, dass er beschloss sich anzustellen, als ob er Unrecht hätte, und darauf wurde er freigegeben. Hernach hat er diese Verleugnung seines Heilandes bitter bereut und nicht eher Ruhe gefunden, als bis ihm die Vergebung seiner Sünde gewiss wurde. Da Leeves inzwischen nach Athen versetzt worden war, folgte er ihm dahin und wurde von demselben nach dreimonatlichem Unterricht in seinem Hause getauft.

Nach Farmans Abgang übernahm Gerstmann die gesammte Missionsarbeit in Constantinopel mit grosser Treue. Selbst der reichste Jude der Hauptstadt, ein erbitterter Feind der Mission, Signor Const. Comondo, erbat seinen ärztlichen Rath. Sein Wirken erschien aber den Juden allmählich so gefährlich, dass sie den Bann über ihn verhängten. Unerwartet rief ihn dann der Tod hinweg. An seine Stelle trat 1842 Karl Schwartz, der später in der Geschichte der Schottischen Freikirche eine so bedeutsame Stelle eingenommen hat; er blieb aber nur ein Jahr; es ist nicht ersichtlich, warum er den Dienst verliess. Die Gesellschaft hob dann zeitweilig die Mission in Constantinopel auf. Nur J. Cohen blieb hier correspondirender Agent, 1847 wurde auch er von dort zurückgezogen und das Feld den Schotten überlassen. Erst 1851 traten die Londoner auf demselben wieder ein und sandten Rev. J. Lord, J. B. Goldberg und einen Colporteur dahin. Bisher hatte sich die Mission fast ganz auf die verkommeneren, aber zugänglicheren polnischen Juden beschränkt, weil die fanatischen und zahlreicheren Sephardim, unter denen allerdings der Unglaube bereits Fortschritte machte, dem Eindringen der Mission den heftigsten Widerstand entgegengesetzt hatten. J. Cohen hatte aber besonders verdienstlich an der Herstellung einer jüdisch-spanischen Literatur gearbeitet, und die Colporteure fanden nun guten Absatz.

1852 wurde H. A. Stern nach Constantinopel gesandt und Dr. M. Leitner als ärztlicher Missionar.*) Letzterer 1800 in Ungarn geboren, war von seinem Vater bestimmt, Rabbiner zu werden, der Sohn aber zog das Studium der Medicin in Pesth vor und wurde dann österreichischer Militärarzt. Auf einer Reise nach Constantinopel fand er bei einem Freunde ein Neues Testament, das er gern längst besessen hätte, aber anzuschaffen sich fürchtete. Er las es und liess sich 1844 taufen, entschlossen fortan sein Leben dem Dienste der Brüder zu weihen. Sein einträgliches Amt als Arzt in Brussa gab er auf und liess sich von der Londoner Gesellschaft anstellen. Von 1853—61 hat er mit grosser Treue als Missionsarzt gewirkt und den Patienten oft sehr eindringlich zu Herzen geredet. 1861 starb er an einem hitzigen Fieber, noch in seinen Phantasieen mit der zukünftigen Herrlichkeit beschäftigt.

In die Mission kam jetzt ein frischer Geist. Reichlich verbreitete Schriften erweckten in Constantinopel und Adrianopel viel Fragen und Forschen unter den Juden; alle Bannsprüche der Rabbiner änderten nichts daran. Da der Unterricht der jüdischen Kinder sehr im Argen lag, wurde auf Missionsschulen desto grösserer Werth gelegt. Auf diesem Gebiete riefen die Rabbinen viele Störungen hervor. Immerhin gingen von 1862 bis 1867 durch die in verschiedenen Theilen der Stadt unterhaltenen Schulen 725 Kinder, deren Zahl bis jetzt auf über 3000 gestiegen ist.

Die Missionen, welche in den Ländern des Ostens und unter den Muhammedanern arbeiten, haben auch sehr wohl daran gethan, dass sie ein besonderes Gewicht auf die Schulen legten. Die Erwachsenen und die Verhältnisse der Gegenwart lassen in diesen Gebieten oft wenig Erfolg für die nächste Zeit erwarten. Da muss denn eine Vorbereitungsarbeit geschehn,

---

*) Jew. Int. 1861, 167.

und das Evangelium muss früh in die Geisteswelt des heranwachsenden Geschlechts hineingeführt werden. So wird der Boden für die Zukunft geebnet. Freilich diejenigen, welche jetzt diese Arbeit verrichten, haben für sich selbst noch nicht auf viele Früchte zu rechnen; aber ihre Nachfolger haben die Aussicht, dass sie besseren Eingang finden werden. Anderseits aber ist auch nicht zu leugnen, dass sich vielfach schon die Gemüther der jüdischen Kinder gegen das Evangelium in den Schulen abstumpfen und dann im späteren Leben desto weniger zugänglich sind. Diese Erfahrung verbietet den Werth der Missionsschulen zu überschätzen. Alles dies gilt für die Länder der Balkanhalbinsel, Asien und Afrika, so dass es nicht nöthig ist an den betreffenden Stellen noch besonders auf die Bedeutung, welche die Schulen für dieselben haben, hinzuweisen. Auch Gottesdienste wurden in Constantinopel eingerichtet und zwar nach und nach in verschiedenen Sprachen. Die Taufen mehrten sich jetzt. 1854 trat die Frau des Chacham Marcado über. Und die Uebertritte wollten um so mehr bedeuten, als der oberste Chacham, der Chacham Bascha, damals noch die Macht besass, Glieder der Judengemeinden ohne Angabe der Gründe in das Gefängniss zu werfen.

1856 wurde der Proselyt C. S. Newman zur Hilfe gesandt, 1858 für kurze Zeit Rev. J. Barclay, der spätere Bischof von Jerusalem. 1862 hatten die Missionare und Proselyten in ihren Häusern, die man demoliren wollte, schwere Angriffe zu bestehn; aber hernach strömten die Juden desto zahlreicher zu den Gottesdiensten. Die türkische Regierung aber verbot jetzt den Chachamim vor eingeholter Erlaubniss der Behörde den Bann zu verhängen, und damit war der Anfang geschehn, die Macht der Rabbinen zu brechen. Wohl wurde der kleinere Bann noch weiter verhängt, und die Rabbinen gebrauchten dieses Mittel fleissig, um die Ihrigen im Gehorsam zu erhalten; aber der Talmudismus fing nunmehr zu wanken an, und der Unglaube brach desto schneller in die Reihen der Juden hinein. Die Ungläubigen waren aber vielfach nicht weniger fanatisch gegen die Mission, und die Colporteure hatten oft arge Misshandlungen zu erdulden.

1863 wurde eine Missionskapelle eröffnet, und Newman

trat jetzt an die Spitze des Werkes. Einer grösseren Vermehrung der Taufen stand besonders der Umstand entgegen, dass den Proselyten in der Regel das Verbleiben in Constantinopel ganz unmöglich war. Die Geschichte der grössten Zahl von denen, welche den Uebertritt wagten, ist eine Geschichte der schmerzlichsten Verfolgungen und Leiden. Beraubung des Eigenthums, die man auf die elendeste Weise durch Bestechung der türkischen Obrigkeit zuwege brachte, Scheidung der Ehegatten und ähnliches begegnen uns immer wieder in den Berichten über die in Constantinopel Getauften. Bis 1870 scheint sich denn auch die Zahl der durch die Londoner Mission in Constantinopel Getauften nur auf einige 20 belaufen zu haben; allerdings aber kann diesen Proselyten nachgerühmt werden, dass sie fast alle dem Christennamen Ehre gemacht haben. 1871 hatte dann die Mission die Freude drei ihrer früheren Schüler in die Kirche aufzunehmen. 1872 konnte sie eine Erziehungsstätte für Waisen und verlassene jüdische Mädchen errichten. 1880 machte man den Versuch, die Frauen in ihren Häusern zu besuchen. 1881 starb Newman. Dr. Bonar von Glasgow war stets voller Vorurtheile gegen Proselyten gewesen; als er aber Newman kennen lernte, äusserte er: »Dieser Mann hat alle meine Vorurtheile gegen die getauften Juden überwunden«. Er war ein stiller aber wahrhaft frommer Mann, der sein Amt in der innerlichsten Weise trieb. Das Constantinopoler Schulwesen hat er zu seiner Blüthe erhoben. Als er starb, war die Gesammtzahl der Schulkinder auf 3219 gestiegen, und der spanische Gottesdienst im Missionshause ist in seiner Zeit von einer immer wachsenden Zahl von Juden besucht worden.

Nach Newman haben mehrere Missionare einander für kurze Zeit in Constantinopel abgelöst, 1885 kam der Proselyt Rev. J. B. Crighton-Ginsburg dorthin. Eppstein war einmal aus Smyrna herübergekommen, um zwei Juden zu taufen, von denen einer bereits 62 Jahre alt war. Bekannt mit der Arbeit unter den Juden, welche inmitten der Muhammedaner wohnen, griff Crighton-Ginsburg sogleich wacker ein und durfte bereits im ersten Jahr vier Juden taufen. Auch fing er einen hebräischen Gottesdienst in Haskioi am jüdischen Sabbath an; auf Wunsch der Juden wird derselbe abwechselnd hebräisch und französisch gehalten und gut besucht. Ebenso stellte er Versammlungen der Proselyten an, zu Weihnacht hatte er einmal 20 derselben um sich. 1886 konnte er sogar sieben Juden taufen und bis Ende 1890 bereits 25 Erwachsene und vier Kinder.

Uebrigens ist die Zahl der Proselyten in Constantinopel, da auch andere Gesellschaften dort arbeiten, keine unansehnliche. So wohnt dort ein Bankier Alexander Lidi, der einen guten Namen hat. Ginsburg kennt persönlich 45 Proselyten in Constantinopel. Wenn man die ungeheuren Schwierigkeiten des Werks in der türkischen Hauptstadt bedenkt, darf man mit den Resultaten ganz zufrieden sein. Die Mission hat daselbst nicht bloss ihr Feld behauptet, sondern unter Alt und Jung in der dortigen Judenschaft sich als eine Macht offenbart, mit der gerechnet wird; und für die Zukunft ist in Constantinopel ein guter Grund gelegt.

In den Donaustaaten alsdann hat die Mission schon während der Zeit, wo sie noch unter türkischer Herrschaft standen, Eingang gefunden. Es ist hier vor allem zu nennen

ρ. Rumänien.

Die Moldau und Walachei, welche jetzt das Königreich Rumänien bilden, zählen etwa 250000 Juden. In wenigen Ländern aber sind sich Christen und Juden gegenseitig so sehr zum Unsegen geworden. Während der Zeit der türkischen Herrschaft konnten sich die Bewohner des heutigen Rumäniens durch gesetzliche Mittel nur wenig gegen den Einfluss der Juden in ihrer Mitte schützen. Seitdem Rumänien selbständig ist, sucht es die schädlichen wirthschaftlichen und gesellschaftlichen Folgen, welche sich unter dem Zusammenleben der Christen mit den Juden herausgestellt haben, zu beseitigen. Die Juden haben den Leichtsinn der christlichen Bevölkerung und ihren Mangel an wirthschaftlichen Tugenden aufs Schlimmste ausgebeutet, besonders die Leidenschaft derselben für den Branntwein noch gesteigert, um dieselbe recht auszubeuten, und alle gesunde Entwickelung dadurch verhindert. Dass die Regierung, dem Volkswunsche entsprechend, dem entgegentrat, war wohlgethan; aber die Art und Weise, wie sie dies that, liess freilich erkennen, dass sich Regierung und Volk in ihrem

Vorgehn gegen die Juden von christlichen Erwägungen wenig bestimmen liessen. Schon 1867 und auch später brachen Judenverfolgungen aus, welche den Juden vielen Schaden zufügten. Diese dachten ihrerseits ebenso wenig an irgend welche Gerechtigkeit und verlangten vielmehr eine Stellung im Lande, welche sie ihr verderbliches Ausbeutungssystem ruhig weiter fortüben liess. Im Frieden von Constantinopel suchten sie mit aller Macht die bürgerliche Gleichstellung in den Balkanstaaten für sich zu erringen, haben aber in Rumänien zum Heile aller Theile ihren Zweck nicht erreicht. Sie stehn gegenwärtig daselbst noch unter manchen beschränkenden Gesetzen, welche besonders den Branntweinhandel und den Landerwerb betreffen. Auch in dem letzten Punkte war die grösste Vorsicht nöthig; denn schon 1846 schreibt der völlig im philosemitischen Fahrwasser dahingehende Proselyt und Missionar Josef Mayers, dass die meisten Landeigenthümer in jenen Gegenden von den Juden mehr oder weniger abhängig wären. Aber es ist freilich eine Ungerechtigkeit, dass man den Juden alle Pflichten der Christen einschliesslich des Militärdienstes auferlegt hat, während man ihnen so manche Rechte versagt. Der christlichen Bevölkerung wird es mit den Juden denn auch erst dann gelingen, wenn sie sich die Augen dafür öffnen lässt, dass sie selbst einer religiösen Erneuerung bedarf und dass sie sich selbst an den Juden eine Ruthe gebunden hat, während sie zugleich gegen dieselben alle christlichen Pflichten aus dem Auge gesetzt hat. Die in England beliebten Entrüstungsversammlungen uneinsichtiger Christen dagegen, welche in ungerechtester Weise für die Juden Rumäniens Partei ergriffen, erbitterten nur die Christen und halfen die Juden noch weiter verblenden. Bekehrung ist für beide Theile der einzige Weg, auf dem es zum Frieden kommen kann.

Die Mission soll das Eine, was noth thut, allen verkündigen, sie soll darum auch in der jüdischen Frage weder auf die Seite der Antisemiten noch auf die der Philosemiten treten. Leider haben sich aber viele Judenmissionare und besonders Proselyten unter denselben ganz in das philosemitische Lager begeben und so die Mission vielen Christen verdächtig gemacht, während sie zu gleicher Zeit die Juden in ihrem Unrecht bestärken. Was nun die religiösen Verhältnisse der rumänischen Juden betrifft, so hatten bis in die neuere Zeit hinein der Rabbinismus und der Chassidismus unter ihnen das Uebergewicht. Das wird gegenwärtig anders. Die moderne Bildung dringt auch hier unter den Juden ein und mit ihr religiöse Gleichgiltigkeit oder Unglaube. Als die Mission unter sie trat, hatten noch die jüdischen Gerichtshöfe über die einzelnen die grösste Gewalt, und dieselben verhängten über manche, welche mit der Mission in Verbindung traten, Schläge, Gefängniss oder den Bann. Dennoch liessen sich viele nicht abschrecken, und der Verkehr der Missionare mit den Juden war ein recht reger.

1848 wurde in Bukarest, das 1846 zuerst als Station besetzt worden war, eine Schule zunächst mit 12 Kindern eröffnet; der britische Geschäftsträger interessirte sich sehr für die Errichtung einer solchen. 1854 war die Zahl der Kinder auf 55 gestiegen; die Juden sahen sich schon damals genöthigt, um dem Einfluss der Mission zu begegnen, Konkurrenzschulen aufzuthun. Die Moldau und Walachei wurden hin und her bereist, und das Neue Testament, M'Cauls und andere Schriften in beträchtlicher Anzahl abgesetzt. Als bei einer grossen Feuersbrunst die Missionare, an ihrer Spitze Josef Mayers, etliche Juden in ihr Haus aufnahmen, erweckte ihnen dies vielfach Sympathie bei der Judenschaft. 1847 fanden bereits sieben und das Jahr darauf vier Taufen statt. Die Revolution in Ungarn hinderte aber das Werk mannigfach. Proselyten, die der griechischen Kirche angehörten, schlossen sich gern den Missionaren an. In Ibraila fand Mayers 20 derselben vor, von denen fünf ihre Bekehrung auf das Lesen des durch die Mission von Constantinopel aus verbreiteten Neuen Testaments zurückführten. Die Rabbinen fühlten sich durch die Erfolge der Mission so beunruhigt, dass sie an Gegenmaassregeln dachten und einen Rabbinatscandidaten moderner Richtung Predigten in der Synagoge halten liessen, was bisher nie geschehn war. In Bukarest schlossen sich die Proselyten bald an die dort bestehende evangelische Gemeinde an, was für ihr geistliches Leben sehr heilsam war. 1856 aber traten alle Missionare der Bukarester Station ab; es war unter ihnen manches Betrübende vorgekommen.

F. G. Kleinhenn wurde dann noch im Laufe des Jahres

1856 nach Bukarest gesandt; er hat der dortigen Mission ihr eigentliches Gepräge gegeben. Er fand in den Schulen 55 Mädchen und 33 Knaben vor, 75 derselben waren Juden. Diese Zahl steigerte sich bald. 1863 waren durch die Schulen bereits 621 Kinder gegangen. 1865 betrug ihre Zahl auf einmal 303 Kinder, dann ist mit der Errichtung besserer jüdischer Schulen ihre Zahl erheblich zurückgegangen: 1870 betrug sie nur noch 134 Kinder, hob sich aber hernach wieder. 1872 wurde das erste Mal ein früherer Besucher der Schulen in Bukarest Christ, an andern Orten mögen schon früher Zöglinge der Schulen übergetreten sein. 1876 hatten den Unterricht 1853 Kinder genossen, von ihnen waren 1645 jüdische, 22 Proselyten und 186 Kinder von Christen. Jetzt beläuft sich die Zahl der Kinder in den Schulen auf etwa 170—180.

Bei seinem Amtsantritt in Bukarest lernte Kleinhenn. daselbst 71 Proselyten kennen und fand an ihnen eine treffliche Stütze. Für diese und die Katechumenen richtete er einen Sonntag-Nachmittagsgottesdienst ein, während ihm die evangelische Gemeinde der Stadt sehr freundlich entgegenkam. Unter den Juden von Bukarest und Umgegend sah er den Talmud von Jahr zu Jahr mehr seinen Einfluss verlieren, und überall fand er grosse Willigkeit die Bibel, Neues Testament und Missionsschriften zu kaufen oder anzunehmen. Seine Colporteure gingen bis nach Ungarn und Russland hinein. Als er dann 1860 eine Missionskapelle eröffnete, schlossen sich an dieselbe sofort 17 Proselyten an; Kleinhenn konnte aber so wenig wie manche Engländer der Versuchung widerstehn, neben der vorhandenen evangelischen Gemeinde eine eigene herzustellen. Mit Bedauern schreibt er davon, wenn Juden zur evangelischen Kirche in Bukarest übertreten; diese Thatsache erweckt bei ihm die gleiche Missstimmung wie die, dass sich 1860 nach seinem Bericht bereits mehrere hundert Juden der römischen und griechischen Kirche jener Stadt und des Landes angeschlossen hatten! In der Mission sind zu Bukarest von Eröffnung derselben bis 1865 39 Erwachsene und mehrere Kinder getauft worden.

Von 1871 ab war übrigens Bukarest die einzige Station der Londoner in Rumänien, und das Missionswerk blieb, nachdem die Proselytenmissionare aus verschiedenen Gründen öfter gewechselt hatten, ganz in den Händen Kleinhenns und seiner Lehrer und Colporteure. 1873 erhielt er aus einer entlegenen Gegend des Landes eine Reihe von Briefen, die ein Kreis von sechs geistlich angeregten Juden an ihn richtete. Neue Testamente, welche sie durch ihn erhalten hatten, und M'Cauls »Wahrer Israelit« hatten sie zum Fragen gebracht. Später wurden einige derselben getauft. Ein ähnliches Schreiben von einer Anzahl religiös bewegter Juden gelangte 1883 an ihn. Die ungemein reichlich durch die Mission verbreiteten Schriften haben überhaupt auch in Rumänien das Denken sehr vieler Juden allmählich in ganz sichtbarer Weise bestimmt. Durch dieselben ist ihnen die Hohlheit des Talmud zum Bewusstsein gekommen und ihre Stellung zum Christenthum eine freundlichere geworden. Ueberhaupt ist es ein hervorragendes Verdienst der Mission, dass sie das Neue Testament den Juden gebracht und damit unmerklich eine Annäherung an das Christenthum unter ihnen gewirkt hat. Ist es zunächst auch nur eine allgemeine religiöse und sittliche Werthschätzung, welche dem Neuen Testament und dem Christenthum mit ihm in jüdischen Kreisen entgegengebracht wird, so ist dies doch schon ein grosser Fortschritt gegen die Vergangenheit. Die Verbreitung der Bibel und des Neuen Testamentes durch die Mission ist eine, äusserlich betrachtet, sehr unscheinbare Arbeit; aber sie hilft das Judenthum in seinen Fundamenten erschüttern und Steine für einen besseren Neubau herbeischaffen. Im ganzen Osten Europas hat thatsächlich die durch die Mission unermüdlich geübte Verbreitung des Neuen Testamentes die jüdischen Massen mit biblischen Gedanken zu durchsäuern begonnen; und wir haben alle Ursache auf Grund der Thatsachen, welche uns überall in diesen Gebieten entgegentreten, eine noch viel mächtigere Einwirkung des Evangeliums auf jene Judenschaft in der Folge zu erwarten.

1873 konnte Kleinhenn einen Plan verwirklichen, mit dem er sich längst getragen hatte, nämlich den ein Heim für jüdische Katechumenen zu eröffnen. Schon im ersten Jahre wurden fünf der in dieses Haus aufgenommenen Juden getauft, und später noch eine weitere Zahl. Leider war aber Kleinhenn nur einige Jahre dieses Heim zu erhalten im Stande. — 1879 führt er unter seinen Täuflingen drei an, die ihm als Colporteure gute Dienste leisten, zwei Colporteure der Bibelgesellschaft, einen Judenmissionar, einen Studenten der Theologie, eine ganze Reihe, die hin und her zerstreut leben, etliche, die am Glauben Schiffbruch gelitten haben, und einige, die selig gestorben sind. 1887 legte Kleinhenn wegen vorgerückten Alters sein Amt nieder. Seine Nachfolger haben bereits mehrfach gewechselt.

1850 wurde auch Jassy besetzt. Hier durfte A. J. Behrens, ein Proselyt aus dem Missionsseminar, 1852 als Erstling einen Doktor taufen. Auch auf dieser Station wechselten die Missionare häufig. An diesem Ort stiessen Chassidismus und Unglaube heftig auf einander. Die Moderngesinnten näherten sich deshalb den Christen in bemerkenswerther Weise. Eine Missionsschule fand sogleich viel Zuspruch, 1857 zählte sie trotz aller Gegenwirkungen einflussreicher Juden schon 60 Kinder. Auch eine jüdische Gegenschule konnte den Missionaren auf die Dauer keinen Abbruch thun, 1863 stieg die Zahl der Schüler sogar auf 300; doch nahm sie von da an auffällig ab, 1864 schon fiel die Zahl der Kinder auf 158. Missionar W. Mayer, ein Proselyt, machte auch den verkehrten Versuch, die übertretenden Juden von dem Anschluss an die evangelische Gemeinde zurückzuhalten, unter dem Vorgeben, dass die Juden dasselbe Recht wie alle anderen Völker haben müssten, kirchliche Gemeinschaften eigener Art zu bilden. Er vergass nur, dass in der Jetztzeit die Juden nicht als Volk, sondern nur als Einzelne zu Christo kommen, und gegenwärtig das Reich Gottes ebenso das heidenchristliche Gepräge tragen soll, wie in den Zeiten des Alten Testament das israelitische. Diese Schriftgedanken und ausdrücklichen Erklärungen des Apostel Paulus wollen durchaus vielen Proselyten unserer Tage nicht eingehn. Für die Zukunft steht ja freilich noch eine Bekehrung Israels und die Entstehung einer grossen israelitischen Nationalkirche aus; aber diese Gottesschöpfung der Zukunft, diese That, welche Gott so gut seiner Allmacht vorbehalten hat wie die Aufrichtung der heidenchristlichen Kirche lässt sich nicht durch menschlichen Vorwitz auch schon jetzt machen. Man schafft auf diese Weise Treibhauspflanzen, die bald wieder eingehn; Beispiele dieser Art kennt die Geschichte genug. Wo eine lebensfähige evangelische Volks- oder Landeskirche besteht, sollte eine evangelische Mission sich wohl hüten, neben dieselbe eine judenchristliche Kirche setzen zu wollen; sie wird damit nur etwas Lebensunfähiges zu Tage fördern.

Die Mission in Jassy hat, weil von krankhaften Gedanken besonders in der Zeit Mayers getragen, sich auch nicht gesund entfalten können, obwohl in ihr Taufen genug vorkamen; bis 1867 geschahen 30 derselben. Das geistliche Leben des Missionars und vieler Proselyten entwickelte sich nicht in glücklicher Weise. Von heilsamem Einfluss auf die Juden der Stadt und Umgegend aber war die Nähe der deutschen Colonieen im südlichen Russland. Vielfach gingen von hier aus gute Anregungen auf Juden aus, und manche derer, die dort auf den rechten Weg gewiesen worden waren, konnten hernach in Jassy getauft werden. Auch in Jassy wurde die Bibel besonders in jüdisch-deutscher Sprache fleissig verbreitet.

1867 kam Wolkenberg, der sieben Jahre früher sogleich nach seiner Taufe, um den Verfolgungen der Juden zu entgehn, in England Aufnahme gefunden hatte, nach Jassy. Jetzt empfing man ihn und den Colporteur, der gleichfalls ein Kind der Jassyer Mission war, daselbst sehr freundlich.

Der Proselyt Palotta, ein begabter und eifriger Missionar, wirkte seit 1866 drei Jahre lang von Belgrad aus unter den Juden in Bosnien und Serbien. Es war wohl das erste Mal in diesem Jahrhundert, dass ein Missionar unter die dortigen Juden trat, und Palotta wurde von denselben denn auch wie ein Wunder angestaunt. Die Juden jener Gegenden, im Ganzen nur etwa 6000, gehörten zum Theil zu den spanischen, zum Theil zu den polnischen Juden. Palotta trat mit denselben in einen ruhigen Verkehr und verbreitete unter ihnen viele Schriften. 1868 wurde er nach Jassy gerufen, 1871 aber diese Station aufgegeben, und Palotta schied dann aus der Mission.

Die Missionsschriften, welche in diesem Gebiete verbreitet werden, sind die auch sonst von der Londoner Gesellschaft ausgegebenen und sind besonders in jüdisch-polnischer und jüdisch-spanischer Sprache geschrieben. Auf dem rumänischen Missionsfelde kann noch viel gewirkt werden, und besonders durch Schriftenverbreitung und durch die Schulen ist hier manches Gute geschaffen worden. Würde man sich aber entschliessen, statt phantastischen Zielen nachzujagen, mit den evangelischen Gemeinden des Landes Hand in Hand zu gehn, dann würde das Werk noch ganz anders gedeihen.

Ein blosser Versuch war es endlich, der mit der Besetzung von Saloniki 1847 gemacht wurde. Als J. Lord seiner Gesundheit halber nicht länger in Safed bleiben konnte, sandte man ihn dorthin. Daselbst wohnen 40000 Juden. Zu seiner Unterstützung wurde auch J. B. Goldberg in jener Stadt stationirt. Die Macht der Rabbinen war aber dort eine so grosse, dass anfangs die Juden mit den Missionaren nicht zu verkehren wagten; später wurde dies besser. Auch mit den Dolmeys, den Anhängern Sabbathai Zewis, die sich äusserlich zum Muhammedanismus bekennen, heimlich aber noch dem Judenthum anhangen, kamen die Missionare in Berührung und besuchten auch die Juden in Thessalien, Albanien und Bulgarien, unter denen sie viele Schriften vertheilten. Seiner Gesundheit halber aber verliess Lord bereits 1850 wieder Saloniki, und auch Goldberg wurde zurückgezogen; warum, wird nicht ersichtlich.

Aehnlich steht die Sache mit Corfu, das 1865 durch H. C. Reichardt besetzt wurde. Auf den ionischen Inseln fand derselbe 5000 dem Talmud noch anhangende, aber äusserst unwissende Juden vor. Reichardt verbreitete unter denselben eifrig Schriften. Die von ihm angeregten Juden konnten aber auf den Inseln nicht bleiben, sondern mussten auswärts den Unterricht suchen, nur einen konnte er taufen. Bald sah man ein, dass sich Corfu nicht zur Missionsstation eigne, und Reichardt wurde abgerufen.

In Europa, das wird der vorliegende Ueberblick gezeigt haben, hat die Londoner Mission alles gethan, was von ihr billigerweise erwartet werden konnte. Dass sie das wichtige russische Gebiet nicht weiter besetzte, lag nicht an ihr, sondern an dem Verbot der russischen Regierung, auch ausserhalb Polens ihr Werk anfzunehmen. Sonst hat die Gesellschaft nach und nach alle die Stellen besetzt, die in Angriff zu nehmen waren. Wenn hierbei im Einzelnen manche Fehler vorkamen, so fällt dies nicht zu stark gegen die Thatsache ins Gewicht, dass die Gesellschaft eifrig bestrebt war, mit ihren Mitteln und Kräften ihre Aufgabe in Europa möglichst auszurichten. Uebrigens hat die Londoner Mission auch allmählich besser unterscheiden gelernt, welche Gebiete sie zu bearbeiten habe, und richtig erkannt, dass besonders der europäische Osten eine erhöhte Berücksichtigung fordert. Wenn sie dieser Erkenntniss noch mehr die rechten praktischen Folgen gäbe und die ernsten Fehler, von denen früher die Rede war, zu vermeiden sich angelegen sein liesse, dann würde ihre Arbeit in Europa auch noch ein grösserer Erfolg krönen.

k. Asien.

α. Palästina*).

Dass sich die Augen der Londoner schon früh auf Palästina richteten, ist erklärlich. Nicht allein der Gedanke an die Vergangenheit und an die Zukunft, welche die Schrift Israel verheisst, sondern auch die Gegenwart hiessen das heilige Land in besonderem Maasse beachten. Palästina war stets der Wohnort von Juden geblieben, denn die alte Heimat hatte nie ihre Anziehungskraft auf die jüdischen Gemüther eingebüsst. Im täglichen Gebet der Juden hat Jerusalem seine Stelle, und an jedem Sabbath und Festtag ist die Rückkehr dorthin ein Gegenstand des Anliegens und Flehens vor Gott. Nächstes Jahr in Jerusalem, ruft man in der Passahnacht einander zu, und viele jüdische Sitten und Gebräuche hangen mit dem Gedanken an die alte Heimat zusammen. Dazu suchten auch in diesem Jahrhundert Jahr um Jahr Juden aller Welt die Stätte ihrer Väter auf, theils wallfahrend, theils sich daselbst anzusiedeln. Denn nach dem rabbinischen Glauben hat der einen Vorzug für die Auferstehung, welcher im heiligen Lande stirbt, und die Armen desselben zu unterstützen gilt als eine gemeinsame Liebespflicht der gesammten Judenschaft. Die dort unaufhörlich einlaufenden Gaben haben denn auch stets viele Juden von allen Seiten herbeigezogen, um an der gemeinsamen Spende auch ihren Antheil (chaluka) zu erhalten. 1858 soll sich nach Frankel diese Spende auf 240 000 Mark belaufen

---

*) Nathanael 1887, S. 171—193.

haben, jetzt beträgt sie nach den Berichten der Israelitischen Allianz 1 600 000 Mark. Die Rabbinen verfügen über diese Summe, halten so die meisten Juden Palästinas ganz in Abhängigkeit von sich und gewöhnen sie an das Bettlerleben.

Gelegenheit zum Zeugniss bot sich hier genug für die Mission. Die Zahl der Juden Jerusalems ist in diesem Jahrhundert stetig gewachsen. Im Anfang desselben war sie nur klein, 1858 bereits auf 5000 gestiegen, 1881 auf 14000, gegenwärtig auf etwa 30000, d. h. mehr als die Hälfte der Bewohner der Stadt, während in ganz Palästina zwischen 60—70000 Juden wohnen. Näheres in Saat a. H. 1884, Heft 4, Anhang, und Luncz »Jerusalem«, Wien 1882. Ein Artikel der Jew. Int. 1888, 83 vergleicht Jerusalem im Jahre 1842 mit dem von 1886. Damals gehörten alle Juden der spanischen oder sephardischen Gemeinde an, die etwa 600 Familien zählte, während nur vier oder fünf polnische oder aschkenasische Familien vorhanden waren. Als die erste aschkenasische Synagoge in der Khurba erbaut wurde, war dies ein Ereigniss. Die Juden waren in der Stadt äusserst verachtet. In ihren Schulen wurden nur die ersten Elemente des Lesens und Schreibens, sonst allein der Talmud gelehrt; das weibliche Geschlecht blieb ganz ohne Unterricht. Unbeschränkt herrschte der Aberglaube. Einem Juden war es nicht einmal erlaubt umsonst irgend eine Schrift von einem Christen anzunehmen, oder wenn dies geschah, musste sie sogleich verbrannt werden. Der leiseste Verdacht mit einem Missionar zu verkehren zog strenge Strafe nach sich, in christliche Schulen Kinder zu senden war nicht gestattet. Jüdische Wohlthätigkeitsanstalten waren nicht vorhanden.

Jetzt hat sich alles geändert. Fünf Klassen von Juden bewohnen die Stadt: die Sephardim, zu denen alle aus dem Orient, Nord-Asien, Spanien, Portugal, Italien, Frankreich und Holland gekommenen Juden gehören; diese waren türkische Unterthanen. Sodann die Moghrabim aus Nord-Afrika; dieselben sprechen arabisch. Ferner die Karaiten. Die Aschkenasim, die Juden aus dem mittleren Europa, sind erst am Anfange unseres Jahrhunderts hier heimisch geworden. Endlich die Juden aus Yemen in Arabien. Die zahlreichsten waren sonst die Sephardim, jetzt haben ihnen die Aschkenasim den Rang abgelaufen. Juden aus Yemen sind etwas über 600 vorhanden. Ein Oberrabbiner, den Sephardim entnommen, ist unter dem Titel Chacham Bascha Vertreter der gesammten Judenschaft Palästinas bei der Regierung. Unter den Aschkenasim giebt es Talmudgläubige (Peruschim) und Chassidim. Sie hat im Unterschiede von den Sephardim, welche nur die Vertreibung nach Palästina geführt hat, religiöse Sehnsucht in das Land der Väter gebracht, und so sind sie auch die religiös angeregteren. Die Sephardim tragen dagegen einen gebildeteren Anstrich als die Aschkenasim; sie betrachten sich auch selbst als die Patrizier, jene als die Plebejer.

Erst die Mission aber ist es gewesen, welche die Juden und die Christen der andern Kirchen in jenem Lande aus ihrem Schlummerleben aufgeweckt hat. Der Mission ist Moses Montefiere mit der Errichtung eines Krankenhauses auf den Vorschlag des Dr. L. A. Frankel nachgefolgt. Siehe über dessen Reise »Nach Jerusalem«, zwei Theile, 1885. Rothschild hat dann ein zweites errichtet. Durch die Mission angeregt, haben Rothschild, Montefiore u. a. Armenwohnungen errichtet. Das Beispiel der Missionsschulen hat die Israelitische Allianz zur Errichtung von Schulen geführt, und für die aus Russland und Rumänien einwandernden Juden sind Ackerbaucolonien gegründet worden, von denen 1887 sieben mit 13—1400 Bewohnern, 1890 sogar 12 vorhanden waren, während bis dahin von palästinischen Juden allein bei Safed und in El Bukajah Ackerbau getrieben worden war. Erfreulicherweise wenden sich allmählich nicht wenige der aus Russland einwandernden Juden dem Ackerbau zu.

Ohne das Vorgehn der Mission aber wäre es zu alle dem nicht gekommen. Die Juden wehrten sich anfangs durchaus gegen jede Errichtung von Schulen, und Dr. Frankel trotz seiner Bitterkeit gegen die Mission klagt aufs schmerzlichste über die Irreligiösität, Niedertracht, Unehrlichkeit und Lüge der Jerusalemer Juden. Thatsächlich gehören auch die palästinischen Juden zu den verkommensten der Welt. Hier gerade, wo das Judenthum ganz auf sich selbst gestellt war, wo es gar keine Einwirkung durch seine Umgebung erhielt, wo es allein von seinen eigenen Kräften lebte und die ihm vom Talmud gestellten Ideale verwirklichen wollte, hat es den Beweis geliefert, dass es seine Anhänger in den traurigsten religiösen und sittlichen Verfall hinabführt.

So war es im Anfang des Jahrhunderts, so ist es in der Hauptsache noch heute, und christliche Mission that darum den dortigen Juden aufs äusserste noth. Die an erster Stelle berufenen Kirchen, die griechische und die katholische, haben in allen den Jahrhunderten ihres dortigen Weilens nichts für die Juden gethan. Erst seitdem sie sich durch die Protestanten bedroht glauben, haben sie sich aufgemacht, und wenigstens katholischerseits wird nun ein von dem Proselyten Pater Ratisbonne begründetes Missionswerk unter den Juden Palästinas getrieben.

Von den Londonern wird schon im Jahresbericht 1817 mitgetheilt, dass Jerusalem, der Mittelpunkt für die Juden der Welt, in Angriff genommen sei, und unter ihnen dort das hebräische Neue Testament ausgetheilt werden solle; anderer enthusiastischer Pläne nicht zu gedenken. 1819 ermunterten zur Aufnahme einer Mission in Jerusalem Dr. Naudi von Malta und Rev. Jowett, Missionar der Church Mission in den Ländern des Mittelmeers. Das Jahr darauf erhielt die Gesellschaft eine Mittheilung von der Bostoner Gesellschaft, dass der Amerikan Board zwei ordinirte Missionare, Parsons und Fisk, als Judenmissionare nach Jerusalem gesandt habe, und es wird berichtet, dass die Bitte, jene mit hebräischen Neuen Testamenten zu versehn, erfüllt worden sei. 1820 wurde von dem Comité der Schweizer Prediger Tschoudy die Länder des Mittelmeers zu bereisen beauftragt. Gleichzeitig ging J. Wolff nach Jerusalem ab, aber nicht auf Gesellschaftskosten, und langte 1821 dort an. Unterdess bat das Comité den in Nizza weilenden Lewis Way eine Untersuchungsreise nach dem Orient zu unternehmen. Freunde in Nizza hatten inzwischen eine Summe gesammelt und Way übergeben. Aus Anlass dessen beschloss die Gesellschaft einen »Special Fund for the support of a mission to Palestine« anzulegen, für den sogleich der Präsident 1000 Mark beisteuerte.

L. Way, von Rev. Lewis begleitet, brach nun nach dem Orient auf. Wolff hatte inzwischen reichen Verkehr mit den Juden in Jerusalem und theilte unter ihnen viele Schriften aus.

Freilich aber wurde über alle, die mit ihm verkehren würden, der Bann ausgesprochen. L. Way erkrankte dann in Syrien und musste zurückkehren. Ehe er dies jedoch that, errichtete er in Antura auf dem Libanon in einem früher den Jesuiten gehörigen Hause ein Heim, in dem die künftigen Londoner Missionare die Landessprachen lernen sollten. Lewis blieb in Antura zurück und studirte dort arabisch, Wolff besuchte mit Fisk und King noch einmal Jerusalem.

Nach alle dem beschloss die Gesellschaft 1823 in Jerusalem eine Station zu errichten, und Lewis wurde dorthin gesandt. Derselbe nahm auch sofort die Arbeit in Jerusalem und Syrien auf und besuchte besonders die Juden in Damaskus. Juden und Katholiken aber vereinten sich gegen ihn und erwirkten ein Verbot der Schriftenverbreitung. Auch Antura sollte er ausliefern, und die amerikanischen Missionare Fisk und Bird wurden für eine Weile festgesetzt. Lewis rieth der Gesellschaft Jerusalem für die nächste Zeit aufzugeben und die Mission in Smyrna zu eröffnen, zumal auch den Juden in Jerusalem der Uebertritt gesetzlich oder doch praktisch unmöglich gemacht sei.

Inzwischen kam 1825 Dr. E. Dalton mit seiner Frau nach Jerusalem, die Lage der Dinge zu untersuchen, nachdem derselbe bisher als Missionsarzt in London gewirkt hatte. Die Amerikaner Pliny und Fisk gingen damals nach Amerika, Lewis nach England zurück; sie alle waren der schwierigen Aufgabe daselbst nicht gewachsen. Daltons Muth aber wurde durch den ihm von London nachgesandten J. Nicolayson gestärkt, und dieser ist der eigentliche Schöpfer der Jerusalemer Mission geworden.

In Jew. Int. 1857, 2 heisst es: ›Die Geschichte des Lebens von Nicolayson ist einfach die Geschichte der ersten protestantischen Mission in Jerusalem und ganz besonders unter den Juden der heiligen Stadt. Nicolayson war es vorbehalten in das verheissene Land einzutreten und in muthig ausharrendem Glauben von ihm im Namen Jesu Besitz zu nehmen, seine Stelle allein und ohne Hilfe, vielmehr unter lauter Widerstand und Gefahren, als ein einzeln stehender Zeuge des Evangeliums von der Erlösung auf dem Berge Zion zu behaupten, mit Dank eine einzelne Familie von Israeliten als Erstlingsfrucht der erwarteten Ernte aufzunehmen, den Grund zu einer Kirche Christi, die in Gemeinschaft mit der protestantischen Kirche von England steht, zu legen, Könige und Königinnen einzuladen Säugammen jener kleinen Gemeinde von Heiligen zu werden, den Weg für ein evangelisches Bisthum zu ebnen und über dem Wachsthum des kleinen Weinbergs zu wachen, bis zehn Jahre des zweiten Bisthums verflossen waren. So durfte er auch auf dem Sterbebette von der kommenden Herrlichkeit des Erlösers und der sich wieder zu Zion kehrenden Gemeinde sprechen, und voll Freude bei den Ereignissen, die sich begaben, das Zeugniss erheben: der Herr hat sein Volk heimgesucht.«

»Aber freilich ist sein Gang ein Gang vieler Demüthigungen und getäuschter Erwartungen bei grossen Schaaren gewesen, die das Werk in Jerusalem mit sanguinischen Hoffnungen begrüsst hatten und nicht bedenken wollten, auf welchen Boden hier die Mission trat. Nur Nicolayson hat nie verzagt und es stets abgelehnt seinen Posten aus Rücksicht für sich selbst zu verlassen. Nicht Widerspruch, nicht Vorwürfe, nicht Gefahren noch Spott, nicht die falschen Berichte der Feinde über sein Werk, nicht der Abfall früherer Freunde liessen ihn an der Liebe Gottes zu Israel und an dem Glauben, dass auch für die Bewohner Zions das Evangelium eine Macht Gottes sei, verzweifeln. An den Zeichen der Zeit erkannte er, dass die Zeit Israels sich zu erbarmen gekommen sei, und er hatte Lust an ihren Steinen. Der leitende Gedanke seines Missionslebens war: »Vergesse ich dein Jerusalem, so werde meiner Rechten vergessen.«

Von allen diesen Worten der Jew. Int. ist keins zu viel. Nicolayson stammt aus Lügumkloster in Schleswig, wo sein Vater Fabrikant war, und ist 1803 als jüngstes Kind aus der zweiten Ehe seines Vaters geboren, den er schon mit fünf Jahren verlor. Die Mutter, eine Jütländerin, erzog ihn als eine wahre Christin, sie starb erst 1848 und durfte Zeugin dessen sein, was durch ihn in Jerusalem vollbracht wurde. Damals herrschte aber in der lutherischen Kirche seiner Heimath der traurigste Rationalismus; um so mehr liess es sich die Mutter angelegen sein, dem Sohne im Hause das Wort Gottes lieb zu machen. Unter ihrer Sorge wuchs er bis zum 15. Jahre auf, dann wurde er einem frommen Pastor an einem entfernten Orte übergeben und von diesem konfirmirt. Um das Geschäft seines Vaters zu übernehmen, kehrte er jetzt in seine Vaterstadt zurück. Sein inneres Leben erfuhr hier neue Stärkung durch die Mutter, die einen kleinen Kreis frommer Verwandte und Freunde um sich gesammelt hatte und mit der Brüdergemeinde in Christiansfeld stete Verbindung unterhielt. Auf die Heidenmission wurde er zuerst durch Missionare der Brüdergemeine hingewiesen; er dachte jedoch nicht daran in dieselbe einzutreten. Durch den Besuch eines brüdergemeinlichen Missionars aus Grönland aber wurde in ihm der Gedanke, selbst in die Mission einzutreten, erweckt, besonders als derselbe ihn fragte, warum er nicht auf die Schule ginge, um das geistliche Amt in seiner Kirche zu erlangen. Seine Mutter und er selbst wiesen auf den die Universitäten beherrschenden Rationalismus hin. Da fuhr der Missionar fort, warum er nicht in die Mission eintrete, und erhielt die Antwort: »Weil ich kein Glied eurer Kirche bin.« Jetzt zum ersten Male hörte er, dass es auch nichtbrüdergemeinliche Missionare gäbe, und in Deutschland wie in England Missionsseminare bestünden. Da liess sich denn der Wunsch, in die Mission einzutreten, in ihm nicht mehr unterdrücken. Auf einer Reise 1820, die er als Begleiter des Missionars machte, wurde das Thema weiter behandelt und der Entschluss zur Mission überzugehen gefasst. Der Mutter war es hart den einzigen Sohn herzugeben, aber sie wollte dem Willen Gottes nicht widerstreben.

Ein Briefwechsel mit P. Jänicke in Berlin führte dann dahin, dass dieser ihn, wenn er selbst die Kosten seines Unterhalts trüge, aufzunehmen versprach. 1821 kam er nach überstandener schwerer Krankheit zu ihm. Bei Jänicke lernte er auch die Judenmission kennen und es war ihm ein Gegenstand der Furcht, einmal in dieselbe geschickt werden zu können. Als dann aber 1823 Sir Rose für die Londoner um zwei Zöglinge bat, wurde ihm gerade Nicolayson genannt, und nun erkannte dieser hierin einen göttlichen Ruf. Im April 1823 kam er mit Bergfeldt nach Stansted, wo er zwei Jahre blieb. Nach langen Kämpfen wurde er aber auch dessen gewiss, dass er zum

Judenmissionar berufen sei. Weihnachten 1824 wurde er für Jerusalem bestimmt, besonders wegen seiner Kenntniss des Arabischen, das er bereits in Berlin auf Anregung von Gützlaff erlernt hatte. Nach einem Besuch in der Heimath 1825 reiste er über Malta, Alexandria und Beirut nach Jerusalem, wo er am 3. Januar 1826 ankam. Dr. Dalton nahm ihn mit Freuden auf, starb aber wenige Tage darauf am 26. Januar.

So stand nun Nicolayson ganz allein in einem Werke da, für welches er weder Anleitung noch Erfahrung hatte. Er musste die Sprache des Landes besser lernen, sich in ein ungewohntes Dasein einleben und unter den grössten Hindernissen die Mission in Jerusalem einrichten. Da kam er denn reichlich in die Schule der Trübsal. Als Jerusalem belagert wurde, verlegte er seinen Wohnsitz nach Safed, studirte hier fleissig rabbinische Schriften und fing nun an den Juden Jesum zu verkündigen. Die politischen Verhältnisse führten ihn in der nächsten Zeit nach Beirut und Malta. 1829 ging er im Auftrage der Gesellschaft nach Basel und wurde daselbst ordinirt; erst 1832 konnte er nach Syrien zurückkehren, wo inzwischen die Aegypter Fuss gefasst hatten. 1833 besuchte er mit dem Proselyten Erasmus Scott Calman, der in Lithauen geboren und 1890 in London gestorben ist, Jerusalem und die Städte Palästinas, um überall von den Juden freundlich aufgenommen zu werden, und kaufte ein Haus in der heiligen Stadt. Calman hat später in London 1840 erscheinen lassen: »Some of the errors of modern Judaism contrasted with the word of God«, und weist hier nach, wie der Talmudismus das ganze Denken der Juden verdorben hat.

Jetzt erwachte auch bei der Gesellschaft der Gedanke an eine englische Kapelle für die bekehrten Juden und ihre Kinder; aber die allgemeinen politischen und die materiellen Verhältnisse der Gesellschaft liessen noch nicht an die Ausführung dieses Planes denken. Pest, Erdbeben und ein Aufruhr der Fellachen brachten Nicolayson 1834 in grosse Gefahr; doch wurde er in derselben gnädig erhalten. In England drängte man nun zu dem Bau der Kapelle, für die bereits 10 000 Mark gesammelt waren; Nicolayson und Lewis in Smyrna stimmten dem Plane zu. 1836 wurde Nicolayson nach London zur Berathung über die weitere Gestaltung des Jerusalemer Werks berufen. Dort wurde der Bau einer Kapelle sammt Häusern für die Missionare auf dem Zion und die Errichtung einer hebräischen Druckerei beschlossen, ihm aber die alleinige Sorge für alles übertragen. Lord Palmerston liess sich bestimmen, die Angelegenheit bei der damals noch in Palästina herrschenden ägyptischen Regierung zu befürworten. Unterdessen war der Baufonds für Jerusalem auf 22000 Mark gewachsen, eine freilich noch ganz ungenügende Summe.

Jetzt sandte man 1837 Nicolayson zur Unterstützung vier Proselyten zu: Pieritz, Levi, Gerstmann und Bergheim; letzterer fand als Arzt den meisten Eingang unter den Juden; Gerstmann musste bald wegen heftiger Erkrankung Jerusalem verlassen. 1838 kaufte Nicolayson das Land für die Kirche und die Missionshäuser auf dem Berge Zion. Als aber in diesem Jahre ein junger Rabbiner Miene machte sich taufen zu lassen, brach ein furchtbarer Sturm gegen die Mission los, und der Bann wurde über alle, die mit ihr in Berührung kommen würden, ausgesprochen, so dass thatsächlich eine Weile der Verkehr zwischen den Missionaren und den Juden abgebrochen war. Durch Nicolayson veranlasst, erliess dann M'Caul einen Aufruf für die vielen armen Juden Jerusalems, der gute Aufnahme fand.

Der Bau selbst bereitete die grössten Schwierigkeiten; schon die Beschaffung des Materials war eine förmliche Aufgabe. Aber das Jahr 1839 brachte nun auch die Freude der ersten Taufe, die an einer ganzen Familie Simon, Mann, Frau, einer 14jährigen Tochter und einem vierjährigen Sohne vollzogen werden konnte; der Vater hiess fortan Wildon Charles Simeon Rosenthal; die Taufhandlung geschah in deutscher Sprache. Leider hat R. sich nicht bewährt (s. Gobats Leben, Basel 1884, S. 405—410). Bald darauf geschah die Taufe eines Juden P. H. Sternschuss, auf den die Rosenthalsche Taufe einen grossen Eindruck gemacht hatte. Am 10. Februar 1839 fand die Grundsteinlegung der Missionsgebäude statt. Pieritz reiste unterdessen nach Damaskus, wo er aus Anlass der ausgebrochenen Verfolgung die Juden aufsuchte und ihnen viele Liebe bewies.

Nun aber traten neue Hindernisse ein. Der eben erst für den Bau eingetroffene Architekt Hillier starb, und der englische

Consul verliess wegen Differenzen mit dem Vicekönige Jerusalem, mit ihm aber gingen die Missionare. Nicolayson allein blieb während aller dieser Wirren auf seinem Posten und setzte auch, als die heilige Stadt wieder in die türkischen Hände überging, das Missionswerk fort. Aber nun musste er englische Rücksichtslosigkeit erfahren. Die Gesellschaft beschloss jetzt an die Spitze der Jerusalemer Mission einen Geistlichen der englischen Kirche zu setzen, und Nicolayson, dem dieselbe alles zu danken hatte, einem solchen unterzuordnen. Nicolayson liess sich dies trotzdem in seiner grossen Demuth gefallen.

1840 wurde auch beschlossen eine Industrieschule und eine Werkstätte in Jerusalem zu errichten und die Kosten dafür dem Temporal Relief Fund der Mission in jener Stadt zu entnehmen; ebenso tauchte jetzt auch der Gedanke an ein Hospital auf. Alles dies wurde auf den Vorschlag von Nicolayson geplant, der nach London gekommen war, um die Anregung für diese Unternehmungen zu geben.

Am 25. Januar 1842 zog der erste Bischof Alexander in Jerusalem ein, den Rev. F. C. Ewald als Londoner Missionar und Dr. Macgowan als künftig leitender Arzt der Mission begleiteten. Am 28. Februar wurde der Grundstein der Kirche gelegt; die Zions-Gemeinde bestand damals aus 25 Seelen. In demselben Jahre wurde das erste Proselytenpaar vom Bischof getraut und der erste Proselyt Tartakover ordinirt; während des Jahres wurden auch acht Juden durch Ewald getauft, der sie unterrichtet hatte, und Baulichkeiten für ein Arbeitshaus und ein Heim für forschende Israeliten gemiethet.

Nicolaysons Werk geht von hier ab in das allgemeine Jerusalemer auf. 1843 geschahen elf weitere Taufen, unter denselben befanden sich die von Nicolayson getauften Rabbiner Lazarus Luria und John Benjamin Goldberg. Bis 1847 folgten 25 neue Taufen; die von Nicolayson gestreute Saat begann aufzugehn, und Ewald war auch ganz der Mann dazu, das Feld weiter zu bearbeiten. In das neu eröffnete Heim für wahrheitsforschende Juden konnten sogleich vier Personen aufgenommen werden. Auch unter den Proselyten zeigte sich eine erfreuliche Einigkeit; nur waren dieselben nicht einheimische, sondern erst nach Jerusalem verzogene und dort für das Christenthum gewonnene Juden.

Der Kirchbau musste in jener Zeit auf ein Gebot des Pascha unterbrochen werden, und Nicolayson wurde nach Constantinopel gesandt, die Aufhebung des Verbots zu erwirken. Damals erregte auch die Eröffnung einer Bibelniederlage durch den Bischof die Juden gewaltig. Bibeln in mehreren Sprachen, die englische Liturgie, M'Cauls »Wahrer Israelit« und Bunyans »Pilgerreise« wurden hier verkauft. Auch Jaffa erhielt einen solchen Bücherladen. Besonders erregt zeigten sich die jüdischen Frauen und verriethen oft ihre Männer, wenn sie sich mit den Missionaren einliessen.

1843 wurde das Hospital, dessen Anfänge auf Gerstmann und das Jahr 1838 zurückführen, eröffnet und sogleich von vielen Juden benutzt; es war die erste derartige Anstalt in Jerusalem. Um den Juden die Benutzung des Hospitals zu erleichtern, wurde dasselbe auch in Speise und Trank ganz nach jüdischer Weise eingerichtet. Damit aber die Juden von dem Besuch desselben abgeschreckt würden, versuchten die Rabbinen dem ersten in dem Hause gestorbenen Juden das Begräbniss auf dem jüdischen Kirchhofe zu verweigern, mussten jedoch hernach hiervon abstehn. Als sie aber in einem zweiten Fall dies wirklich ausführten, verliessen alle jüdischen Patienten das Haus, kehrten später jedoch in dasselbe wieder zurück. Aehnliches geschah noch einige Male.

Im Arbeitshause lernten die Insassen die Handwerke eines Schreiners und eines Zimmermanns. Auch mit der Anfertigung von Olivenholzwaaren wurde begonnen; die Mission hat diese Industrie in Jerusalem eingeführt. 1845 starb Bischof Alexander, hatte aber noch die Freude, die Erlaubniss zur Wiederaufnahme des Kirchbaues zu erleben. An seine Wittwe erliessen 31 schon damals in Jerusalem lebende Proselyten ein Beileidsschreiben. Zum Weiterbau der Kirche übergab Miss Jane Cook in Cheltenham der Gesellschaft 52 000 Mark und viele Bücher für die Jerusalemer Missionsbibliothek. 1846 zog Bischof Gobat in Jerusalem ein, der Kirchbau ging unter vielen Schwierigkeiten vor sich. Ueberdem bildeten die Juden eine eigene Gesellschaft zur Ueberwachung aller, die des Verkehrs mit den

Missionaren verdächtig waren. Eine Anklage bei der türkischen Behörde aber gegen einen jungen eingeborenen Juden, dass er einen ungesetzlichen Religionswechsel plane, hatte die gute Folge, dass auch der Uebertritt eingeborener Juden als gesetzlich erlaubt erklärt wurde. Bisher hatten die Rabbinen über die eingeborenen Juden vollständige Gewalt gehabt, so dass nur von aussen herübergekommene Juden, die nicht unter ihrer Macht standen, in ganz enge Verbindung mit der Mission getreten waren.

Der Nutzen des Hospitals und der Dispensiranstalt machten sich in Jerusalem stets fühlbarer, so dass die Rabbinen den Bann über sie aufheben mussten, oder derselbe nicht geachtet wurde. 1847 hatten bisher in Jerusalem 31 erwachsene Juden und 26 Kinder die Taufe erhalten. Aus dieser Zahl waren schon Einige Missionsarbeiter in Aegypten und Persien geworden. Bischof Gobat, der dies berichtet, giebt den Proselyten das Zeugniss eines bürgerlich ehrbaren Lebens, grossen Fleisses und des Bestrebens in christlicher Erkenntniss zu wachsen. Die Mission hatte damals unter der vereinten Arbeit von Nicolayson, Ewald und Macgowan eine besonders gute Zeit.

In dem lebendigen Triebe vorwärts zu kommen wurde 1847 auch der Versuch gemacht, eine Schule für jüdische Kinder zu errichten; doch erschienen keine Kinder; dagegen fand man solche in den Missionsschulen des Bischofs vor. Das einige Zeit hindurch bestehende Collegium zur Ausbildung künftiger Missionare in Jerusalem musste aus Mangel an Mitteln geschlossen werden; thatsächlich fehlten aber auch in Jerusalem die Vorbedingungen für die gesunde Entfaltung einer solchen Anstalt. Am 21. Januar 1849 geschah die Einweihung der Christuskirche auf dem Zion, am 21. Februar die Wiedereröffnung des Industriehauses. Die erste evangelische Kirche war nun in Palästina erbaut, Bischof Gobat weihte sie ein. Nicht bloss viele eingeborene Christen mit dem syrischen Bischof und einigen griechischen und armenischen Priestern, sondern auch Juden wohnten der Feierlichkeit bei. Ueber das Industriehaus wurde P. J. Hershon, der in dem Jerusalemer Missionscollegium ausgebildet worden war, gesetzt. Die Gemeinde zählte 1850. 46 Personen jüdischer Abkunft. Miss Cook überreichte der

Gesellschaft wieder 2000 Mark für Anstellung eines Schriftvorlesers unter den Juden. Aber das war ihr noch nicht genug, sondern sie spendete noch 200 000 Mark für das Industrie- oder Arbeitshaus, 14 000 Mark für Grundstücke und 80 000 Mark zur Unterstützung wahrheitsforschender Juden. Im Industriehause wurden jetzt mehrere Handwerke erlernt.

1849 verliess Ewald gesundheitshalber Jerusalem und Reichardt wurde sein Nachfolger. Ewald hatte sich besonders verdient gemacht und den besten Einfluss auf die Katechumenen und Proselyten ausgeübt. Man sah ihn denn auch nur mit grossem Schmerz scheiden; eine Adresse von 38 Proselyten sprach ihm dies voll Wärme aus. 1851 gehörten zur Zionsgemeinde 37 jüdische Erwachsene und 25 jüdische Kinder, im Ganzen 88 Erwachsene und 43 Kinder, 25 Proselyten hatten Jerusalem verlassen; überhaupt hatten bisher 67 Erwachsene und 32 Kinder jüdischer Abstammung zur Gemeinde gehört. Nach Ewalds Abgang wurde endlich Nicolayson Prediger der Christuskirche auf dem Zion und nahm sich der Gemeinde mit besonderer Treue an. Was viele Juden vom Uebertritt abschreckte, war der Umstand, dass ihnen dann vom jüdischen Gesetze ihre Frauen und Kinder abgesprochen wurden. Die Mission machte deshalb 1852 diese Sache bei der türkischen Obrigkeit anhängig. In demselben Jahre geschah es das erste Mal, dass ein in Jerusalem geborener Jude, Sohn einer geachteten Familie, die Taufe erhielt. Die Juden hatten ihn zuvor ins Gefängniss gebracht; er wurde aber aus demselben durch Eintreten eines Consuls befreit und bewies sich von da ab, nachdem er vielen Anlass zum Tadel gegeben hatte, als ein in der Schule der Trübsal geläuterter Mensch.

Die Gesellschaft unterstützte übrigens alle Bemühungen, die zum Besten der Juden in Jerusalem gereichten, so die Schulen des Bischofs und die der Miss Cooper, in welcher jüdische Frauen weibliche Handarbeiten gegen Bezahlung verfertigten (seit 1847). 1852 besuchten letztere 30 erwachsene Jüdinnen und 20 jüdische Mädchen. Um die Bewohner der Stadt noch mehr zum Gottesdienst heranzuziehen, wurde auf Nicolaysons Vorschlag auch ein arabischer Gottesdienst eingeführt, den eingeborene und arabisch sprechende Juden besuchten, so dass nun Gottesdienste in hebräischer, englischer, deutscher, spanischer und arabischer Sprache abgehalten wurden. Nicolayson standen jetzt Rev. H. Crawford und Missionar D. Hefter thätig zur Seite.

1856 brachte der Jerusalemer Mission einen schweren Schlag. Am 6. Oktober d. J. starb Nicolayson, 54 Jahre alt, am Fieber. Sein Ende war ein überaus erbauliches. Bis zuletzt hatte er in stets gleicher Frische, Freudigkeit, Umsicht und Muth gearbeitet. Er hat die evangelische Kirche in Jerusalem zu Ehren gebracht. Noch im letzten Jahr seines Wirkens daselbst hat er es durchgesetzt, dass er in der Tracht eines englischen Geistlichen die Aksa-Moschee betreten durfte, der erste Fall dieser Art. Als er in Jerusalem eintrat, schien ein Verkehr mit den Juden unmöglich; aber seinem ruhigen und nachhaltigen Glauben gelang es die unübersteiglich scheinenden Schranken zu übersteigen, und die Bahn war für alle Folgezeit gebrochen. Der Bericht von 1857 sagt: »Der Grund zu allem, was jetzt in Jerusalem zum Heil der Juden besteht und geschieht, ist durch Nicolayson gelegt, und wenn wir den Anfang mit dem vergleichen, was nun die Gegenwart darbietet, dann müssen wir ausrufen: Das hat der Herr gethan!« Treffend wird hinzugefügt: »Sein Charakter hatte etwas, was sonst die Menschen im Allgemeinen wahre Grösse nennen. Er gab sich ganz dem einen Zwecke seines Lebens hin, aber er suchte denselben mit den möglichst geringen Mitteln zu erreichen.«

Die Jerusalemer Proselytengemeinde darf man recht eigentlich seine Schöpfung nennen. Als er starb, waren bereits 120 jüdische Erwachsene und Kinder getauft; von den durch ihn selbst Getauften lebten dort 34 Erwachsene und 11 Kinder; alle bis auf zwei haben sich bewährt. An seinem Todestage wurde er auch beerdigt, sein Grab ist zur Seite des Bischofs Alexander; seinem Begräbniss wohnten Geistliche aller Kirchen ausser der römischen bei; selbst jüdische Rabbinen und muhammedanische Scheiks folgten; der Pascha gab ein militärisches Geleite, und alle europäischen Consuln betheiligten sich. Aus erster Ehe überlebte ihn ein Kind; seine zweite Frau hatte bereits einen Sohn, der ein treuer Missionar war.

Crawford trat jetzt an die Spitze der Jerusalemer Mission

Der Boden des rabbinischen Judenthums zeigte sich nach aller Arbeit der Missionare schon ein wenig unterwühlt, und selbst manchen der führenden Rabbinen war die alte talmudische Gewissheit ihrer eigenen Sache abhanden gekommen. Das hatte aber die Feindschaft gegen das Christenthum durchaus nicht gemindert. Dass Montefiore z. B. die Bibel in englischer Sprache las, machte ihn den Jerusalemer Juden sehr verdächtig, und seine Bemühungen, in der heiligen Stadt jüdische Schulen zu errichten, scheiterten damals noch. — Hefter liess es sich besonders angelegen sein, die Proselyten geistlich zu fördern, und versammelte sie jeden Sonnabend zu Bibelbesprechungen. 1857 wurden von ihm auch nicht weniger als acht Juden zur Taufe gebracht, und der Kreis der Proselyten händigte ihm zum Jubiläum der Gesellschaft 280 Mark ein. Das Industriehaus aber ermöglichte in hervorragendem Maasse das finanzielle Fortbestehn der Proselytengemeinde beim Fehlen aller sonstigen Erwerbszweige. Freilich war es eine schwere Sache, diese gar nicht an Arbeit gewöhnten Leute an dieselbe zu gewöhnen, und viele, die in dasselbe eingetreten waren, fanden bald das alte Bettelleben weit bequemer. So wurde das Haus ein Prüfstein für recht viele Taufbewerber, zugleich aber von hervorragender socialer Bedeutung für die Jerusalemer Juden; denn hier haben dieselben es das erste Mal ordentlich gelernt, sich von ihrer Hände Arbeit zu erhalten. Aus der Schule des Bischofs aber gingen viele Taufkandidaten hervor, und aus den in Jerusalem Gewonnenen wurde dann der Proselyt J. P. Stern als Katechet angestellt, der eine reich gesegnete Wirksamkeit entfaltete; neben ihm auch der Proselyt A. Iliewitz als ärztlicher Gehilfe.

Um zunächst den Proselytenkindern geeigneten Unterricht zu bieten, wurde eine Knabenschule errichtet und die Mädchenschule der Miss Cooper, als dieselbe 1859 nach treuster Arbeit starb, von der Mission ganz übernommen. Die Zahl der Schüler war anfangs eine kleine und nur wenige jüdische unter ihnen. In jenem Jahre betrug die Zahl der Proselyten Jerusalems gegen 100, darunter 38 erwachsene Männer. Fort und fort aber mussten viele Proselyten aus Mangel an Gelegenheit zum Erwerb Jerusalem verlassen.

1860 starb der bewährte Missionsarzt Dr. Macgowan, unter dem 1842 das Missionshospital entstanden war, welches sich allmählich das Vertrauen der gesammten Jerusalemer Judenschaft erworben hatte; sein Nachfolger wurde der treffliche Dr. T. Chaplin. 1881 liess sich ein Jude infolge der während seines Aufenthalts im Hospital empfangenen Eindrücke taufen, ein anderer wurde aus dem gleichen Grunde in China Christ. Chaplin verliess 1886 nach 25 jähriger Arbeit Jerusalem und erhielt Dr. P. D. Erf-Wheeler zum Nachfolger. Wie sich die Gemeinde nach und nach aus sich selbst vergrösserte, zeigt der Umstand, dass 1861 und 62 jedesmal zehn Kinder von Proselyteneltern getauft wurden. Das Heim für forschende Juden siedelte aus einer Miethswohnung in ein eigenes Haus über. Das Industriehaus, in das viele Insassen des Heims für forschende Juden übergingen, zählte bis 1863 schon 109 Zöglinge, darunter 87 Aschkenasim und 22 Sephardim; von denselben wurden 48 in Jerusalem, mehrere auch anderwärts getauft. Von ihnen waren manche Gewerbetreibende geworden, einige Studenten, etliche Prediger, Schriftvorleser und Missionare, einige Aerzte. Der Ertrag der Arbeit im Industriehaus betrug 1863 = = 4200 Mark, im Institut für Jüdinnen 1520 Mark. Hier wirkt jetzt als Vorsteherin eine spanische Jüdin, die in demselben früher als Mädchen gearbeitet hat. Eine andere derselben ist jetzt Bibelfrau am Hospital, mehrere sind Wärterinnen; überhaupt treten gegenwärtig des Oefteren spanische Jüdinnen über, die das Institut besucht haben. Bis 1870 ist die Zahl derer, die das Industriehaus besucht hatten, auf 150 gestiegen, von denen 80 getauft wurden. Die Proselyten, von denen manche übrigens jetzt an verschiedenen Orten Palästinas wohnten, bildeten 1865 einen Verein zu gegenseitiger Unterstützung.

Von 1862 an wechselten die Missionare mehrfach: es traten Rev. J. Barclay, über den noch zu berichten ist, Rev. B. Frankel und Rev. James Neil ein. Dass eine Versöhnung der eigentlichen Jerusalemer Juden trotz der vielen Jahre des Bestehns der Mission nicht stattgefunden hatte, zeigten immer aufs Neue ausbrechende Verfolgungen der Uebertretenden. 1871 wurde ein mehr als 60 jähriger Mann, der Christ geworden war, in einer Woche dreimal auf offener Strasse geschlagen und die

Woche darauf mörderisch angefallen, noch eine Woche später aber vermisst und trotz alles Suchens nicht wiedergefunden. Aeusserer Fortschritt war in Jerusalem bereits vielfach zu erkennen, ein innerer damals noch gar nicht. Selbst Missionar Friedländer, der alles bei den Juden aufs Günstigste beurtheilte, bezeugt doch, dass ihm niemals ein so grosser Mangel an Sündenerkenntniss wie unter den Jerusalemer Juden entgegengetreten sei, unter denen er seit 1873 zu wirken begonnen hatte. An äusseren Erfolgen fehlte es der Mission damals nicht: die Schule zählte bereits 58 Kinder, darunter 38 von nicht getauften Juden; die Mädchenschule sogar 151 Kinder, unter ihnen 55 von jüdischen Eltern.

Inzwischen hatte das Hereinströmen neuer Schaaren von Juden in Jerusalem begonnen, besonders seitdem Russland die allgemeine Wehrpflicht eingeführt hatte, und damit begannen merkliche Veränderungen in der Judenschaft der Stadt vorzugehn. Vor den Thoren entstand ein neues Jerusalem, und die kriegerischen Erfolge Deutschlands verschafften den Protestanten eine höhere Achtung. Die Juden wiederum sahen sich genöthigt, die Hilfe der Mission in stärkerem Maasse zu erbitten; denn die vielen neuen Ankömmlinge waren meistens arm und sollten an der Chaluka, die kaum für die bisherige Zahl der Juden zureichte, keinen Antheil erhalten. Ueberdem drängte man sich, ehe die Neubauten bezogen werden konnten, in den Häusern noch enger als bisher schon zusammen. Die Folge waren Krankheiten; ein grosser Theil der jüdischen Bevölkerung Jerusalems nahm 1872 die ärztliche Hilfe der Mission in Anspruch, und die Todesfälle betrugen 2,6%. Die Fluth der Einwanderung stieg trotzdem immer höher. Da war es Missionar H. Friedländer, der zuerst erkannte, dass sich hier etwas Neues vorbereite und die Mission vor neue Aufgaben gestellt werde.

Zebi Hermann Friedländer*), ein merkwürdiger Mann, ist 1830 in Schneidemühl, der Geburtsstätte des nachmaligen Bischofs Alexander, geboren. Seine orthodoxen Eltern erzogen ihn im strengsten Judenthum. Er besuchte dann Gymnasium

---

*) The Peculiar People 1888, Nr. 16. Freund Israels von P. Werber (Amerika), 1889, Nr. 1.

und Universität. 1858 wurde er bekehrt, doch sind die näheren Umstände seiner Bekehrung nicht bekannt; seitdem arbeitete er unermüdlich für sein Volk. 1866 trat er in den Dienst der Londoner Gesellschaft und wirkte zuerst unter den Juden in Manchester. Stets übte er auf viele Gemüther derselben einen merkwürdigen Einfluss aus, und viele traten in seinen Unterricht, manche taufte er auch. 1869 wurde er nach Tunis versetzt, wo er unter den schwierigsten Verhältnissen arbeitete, aber Juden und Katholiken die Fragen des Evangeliums nahe zu bringen wusste. 1873 kam er nach Jerusalem, wo er in richtiger, theilweise auch in falscher Weise seine eigenthümlichen Gaben am deutlichsten entfaltet hat.

Indessen beging das Industriehaus sein 25 jähriges Jubiläum. Während dieser Zeit waren daselbst 196 Personen aufgenommen worden, von denen 18 bereits getauft waren, 66 während ihres Aufenthaltes im Hause getauft wurden, und von den andern noch eine Anzahl anderwärts die Taufe empfing. Diese Personen sind, wie schon erwähnt, in verschiedene Berufsstellungen übergegangen; 30—40 sind auf verschiedenen Kirchen- oder Missionsgebieten beschäftigt. Vorsteher des Hauses war zuletzt Rev. J. E. Hanauer. Bis 1887 hat sich die Zahl der bisherigen Insassen des Hauses auf 335 vermehrt.

Die aus der Fremde zuwandernden zahlreichen Juden wurden jetzt immer mehr ein Element, das den Charakter der Jerusalemer Judenschaft zu verändern begann. Zugleich konnte man deutlich bemerken, dass unter dem jüngeren Geschlecht das Ansehn des Talmud dahinschwand und dass es nicht mehr willens war die Tyrannei der Rabbinen einfach zu ertragen; aber freilich das Joch derselben abzuschütteln ist ihnen auch noch nicht gelungen. Der Versuch der Israelitischen Allianz, eine jüdische Schule nach modernen Prinzipien zu errichten, ist noch 1881 gescheitert. Thatsächlich hatte die Mission, gegen die sich doch die Juden völlig abgeschlossen gehalten zu haben schienen, dieselben tiefer beeinflusst, als es z. B. die Zahl der Taufen von eigentlichen Jerusalemer Juden erwarten liess, und die Vorstellungen der von auswärts gekommenen Juden machten sich ebenfalls in der Gesammtheit geltend. So baten nun jüngere Juden jetzt öfters um Unterricht; aber die Missionare mussten ihnen sagen, dass sie für ihren Unterhalt nicht sorgen könnten, wenn ihre äussere Existenz durch ihre Annäherung an die Mission gefährdet würde. Allgemeiner machte man die Bemerkung, dass der Abscheu gegen die Person Jesu abnahm. Glücklicherweise erhielt jetzt die Leitung der Jerusalemer Mission Rev. A. H. Kelk, ein tüchtiger und nüchterner Mann. Letzteres war um so wichtiger, als sich Dinge in Jerusalem anbahnten, die ebensoviel Eifer und Hingabe als Vorsicht erforderten; enthusiastischer Rausch war hier völlig vom Uebel. Friedländer, dem es bei aller Treue und Energie doch an der Zucht und Besonnenheit fehlte, die ihn selbst und andere in recht gesunden Bahnen erhalten konnten, bedurfte einen solchen Mann an seiner Seite.

Als die Judenverfolgungen in Rumänien ausbrachen, wandten sich nun auch von dort zahlreiche Juden nach Jerusalem; denn im Lande der Väter hofften sie Ruhe und Wohlsein zu finden. Seit 1882 sind über 10000 Juden in Jerusalem eingewandert, und unter ihnen kam es zu beachtenswerthen Bewegungen*). Dieselben liessen sich von vorn herein vom Verkehre mit den Missionaren, den sie zumeist in ihrer Heimath gewöhnt gewesen waren, nicht abhalten. Die Jerusalemer Rabbinen suchten dem vergeblich auf allerlei Weise zu wehren, und die Folge war, dass nun auch eine Anzahl Jerusalemer Juden den Muth gewann, offen mit den Missionaren in Verbindung zu treten. Der Buchladen war jetzt von Besuchern überfüllt, und Kinder von russischen und rumänischen Flüchtlingen traten in die Missionsschulen ein. Um den neuen Anforderungen zu genügen, wurde ein Fonds für Flüchtlinge eröffnet, und zuweilen wohnten mehr als 100 dem Missionsgottesdienste bei. Die Einwanderer wollten auch nicht wie die früheren in Jerusalem bleiben, um dort zu sterben, sondern um daselbst zu leben und ihr Brot zu erwerben. Schon dadurch war ihre Verbindung mit den Rabbinen eine losere. Dann wandten sich Juden aus Russland an Friedländer, die sich Abgesandte einer Gesellschaft nannten,

---

*) Tidings from Zion, Juli 1882 bis Juli 1885, ein Monatsblatt aus Jerusalem. A Cry from Jerusalem, London 1884. Dibre Emeth 1883, 13, 70, 155; 1884, 8, 33. Freund Israels, Basel 1885, 23, 93; 1886, 62. Saat a. H. 1884, 165; 1885, 88; 1886, 149. Rhein.-Westf. Blatt 1886, Nr. 1—5; 1888, Nr. 11.

die sich in Palästina ansiedeln wollte. Vom Talmud wollten dieselben nichts mehr wissen, hielten aber fest an der nationalen Wiederherstellung Israels und am Judenthum. Auf der Rückreise von einem Missionsbesuch in Alexandria traf Friedländer dann auf dem Dampfer mit 50 Auswanderern aus Russland zusammen, die ihm mittheilten, sie wollten Colonisten in Palästina werden und würden in Jaffa ein Comité vorfinden, das ihnen zu ihrem Vorhaben behilflich sein wolle. Dieselben waren getäuscht worden. Friedländer hatte an ihnen eine Sympathie für die Person Jesu wahrgenommen. Bald darauf sah er sie in Jerusalem. Von den dortigen Juden zurückgewiesen, wandten sie sich an ihn und baten um Hilfe. Man konnte die Leute nicht abweisen, und der Unterstützungsfonds wurde für sie verwandt. Aber nun stellten sich stets neue Hilfebittende ein, und die Mission wusste nicht, wohin mit den Leuten. Als die Rabbinen diesen Verkehr sahen, suchten sie ihre Volksgenossen von den Missionaren zu trennen, aber dies gelang nicht mehr. Doch waren alle diese Leute weit davon entfernt Christen werden zu wollen, sondern bildeten vielmehr eine eigene Gemeinde, die ganz nach jüdischer Weise fortlebte, dabei aber im Zusammenhange mit der Mission blieb. Die Rabbinen fürchteten nun, dass dieses Beispiel die übelsten Folgen in der Jerusalemer Judenschaft nach sich ziehn könne, und liessen deshalb einen Aufruf um Unterstützung allenthalben in die Judenschaft hin ergehn, damit sie die Mittel erhielten, den Gefährdeten zu helfen. Der Aufruf hatte auch seine Folgen, und als sie nun von den Ihrigen unterstützt wurden, kehrten viele der Auswanderer zu den Ihrigen zurück, wiewohl sie ein freundliches Verhältniss zur Mission erhielten. Andere liessen sich von ihren christlichen Wohlthätern nicht mehr trennen und erklärten den Rabbinen, dass sie von den Missionaren nur gehört hätten, was von Mose und den Propheten längst verheissen sei. In einem offenen hebräischen Briefe, den sie nach Russland und Rumänien schickten, sprachen sie aus, Gott habe ihnen gezeigt, dass sie sich nicht an die Rabbinen, sondern an die Mission wenden sollten.

Friedländer, der von Anfang an die Leitung der ganzen Angelegenheit übernahm, that nun rastlos alles, um diese Juden in der Pflege der Mission zu erhalten. Kelk ging mit ihm Hand in Hand. Zunächst sandte man eine Anzahl der Pflegebefohlenen in das Sanatorium der Mission, ein Grundstück vor Jerusalem; andere nahmen die Missionare in Jaffa in Pflege, etliche brachte man im Industriehause, andere in Privatwohnungen unter. Als aber keine Arbeit und kein genügendes Unterkommen für die vielen Personen mehr zu finden war, wurde in England und auch anderwärts gesammelt. Friedländer gab ein monatlich erscheinendes Blatt »Tidings from Zion« heraus zur Erweckung des Interesses für das neue Werk. Die Londoner Gesellschaft schickte eine Deputation nach Jerusalem, um die Lage der Dinge kennen zu lernen, und handelte weise darin, dass sie die Missionare in ihrem Unternehmen wohl unterstützte, ihnen auch die Proselyten Benjamin Friedmann und A. L. Oczeret zu Hilfe sandte, aber dasselbe nicht selbst in die Hand nahm, da sie mit Recht die Verhältnisse als gährende und ungewisse betrachtete.

In England bildete sich 1883 auf Fürsprache der Gesellschaft eine Gesellschaft für jüdische Flüchtlinge »The Jewish Refugees' Aid Society« unter dem Protektorat des Earl of Aberdeen, welche auch Jahresberichte herausgab. Sechs Stunden von Jerusalem, zwischen dieser Stadt und Jaffa, wurde bei dem Dorfe Artuf eine grosse Ackerfläche gekauft, dort eine Ansiedlung nothdürftig hergerichtet, und nun bezogen etwa 40 Familien dieselbe, während andere in der Pflege der Mission in Jerusalem verblieben. Seitdem besteht diese Ansiedlung fort, jetzt unter Leitung des Proselyten Tscherkoff aus Russland. Aber die grossen Erwartungen, welche man an dieselbe geknüpft hat, sind nicht in Erfüllung gegangen. Heute wohnen dort nur etwa zehn Familien, und einige der Bewohner sind bereits getauft worden. Friedländer hat die Schuld an der Geringfügigkeit des Erfolges besonders der Londoner Gesellschaft und den Christen zugeschrieben, in Wahrheit steht die Sache anders. Er war bei allem Eifer und aller glühenden Liebe für sein Volk doch nicht der Mann, welcher genug innere Festigkeit und Weisheit besessen hätte, um ein so schwieriges Werk auch lebensfähig zu erhalten. Seine Anklagen gegen die Gesellschaft sind zumeist ungerecht. Und nicht das hat den Fortgang der Mission in Palästina bisher gehindert, dass die Kirche dort noch zu sehr den heidenchristlichen Charakter getragen hat, sondern dass es unter den meisten Juden, die mit der Mission in Verbindung traten, zu keiner ordentlichen Bekehrung kommen wollte. Was Friedländer früher einmal, ehe er sich vom jüdisch-nationalen Gedanken ganz gefangen nehmen liess, geäussert hat, dass es den Jerusalemer Juden an Sündenerkenntniss fehle, stellte sich als das eigentliche Hinderniss für den Fortgang des neuen Werks in Palästina heraus. Anfänge eines neuen Israel hatte Friedländer zu erblicken gemeint und die Fundamente für eine christlich-jüdische Nation hatte er legen helfen wollen, während der leitende Gesichtspunkt vielmehr Bekehrung Einzelner zum wahrhaftigen Leben aus Gott hätte sein müssen. Auch in diesem Falle hat es sich wieder einmal gerächt, dass die ersten Dinge an die zweite Stelle traten, und dass Menschen Werke ausrichten wollten, die Gott sich vorbehalten hat. Die Mission soll auf ein christliches Volk Israel hoffen, aber ihre Sache ist und bleibt die einzelnen Juden zu Jesu zu führen; nimmt sie sich mehr heraus, so erreicht sie weder das Eine, noch das Andere.

Friedländer, das sei an dieser Stelle noch bemerkt, gerieth in der Hast, das angefangene Werk durchaus nach seinen Plänen durchzuführen, in allerlei Unordnung und darüber mit der Gesellschaft in Conflikt. Statt aber sich sagen zu lassen, wollte er noch Recht behalten und selbst seine offenbarsten Unregelmässigkeiten nicht eingestehn. Die Gesellschaft musste ihn deshalb, so ungern sie es that, 1886 entlassen. Er ging dann nach Amerika, wo wir ihm noch begegnen werden.

Ein religiöses Fragen aber ist seit dieser Bewegung allgemeiner als jemals früher unter den Juden in Jerusalem erwacht. 1884 wurden elf Erwachsene und fünf Kinder getauft, unter den elf waren sieben aus der Zahl der neuen Ankömmlinge; das Jahr darauf wurden unter anderen frühere Zöglinge der neuen Knabenschule getauft. Den Fortschritt der Zeit erkannte man auch aus dem Besuch der Schule; 1886 wurde dieselbe von 75, die Mädchenschule von 70 besucht. Die Jerusalemer Gemeinde bestand in diesem Jahre aus 242 Personen, unter diesen 217 jüdischer Abkunft. Heute darf der Missionar in jede Synagoge und selbst zur

Gebetszeit eintreten, die spanische besuchte er sogar am Versöhntage. Anderseits haben sich auch die äusseren Verhältnisse sehr geändert. Vieles Eigenthum geht aus christlichen in jüdische Hände über, und jüdische Knaben werden jetzt in modernen Sprachen und Wissenschaften selbst auf jüdischen Schulen, die ins Leben zu rufen endlich gelungen ist, unterrichtet. Eine viel grössere Zahl der Proselyten bleibt jetzt in Jerusalem wohnen und findet dort ihren Lebensunterhalt. Alle Anstalten der Mission sind überfüllt, und die Rabbinen können dagegen nichts mehr thun. Man gewöhnt sich die Mission als etwas Thatsächliches anzusehn, findet sich ruhig darein und ist auch nicht im Stande ihre grosse Bedeutung für die Stadt zu leugnen. Nicht bloss hat dieselbe, wie schon erwähnt, als neuen Erwerbszweig die Olivenholzfabrikation eingeführt, sondern auch das Steinmetzgewerbe daselbst zu allererst begonnen. Sie zuerst hat Schulen nach modernen Grundsätzen hier eröffnet und ganz allmählich, aber sicher das gesammte Leben der Juden Palästinas in einen Prozess hineingezogen, der es aus dem Talmudismus herausführt, um es doch nicht in blossen Humanismus zu verwandeln, sondern durch die Kräfte des Evangeliums neu zu gestalten. Eine lebensfähige und langsam, aber sicher wachsende Gemeinde bekehrter Juden tritt in Jerusalem den Volksgenossen als ein anschauliches und zur Nachfolge reizendes Bild eines jüdisch-christlichen Gemeinwesens entgegen. Dort bilden sich auf gesunde Weise, durch ein ungekünsteltes Aufwachsen aus gutem Keime die Ansätze und Anfänge für Grösseres, das der Zukunft vorbehalten ist. Dort ist der leitende Gedanke treue Christen zu schaffen und sie durch das Band des gemeinsamen Glaubens mit einander zu verbinden; Missionsgedanken und nicht national-politische Gedanken sind hier die tragenden. Auch die Gestaltungen der Zukunft, welche einmal ein christliches Israel der Welt zeigen werden, sollen das Ergebniss einer das ganze Wesen der Juden umwandelnden rein religiösen Bewegung sein.

Aber nicht bloss die Juden Jerusalems, sondern die von ganz Palästina sind das Missionsfeld der Londoner Gesellschaft. Fortwährend sind Missionsreisen im Lande veranstaltet worden, zeitweise hat man auch einzelne Städte besetzt, besonders

Safed, Hebron und Jaffa. Seit 1842 arbeiteten so als Missionare: der Arzt Kiel, die Missionare J. O. Lord und A. Tymmim, der Rabbiner in Ungarn gewesen war, und James Cohen Hanauer in Jaffa. Sternschuss und A. J. Behrens wirkten in Safed. Ueberall wurde es den Missionaren anfangs sehr schwer gemacht; so hatten in Safed die den Missionaren das Weissbrot liefernden Bäcker Verfolgung zu erleiden. Behrens aber war als Proselyt seines Lebens nicht sicher, so dass er die Stadt verlassen musste.

Die meisten dieser Stationen wurden wieder aufgegeben, nur Safed immer wieder besetzt. Später beschränkte man sich darauf, Schriftenniederlagen an einigen Orten zu halten; aber auch diese wurden Ende der 50er Jahre zurückgezogen. Man hat an die Arbeit in diesen Orten, in denen für die mit der Mission in Berührung tretenden Juden kein Bleibens war, zu viele Kraft verwandt. Dass in neuster Zeit seit 1882 Jaffa und Safed wieder besetzt wurden, rechtfertigen die neueren Verhältnisse eher. Juden lassen sich dort gegenwärtig in genügender Zahl nieder, und die Missionare finden auch viel eher Zutritt zu denselben. Der Missionar A. L. Oczeret, ein Kind der Jerusalemer Mission, starb in treuer Arbeit zu Jaffa 1886. Zum ersten Male ist 1889 der Fall einer Taufe in Safed vorgekommen; sie geschah an einem 17 jährigen Mädchen, welches die Missionsschule in Jerusalem besucht hatte und auch in Artuf gewesen war.

Von den durch die Mission in Jerusalem und Palästina gewonnenen Proselyten verdienen einige Erwähnung.

Juda Lyons*), früher Juda Leib, ist in Galizien geboren, wo sein Vater als Soharit und wegen seiner ärztlichen Geschicklichkeit einen Namen hatte. Derselbe verliess mit dem achtjährigen Sohne die Heimath, um nach Jerusalem zu gehn. Dort wurde er Handelsmann und machte als solcher viele Reisen, auf die er den Sohn mitnahm, um ihn während dessen zugleich in den Sohar einzuführen. Von einer längeren Reise aber kehrte der Vater nicht mehr zurück. Diesmal hatte er den Sohn nicht bei sich gehabt. Als der Vater zwei Jahre ausblieb, machte sich der Sohn auf ihn zu suchen. Er durchreiste,

---

*) Jew. Int. 1852, Dez.

den Spuren den Vaters folgend, Aegypten und die Türkei. Dort verlor er die Spur, zog nun aber, weiter suchend, nach Galizien und Russland bis Kasan, später zu Schiff nach der Ostsee, Deutschland und Frankreich. 1835 sah ihn Ewald in Tunis und fand in ihm damals einen bitteren Feind des Christenthums; doch nahm Lyons von ihm die Bibel und Traktate an. Der Oberrabbiner von Tunis sagte ihm, dass er seinen Vater auf einer Reise nach Fez gesprochen habe; dort erfuhr er, dass der Vater im Innern des Landes durch einen Handel mit Gold und Silber zu grossem Reichthum gelangt sei. Der Sultan hatte ihm zum Schutz auf seinen Handelsreisen eine Wache mitgegeben, die ihn aber ermordete und sich seiner Habe bemächtigte. Der Sohn wandte sich deshalb an den Sultan, und dieser versprach die Mörder zu bestrafen, hielt aber sein Versprechen nicht. Juda Leib liess sich nun in Mogador nieder, wo er heirathete und ohne Glück Handel trieb. 1842 traf ihn dann Ewald wieder in Jerusalem, und der Verkehr beider führte dazu, dass er 1844 getauft wurde; seine Frau verliess ihn deshalb und nahm die Kinder mit sich, hernach jedoch kehrte sie zu ihm wieder zurück. Er wurde dann über die Schriftenniederlage gesetzt, wozu ihn seine ausgebreitete Sprachenkenntniss besonders befähigte. Die Juden aber wussten seine Frau, die Jüdin geblieben war, zu bewegen, dass sie mit den Kindern den Mann wieder verliess. Er reiste ihr nach und fand sie auf einem nach Beirut gehenden Schiffe. Von den Juden hart bedroht, legte er den Fall dem Pascha vor, und die Kinder wurden ihm auch von demselben trotz aller Versuche, sie ihm vorzuenthalten, zugesprochen. Die Frau folgte ihm da noch einmal, forderte aber 1848 doch die Scheidung; er selbst blieb seinem Glauben in aller Trübsal treu und starb 1852.

Die Zahl der Jerusalemer Proselyten, welche hernach in den Dienst der Kirche oder Mission traten oder eine bessere Lebensstellung erlangten und das selbst empfangene Gute weiter verwertheten, ist keine geringe; aber nur gelegentlich erfahren wir über einige etwas und dann auch meist nur einzelne Notizen.

1846 taufte Nicolayson einen Wittwer Marcussohn, der mit seinem Vater aus Constantinopel kam. Der Vater war bereits Christ und mit der Tochter des Küsters an der Christuskirche, des Proselyten Ducat, verheirathet. Auch der Sohn trat dann in den Dienst der Mission. Zum ersten Male wurde in die Reihe der Jerusalemer Rabbinen Bresche geschossen, als zwei derselben im Jahre 1843 nach dreijährigen schweren Kämpfen und Verfolgungen den Uebertritt vollzogen; ein dritter, Rabbi Abraham, konnte die Scheidung von seiner Frau nicht verwinden und trat zurück. Nicolayson hat sie unterrichtet und getauft: L. Luria (Rabbi Eleasar) und J. B. Goldberg (Rabbi Benjamin). Beide hatten in den über sie ausgebrochenen Verfolgungen ihren ganzen Besitz verloren. Luria wurde von seiner Frau und Kindern geschieden, die nach Russland zurückkehrten; 1846 jedoch kam die Frau mit den Kindern wieder zu ihrem Manne und wurde 1847 getauft, starb aber das Jahr darauf als lebendige Christin in Cairo an der Cholera. Beide Männer wurden hernach auf dem Missionscolleg in Jerusalem für den Missionsdienst herangebildet und hierauf nach Cairo gesandt, wo ihrer später noch gedacht werden wird.

Paul Isaak Hirsch, später in anglisirter Form Hershon genannt, ist in Buczac, Galizien, 1818 geboren, und auch eine Frucht der Arbeit von Nicolayson, wie die vorhergenannten; ebenso ein vierter neben ihnen, der nach langen Leiden selig starb. Er studirte von 1842—46 im Jerusalemer Missonscolleg, wurde 1847 daselbst Vorsteher des Industriehauses, gab diesen Posten auf, wirkte wieder im Dienst der Gesellschaft in England von 1848—55, trat von Neuem ab und wurde noch einmal in England angestellt, dann Vorsteher der Palestine Model Farm in Jaffa, welche ein Comité von Proselyten errichtete, kehrte 1859 wegen Krankheit nach England zurück und war nun besonders literarisch thätig. Er schrieb: »Extracts from the Talmud«, 1860; »Pentateuch according to the Talmud«, Genesis 1874; »Hebrew English«, 1883; eine verbesserte Auflage des polnisch-jüdischen Neuen Testamentes 1874; »A Talmudical Miscellany«, 1880; Treasures of the Talmud (A- I.), 1882.

1844 taufte Bischof Alexander den Dr. Kiel mit Frau und Töchtern. Er war Arzt in der Walachei gewesen, hatte sich vom dortigen religiösen Leben nicht befriedigt gefühlt, ging deshalb nach Palästina, fand sich hier aber doppelt getäuscht und hörte dann mit Freuden das Evangelium von den

Missionaren verkündigen. Er hat hernach eine Zeit lang als Missionsarzt in Safed gearbeitet; seine Frau starb 1848, von ihm selbst wird später nichts berichtet.

Ewald taufte 1844 Moses Eppstein, der das Arbeitshaus besucht hatte und hernach ein tüchtiger Missionar der Gesellschaft geworden ist; wir sind ihm schon begegnet (S. 67) und begegnen ihm noch einmal. — 1890 starb in Jerusalem M. P. Bergheim, der als Bankier und Churchwarden der Christuskirche sich einen geachteten Namen erworben hatte; auch er gehört zu den früheren und lebendiggläubigen Proselyten in Jerusalem. Rabbi Elisa Schuffamer kam aus Saloniki nach Jerusalem und ist durch Ewald gewonnen worden, 1848 wurde er getauft. Als er die Seinen aus der Heimath herüberholen wollte, fand er die Kinder todt, seine Frau aber folgte ihm nach. Er war später Laiengehilfe in der Mission und wurde dann nach Cairo versetzt. — Ebenso fand im Missionsdienste Chaim Sabanski Anstellung. In Minsk (Lithauen) geboren, kam er mit einem Edelmann, zu dem ihn sein Vater sandte, in religiöse Gespräche und erhielt von ihm ein hebräisches Neues Testament. Musste er dann gleich auf des Vaters Geheiss dasselbe wieder zurücksenden, so war in ihm doch das Fragen geweckt, und er wusste sich ein anderes Exemplar durch einen ähnlich gesinnten Jugendgenossen zu verschaffen. Wieder vom Vater entdeckt, hatte er schwere Züchtigungen desselben zu erdulden; der Talmud wurde ihm desto widerwärtiger. Als der Sohn fortfuhr, sich christliche Bücher zu verschaffen, liess ihm der Vater durch die Polizei 25 Ruthenhiebe ertheilen; er erkrankte darauf und wurde in ein Hospital als Irrsinniger gebracht. Nach neun Wochen endlich entlassen, floh er später und war nun drei Jahre Lehrer in einer jüdischen Familie. Hier lernte er M'Cauls »Wahren Israeliten« kennen und erhielt ein deutsches Neues Testament. Jetzt entschloss er sich Christ zu werden und deshalb auszuwandern. Er kehrte zum Vater zurück und bat denselben um Erlaubniss in die Ferne gehn zu dürfen; als dieser ihm dieselbe verweigerte, entfloh er wieder, kam nach Constantinopel, wo er Goldberg hörte, und von dort nach Jerusalem in das Industriehaus, das unter Hershons Leitung stand. Die Juden, welche seinen Vater als tüchtigen Talmudisten kannten, erregte dies ungemein, und sie thaten alles Mögliche, ihn wieder der Mission zu entreissen; schliesslich beteten sie am Grabe Rahels um seine Rückkehr. Endlich begaben sich sogar zwei auf die Reise zum Vater nach Minsk, kamen aber auch so nicht zum Ziel, sondern Sabanski wurde Christ.

1853 taufte Nicolayson eine Familie Fenglestein aus Russland. Glieder derselben sind vielleicht die Finkelstein, welche aus Palästina nach England und Amerika gekommen sind, nämlich Peter Mamre of Finkelstein und dessen Schwester Lydia. Letztere hielt 1886 und 1887 Vorlesungen über Palästina und das dortige jüdische Leben in England und New-York; jetzt steht sie als Lehrerin der Mission im Dienst der amerikanischen Episcopalen.

Eine der reifsten Früchte der Jerusalemer Mission aber ist Joseph Paul Stern*). 35 Jahre alt kam er aus Ungarn 1851 nach Jerusalem. Er war in seiner Heimath zuerst talmudischer und dann ordentlicher Lehrer an einer öffentlichen Schule gewesen, hernach Kaufmann geworden und durch den Krieg veranlasst Ungarn zu verlassen. In Jaffa kam er zuerst mit den Missionaren in Berührung, die ihm riethen, als er erkrankte, sich in das Missionshospital in Jerusalem zu begeben, was er auch that. In seiner Krankheit kam er zur rechten Erkenntniss, wurde in das Industriehaus aufgenommen und Charfreitag 1851 getauft. Die Gnade Jesu Christi war nun nicht bloss der Mittelpunkt seines eigenen Lebens, sondern auch den andern Juden den Heiland anzupreisen seine eigentliche Lebensarbeit. Die Gesellschaft stellte ihn bald als Schriftvorleser an und diesen einfachen Dienst hat er mit einem brennenden Eifer ausgeübt. Sein unermüdliches feuriges Zeugniss hat viele Juden zu Christo gebracht, so auch den später noch zu nennenden Daniel Landsmann. Letzterer hat seiner Zeit wie viele andere Juden den schon Ergrauten mehrmals aufs Schlimmste misshandelt, aber niemals hat dieser ihnen Böses mit Bösem vergolten. »Er war der Vater der Proselyten, er war ihr ältester Bruder. Von ihm konnten sie alle erzählen, er hat sie auch leiten können, und

---

*) Saat a. H. 1873, 206. Jew. Int. 1873, 161. Rhein.-Westf. Blatt 1873, Nr. 12. Freund Israels, Basel 1873, 289. D. Landsmann in Nathanael 1892.

wohl dem, der ihm gehorsam war, der hat es nie bereut,« schreibt Landsmann. Aber die Juden in Jerusalem konnten schon seinen Namen nicht hören, obgleich er sein ganzes Leben für sie aufgeopfert hat. Er pflegte ganze Nächte auf den Knieen zuzubringen, dass der Herr sich doch über die ganze Welt und besonders über sein Volk Israel erbarmen möge. Landsmann trieb in Jerusalem das Handwerk eines Schneiders und ernährte sich und die Seinen von demselben, später verlor er seinen Verdienst. Dass er bei Stern Hilfe finden würde, wusste er, wollte sich aber an ihn nicht wenden. Stern sah ihn in dieser Zeit auf der Strasse und verkündigte ihm aufs Liebreichste Jesum; zum Lohne dafür schlug ihn Landsmann so sehr, dass er krank nach Hause ging; Landsmann selbst aber triumphirte, und die Juden nannten ihn einen Gerechten. Nach einiger Zeit traf Stern wieder Landsmann auf der Strasse; er fragte ihn, ob er selig werden wolle, worauf dieser unter Berufung auf seine guten Werke erklärte, dass er schon selig sei; Stern aber wusste ihn' bald zum Schweigen zu bringen. Diesmal schlug ihn Landsmann nicht wieder, sondern eröffnete ihm vielmehr sein Herz und theilte ihm auch seine bedrängte Lage mit. Stern übergab ihm darauf sogleich ein Pack alter Sachen zur Ausbesserung und Geld, sich das Material anzuschaffen. Auf dem Rückwege schüttete eine Jüdin zur Freude anderer Juden einen Topf schmutzigen Wassers über Stern aus. Von dieser Zeit ab war bei Landsmann das Eis gebrochen, und in der Folge wurde er ganz überwunden, so dass er übertrat. Als die Juden einmal Stern gepackt hatten und ihn würgen wollten, eilte die türkische Wache herbei; er gab derselben 20 Piaster, damit sie die Gefangenen frei liess. Man riss ihn ein andermal vom Pferde und schlug ihn halb todt; man zündete ihm den Schleier an, den er gegen die Hitze trug, und verbrannte ihn fast, er aber betete für die Juden. 1860 besuchte er seine Geschwister in Ungarn und predigte ihnen Christum, da wäre er fast vergiftet worden. So hat er sich im Dienste des Herrn und der Liebe der Brüder verzehrt. Nach zweijährigem Siechthum starb er 1873 fast 70 Jahre alt; den Juden liess er von seinem Sterbebette aus sagen: »Christus ist alles.«

Der durch Stern für Christum gewonnene Daniel Landsmann hat seine Lebensgeschichte selbst erzählt*). Er ist in Karolin, Gouvernement Minsk in Russland, von frommen jüdischen Eltern geboren. Von ihren 18 Kindern haben sie nur zwei, dieser Sohn und eine Tochter, überlebt. Von Kind an hatte er eine grosse Sehnsucht nach Jerusalem. Als er 13 Jahre alt war, zwangen ihn die Eltern sich zu verheirathen, und diese wie die Schwiegereltern versprachen ihm für sechs Jahre den Lebensunterhalt. Nach dem Tode der Eltern verfiel er in eine zweijährige Krankheit. Da gelobte er, wenn er genesen würde, sein Haus zu verkaufen und nach Jerusalem auszuwandern. Er genas und konnte zunächst an Krücken gehn; seine Frau aber wollte von dem Gelübde, das er ihr jetzt offenbarte, nichts wissen. So brach er denn allein auf, gab aber seiner Frau einen Scheidebrief, dessen sie sich bedienen sollte, falls er in zwei Jahren nicht zurückkehrte. Sein Vorhaben konnte er ausführen und kam noch sechs Wochen vor dem festgesetzten Termin nach Hause zurück. Jetzt begleiteten ihn seine Frau und Schwester nach Jerusalem. Dort als Schneider sein tägliches Brot erwerbend, kam er in Verkehr mit den Missionaren und besonders mit Stern. Dessen Zeugniss und Blätter eines zerrissenen Neuen Testamentes mit der Bergpredigt trafen ihn im innersten Herzen. Es folgten schwere Kämpfe, bis er nach einem halben Jahre den Muth fand, öffentlich vor seiner Frau und den Juden zu bekennen, was er glaubte. Seine Frau widerstand ihm 18 Monate, und die Rabbinen thaten ihn in den Bann. Einmal wollten die Juden ihn kreuzigen. »Wir müssen dir thun, wie man deinem Gott gethan hat,« riefen sie ihm zu, seine Frau aber schrie so entsetzlich, dass sie ihn losliessen; doch litt er an den durchbohrten Händen noch lange entsetzliche Schmerzen. Dann sollte er vor ein jüdisches Gericht geschleppt werden, erhielt zu seinem Schutze aber zwei türkische Cawassen, und so kam er ungegeisselt davon. Die Verfolgungen dauerten jedoch fort, und daher sah er sich genöthigt Frau und Kinder zu verlassen. Er ging in das Inquirers' Home, wo er zusammenbrach; der Hausvater Schapira und Stern brachten

---

*) Saat a. H. 1875, 188. Freund Israels, Basel 1874, 19.

ihn wieder zu sich. Am nächsten Tage stürmten die Juden das Haus und schleppten ihn gebunden zu seiner Frau. Schapira aber mit zwei Cawassen des englischen Consuls Finn befreiten ihn. 14 Tage darauf starben plötzlich zwei seiner Kinder, das dritte etwas später. Unter den Anfechtungen, die da über ihn kamen, und unter den Bitten seiner Frau, die sich inzwischen durch Dienen ihr Brot hatte erwerben müssen, wurde er weich und kehrte zu seiner Frau zurück. Er that jetzt, was die Juden verlangten, und nahm auch das Reinigungsbad der reuigen Abgefallenen. Aber Frieden hatte er nicht, seine Frau blieb hartnäckig, auch sein jüngstes Kind starb, und nach neun Monaten verliess ihn seine Frau. Jetzt gab er ihr den Scheidebrief und sagte sich nun auch von den Juden wieder los; einige Monate später, im April 1863, empfing er die Taufe. Im folgenden Jahre wurde er von seiner jüdischen Tante zum Purimfest eingeladen und sollte da durch Kaffee und Kuchen vergiftet werden. Er ahnte plötzlich, was man vorhatte, und reichte etwas von dem Vorgesetzten dem Neffen. Als die Eltern diesem das Angenommene aus der Hand schlugen, wurde der Verrath offenbar. Ein andermal wurde er vor den Thoren der Stadt von den Juden ergriffen, die ihn lebendig begraben wollten. Freunde, die mit ihm gewesen und in die Stadt geflohen waren, kamen gerade noch, ehe er vollständig verschüttet war, und retteten ihn. Später trat er in den Dienst der schottischen und der amerikanischen Judenmission, wo wir ihn noch treffen werden.

Das Werk in Jerusalem und Palästina ist trotz aller Fehler im Einzelnen doch ein mit Eifer, Ausdauer und Umsicht geleitetes zu nennen; glücklicher Weise hat es sich auch von aller chiliastischen Schwärmerei frei gehalten. Jedesfalls haben die Londoner die evangelische Kirche in das Leben des heiligen Landes eingeführt und andere dann ermuthigt, den Orient in Angriff zu nehmen. Juden, Christen und selbst Muhammedaner haben sich genöthigt gesehn, den Ihrigen fortan viel mehr an geistiger Nahrung zu bieten; das heutige Schulwesen des heiligen Landes ist lediglich infolge der Anregungen der Londoner entstanden. Im Lande der Juden aber hat die Gesellschaft den Grund zu einer evangelischen Judengemeinde gelegt, und überdem ist die erste evangelische Gemeinde Palästinas eine judenchristliche gewesen. Die Judenschaft des heutigen Palästina kann sich dem Eindrucke der Thatsache nicht entziehn, dass eine Gemeinde zu Christo bekehrter Volksgenossen in ihrer eigenen Heimath lebt, und sie rechnet damit, dass dieselbe mit ihr darum kämpft, welcher von beiden die Zukunft gehören soll. Es sind Anfänge vorhanden, die noch sehr unvollkommen sind, die aber Wachsthumskraft bekunden und fortschreitend grössere Erfolge aufzeigen. Wird man nur den von Gott gewiesenen Weg, Treue in unablässiger Arbeit im Kleinen zu üben, weitergehn, dann wird es auch ferner an Segen nicht fehlen, und die Zukunft verspricht reichlichen Lohn für die Säearbeit der Gegenwart. Für alle Zeit aber wird mit der Neubelebung der Juden in Jerusalem der Name Nicolayson aufs Innigste verbunden sein.

β. Asiatische Türkei.

Die Zahl der mit Ausschluss von Palästina das Türkische Asien bewohnenden Juden wird jetzt auf 100000 geschätzt. Dieselben haben sich besonders in den grösseren Städten niedergelassen und ihre Geschichte wie ihre Art ist die nämliche, wie die der Juden in der europäischen Türkei. 1823 besuchten L. Way und Rev. B. Lewis dieselben in Syrien; ersterer legte damals das Seminar in Antura auf dem Libanon an. J. Wolff und Lewis besuchten Damaskus und das Türkische Asien 1824. Sie fanden in Damaskus lauter sephardische Juden vor. Schriften unter denselben zu verbreiten wurde verboten. Lewis schlug deshalb vor Smyrna zu besetzen, dessen Juden freilich sehr fanatische waren. Die Stadt hatte damals 10—15000 Juden, in ihrer Umgegend lebte auch noch eine Anzahl derselben; 1874 war die Zahl der Juden in Damskus auf 25 000 gestiegen. 1829 wurde Smyrna durch Lewis besetzt. In der Nähe der Stadt, in Kaisarieh, waren John Baptist und einige der Verfolgten aus Constantinopel angesiedelt; Lewis besuchte dieselben. Als er dann beim Ausbruch der Cholera vielen Juden in Smyrna ärztliche Hilfe leistete, traten nicht wenige derselben zum Verdruss der Rabbinen mit ihm in Verbindung, und bald brach eine Verfolgung über die aus, welche auf sein Wort hörten.

Zwei Juden, Abraham Levi und David Israel, die Lewis 1832 taufte, musste er drei Wochen verborgen halten, bis er sie zu Schiff nach Syra senden konnte, wo sich der Prediger der Church Missionary Society Hildner ihrer annahm. Uneingeschüchtert durch das Schicksal der beiden liessen sich darauf zwei ihrer Freunde, aus Triest stammende Juden, Ende 1832 in der Capelle des holländischen Consuls taufen: Giuseppi (Jacob) Cantoni und der Arzt Dr. Victor Lukas Marpurgho. Da besonders der letztere allgemein bekannt war, konnte die Capelle die Menge der Zuschauer nicht fassen. Das Jahr darauf erfolgte wieder eine Taufe, die des Giuseppi (Pietro) Tedesco aus Venedig; andere, mit denen Lewis nicht zufrieden war, liessen sich von den Griechen taufen. Die Juden wurden natürlich durch diese Vorgänge aufs äusserste erregt. 1836 wurde Lewis der bekannte John Evangelist Cohen zur Hilfe gesandt, und derselbe blieb auch dort, als Lewis 1837 die Station verliess. 1840 kam Markheim dorthin.

Cohen übersetzte die Bibel und die Liturgie in das Jüdisch-Spanische; aber die Macht der Rabbinen, welche auch hier damals noch die Gerichtsbarkeit über alle eingeborenen Juden hatten, hinderte jedes öffentliche Heraustreten derer, die dem Evangelio glaubten, oder zwang sie auszuwandern. 1843 verliess Cohen die Mission. Rev. G. Solbe, der ihm folgte, machte die gleichen Erfahrungen. Einer der zurückgebliebenen Bekehrten musste vor den Nachstellungen der Juden nach Jerusalem geschickt werden. Sechs Juden, die 1844 im Unterricht standen, wurden ins Gefängniss geworfen; von der Bastonade befreite sie nur der englische Consul. Dagegen gelang es, wenngleich in bescheidenen Grenzen, eine Missionsschule zu errichten, und M'Cauls »Wahrer Israelit« wurde in das Jüdisch-Spanische übersetzt. Als Solbe dann seiner Gesundheit wegen Smyrna verliess, blieb dort nur der Colporteur Philipp Russo.

Um diese Zeit fing die Macht der Rabbinen zu sinken an, so dass Hausbesuche bei Juden möglich wurden. Aber erst 1860 wurde Smyrna wieder ordentlich besetzt und zwar durch Rev. J. B. Goldberg. Die Rabbinen traten ihm wie den früheren Boten entgegen und brachten die gleichen Mittel wie damals gegen die Ihrigen in Awendung, wenn sie sich der Mission näherten. Aber eine Klasse der Juden wusste sich schon der Gewalt der Rabbinen zu entziehn, und 1863 konnten ein Erwachsener und im Diakonissenhause zwei Mädchen getauft werden. Wegen Kränklichkeit blieb Goldberg jedoch nur bis 1866. Jetzt kam J. M. Eppstein nach Smyrna, der sich auf diesem schwierigen Posten wohl bewährt hat. Er trat bald mit vielen Juden in Verbindung und 1869 konnte er vier Erwachsene und zwei Kinder taufen, während eine grössere Zahl seiner Pfleglinge jetzt und später noch oft ausserhalb Smyrnas die Taufe erhielten. Die Lage der Proselyten am Orte blieb eine überaus schwierige und wurde es dadurch noch mehr, dass es auch hier wie in vielen Fällen versäumt wurde sie in die evangelische Gemeinde des Ortes einzugliedern. Dabei muss Eppstein selbst hervorheben, dass zur griechischen oder römischen Kirche in Smyrna übergetretene Juden sich um die Gewinnung andrer ihrer Brüder treulich gemüht haben. Eppsteins eigenes Augenmerk war auf die Schaffung einer Proselytengemeinde gerichtet. Ein Haus wurde erstanden, das als Heimath für Wanderer, Lesezimmer, Kapelle und Dispensiranstalt diente, und in demselben sind manche zur Taufe vorbereitet worden. Bis 1882 hat er 26 Personen getauft. Unter denselben befand sich 1873 ein Mann, der in Smyrna Lehrer an einer öffentlichen Schule und Prediger an einer Synagoge gewesen war. Den meisten Eingang fand Eppstein bei den Juden durch seine ärztliche Kunst. Indessen drang auch in Smyrna der moderne Unglaube unter den Juden ein und und fing an die Herrschaft des Talmud daselbst immer mehr zu untergraben. Die freiere bürgerliche Stellung und die moderne Bildung üben eben allenthalben auch unter den Juden des Türkischen Reiches ihren grossen Einfluss aus. 1885 wurde Eppstein nach London versetzt. Da Smyrna auch von den Schotten besetzt ist, hätten die Londoner es ruhig verlassen können; sie haben dies aber nicht gethan, sondern J. Mühlenbruch dorthin gesandt, so dass sich zu viel Kräfte auf dem harten Boden abmühen.

Der Versuch, in Beirut und Aleppo Stationen zu errichten, wurde bald wieder aufgegeben. 1844 wurde Bagdad besetzt, in dem 8—10000 Juden wohnten, welche den Handel der Stadt und des Gebietes ganz in ihren Händen hatten. Der grösste Theil derselben aber war ausserordentlich arm; hiergegen stach der bedeutende Reichthum der anderen desto greller ab. Man schickte dorthin sogleich drei Missionare: Rev. M. Vicars, der aber nur bis 1850 blieb und auf der Rückreise in Marseille starb, Rev. H. Stern und Rev. P. H. Sternschuss. Sie fanden schnell unter den Juden Eingang; aber sofort waren auch die Rabbinen mit Verhängung des Bannes über alle bei der Hand, die mit den Missionaren verkehrten. Solche, die in den Unterricht traten, wurden meistens misshandelt, und sechs Monate lang wagte sich kein Jude in das Haus der Missionare. Auch in Bagdad stand die Macht der Rabbinen gesetzlich fest, und so ist es kein Wunder, wenn die Mission in den ersten Jahren fast keinen Fortschritt machte. Stern und Sternschuss machten inzwischen eine Reise nach Persien und fanden dort die Juden in äusserst gedrückter Lage, durften aber grossen Schaaren derselben das Evangelium verkündigen. Hier und in Türkisch Asien gelang es übrigens auch viele Bibeln und Schriften zu verbreiten. Dass sich 1852 Rabbi Mullah Elijahu aus Buschiri, und Elijahu aus Bagdad taufen liessen, wollte unter den erwähnten Umständen etwas heissen. Der Vater des letzteren stand im Dienste der jüdischen Gemeinde in Bagdad und verlor wegen des Uebertritts des Sohnes beinahe seinen Posten. Der Sohn begleitete dann Stern auf seinen Reisen nach Mosul und Kurdistan.

Als eine englische Dame Mrs. Long dieser Mission 10 000 Mark vermachte, war man im Stande ein Heim für die zu unterrichtenden Juden herzustellen, die hier auch Arbeit erhielten, und so das Werk zu fördern. Die Rabbinen thaten alles, um dieses Unternehmen zu zerstören; aber es gelang ihnen nicht.

1850 wurde ein Arzt Hakim David, der als Talmudist einen Namen hatte, getauft; 1851 Ezekiel, Sohn eines der reichsten Juden, der hernach als Colporteur verwandt wurde. Der Oberrabbi veröffentlichte eine Schrift zur Widerlegung des christlichen Glaubens »Der gerächte Bund«. Dennoch gerieth dieser Oberrabbiner hernach in den Verdacht ein Freund der Mission zu sein, was ihm Absetzung und Gefängniss zuzog. Als Sternschuss seiner Gesundheit wegen Bagdad verlassen musste, folgte ihm J. H. Brühl. Sterns unermüdlichem Eifer gelang es das Neue Testament in die Häuser vieler Juden zu bringen, und im Lande entstanden mehrfach kleine Gemeinschaften, die sich zur Betrachtung des göttlichen Wortes versammelten. Aber seine Gesundheit nöthigte 1852 Stern Bagdad zu verlassen, und Brühl blieb jetzt allein zurück. Auch er bereiste Persien und Kurdistan, hatte aber stets auf seinem Missionsfelde mit den grössten Schwierigkeiten zu kämpfen. So verwandte ein reicher Jude in Bagdad einen grossen Theil seines Einkommens dazu, die Polizei zu bestechen, dass sie gegen Juden, die zu fragen begannen, einschritt. Trotzdem erhielt man die Station noch eine Weile und sandte 1856 J. M. Eppstein dem Missionar Brühl zu Hilfe nach Bagdad. 1861 wurde eine Schule eröffnet, Eppstein begann eine ärztliche Mission; ein Arbeitshaus wurde für die in den Unterricht tretenden Juden geschaffen, von denen auch einige wenige getauft wurden, und Gottesdienst in hebräischer und englischer Sprache gehalten. Eppstein übersetzte auch Traktate in das Jüdisch-Arabische. 1866 aber beschloss die Gesellschaft wegen der Schwierigkeit des Werks die Mission in Bagdad aufzuheben. Die Zeit für dieselbe war noch nicht gekommen, zumal nicht die Möglichkeit vorlag, den Uebertretenden die bürgerliche Existenz am Orte zu erhalten und sie in Verbindung mit einer christlichen Gemeinde zu bringen oder sie zu einer solchen zusammenzuschliessen. Da das alles aber längst zu Tage getreten war, muss das zu lange Verweilen der Londoner in Bagdad durchaus als ein Fehler bezeichnet werden. Blosse Proselytenmacherei kann nie der Zweck der Mission sein.

1869 wurde in Damaskus Rev. E. B. Frankel angestellt. Die Stadt zählte etwa 6000 Juden, ebenso lebten in der Umgegend solche. Auch dort hatten die Missionare einen schweren Stand, aber so schlimm wie in Bagdad lagen hier die Verhältnisse nicht. Die Macht der Rabbinen ist in Damaskus nicht mehr die frühere, desto fester aber der Zusammenhang der Familien unter einander. Auch hier hat bereits der moderne Unglaube Einzug zu halten begonnen. Die Missionare aber wollte man sich abschütteln, und so wurde z. B. einmal an die Bücherniederlage derselben Feuer angelegt. Mit dieser Niederlage hat man ein Heim für Katechumenen und eine Abendschule verbunden. Bald geschahen auch einige Taufen, mehrere der Unterrichteten traten zur griechischen Kirche über. Unter den Täuflingen des Jahres 1872 war ein Arzt, der seitdem seine ganze Praxis unter den Juden verlor. Als Frankel durch seine Gesundheit genöthigt wurde, die Stadt zu verlassen, folgte ihm M. Rosenthal, der seiner Zeit von Ewald in London getauft worden war; diesem folgte H. C. Reichardt, ein Neffe des älteren, später Rev. C. P. Sherman und endlich Rev. J. F. Segall. Die Lage der Proselyten war vielfach eine sehr ernste, gewöhnlich mussten sie die Stadt verlassen. Einer der Katechumenen, David Harari, wurde dann in Beirut von den Schotten getauft und Lehrer an einer Missionsschule. Das Werk in Damaskus war bisher kein verheissungsreiches, und man sieht auch noch nicht, auf welches Fundament man daselbst die Mission stellen will.

γ. Persien*).

In Persien wohnen etwa 20000 Juden und zwar in bestimmten Gegenden des Landes. Alle sprechen die Landessprache, viele verstehn auch das Hebräische. Sie befinden sich in ungemein gedrückter Lage, noch in den 70er Jahren wurde ein Jude in Hamadan lebendig verbrannt. Noch viel verachteter als in der Asiatischen Türkei, sind sie fast rechtlos und den Quälereien und Erpressungen der Beamten unaufhörlich ausgesetzt. Am ehesten kommen ihnen noch ihre ärztlichen Kenntnisse zu Statten: fast alle Aerzte und Apotheker des Landes sind Juden. Unbedingt herrscht unter ihnen der Talmudismus, und Abweichungen von demselben dulden die Rabbinen nicht. Zuerst besuchten sie Stern und Brühl von Bagdad aus 1846. Im Jahre 1847 nahm Stern in Ispahan seinen Wohnsitz. Infolge der Feindschaft des Gouverneurs und der politischen Verwirrungen konnte er dort aber nur ein Jahr bleiben. Stern hat diese Zeit jedoch wohl benutzt und das Neue Testament und M'Cauls »Wahren Israeliten« reichlich unter die Juden gebracht. Als er später wieder Persien besuchte,

---

*) Dibre Emeth 1881—83. Freund Israels 1886, Nr. 1, 9, 13.

fand er diese Bücher im Besitz vieler Juden. Diese Reisen wiederholten sich 1866. Die von der Mission verbreiteten Schriften wurden auch von den Juden fleissig gelesen, und insbesondere bildete sich ein Kreis, den die Lektüre derselben verband. Das trug ihnen aber die Feindschaft der übrigen Juden ein, und man beschuldigte sie sogar beim Schah politische Verbrecher zu sein, kam aber damit nicht zum Ziel. Später trat Rev. Robert Bruce von der Church Missionary Society zu Ispahan in Verbindung mit ihnen und wurde bei den Juden sehr beliebt, als er sie beim Ausbruch einer Hungersnoth nach Kräften unterstützte. Später wandten sich mehrere nach der Wahrheit fragende Juden in Hamadan brieflich an ihn und baten besonders um die Zusendung eines Missionars. Bruce schickte den Brief nach London, die Gesellschaft aber konnte dem Wunsche der Briefsteller damals nicht willfahren. Deshalb wandte Bruce sich an die Bibelgesellschaft, und diese sandte ihn nach Hamadan, um die Lage dort zu untersuchen. Seine Erfahrungen daselbst hat er der Bibelgesellschaft 1880 mitgetheilt. Er fand etwa 3000 Juden in der Stadt. Unter denselben war Hesekiel Chajim, Sohn eines der reichsten und angesehensten Juden, 1875 durch das Lesen des Alten Testamentes zu der Erkenntniss gekommen, dass der Messias gekommen und zur Zeit des zweiten Tempels getödtet worden sei. In Dr. Aga Jan, der aus priesterlichem Geschlecht war, fand er einen Gesinnungsgenossen. Beide erlangten dann ein Neues Testament und wurden durch das Lesen desselben an Jesum gläubig. Ihren Glauben bekannten sie auch vor den Juden, und ihnen fielen Dr. Elijahu mit zwei Söhnen, ein altes Oberhaupt der Juden, Dr. Moses, Dr. Rachamim, ein jüngerer Bruder des Chajim mit Namen Salomo und ein Ladenhalter Rubini zu. Der Vater Chajims enterbte beide Söhne, und jetzt brach eine allgemeine Verfolgung über die Gläubigen und ihre Freunde aus. Die oben Genannten wurden furchtbar misshandelt und beraubt, blieben aber fest. Im Oktober 1878 taufte der amerikanische Missionar J. Bassett während eines mehrwöchentlichen Aufenthalts in Hamadan Chajim, Rachamim und Moses; eine Woche nach diesen wurden Aga Jan und Jair vom armenischen Pastor in Hamadan getauft. Die Behörden liessen sich aber von den

Juden bestechen, und den Bekehrten wurde befohlen ihre Häuser im Judenviertel zu verkaufen, in andere Viertel zu ziehn und jeden Verkehr mit den Juden aufzugeben.

Neben den fünf Getauften gab es 1880 noch 55 Juden, welche den protestantischen Gottesdienst besuchten, und 1881 schickte ihnen nun auf wiederholtes Bitten die Londoner Gesellschaft ihren trefflichen Missionar J. Lotka, um zunächst zwei bis drei Jahre in jenem Lande zu wirken. Er fand in Hamadan zehn Proselyten vor, die ihrem Christennamen Ehre machten. Andere Juden versammelten sich mit ihnen Sonnabends und Sonntags zur Betrachtung des göttlichen Wortes in einem ihnen von den Amerikanern zur Verfügung gestellten Zimmer, während etwa zehn Kinder Unterricht erhielten. Lotka taufte sechs der bereits angeregten Juden. Die Lage der Proselyten aber blieb eine überaus traurige. Der Staat betrachtete sie als Juden und diese hassten sie wegen ihres Uebertritts. Im Juli 1882 kam es zu einer neuen Verfolgung. Durch die Juden aufgestachelt, wurden die Bekehrten von der Behörde misshandelt, erhielten die Bastonade, wurden beraubt und ins Gefängniss geworfen. Schliesslich wurde jeder Besuch eines christlichen Gottesdienstes bestraft. Um sie nicht in Lebensgefahr zu bringen, stellte Lotka seine Gottesdienste ein und kehrte 1886 nach England zurück. Die Zeit war noch nicht gekommen, wo ein Missionar im Lande arbeiten durfte; aber deutlich genug hatte es sich gezeigt, dass es unter den persischen Juden viele empfängliche Gemüther gab. Die jüdische Zeitschrift »Der Israelit« berichtet dann aus dem Jahre 1888, dass die Amerikaner in Hamadan eine schöne Synagoge für Juden, welche sich zum Christenthum bekennten, gebaut hätten, in der das jüdische Gebetbuch mit christlichen Veränderungen gebraucht würde, während in einer Schule der Amerikaner auch jüdische Kinder unterrichtet würden.

Somit ist denn die Bewegung doch nicht zum Stillstand gekommen. Seit 1887 hat auch die Londoner Gesellschaft wieder die Arbeit in Persien aufgenommen und zwar durch den eingeborenen Proselyten M. Norollah. Derselbe gehört zu denen, welche in der letzten Verfolgung besonders schwer zu leiden hatten. Eine Zeitlang in Mogador angestellt, hatte er von dort aus den Zusammenhang mit den jüdischen Brüdern in Persien brieflich aufrecht erhalten und durfte bald nach seiner Rückkehr seinen ältesten Bruder, einen Arzt und dessen Sohn übertreten sehn. Er hat in Teheran ein Buchlager und eine Sonntagschule eröffnet und macht im Lande Missionsreisen. Die kleine Proselytenzahl in Hamadan ist treu geblieben und wird jetzt von Norollah, so gut es geht, gepflegt. Sonst schliessen sich die Bekehrten verständigerweise der amerikanischen Mission an. Der Proselyt Hesekiel Chajim arbeitet in Hamadan sehr treu. Das Richtigste wäre, wenn die Proselyten auch ferner Glieder der durch die Amerikaner gegründeten armenischen Gemeinden würden, die eine gesunde evangelische Kirche des Landes zu werden versprechen. Die Londoner Gesellschaft muss es durchaus vermeiden, neben diesen armenischen Gemeinden in der Luft schwebende Proselytenhäuflein zu bilden.

4. Ostindien. China.

Auf Ostindien war die Londoner Gesellschaft zuerst durch einen Bericht des Dr. Claudius Buchanan hingewiesen worden. Ein Jude Jakob Levi kam aus Smyrna nach Calcutta und hörte dort einen Prediger, der im Dienst der Church Society stand. Die Beweise desselben für die Messianität Christi aus dem Neuen Testament ärgerten ihn und er beschloss das Buch zu widerlegen, übersetzte es zu diesem Zwecke ins Hebräische, wurde aber unter dieser Arbeit selbst von der Wahrheit überwunden, predigte dann Juden, Muhammedanern und Christen, starb aber nach kurzer Zeit. Diese Uebersetzung gab hernach den Anstoss zur ersten Londoner Uebersetzung.

So wurde die Aufmerksamkeit der Londoner auf Indien gelenkt. Es erschienen nun Berichte über die Juden in Cochin auf der Küste von Malabar schon im »Expositor« 1816. Dort lebten von Uralters her zwei Arten von Juden, eingewanderte und solche, die ursprüngliche Landesbewohner waren. Die Zahl der Juden Ostindiens ist nicht gross. Man unterscheidet drei Gruppen derselben: die Beni Israel in der Präsidentschaft Bombay, jetzt etwa 5300, die weissen Juden in Travankore und Cochin, nur 300 Seelen, und die schwarzen

Juden in Cochin, letztere aus einer Vermischung von Juden und Negern stammend. Vom Talmud sind sie wenig berührt, dagegen hat das sephardische Gebetbuch bei ihnen Eingang gefunden; ihre Umgebung aber beeinflusst auch ihre religiöse Stellung. 1819 nun sandte die Gesellschaft Neue Testamente und Traktate an Rev. Thompson in Calcutta und an Thomas Jarrett, Esq. in Madras. Aus Madras aber wird 1818 die Taufe eines Michael Sargon berichtet. Derselbe war 1795 in Cochin geboren und kam später zu Jarrett nach Madras, durch den er christlich angeregt wurde. Besonders führte es ihn zum Nachdenken, als er von Jarrett das hebräische Evangelium Matthäi zum Drucken erhielt. Die Seinen suchten ihn vergeblich zurückzuhalten; 1818 wurde er durch Rev. W. A. Keating getauft. Sargon sprach verschiedene Sprachen Indiens und Europas und wurde zunächst zum Drucken von Schriften für Juden verwandt. 1821 bildete sich dann in Madras ein Comité, das sich die Unterstützung der Londoner zur Aufgabe machte und besonders zur Errichtung einer Missionsschule aufforderte, nachdem die Amerikaner schon den Versuch mit einer solchen gemacht hatten. Die Londoner Gesellschaft erklärte sich bereit Sargon nach genügender Vorbereitung als Missionsarbeiter zu verwenden. 1821 trat derselbe dann in das Werk ein, zu dessen Erhaltung die Madraser Gesellschaft ganz ansehnliche Summen aufbrachte, und zwei Schulen wurden errichtet. Die schwarzen Juden verboten den Ihrigen bei Strafe des Bannes Kinder in die Schule zu schicken, die weissen Juden waren weniger feindselig; 70 jüdische Kinder besuchten die Schulen. Sargon verbreitete überdem christliche Schriften unter den Juden und besuchte sie auch im Innern des Landes. Die Madraser Gesellschaft stellte ihm dann einen englischen Gehilfen zur Seite, und im Sommer 1823 besuchten 109 Kinder die Schulen. Den Erwachsenen das Evangelium recht nahe zu bringen, reichten Sargons Fähigkeiten nicht zu, und einen Missionar nach Indien zu senden sah sich die Gesellschaft ausser Stande. 1826 errichtete Sargon auch in Bombay eine Schule, und die Madras-Gesellschaft stellte als Arbeiter Abraham Sargon, einen gleichfalls bekehrten Bruder Michaels, an. 1828 geschah die Taufe dreier Juden, unter ihnen Joseph Mizrai, der ein Sohn des Juden war, welcher Dr. Buchanan nach Calcutta begleitet hatte. 1831 bildete sich eine Hilfsgesellschaft in Calcutta, die den Proselyten Jacob Samuel als Missionsarbeiter anstellte. Auch hier wurden Schulen errichtet und die Juden besucht. Nach 1831 aber finden wir in den Londoner Berichten keine Erwähnung des Werks in Ostindien mehr; nur die Schottische Freikirche wirkte dort weiter. Die »Allgemeine Zeitschrift des Judenthums« 1890, Nr. 25 (Umschlag) erwähnt auch Sargon und seine damalige Thätigkeit und fügt betreffs der Beni Israel hinzu, dass es in späterer Zeit der Mission gelungen sei, viele von ihnen zu gewinnen.

1848 wurde dann die Gesellschaft ersucht, Missionare zu den Juden in China zu senden. Miss Cook in Cheltenham überreichte ihr zu diesem Zweck eine angemessene Summe. James Finn, der britische Consul in Jerusalem und Verfasser einer Schrift: »The Jews in China«, überbrachte dem Comité Nachrichten des britischen Consuls aus Amoy, welche das Vorhandensein einer jüdischen Gemeinde in Kaefunghoo, Provinz Honan am Gelben Fluss, feststellten, und der Bischof von Victoria bot bekehrte Chinesen zur Arbeit unter den Juden Chinas an. 1850 gingen denn auch zwei solche dorthin und fanden an dem erwähnten Orte nicht mehr als 200, meistens sehr arme Juden. Ihre Synagoge war verfallen, und von einem Messias wussten sie nichts, die Beschneidung wurde nicht mehr geübt und das Hebräische war ihnen unbekannt geworden; doch waren hebräische Manuskripte vorhanden, welche die Abgesandten kauften. Die Reise der beiden wurde im nächsten Jahre wiederholt, und aufs Neue wurden Schriften erstanden. Zwei junge Juden gingen mit ihnen nach Hongkong, kehrten dann aber wieder zurück. Seitdem ist in der Angelegenheit der chinesischen Juden nichts weiter geschehn.

Reisen, welche Dr. Wolff zu den Juden in ganz Mittelasien und H. Stern in Arabien machten, ergaben, dass die Zeit der Mission in jenen Gegenden noch nicht gekommen war. Thatsächlich aber hat die Londoner Gesellschaft fast überall in Asien den Versuch gemacht den Juden das Evangelium zu bringen, und auch hier wieder tritt es uns entgegen, dass dieselbe allerdings mit grossem Eifer an der Erfüllung ihrer Aufgabe im weitesten Umfange festgehalten hat; das bleibt ein schöner Ruhm derselben, auch wenn sie sich vielfach in ihrem Vorgehn vergriffen hat. Mannigfach ähnliche Verhältnisse begegnen uns auf dem afrikanischen Boden, den die Gesellschaft gleichfalls in Angriff genommen hat.

I. Afrika.

In Afrika hat die Gesellschaft unter den am Nordrande dieses Erdtheils und in Abessinien wohnenden Juden gearbeitet.

a. Aegypten.

Nachdem vorübergehend Missionare besonders aus Palästina Aegypten besucht hatten, wurde seine Hauptstadt Cairo 1847 besetzt. Hier wohnten damals 5000 ziemlich wohlhabende Juden, unter ihnen 50—60 karaitische Familien, die übrigen orientalische und europäische Juden aus den verschiedensten Ländern; letztere und erstere standen einander feindlich gegenüber. Die ägyptischen Juden galten den eingewanderten europäischen als ungebildet und abergläubisch, die europäischen den anderen als ungläubig. Der Talmud hatte unter ihnen nicht viel Ansehn, und je länger desto mehr fasste eine grosse religiöse Gleichgiltigkeit unter ihnen Platz.

Hierher nun wurden C. L. Luria und J. B. Goldberg gesandt. Sie verbreiteten sogleich viele Schriften und besonders M'Cauls »Wahren Israeliten«, gegen welches Buch der Bann von den Rabbinen ausgesprochen wurde. Goldberg musste gesundheitshalber bald die Stadt verlassen, und Luria blieb allein zurück; derselbe suchte aber treulich die Juden des ganzen Landes auf. 1850 wurde in Cairo eine Missionsschule errichtet, die anfangs grossem Widerstand der Rabbinen begegnete, hernach aber eine stets wachsende Zahl von Kindern aufnehmen konnte. 1851 geschah die erste Taufe, die eines Vaters und seiner drei Kinder, der aber dann nach Jerusalem verzog. Andere in der Stadt bereits vorhandene Proselyten gelang es zu einem Kreise zu verbinden. Juden aus Arabien, die Cairo besuchten, versorgte Luria mit Bibeln und Neuen Testamenten und schickte ihnen dann weitere Exemplare nach, was auch noch wiederholt auf Ansuchen von Juden aus Arabien her geschah. Nach und nach gestaltete sich das Verhältniss von

Luria selbst zu den Rabbinen freundlich, und von eigentlichem Fanatismus war nie in Cairo die Rede. Auch in Alexandria fand er gute Aufnahme, das jüngere Geschlecht daselbst traf er bereits dem Unglauben verfallen. In dieser Zeit fingen dort auch die Amerikaner und Schotten zu missioniren an. 1855 trat H. C. Reichardt an die Stelle von Luria. Eine von ihm eröffnete Mädchenschule zählte sogleich 55 Kinder, 1861 sogar 128. Ueberflüssiger Weise erhöhte man noch die Zahl der Missionsarbeiter. Eine in Cairo unter dem Proselyten Schufami errichtete Bibelniederlage übte grosse Anziehungskraft aus und bot reiche Gelegenheit zum Verkehr mit den Juden. 1861 eröffnete Reichardt einen von Juden, Christen und Muhammedanern besuchten arabischen Gottesdienst. 1862 vollzog er seine erste Taufe an einem Juden aus Saloniki, dem aber seine Familie nicht folgte. 1864 wurde Reichardt versetzt. Bis dahin hatte die Mission in Aegypten keine besondere Energie entfaltet. Nach kurzem Aufenthalt von Rev. B. W. Wright in Cairo erhielt man dort nur die Bibelniederlage und liess 1867 auch diese eingehn. 1871 wurde die Mission durch H. C. Reichardt in Alexandria neu eröffnet. Diese Stadt mit ihren 10000 Juden hätte von vorn herein die eigentliche Missionsstation werden sollen. Das Handelsinteresse führt hier fortwährend viele Juden hin. Die Zustände unter den Juden Alexandrias sind die von Cairo, aber in noch gesteigertem Grade. 1874 wurde Reichardt wieder abgerufen. Neuerdings soll Aegypten wieder besetzt werden. Der Versuch Reichardts, durch Flugblätter, die arabische Christen unter ihnen vertheilten, die Juden zu erreichen, ist vielfach gelungen. Das hätte die Mission in Alexandria und Cairo darauf hinweisen sollen, dass sie ihr Werk in Verbindung mit den Evangelischen des Landes treiben musste, um dasselbe aus seiner Isolirung herauszureissen und den Proselyten an den bestehenden Gemeinden einen Halt zu geben; aber wie an vielen Orten hat man auch hier dies versäumt.

β. Nordafrikanische Länder.

Der britische Kaplan von Livorno richtete die Aufmerksamkeit der Gesellschaft zuerst auf die nordafrikanischen Juden, die in jener Stadt vielfach verkehrten und an die er häufig Bibeln verkauft hatte. Nicolayson und Ferman, die sich 1830 in Malta aufhielten, empfingen deshalb den Auftrag Tunis, Tripolis und Algier zu besuchen, und dies geschah zweimal. Nicolayson schilderte die Zustände der Juden als überaus traurige, ermuthigte aber die Gesellschaft das Werk trotzdem zu beginnen. So wurde denn 1831 F. C. Ewald nach Tunis gesandt, in dessen Gebiet zahlreiche Juden wohnten. Ewald schätzte die Juden der Stadt auf 40 000, die der Regentschaft auf 130 000. Die Juden von Nord-Afrika (Moghrabim) sprechen arabisch, kleiden sich ähnlich wie die Muhammedaner und leben ungefähr wie diese. Ewald fand die Juden so vor, wie Nicolayson es beschrieben hatte, wollte sie aber »mit den Augen des grossen Missionars ansehn, der gekommen ist zu suchen und selig zu machen, was verloren ist«. Als man auf dem Zollhause seine Bibeln und Schriften sah und ihm sagte, er habe den schlechtesten Theil der Welt für seine guten Absichten auserwählt, antwortete er: »Die Bibel hat schon grosse Dinge gethan, und ich glaube, der Herr wird sie auch in diesem Lande segnen.« So ging er denn unter die Juden. Er fand sie und besonders die Frauen so unwissend wie sonst nirgends, meistens konnten letztere noch nicht einmal lesen. Erst seit der französischen Besetzung von Algier und Tunis ist unter den Juden der grösseren Städte eine bemerkenswerthe Veränderung wahrzunehmen; in Algier haben sie seit 1870 sogar durch ihren Glaubensgenossen Crémieux das französische Bürgerrecht erhalten, was allerdings zu vielen Conflikten mit der muhammedanischen Bevölkerung geführt hat.

Die grosse Masse der Juden Nord-Afrikas ist noch orthodox, aber die modernen Ideen halten auch unter ihnen Einzug. Die Rabbinen haben immer noch eine grosse Macht, aber doch ist dieselbe nicht mehr so unbeschränkt wie früher.

Ewald nun ging frisch und fröhlich an das Werk. Er verkaufte sogleich eine grosse Anzahl heiliger Schriften und löste für dieselben 1460 Mark. Auch liess er sich es angelegen sein die in der Stadt wohnenden Evangelischen zu sammeln, um für die Juden und Proselyten an einer christlichen Gemeinde einen Halt zu gewinnen. Nur sah er sich anfangs durch Krankheit in seiner Arbeit vielfach behindert. 1835 unternahm er eine Reise nach Tripolis und verkündigte dort Tausenden von Juden das Evangelium. 1836 kehrte er zum Empfang der Ordination nach London zurück; indessen blieb J. Richardson an seiner Stelle zurück. Das Jahr darauf finden wir ihn wieder in Tunis. Als sich eine Anzahl wahrheitsbegieriger Juden um ihn sammelte, erregte dies die Rabbinen ungemein. Einer der Katechumenen wurde von seinen Verwandten so furchtbar geschlagen, dass er starb; ein anderer, den er taufen wollte, wurde einige Tage zuvor mit Frau und Kindern durch Räuber ermordet. Da wurde es sogleich klar, dass, wenn Juden von Tunis Christen werden wollten, sie nach Europa geschafft werden mussten. 1838 erhielt Ewald Unterstützung durch N. Davis. Weithin nach Aegypten, Tripolis, Algier und Marokko aber verbreitete er jetzt Bibeln, welche von den Juden trotz ihrer Armuth gekauft wurden. Der hervorstechendste Zug in dem ganzen nordafrikanischen Missionswerke ist auch bisher die ungemeine Verbreitung der Bibel, die Willigkeit der Juden sie zu kaufen und ihre Kinder in die Missionsschulen zu schicken geblieben.

Da Ewalds Gesundheitszustand sein längeres Verbleiben in Tunis nicht gestattete, wurde der Proselyt H. London dahin gesandt; doch starb derselbe bald an diesem Ort. Ewald begab sich nach Livorno; einen aus dieser Stadt stammenden früheren Rabbiner Kastenbaum, den er in Tunis getauft hatte, nahm er mit sich dorthin, denn in Tunis war es zu schwer Proselyten zu erhalten. Erst 1853 wurde dieses wieder durch E. Page besetzt; auch ihm stellten sich die früheren Schwierigkeiten hindernd entgegen. Eine Missionsschule hatte stets mit der Existenz zu kämpfen, und Page starb bereits 1856. Nun wurde 1860 Missionar Fenner dorthin gesandt. Ihm gelang es besser mit den Schulen, auch in Susa konnte er eine solche errichten. Von 1861—68 besuchten 335 Knaben, von 1862 bis 1868 sogar 614 Mädchen die Schulen. Für die etwa 30 Proselyten in Tunis eröffnete er einen Gottesdienst, den auch Katholiken besuchten, von denen einige Fenners Unterricht erbaten. Allgemach vergrösserte sich die Gemeinde in Tunis und wurde der Stützpunkt für das dortige Missionswerk. 1862 vollzog Fenner seine erste Taufe an einem Juden, der bereits durch den Missionar Ben Oliel daselbst etliche Jahre zuvor gute Eindrücke erhalten hatte. Auch eine zweite Taufe geschah; dass aber diese Proselyten ausser Stande waren in Tunis ihr Brot zu erwerben, schreckte andere fragende Juden ab. 1866 berichtet Fenner, dass es nur einem Proselyten gelungen sei sich in Tunis zu halten. Die etwa 30 000 Seelen zählende Judenschaft der Stadt wusste eben ihre Macht zum Unheil aller Uebertretenden zu gebrauchen. Fenner musste so stets eine Saat auf Hoffnung thun. Besonders verbreitete er viele Flugblätter und Schriften, die auch einen grossen Leserkreis fanden. Der Einfluss dieser Schriften war denn auch allmählich zu verspüren. Von den 70er Jahren an wurde die Lästerung der Person Jesu seltener, und viele Juden zeigten sich zugänglicher. Ende 1874 starb Fenner, eben noch mit der Ausgabe eines Flugblattes beschäftigt. Er war ein frommer Mann und hat mit grossem Eifer gearbeitet, viele Frucht von seiner Arbeit hat er aber noch nicht sehn dürfen. Ihm folgte E. B. Frankel, der die gesammte Arbeit des Vorgängers aufnahm und eine evangelische Gemeinde von 120 Seelen vorfand. Rev. E. U. Shepherd wurde sein Gehilfe. Von 1862—78 haben die Schule in Tunis 1600 Knaben und 960 Mädchen besucht; 1879 waren in derselben sogar 168 Knaben und 305 Mädchen zu finden. 1885, wo H. C. Reichardt in Tunis stand, wagte es ein verheiratheter Mann sich taufen zu lassen. Seitdem sich der Einfluss der Franzosen in Tunis geltend macht, scheint überhaupt die Macht des früheren religiösen Systems gebrochen zu werden, an dessen Stelle aber nicht ein religiöses Fragen, sondern religiöse Gleichgiltigkeit zu treten, zumal auch die nach modernen Grundsätzen neu errichteten jüdischen Schulen ohne religiösen Unterricht sind. Die Schulen der Mission haben seitdem an Kinderzahl verloren, werden aber immer noch von etwa 200 besucht. Tunis ist bisher ein überaus harter Boden gewesen. Jetzt, seitdem Rev. F. Flad daselbst wirkt, scheint sich eine gewisse Besserung auf dem Missionsfelde vorzubereiten.

1844 wurde A. Levi nach Marokko gesandt. Auch in Marokko leben zahlreiche Juden, zumeist Handwerker und Handelsleute; das Bankgeschäft liegt ganz in ihren Händen, und die Regierung verwendet sie bei allen ihren finanziellen Unternehmungen. In ihren eigenen Angelegenheiten haben sie auch ihre eigenen Richter, leben sonst aber in sehr entwürdigenden Verhältnissen. Beim Vorübergehen vor muhammedanischen Heiligthümern müssen sie die Schuhe ausziehn, dürfen nur eine bestimmte Kleidung tragen, auf keinem Pferde reiten, in den Städten überhaupt nicht reiten und sind beständig Misshandlungen ausgesetzt. Dabei sind sie sehr abergläubisch und religiös verkümmert. Levi fand in Mogador gute Aufnahme unter ihnen und verbreitete trotz der Bannflüche der Rabbinen viele Schriften in ihrer Mitte. Der Krieg zwischen Marokko und Frankreich hinderte dann Levis Arbeit sehr, und er musste schliesslich nach Tanger gehn, wo er eine ziemlich wohlhabende jüdische Bevölkerung vorfand und von wo aus er Missionsreisen ins Land machte. Besonders arbeitete er in Oran, wo aber die von ihm verbreiteten Schriften auf das Gebot der Rabbinen denselben ausgeliefert wurden. 1846 bereits trat Levi in ein anderes Amt ein. 1850 kam dann H. A. Markheim nach Oran, das Jahr darauf nach Tanger. Juden die Taufe zu ertheilen erwies sich als eine Unmöglichkeit; er musste sich auf mündliche Bezeugung des Worts und auf Schriftenvertheilung beschränken. Später wurde Mogador neu besetzt.

Auch in Algier wurde indessen die Arbeit aufgenommen. Nachdem kurze Zeit hindurch Bona besetzt war, sandte man den tüchtigen J. B. Ginsburg, später Crighton Ginsburg*) genannt, nach Algier, wo es damals 25 000 Juden gab. Derselbe ist in Russland geboren. Früh wurde er am Talmud irre. Mehrere andere junge Juden hatten wie er gehört, dass es in England eine jüdische Sekte gäbe, welche nur an der Bibel festhielte. Dieselben schlossen sich zusammen und machten sich dann heimlich auf, über die Dwina setzend, um nach England zu kommen, wurden aber mit Gewalt zurückgebracht und hart bestraft. Nach seines Vaters Tode suchte er vergeblich in Wilna, Berditschew und Kiew unter vielen Bussübungen seinen jüdischen Glauben wieder zu befestigen. Er kam dann nach Berlin und wurde dort mit Schwarz und Biesenthal bekannt;

---

*) Jew. Int. 1891, 3, 18.

letzterer besonders machte auf ihn einen grossen Eindruck. Er floh dann förmlich vor ihm nach Hamburg und Frankfurt a. M. und kam später zu J. P. Goldberg, durch den er 1847 in Strassburg zur Taufe geführt wurde. Er studirte auf Kosten der Britischen Gesellschaft Theologie, trat dann in ihren Dienst und 1856 in den der Londoner Gesellschaft, die ihn zuerst in Europa beschäftigte und dann in Afrika. Ginsburg nahm hier seinen Sitz zunächst in Constantine. Unter dem Schutze einer christlichen Regierung hat er und hat die Mission überhaupt unter allen muhammedanischen Gebieten in Algier es am leichtesten gehabt. Ginsburg durfte ungehindert überall im Lande das Evangelium verkündigen und that dies bis in die Oasen der Sahara hinein, in denen der Talmudismus nur geringe Macht hat, und wo der Missionar selbst in den Synagogen zu den Juden sprechen durfte. Ginsburg besuchte auch wiederholt die Juden in der Grossen Kabile, die gar kein Hebräisch kennen, sondern Berberisch sprechen. 1859 vollzog er die erste Taufe und errichtete Schulen. Auch wurden die Anfänge der Errichtung eines Heim gemacht, in dem die Aufgenommenen unterrichtet und zur Arbeit angehalten werden sollten. 1864 verlegte Ginsburg seinen Wohnsitz nach der Hauptstadt Algier, in der 10000 und in deren Umgegend noch viele Juden lebten. Die Verhältnisse waren hier viel günstiger, und sogleich wurden hier vier Juden getauft.

Besonders konnte sich Ginsburg an die britische Gemeinde der Stadt anlehnen, an der er auch vielfach zu amtiren hatte. Alsbald schritt er zur Errichtung eines Heim und mehrerer Schulen, die wohl gediehen. 1866 zählte die Mädchenschule sogar 500 Kinder, und das trotz der Warnung des jüdischen Consistoriums. Ginsburg predigte sonntäglich in englischer, französischer und hebräischer Sprache. Die Gemeinde unterstützte sein Missionswerk treulich, und verhältnissmässig zahlreiche Taufen geschahen. 1872 wurde ein kleines Heim für jüdische Kinder errichtet, deren Eltern eine christliche Erziehung derselben gestatteten. 1875 aber wurde, ohne dass die Gründe dafür ersichtlich sind, die Mission in Algier aufgehoben. Ginsburg hatte daselbst hinreichend Eingang gefunden, über 40 Juden getauft und an der evangelischen Gemeinde einen sicheren Stützpunkt für sein Werk gewonnen.

1875 wurde Ginsburg nach Mogador versetzt. Sein Mitarbeiter hier wurde Salomon Darmon (Jew. Int. 1879, 121). Derselbe ist 1850 in Algier geboren. Ginsburg lernte ihn in Constantine kennen, wo er auch mit den Geschwistern Darmons verkehrte. Salomon wurde in das Collegium zu Constantine gethan und blieb dort, als Ginsburg nach Algier versetzt wurde, unter christlichem Einfluss, siedelte aber später mit seiner Familie nach Algier über. Schon lange hatte er mit sich gekämpft, ob er nicht Christ werden müsse; erst in seinem 20. Jahre aber eröffnete er sich seiner Schwester. Als die Mutter merkte, was in ihrem Sohne vorging, sollte er mit einer sehr reichen Cousine verheirathet werden; er wies aber dieses Anerbieten ab und trat nun mit einem offenen Bekenntniss heraus. 1872 taufte ihn Ginsburg. Wegen seiner Frömmigkeit und seiner Gaben empfahl ihn letzterer der Gesellschaft zur Anstellung, und 1875 wurde er in den Missionsdienst aufgenommen. Er entfaltete in demselben grossen Eifer und suchte, ohne Strapazen und Gefahren zu scheuen, die Juden überall im Lande auf. Mehrere Juden sind denn auch seinem Rufe gefolgt. Eine jüdische Wittwe, die zuerst erklärt hatte, Engel vom Himmel würden sie nicht überzeugen, konnte das von Darmon gehörte Zeugniss nicht vergessen, kam nach Mogador, wurde getauft und später Darmons Gattin. In seinem Amte rieb er sich auf und starb, erst 29 Jahre alt, 1879.

Die Rabbinen erkannten bald die Gefahr, die ihnen mit dem Wiedereintreten der Mission in Mogador und Marokko drohte. Jeder Verkehr mit den Missionaren wurde bei Strafe des Bannes untersagt, und einige Zeit hindurch wurde dann auch der Missionsbau (Mizpeh) von Juden nicht betreten. Aber das währte nicht lange. Schriftenverbreitung geschah in grossem Umfange, Schulen für Knaben, Mädchen und Erwachsene und eine ärztliche Mission wurden eröffnet, und das Wort kehrte nicht leer zurück. 1876 geschahen schon drei Taufen, zwei derselben waren insbesondere eine Frucht der Thätigkeit Darmons. Auch ein französischer und ein englischer Gottesdienst wurden sogleich eingeführt. 1877 fühlten sich die Juden durch das Wirken der Mission so beunruhigt, dass sie in einer grossen Prozession zum Palaste des Sultans zogen, um die Vertreibung der Missionare zu erbitten. Ehe die Antwort erfolgte, sprachen sie den Bann über jeden aus, der mit den Missionaren verkehren würde. Die Schulen wurden infolgedessen von Kindern leer und mussten geschlossen werden. Der Sultan gab keine Antwort, trat aber auch den Juden nicht entgegen. Die Proselyten mussten in das Missionsquartier ziehn, weil sie sonst ihres Lebens nicht sicher waren. Später wurden die Schulen wieder aufgethan, aber zunächst nur von wenigen Kindern besucht. Am meisten empörten sich viele Juden dagegen, dass auch die ärztliche Hilfe der Missionare zu erbitten bei Strafe des Bannes untersagt worden war. Hier durchbrach man zuerst die gezogenen Schranken, und trotz alles Aufruhrs wurden sieben Personen getauft. Seit der Eröffnung der Mission in Mogador Ende 1875 waren Ende 1877 getauft sieben Männer, vier Frauen und zehn Kinder, einige derselben wurden aus der Stadt vertrieben.

Die feindselige Stimmung gegen die Mission hielt nicht lange an, besonders als beim Ausbruch einer Hungersnoth die Missionare alles Mögliche zu deren Linderung thaten, und wieder konnten zwei Personen getauft werden. Dann brach aber für die Mission eine neue Noth von einer andern Seite her an. Man wusste den französischen Consul zu bestimmen, dass er sich gegen die Mission erhob. Der Missionsgehilfe Job Dahan wurde unter den nichtigsten Gründen ins Gefängniss geworfen, allen andern Arbeitern aber befohlen Mogador zu verlassen und ihnen vieles von ihrem Eigenthum geraubt. Der englische Consul verweigerte die von Ginsburg erbetene Hilfe, und das Eintreten des Londoner Comités hatte keinen Erfolg. Die Proselyten wurden misshandelt und ins Gefängniss geworfen. Als die Juden sahen, dass die Mission ohne Schutz war, gingen sie weiter. Ihre Behörden schlossen die Thore des Judenviertels (Mellach), damit keins ihrer Kinder das Missionshaus besuchte; viele brachen trotzdem durch, wurden ergriffen, geschlagen oder ins Gefängniss gethan; ähnliches traf die Eltern, welche ihre Kinder nicht genügend zurückgehalten hatten. Eine alte an der Schule dienende Jüdin (Ramo) wurde misshandelt und gelangen gesetzt; trotzdem suchten Schaaren von Juden die Missionare auf. Da geschah ein offener Angriff auf das Schulgebäude, wobei ein Lehrer und mehrere der in der Schule Anwesenden durch Steinwürfe verwundet wurden. Und um allem die Krone aufzusetzen, verklagten die Juden noch die Missionare beim Sultan und bei den Consuln als Friedensstörer und wegen gewaltsamen Angriffs auf die Juden. Die Missionsgehilfen Zerbib und Mirkowitsch wurden ins Gefängniss gelegt und nach fünf Tagen mit dem Befehl nie wiederzukehren aus dem Lande verbannt. Ginsburg wurde vom britischen Consul eröffnet, dass er als geborener Jude keinen Anspruch auf britischen Schutz habe. Da nahm sich der spanische Consul seiner an und schützte seine Person, das Missionshaus aber blieb geschlossen. Ginsburg sollte sich vor einem Gerichte der Eingeborenen in Tanger stellen, er erschien aber nicht vor demselben, sondern schiffte sich nach London ein, und jetzt schickte die Gesellschaft einen geborenen Engländer Rev. E. S. Shepherd nach Mogador zur Uebernahme des dortigen Werks. Während der ganzen Verfolgungszeit waren täglich 60–90 Knaben und 40–50 Mädchen allen Misshandlungen zum Trotz in die Schule gewandert und die Zahl der Katechumenen nie so gross gewesen; acht derselben wurden auch öffentlich am 31. August 1879 unmittelbar vor der Abreise Ginsburgs getauft.

Als der vertriebene Lehrer am 24. Dezember zurückkehrte, wurde er mit Jubel empfangen, und es hatte sich gezeigt, dass das Werk der Missionsarbeiter Wurzel gefasst hatte, so dass auch Verfolgungen es nicht zerstören konnten. Shepherd fand, dass allerdings einige junge Proselyten es noch nicht recht verstanden, sich mit angestrengter Arbeit genügend zu ernähren, bekannte aber von anderen Proselyten, dass sie eine Zierde jeder Gemeinde sein würden. Später ging er nach Tunis. Ginsburg wurde bis zur Regelung seiner Verhältnisse nach Marseille gesandt und von dort aus nach Aegypten. Unterdessen erholte sich die Mission in Mogador wieder, die Schulen hatten bald ihre alte Schülerzahl, und Ginsburg leitete von der Ferne aus die Station. 1882 konnte er dann zurückkehren und wurde ruhig aufgenommen. Er setzte sein Werk sogleich mit dem früheren Eifer fort, machte weite Reisen und fand überall bei den Juden Eingang. Auch verschiedene Taufen geschahen, unter denselben die eines jungen Mannes, der wegen seines Verkehrs mit den Missionaren ins Gefängniss geworfen worden war, und die früherer Zöglinge' der Missionsschule, im Ganzen acht Personen. Die Rabbinen selbst besuchten sogar den hebräischen Missionsgottesdienst, und die kleine Kirche konnte oft die Erschienenen nicht fassen. Die Erwachsenenschule wurde von 52 Personen besucht. Von 1875—85 wurden 40 Erwachsene und 20 Kinder getauft, über 10000 Bibeln verkauft und Tausende von Bibeln und Schriften umsonst vertheilt. Vergeblich sprachen die Rabbinen wiederholt den Bann aus; doch musste man auch die traurige Erfahrung machen, dass zwei Proselyten unter den Verfolgungen, die sie trafen, weich wurden und wieder die Synagoge besuchten. Ueberhaupt brachen immer von Neuem Verfolgungen aus; auch Lehrer und Lehrerinnen mussten ins Gefängniss wandern, und Ginsburg war wieder für einige Zeit genöthigt vom Platze zu weichen. Diesmal aber trat auf Bitten der Gesellschaft die französische Regierung ein, und die Gefangenen wurden befreit. Ginsburg hatte mit grossem Erfolg gearbeitet. Als er Mogador verliess, konnte er auf 188 Getaufte zurückblicken, die er hier und auf seinen andern Arbeitsfeldern selbst in die Kirche aufgenommen hatte. Man übertrug ihm nun 1886 die Leitung des Werks in Constantinopel, und der Proselyt T. E. Zerbib aus Constantine trat an die Spitze der Mission in Mogador. Dieser entfaltete denn auch den regsten Eifer und besuchte die Juden bis zum Atlas; die Schulen aber, mit Ausnahme der für Erwachsene, wurden geschlossen.

In diesem Jahre 1886 starb auch die alte Hannah Harusch, genannt Ramo[*]). Nach den vorhandenen Registern war sie 102 Jahre alt geworden, als sie die Bekanntschaft der Missionare machte, und wäre also 113 Jahre alt geworden. Sie galt, so lange sie noch Jüdin war, als eine fromme Frau. 1875 trat sie in das Missionshaus ein und wurde Dienerin der Missionsschule. Diese Arbeit konnte sie trotz ihres hohen Alters noch gut leisten. Den Kindern zuhörend bekam sie die ersten Eindrücke

---

*) Jew. Int. Nov. 1885, 65; 1886, 91.

vom Evangelium, und was sie hörte, theilte sie dann andern mit. Dafür hatte sie die schlimmsten Misshandlungen zu erdulden und wurde ins Gefängniss geworfen. 1885 wurde sie öffentlich getauft, bis in die Nacht hinein sang sie an ihrem Tauftage Psalmen. Die stets sich wiederholenden Misshandlungen nöthigten sie aus dem Judenviertel ins Missionshaus zu ziehn. Um aber den Juden den Heiland zu verkündigen, kehrte sie später wieder ins Judenviertel zurück. In ihrer letzten Krankheit und fast bis zu ihrer Todesstunde quälten sie die Rabbinen wieder Jüdin zu werden, aber sie blieb fest. Als die Nachricht von ihrem Tode eintraf, entstand unter den Juden von Mogador ein grosser Streit darüber, ob sie mit Ehren beerdigt oder ihr Leichnam ins Meer geworfen werden solle. Die Missionare aber forderten, dass man ihnen den Leichnam überlasse, und nach langem Streit konnte derselbe auch christlich bestattet werden.

γ. Abessinien*).

Abessinien besitzt seit alters eine zahlreiche jüdische Bevölkerung, die Falascha, d. h. Vertriebene, ein Name, der beweist, dass sie als Flüchtlinge in das Land gekommen sind. Die Sage der Christen und Juden in Abessinien stellt letztere als Nachkommen eines unehelichen Sohnes der Königin von Arabien und des Salomo dar, den dieser Menelek genannt habe und der dann König von Abessinien geworden sei, wohin er mit jüdischen Auswanderern gekommen wäre, die daselbst den jüdischen Gottesdienst eingerichtet und die echte Bundeslade Moses mit sich gebracht hätten. Sonst behaupten die Falaschas, dass sie Nachkommen der in die babylonische oder in die römische Gefangenschaft geführten Juden seien. Da sie den Talmudismus nicht kennen, müssen sie jedesfalls von Juden aus der Zeit vor der letzten Auflösung des jüdischen

---

*) H. A. Stern, Wanderings among the Falashas, London 1862. || Biography of H. A. Stern, London 1886, S. 139 ff. || An account of a missionary tour to the Falashas, London 1861. || J. M. Flad, Kurze Schilderung der abessinischen Juden, Kornthal 1869, dasselbe englisch, Basel 1866. || Letters from the captives in Abyssinia, London 1865. || J. M. Flad, Zwölf Jahre in Abessinien, 2. Aufl., Leipzig 1887. || Samuel Gobat, sein Leben und Wirken, Basel 1884.

Staates abstammen. Als Frumentius das Christenthum nach Abessinien brachte, fand er dort schon Juden vor, welche den Orit, d. h. die fünf Bücher Moses und die ersten Geschichtsbücher des Alten Testamentes besassen, die Propheten dagegen nicht kannten; auch ein Beweis dafür, dass ihre Verbindung mit den Juden schon früh unterbrochen ist. Der Dienst, welchen sie der Göttin des Sabbaths Sanbat leisten, erinnert an die Königin des Himmels in den Büchern Richter, Samuelis und Könige.

Doch sind die Falascha nicht ursprünglich echte Juden. Ihre braune Hautfarbe weist darauf hin, dass sie vielmehr von Eingeborenen Abessiniens abstammen. Ihre ersten Wohnsitze hatten sie in der Provinz Quora, von wo aus sie sich weiter verbreitet haben, so dass man sie jetzt in 14 Provinzen westlich vom Flusse Taccasie findet. Sie wohnen meistens in Dörfern oder in besonderen Vierteln an Orten, wo auch Christen leben, ihre Mönche nur in Falascha-Dörfern. Ihre Zahl wird auf 150—200000 geschätzt; sie sind Handwerker, selten Kaufleute. Beide Geschlechter werden bei ihnen wie bei den abessinischen Christen beschnitten, die Erstgeburt wird ausgelöst. Sehr streng sind ihre Speise- und Reinigungsgesetze. Eine merkwürdige Erscheinung unter ihnen sind ihre Mönche, die bei der Aufnahme castrirt werden. Gegen das Evangelium sind diese und zumeist auch die Priester in ihrer Selbstgerechtigkeit sehr unempfänglich. Selten kommen auch Nonnen vor. An der Spitze der Mönche steht ein geistliches Oberhaupt. Die Priester erhalten von den Mönchen das Recht gottesdienstliche Handlungen zu verrichten. Die Priester heirathen, aber nur einmal. Neben diesen giebt es Gelehrte, Debtera genannt, welche die Priester in den Synagogen unterstützen und zum Theil Knaben unterrichten. Auch Propheten stehn hier und da unter den Falascha auf, neben ihnen Zauberer, die grossen Zuspruch finden. Der Gottesdienst in der Synagoge (Mesgid) besteht aus dem Hersagen auswendig gelernter Gebete und dem Absingen von Psalmen und Liedern, die von Musik und Tanz begleitet werden. Sehr streng sind die Fasten. Ausser dem Orit besitzen die Falascha religiöse Bücher in der äthiopischen Sprache, seit 1856 auch die amharische Bibel. Ihre Feste sind meistens die des Alten Testamentes, auch werden blutige Opfer dargebracht, neben den alttestamentlichen auch andere, z. B. das Todtenopfer.

Ein evangelisches Missionsfeld ist Abessinien zuerst durch Bischof Gobat geworden. 1854 wurden von ihm sechs Crischona-Brüder bestimmt als Laienmissionare nach Abessinien zu gehn. Dr. Krapf sollte den König des Landes fragen, ob er den sechs Boten gestatten wolle Schulen in seinem Lande aufzuthun und die Leute im Evangelium zu unterrichten. Dem Dr. Krapf wurde Martin Flad beigegeben. Letzterer ist der eigentliche Vater der Falaschamission geworden und hat im Dienste derselben ein überaus bewegtes Leben geführt.

Martin Flad ist 1831 von einfachen Bauersleuten in Württemberg geboren, der vierte von acht Geschwistern. Bis zur Confirmation trieb er Landbau, aber ohne Freude an demselben zu haben; doch ist diese Thätigkeit für sein späteres Leben wichtig geworden. Er besuchte die Dorfschule, wo damals seine Begabung noch nicht an das Licht trat; doch las er ganz besonders die Bibel und Missionsschriften. Von früh auf wünschte er Prediger zu werden und trieb das Predigen überall, so dass ihn seine Muttter dafür schalt. Ein kleines Missionslied »Klagelied der schwarzen Weiber an ihre weissen Brüder und Schwestern«, dem zehnjährigen Knaben auf der Strasse von einem Unbekannten dargereicht, grub sich tief in sein Herz ein, und von dem Tage an hat ihn der Gedanke nicht verlassen, dass er Missionar werden müsse. Er bekannte sein Geheimniss der Mutter; diese aber sagte ihm, er müsse zuerst selbst von Gott gelehrt sein, ehe er andere lehren könne. Das dämpfte jedoch seinen Eifer nicht, und Monate lang las er jeden Tag das Blatt, das er auch bis zu dieser Stunde aufbewahrt hat. Später wurde er gleichgiltiger gegen Glaubenssachen und vergass dann auch die Mission. Als dann aber sein Vater starb, fand er unter dessen Papieren seinen Traktat wieder, las ihn und fing an Gott zu bitten, er wolle ihn stärken, damit er einmal sein Leben der Mission widmen könne. Zunächst jedoch sah es nicht danach aus, als sollte es dahin kommen. Am Landbau hatte er so wenig Freude, dass ihm die Mutter einmal zurief: »Ich wollte, du wärest, wo der Pfeffer wächst.«

Als er 1858 von Abessinien zurückkehrte, erinnerte ihn seine Mutter daran, dass jener Wunsch wörtlich in Erfüllung gegangen sei. Die Mutter gab ihn dann bei einem Sattler in die Lehre, und bei demselben brachte er drei harte Jahre zu; er wurde aber ein tüchtiger Sattler und sein Gesellenstück sehr gelobt. Im späteren Leben kam es ihm recht zu statten, dass er es gelernt hatte, sich mit seinen Händen zu helfen. 1848 kehrte er in die Heimath zurück. In diesem Jahre geschah auch seine Erweckung, und nun erwachte in ihm wieder der Wunsch Missionar zu werden. Er meldete sich in der Crischona, erhielt aber die Antwort, dass er noch zu jung sei und warten müsse. 1849 ging er auf die Wanderschaft und arbeitete in Winterthur, 1850 wurde er auf die Crischona berufen. Dort blieb er drei Jahre unter den armseligsten Verhältnissen, war Bäcker, Koch, Sattler und Buchbinder und hatte sehr wenig Zeit zu studiren. 1853 wurde er für Abessinien bestimmt, zunächst aber als Reiseprediger an den Bodensee versetzt und lebte hier in anspannendster Thätigkeit: im Winter musste er oft durch tiefen Schnee zu den Erbauungsstunden wandern. 1854 brach er dann über Marseille nach Jerusalem auf, durch den Eigensinn des Hausvaters von Crischona genöthigt, die Reise auf einem alten Segelschiffe zu machen.

Im Dezember des Jahres langte er in Jerusalem an, und hier traf ihn die Bestimmung Dr. Krapf nach Abessinien zu begleiten. Beide erhielten vom Könige Theodoros die Erlaubniss Handwerker in das Land zu führen, und der Bischof Abuna Salma gestattete es, dass nichtordinirte Missionare nach Abessinien kämen, die Leute im Worte Gottes zu unterrichten und Bibeln zu verbreiten. Mit dieser Antwort kehrten beide nach Jerusalem zurück, Dr. Krapf aber musste krankheitshalber wieder nach Deutschland gehn. Im November 1855 brachen dann vier Brüder Bender, Mayer, Kienzlin und Flad nach Abessinien auf, mit sich 14 Kamellasten äthiopischer und amharischer Bibeln führend. Die Reise ging durch Gegenden, in denen die Cholera wüthete, und sie litten auf derselben grosse Entbehrungen. Flad eilte voraus, bat den König um Hilfe, und dieser liess die Missionare mit ihrem Gepäck auf königliche Kosten in das Land bringen.

In Abessinien lernten dann die Missionare amharisch, verbreiteten die Bibel und verkündigten grossen Schaaren das Evangelium. Von 1856—58 hatten sie ihren Wohnsitz in Gondar, und dort geschah ihre erste Berührung mit den Falascha, die sich sehr zugänglich zeigten, so dass mit der Errichtung einer Schule in dem Dorfe Awora vorgegangen werden konnte. Im August 1857 aber erkrankte Flad an einem Zahngeschwür, das aller Heilversuche spottete; er musste deshalb zurück und kam nach dreimonatlicher Reise in Cairo an. Dort sagte ihm ein europäischer Arzt, er müsse sich in Paris den Backenknochen ausnehmen lassen, sonst sei er verloren. Da rief Flad den Herrn auf den Knieen um seine Genesung an und erwachte am folgenden Morgen von seinem Uebel vollständig geheilt. Von Cairo ging er nach Jerusalem und begleitete dann den Bischof Gobat nach Deutschland. Ende 1858 kehrte er nach Jerusalem zurück, lernte dort die Kaiserswerther Diakonisse Pauline Keller kennen und wurde mit ihr ehelich verbunden. Er hatte in ihr eine völlig ebenbürtige Gefährtin gefunden. Gleich darnach brachen sie nach Abessinien auf. In Alexandria schlossen sich ihnen die Crischona-Brüder Waldmeyer und Saalmüller und Büchsenmacher Schroth und Sohn an. Flad nahm 33 Kamelladungen amharischer Bibeln mit, machte aber die Reise theilweise auf dem Nil.

In Abessinien lebten die Brüder in sehr ärmlichen Verhältnissen, entfalteten jedoch eine reichgesegnete Thätigkeit. So lange die erste Königin und der englische Offizier Bell am Hofe des Königs lebten, liess sich alles sehr gut an; es wurde aber anders, als beide starben und der König in eine neue Ehe trat. Seit 1860 brauchte der König die Brüder nur noch dazu, Kanonen und Patronen anzufertigen, und überhäufte sie mit Arbeit bis zum Erliegen. Der katholische Franzose Bardel übte auf den König damals den schlechtesten Einfluss aus, und er besonders trägt die Schuld an dieser Wandlung zum Schlimmen.

1859 kam H. A. Stern, begleitet von Bronkhorst, im Dienst der Londoner Gesellschaft nach Abessinien, um unter den Falascha zu missioniren. Er lebte mit den Crischona-Brüdern zusammen; dass er aber viele Photographieen aufnahm, machte ihn dem Könige und Volke verdächtig. Flad begleitete ihn, da er der Landessprache noch unkundig war, unter die Falascha. Stern hatte vom Könige und vom Bischofe, dem Abuna, die Erlaubniss unter den Falascha zu missioniren mit der Bedingung erhalten, dass die Taufen in der abessinischen Kirche geschehn sollten; ein Umstand, der hernach zu vielen Streitigkeiten führte. Ueberall aber, wohin die Missionare kamen, fanden sie bei den Falascha Gehör; auch fanden die von Flad mitgenommenen Bücher reissenden Absatz. Stern ging dann nach London mit Rosenthal 1862 zurück, während Bronkhorst aus der Mission trat. Mit letzterem und Cornelius Josephsohn hatte Flad die erste Station in Kobula bei Djenda, Provinz Dembea, gegründet. Flad war nämlich auf Sterns Veranlassung zunächst für ein Jahr in den Londoner Dienst getreten und wurde dann vom Bischof Gobat völlig an dieselbe abgegeben.

Die Verkündigung des Evangeliums unter den Falascha rief eine ungemeine Bewegung unter denselben hervor. Viele klagten ihre Mönche an, dass dieselben sie bisher in der Finsterniss erhalten hätten; darauf belegten jene alle Falascha, die mit der Mission verkehrten, mit dem Banne, sie wurden dann aber genöthigt denselben wieder aufzuheben. Flad und seine Gehilfen eröffneten auch neun Missionsschulen. Von den Erwachsenen wären jetzt schon viele gern übergetreten; jedoch schreckten sie vor der Aufnahme in die traurige abessinische Kirche zurück. Dennoch wurden am 21. Juli 1862 die ersten 22 Falascha getauft und am 4. August 14 andere, unter ihnen auch ganze Familien, besonders aber Jünglinge, die nun zu Schullehrern herangebildet werden sollten. Drei der Bekehrten waren zwischen 50 und 60 Jahre. Vor der Auflösung der Mission wurden noch 24 andere getauft. Einige der Proselyten waren heftig verfolgt worden, hatten aber mit ihren Gegnern vor dem Könige gestritten, dem ihr Auftreten sehr gefiel.

Unter den Getauften befand sich Debtera Wolde Paulus Beru. Letzterer ist der erstgeborene Sohn frommer, angesehener Falascha. Als Knabe besuchte er die abessinische Schule und lernte dort die äthiopischen Psalmen auswendig. Dann wurde er Weber, verheirathete sich jung und nahm nach dem Tode des Vaters die Mutter und jüngeren Brüder zu sich. Wegen seines Wissens war er unter den Falascha sehr geschätzt; 1860 lernte er Stern und Flad in Djenda kennen. Dort war er der Führer der Kämpfer gegen die Mission. Als sich Flad und Bronkhorst in Djenda niederliessen, fand sich Beru fast täglich bei ihnen ein, stritt heftig gegen sie, legte aber grosse Ehrfurcht gegen das Wort Gottes an den Tag. Zuletzt fühlte er sich denn auch durch die Schrift überwunden und bekannte dies öffentlich in der Synagoge am Schluss des Gottesdienstes. Das erregte einen furchtbaren Aufruhr: die Priester nannten ihn einen Irrsinnigen, Weiber rauften ihre Haare aus und warfen Staub auf ihre Häupter, und die grossen Haufen trieben ihn mit seinen Genossen aus der Synagoge. Einige Tage darauf erschienen bei ihm 30 Priester und erklärten, dass, wenn er und seine Genossen nicht binnen vier Tagen widerriefen, sie aus der Welt geschafft werden würden; denn, träten sie über, dann würden ihnen Hunderte folgen. An Flad fand er einen Halt, schwebte aber stets in der Gefahr vergiftet zu werden und verfiel dann in eine tödtliche Krankheit, von der er jedoch genas. Seit seiner Taufe hat er sich als treuen Christen bewiesen und unerschrocken Hohen wie Niederen die Wahrheit bezeugt. Er setzte sein Weberhandwerk fort, studirte aber auch fleissig weiter und fand vielen Eingang unter den Falascha. Unerschrocken bekannte er auf dem Richtplatze am 7. Oktober 1863 vor dem König Theodoros seinen Glauben und seine Treue gegen die Missionare; der König liess ihn darauf frei. Nach der Befreiung der Missionare, und als dieselben Abessinien verlassen mussten, setzte er aus eigenem Triebe das Missionswerk fort, während er gleichzeitig seine Weberei weiter betrieb, und errichtete eine Schule. Später trat er an die Spitze der einheimischen Missionare und hat sich stets als demüthiger und erprobter Jünger Jesu bewährt.

Die Crischona-Brüder Staiger und Brandeis, welche im Dienst der Schottischen Mission standen, gründeten 1862 eine Station in Darna, unweit Djenda, und obgleich sie nur kurze Zeit dort wirken konnten, hatten auch sie reichen Erfolg; noch während ihrer Gefangenschaft durften sie mehrere Falascha taufen, die ihnen auch treu zur Seite standen. Aber die abessinischen Priester verklagten die Missionare, dass sie die Falascha, obgleich sie dieselben in den Kirchen des Landes tauften, zu Protestanten machten, und dass Flad sie mit Gewalt zu Christen machen wolle. Flad wurde vor den König gefordert, begab sich mit sieben bekehrten Falascha zu ihm, und dieser hörte beide Theile an. Darauf entschied er zu Gunsten der Proselyten und erlaubte den Missionaren die Falascha weiter zu unterrichten.

In dieser Zeit langte der englische Consul Cameron beim Könige an und mit ihm der Franzose Bardel. Der König übergab Cameron bei seiner Rückkehr einen Brief an die Königin Victoria, hernach aber auch Bardel, der sich mit Cameron überworfen hatte, einen Brief an Kaiser Napoleon. Mittlerweile trafen Stern und Rosenthal aus England wieder ein und wurden gut aufgenommen. Stern bereiste dann auch mehrere Provinzen, photographirte aber leider wieder auf seinen Reisen. Unterdess wurde der König immer grausamer in seinem Lande. Cameron, der jetzt ohne Brief der Königin Victoria zurückkehrte, wurde nicht sehr gnädig aufgenommen, und auch gegen die Mission wandelte sich die Stimmung des Königs. Nun aber kam Bardel mit einem Briefe Napoleons zurück, der jedoch Theodoros auch nicht befriedigte; immerhin konnte Bardel sicher nach Massowah gelangen. Zu dem durch das alles gereizten Könige kam in diesen Tagen Stern mit zwei Dienern. Der König war böse, dass Stern die Landessprache nicht sprechen konnte, und liess die Diener schlagen. Stern wurde dadurch erregt und biss sich in seiner inneren Bewegung in die Finger. Das bedeutet aber in Abessinien Rache, und darüber wurde nun der König so aufgebracht, dass er auch Stern schlagen liess. Die Diener starben noch in derselben Nacht; Stern blieb schwer verwundet erhalten. Am rechten Arm an einen Soldaten gefesselt, wurde er vom König mit nach Gondar geschleppt, Flad aber durfte Stern pflegen. Doch verschlimmerte sich die Stimmung des Königs gegen Stern und Rosenthal immer mehr, weil ihm gesagt worden war, dieselben hätten brieflich über ihn ungünstig nach London berichtet. Schliesslich wurden der englische Consul, Flad, Staiger und Brandeis auch gefangen genommen und gekettet; besonders viel aber hatte die leidende Frau Flad mit ihren zwei Kindern auszustehn. Fast alles wurde den Missionaren geraubt, Frau Flad zumal litt bittere Noth und wurde von ihrem Manne getrennt; beide Ehegatten erfuhren nichts von einander. Endlich wurde auch Flad ins Lager gebracht, und über Stern und Rosenthal wurde wegen der Beleidigung des Königs in ihren Briefen grosses Gericht gehalten; doch schien sich der König noch einmal besänftigen lassen zu wollen. Aber gerade in diesen Tagen kam ein junger Engländer mit Briefen an den Consul, die wieder kein Schreiben der Königin für den König enthielten. Ausserdem reizte Bardel, dem, wenn er den englischen Einfluss bräche, ein Consulat versprochen war, beständig gegen die Engländer und brachte es dahin, dass alle in ihren Ketten blieben; zum Lohn seiner Ungerechtigkeit ist er später selbst ins Gefängniss geworfen worden. Bardel war ein Werkzeug der Jesuiten und machte noch während der Gefangenschaft der Missionare alle besseren Stimmungen des Königs zu Schanden: er war sein böser Geist.

Viereinhalb Jahre dauerte die Gefangenschaft, und dieselbe zerstörte auch die blühende Falaschamission. Dennoch wurde die Gefangenschaft der Missionare für manche in ihrer Umgebung ein Segen. Drei Katholiken und mehrere eingeborene Wächter bekehrten sich während derselben. In dieser ganzen Zeit aber waren die Missionare öfters in Gefahr aufs Grausamste hingeschlachtet zu werden, besonders Stern hat entsetzlich gelitten. Schliesslich wurden alle mit Ausnahme der Frauen und Kinder in schwere Ketten gelegt. Vom Ungeziefer wurden sie förmlich verzehrt. Zu Zeiten waren sie dem Verhungern nahe, aber immer wieder wurde ihnen wunderbar geholfen. Auf die Bitte der dreieinhalbjährigen Anna Flad wurde dann den Gefangenen erlaubt am Tage ihre Familie zu sehen. Später wurden die Deutschen von den Ketten befreit und nach Gaffat gebracht. Staiger und Brandeis benutzten diese Zeit an der Schule zu arbeiten, Flad mehrere Schriften ins Amharische zu übersetzen und sich den Proselyten zu widmen, die ihm gefolgt waren; die meisten waren zerstreut, alle bis auf einen aber sind treu geblieben. Jetzt wussten auch Flad und die anderen Missionare von Gaffat aus unter grossen Gefahren für die treuen Boten Briefe nach Europa zu schaffen. Indessen sollte Stern durchaus dem Könige bekennen, dass er über ihn Schlimmes nach Europa berichtet habe. Als er das nicht konnte, wurden er, Cameron, Rosenthal, Bardel und ein anderer gefoltert, und die Folterung wurde am nächsten Tage wiederholt, worauf dann Stern Einiges, was der König zu hören wünschte, aussagte. Die Folge der Folterung Sterns war, dass er einige Zeit im Geiste verwirrt war. Schliesslich schleppte der König die Gefangenen nach der Festung Magdala. In der äussersten Noth langten hier Geld und Bekleidungsgegenstände und Lebensmittel aus London und Berlin an. In Magdala wurden allen schwere Ketten angelegt; dennoch missionirten Stern und Rosenthal treulich unter den anderen Gefangenen und den Soldaten der Festung. Im Juni 1864 kamen der englische Abgesandte Rassam und einige andere mit Geschenken und einem Briefe der Königin von England in Massowah an; aber erst Ende 1865 gestattete der König dem Gesandten zu ihm zu kommen. Als Rassam im Januar 1866 bei Theodoros eintraf, wurden zuerst die Gefangenen frei gegeben. Bardel aber wurde wieder zum Verräther, und die bereits Abgereisten wurden aufs Neue ins Gefängniss zurückgebracht, mit ihnen auch Rassam. Der König wollte sie nur frei geben, wenn ihm die englische Regierung Handwerker und Werkzeuge sendete. Flad sollte dies der englischen Regierung in London vermelden, inzwischen wurden seine Frau und Kinder als Geiseln zurückbehalten. Am 21. April 1866 brach Flad auf und kam am 8. Juli in England an.

Indessen hatten die Gefangenen die schlimmsten Tage. Bardels Treulosigkeit erschwerte ihnen noch stets ihre Lage, und die Raserei des Königs kannte keine Grenzen mehr. In London aber lief ein Brief Rassams ein, dass sich alle Gefangenen in Ketten auf der Festung Magdala befänden. Flad wurde nun mit einem eigenhändigen Briefe der Königin zurückgesandt, in dem dieselbe Freigebung der Gefangenen forderte, in welchem Falle der König die gewünschten Handwerker erhalten sollte. Diesen Brief sandte Flad durch Boten voraus und folgte dann selbst nach. Der König aber war entschlossen nicht nachzugeben. Flad wurde nicht freundlich empfangen. Theodoros fuhr fort entsetzliche Grausamkeiten gegen seine Unterthanen zu verüben und zog im April 1868 mit seinem Heere nach Magdala. Gegen dieses nun wurde ein englisches Heer unter Lord Napier gesandt, und jetzt begannen die schlimmsten Tage für die Gefangenen; keine Stunde waren diese nun ihres Lebens sicher. Am Ostermorgen wurde jedoch Magdala von den Engländern gestürmt, Theodoros gab sich selbst den Tod, und die Gefangenen kehrten nach Europa zurück.

Während der Gefangenschaft der Missionare hatten die Proselyten nicht aufgehört unter den Falascha zu wirken; besonders Beru, Kendy Fanta und T. Jasu thaten alles, um das Evangelium unter ihre Leute zu bringen. Zwei alte Oheime von Beru, mit Namen Abba Tadla und Abba Goschu, gingen nach Djenda und predigten dort das Evangelium. Die Folge waren manche Taufen. Flad hatte bei seiner Rückreise grosse Packete der biblischen Geschichte mitgenommen und liess diese im Lande zurück. Rosenthal trat von der Mission ab, Stern trat in ein anderes Arbeitsfeld ein; Flad aber erhielt von Kornthal in Würtemberg aus, wo er stationirt wurde, den Zusammenhang mit Abessinien aufrecht. Die Gesellschaft und Flad nahmen beide die rechte christliche Stellung zur abessinischen Mission ein, beide waren entschlossen dieselbe trotz aller Opfer nicht aufzugeben. Flad fuhr einstweilen fort Missionsschriften in amharischer Sprache für Abessinien vorzubereiten, sandte auch 1869 solche in grosser Zahl nach Aegypten und blieb im Briefwechsel mit den bekehrten Falascha.

Die Mission selbst wurde durch die eingeborenen Arbeiter fortgesetzt. An die Spitze derselben stellte Flad den damals 34 jährigen Wolde Paulus Beru, der sich durch seinen Wandel und seine Gaben vor allen auszeichnete. Derselbe erhielt als Missionsleiter ein Gehalt von 420 Mark. Sein Gehilfe war Kendy Fanta, etwa 44 Jahre alt. Beide verkündigten das Evangelium Juden und Christen. 1869 geschahen vier Taufen unter den Falascha und Missionsreisen in dem freilich von inneren Unruhen noch tief erregten Lande. 1870 reiste dann Flad an die Grenze des Landes, um sich mit den eingeborenen Arbeitern zu berathen. Während seines anderthalbmonatlichen Aufenthalts in Mattamma besuchten ihn ganze Schaaren aus

Abessinien und baten ihn um Schriften, die ihnen während der Kriegsjahre 1866—68 verloren gegangen waren. Flad vertheilte selbst fast 11 500 Bücher und Traktate und liess Beru über 3000 zurück. Von den Proselyten hörte er, dass sie schwer zu leiden hatten; viele mussten aus der Heimath in unzugängliche Wälder flüchten. Zwei von Herzen bekehrte abessinische Priester, die Flad in Mattamma besuchten, stellte dieser als Lehrer mit einem Gehalt von jährlich 50 Mark an. Beru berichtete von fünf neuen Taufen. Flad nahm dann sieben junge Abessinier mit sich, um dieselben auf Crischona für den Missionsdienst in ihrem Lande vorbereiten zu lassen. Für vier derselben gewährten christliche Freunde in England die Mittel. Alle machten auf die christliche Umgebung den besten Eindruck, und man freute sich über ihr inneres Leben. Beru sandte 1871 wieder gute Nachricht. Die angestellten Arbeiter durchzogen die Falaschagegenden, vertheilten viele Schriften und verkündigten das Evangelium. Wieder wurden drei Personen getauft und etliche Kinder in Schulen unterrichtet. Flad verfasste indessen neue amharische Traktate und gab eine neu revidirte Auflage der amharischen Bibel heraus.

Die abessinischen Zöglinge aber konnten das Klima nicht vertragen. Hailu Wosan starb an der Schwindsucht 1872*). Derselbe war 1855 in Sakalt geboren, sein Vater, ein Landmann, starb als er 10 Jahre alt war. Das Vieh seiner Mutter hütend, wurde er eines Tages von den Soldaten des Königs Theodoros ergriffen und von ihnen gezwungen sie zu seinem Hause zu führen. Dann nahmen sie ihn und seine Schwester als Gefangene mit sich und gaben beide erst nach sechsmonatlichem Hin- und Herwandern frei. In Gaffat nahm ihn Waldmeyer in sein Haus und Schule, und dort lernte er das Wort Gottes. Er begleitete dann auch Waldmeyer nach Magdala und blieb bei ihm bis zu seiner Befreiung. Dieser brachte ihn dann in das Syrische Waisenhaus zu Jerusalem; Flad aber berief ihn in die Crischona, wo er sich die Zufriedenheit aller seiner Lehrer erwarb. Herzlich für seine Wohlthäter und sein Land betend ging er heim.

*) Jew. Int. 1872, 227.

Samany nahm Flad wegen geschwächter Gesundheit in sein Haus. Sanbatu und Desta Gobau litten gleichfalls auf der Anstalt viel; am besten hielten es Agasche und Michael Argawy aus. Letzterer ist in Dembea in einer Zeit geboren, als ein schwerer Krieg zu Ende ging; sein Name heisst denn auch: »Er hat es zum Frieden gebracht.« Während der Gefangenschaft übte er gegen Flad und dessen Familie die treueste Liebe. Als sie dem Verhungern nahe waren, brachte er Flad vier abessinische Thaler, welche ihm ein Fremder für denselben gegeben hatte. Von den Soldaten hatte er viele Misshandlungen zu leiden, weil er denselben die Schätze der Missionare zeigen sollte. Oft, wenn die Gefangenen nichts mehr zu essen hatten, brachte er ihnen Speise herzu. Er war seiner Zeit mit seinem Vater Habtu nach Jerusalem gekommen, der dort einige Jahre bei Nicolayson als Koch gedient hat. 1855 kehrte Habtu mit Flad nach Abessinien zurück und übergab ihm daselbst seinen fünfjährigen Sohn zur Erziehung. 1858 nahm Flad denselben ganz in sein Haus. Er legte schöne Gaben und grosse Geschicklichkeit an den Tag. 1866 nahm ihn Flad auf seiner Reise zur Königin von England mit sich. Er kam nun in die Erziehungsanstalt Pilgerhütte bei Heidelberg, lernte dort ein Jahr Deutsch und gewann in der Anstalt vieler Herzen. Von 1868—73 war er auf Crischona, musste dann aber des Klimas wegen in die Heimath zurückkehren.

Aus Abessinien kam nun die Nachricht, dass alle Schriften vertheilt und fünf Falascha, unter ihnen zwei Debtera, getauft worden seien. Der Briefverkehr war ein sehr beschwerlicher: er wurde durch Boten, die, grossen Gefahren dabei ausgesetzt, an die Küste gingen, vermittelt. Im Oktober 1873 aber brach Flad auf, um seine eingeborenen Zöglinge nach vollendetem Studium in die Heimath zurückzubringen. Flad wurde vom ägyptischen Vicekönige sehr freundlich aufgenommen und vielfältig unterstützt. Er gab ihm freie Fahrt nach Massowah und Kamele für seine weitere Reise. Im Januar 1874 traf Flad mit den jungen Missionszöglingen in Kassala ein, die keine Gefahr des Wegs gescheut hatten. Aus Massowah sandte Flad einen Boten zu König Johannes, der ihm mittheilen sollte, dass er nach Mattamma gehn wolle, und um die Erlaubniss die

Mission wieder aufrichten zu dürfen bat. Als die Ankunft Flads in Mattamma bekannt wurde, kamen viele Proselyten und Verwandte der Missionszöglinge dorthin, und das Evangelium wurde daselbst reichlich gepredigt. Endlich kam ein Brief des Königs und eine Antwort vom Bischof Athanasius. Flad wurde, weil er einen Brief der britischen Regierung hatte, erlaubt in das Land zu kommen und dann vom Könige und Bischofe freundlich empfangen. Letzterer aber erklärte, er werde die Missionare nur so lange dulden, als sie die Falascha in der heimischen Kirche tauften; eine protestantische Kirche werde er nicht dulden. Dagegen erlaubte er die Errichtung von Missionsstationen auch in Dagusa und Assesso. Nach Dagusa kamen Liena und Alamy, nach Assesso Agasche, Samany und Debtera Gebra Egsiabher; letzterer, ein sehr gelehrter Abessinier, war drei Jahre zuvor getauft. Den Missionaren versprach er Befreiung von allen kirchlichen Abgaben. Auch der König, bei dem Flad Audienz hatte, bewilligte, dass die Mission fortginge, aber unter der Bedingung der Aufnahme der Proselyten in die abessinische Kirche. Auch sollte Flad nicht im Lande bleiben; denn der König fürchtete durch die Anwesenheit der Fremden Verwicklungen wie unter Theodoros; nur Eingeborene sollten die Mission fortführen.

Flad hatte bei diesem Besuch des Landes manche Freude. Einer seiner erbittertsten Feinde von ehemals, Aaron Wazy, ein etwa 60 jähriger Mann, war inzwischen mit Frau und acht Kindern getauft, die Frau war damals bereits verstorben. Vor ihrem Tode liess sie alle ihre Verwandten zu sich kommen und rief ihnen zu: »Allein durch Jesum Christum könnt ihr selig werden.« Die Folge war, dass ihre Kinder den Unterricht erbaten und getauft wurden. Und ähnliche Erfahrungen machte Flad mehrfach. Am 26. Juni 1875 langte er wieder in Kornthal an, voller Hoffnung für die abessinische Mission, die auch thatsächlich kaum ihresgleichen im Gebiet der Judenmission hat. Denn unter den dortigen Proselyten giebt es viele wahrhaftig bekehrte Leute, die für ihren Herrn die grössten Opfer gebracht und die furchtbarsten Leiden ausgestanden haben. Die Zahl der getauften Falascha betrug damals einschliesslich der Kinder 212, fast alle Weber. Die Schulen waren unter

M. Argawy, das ganze Werk unter Beru gestellt. Kein Proselyt fällt der Mission zur Last, da alle von Jugend auf ein sie völlig ernährendes Handwerk treiben. Die einheimischen Missionare gingen mit grossem Eifer an das Werk. 1875 standen acht Missionsgehilfen im Dienst, alle mit einer Ausnahme bekehrte Falascha. Im Lande herrschten auch unter der Regierung des Königs Johannes fortwährend Unruhen, Kämpfe und grosse Unsicherheit, so dass die Missionare mehrfach in Lebensgefahr geriethen. In dem genannten Jahre fanden fünf Taufen statt, darunter an einem Bruder Agasches und an zwei Schwestern Samanys. Immer sichtbarer wurde auch der Einfluss der Mission auf die eingeborenen Christen und selbst auf viele Priester derselben, so dass eine Anklage auf Ketzerei 1876 gegen die Missionare erging. Das Werk aber schritt vorwärts; 1876 geschahen nicht weniger als 64 Taufen, aber in diesem Jahre starb auch Samany.

Samany*) ist in Assesso geboren. Frühe hat er seinen Vater verloren, einen armen Weber. Die Eltern hatten ihn gottesfürchtig erzogen. Wegen seiner Armuth musste er schon mit zehn Jahren Weber werden und fast die ganze Sorge für sein Haus tragen. Nach Djenda übergesiedelt, besuchte er die Schule von Beru und schon mit zwölf Jahren forschte er fleissig in der Bibel. Durch Beru kam er zu Flad und meldete sich später zum Taufunterricht. Mutter und Verwandte suchten ihn zurückzuhalten; er konnte ihnen nur sagen, dass er in aller Liebe für sie weiter sorgen wolle, aber in diesem Stück nicht nachgeben könne. Flad unterrichtete ihn dann mit Argawy und zwei anderen besonders, um sie zu Lehrern heranzubilden. In den Freistunden webte er, um seiner Familie den Unterhalt zu verschaffen. Das hatte den Erfolg, dass zwei seiner Geschwister, unter ihnen Sanbatu, sich zum Taufunterricht meldeten. Samany nahm es sehr ernst mit dem Christenthum. Bis zur Gefangennahme der Missionare blieb er bei den Missionaren, dann ging er zu dem noch nicht gefangen gesetzten Waldmeyer. Als aber die englische Expedition kam, war er verschwunden; er war an die Küste gegangen, um sich dort zum Dienste anzubieten.

---

*) Dibre Emeth 1881, 181.

Ehe das englische Heer ankam, traf ihn der jüdische Gelehrte Halévy. Derselbe versuchte ihn und seinen Gefährten Petrus zum Abfall und zur Uebersiedelung nach Paris zu bewegen, gleichzeitig gab er ihnen einiges Handgeld. In ihre Hütte zurückgekehrt, wurden die Jünglinge sich erst dessen bewusst, was Halévy von ihnen gewollt hatte. Sogleich am Morgen gingen sie deshalb zu ihm, und da er die Rücknahme des Geldes verweigerte, warfen sie es vor seinen Augen in das Meer, obgleich sie nun Hunger leiden mussten. Sie gingen dann nach Magdala und später mit Flad nach Europa. Da Samany das Klima auf Crischona nicht vertragen konnte, nahm ihn Flad zu sich nach Kornthal. Zurückgekehrt hat Samany die Schule in Assesso treu geleitet und vielen Erwachsenen das Evangelium verkündigt, von denen auch nicht wenige durch ihn gewonnen wurden; einmal wurden 16 getauft, die durch seine und Agasches Predigten überzeugt worden waren. Noch auf seinem Krankenlager predigte er den Falascha. Schon früher hatte er sich seinen Sarg anfertigen lassen; diesen liess er jetzt seinem Bett gegenüberstellen und starb dann mit den Worten: »Vater, in deine Hände befehle ich meinen Geist.«

1878 am 8. und 13. Dezember starben auch die alten bewährten Missionsarbeiter Abba Tadla und Abba Goschu, einfältige und entschiedene Christen. Sie waren leibliche Brüder und gehörten zu den Erstlingen der Gläubigen aus den Falascha, an einem Sonntage 1861 wurden sie mit 20 anderen getauft. Seit 1870 waren sie Gemeindeälteste, seit 1872 Evangelisten. Tadla hatte ein erregbares Temperament. Einmal erzählte er, dass er, wenn er erzürnt werde, die Zähne fest zusammenbeisse und den Mund nicht eher aufthue, als bis es drinnen ausgekocht habe. Er ist hernach über seine Heftigkeit stets mehr Herr geworden. 60 Jahre alt, fing er an zu buchstabiren, um »das süsse Wort Gottes« lesen zu können. Als ihm Flad einmal sagte: »Aber, alter Tadla, du bringst die 247 Buchstaben nicht mehr in deinen alten Kopf hinein,« antwortete er: »In meinem Kopf war bisher so viel Böses, sollte nicht auch so viel Gutes drin Platz haben?« In kurzer Zeit brachte er es denn auch zum fliessenden Lesen, und die Bibel war nun sein grösster Schatz. Wenn Rebellen kamen, war die Bibel das Erste, das er in Sicherheit brachte (Dibre Emeth 1878, 43). Ebenso starb der jüngere Agasche in Djenda (Dibre Emeth 1882, 69). Er ist Ende der 40er Jahre geboren und war das erste Kind seiner Eltern. Seine Mutter starb bald; der Vater überliess ihn dann der Grossmutter, weil er selbst fortan als Einsiedler leben wollte. Die Grossmutter erzog ihn streng in jüdischer Gottesfurcht. Da sie ihn zum Priester machen wollte, musste er früh den äthiopischen Psalter lernen. Als auch die Grossmutter starb, nahm ihn ein Oheim mütterlicherseits zu sich, um ihn das Zimmermannshandwerk lernen zu lassen. Um diese Zeit (1860) begannen Flad und Bronkhorst ihre Missionsthätigkeit in Djenda. Auch Agasche wohnte heimlich den Gottesdiensten und Kinderkatechisationen bei. Dabei lernte er Samany kennen, und beide wurden Freunde wie David und Jonathan. Durch Samany erlangte er auch eine amharische Bibel von den Missionaren; in der Freude darüber küsste er ihnen die Füsse. Jetzt lebte und webte er in der Bibel. Der Oheim beschwerte sich über sein vieles Bibellesen bei Flad, 1874 aber wurde er selbst durch den Missionar zum Herrn geführt und mit seiner Familie getauft. Agasche erhielt mit 21 andern 1862 die Taufe. Den Tag vorher wollten ihn seine Verwandten durch Misshandlungen von seinem Entschlusse abbringen; aber er floh am Abend zu Flad und blieb nun ein Glied der Familie desselben. Fleissig studirte er jetzt mit Samany, Argawy, Johannes und Petrus, die, sich unbemerkt glaubend, oft des Nachts Betstunden hielten. Auf einer Missionsreise wollte er einmal, Flads Warnung nicht achtend, den abessinischen Nil durchschwimmen; der Strom aber riss ihn mit sich und nur mit grosser Mühe wurde er gerettet. Während der Gefangenschaft diente er den Missionaren so gut er konnte, schleppte Lebensmittel herbei und stillte manches Mal den Hunger der Gefangenen. Nach der Befreiung der Missionare blieb er in Kairo, bat aber dann Flad brieflich ihn aus diesem Sodom zu rufen, wo er nach Leib und Seele zu Grunde zu gehn fürchte. Er wurde auch nach Crischona berufen und ertrug das Klima ganz gut. Das viele Lernen wollte ihm nicht behagen, aber, was er fasste, hielt er fest. Von ganzem Herzen war er abessinischer Patriot. 1873 kehrte er mit Flad nach seinem Vaterlande zurück. Dort gründete er mit Samany die Station Assesso und wirkte in der Schule, im Gottesdienst und auf Missionsreisen in unverdrossener Treue. Sein Wort fand auch Eingang; etliche seiner Verwandten wurden bekehrt und getauft, an einem Sonntage erhielten 10 Falascha die Taufe. Vor Hoch und Niedrig, selbst vor dem Könige legte er unerschrocken sein Bekenntniss ab und war voll des heissen Verlangens, sein ganzes Volk möchte das Evangelium annehmen. Als Samany starb, ergriff auch ihn die Sehnsucht nach der oberen Heimath mit grosser Macht, und sein Wunsch wurde bald erfüllt. Beim Besuch eines Kranken wurde er angesteckt und starb 1877; seine Gebeine wurden neben die Samanys gelegt.

1876 forderte der Vicekönig von Aegypten Flad auf, in seinem Namen den König von Abessinien aufzusuchen, um denselben zu einer versöhnlichen Politik Aegypten gegenüber zu bestimmen; der Plan wurde aber aufgegeben, als bald darauf das ägyptische Heer vom abessinischen geschlagen wurde. Der Vicekönig wollte nun Flad zum Gouverneur über das an Abessinien grenzende südliche Aegypten machen, aber der treue, demüthige Missionar lehnte dieses Anerbieten ab: er wollte kein Grosser der Erde werden, sondern sah seine Lebensarbeit darin, im armen Dienst des Evangeliums unter den Falascha zu arbeiten.

1877 konnten 18 ganze Familien und zwei Jünglinge, im Ganzen 94 Falascha getauft werden; die Proselyten aber litten unter den unruhigen politischen Verhältnissen viele Noth und wurden von den Soldaten wiederholt ausgeplündert. Im Februar 1878 kam zu ihnen Desta Gobau, ein Mohr aus Abessinien, der auf Crischona ausgebildet worden war. Derselbe übernahm die Station Assesso und hatte dort unter den Schrecken einer Hungersnoth und der Pest ein schweres Amt. Seit 1881 arbeitete Gobau allein unter den Christen in Godscham. Auf der Station Alafa wirkten die Priester Abba Elias und Abba Teesasu, in Dagusa wirkte Debtera Alame. Als Flad 1870 mit vielen Schriften dorthin kam, fielen solche auch in Alames Hände; diese Schriften verwickelten ihn zwei Jahre lang in heftige innere Kämpfe, bis er zu Beru ging und in Disputationen mit demselben endlich überwunden sich taufen liess.

1879 bereitete König Johannes der Mission viele Noth. Durch Jesuiten aufgestachelt, liess er überall in den Häusern Nachforschungen nach Bibeln und Schriften der Mission halten und dieselben zerstören. Diejenigen, bei welchen solche Schriften, nachdem der Befehl sie auszuliefern gegeben war, noch vorgefunden wurden, legte man in Ketten und legte auf ihre Besitzungen Beschlag. Trotz alles dessen arbeiteten die Missionare weiter, und in Assesso und Djenda wurden 17 Falascha getauft. Zur Stärkung der eingeborenen Arbeiter ging dann aber im November 1880 Flad an die Küste Abessiniens, wo er mit ihnen zusammentraf; das Innere des Landes durfte er nicht betreten. Beim Vicekönig von Aegypten hatte er Audienz, derselbe versprach ihm jede Förderung für seine Reise und hielt Wort. Mit vielen Schriften versehn, machte Flad seine Reise zu Schiff und auf Kamelen, am 22. Dezember langte er in Kassala an. König Johannes hatte seinen Unterthanen inzwischen verboten über die Grenze zu gehn, auch ein Brief Flads an denselben hatte keinen Erfolg. So musste Flad zurückkehren, ohne, mit Ausnahme Gobaus, die Brüder gesehn zu haben; die Schriften dagegen liess der König selbst in das Land herein holen. Bis dahin aber waren 800 Falascha getauft worden. Die eingeborenen Missionare fühlten sich denn auch durchaus nicht entmuthigt, sondern, mit neuen Schriften ausgestattet, gingen sie wieder rüstig ans Werk. 1881 wurden wieder 34 Falascha getauft, 1884 33 Taufen gemeldet; die ganze Zahl der Proselyten belief sich damals nach Argawys Berichten zwischen 8—900. Dieselben führen in Abessinien den Namen »Die Kinder Flads«. Die drei Schulen waren von etwa 70 Kindern besucht, Schulunterricht war in Abessinien noch wenig geschätzt. 1885 besuchte Argawy Europa und besonders Flad in Korntal; im Dezember des Jahres kehrte er mit vielen Schriften zurück. Seitdem liefen lange Zeit keine Nachrichten von den abessinischen Missionaren ein; bei den unaufhörlichen Kriegen konnten keine Boten bis an die Küste gelangen. Flad vollendete unterdessen für die Britische Bibelgesellschaft seine Revision der amharischen Bibelübersetzung und andere amharische Schriften. Bücher wurden noch stets nach Abessinien gesandt.

Nach den inneren Unruhen brach ein Krieg Abessiniens mit Italien aus. König Johannes wüthete während dieser Jahre fast noch grausamer als Theodoros; in einem Kriege mit den Derwischen aber verlor er sein Leben. König Menelek ist seitdem in den Besitz der Macht über fast ganz Abessinien gelangt und hat freundliche Beziehungen mit Italien angeknüpft. Endlich nach dreijähriger Unterbrechung erhielt Flad einen Brief aus Mkullo unter dem 14. März 1889 von Argawy. Derselbe theilte mit, dass König Johannes allen brieflichen Verkehr mit dem Auslande verboten hatte, dass aber alle Missionsarbeiter noch am Leben seien, und er mit Fanta David nach Mkullo gewandert sei, um Nachricht nach Europa zu senden. Sogleich nach seiner Rückkehr sei er verklagt worden, ohne Erlaubniss nach Europa gegangen zu sein. Er habe auch ehrlich bekannt, dass er seinen geistlichen Vater Flad aufsuchen wollte. Ferner sei er angeklagt worden, Protestant, Feind der Jungfrau Maria und der Heiligen zu sein, und sei dann, vom Gouverneur von Gondar verurtheilt, in ein Gefängniss geworfen worden, wo er von Ratten und Ungeziefer furchtbar zu leiden gehabt hätte, zumal ihm alle Kleider genommen waren. Vierzehn Tage musste er, von Kälte und Hunger fast verzehrt, in jenem Loche zubringen. Endlich liess ihn der Gouverneur auf Bitten von Beru und Sanbatu los. Dann ging er mit ihnen nach Djenda, und dort versammelten sich um ihn die Proselyten aus verschiedenen Theilen des Landes.

Darauf geschah der Einfall der Derwische, bei dem viele Proselyten ihr Leben verloren, während andere als Sklaven nach Mattamma verkauft wurden. Das Elend, welches jene Fanatiker angestiftet haben, spottet jeder Beschreibung. Die Derwische liessen ihnen nur die Wahl, Muhammedaner zu werden oder zu sterben; aber alle blieben treu. Dabei kam ein Fall ganz ähnlich dem 2. Maccab. 7 erzählten vor. Ein Mann, der eine Frau und acht Söhne hatte, wurde vor die Wahl gestellt, Muhammedaner zu werden oder mit den Seinen zu sterben. Alle weigerten sich von ihrem Glauben abzufallen. Da wurden die Kinder eins nach dem andern vor den Augen der Eltern hingeschlachtet, aber keins wankte; zuletzt wurde der Vater unter entsetzlichen Greueln getödtet. In den Verfolgungen ist die Zahl der bereits auf 900 gestiegenen Proselyten unter den Falascha auf 100 Familien zusammengeschmolzen.

Gegenwärtig sind die Aussichten für die Mission etwas bessere. König Menelek legt Werth auf die Freundschaft Italiens und sucht die Verbindung mit Europa so sehr, wie die früheren Herrscher sie gemieden haben. Im Februar 1890 hat dann Flad mit Erlaubniss der Londoner Gesellschaft die Küste von Abessinien besucht und die zu ihm gekommenen eingeborenen Missionare neu gestärkt. Beru aber ist in demselben Jahre gestorben; er hat nur ein Alter von 57 Jahren erreicht und war das eigentliche Haupt der eingeborenen Missionare. Eine furchtbare Hungersnoth ist dann im Laufe des Jahres 1890 ausgebrochen, der nicht weniger als 177 der Proselyten erlegen sind. Aber auch in dieser Heimsuchung haben sie Stand gehalten. Ueberhaupt bietet die Falaschamission ein ergreifendes Bild dar. Hier findet das Evangelium viel zugänglichere Juden als sonst irgendwo. Der Wahrheitssinn, welchen der Rabbinismus in den Juden gar zu sehr erstickt hat, ist den vom Talmud unberührten Falascha in höherem Masse erhalten geblieben, und dazu sind sie nicht in die Stricke des Schachers gerathen. Weil sie überdem in weit grösserem Grade an der Religion des Alten Testamentes festhielten, haben sie sich auch für das volle Schriftzeugniss viel zugänglicher erwiesen. An der einmal erfassten Wahrheit aber haben die Falascha unter den schwersten Proben und furchtbarsten Verfolgungen festgehalten. Ihre Geschichte ist die eines fortgesetzten Martyriums; aber hier sind Charaktere gezeitigt worden, welche der Kirche aller Zeiten zur Ehre gereichen werden. Mit so grosser Freude, wie auf das abessinische Missionsfeld, vermag die Londoner Gesellschaft auf kein anderes, das sie betreten hat, zu blicken, und für dasselbe mit erhöhtem Eifer einzutreten wird eine ihrer grössten Pflichten sein; gegenwärtig werden für dasselbe kaum 100 Lstrl. oder 2000 Mark aufgewandt.

3. Die Londoner Mission im Allgemeinen.

Auf die literarische Arbeit der Londoner Gesellschaft ist schon in ihren einzelnen Missionsgebieten hingewiesen worden. Von ihren Publikationen verdienen an erster Stelle Beachtung die hebräische Uebersetzung des Neuen Testamentes und M'Cauls ›Wahrer Israelit‹. In früherer Zeit war die Gesellschaft literarisch fruchtbarer als jetzt. Die früheren Schriften wenden sich an talmudisch gesinnte Juden und sind daher gegenwärtig nur wenig zu brauchen, standen aber auch damals nur vereinzelt auf der Höhe ihrer Aufgabe, vielfach verloren sie sich in eine kleinliche Beweisführung. Für die modernen Juden geeignete Schriften sind nur in kleiner Zahl vorhanden, und keine derselben kann sich mit dem auf die rabbinischen Juden berechneten ›Wahren Israeliten‹ messen. Heute sind die allermeisten Traktate der Gesellschaft veraltet. Die Schriften derselben sind gewöhnlich in verschiedenen Sprachen erschienen; herausgegeben sind solche in englischer, holländischer, deutscher, jüdisch-deutscher, hebräischer, polnischer, jüdisch-polnischer, italienischer, französischer und jüdisch-spanischer Sprache. M'Cauls Schriften und die Traktate von A. Saphir: ›Wer ist ein Jude?‹, ›Wer ist der Apostat?‹ sind in fast allen oben angegebenen Sprachen erschienen. Am besten thäte die Gesellschaft, wenn sie hervorragende Schriften aus der allgemeinen Literatur über religiöse Fragen unter den Juden der Gegenwart verbreitete. Die Anzahl der jährlich umgesetzten Schriften ist sehr bedeutend, während der letzten Zeit gewöhnlich 3800 Bibeln, 4700 Neue Testamente, 50000 Traktate und über 100000 Nummern von Zeitschriften.

Gegenwärtig wirken im Dienst der Gesellschaft ausser ihren Sekretären und sonstigen Beamten 25 ordinirte, 28 nicht ordinirte Missionare, 45 Colporteure und Gehilfen, 43 Lehrer und Lehrerinnen; auf 36 Stationen 143 Personen, unter ihnen 89 Proselyten. Von diesen stehn in England 30, in Holland 3, in Deutschland 14, in Oesterreich-Ungarn 3, in Russland 5, in Frankreich 2, in Italien 2, in Rumänien 10, in der Europäischen Türkei 11, in der Asiatischen Türkei 38, in Afrika 25. Die Zahl der durch die Mission bisher Getauften beläuft sich auf über 4700. Doch würde es ein grosser Irrthum sein, wenn man in dieser Zahl die ganze Summe der infolge des Londoner Werks zum Christenthum übergetretenen Juden erkennen wollte; eine sehr grosse Anzahl der durch Londoner Missionare Angeregten ist anderweitig getauft worden.

Die Einnahmen der Gesellschaft betrugen in den ersten sieben Jahren durchschnittlich über 8500 Lstrl.; von 1817—23 = 9100, von 1824—30 = 13100, von 1831—37 = 12600, von 1838—44 = 22500, von 1845—51 = 28000, von 1852 bis 1858 = 30500, von 1859—65 = 34000, von 1866—72 = 34000, von 1873—79 = 36700 und in den letzten Zeiten = 37000 Lstrl. Seit einigen Jahren gehn die Einnahmen entschieden zurück, sie betrugen in den letzten Jahren nur 34000, 1889—90 = 35600; der höchste Betrag 1883 waren 41400 Lstrl. Daneben bestehn besondere Fonds für Jerusalem und Palästina, für Rom, für Wittwen und Missionare im Ruhestand und ein Reservefonds von etwa 24500 Lstr. Die finanzielle Lage der Gesellschaft ist also eine günstige; doch hat dieselbe in diesem wie in anderen Punkten ihre Höhe überschritten. Man kann nicht leugnen, dass im Allgemeinen das Vertrauen zu der Gesellschaft in London etwas abgenommen hat. Manches hierzu mag ein Artikel der »Westminster Review« (Jan. 1885) beigetragen haben, welcher die ganze Geschichte der Gesellschaft durchging und sie aufs heftigste angriff. Derselbe liess an ihr nichts Gutes, warf ihr Vergeudung des ihr anvertrauten Geldes, Mangel an Verständniss für die Juden, absolute Erfolglosigkeit vor und erklärte fast alle ihre Proselyten für Heuchler. Er schüttete so das Kind mit dem Bade aus, machte aber auf weitere Kreise in England doch Eindruck. Jedesfalls war die Gesellschaft früher populärer, und der Kreis ihrer Freunde ist kleiner geworden. Die wirklichen Schäden aber werden damit nicht geheilt, dass man alles Kranke übertreibt und das Gesunde übersieht.

Eine ernstere Beurtheilung haben die Londoner und die andern Missionen Grossbritanniens durch einen judenchristlichen Beobachter in »Nathanael« 1888, 101—118, vgl. 186 erfahren; doch ganz unparteiisch ist auch er nicht. Er hebt hervor, dass die Missionare fast nur die ärmeren Juden erreichen, behauptet aber nicht, dass die Missionare hier ihre Pflicht versäumt hätten, und sollte deshalb den Unterschied von Arm und Reich nicht zu einem Gegenstand des Tadels werden lassen. Besonders bedenklich sind ihm die vielen Wohlthätigkeitsanstalten der Mission, bei denen Juden ein Unterkommen oder Unterstützung finden; denn diese Wohlthätigkeit müsse Heuchelei gross ziehen. Gewiss wird auch die Wohlthätigkeit der Mission mannigfach missbraucht, wie alle Wohlthaten Gottes und Christi unendlich oft missbraucht worden sind und noch heute missbraucht werden. Aber die Noth ist doch vorhanden, dass viele Juden über den Fragen des Glaubens in äussere Bedrängniss kommen, und eben deshalb wäre es Unbarmherzigkeit sie derselben hilflos preiszugeben. Der Verfasser des Artikels zeigt keinen anderen Weg für die Uebung der Barmherzigkeit an und geht bei den vielen Zeugnissen aufrichtiger Proselyten vorüber, die in solchen Wohlthätigkeitsanstalten und durch die Wohlthätigkeitsbemühungen der Mission zur Erfahrung des Heils in Christo gelangt sind. Dabei soll nicht geleugnet werden, dass die Art, wie von der Mission diese Wohlthätigkeit bis heute ausgeübt worden ist, in nicht wenigen Fällen eine tadelnswerthe gewesen ist; aber der Missbrauch hebt den Gebrauch nicht auf. Dass ferner von den auf den Missionsgebieten verwandten Arbeitern eine Anzahl ihrer Aufgabe nicht gewachsen oder für das Werk nicht tauglich waren, ist zuzugeben. Manche Gesellschaften Grossbritanniens haben besonders darin gefehlt, dass sie nicht selten innerlich ganz unbefestigte Proselyten in das schwierige Arbeitsfeld gesandt haben. Auch wird hervorgehoben werden müssen, was vorher bereits im Einzelnen angedeutet war, dass viele Gesellschaften und Missionare sehr wenig Verständniss für die Eigenart der Länder und Völker, in deren Mitte sie ihr Werk treiben, besitzen und es versäumen die Proselyten wie die Mission da, wo eine evangelische Kirche vorhanden ist, in Zusammenhang mit derselben, die sie doch tragen sollte, zu bringen. Der Eifer der Londoner Gesellschaft ist eben ein sehr löblicher, aber ihr Missionsverständniss steht nicht im gleichen Verhältniss zu ihrem Eifer. Viele der Proselyten unter den Missionaren sind überdem nicht bloss selbst anglisirt, sondern suchen auch die

Proselyten in englisches Wesen hineinzubilden. Das alles soll jedoch das Verdienst der Londoner und Grossbritanniens überhaupt nicht vergessen machen. Die Londoner Gesellschaft hat erst wieder die evangelische Christenheit auf die Juden achten gelehrt und ihr das Beispiel treuester und weitgreifendster Arbeit gegeben. Was in der Kirche an Erkenntniss von einer Missionspflicht gegen die Juden jetzt vorhanden ist, schreibt sich an erster Stelle dem Vorgehn der Londoner Gesellschaft zu. — Das Zeugniss der Juden gegen sie aufzurufen, ist eine gewagte Sache, denn dies Zeugniss geschieht vom blindesten Parteistandpunkte aus. Und führt man die geringen Ergebnisse ihres Wirkens gegen die Londoner ins Feld, so wird jeder mit der Sache Vertraute wissen, dass die nicht übergrosse Zahl ihrer Taufen nicht der rechte Maassstab für die Beurtheilung ist. Das Wichtigste an ihrer Arbeit und der ihr verwandten Gesellschaften ist vielmehr, dass nun den Juden allenthalben das Zeugniss von der Nothwendigkeit ihrer Bekehrung entgegenkommt, und dass eine Missionsluft in der evangelischen Christenheit rings um sie entsteht, die wachsende Schaaren derselben innerlichst berührt und viele zu neuem Leben bringt. Hierzu aber hat die Londoner Mission ein Erhebliches beigetragen.

B. Die Britische Gesellschaft*).

a. Grossbritannien.

Unter den Dissenters und ihnen freundlich gesinnten Mitgliedern der englischen Staatskirche regte sich der Wunsch die Mission ohne Anlehnung an die letztgenannte Kirche zu treiben, in deren Rahmen für sie wenig Raum zu finden war. Ein Geschenk der Generalversammlung der Kirche von Schottland im Betrage von 100 Lstrl., durch die Prediger Robert Mc Cheyne, Horatius und Andrew Bonar überreicht, gab dann Freunden Israels in England, die nicht zur Staatskirche gehörten, den Anstoss ein Werk unter den Juden zu beginnen. Am 7. Nov. 1842 geschah die Gründung der »British Society for propagation of the gospel

---

*) Jewish Herald seit 1846.

among the Jews« in der Sakristei der Schottischen Nationalkirche des Dr. Hamilton in Regent Square. Zu den Gründern
der Gesellschaft gehörten ausser den drei schon erwähnten:
Dr. Burder, Ridley A. Hershell, Dr. James Hamilton, Bennet,
Bunting, Raffles, Wardlaw, Dr. Joseph Fletcher, Dr. E. Henderson, Mr. George Yonge. Präsident war längere Zeit Sir Culling
Eardley, ein Nachkomme des reichen Juden Sampson Gideon,
dessen Familie im Anfange des Jahrhunderts zum Christenthum
übertrat; er starb 1863.

Mehrere der genannten Männer begegnen uns noch öfter
in der Geschichte der Gesellschaft; so Rev. Dr. Henderson,
von dem »Lectures on the Jews« 1851 erschienen, Vorträge,
die er gemeinschaftlich mit Bennet, Burder und J. Harris gehalten hat; ausserdem Vorlesungen »on the Mission of the Jews«
und »Scriptural selections«, die englisch, holländisch, deutsch
und hebräisch erschienen sind. Er starb als Ehrensekretär der
Gesellschaft 1858. Der erste eigentliche Sekretär war George
Yonge. Derselbe hat sich mit besonderer Lebhaftigkeit gegen
Edward Swaine gewandt, welcher die Rückkehr der Juden nach
Palästina leugnete. Prediger der Kirche in New Court 1823,
wurde er schon früh für die Judenmission erwärmt und schrieb
Aufsätze für dieselbe im »Evangelical Magazine«. Er besonders
hat den Anlass zu jener Versammlung in der Kirche des Dr.
Hamilton gegeben. Von James Bennet erschien »The present
condition of the Jews«.

Vielleicht die hervorragendste Persönlichkeit der Britischen
Gesellschaft ist aber der Proselyt Ridley Haim Hershell[*]).
Derselbe war der dritte von fünf Söhnen eines Juden in dem
posenschen Städtchen Strzelno, geboren den 7. April 1807.
Damals hatten die Franzosen ein Lager nahe der Stadt aufge-
schlagen, und bei ihrem Herannahen waren fast alle Einwohner
geflohen. Der Vater war bei der Geburt des Sohnes gerade
in Warschau abwesend; die ersten Tage des Kindes aber waren
äusserst gefährdet, denn in das Zimmer, wo seine Mutter mit

---

[*]) Seine Selbstbiographie in Jewish Witnesses, that Jesus is the Christ,
London 1848 Nr. 1. Jew. Herald 1848, 3. Jew. Int. 1864, 152. Friedensbote
1864, 85, 94. Dibre Emeth 1884, 50. Freund Israels 1869, 209; 1886, 125,
152; 1887, 7. Saat a. H. 1865, II, 19.

ihm im Bette lag, drang eine Kanonenkugel. Der Knabe zeigte früh grosse Neigung zum Studiren, aber auch einen sehr starken Willen. Er hatte sich vorgenommen Rabbi zu werden und wollte sein Ziel nun um jeden Preis erreichen. Ohne deshalb die Eltern, welche ihm im Wege gestanden hätten, zu fragen, verliess er, erst elf Jahre alt, ihr Haus und ist seitdem auch von ihnen nie mehr ganz abhängig gewesen. Nach vielen Gefahren, er fiel z. B. einmal einer Räuberbande in die Hände, der er sich klug zu entwinden wusste, kam er an den Ort, den zu erreichen er sich vorgenommen hatte, nahm hier Unterricht und unterrichtete selbst zwei Kinder. Nach zwei Jahren kehrte er für kurze Zeit zu den Eltern zurück, begab sich aber mit 14 Jahren zu dem chassidischen Rabbi Aron an den Wohnort seines Grossvaters Hillel. Hier studirte er zwei Jahre eifrig nach chassidischer Weise, musste dann aber krankheitshalber wieder zu den Eltern zurückkehren. Die Verlassenheit Israels drückte ihn in dieser Zeit tief, und in vielen schlaflosen Nächten suchte er sein Gemüth durch Gebet zu beruhigen. Durch einen polnischen Rabbi ermahnt von diesem unnützen Wege abzutreten, ging er nach Berlin, und dort wurde sein Glaube durch den neuen Geist, der ihn allenthalben umgab, erschüttert; doch kam er deshalb in keiner Weise dem Christenthum näher, vielmehr empörte ihn der Uebertritt eines Bekannten. Er verliess denn auch jetzt Berlin, weil es ihm zu gefährlich erschien, und ging 1825 nach Hamburg. Unterwegs nahm ihn ein Herr auf seinen Wagen auf und fand ein solches Wohlgefallen an ihm, dass er ihm Empfehlungsbriefe nach London, wohin er gehn wollte, gab. Doch wanderte er zunächst noch hin und her, von London wieder nach Berlin und dann nach Paris, wo er ein lustiges Leben führte. Da starb seine Mutter, und hiervon erschüttert kam er in grosse Unruhe über sich selbst, die auch Almosen und Gebet nicht bannten. Bei einem Kauf in einem Laden las er damals aber in dem Umschlagspapier die Seligpreisungen von Matth. 5. Er wusste nicht, dass sie aus dem Neuen Testament stammten, hätte aber das Buch, welches solche Aussprüche enthielt, gern besessen. Wenige Tage darauf sah er bei einem Freunde ein Neues Testament und fand beim Durchblättern desselben Matth. 5. Er lieh sich nun das Buch und las es eifrig, stiess sich aber an dem Namen Jesus in demselben. Innerlich durch das Neue Testament trotzdem erregt, beschloss er das Alte Testament zu lesen, fand nun aber, dass in beiden derselbe Geist herrsche, und Jesus wohl der verheissene Messias sein könne. Nach langen Kämpfen überwand er sich denn endlich, im Namen Jesu um die Ruhe seiner Seele zu beten, und wurde jetzt stiller. Schon früher hatte er sich einmal in Paris an den dortigen Erzbischof mit der Bitte um Unterricht gewandt, aber weder bei diesem noch bei einem Jesuiten das Gesuchte gefunden. Seine Verwandten hatten jedoch von der Sache gehört und ihm alle Unterstützung entzogen. Er gerieth so in die äusserste Noth, fand aber in dieser Zeit einen alten Brief aus London vor, in dem ihn sein früherer Wirth daselbst an eine christliche Dame in Paris empfahl. Diese suchte er auf, wurde liebevoll aufgenommen und gelangte zu dem Vertrauen, dass er die rechte Hilfe im christlichen Glauben finden werde. Mit 250 Francs von jener Dame versehn, ging er dann nach England und trat dort 1828 in das Inquirers' Home der Londoner Gesellschaft ein, das damals unter der Leitung des Proselyten Erasmus Simon stand. Durch diesen gelangte er zu voller Klarheit. Dagegen hatte er schwere Kämpfe mit einigen seiner früheren Gefährten zu bestehn, deren einer ihm sogar nach dem Leben stand. Doch schreckte ihn das nicht ab, und am 14. April 1830 wurde er mit andern Pfleglingen des Home getauft; von einem Pathen Rev. Henr. Colborne Ridley nahm er den Namen Ridley an. Er sollte nun Prediger der Episcopal-Kirche werden, konnte dies aber aus gewissen Bedenken nicht und blieb einstweilen im Home mit einfacher Arbeit und einiger Missionsthätigkeit unter den Juden beschäftigt. 1831 verheirathete er sich mit einer Tochter des Kaufmanns Mowbray in Leith, die ihm treulich beistand, als er bald darauf selbst ein Asyl für Juden in Woolwich gründete. Hier fanden in anderthalb Jahren mehr als 100 Juden Aufnahme. Ein von seiner Frau an den Schwiegervater in Strzelno geschriebener Brief bahnte in dieser Zeit die Versöhnung ihres Mannes mit seinen Verwandten an, und dies veranlasste ihn zu einer Reise unter den Juden des Festlandes. Er gab dann ›A brief sketch of the present state and the future expectations of the Jews« heraus, welche Schrift englisch, deutsch und französisch erschien und auch vom American Congregational Board abgedruckt ist. Hierauf musste er sich als Lehrer des Hebräischen und Deutschen mühsam durchschlagen, wirkte aber geistlich weiter, so besonders 1834 in einem Kleinkinderschullokal an Arbeitern und Arbeiterinnen. 1835 lehnte er eine Predigerstelle in Schottland ab, um in der Innern Mission in einem kleinen Dorfe Leigh an der Themse zu arbeiten, wo er in grossem Segen stand. Später finden wir ihn in Brampton Huntingtonshire. Als er dasselbe nach zwei Jahren verliess, erhielt er eine Bibel und ein Gebetbuch, die aus einer Pfennigsammlung von 700 armen Fischern erstanden wurden. 1838 fing er in Foundershall Kapelle in Lothbury des Sonntag Nachmittags zu predigen an. Auch viele Juden hörten ihn damals und sprachen ihn dann um Hilfe an. Aus weiter Ferne selbst wurden ihm Juden zugeschickt, dass er sich ihrer annähme. Die Arbeit wollte ihn fast erdrücken; doch entzog er sich derselben nicht. Nach einer zweiten Reise unter den festländischen Juden errichtete er 1841 einen jüdischen Unterstützungsfond, der in vier Jahren sieben Personen die Uebersiedelung nach Amerika und 40 die Rückkehr nach dem Festlande ermöglichte, 75 in Geschäften und 50 gelegentlich unterstützte. In dieser Zeit eröffnete er auch ein Asyl, das Hunderte von Juden aufgenommen hat.

Hershell war dann lebhaft an der Gründung der Britischen Gesellschaft betheiligt und in ihren ersten Jahren recht eigentlich die Seele derselben. Von einer Reise nach Palästina zurückgekehrt, gab er eine Zeitschrift »Voice of Israel« heraus, die als Organ gegenseitiger Mittheilungen für Proselyten und ihres Zeugnisses an die Juden dienen sollte, von 1844—47; seine Frau half ihm in dieser Arbeit. Seine Reise beschrieb er in »A visit to my fatherland«, auch deutsch 1846 in Basel erschienen. 1845 erhielt er als Zeichen der Anerkennung von 60 Proselyten aus allen Theilen der Welt eine Polyglottbibel in acht Sprachen. Unter diesen Proselyten befanden sich z. B. die von ihm getauften Missionare Ehrlich und D. Fürst. Auf die Bitte der amerikanischen Gesellschaft zur Verbesserung der Lage der Juden machte er eine Reise nach Amerika und regte dort für Judenmission an.

In der Chadwell Street Kapelle (Islington), in die er schon 1839 übergesiedelt war, predigte er dann 16 Jahre unter einer armen Bevölkerung, musste aber, weil die Kapelle die Hörer nicht fassen konnte, später ein anderes Gotteshaus suchen. Durch Mithilfe von Sir Culling Eardley gelang es ihm einen grossen Miethsstall im Westen Londons zu erstehn, und hier wurde 1845 der Grundstein zur Trinitatis-Kapelle gelegt, die 1846 eröffnet werden konnte. An die Kapelle schloss sich ein Asyl für Juden an, eine von vielen Kindern besuchte Sonntagsschule und andere Einrichtungen wohlthätigen Charakters. Hier arbeitete Hershell 20 Jahre lang. 1853 starb seine Frau. Einige Monate später machte er eine zweite Reise nach Palästina. In Paris bewegte er Monod, Grandpierre und andere zur Gründung eines Vereins für Verbreitung von Traktaten und Predigten, der einem von ihm 1851 in England gestifteten ähnlich war; derselbe hat dann 1855 bei der Weltausstellung gute Dienste geleistet. In Palästina rief er eine Musterfarm für bekehrte Proselyten ins Leben, die aber nur einige Jahre bestand. 1855 heirathete er Fräulein Fuller Maitland und wirkte mit ungeschwächter Kraft fort. Besonders suchte er auch das Judenmissionswerk der Britischen Gesellschaft in Italien zu organisiren, kam aber von dort erkrankt nach England zurück und starb am 14. Mai 1864. Ein unermesslicher Leichenzug begleitete ihn zu Grabe, unter den Leidtragenden auch 300 Polizeibeamte, denen er wöchentlich eine Bibelstunde gehalten hatte. Von Schriften Hershells sind noch zu nennen: »Reasons, why J a Jew have become a catholic and not a Roman catholic«, »Psalm and hymns for congregational worship«. Sein Sohn Sir Farrar Hershell ist 1886 zum Lord High Chancellor von England ernannt worden. Derselbe ist 1837 geboren, studirte in London und Bonn, begann 1860 die praktische juristische Laufbahn, wurde 1872 Queen's Counsel und Bencher of Lincolns' Inn und Examinator des Common Law an der Universität London, 1874 Parlamentsmitglied und 1880—85 Sollicitor General.

Auch Brüder von Ridley Hershell sind zum Christenthum übergetreten. So Rev. David Abraham Hershell, Prediger in Brixton, später an der Loughboropark Congregational Kirche. Derselbe, von seinem Bruder als Jude nach Basel geschickt, wurde dort 1845 getauft. Rev. Louis Hershell, der zwölf Jahre Deputationsmitglied der Britischen Gesellschaft war, ist Prediger in Wave und später von Peckham Rye in London gewesen. Er starb 1890. Victor Hershell wurde 1846 in der siebenten Presbyterianischen Kirche, Penn's Square, Philadelphia getauft und hernach dort Prediger. Auch die andern zwei Brüder sind getauft und Prediger geworden.

Unter denen, welche besonders durch den Einfluss von Ridley Hershell für das Evangelium gewonnen wurden, ist der Advokat Hermann Liebstein zu nennen.*) Derselbe ist 1829 in Lemberg geboren; seine Eltern gehörten zu den aufgeklärten Juden, die eben deshalb auch den Sohn auf höhere Schulen sandten. Er ging dann nach Bukarest und musste später, weil er den ungarischen Revolutionskrieg mitgemacht hatte, flüchten. Indessen völliger Rationalist geworden, kam er nach Constantinopel. Hier wurde er mit Missionar Schaufler bekannt und las das Neue Testament, welches ihn wohlthätig berührte. In dieser Gemüthsverfassung beschloss er nach England zu gehn und bekam auf der Reise einen tiefen Eindruck durch den Heldenmuth eines frommen Kapitäns, der im furchtbarsten Sturm die grösste Gemüthsruhe bewahrte. In England kam er unter den Einfluss von Hershell und Edersheim. Jesaia 53 entschied schliesslich bei ihm, 1851 wurde er getauft. Fortan war er eifrig bemüht die erkannte Wahrheit auch andern zu verkündigen, und nachdem er sich verheirathet hatte, liess er sich als Missionar unter den Ausländern in Liverpool anstellen. Aber der Vorwurf, dass er doch nur für Bezahlung predige, bestimmte ihn einen unabhängigen Beruf zu suchen, in dem er äusserlich ganz frei das Wort verkündigen könnte. So trat er in ein Geschäft ein, studirte aber zugleich Jura und wurde 1858 Advokat; als solcher hat er sich den Ruf strengster Gewissenhaftigkeit erworben. Mit grossem Eifer wirkte er zugleich für allerlei christliche Zwecke und gehörte auch zum Vorstande der Britischen Gesellschaft. Er war ein eifriger Bibelforscher und hielt auch Bibelstunden, von denen ein Zuhörer »Aus-

---

*) Jew. Herald 1882, 97, 109, Dibre Emeth 1883, 29.

legende Bemerkungen über die Offenbarung Johannis« veröffentlicht hat; er starb 1882.

Zum Comité der Gesellschaft gehörte auch der treffliche Proselyt Rev. W. C. Rosedale, dessen Sohn Rev. E. G. Rosedale gegenwärtig auch unter den Juden in Spitalfields, London arbeitet. --- Ein bemerkenswerther Mann ist Dr. M. Laseron aus Deutschland. Derselbe hat zuerst das Seminar der Britischen Gesellschaft besucht und später ein Diakonissenhaus in London gestiftet, das den Namen »Evangelical Protestant Diaconesses' Institution and Hospital« führt, ein aus englischem Boden erwachsenes Diakonissenhaus, während das ältere Londoner Haus eine deutsche Schöpfung ist. Im serbischen Kriege haben die Schwestern besonders Treffliches geleistet. Zwei derselben stehen auch an dem Hospital der Londoner Gesellschaft zu Jerusalem.

Sekretär der Gesellschaft war seit 1867 Rev. John Gill, jetzt ist es Rev. John Dunlop. Die Gesellschaft erhielt auch einige Zeit ein Colleg zur Heranbildung von Missionaren. Als Lehrer wirkten an demselben Rev. Josiah Miller, J. M. Charlton und Rev. B. Davidson*). 1853 wurde es der grossen Kosten wegen aufgehoben, es hat auch keine besondere Bedeutung gehabt. Davidson stammte aus Posen, verliess seine Heimath, ging nach England und traf dort unerwartet seinen Jugendfreund Ridley Hershell wieder. Von da ab arbeiteten beide Hand in Hand. 1843 gehörten sie zu den ersten in einer Vereinigung von Proselyten, die in London monatliche Gebetsstunden hielten. 1845 unterrichtete Davidson Taufkandidaten der Gesellschaft und wurde dann Professor des Missionscollegs. Die Kosten für die Erhaltung der Taufkandidaten brachte Hershell auf, da die Gesellschaft grundsätzlich für solche keine Mittel gewährte. Literarisch machte sich Davidson mehrfach bekannt. So gab er heraus »Analytical Hebrew Lexicon« und eine neue Ausgabe von Gesenius' »Hebräischer Grammatik« in englischer Sprache, war an »Voice of Israel« betheiligt und hinterliess ein Manuskript einer »Hebrew Concordance«, welche die Fürstsche ergänzen sollte. Nach Aufhebung des Collegs besuchte er wiederholt Stationen der Gesellschaft und stattete

---

*) Jew. Herald 1871, 189.

dann Bericht ab. In Bordeaux gelang es ihm unter den dortigen Evangelischen eine Societé d'amis d'Israël ins Leben zu rufen, die einige Zeit bestand. Seit 1866 arbeitete er unter den Juden in Wien, wo er besonders mit Studirenden viel verkehrte. 1871 übernahm er die Leitung des Heims der Gesellschaft in Leyton, starb aber in demselben Jahre und wurde von seinem Freunde Hershell beerdigt; er war ein frommer Mann, der sein Werk mit rechtem Ernst trieb.

Das erwähnte »Home and Orphanage«, 1870 errichtet, sollte alte arme Proselyten und Waisen aufnehmen. An die Spitze desselben wurde Dr. Koppel, früher in Salem bei Bromberg, gestellt. Für die Errichtung desselben waren 3000 Lstrl. eingekommen, die als Anzahlung für das erworbene Haus angelegt wurden. Koppel trat bald von der Anstalt zurück, da seine Missionsgrundsätze andere als die der Britischen Gesellschaft waren. Nach Davidsons Tode verlegte man 1873 das Haus nach London, 28 Alfred Place, Bedford Square. 1872 war bereits der frühere Missionar in Algier Rev. J. Lowitz als Vorsteher berufen worden. Derselbe bewohnte das Haus mit acht Insassen, die Waisenanstalt wurde aus Mangel an Mitteln aufgegeben. Von da ab fanden manche Proselyten und Katechumenen im Hause Aufnahme, ebenso fanden daselbst wiederholt Taufen statt. 1874 aber wurde das Haus aufs Neue wegen Mangels an Mitteln geschlossen. Dagegen bestand ein Home weiter fort, in das Kinder aufgenommen wurden, und ein »House of call« im Osten Londons (Whitechapel), wo Juden einkehren und sich mit Missionaren besprechen konnten. 1873 trat Rev. John Wilkinson, damals Missionar der Gesellschaft, mit dem Vorschlag hervor, ein »Home for aged Christian Israelites« zu gründen und überwies sofort 230 Lstrl., die er zu diesem Zwecke gesammelt hatte. 1875 kam es zur Errichtung eines solchen Hauses, das noch fortbesteht. Das Home für Kinder ist wieder eingegangen; das House of call besteht in anderer Form im Missionshause, Church Street, Spitalfields, fort. In demselben wird auch eine Näh- und eine Abendschule erhalten, ebenso werden daselbst ärztlicher Rath und Gaben für Dürftige ertheilt. Hierfür besteht ein »Temporal Relief Fund« neben der Gesellschaftskasse, dessen Einnahmen aber nur geringe sind. Die häufige Schliessung und Wiedereröffnung ihrer Wohlthätigkeitsanstalten erklärt die Gesellschaft daraus, dass sie zuerst das Evangelium verbreiten müsse und nur beim Vorhandensein grösserer Mittel auch Wohlthätigkeit üben dürfe. Aber der Vorwurf kann ihr nicht erspart bleiben, dass sie in ihren Wohlthätigkeitsunternehmungen mehrfach recht unbedacht zu Werke gegangen ist. Eine Reihe von Hilfsgesellschaften in England unterstützt die Muttergesellschaft, ebenso wie dies bei der Londoner Gesellschaft der Fall ist.

a. England.

1842 beschäftigte die Gesellschaft als ersten Missionar in England den Proselyten Israel Naphthali. Er arbeitete besonders in Manchester und berichtet dort 1856 von 23 Proselyten als einer Frucht seiner Thätigkeit; 1870 heisst es, dass durch ihn über 50 Juden der Kirche zugeführt worden seien. Zu seinen Täuflingen gehört der nachmalige Missionar Aaron Sternberg, getauft 1861. Er selbst starb 1886 im Home für alte Israeliten, fast 86 Jahre alt; er war ein treuer, einfacher Christ gewesen.

1845 waren die Stationen der Gesellschaft London, Manchester und Bristol mit sieben Arbeitern. 1847 war deren Zahl auf 13 gestiegen, unter denen sich acht in London befanden; neue Posten waren in Süd Wales und in Sommersetshire eröffnet. Alle Missionare waren Proselyten; ihre Zahl wechselte in den nächsten Jahren. 1850 wurden durch die Gesellschaft in England fünf Personen getauft.

Im Dienste der Gesellschaft stand sodann Philipp Jaffe*). Derselbe war der Sohn des Rabbiners Bär Jaffe in Gnesen und dort 1824 geboren. Der Vater erzog den Sohn streng orthodox, und dieser sog einen solchen Hass gegen das Christenthum in sich ein, dass er auf der Schule in Brieg (Schlesien) sich weigerte den Namen Jesu an einer Stelle, die er vorlesen musste, vorzulesen. Der Vater schickte ihn später zu Verwandten nach Wales in ein kaufmännisches Geschäft, an dem er aber wenig Geschmack fand. Er lernte in dieser Zeit eine christliche Dame kennen, die ihm ein Neues Testament gab;

---

*) Jew. Herald 1888, 21.

das las er heimlich und fing nun an zu fragen, was schliesslich zu seiner Taufe führte. Er wollte dann Lehrer werden, seine Freunde aber bestimmten ihn an das Predigtamt zu denken. Er studirte auf einem College in London und wurde durch Rev. Sherman in Gegenwart des Sekretär Yonge ordinirt. 26 Jahre alt trat er in den Dienst der Britischen Gesellschaft und blieb bei ihr bis an sein Lebensende. Zuerst wirkte er in Bristol und Birmingham, an letzterem Ort als congregationalistischer Pastor und Missionar. Dann wurde er nach Deutschland gesandt, wo wir ihm noch begegnen werden. Darauf brachte er einige Zeit in Portsmouth zu, wo er einige Juden zur Erkenntniss Christi führte. Später kehrte er nach Deutschland zurück, vgl. S. 266. Der hervorragendste unter den durch ihn in England gewonnenen Juden ist Dr. Koppel s. S. 267.

In Devonshire stand Rev. A. D. Salmon, gleichfalls ein Proselyt*). Derselbe ist durch Rev. Howe von der Londoner Mission getauft worden. Er richtete ein Schriftchen an die Juden: »The promised prophet«, in welchem er sie auf Grund von 5. Mose 18, 18 zur Anerkennung Christi auffordert. Später wanderte er nach Tahiti aus und heirathete daselbst Huruata, eine Cousine der Königin Pomare, bekleidete ansehnliche Aemter auf der Insel und beförderte einen freundlichen Verkehr zwischen Eingeborenen und Europäern, wie er denn auch die französische Mission lebhaft unterstützte. Er starb 1866.

Von einer ganzen Anzahl der in England arbeitenden Missionare ist nichts Besonderes mitzutheilen; erwähnt mag der im Missionskolleg unterrichtete Proselyt William Brunner werden, der besonders in England gewirkt hat; ebenso der Proselyt Alexander Gellert, der zuerst in London, später in Rumänien stand und 1870 starb. C. D. Ginsburg, auch ein Proselyt (s. S. 129), war nicht ohne Erfolg in England thätig. Durch ihn wurden der Rabbi Dr. Mayer aus Glasgow und dessen Frau 1860 gewonnen. 1864 gab er heraus »The Essenes, their history and doctrines«. Dr. Mayer wurde noch im Jahre seiner Taufe angestellt, Vorlesungen über Judenthum und Christenthum in London zu halten und auch sonst daselbst zu missioniren. Das Jahr darauf

---

*) Jew. Herald 1867, 242.

gelang es Mayer einen Schwager und zwei Schwägerinnen zur Taufe zu führen, er ging dann nach Italien.

Alexander Fürst aus Pommern besuchte eine christliche Schule, deren frommer Lehrer ihm manche Vorurtheile gegen das Christenthum benahm. 14 Jahre alt hörte er den Missionar Moritz an seinem Ort und erhielt von ihm eine Bibel, besonders aber wirkte an seinem Herzen ein ihm vom Missionar Hartmann geschenkter Traktat. Er besuchte dann das Lehrerseminar in Schneidemühl (Posen) und wurde Lehrer in dieser Stadt. Damals selbst ohne Religion, lernte er den Prediger Czersky kennen, mit dem er über Glaubenssachen viel sprach; dadurch bei den Juden in Verdacht gekommen, verliess er die Stadt. Czersky rieth ihm nach England zu gehn und schrieb seinethalben selbst an R. Hershell, zu dem Fürst sich denn auch begab. 1855 in das Home aufgenommen, wurde er 1856 getauft, hernach Missionar der Britischen Gesellschaft und wirkte dann zunächst in England, wo er manche Juden zur Entscheidung führte; über sein anderweitiges Wirken S. 267.

Ein hervorragender Mann ist Rev. John Wilkinson, der lange als Missionar der Briten arbeitete, einer der wenigen ihrer Arbeiter, die nicht Proselyten waren. Hier soll nur über das von ihm in Verbindung mit der Britischen Gesellschaft Geleistete berichtet werden. Er war als Jüngling Kaufmann und gelangte in dieser Zeit zum lebendigen Glauben. 1851 fragte ihn ein Freund, was er von der Judenmission halte. Er erklärte, dass er dieselbe für ein schweres Werk ansähe, aber folgen würde, wenn Gott ihn in dasselbe riefe; denn er liebe es Schwierigkeiten zu überwinden, wenn ihm Gnade hierzu verheissen sei. Von dieser Zeit an blieb ihm der Gedanke: »Das ist dein Feld«. Er bot sich dann der Britischen Gesellschaft an, wurde auf ihrem Collegium ausgebildet und stand 25 Jahre in ihrem Dienst, bis 1876. Im Jahre 1851 finden wir ihn die Britische Gesellschaft überall in England vertreten und viele für dieselbe erwärmen, zugleich aber die Juden allenthalben aufsuchen. Es wurde ihm denn auch vor vielen ein Eingang bei denselben gegeben, und die Gesellschaft dankt ihm die Entstehung des Asyls für alte Israeliten. Unter den von ihm gewonnenen Proselyten sei Samuel T. Green erwähnt. Derselbe stammte aus Polen und wurde Schneider. Als er Soldat werden sollte, verliess er die Heimath und kam 1855 nach England, wo ihn Wilkinson 1859 taufte. Er ging dann nach New-York und 1861 nach Sydney in Australien, wo er auch den Juden vielfach das Evangelium verkündigte. Durch Rev. J. C. W. Deane bewogen in Ipswich weiteren Unterricht zu nehmen, besuchte er das College der Congregationalisten in Sydney und wurde Pastor in Australien, wo wir seiner noch Erwähnung zu thun haben. Auch der nachmalige Missionar Aaron Matthews ist durch Wilkinson zur Erkenntniss Christi gelangt. Einmal wurde es Wilkinson gegeben einen Israeliten auf dem Sterbebette zu taufen, und noch viele andere sind durch ihn für die Wahrheit gewonnen worden.

Aaron Matthews lebte in Hamburg, kam nach England, wurde getauft, studirte dann, wurde 1867 in London, darauf in Liverpool als Missionar verwandt und taufte dort neun Juden, von denen einer auch als Missionar der Gesellschaft angestellt worden ist. 1871 trat er mit Koppel für einige Zeit aus der Gesellschaft, trat später aber wieder in ihre Dienste; unter den von ihm gewonnenen Proselyten ist die angesehene Familie Pollock in Liverpool zu nennen.

Wegen seiner literarischen Leistungen verdient J. E. Salkinson Erwähnung. Früher Tutor am Collegium der Gesellschaft, blieb er auch nach Aufhebung desselben in ihrem Dienst. Er lieferte eine hebräische Uebersetzung der amerikanischen Schrift »Philosophy of the plan of salvation« unter dem Titel »Sod Hajeschua« 1859, dann 1871 eine solche von Miltons »Verlorenem Paradiese« und 1878 von Tiedges »Urania«. Nach seinem Tode erschien aus seinen Manuskripten 1885 eine hebräische Uebersetzung des Neuen Testamentes in der Trinitarian Bibelgesellschaft, zwei Auflagen in 120 000 Exemplaren, von denen ein reicher Schotte sogleich 100 000 angekauft hat, um dieselben überall vertheilen zu lassen, was denn auch geschehn ist. J. Wilkinson hat diese Vertheilung durch seine Missionare in den verschiedensten Ländern vollzogen. Salkinson hat für seine Uebersetzung streng am klassischen Hebräisch festgehalten, Delitzsch berücksichtigt auch das rabbinische. Salkinsons Uebersetzung bedarf noch vieler Verbesserungen. Er starb 1883, nachdem er zuvor als Missionar in Pressburg und Wien gestanden hatte.

Zu den tüchtigeren Missionaren der Gesellschaft gehört Josef Philipp Cohen*). Derselbe, in Preussen geboren, ging dann auf Wunsch seiner Mutter nach England, um dort einen Vetter aufzusuchen. Da derselbe aber inzwischen nach Amerika übergesiedelt war, sah sich Cohen zur Errichtung eines eigenen Geschäfts genöthigt, das ihm jedoch bei seiner geringen Kenntniss der Landessprache wenig einbrachte. Ein Theilnehmer, mit dem er sich hernach verband, betrog ihn. Durch einen Missionar wurde er zum Bibellesen bestimmt, und Jesaia 53 beschäftigte ihn vielfach. Er erhielt sich jetzt als Verkäufer kleiner Waaren auf dem Lande, wurde aber, weil er keinen Erlaubnissschein gelöst hatte, gefangen gesetzt. Als er wieder frei geworden, beschäftigte ihn sein Bruder; aber derselbe nahm an seinem Bibellesen Anstoss, weil dieses schon viele Juden um ihren Verstand und zum Christenthum gebracht habe. Er musste wieder gehn und war jetzt ganz verlassen. In Swansea fand er endlich einen Landsmann, der sich seiner annahm. Am Versöhntage las er Leviticus 17, 11: »Im Blut ist die Versöhnung für die Seele« und schloss daraus, dass Opfer in Jerusalem dargebracht werden müssten. Andere alttestamentliche Stellen aber belehrten ihn, dass Gott sein Angesicht von vielen ihm dargebrachten Thieropfern abgewandt habe. So suchte er nun die Lösung dieses Widerspruchs. Um sie zu finden, wollte er den Proselyten, der ihm die Bibel zu lesen gerathen hatte, befragen, aber derselbe wohnte weit entfernt von Swansea. Durch eine Dame der Stadt kam er jedoch zu einem christlichen Prediger, der ihn bat das Neue Testament zu lesen. Der erste Spruch, den er hier aufschlug, war: »Kommt her zu mir alle, die ihr mühselig und beladen seid, ich will euch erquicken«. Das zog ihn an, er las weiter, erkannte endlich Jesum als seinen Heiland und wurde 1845 getauft. Später trat er in den Dienst der Briten; anfangs wirkte er im Auslande, dann in England mit gutem Erfolge. 1873 aber verliess er die

---

*) The sweetness of Christianity, a narrative of J. P. Cohen, a converted Jew. London 1845.

Gesellschaft, weil er eine zu grosse Selbständigkeit in seinem Berufe verlangte.

Eine Frucht der britischen Mission ist John Alexander, 1800 geboren und hernach ein eifriger Förderer der Gesellschaft. Er hat viele Jahre den Bibelverkauf in Cristal Palace zu London geleitet und 1870 die Verbreitung der Bibel unter den Soldaten auf dem Kriegsschauplatze übernommen, ausserdem aber recht lehrreiche Artikel über das Missionswesen geschrieben, so: »The Jews, their Past, Present and Future«, London 1870. Bei seinem Bibelverkauf predigte er auch den Juden das Evangelium, und dadurch wurde z. B. ein 20 jähriger Jude aus Algier bestimmt Christ zu werden.

Matthews Levi Mollis, schon II, 295 bei Holland genannt, trat hernach in den Dienst der Britischen Gesellschaft, deren Seminar er besucht hatte. Seit 1871 arbeitete er in England, zuerst in Manchester, dann in Leeds. An letzterem Orte errichtete er eine Arbeitsstätte für bekehrte Juden und Katechumenen, bei denen er wiederholt den ausgestreuten Samen aufgehn sah. Zu den von ihm Getauften gehört Philipp Peres aus Dünaburg, jetzt Missionar in Manchester. Theilweise als Arzt, theilweise als Vertreter der Gesellschaft in England hat bis 1851 der Proselyt Dr. M. Schulhoff bei der Britischen Gesellschaft gestanden. Derselbe war ein tüchtiger Arzt. 1854 erschien von ihm: »Notes on diseases in Turkey in reference to European troops and memoir of the remittant fever of the Levant«. Schulhoff hat später als Privatarzt gewirkt. Als ärztlicher Missionar wird in den 80er Jahren der Proselyt E. O. C. Roeder genannt. Derselbe ist der erste unter denen, die in dem neuen Missionshause durch Miss. Nachim zur Erkenntniss der Wahrheit gebracht sind. Auf seinen Wanderungen war er nach Paris gekommen und hatte dort allen Glauben verloren, fühlte sich aber in diesem Zustande unglücklich. Als er nach London kam, wurde es ihm ganz klar, dass er keinen Gott habe; mit dem Judenthum zerfallen, besuchte er jetzt die Kirche, las das Neue Testament und konnte 1879 getauft werden.

Auf Deputationsreisen vertritt gegenwärtig mit vielem Geschick Isaak Levinsohn die Britische Gesellschaft in

England*) und missionirt zugleich unter den Juden. Derselbe ist in Polen geboren, sein Vater fastete jeden Montag und Donnerstag. Der Sohn sollte Rabbi werden, las aber neben dem Talmud mit Vorliebe die Bibel, wenn die Seinen schliefen. Darüber erwachte in ihm ein lebhaftes Sündenbewusstsein; er sehnte sich deshalb von den Seinen weg, unter denen er die Ruhe der Seele nicht fand, und erlangte es von seinem Vater, dass er ihm die Heimath zu verlassen gestattete. Nach Deutschland gekommen, litt er grosse Noth, und da er sich so doppelt unglücklich fühlte, wollte er sich das Leben nehmen. Doch schreckte er schliesslich davor zurück, wanderte weiter und kam nach England. Durch Dr. Stern gelangte er zur Erkenntniss dessen, was ihm fehlte. Als er davon den Seinen brieflich Mittheilung machte, warnten ihn dieselben in herzbrechenden Briefen vor Abfall; als er aber dennoch der Wahrheit die Ehre gab und sich taufen liess, sagten sie sich von ihm los. Später wurde er Prediger und machte dann im Auftrage der Gesellschaft eine Reise nach Palästina, um zu untersuchen, ob dieselbe hier eine Mission errichten könne. Bericht darüber giebt seine Schrift: »Peeps at Palestine and its people«, London 1885. Im Jahre 1888 wurde es ihm geschenkt, einen nach England gekommenen Bruder Hessel taufen zu dürfen; nach 17 jähriger Trennung hatten beide einander getroffen. Dieser Bruder arbeitet jetzt im Dienst der Britischen Gesellschaft unter den Juden in Spitalfields, London.

Die Wittwe des 1874 in der Türkei gestorbenen Missionar Zuckerkandl, welche auch selbst Proselytin ist und 1850 in Pesth durch Rev. Wingate getauft wurde, unterrichtet seit einer Reihe von Jahren jüdische Frauen und Kinder im Londoner Missionshause. Sie übt auf viele Gemüther derselben einen heilsamen Einfluss aus. Bis 1883 waren durch ihre Bemühungen bereits 27 Taufen geschehn, jetzt beläuft sich deren Zahl auf etwa 40.

Gegenwärtig erhält die Gesellschaft folgende Stationen in England: London, Leeds und Cardiff, Manchester, Birmingham, Bristol und Nottingham mit elf Missionsagenten, die bis auf

---

*) The Story of J. L. a Polish Jew. London 1888.

Einen Proselyten sind; neben denselben eine Reihe unbezahlter Arbeiter. Die Erfolge aber sind viel kleiner als die der Londoner, auch wenn man die geringere Anzahl ihrer Arbeiter in Anschlag bringt; auf die Gründe dieser Erscheinungen wird später einzugehn sein.

b. Deutschland.

Ganz vorübergehend wurde zwischen 1846 und 1852 Holland besetzt, Frankfurt a. M. dagegen seit 1846 längere Zeit festgehalten. Dorthin ging Hermann Stern, über dessen Lebensgang früher berichtet worden ist (S. 106). Seine jüngste Tochter wurde 1847 in Strassburg durch Hausmeister getauft, und an demselben Tage empfingen in Frankfurt Sterns Frau, seine Töchter und sein Sohn die Taufe; letzterer verlor dadurch eine zwölf Jahre innegehabte Stelle. Sterns Zeugniss drang nicht wenigen ins Herz. 1849 taufte er fünf Personen, 1851 berichtet er von 33 zur Erkenntniss der Wahrheit gelangten Juden, lässt aber nicht erkennen, ob alle durch ihn und in Frankfurt gewonnen seien.

Unter den Getauften nennt er Jacob und Enoch Reiss mit ihren Frauen und acht Kindern, Dr. E. Robert und E. F. Gumpf. 1852 schreibt er, dass von den Juden, mit denen er in Verbindung gekommen, seit seiner Ankunft in Frankfurt 56, und im Jahre 1855, dass 86 getauft worden seien; doch wird wieder nicht ersichtlich, wie viele derselben eine Frucht seiner Arbeit waren; in seinen Angaben liegt stets etwas Schillerndes, und es sieht zuweilen aus, als sollten sie den Schein erwecken, als wolle er lauter Ergebnisse seiner Arbeit anführen. Auch die Angaben mancher anderen britischen Missionare müssen in dieser Beziehung mit der höchsten Vorsicht aufgenommen werden. Er starb 1861. Das Jahr vorher war W. Brunner, der seit 1855 in Deutschland arbeitete, nach Frankfurt gesandt worden, welcher dann hier und später in Heidelberg einige Zeit arbeitete, aber wenig Spuren seines Wirkens hinterliess. Sonst sind in Deutschland zeitweise Nürnberg, Frankfurt a. O., Mühlhausen i. E., Stettin, Bromberg, Breslau, Dresden, Königsberg, Cannstadt, Stuttgart und Hamburg besetzt worden; nicht selten fand hierbei ein unsicheres Hin- und Hertappen statt.

P. Jaffe kam 1853 nach Deutschland und wurde, nachdem er wieder eine Weile in England gewirkt hatte, 1857 nach Frankfurt a. O. gesandt. Er durfte in diesem Jahre einen jungen Mann taufen, in dessen Familie schon viel Uebertritte geschehn waren: von seinen Brüdern war einer Arzt, einer Beamter, einer katholischer Priester geworden. Ebenso taufte er in dem gleichen Jahre eine 83 jährige wohlhabende Jüdin und deren Tochter. Zwei Jahre darauf kam er nach Nürnberg, von dort meldete er 16 Taufen zwischen 1859—1883. Ende 1871 schleppten Juden mit Gewalt einen seiner Katechumenen auf die Eisenbahn, dann auf das Schiff und brachten ihn über Liverpool nach Amerika; aber von dort her liess dieser Mann Jaffe berichten, dass er sich nun in Amerika doch auf die Taufe vorbereite. 1884 wurde Jaffe nach Hamburg versetzt und starb dort 1887, 63 Jahre alt.

In Württemberg arbeitet einer der tüchtigsten und bewährtesten Missionare der Gesellschaft, der Proselyt P. E. Gottheil. Derselbe ist in Pinne (Posen) geboren und von seinen Grosseltern in Fraustadt (Posen) erzogen worden. 1849 trat er in den Dienst der Briten und kam zuerst nach Nürnberg, dann aber nach Württemberg, wo er theils in Cannstadt, theils in Stuttgart seine Station fand. 1852 durfte er das erste Mal einen Juden taufen, Emmanuel Augsburger*). Derselbe war ein Weber und blieb auch Handwerker, hat aber als solcher durch seine treuen Zeugnisse viel Gutes hin und her gestiftet. Durch Gottheil ist dann eine grössere Zahl von Juden für den Glauben gewonnen worden. So die Missionare J. Pick in Krakau, Karfunkel in Hamburg und J. Bahri, der nach jahrelanger Arbeit in der Londoner Mission und dann im englischen Kirchendienst, während dessen er zugleich in Verbindung mit der Parochial Mission stand, 43 Jahre alt 1889 starb. Vier andere haben theologische Collegien in Amerika besucht, einer ist Pastor in Nebraska, einer als Theolog in Basel ausgebildet worden, eine Jungfrau in den Diakonissendienst getreten. 1887 taufte er Moses Löwen, der jetzt Missionsarbeiter der Berliner Gesellschaft in Galizien ist und im Verein mit Lucky die

---

*) Jew. Herald 1853, 215; 1886, 3.

hebräische Zeitschrift »Eduth le Jisrael« in Lemberg herausgiebt. 1889 vollzog Gottheil die 16. Taufe eines Proselyten im Stuttgarter Diakonissenhause. Auch literarisch ist er thätig gewesen. Er schrieb 1863 einen Traktat: »Der Messias, Israels Hoffnung und aller Völker Verlangen« nach dem Alten Testament; derselbe ist auch englisch erschienen. Ferner »Mischan Lechem, Lebensbrot für Gottes Volk aus Gottes Wort« 1871, ein Spruchbuch für alle Tage des Jahres, hebräisch und deutsch; 1873 jüdisch-deutsch. Von 1850—58 gab er heraus »Blätter für die evangelische Mission unter Israel«. Gottheil zeichnet sich vor den allermeisten Missionaren der Briten durch Zuverlässigkeit, Nüchternheit und evangelischen Sinn aus und ist bei aller Liebe zu seinem Volk fern von dem fleischlichen Philosemitismus, der besonders in der Britischen Gesellschaft grassirt. Wichtig ist sein Aufsatz »Die Arbeit an den Einzelnen«, Nathanael 1891, Heft 6.

Seit 1867 stand A. Fürst in Stettin bis 1871, wo er dann in die Mission der Freikirche von Schottland eintrat. Er hat schon während der früheren Zeit kenntnissreiche Artikel aus der Missionsgeschichte in »Saat auf Hoffnung« geschrieben und dafür 1876 von Giessen den Doktortitel erhalten.

Eine beachtenswerthe Erscheinung unter den Britischen Missionsarbeitern ist Dr. J. Koppel*) Derselbe ist in der Provinz Posen nahe der russischen Grenze 1830 geboren. Schon mit drei Jahren wurde er im Hebräischen unterrichtet. In der katholischen Schule, welche er dann besuchte, hatte er viel zu leiden und wurde deshalb voller Abscheu gegen das Christenthum. Als dann die Juden ihre Kinder von eigenen seminaristisch gebildeten Lehrern unterrichten lassen konnten, beschloss er selbst Lehrer zu werden. 1846 kam er auf das Seminar zu Bromberg und blieb da drei Jahre. Die Regierung stellte ihn hernach als Dolmetscher in einem Orte an der Grenze an, er hatte dort aber als Jude viel Spott zu erleiden; deshalb legte er sein Amt nieder und wurde Lehrer in einer andern Stadt. Doch wurde ihm hier der rabbinische Religionsunterricht immer widerwärtiger; denn er hatte inzwischen die Widersprüche

---

*) Saat a. H. Ostern 1866, 55, 115; 1868, 190. Jew. Herald 1869, 20. Freund Israels 1869, 169.

zwischen Bibel und Talmud erkannt. Dem Christenthum aber stand er deshalb durchaus noch nicht freundlicher gegenüber. Die Juden verfolgten ihn bald als Liberalen, so dass er sein Amt niederlegte und nach Berlin ging; aber auch hier fand er bei den moderngesinnten Rabbinen keinen Trost und er begann immer mehr am Judenthum zu zweifeln. Da hörte er von einem Dr. Jaffe in Berlin, dessen Bruder in England Christ geworden sei; den beschloss er aufzusuchen und trat dann in Unterricht bei Missionar Jaffe, der ihn auch zur Taufe brachte. 1860 trat er in den Dienst der Britischen Gesellschaft und arbeitete zunächst in England. Hier lernte er die Anstalten von Georg Müller in Bristol kennen und empfing von demselben tiefe Eindrücke, die ihm auch, als er dann nach Bordeaux und hernach in seine Heimath versetzt wurde, gegenwärtig blieben. Von Bromberg aus missionirte er unter den Juden. Im Mai 1860 wurden ihm ein Paar Stiefeln gestohlen. Der Verdacht fiel auf einige Bettelknaben. Er beobachtete dieselben, und ihr Elend erweckte in ihm den Entschluss etwas für sie zu thun. Nun schlug er dem Oberbürgermeister vor, dass er diese armen Kinder in Gottes Wort und weltlichen Dingen unterrichten wolle, die Stadt ihm aber hierfür ein Lokal gewähren möge. Die Stadtbehörde ging darauf ein, aber es fand sich kein passendes Lokal. Die Vorsteher des Bromberger Waisenhauses wurden neidisch und warnten vor Koppel als vor einem verkappten Irvingianer, der für diese Sekte Proselyten gewinnen wolle. Koppel liess sich dadurch nicht abschrecken und hatte die Genugthuung, dass sich inzwischen die Stadt der Armen besser annahm.

Sein Zeugniss aber fiel auch bei manchen Juden auf guten Boden, besonders bei Dr. Nathanael Immanuel Mossa*) Derselbe ist 1834 von einfachen, ziemlich eifrig jüdischen Eltern geboren, die aber doch ihr Geschäft des Verdienstes halber am Sabbath offen hielten. Der Knabe las gern in einer jüdisch-deutschen Bilderbibel, in der ihn die Geschichte Josephs besonders fesselte. Als er dann die christliche Schule besuchte, bewegte ihn die in derselben vernommene Leidensgeschichte Jesu und rührte

---

*) Dibre Emeth 1865, 142; Saat a. H. 1866, Ostern 55; 1880, 204.

ihn zu Thränen über die, welche Jesu so grosse Schmach angethan hatten. Die Erzählungen der Evangelien beschäftigten seine Phantasie, und mit seiner Schwester stellte er im Spiele die Auferweckung des Lazarus, den er für den armen Lazarus hielt, vor. Durch einen älteren jüdischen Schüler wurde er dann aber der Person Jesu entfremdet, so dass er in seiner deutschen Bibel den Namen Jesus mit Tinte oder Rothstein durchstrich. In den höheren Schulklassen lernte er das Christenthum nur durch den Geschichtsunterricht kennen. Vom christlichen Religionsunterricht wurde er damals ausgeschlossen, weil er in demselben gelacht haben sollte; thatsächlich hatte er dies nicht gethan. Inzwischen erhielt er hebräischen Unterricht und las manche biblische Bücher, die Propheten blieben ihm wie den meisten Juden fremd; er hatte aber von christlichen Mitschülern viel zu leiden. Dann wurde er durch Freunde auf freidenkerische Bahnen geführt, Lessings »Nathan« machte auf ihn den grössten Eindruck. Als Student der Medizin hörte er viele philosophische Vorlesungen und gerieth in den Materialismus; übrigens war er sonst ein tüchtiger Mediziner und wurde wegen seiner mikroskopischen Beobachtungen gelobt. Das Judenthum aber stiess ihn stets mehr ab: die jüdische Zweifelsucht erkannte er als einen Unterwühler aller göttlichen und menschlichen Ordnung, den jüdischen Handelsgeist verachtete er als unbändige Selbstsucht, die christliche Liebe dagegen erschien ihm als der rechte Leitstern des Lebens und in manchen Gedichten sprach er dies auch aus. In der Stadt seiner Eltern war ein Gefängniss, das auch jüdische Insassen barg; in demselben bat ihn einmal der Rabbi am Vorabend des Busssabbaths für ihn zu predigen. Er that es und predigte über: »Suchet den Herrn, weil er zu finden ist, rufet ihn an, weil er nahe ist« und verwandte in seiner herzlichen Ansprache als bestes Beispiel der Umkehr die Geschichte des Neuen Testamentes vom verlorenen Sohne. Als er sich dann in einer anderen Stadt niederliess und dort der einzige Jude war, besuchte er die christliche Kirche, wohnte der Grundsteinlegung des Melanchthon-Denkmals in Wittenberg bei und erkannte die welterobernde Macht des Christenthums an, so vieles ihn auch in seiner Geschichte befremdete. In einer Predigerfamilie verspürte er dann den Hauch des echten christlichen Geistes; sie war auch die erste, welche ihm persönlich etwas vom Evangelium nahe brachte. Er kam hernach wieder an einen andern Ort, wo eine Synagoge war; diese besuchte er, aber dieselbe liess ihn kalt. In dieser Zeit las er Römer C. 11 mit grosser Bewegung, tröstete sich jedoch damit, dass Israel ja jetzt noch blind bleiben müsse. Dann aber zog er nach Bromberg, hier hörte er Koppel und seine Auslegung von Jesaia 53 und nun brach er durch. Der ausbrechende Schleswig-Holsteinische Krieg rief ihn zu den Waffen, zuvor aber liess er sich taufen. Auf Koppels Wunsch vollzog Bellson Ende 1863 seine Taufe in Berlin. Er wurde hernach Arzt in Bromberg, wo er Koppel in der Anstalt Salem treulich beistand, und hernach in Strassburg. Seine Gedichte in Saat a. H. legen eine treffliche dichterische Begabung an den Tag.

1863 wurde auch ein anderer Katechumene Koppels getauft: Benzion*). Derselbe ist in Hornoslaipolia, Gouvernement Kiew, 1839 geboren, wo ein bekannter chassidischer Rabbi wohnte. Benzions Vater war Lehrer der Kinder und Enkel jenes Rabbi, er selbst wurde mit diesen unterrichtet; als er dieselben aber überflügelte, wurde der Vater gezwungen ihn einem andern Lehrer zu übergeben. Mit diesem ging er einmal an einer russischen Kirche vorüber; seine Kameraden fingen an in der Nähe derselben 5. Mose 7, 26 herzusagen und dabei auszuspeien. Bei dem hierüber entstandenen Lärm hatte Benzion mehrere Figuren und auch ein Kreuz in den Sand gemalt. Ein auf ihn neidischer Vetter zeigte dies dem Lehrer an, der ihn dafür grausam misshandelte und dann hinter Schloss und Riegel setzte. Ahnungslos hatte Benzion das Kreuz in den Sand gezeichnet, von da ab trug er es im Herzen. Man hatte ihn fortan denn auch im Verdacht der heimlichen Neigung für das Christenthum. Benzion dachte jedoch noch nicht daran Christ zu werden, sondern studirte nur desto eifriger mit seinem Vater in den jüdischen Büchern. Der Vater aber hatte manche Gegner, die ihm sein grösseres Wissen nicht verzeihn konnten. Dieselben stellten ihm und dem Sohne nach, so dass der Vater

---

*) Rhein.-Westf. Blatt 1876, 2—5. Freund Israels 1877, 120.

genöthigt war, letzteren in eine andere Stadt zu einem Freunde zu bringen, bei dem er sich dann reiche Kenntnisse im Talmud und Hebräischen erwarb. Zwei Jahre später kam er zur Fortsetzung seiner Studien zum Vater zurück, der inzwischen Vorsteher eines Lehrhauses geworden war. Benzion las aber in dieser Zeit auch jüdische Bücher, die den Eiferern verdächtig waren. Einmal fand seine Feindin, die Frau des Rabbi, bei ihm Mendelssohns Bibelübersetzung. Die Folge war, dass der Vater seine Stelle verlor und die Mutter vor Schreck und Gram darüber starb; der Vater überlebte sie nicht lange, und noch einige nahe Verwandten starben ebenso schnell. Benzion hatte bereits vorher das elterliche Haus verlassen, wurde aber in den Bann gethan. Mit 13 Jahren hatte er zu wandern angefangen, von seinen Verlusten hörte er erst später. In seiner Noth kam er in einem Walde bei einer Kapelle vorüber, an der er eine Statue Marias und des Jesuskindes erblickte, über dem sich ein Kreuz erhob. Voll von dem Gedanken, dass er doch mit den Juden nicht mehr in Frieden leben könne, entblösste er vor der Statue sein Haupt und betete knieend, schlief dann in der Kapelle ein und wurde endlich von einem Bauern geweckt. Im Gespräch mit dem Manne erklärte er demselben, dass auch ihm die den Christen heilige Stätte heilig sei. Friedlich schieden beide von einander, ihm aber hatte ein Kreuz Beruhigung in seinem Gemüthe gebracht.

Fünf Jahre wanderte nun Benzion und kam dann nach Bardsczew, wo fast nur Juden wohnten. Hier sah er bei einem alten Manne zum ersten Male ein Neues Testament und las in demselben fleissig. Einem jüdischen Lehrer Jesaias Moses Lynder schloss er sein Herz auf und wurde durch ihn mit jungen jüdischen Leuten bekannt, die mit dem Judenthum zerfallen, aber auch auf manche Abwege gerathen waren. Fortgesetztes Bibelstudium dagegen bereitete ihm grosse Sorge, wie er im Gerichte Gottes bestehn solle. Lynder rieth ihm zu den Missionaren zu gehn, die glaubten, dass Jesus Gottes Sohn sei, im Uebrigen tüchtige Hebräer und bereit seien, die gut zu bezahlen, welche sich taufen liessen. Sie aufzusuchen brach er 1857 auf und kam nach vier Jahren nach Jassy, wo er dreimal an der Thüre des Missionars stand und sich doch nicht entschliessen konnte einzutreten. Sechs Monate darnach kam Jesaia 53 von M'Caul in seine Hand, und aus demselben fiel ein erster Lichtstrahl in seine Seele. Später nahm er eine Lehrerstelle in Valia an der Donau an. Durch einen früheren Schuldiener der Missionare in Constantinopel erfuhr er hier manches über die Mission und wollte dieselbe jetzt um so mehr kennen lernen. Eine plötzlich ihn überfallende Lebensgefahr brachte ihn während dieser Zeit in grosse Sorge um sein ewiges Heil und, durch einen Geistlichen empfohlen, begab er sich nun zu Missionar Gellert in Ibraila. Hier hörte er vieles und las Biesenthals Commentare, konnte jedoch an dem Orte nicht bleiben und kam so nach Bukarest, wo er mit Zuckerkandl und Kleinhenn in Verbindung trat. Aber damals lag es ihm doch noch mehr an religiösem Wissen als an einer gewissen Herzenserfahrung, und so brach er wieder auf; er ging jetzt nach Deutschland. Nach allerlei seltsamen Erfahrungen traf er in Berlin ein. Dort traf er mit Koppel zusammen, und dieser nahm ihn als Erstling nach Bromberg mit. Hier begann nun an dem 23 jährigen eine Erziehung, die viele Geduld und Weisheit erforderte; 1863 aber konnte er durch Koppels Freund Bellson in Berlin getauft werden. Hier studirte er weiter bei Biesenthal, bezog 1864 zum Studium der Medizin die Universität Berlin, promovirte 1867 in Würzburg und wurde Assistenzarzt bei dem Homöopathen Lutze in Köthen, dann Arzt in London und 1874 Missionar der Britischen Gesellschaft.

Mossa und Benzion sind es dann gewesen, welche Koppel zur Fortsetzung des Bromberger Werks ermuthigten. Die Gelegenheit zu seiner Erweiterung fand sich von selbst. 1864 meldete sich eine jüdische Frau Krönig aus Nakel mit drei Kindern, die Koppel schon von früher her kannte, und bat für alle um die Taufe. Dieselbe geschah auch noch im Laufe des Jahres. Aus Rache klagten sie die Juden des Diebstahls an und wussten sie zuerst auch ins Gefängniss zu bringen; bald aber wurde sie als schuldlos entlassen. Die Kinder wurden einstweilen nach Neuzelle zur Erziehung gebracht, dann aber nahm sie der bisher noch unverheirathete Koppel wegen fortgesetzter Nachstellungen der Juden in sein Haus; der Knabe starb bald darauf. Ein Baumeister Cuno übernahm die Bekleidung der von Koppel aufgenommenen Kinder und lud ihn mit denselben täglich an seinen Tisch. Eben derselbe führte im November 1864 Koppel einen missrathenen Knaben zu, und der Magistrat bezahlte für denselben monatlich zwei Thaler Kostgeld; die Zahl der Kinder stieg bald auf sieben, und diese wurden nun in die Pflege zweier wohlempfohlener Leute gebracht. Die Pflegeeltern aber waren ihrer Aufgabe nicht gewachsen, und die Kinder erkrankten auch bei ihnen. Koppel nahm deshalb die Kinder wieder in sein Haus, Mossa heilte sie bald. Als Dienstboten waren im Hause Koppels eine bekehrte Jüdin und eine Katechumenin, die sich der Kinder treulich annahmen. Im Januar 1865 waren elf Kinder vorhanden, und nun entstand die Nothwendigkeit zu ihrer Unterbringung, da auch eine Miethswohnung nicht zu haben war, ein Haus zu erwerben. Für ein geeignetes Haus sollten 10000 Thaler und in drei Monaten 3000 Thaler Anzahlung gegeben werden, aber es fehlten alle Mittel. Da bot ein christlicher Steinmetzmeister Koppel ein noch grösseres und besser gelegenes Grundstück an, das er ihm gegen Uebernahme der darauf haftenden Hypotheken überlassen wollte, und noch am Abend desselben Tages wurde dieses Grundstück erstanden. Im Glauben ging Koppel trotz der fehlenden Mittel frisch an das Werk, veränderte die vorhandenen und baute neue Gebäude. Da überwiesen ihm ein christlicher Kellner 200 Thaler und Dr. Mossa 225, und hiermit wurde der Anfang gemacht. Hernach gewährte Friedrich Wilhelm IV. 3000 Thaler als zinslose Hypothek, und es bildete sich eine Gesellschaft unter General Scheffer zur Unterstützung der Anstalt, die den Namen Salem erhielt. Das Haus aber sollte nicht bloss eine Anstalt für verlassene Kinder, sondern auch ein Asyl für Proselyten und jüdische Katechumenen sein. Mossa stand Koppel treu zur Seite. Koppels Bemühungen in England, wo er sich jetzt verheirathete, Geld zu erhalten, scheiterten; aber trotzdem baute er weiter, und vielfach flossen ihm von anderwärts Gaben zu. Anfang 1866 barg Salem 22 Waisen und drei jüdische Katechumenen; zugleich war es Sammelpunkt für einen Jünglings- und einen Mädchenverein. Im September 1866 zählte die Anstalt nicht weniger als 70 Personen, darunter vier Proselytenkinder und sieben jüdische

Katechumenen, unter letzteren die Jünglinge Lurja und Jedidja. Von ersterem war schon früher die Rede (S. 132). Als Jedidjas Eltern von seinem Aufenthalt in Bromberg hörten, eilten sie dahin und führten mit Hilfe der Polizei den noch unmündigen, weil noch nicht 21 Jahr alten, Sohn aus Salem. Als aber ihre Versuche ihn wieder zum Juden zu machen scheiterten, ergossen sie über ihn Verwünschungen und Flüche; er ertrug alles, doch war fortan seine Lebenskraft gebrochen. Als ihn dann die Eltern nach Polen mit sich zurücknehmen wollten, fand es sich, dass dieselben keinen Pass hatten, und so wurden sie als Ueberläufer festgenommen. Jedidja dagegen, welcher einen Zwangspass hatte, wurde frei und kam nach Warschau zu Ifland. Dort sah er Lurja wieder und am 22. November 1866 durfte er mit demselben nach Salem zurückkehren. Jedidja war ausserordentlich begabt und studirte in Salem fleissig, vor allem aber wuchs er in seinem geistlichen Leben. Indessen kränkelte er stets mehr, so dass ihn Koppel nach Berlin in das Krankenhaus Bethanien unter Begleitung von Lurja sandte. Nathanael Lurja wurde dort auch zur Freude Jedidjas durch Paulus Cassel getauft; er wurde dann Stubenmaler, kränkelte aber und welkte hin. Sein Freund Jedidja starb am 1. September 1867 im lebendigen Glauben, er selbst auch drei Jahre später am 13. März 1870 gleichfalls in Bethanien; beide sind auf dem Luisenkirchhof beerdigt.

1869 weiss Koppel von 35 Juden zu sagen, die durch die Anstalt Salem zur Erkenntniss Christi gelangt sind. Zu diesen gehört auch der Arzt Dr. Gabriel Benoly, gegenwärtig im Londoner Missionsdienst. Einer dieser Proselyten wurde auf merkwürdige Weise gewonnen. Er war gegen einen Fremden bei Lösung des Eisenbahnbillets sehr unhöflich gewesen und entschuldigte sich dann bei ihm im Wartesaale. Beide fuhren weiter; als aber der Beleidigte an seinem Ziel angekommen war, redete ihn ein junger Mann als Dr. Koppel an und erklärte ihm, dass ihn sein Reisegefährte auf den Missionar, mit dem er gefahren sei, aufmerksam gemacht habe. Dieser junge Mann war ein jüdischer Student. Beider Unterredung führte dazu, dass sich der Jüngling nach Salem begab und dort getauft wurde. Ein Edelmann, der diesen Jüngling kannte, hörte von dieser Geschichte und bewirkte, dass sich der König und das königliche Haus für die Anstalt interessirten, so dass derselben die bereits erwähnte Summe bewilligt wurde. Auf wunderbaren Wegen flossen überhaupt Koppel die Mittel zu. So wurden ihm einmal aus England 2000 Thaler zur Anstellung eines Evangelisten auf drei Jahre gesandt, als er gerade diesen Plan erwog und nicht wusste, wie er denselben ausführen sollte. 1869 übergab aber Dr. Koppel, da das Werk in Salem seine Kräfte überstieg, dasselbe andern Händen und ging nach London zur Leitung des Heims der Britischen Gesellschaft, löste jedoch nach kurzer Zeit seine Verbindung mit derselben auf. Das Werk in Salem hat übrigens stets selbständig und ohne Anlehnung an die Britische Gesellschaft bestanden.

In Königsberg übernahm seit 1858 der daselbst als Prediger wirkende B. F. Jacobi auch die Stelle eines Missionars unter den Juden jener Stadt und Gegend. Die Verbindung der Mission mit dem pastoralen Amt erwies sich hier als eine heilsame; wie denn auch Koppel und Gottheil durch ihren engeren Anschluss an die evangelische Umgebung ihr Werk entschieden förderten, während den meisten Arbeitern der Briten dieser Zusammenhang zu ihrem grossen Schaden fehlt. 1873 berichtet Jacobi, dass er bisher zwölf Juden getauft habe, und die Zahl dieser Taufen hat sich seitdem vermehrt. Unter seinen eigenen Verwandten zählt er jetzt 20 Proselyten. 1875 taufte er ein junges Ehepaar Lichtenstein. Der Gatte war Bankier, hatte den Krieg 1870 mitgemacht und das Eiserne Kreuz erworben; aus derselben Familie taufte er dann noch mehrere Glieder. 1886 nahm er fünf Personen aus besseren Verhältnissen in die Kirche auf und in den letzten Jahren überhaupt eine Reihe von Personen in unabhängigen Umständen.

Berlin, Heidelberg, Hamburg, Dresden und Breslau sind auch theils längere, theils kürzere Zeit von der Britischen Gesellschaft besetzt worden. Das von diesen Stationen Berichtete ist theils nicht bedeutend, theils völlig undurchsichtig. Jetzt wirkt in Breslau der tüchtige Dworkowicz, von dem Gutes zu erwarten steht*). Leider hat man beschlossen ihn nach Berlin

---

*) Eine Aehrenlese im Thale Rephaim, Breslau 1890.

zu versetzen. Die Arbeit der Britischen Gesellschaft in Deutschland weist einige wohlthuende Züge auf, ist im Allgemeinen aber ohne besondere Bedeutung.

c. Frankreich.

In Frankreich haben die Briten eine Reihe von Jahren gearbeitet. J. Brunner hat in Paris von 1851 an 30 Jahre gestanden. 1869 konnte er auf 25 Proselyten blicken; nach dem Kriege scheint er schwerer Eingang bei den Juden gewonnen zu haben. Lyon und Bordeaux waren vorübergehend besetzt, Nancy durch W. Brunner, Marseille durch J. Cohen; der letztere hat sich als tüchtiger und begabter Missionar bewiesen. Eine schöne Frucht seiner Arbeit ist die Bekehrung von Lydia Montefiore, Tante des Moses Montefiore*). Unter seinen andern Proselyten sind zwei im Krimkriege verwundete Soldaten zu erwähnen, welche als gläubige Christen starben. Jetzt ist die Arbeit in Frankreich aufgegeben und ebenso die in der Schweiz, wo W. Brunner**) einige Zeit stationirt war. W. Brunner und zwei seiner Brüder sind Proselyten, Kinder wohlhabender jüdischer Eltern. Ihr Urgrossvater wurde über 90 Jahre alt und lebte als Patriarch in seiner Familie. W. Brunner ist 1822 in Brody geboren, kam nach dem Tode seiner Eltern nach England, hörte hier das Evangelium und wurde von Rev. Dr. Bailey, Principal of St. Adrian's College, getauft. Er studirte dann als erster Zögling auf dem Britischen Missionscolleg und trat darauf in den Dienst der Gesellschaft; er starb 1890.

d. Oesterreich.

Dass Oesterreich mit seiner grossen jüdischen Bevölkerung auch von der Britischen Gesellschaft ins Auge gefasst wurde, war ganz richtig. Hier hat nun einer ihrer tüchtigsten Missionare sein Arbeitsfeld erhalten, C. A. Schönberger. Derselbe hat seiner Zeit unter F. Delitzsch studirt, wirkte dann als Missionar der Schottischen Freikirche in Pesth und trat 1872 zu den Briten über. Zuerst wurde er von ihnen nach Prag gesandt.

---

*) Jew. Herald 1858, 130. Light at eventide, London 1858. The conversion of L. M., London.

**) Jew. Herald 1890, 139.

Bereits ein Jahr darauf durfte er einen jungen ungarischen Juden A. Venetianer, dessen Vater Rabbiner war, zur Taufe führen. Derselbe studirte dann in Grossbritannien und wurde 1879 Pastor in Pancsova (Ungarn), später in Triest und schrieb »Die evangelische reformirte Kirche Cristo Salvatore zu Triest, ein Beitrag zur Geschichte der Evangelischen in Triest«. Triest und Leipzig 1887. Von hier aus richtete er auch einen offenen Brief an den Rabbiner J. Lichtenstein in Tápió Szele »Zum Zeugniss«, Wien 1886, in welchem er denselben als bereits an der Pforte der christlichen Kirche stehend begrüsst; denn in seinem Enthusiasmus und stark ausgeprägten jüdisch-nationalen Bewusstsein fehlt es ihm an nüchterner Beurtheilung der Dinge. Später übernahm er ein Pfarramt in Rohrbach (Russland), von wo aus er Rabinowitz und seine Bewegung unterstützte. Leider trat auch hier der oben gerügte Fehler wieder zu Tage; denn er ergriff in sehr einseitiger Weise Partei bei den Differenzen, die zwischen Faltin und Rabinowitz entstanden. Dies zeigt seine Brochüre »In Kischineff bei Rabinowitz«, Wien 1888. Venetianer, sonst ein begabter Prediger, bedarf noch sehr der Ernüchterung und Klärung; er ist jetzt wieder nach Ungarn zurückgekehrt und Pastor in Uj-Sóvé.

1876 durfte Schönberger auch K. J. Gottlieb*) in die evangelische Kirche aufnehmen. G. ist in Sadagora (Bukowina), dem bekannten Sitz des chassidischen Rabbis und Wunderthäters geboren und streng orthodox erzogen worden. Sein Bruder, durch den er hernach zum Fragen nach Christo gekommen ist, unterrichtete ihn im Deutschen, obgleich es der Vater sehr ungern sah. Der Bruder selbst hatte das Deutsche durch einen Arzt gelernt, war dann nach Klausenburg auf das Gymnasium gegangen und hatte hierauf Medicin in Pesth studirt, wo er durch P. König von der Schottischen Freikirche zur Erkenntniss Christi kam. Mit 14 Jahren schickte der Vater den jüngeren Bruder auf die Schule nach Czernowitz und zwei Jahre später zum älteren Bruder nach Pesth. Bei diesem fand er eine hebräische und deutsche Bibel, die er fleissig las und die ihm der Bruder erklärte. Nach und nach wies er ihn hierbei auf

---

*) Jew. Herald 1876, 89.

Christum hin. Dann führte ihn ein jüdischer Traktat »Die Quelle des Heils« aus dem Jahre 1859, welcher die Erscheinung des Messias für das Jahr 1864 berechnete, zu weiterem Fragen. Dass Jesus der Messias sein könne, war hier ausdrücklich abgewiesen; doch glaubte Gottlieb gerade aus den angeführten Gründen das Gegentheil entnehmen zu müssen. Als er jetzt (1874) seinem Bruder das Herz eröffnete, erfuhr er zu seinem Erstaunen, dass derselbe bereits Christ war, und erhielt nun durch P. König und Hilfsprediger Wagner Unterricht; gleichzeitig wurde er an der Missionsschule als Lehrer des Hebräischen verwandt. Da er aber nur wenig Ungarisch sprach, konnte er an der Schule nicht angestellt werden, und so sandte ihn der Bruder zu Schönberger nach Prag, dessen Unterricht ihn zur völligen Klarheit brachte, so dass er durch ihn getauft werden konnte. Er wurde dann in Basel zum Lehrer herangebildet, arbeitete einige Zeit im Dienst der Briten und steht nun im Dienst der Berliner Gesellschaft, die den frommen und nüchternen Mann zuerst in Berlin wirken liess, jetzt aber in Jassy angestellt hat, wo er sein Amt treu ausrichtet.

Schönberger hielt in Prag auch öffentliche Vorlesungen über christliche Themata, welche zahlreich besucht wurden. 1867 wurde er in Stuttgart ordinirt. Ein Frucht seiner Arbeit ist auch C. Leitner, jetzt Lehrer der Missionsschule der Freien Schotten in Constantinopel. 1881 theilt Schönberger mit, dass er nach zehnjähriger Arbeit in Prag auf manche Proselyten zurückblicke; unter ihnen nennt er einen Pastor, einen Arzt, zwei Lehrer, zwei Kaufleute, einen Handwerker und andere, von denen keiner seine Hoffnungen getäuscht habe. 1883 nahm er eine ganze Kaufmannsfamilie von sechs Personen in die Kirche auf; die Angehörigen des Ehemanns waren bereits alle übergetreten. Den jungen N. Kameras aus Russland sandte er, nachdem er selbst ihn unterrichtet, zu Missionar Hefter in Frankfurt a. M., der ihn 1881 taufte und dann dem Missionsseminar in Barmen übergab. Nach beendigtem Studium auf demselben ist Kameras seit 1888 Gehilfe Schönbergers in Wien. War nun schon Schönbergers Arbeit in Prag eine erfolgreiche gewesen, so ist sie es in noch höherem Grade in Wien seit 1884. Bedauern muss man nur, dass auch er in der antisemitischen Bewegung zu sehr Partei ergriffen hat. Die verkehrteste Verherrlichung der Juden herrscht freilich so sehr in der Britischen Gesellschaft, dass sich nur wenige ihrer Arbeiter von derselben frei gehalten haben. Die antisemitische Bewegung aber und die von Rabinowitz haben auch unter den österreichischen Juden ein stärkeres Fragen erweckt, das sie dem Evangelium viel zugänglicher macht. Schönberger erhält jetzt von allen Seiten her Briefe von Juden mit Anfragen über religiöse Dinge und trat bald in reichen Verkehr mit Juden. Sogleich im ersten Jahre vollzog er in Wien eine Taufe. Ein grösserer Kreis von Juden in Galizien ist mit ihm in Verbindung getreten, ebenso Rabbiner Lichtenstein. 1885 traten zwei Brüder Schönbergers in Wien über, 1886 ein Vater mit zwei Kindern; überhaupt geschahen zehn Taufen im Jahre 1886, im Jahre 1889 sogar 15.

In Wien arbeitet auch Edward Weiss. Derselbe ist in den Donaufürstenthümern durch Dr. Zuckerkandl gewonnen und 1869 in der Gesellschaftsschule zu Rustschuk als Lehrer angestellt worden. Beim Ausbruch des türkischen Krieges musste dieselbe geschlossen werden, und Weiss kam nach Wien, wo damals J. Salkinson stand. Zwölf Jahre arbeitete er hier, und 30 seiner Katechumenen sind getauft worden; jetzt ist er nach Pressburg versetzt.

In Prag wurde 1872 Josef Pick*) dem Missionar Schönberger zu Hilfe gegeben. Derselbe stammt aus der bekannten Pickschen Familie. Er ist der Sohn des Abraham Pick aus Senftenberg in Böhmen, dessen älterer Bruder Israel Pick war. Durch letzteren hat er die ersten Anregungen empfangen, ist dann durch Edward gefördert und endlich 1866 durch Abr. Hershell, der ihn besuchte, zur Klarheit geführt worden, so dass er 1869 in Stuttgart mit seiner Frau getauft wurde. Die Tochter Catharina war bereits 1857 durch Edward in Breslau getauft worden, die Töchter Rosa und Philippine in Kaiserswerth durch Missionar Van Andel, Missionar der Freien Schotten; die Tochter Regina und der Sohn Josef erhielten 1878 in Kornthal die Taufe; die Töchter Charlotte und Therese in der

---

*) Nathanael 1885, 49.

Schweiz durch P. Bernoulli, Elisabeth durch P. Axenfeld in Cöln. Der Vater A. Pick ist als Agent der Britischen Gesellschaft in Lemberg thätig, seine treffliche Frau Josepha starb 1875. Einige seiner Töchter sind in den Dienst der Britischen Gesellschaft getreten. 1870 eröffnete Rosa eine Schule in Pressburg, die auch jüdische Kinder besuchten; dieselbe ging dann nach King Williamstown in Süd-Afrika, um dort eine Schule zu errichten, später wurde sie Leiterin des Rheinischen Missionsinstituts in Stellenbosch; ihre Schwester wurde ihre Nachfolgerin an dem ersteren Ort. Eine der Töchter hat einen deutschen Prediger in Yorktown, Süd-Australien, geheirathet. 1872 arbeitete Regina an der Missionsschule in Lemberg, deren Schülerinnen 1886 auf 86 gewachsen waren, unter ihnen 53 jüdische, welche Zahl dann aber infolge der Feindschaft der römischen Priester abnahm. 1879 hatte die Picksche Familie die Freude sieben ihrer Verwandten in Böhmen getauft zu sehn. 1886 erhielt Fräulein Pick in Lemberg die Nachricht, dass eine jüdische Familie in Bosnien und eine andere an der rumänischen Grenze, deren Kinder ihre Schule besucht hatten, zur evangelischen Kirche übergetreten seien. Eine andere ihrer Schülerinnen wurde im Strassburger Diakonissenhaus getauft, und aus Amerika kam die Nachricht vom Uebertritt des Vaters und eines Bruders einer ihrer früheren Schülerinnen, und ebenso erhielt 1886 eine solche in Breslau die Taufe.

e. Russland.

Einige Zeit hindurch unterstützten die Briten den Missionar P. Dworkowicz, der im Dienste der Baltischen Mission unter den Juden der russischen Ostseeprovinzen arbeitete. 1883 kam derselbe nach Warschau und durfte sogleich drei Juden taufen, während er mit vielen überall in Russland einen lebhaften Briefwechsel unterhielt. Auch die Bibel- und Traktatvertheilung war eine sehr lebhafte. 1884 geschah die Taufe von Max Christopher Arthuro aus Constantinopel, dessen Eltern und Geschwister gleichzeitg in Berlin getauft wurden; 1885 die eines früheren österreichischen Ingenieurs. Ueberhaupt fanden in diesem Jahre zehn Taufen statt und einige andere dazu noch auswärts. Im Oktober 1886 aber wurde Dworkowicz nach Breslau versetzt (S. 275 Ende) und Polen aufgegeben: die Gründe hierfür sind nicht ersichtlich.

Längere Zeit dagegen hat man Odessa behauptet, das 60000 Juden zählt. 1876 wurde Ben Zion dorthin als ärztlicher Missionar von Jassy her gesandt. Er fand besonders wegen seiner ärztlichen Tüchtigkeit vielen Eingang bei den Juden, und sein Zeugniss blieb nicht ohne Wirkung. Nicht wenige wurden zur Erkenntniss Christi gebracht; nur erlaubten die Verhältnisse zumeist nicht die Taufe in Odessa selbst, so dass diese gewöhnlich an anderen Orten geschah. Die Pastoren der deutschen und der presbyterianischen Kirche in Odessa aber unterstützten ihn treulich, und besonders Faltin taufte eine Anzahl seiner Katechumenen aus Jassy und Odessa: so Rudolf Veiler, der dann in Deutschland studirte, und Fräulein Finkelstein. 1878 konnte er bereits über sieben Taufen berichten und über ein merkwürdiges religiöses Fragen vieler Juden in Odessa und Umgegend. So fand er einmal in einem Walde in Podolien ein Dutzend Juden das Alte und Neue Testament und seine Briefe lesen, welche sie auf ihre Bitte, ihnen die Schrift zu erklären, von ihm erhalten hatten. Einige derselben, über dem Lesen der Schriften ertappt, waren arg misshandelt worden. Mehrere aus diesem Kreise haben sich dann nach Deutschland und nach Constantinopel begeben, um dort den Unterricht zu empfangen, während einer in Amerika Theologie studirt hat. Auch in Odessa wurden übrigens immer einige Taufen vollzogen. 1880 erhielt Ben Zion einen Brief aus einer jüdischen Gemeinde, der bat, den Schreibern einen Missionar zu ihrer Unterweisung im Christenthum zuzusenden. Auch viele jüdische Gelehrte suchten ihn auf, um sich mit ihm über ihre religiösen Fragen zu besprechen. Zu Zeiten wusste er nicht, wohin alle seine Katechumenen senden. Dann aber sehn wir ihn 1886 Odessa verlassen; aus welchem Grunde, wird nicht gesagt. Er arbeitete 1887 und 1888 noch in Constantinopel und drang auch dort in weitere jüdische Kreise ein, führte zwei junge Juden zur Taufe, wird aber später in den Berichten der Britischen Gesellschaft nicht mehr genannt; Odessa ist auch wieder aufgegeben.

Einige Wohlthäter der Gesellschaft setzten dieselbe 1886 in den Stand unter den 80000 Juden von Wilna eine allgemeine und eine ärztliche Mission zu errichten. Georg Friedmann, der einige Jahre unter P. Faltin in Kischineff gearbeitet und später die Ordination in London erhalten hatte, und Dr. P. Frohwein, ein Sohn des P. Frohwein in Warschau, wurden dorthin gesandt und traten sofort mit den Juden in lebhaften Verkehr. Das Jahr darauf führten sie eine reiche Jüdin zur Taufe, ein Jahr später einen jüdischen Ehemann; andere wurden nach auswärts geschickt, um daselbst die Taufe zu erhalten. Die Pastoren halfen ihnen aufs Beste. Durch die deutsch-feindliche Strömung wurden sie aber 1889 vertrieben, durften jedoch 1890 wieder zurückkehren. Sie haben seitdem reichlich Schriften verbreitet und berichten über die Taufe von 13 Personen. Jedesfalls ist das dortige Missionsfeld ein ebenso arbeits- als verheissungsreiches, die evangelische Mission aber beständig mit Aufhebung bedroht, seitdem die griechische Kirche in Russland immer deutlicher auf die Vernichtung der evangelischen Kirche daselbst ausgeht.

f. Die Balkan-Halbinsel und Italien.

Im Jahre 1858 sandte die Gesellschaft Alexander Gellert nach Ibraila (Rumänien), wo derselbe hauptsächlich durch Unterricht zu wirken suchte; 1860 löste ihn der Lehrer G. Neumann ab. 1861 eröffnete dieser eine Schule in Tultscha, die anfangs etwa 20 Kinder besuchten; die Zahl derselben stieg dann auf 40; an den Abenden wurde auch Erwachsenen Unterricht ertheilt. Später leitete er eine Schule in Philippopel. Da aber die Rabbiner derselben feindlich waren, und die Israelitische Allianz eine Gegenschule errichtete, nahm dieselbe immer mehr ab. Gellert wirkte hernach in Galacz. Ohne Segensspuren blieb diese Schularbeit nicht. 1865 erhielt z. B. Neumann einen Brief aus Jerusalem von einem Proselyten, den die in der Tultschaer Schule empfangenen Eindrücke zu Christo geführt hatten. Auch in Rustschuk, wo Weiss stationirt war, und in Adrianopel, wo schliesslich Neumann stand, wurden später Missionsschulen erhalten. Gellert arbeitete aber auch unter den Erwachsenen: 1861 taufte er seinen Erstling, andere folgten; eine durch ihn für das Evangelium gewonnene Dame leitete dann eine von Juden und Christen besuchte Schule. Er starb 1870.

1871 wurde M. Nachim nach Galacz und später nach Botuschany gesandt. 1865 kamen nach Adrianopel der Arzt Dr. Zuckerkandl und Rev. Leopold Rosenberg. Zuckerkandl*) war in Pesth durch den schottischen Missionar Rev. W. Wingate bekehrt worden. Er war ein tüchtiger Arzt und ein sehr gebildeter Mann, der zehn Sprachen schrieb und sprach. 1866 trat er zuerst in den Dienst der Schottischen Freikirche und wirkte dann in Bukarest, Adrianopel und Rustschuk. Um seiner ärztlichen Tüchtigkeit willen wurde er viel in Anspruch genommen, liess es sich aber hierbei vor allem angelegen sein den Seelen das Beste zu bringen. Er hat denn auch mehrfach den Samen aufgehn und Frucht bringen sehn. 1874 starb er. Seine treffliche Wittwe hat hernach in England ein segensreiches Werk gethan (S. 264).

Rosenberg durfte 1866 den Erstling taufen, und auch in den folgenden Jahren geschahen wiederholt Taufen. Unter den Schrecken des russisch-türkischen Krieges hielten Rosenberg und der Lehrer Weiss treulich in Adrianopel aus und halfen vielen Unglücklichen, ebenso Nachim in Botuschany. 1882 taufte Rosenberg elf Juden, 1883 wieder neun und streut unermüdlich den Samen des Evangeliums in Bulgarien weiter aus. Gegenwärtig ist überhaupt ein lebhafteres Fragen unter den Juden in Adrianopel erwacht, aber die nationale Bedeutung Jesu steht vielen über der religiösen.

Sonst ist in Europa einige Zeit noch Italien besetzt gewesen, wo einer der hervorragendsten Missionare der Gesellschaft, Hermann Philipp**), wirkte. Derselbe ist 1813 in Braunschweig geboren. Sein Vater war Rabbiner und zugleich Agent des Commissariats, die Mutter Tochter eines in London wohnenden Juden. Die Familie bestand aus nicht weniger als 20 Personen, Hermann war der jüngste Sohn; ein Bruder, unter dem Herzog von Braunschweig dienend, fiel in der Schlacht von Waterloo. H. Philipp studirte zuerst Medizin in Göttingen und Jena, trat dann aber bei der Artillerie ein; er war in dieser

---

*) Jew. Herald 1877, 37, 249. Rhein.-Westf. Blatt 1877, 41.
**) Jew. Herald 1882, 76, 85. Dibre Emeth 1882, 187. Friedensbote 1883, Nr. 9. Rhein.-Westf. Blatt 1883, Nr. 1, 2. The Free Church 1882, 79.

Zeit ein ausgelassener Mensch. 1831 wurde er bei der Truppenrevue in Kalisch dem Prinzen August als Depeschenüberbringer zugetheilt. Bei einer Revue in der Nähe von Brandenburg 1832 zog er sich und einem Kameraden einen viertägigen Stubenarrest zu. Da er glaubte, dass dies seiner weiteren Beförderung im Wege stehn würde, verliess er trotz des Abrathens seiner Vorgesetzten das preussische Heer. Inzwischen hatte er sein Vermögen durchgebracht, und nur durch Unterstützung seines Bruders gelang es ihm nach Rotterdam zu gehn, um von dort aus in Batavia holländische Kriegsdienste anzunehmen. Er strandete aber an der englischen Küste, und da er alles verloren hatte, suchte er seinen Oheim in England auf, durch den er eine Stelle als jüdischer Lehrer in Plymouth erhielt. Dem Judenthum hatte er sich nun zwar längst entfremdet, sich aber dennoch Achtung für die Religion und die Bibel insbesondere erhalten. In Plymouth las er mit grosser Aufmerksamkeit Jesaia 53 und Daniel 9. Ein alter polnischer Rabbi, den er über diese Capitel befragte, schrie ihn sofort als heimlichen Christen aus und darüber verlor er seine Stellung. Sein Londoner Onkel verschaffte ihm nun eine Stelle in einer Buchdruckerei, und hier wurde er mit einem presbyterianischen Prediger bekannt, der ihm jene Stellen des Alten Testamentes erklärte. Dieser Prediger versah ihn mit einem Empfehlungsschreiben an eine Familie Woodrow in Glasgow, die Israel besonders liebte. Im Verkehr mit derselben und mit dem Professor des Hebräischen am Neuen Collegium in Edinburgh John Duncan, kam er zu sicherer Erkenntniss und wurde 1839 von Dr. Moody Stuart getauft. 1841 trat er in den Dienst der Schottischen Mission und arbeitete zunächst mit Rev. Edward unter den Juden in der Moldau. Dort erkannte er, dass für die Mission im Osten der Besitz medizinischer Kenntnisse werthvoll sei, studirte deshalb noch Medizin in Edinburgh und ging 1850 als Missionar der Schotten nach Algier, 1852 nach Alexandria und hierauf nach Malta und Leipzig; 1860 aber trat er zur Britischen Gesellschaft über. In dieser Zeit erhielt er die Würde eines Magisters, später die eines Doctors der Theologie. Er wurde nun zunächst nach Jaffa gesandt, wo Juden zur Erlernung des Landbaues herangebildet werden sollten, machte aber in den sechs Jahren dieser Thätigkeit die Erfahrung, dass dieser Versuch ein vergeblicher war. Zugleich predigte er jedoch überall in Palästina. Als 1868 die Cholera in Jaffa ausbrach, flohen die Behörden, und der Quarantänearzt war zu furchtsam die Kranken zu besuchen. Philipp aber trat vor den Riss, war Gouverneur, Polizei und Arzt zugleich unter den 25 000 Einwohnern der Stadt, und seinen Massregeln war es zu danken, dass sich bald die Todesfälle verminderten. In der Zwischenzeit war ihm 1862 seine Frau gestorben, die ihm sehr treu und auch literarisch zur Seite gestanden hatte. Sie schrieb: »Letters from Algier, a brief sketch of the city and its neighbourhood, religions and customs of the inhabitants«, 1853. Seine eigene Gesundheit aber litt so, dass er nach Livorno in Italien versetzt wurde, von wo er 1870 nach Rom ging, in das er mit den italienischen Truppen einzog. Er zuerst hat daselbst den evangelischen Glauben öffentlich verkündigt. Dort nun erwies er den Juden bei einer Ueberschwemmung des Tibers treue Hilfe und wurde von ihnen sehr geschätzt. Zwei Töchter halfen ihm in seiner Arbeit. Dieselben lehrten viele Jüdinnen sich selbst ihr Brot erwerben und versammelten 50—60 derselben zu Nähstunden. Seine Gottesdienste im Ghetto waren stets besucht, Uebertritte aber erlebte er nicht; ihm war nur die Aufgabe zugefallen, die ersten Vorarbeiten zu thun. 1883 starb er mitten in reichster Arbeit. Zu seinem Gedächtniss hat man beschlossen, wöchentlich im Ghetto einen Gottesdienst aller Evangelischen Roms zu halten.

Sein Nachfolger war A. Ben Oliel. Derselbe ging mit gleichem Eifer an das Werk, gewann einen Arzt, welcher die Juden umsonst behandelte, konnte eine kleine Dispensiranstalt errichten und ebenso ein kleines Heim, in das drei Katechumenen aufgenommen wurden. Auch ein Lesezimmer wurde in demselben eröffnet, und die Nähschule sowohl für jüdische Jungfrauen als für jüdische Frauen fortgesetzt; während zwei schottische Damen im Ghetto eine Schule für jüdische Mädchen errichteten. Im Dezember 1884 wurde dann der Erstling der Britischen Mission in Rom unter grosser Betheiligung der Evangelischen getauft, freilich kein italienischer Jude, sondern ein 34 Jahre alter Jude aus Lissa, Jacob Mark. Derselbe hatte das Gymnasium besucht, war dann nach England gegangen, hatte auf einem Schiffe als Dolmetscher gedient, war aus grosser Gefahr bei einem Schiffbruche gerettet worden und gab hiernach das Seeleben auf. In England verheirathete er sich und wurde an einem Gasthause angestellt. 1883 starb seine Frau, seine zwei Kinder kamen nach Berlin, und er ging wieder in See. So kam er nach Rom, wo er Custos an der neuen presbyterianischen Kirche wurde. Hier kam er unter den Schall des Evangeliums, und wurde durch Ben Oliel dann zur rechten Erkenntniss geführt und von ihm getauft; mit ihm auch Isaak Markowicz. Derselbe ist 1861 in Warschau geboren, kam auf seiner Wanderung als Eisengiesser nach Rom und wurde hier von der Wahrheit ergriffen. Nach seiner Taufe ernährte er sich ausserhalb Roms von seinem Gewerbe, wurde aber zugleich als Traktatvertheiler gebraucht. An die Juden Roms richtete A. Ben Oliel 18 gedruckte Briefe, welche viele Leser fanden; auch hat er in Rom acht Vorträge herausgegeben: »The condition of the Jews; Religious condition of the Jews and Christians and their relative attitudes«, die eine fortlaufende Verherrlichung der Juden bilden. 1888 wurde er nach Jaffa versetzt und Rom als Station wieder aufgegeben.

g. Afrika.

In Afrika wirkte zuerst der ebengenannte Abraham Ben Oliel*). Derselbe ist 1826 in Tanger geboren und besuchte bis zu 15 Jahren jüdische Schulen. Dann ging er nach Gibraltar, wo er das Englische erlernte. Dort kam später ein Neues Testament in seine Hände, das er mit in seine Heimath nahm und gelegentlich las. Der Vater bemerkte dies, erhielt aber vom Sohne keine rechte Antwort auf die Frage, was für ein Buch das sei; den Sohn jedoch beschäftigte das Gelesene, und er wünschte, dass doch der Messias bereits gekommen sein möchte. Er machte Freunden Mittheilung über das Buch und hörte, dass es geschrieben sei Juden zu bekehren. Ein Onkel aber machte den Vater später aufmerksam, dass sein Sohn das Neue Testament lese, und darauf wurde es ihm genommen.

---

*) Jew. Herald 1848, 28.

Schriften, welche zu dieser Zeit ein Missionar in der Stadt verbreitete, wurden in der Synagoge verbrannt; Ben Oliel aber rettete einen der Traktate und las ihn eifrig. Mit 18 Jahren zog er wieder nach Gibraltar; dort hörte er von einer Abendschule der Wesleyaner, besuchte dieselbe und erhielt durch einen jungen Spanier ein Liederbuch. Von dem Umgange mit demselben liess er auch nicht ab, als er bewogen wurde die Schule zu verlassen. Er besuchte vielmehr die Bibelstunden am Freitag Abend, und nun begann das Licht in ihm aufzugehn. Der Vater schied sich jetzt von ihm in grossem Zorn, der Sohn aber kam nach England und wurde in der Britischen Mission am Weihnachtstage 1847 getauft. Bereits im Juli 1848 wurde er als Missionar nach Gibraltar zurückgesandt. Von dort aus bereiste er die Städte an der Küste von Algier und Tunis, letzteres wurde 1852 seine feste Station. Auf seine Familie gewann er einen solchen Einfluss, dass es ihm gelang den Vater, vier Brüder und zwei Schwestern zur Uebersiedelung nach Gibraltar zu bestimmen und Unterricht bei Missionar Lowitz zu nehmen. Noch in demselben Jahre wurde A. Ben Oliel in London ordinirt. Die Seinen durften nicht länger in Gibraltar bleiben und zogen nach Oran, später nach Bona. Ben Oliel bereiste indessen überall das Land und verbreitete viele Schriften. Als ihm aber die Gesellschaft nicht die Mittel zu einer Missionsschule gewährte, verliess er 1855 die Mission.

Lowitz setzte von Gibraltar aus das Werk fort. Derselbe war 1851 nach Nord-Afrika gegangen, von wo aus er Gibraltar besuchte; 1854 finden wir ihn in Tanger, das Jahr darauf aber musste er dasselbe gesundheitshalber verlassen. Eine Frucht der Arbeit von A. Ben Oliel und von Lowitz war die Bekehrung des Maxwell Ben Oliel, des Bruders von Abraham. Derselbe studirte hernach Theologie in London, wurde 1856 als Judenmissionar nach Beirut gesandt und dann Prediger in England, wo er 1868 an St. Pauls' Addicombe stand. A. Ben Oliel war ein begabter und eifriger, aber sehr unruhiger Mann, der noch vielfach seinen Posten wechselte, so dass es zu verwundern ist, wie ihn die Gesellschaft immer wieder anstellen konnte.

1856 stand Lowitz wieder in Gibraltar und unterrichtete Chaim, einen anderen Bruder von A. Ben Oliel. 1859 wurde er nach Algier versetzt, wo er sich an die englische Gemeinde anschloss, der er auch predigen durfte. Bis 1864 sind durch ihn daselbst fünf Juden getauft worden, die aber bis auf einen alle Algier verlassen mussten; einer dieser Proselyten hat dann das protestantische Colleg in Malta besucht. Wieder abgerufen, wurde Lowitz aufs Neue 1873 nach Algier gesandt; 1882 ging er nach ziemlich fruchtloser Arbeit zur Bibelgesellschaft über und steht als Bibelagent noch in Algier.

1859 finden wir A. Ben Oliel wieder im Dienst der Briten in Oran, von wo aus er auch einen Colporteur nach Marokko sandte. 1864 durfte er seine 1844 in Tanger geborene Schwester Rahel taufen und das Jahr darauf seinen jüngsten Bruder, den er auf das Malta Colleg schickte; 1865 zerfiel er wieder mit der Mission und verliess sie. Trotzdem stellte ihn dieselbe 1866 aufs Neue in Oran an. 1867 erhielt sein Bruder Moses mit drei Kindern durch Missionar Ginsburg in Algier die Taufe. 1870 verliess A. Ben Oliel wieder den Missionsposten, um in Spanien bei den unirten Presbyterianern einzutreten. Während dieser Zeit taufte er Jerome Toledano in Cadix. Derselbe hatte seine ersten Eindrücke in Oran empfangen, musste dann fliehn, betheiligte sich an dem Feldzuge der Engländer gegen Abessinien, arbeitete dann am Suez-Canal und kam über Oran nach Cadix. Nach dieser Zeit stellten die Briten ihn wieder in Rom an und 1888 in Jaffa.

h. Asien.

In Asien hat die Gesellschaft nur vorübergehend gearbeitet. Jaffa war bereits erwähnt. Dort stand 1847 zuerst Miss. Manning, der 1851 nach Beirut kam. In letzterer Stadt gründete er eine Schule, die viele Kinder sammelte, neben der auch eine solche für Erwachsene bestand. Zu seiner Unterstützung erhielt er 1856 Maxwell Ben Oliel, aber schon 1857 wurde Beirut aufgegeben. Dasselbe geschah mit Smyrna. Ueberflüssigerweise hat man nun wieder Jaffa besetzt: Palästina hat bereits genug Missionsarbeiter.

Die Literatur der Britischen Gesellschaft bietet nichts Bedeutendes; ihr Blatt »The Jewish Herald« seit 1846 kann nur mit grosser Vorsicht benutzt werden. Die Einnahmen der

Gesellschaft betrugen 1845 = 1100 Lstrl., stiegen seit 1849 auf über 4000, in den 50er Jahren auf über 5000, in den 60er Jahren auf 7000, in den 70er Jahren auf 7500; dann ging es sehr auf und ab, 1880 stieg die Einnahme auf über 10 000 Lstrl.; seitdem hat sie sich auf über 8000 gehalten, ist jüngst aber wieder zurückgegangen.

Die Stationen der Gesellschaft sind gegenwärtig: London, Leeds, Cardiff, Manchester, Birmingham, Bristol, Nottingham in England. Die »Scotish Home Mission to the Jews«, über die später zu berichten ist, hat sich ihr angeschlossen. In Deutschland: Königsberg, Hamburg, Breslau (vgl. S. 275 Ende), Dresden, Stuttgart; in Oesterreich: Wien und Lemberg; in Russland: Wilna; in der Türkei: Adrianopel, und in Palästina: Jaffa.

Die Britische Gesellschaft hat von Anfang an ihr Werk mit grossem Eifer und Enthusiasmus getrieben, aber sich vielfach in ihrem Wirken selbst gehindert und geschadet. Es fällt sofort in die Augen, dass sie bei der Wahl ihrer Stationen zu viel hin und her getappt hat. Heute steht sie nicht mehr in Frankreich, der Schweiz, Italien und Afrika; auch in Russland hat sie wichtige Posten aufgegeben. Sie erhält dann aber wieder Stationen in Gegenden, welche sie ruhig Andern überlassen könnte, und versäumt darüber bedeutendere Gebiete zu betreten. Viel zu viele ihrer Missionare arbeiten in England und Deutschland, viel zu wenige in den grossen Slavengebieten. Ferner schweben die meisten ihrer Missionare an ihren Orten in der Luft; denn dieselben suchen nur selten Anschluss an die sie umgebenden evangelischen Kirchen. Wo dies der Fall gewesen ist, wie zum Theil in Stuttgart und Russland, hat dies der Mission zum grössten Vortheil gereicht. Dass in der Britischen Gesellschaft so wenig Verständniss für die Bedürfnisse der Mission zu finden ist, hat aber nicht an erster Stelle seinen Grund in kirchlicher Engherzigkeit ihrer englischen Mitglieder, sondern in dem Umstande, dass ihre Missionare fast ausnahmslos Proselyten sind, die es gewöhnlich lieben Engländer zu sein und kein Verständniss für das Volk, die Geschichte und Kirche des Landes besitzen, in dem sie arbeiten. Hand in Hand geht damit eine oft jedes Maass übersteigende Verherrlichung alles Jüdischen, so dass man sich immer wieder fragen muss, was denn eigentlich die Mission bei Leuten will, welche oft fast als die Muster aller Tugenden dargestellt werden. Unbesehens wird dann auch überall für die Juden und gegen alle, die über sie Beschwerde führen, Partei genommen. Wo irgend der Versuch gemacht wird, dem unheilvollen Einfluss der Juden Schranken zu ziehn, wird in der Britischen Mission sofort von Verfolgung der Juden geredet, und dadurch werden letztere nur in ihrer Verhärtung, in ihrem pharisäischen Stolze und in ihrer Anmassung gestärkt. Deshalb ist es auch kein Wunder, dass die Erfolge der Britischen Gesellschaft im Vergleich zu ihrer Grösse verhältnissmässig spärliche sind, wenn auch einzelne tüchtige Missionare mehr geleistet haben. Nach den Berichten in dem Blatte der Gesellschaft »Jewish Herald« und nach den öffentlichen Ansprachen ihrer Vertreter sind die Erfolge dagegen überaus bedeutende; in den pomphaftesten Ausdrücken wird hier überall von denselben geredet, und oft werden staunenswerthe Zahlen von Bekehrungen angeführt. Die Sache ist endlich ein öffentliches Aergerniss geworden, und der Missionar Rev. Aaron Matthews hat sich ein Verdienst dadurch erworben, dass er einmal auf diesen wunden Punkt die Hand gelegt hat. Die Britische Gesellschaft muss den Muth zu einer ernsten Einkehr in sich selbst gewinnen, wenn sie das ihr anvertraute Werk zum Segen ausführen und der christlichen Sache nicht schaden will.

C. Kleinere Gesellschaften und allgemeine Missionsbemühungen.

1. Die Parochial Mission*).

In der englischen Kirche wurde es vielfach als ein Mangel empfunden, dass die Kirche die Verkündigung des Evangeliums an die Juden nicht selbst übte, sondern sie den Gesellschaften überliess. Mehrfach kam der Gedanke zum Ausdruck, dass die Prediger der Kirche von England die Pflicht hätten sich

---

*) Parochial Mission to the Jews, Reports.

der Juden in ihren Parochien anzunehmen, und dass man denen, welche hierzu bereit wären, darin behilflich sein müsste. Infolge einer Anregung des Dean of Lichfield Edward Bikersteth 1876 auf einer Repräsentantenversammlung von Geistlichen und Laien beschloss man demnach einen Fonds zu gründen, um die überall in den Parochien Englands zerstreuten Juden durch die Prediger derselben zu erreichen. Pastoren, welche an den Juden ihres Kirchspiels arbeiten wollten, sollten unterstützt und Theologen herangebildet werden, welche sich als Hilfsgeistliche des Pfarrers der Juden in seiner Gemeinde annehmen könnten. Man war überzeugt, dass die Juden eine so von der kirchlichen Autorität getragene Missionsthätigkeit sich eher gefallen lassen würden als die von Privaten geübte, und dass die Arbeit selbst auf diese Weise gründlicher und systematischer getrieben werden könnte. Zugleich sprach man die Hoffnung aus, dass die Kirche von England selbst nach und nach diese Arbeit auf ihre Schultern nehmen und sie in ihre Gesammtthätigkeit eingliedern werde. Der Erzbischof von Canterbury liess sich auch gewinnen, Patron dieser Mission zu werden, und 1888 gehörten 23 der Bischöfe zu den Patronen der Parochial Mission, während freilich der Londoner Mission 53 Bischöfe angehören; die Mission der Kirche selbst ist die Parochial Mission bisher denn auch noch nicht geworden Ohne Bewilligung des Bischofs wird aber kein in dieser Missionsthätigkeit arbeitender Prediger als Curate angestellt. 1880 wurde an alle Dekanate in England und Wales ein Anschreiben mit der Bitte sich der Parochial Mission anzuschliessen gesandt, und infolge der durch dieselbe gegebenen Anregung wird in vielen Kirchspielen am Charfreitage eine Collekte für das Werk an den Juden gesammelt. Auch der Metropolitan von Australien, der Bischof Dr. Barry von Sydney, trat der Mission bei, und durch Rev. J. H. Lord, der als Prediger für Christen und Juden nach Ostindien geschickt wurde, ist dort gleichfalls eine Verbindung mit diesem Unternehmen erreicht worden.

Der erste Curate der Mission, welcher einem Parochialpfarrer beigegeben wurde, war Rev. James Henry Lord, ein Sohn des früheren Londoner Missionars. Fünf Jahre arbeitete er unter den Juden der Pfarrei St. Olave's, Bethnal Green,

London, besuchte sie fleissig, veranstaltete für sie Gottesdienste und errichtete Bibel- und Abendschulen. Ehe er nach Indien ging, schrieb er eine Schrift: ›The right attitude and action of the Church towards the Jews‹, 1882, die er mit einer Vorrede aus Port Said versah. Er besprach hier zunächst die Prinzipien der Evangelisationsarbeit unter den Juden, dann auch die nöthige Vorbereitung für die, welche das Werk treiben wollten, und brachte allerlei Mittheilung über die Juden, um endlich die Art der Missionsthätigkeit, welche die Parochial Mission übt, als die aussichtsvollste darzustellen. Lord ist dann Prediger in Umarkhadi, Präsidentschaft Bombay, geworden, wo er zugleich unter den Beni Israel wirkt. Er und andere haben daselbst gut besuchte Vorträge gehalten, die auch gedruckt verbreitet wurden, und ist in unermüdlichen Verkehr mit den Juden getreten. 1890 übersandte Lord der Londoner Mission eine Uebersetzung von M'Cauls Jesaia 53 in die Marathi-Sprache. Die Gesellschaft Johannes Evangelist in der Präsidentschaft Bombay ist der Parochial Mission beigetreten.

Als Zweiter wirkte in dieser Mission Rev. A. H. Finn, ein Sohn des englischen Consuls in Jerusalem und Enkel M'Cauls; er war der Parochie St. Thomas in Leeds zwei Jahre zugetheilt. Ein tüchtiger Mann ist der Proselyt Rev. Michael Rosenthal in St. Paul's im Osten Londons. Nicht weniger als 130 Juden besuchten ziemlich regelmässig seine Bibelstunden, und viele erbaten den christlichen Unterricht, von denen in einem Jahre je sechs Männer, Frauen und Kinder getauft wurden, mehrere auch an andern Orten. Seit der Eröffnung der Mission in der Parochie bis 1882 hat Rosenthal daselbst 61 Erwachsene und 39 jüdische Kinder getauft, 86 Proselyten aber zur Confirmation geführt; allerdings ein ausserordentlicher Erfolg. In der Gemeinde ist ein Missionshaus erbaut, welches den Mittelpunkt aller Thätigkeit bildet. Von den bis 1883 Getauften sind drei in den Missionsdienst eingetreten, zwei Laienarbeiter geworden, fünf Lehrer, einer Bildhauer, einer Photograph, vier Commis, sechs Reisende, einer Ornamentenbereiter, sechs Ladenhalter, drei Schmiede, vier Schuhmacher, einer Zimmermann, einer Schirmmacher, einer Schreiner und einer Eisengiesser. Das Jahr darauf ist die Zahl der erwachsenen Getauften auf 97, die der

Kinder auf 68, der Confirmirten auf 140 gestiegen. Als einmal in diesem Jahre öffentlich in der Kirche sechs Erwachsene getauft wurden, waren gegen 1000 Juden zugegen. Einige waren erschienen, um die Handlung zu stören, aber sie unterliessen es doch. Das nächste Jahr zählte Rosenthal 117 erwachsene Getaufte und 76 Kinder. Für die bedürftigen Proselyten gab er sich Mühe Mittel zu gewinnen, um sie unterstützen zu können, bis sie selbständig ihr Brot erwerben könnten. Ein Jahr später nahm er eine andere Berufsstellung an. Sein Pastor S. J. Stone schreibt mit höchster Anerkennung über die von ihm gethane Arbeit. Seine Neigung aber hat ihn der romanisirenden Partei in der englischen Kirche nahe geführt, und so wird berichtet, dass er eine Art Proselytenorden gestiftet habe, eine Hebrew Guild, die sich zu gemeinsamer Andacht an bestimmten Tagen und Stunden, zu gemeinsamer Abendmahlsfeier und gemeinsamer Arbeit am Reiche Gottes unter ihm als ihrem Superior zusammenfindet. Jedesfalls ist M. Rosenthal sonst ein ebenso tüchtiger als begabter Mann.

Der Proselyt Rev. A. E. Suffrin aus Rumänien, 1873 getauft und dann durch die Parochial Mission ausgebildet, wirkte seit 1883 als Curate der Christuskirche Watney Street, St. George's, Ost-London, wo die grösste Zahl der hauptstädtischen und eingewanderten Juden wohnt, die fast alle deutsch sprechen. Sein Pfarrer W. P. Jay theilt mit, dass Suffrin viele Juden zum Hören der Predigt gebracht habe. Auch er durfte manche zur Taufe führen. 1886 arbeitete er in St. Andrew's, Hoxton.

Rev. J. P. Massiah wirkte 1883 als Curate in Holy Trinity, Stepney, unter den Juden von Ost-London und nahm einige derselben in die Kirche auf. Ihm folgte 1884 Rev. George Margoliouth in derselben Parochie, nachdem er bereits 1881 in Leeds der Gehilfe von A. H. Finn gewesen war. Unter anderen taufte er einen Lehrer des Französischen und lud in einem offenen Briefe die Juden herzlich ein in der Schrift zu forschen. 1885 wurde er dann als organisirender Sekretär der Parochial Mission angestellt, in welchem Amte ihm Rev. John Schor folgte. Margoliouth drängte zur Herstellung einer juden-christlichen Gemeinde in England.

Rev. W. H. Caplan, aus Deutschland stammend und schon

als junger Mann getauft, war von der Parochial Mission vorgebildet worden und arbeitet nunmehr unter den gebildeteren Juden im westlichen Centrum von London, die sich aber vielfach als religiös sehr gleichgültig und unzugänglich erweisen. 1886 wurde Rev. A. W. Schapira als Curate angestellt und durfte schon in diesem Jahre einen 65 jährigen Juden in unabhängigen Verhältnissen taufen und seitdem hat er noch manche Taufen vollzogen.

Augenblicklich beschäftigt die Parochial Misson zehn Arbeiter, ihre Einnahmen betrugen sonst etwa 850 Lstrl., 1880 = 1170; Canada unterstützt jetzt auch das Unternehmen. Infolge der durch Bischof Blyth von Jerusalem gegebenen Anregung ist ein besonderer Fonds für die Mission in Alexandria errichtet worden; denn die Parochial Mission beabsichtigt aus dem Rahmen der Missionsthätigkeit, welchen sie sich sonst grundsätzlich selbst gezogen hatte, herauszutreten.

Mit besonderer Wärme ist man ihr innerhalb der englischen Kirche nicht entgegengekommen, wie dies schon die Einnahmen derselben beweisen; mehrfach steht sie auch in dem Verdacht, dass sie die romanisirende Richtung in die Mission einführen wolle. Ihre Arbeiter sind Curates, also jüngere Geistliche, die der Natur der Sache nach in ihrer Stellung gewöhnlich nicht lange bleiben und oft auch nicht besondere Erfahrung haben. Zu loben dagegen ist das Prinzip, dass die Gemeinden ihre geistliche Sorge auf die Juden in ihrer Mitte richten und dass die Katechumenen wie die Proselyten von vorn herein der Pflege des pastoralen Amtes übergeben werden sollen.

2. Die Presbyterianer Englands.

Die Reformed Presbyterian Church in England hat seit 1846 Judenmission in London getrieben. So weit die Berichte vorliegen, hat Dr. Cunningham dies bis 1856 daselbst gethan. Derselbe schrieb auch 1852: »Hamaleach Hagoel, The Angel the Redeemer«, eine Auslegung von 1. Mose 48, 15 f., um darzulegen, dass dieser Engel Jesus Christus sei. Weitere Nachrichten fehlen.

Die Kirche der Presbyterianer von England hat als Kirche

seit 1871 auch die Judenmission aufgenommen (The Presbyterian Messenger). Sie stellte damals den Missionar Theodor Meyer, bisher bei der Schottischen Freikirche, an. Derselbe war früher Rabbiner in Mecklenburg gewesen, zog dann nach Berlin und kam daselbst mit Professor Hengstenberg und Dr. Schwartz von der Schottischen Freikirche in Verbindung; von letzterem wurde er auch getauft. Seine Arbeit in letztgenannter Mission ist noch hernach zu erwähnen. Die Presbyterianer Englands gewannen in ihm einen tüchtigen Mann, der sein Werk mit grosser Liebe für sein Volk und mit Nüchternheit treibt und sich von der unter den heutigen Proselyten vielfach herrschenden Judenvergötterung frei gehalten, dabei aber guten Eingang unter den Juden gefunden hat.

Leiter des Missionswerks im Namen der Kirche ist Rev. Dr. Edmund. Die englischen Presbyterianer beschränken sich auf die Juden Englands und wirken in London und von dort aus. Gehilfe Meyers war seit 1877 der Proselyt Caplan aus den russischen Ostseeprovinzen. Derselbe hatte dort von einem Freunde ein Neues Testament erhalten, fing an sich dem Evangelium zu nähern, ging deshalb nach England und wurde hier getauft. Angefangen hat diese Mission in einer Lumpenschule, worauf später ein Gebäude in Whitechapel, Ost-London, erstanden wurde. Das Zeugniss Meyers erweckte viele Juden. In zehn Jahren bis 1881 sind 40 Juden getauft worden, von denen einige Prediger, Missionare und Evangelisten geworden sind. 1883 trat an die Stelle von Caplan als Gehilfe der Proselyt Mark Polan, während unter den Beförderern des Werks besonders der Proselyt Dr. Senff genannt wird. Unter den Getauften des Jahres 1883 war auch ein Neffe des Juden, der in Amsterdam auf Schwartz den Mordanfall gemacht hat. Ende 1884 war die Zahl der durch Meyer Getauften auf 50 gestiegen, 1886 kamen 17 Taufen hinzu. Aus Russland und Nordafrika kamen an Meyer Briefe mit der dringenden Bitte um hebräische Neue Testamente. Juden, welche mit ihm in London verkehrten, hatten solche von ihm erhalten und dieselben in jene Länder mitgebracht. Viele der von Meyer Angeregten sind anderwärts getauft worden.

1884 wurde auch beschlossen mit der United Presbyterian

Church in Schottland gemeinsam eine Mission in Palästina zu errichten und die Free Church von Schottland zum Anschluss an dieses Werk aufzufordern. Als letzteres nicht gelang, haben die zwei erstgenannten Kirchen Marokko ins Auge gefasst und 1885 Dr. Kerr als Missionsarzt nach Rabat gesandt. Die United Presbyterian Church von Schottland setzte die Summe von 250 Lstrl. für das Werk aus und sandte zwei für den Krankendienst ausgebildete Damen nach Rom, um dort unter Leitung des Dr. Young unter den Juden zu arbeiten. Man hat damit keinen richtigen Schritt gethan. Sitz der Missionsleitung der letztgenannten Kirche ist Winburgh, berichtet wird über das Werk in ihrem »Missionary Record«.

3. Die Mildmay Mission*).

Eine ganz eigenthümliche Erscheinung ist die Mission des Rev. John Wilkinson. Nachdem derselbe 25 Jahre bei den Briten gestanden hatte, genügte ihm ihre Art und Weise des Missionirens nicht mehr, weil ihm dieselbe nicht genug direkte Missionsarbeit zu sein schien. Als 1878 wieder die orientalische Frage auf der Tagesordnung stand, war Wilkinson überzeugt, dass jetzt die Wiederherstellung der Juden als Volk in Palästina nahe bevorstehe. Um so mehr fiel es ihm aufs Herz, dass viele Juden in Grossbritannien noch nicht vom Evangelium erreicht wären; die bestehenden Judenmissionen hatten nach seiner Meinung hierzu nicht genug gethan. So sollten die Juden denn nach Canaan nicht zurückkehren, ohne vorher das Evangelium gehört zu haben. Mit seiner Voraussetzung, dass man im Inselreiche die Juden zu wenig direkt mit der Botschaft Christi aufsuche, hatte freilich Wilkinson nur theilweise Recht: denn die wohlhabenden Juden schliessen sich streng gegen die Mission ab, und diesen kommt viel eher das Zeugniss der bestehenden Kirchen und einzelner gläubiger Christen als das der Missionare nahe. Immerhin war das Bestreben, recht viele Juden unter den Schall des Wortes zu bringen, ein

---

*) The Lord's leading in the origin and growth of the Mildmay mission to the Jews. Report, London. ‖ Service for the King, ein Monatsblatt (die Artikel unter der Ueberschrift: Trusting and Toiling).

lobenswerthes. Der andere Gedanke dagegen, welcher sich bei Errichtung dieser Mission in den Vordergrund drängte, der an die demnächstige Rückkehr der Juden, war ein wenig nüchterner. Doch ist Wilkinson durch denselben zu grossem Eifer angespornt und mit einem hohen Gefühl der Verantwortlichkeit erfüllt worden; allerdings aber hat derselbe auch seinen Unternehmungen den Stempel grosser Hast aufgedrückt und oft eine nüchterne Ueberlegung nicht aufkommen lassen.

1876 trat also Wilkinson mit Aufopferung eines Gehalts von 350 Lstrl. aus der Britischen Gesellschaft aus und beschloss sich selbst wie sein Werk ganz der Fürsorge des Herrn zu überlassen. Er hatte schon oft den bekannten Rev. William Pennfather darauf hingewiesen, dass er mit seiner Conference Hall auch Judenmission verbinden müsse, und wenn er dieselbe beginne, der Herr ihm gewiss jährlich 1000 Lstrl. senden werde. Pennfather antwortete ihm endlich, dass er dies thun wollte, wenn Wilkinson die Leitung der Sache in die Hand nähme; aber ehe noch Wilkinson den Muth hierzu gewann, starb Pennfather. 1876 nun wurde die Mildmay Mission errichtet im Anschluss an die Conference Hall, unter Zustimmung von Frau Pennfather und des Direktors der Halle Capt. Moreton. Für drei Jahre war anderweitig Wilkinsons Einkommen gesichert, so dass er kein Gehalt annahm. Und hier sogleich trat ein hervorstechender Zug in Wilkinsons Wesen zu Tage: das unbedingte Vertrauen, dass Gott ihn im Gebete seinen heiligen Willen erfahren lassen werde. Wenn er eine erbetene Gabe erhielt, ging er vor; wenn dies nicht geschah, trat er zurück oder wartete. »Sage es dem Herrn und seinem Volk« wurden die leitenden Grundsätze seines Wirkens, und man muss sagen, dass sein ganzes Missionswerk eine fortlaufende Kette von Gebetserhörungen aufweist. Allerdings erblickt er aber in seinen Gebetserhörungen auch die göttliche Anerkennung für die einzelnen von ihm gethanen Schritte, und ist darüber der Gefahr erlegen, die verfolgten Ziele und die bei denselben eingeschlagenen Wege recht oft mit einander zu verwechseln.

Die für die drei ersten Jahre erbetene Summe von jährlich 1000 Lstrl. kam ein: das erste Jahr in 365 Tagen, das zweite in 365, das dritte in 363; noch im letzten Augenblick erhielt er stets das Fehlende. Als das Werk wuchs, erbat er im vierten Jahre 2000 Lstrl., und einen Tag vor Ablauf des Jahres waren sie eingelaufen. Auch für seine Person ist ihm, obgleich er kein Gehalt bezieht und Niemand für sich angegangen hat, stets das Nöthige zu Theil geworden.

Er bat dann den Herrn um Mitarbeiter und diese sind ihm gleichfalls gegeben worden, ihre Zahl ist stetig gewachsen. Auch an ermuthigenden Erfahrungen im eigentlichen Missionswerke fehlte es nicht. Ein nach langen Kämpfen bekehrter Jude hatte in seiner Frau eine erbitterte Gegnerin des Evangeliums, zuletzt aber wurde sie bekehrt und mit ihrer ganzen Familie getauft. Der Mann zeigte Tüchtigkeit zum Missionswerk; die Mission, an welche er von Wilkinson empfohlen wurde, aber wies ihn wegen Mangels an Mitteln ab. Da bat Wilkinson den Herrn um 50 Lstrl., damit er diesen Mann in ein Missionscolleg senden könne, und es kamen 300 Lstrl. ein: der ganze Betrag, welchen die Ausbildung des Mannes kostete. Derselbe wurde dann in der Innern Mission angestellt und wirkt in derselben mit grossem Segen. Eine ähnliche Gebetserhörung war das Heim für alte Proselyten, das in Verbindung mit der Britischen Gesellschaft errichtet wurde. Aehnlich ging es als Moody und Sankey nach London kamen. Wilkinson wünschte, dass dieselben auch die Juden versammelten. Da wurden ihm 15000 Einladungskarten für Juden geschenkt, und der Geber derselben erbot sich auch zur Vertheilung derselben unter den Juden.

Sein Werk in London nun begann Wilkinson mit Strassenpredigten im Osten der Stadt; dann wurden Ansprachen in zwei Zimmern und Abendschulen für jüdische Kinder gehalten, für Frauen auch eine Nähschule. Wilkinson hatte gebetet, dass ihm 25 Jüdinnen für letztere geschenkt werden möchten, und dieselben kamen; er betete dann um 50, 75, 100, immer mit dem gleichen Erfolge, bis die Zimmer sie nicht mehr fassen konnten; diese Zimmer wurden übrigens auch als Leseräume für Juden benutzt. Es folgte 1876 eine Abendschule für Kinder unter Leitung christlicher Damen. Seine eigene Frau wurde sein Sekretär und leitete das Werk der Bibelfrauen und die

Vertheilung von Kleidern an die Armen. 1877 erkärte ihm der Arzt an dem Heim der Briten, dass er jetzt ganz in den Dienst des Herrn treten wolle. Wilkinson bat vereint mit jenem Manne, dass, wenn er eine ärztliche Mission beginnen solle, der Herr ihm hierfür 500 Lstrl. geben wolle, und die Summe war bald vorhanden. 1880 wurde dann die ärztliche Mission in Hooper Square eröffnet; an derselben arbeiten jetzt zwei Aerzte, zwei Apotheker und zwei Diakonissen. Zweimal musste das Hospital wegen Mangels an Raum verlegt werden und befindet sich seit 1877 in Aldgate unter Leitung des Dr. Dixon. Auch für Genesende ist 1884 ein Heim errichtet worden; der erste in dasselbe aufgenommene Jude wurde Christ, und ihm sind andere gefolgt.

Bald wurde auch die Reisemission ins Leben gerufen, und die Boten Wilkinsons gingen überall hin, wo im Königreiche Juden wohnten. An den Fenstern ihres Logis stellten sie grosse Plakate mit dem 53 Cap. Jesaia hebräisch auf und zogen so viele Juden herbei. Die ersten Boten waren die Proselyten James Adler und Jacob Halbmillion. Zwei Bibelfrauen suchten jüdische Frauen in ihren Häusern auf, acht Damen leisteten Beistand im Krankenhause, drei Herren halfen in der Verkündigung des Evangeliums unter den Juden. 1887 standen 17 Personen in dem Werke, von denen elf umsonst arbeiteten. Wilkinson selbst reist sehr viel und predigt unter Juden und Christen; er unterstützt auch die Mission in Jerusalem. 1880 geschahen 15 Taufen und wurden die ersten Vorbereitungen zur Errichtung des Heims getroffen, das Katechumenen und Proselyten Beschäftigung gewähren soll. 1882 kam eine Druckerei dazu, die dem gleichen Zwecke dient. Die Einnahmen Wilkinsons betrugen 1880 über 2300 Lstrl. 1882 trat zu den zwei bisher verwandten Missionaren der Proselyt Barnett, auch er wie Baron eine Frucht dieser Mission; letzterer ist durch eine Ansprache Wilkinsons in Hull angeregt worden, sich zu demselben in den Unterricht zu begeben und hat dann unter Andrew Bonar in Glasgow studirt. In dieser Stadt fand Wilkinson auch mehrere Mithelfer an seinem Werke, und zwei Juden wurden daselbst getauft. Die Zahl der Getauften der Mildmay Mission betrug 58 im Jahre 1882, die Einnahme über 5000 Lstrl.

An dem 1883 eröffneten Hause für Genesende befand sich eine Proselytin Miss Cohen als Diakonisse. 1885 wurde dieselbe nach Jaffa gesandt. Baron wurde, um das Land zu durchreisen, von Glasgow abgerufen; ein dort arbeitender Missionar dagegen sollte unter der Leitung der Missionsfreunde jener Stadt stehn. Von den in das Heim Aufgenommenen wurden 1883 fünf getauft, überhaupt aber geschahen in diesem Jahre 16 Taufen. Für das Heim und die Schule für arme jüdische Kinder wurde 1884 ein eigenes Grundstück erworben und über das Heim eine Diakonisse gesetzt. An dem Tage, wo er den Herrn über die Mittel für das Heim gebeten hatte, sandte ihm eine Dame 1350 Lstrl. zu; das neue Heim selbst wurde 1885 eröffnet.

Bis Ende 1884 hatten 78 Taufen stattgefunden. Rabinowitz wurde reichlich unterstützt und durch Wilkinson ganz besonders ermuthigt. Die Missionare waren viel auf Reisen, mussten aber ebenso wie bei den andern Gesellschaften erfahren, dass sie keinen Zugang zu den reicheren Juden fanden, denen nun ebenso auch nur, wie dies andere Missionen thun, allerlei Schriften durch die Post zugesandt werden. In der Art seines Wirkens auf die Juden hält sich Wilkinson von methodistischem Wesen nicht frei. So forderte er bei einer grossen Versammlung die von ihm bewirtheten Juden auf, es möchten die unter ihnen, welche fühlten, dass sie an Jesum als an ihren Messias glauben könnten, die Hand erheben, und als eine Anzahl derselben das that, rechnete er ihnen dies als ein öffentliches Zeugniss für Christum an.

1885 wurden drei Diakonissen ausgesandt, eine nach Jaffa, eine zweite nach Malta, eine dritte in eine Stadt Englands. Vom Auslande liefen auch ansehnliche Gaben ein: so aus Amerika, Indien, Spanien, Portugal, Italien, Frankreich, Deutschland, Australien und sogar von den Bassutos in Afrika. Rabinowitz erhielt 325 Lstrl. und viele Alte und Neue Testamente. Da man die Juden im Inselreiche, so weit sie erreichbar waren, besucht hatte, sollte jetzt die Botschaft auch zu den Juden in andern Ländern getragen werden. Insbesondere erwachte der Plan, das hebräische Neue Testament von Salkinson überall unter den Juden zu verbreiten. Wilkinson fasste den Gedanken 100000 Exemplare desselben von der Trinitarian-Bibelgesellschaft zu erstehn und dann dieselben durch seine Missionare unter den Juden auszutheilen; dieselben kosteten aber 5000 Lstrl. Drei Jahre nun hatte Wilkinson diese Sache Gott im Gebete vorgetragen und als Zeichen seines Wohlgefallens an der Mildmay Mission 3000 Lstrl. in einer Gabe erbeten. Auf sein Vorhaben wies er in der Februar-Nummer von »Service for the King« hin. Bald darauf kam aus Schottland eine Anweisung von 3000 Lstrl. von einem reichen Herrn, und nach nicht langer Zeit waren die 5000 Lstrl. vollständig vorhanden. Sofort nun wurden Baron und Barnett zur Verbreitung der Neuen Testamente ausgesandt. 1886 gingen sie nach Posen und West-Preussen, ihrer Heimath, 1887 nach Oesterreich und Ungarn und erhielten in demselben Jahre die Erlaubniss der russischen Regierung Russland zu bereisen. Gurland, der selbst eine Unterstützung von Wilkinson erhält, damit er die Missionssache in Russland fördere, bereitete ihnen den Weg, indem er einen gedruckten Brief aussandte, welcher überall in Russland für sie Theilnahme erweckte. Die Missionare theilten nun die Neuen Testamente allenthalben massenhaft aus; die Juden aber liessen sich Tausende derselben geben, um sie zu verbrennen. Wilkinson tröstete sich damit, dass doch manches Samenkorn ausgestreut sei, liess sich aber durch diese Erfahrung nicht zu einer nüchternen Betreibung des Missionswerks bestimmen. Andere, die ihm zur Hilfe eilten, haben die Sache verständiger getrieben. Unter Dr. Althausen, dem Proselyten Meier, dem ein hebräisches Neues Testament zum Segen geworden war, und Rev. Meyersohn wurden in Wilna, Minsk, Kiew und Riga Bibelniederlagen eröffnet, von denen aus nun diese Neuen Testamente verbreitet werden. Indessen zogen die Missionare Wilkinsons mit ihren Testamenten auch nach Nord-Afrika und Rumänien; viele einzelne Exemplare wurden in alle Welt geschickt, 2000 z. B. an Rabbiner. Wilkinson hat unlängst das Geld für die Anschaffung von weiteren 100000 Neuen Testamenten erhalten. 20000 Exemplare der Evangelien und Episteln sind nach einer Uebersetzung Adlers in jüdisch-polnischer Sprache von der Trinitarian-Gesellschaft gedruckt und verbreitet worden; die Kosten 160 Lstrl. trug ein Freund. Ohne jeden Segen ist ja das Werk dieser Bibelverbreitung nicht gewesen, aber im

Allgemeinen hat man hier Eifer mit Unverstand bewiesen. Jacob Halbmillion erkrankte auf seiner Reise zur Verbreitung des Neuen Testamentes in Nord-Afrika, die ihn bis zu den Kabylen, Tanger und Teheran führte, und starb 1888 in Marokko.

Ende 1886 und Anfang 1887 weilte Rabinowitz bei Wilkinson, und in Glasgow bildete sich ein Verein zur Unterstützung dieses Proselyten. Die Zahl der Taufen belief sich in der Mildmay Mission bis Ende 1887 auf mehr als 100. Die jetzt jährlich nöthige Summe von 5000 Lstrl. ist stets eingekommen. 1888 wurden die Druckerei und das Heim von einander getrennt; erstere sollte sich ganz selbst erhalten, letzteres als rein religiöses Institut fortbestehn. Zugleich entstand der Plan der Errichtung einer grossen Missions-Centralhalle im Osten Londons, weil die Missionsinstitute zu weit aus einander lagen. Das Werk hat ja in zwölf Jahren einen grossen Umfang gewonnen. 26 Arbeiter sind in demselben thätig. Ausser allen schon erwähnten Anstalten besteht auch ein Geschäft zur Anfertigung von Holzwaaren, um arme Juden zu erhalten. In den bisherigen Räumen finden die Hörer nicht mehr Platz, für die ärztliche Mission sind grössere Räume ebenso nöthig; eine Centralhalle soll da den gewachsenen Bedürfnissen Abhilfe leisten. Nur das Haus für Genesende, das Heim für wahrheitsforschende Juden und das für Kinder denkt man an ihrem Platze zu lassen. Ein Circular fordert auf, für das neue Unternehmen die Mittel zu bieten. In dem neuen Bau sollen ein Hospital mit zehn bis zwölf Betten unter einem Arzt und einer Diakonisse, sowie Zimmer für alle möglichen Versammlungen und Unterrichtszwecke errichtet werden. Mit 10000 Lstrl. glaubt man das Ganze herstellen zu können. Ein Freund hat die ersten 1000 Lstrl. gegeben, ein anderer die letzten 1000 versprochen, andere Gaben sind auch bereits eingelaufen. In Breslau erhält eine Miss Sargisson, welche dort englischen Unterricht an Juden und Christen ertheilt, 25 Lstrl. Unterstützung, um unter Juden Mission zu treiben; eine etwas seltsame Sache.

Auch literarisch ist Wilkinson sehr rührig. Er hat geschrieben: «The Jew in relation to the evangelization of the world. The first ripe fig«, Uebersetzung hebräischer Artikel von Rabinowitz, veranstaltet durch J. Adler, und Bericht von

Wilkinson über seinen Verkehr mit Rabinowitz in Berlin und Leipzig. »The ten tribes, where are they not? and where are they?«. »Points and passages on Jewish subjects«, Vorlesungen. »Israel and God's purpose concerning them«; »Tracts for Jews«, welche die Dreieinigkeit, Versöhnung u. s. w. behandeln. »The world wide distribution of the word of God«. »The second advent of our Lord, 1) how, when and where, 2) in its relation to the church, 3) to the Jews, 4) to the world«. Die Wiederkunft Christi beschäftigt Wilkinson in besonderem Maasse. »Israel my glory«; »Israel's mission and mission to Israel« in 12 Capiteln. Aus letzterer Schrift lernt man Wilkinson am besten kennen. Er führt aus, dass Israels nationale Erwählung bleibe und durch Christus nur bestätigt sei, geht dann über auf die Verwerfung Israels, deren Ursachen, Folgen und Dauer, die Wiederherstellung Israels, die Zeit seiner Noth, die Stellung und Mission des Volks im 1000 jährigen Reich, in dem Christus den Thron Davids einnimmt, spricht sich über die 10 Stämme aus, über die Stellung der Juden in der gegenwärtigen Zeit des Reiches Gottes, über Irrthümer der Christen in diesem Punkte, widerlegt jüdische Einwürfe gegen Christus, geht dann auf die Mission über, auf Gebetserhörungen in derselben, führt an die Vertheilung, die Zahl der Juden, ihre politische, sociale und religiöse Stellung und schildert endlich ihr Verhältniss zum Christenthum.

Die Kraft des Glaubens ihres Schöpfers, des Rev. J. Wilkinson, trägt die Mildmay Mission. Sie ist ein lebendiger Beweis dafür, dass dem Glauben viele Dinge möglich sind und dass er durch die grössten Schwierigkeiten bricht. Dies ist der Lichtpunkt in diesem Judenmissionswerke, und für die ganze Arbeit an Israel kann der Blick auf Wilkinsons Vorgehen ermuthigen. Aber die eigene Zuthat zu dem Gotteswerke des Glaubens, der in Wilkinson lebt, droht auch seiner Mission Gefahr. Wenn sich nun die Berechnungen des Endes, die ihn jetzt zu seinem hastigen Vorwärtstreiben drängen, als falsch herausstellen, dann ist sein ganzes Unternehmen in Gefahr zu erlahmen, oder dann muss es zu einer noch grösseren Ueberspannung jenes Hastens und Eilens kommen, das uns jetzt schon in demselben entgegentritt. Auch ohne es zu wollen, kann diese Mission überdem leicht in viele Selbsttäuschung gerathen; selbst gesund werden und gesund wirken wird sie dagegen, wenn der Trieb, möglichst vielen zum Heile zu verhelfen, immer mehr die treibende Kraft in ihr wird. An Rührigkeit und an Zuversicht zu dem Siege des Evangeliums über die Juden übertrifft schon heute die Mildmay Mission alle anderen.

4. Kleinere englische Gesellschaften.

Eine Privatmission wie die von Wilkinson ist auch die sogenannte Barbican Mission, getrieben durch den früheren Londoner Missionar Rev. P. J. Warschawski; sie trägt ihren Namen von dessen Wohnsitz im nordwestlichen Stadttheil Londons, Barbican House; die Missionsräumlichkeiten befinden sich im östlichen Centrum der Stadt, in Albion Hall. Warschawski hat 1880 dieses eigene Missionswerk aufgerichtet, reiche Beiträge setzten ihn hierzu in den Stand: 1888 nahm er etwa 800 Lstrl. ein. Seine Frau und eine Proselytin unterstützten ihn in dem Dienste an den jüdischen Frauen und Mädchen, für das Werk nach aussen verwandte er einen Missionsgehilfen. Täglich werden Juden besucht und Schriften unter ihnen vertheilt, Predigten und Vorträge in englischer, deutscher und hebräischer Sprache gehalten und Katechumenen Unterricht gegeben. Sein Gesundheitszustand nöthigt jetzt aber Warschawski seine Arbeit einzustellen, die auch thatsächlich durchaus in der Luft schwebte und dazu ohne Bedeutung war. Es ist ein Unding, Juden an Personen zu ketten, die jeden Augenblick ihr Werk einstellen können. Warschawski war übrigens nach seinem Austritt aus der Londoner Mission Professor der hebräischen und deutschen Literatur in London und schrieb: »The Jews, their past, present and future«, und »Progressive Hebrew course and music of the Bible«.

Die Londoner City Mission unterhält seit Jahren etliche Missionare, die unter den Juden der Stadt wirken, 1886 deren vier; noch zwei andere sollten dazu angestellt werden. Die religiös Angeregten werden dann Predigern der Stadt übergeben, welche schon manche auf diesem Wege Gewonnene getauft haben.

5. Die Kirche von Schottland*).

Im Londoner Bericht von 1819 wird eine Edinburgh Missionary Society, welche nicht mit der Judenmissionsgesellschaft verwechselt werden darf, genannt, deren Missionare mit den Juden in Astrachan verkehrten. Ziemlich gleichzeitig entstanden in Schottland aber auch zwei Judenmissionsvereine. Am 3. Juli 1818 war in Glasgow eine Versammlung unter Vorsitz von Wm. Cunningham aus Lainshaw abgehalten worden, der Leigh Richmond von der Londoner Gesellchaft beiwohnte. Hier wurde die Errichtung einer selbständigen Gesellschaft beschlossen, die dann am 8. Januar 1819 ins Leben trat und sich »The Glasgow Society for promoting Christianity among the Jews« nannte. Man beschloss Schriften zu verbreiten, jüdische Kinder zu erziehn und die Mission im In- und Auslande zu unterstützen. Ueber die Thätigkeit der Gesellschaft ist nur weniges zu finden gewesen; seit 1827 unterstützte sie die Posener Mission und erhielt damals zusammen mit der Londoner Gesellschaft einen Missionar in Glasgow. Im Juni 1818 hatte sich nämlich, durch den Bibelagenten Pinkerton angeregt, auch in Edinburgh eine Gesellschaft gebildet: »The Edinburgh Society for promoting u. s. w.« Das Jahr darauf wurde Joseph Davis in Edinburgh getauft, der aus Polen herüber gekommen war. Man hat denselben dann als Missionar ausbilden lassen, und wir werden ihn als solchen noch antreffen. Schon damals dachte man an eine Mission in Polen und Deutschland. 1820 sandte dann die Gesellschaft die Missionare Betzner, welchen Dekan Herwig in Esslingen zum Missionswerk vorbereitet hatte, und Saltet nach Odessa. Dieselben verkündigten dort unter ungeheurem Zulauf den Juden das Evangelium und verbreiteten, selbst von griechischen Christen hierin unterstützt, viele Bibeln und Schriften, mit ihnen auch die Bibelagenten Dr. Paterson und Dr. Henderson. 1822 finden wir Betzner und Gerike, der einige Zeit in Berlin gestanden hatte, hernach auch Moritz als Missionare in Berditschew und Umgegend reich beschäftigt. Zu den durch diese Angeregten gehörten die aus der Geschichte

---

*) The Church of Scotland. Missionary Record.

der Berliner Mission bekannten Goldberg und Samson. Später treffen wir Gerike und Saltet in Kurland, und auch dort hörten ihnen Schaaren von Juden zu. Gerike aber war mit seiner Arbeit unzufrieden und verliess sie; auch Betzner trat dann ab und war 1826 Pastor bei Stuttgart.

Seit 1832 beschäftigte die Gesellschaft im Verein mit der Glasgower den Proselyten Cerf als Missionar, der nun auch in Glasgow und Edinburgh arbeitete und viele Bibeln und Traktate unter den Juden verbreitete. 1836 erliess sie durch die Feder von Dr. A. A. Bonar einen Aufruf an das christliche Publikum, sich der Juden, von denen damals 20 Familien in Edinburgh wohnten, in geistlicher Weise anzunehmen. 1838 richtete die Gesellschaft, noch unter dem Präsidium von Wm. Cunningham stehend, ein Schreiben an die General-Versammlung der Kirche von Schottland, in welchem sie dieselbe bat sich der Juden zu erinnern. Infolge dessen wurden 1839 Dr. Blaik, Dr. Keith, Robert Murray M'Cheyne und Andrew A. Bonar ausgesandt, um die Zustände der Juden des Festlandes, der Türkei und Palästinas zu untersuchen und dann Vorschläge über das zu erwählende Arbeitsfeld zu machen. Dieselben kehrten im November 1839 zurück und überreichten der General-Versammlung 1840 ihren Bericht (Jew. Int. 1840, 297), der die Verhältnisse der Juden klar darlegte, Aussendung von Missionaren, die zum Theil Nationalchristen, zum Theil Proselyten sein sollten, die Errichtung von Schulen, ärztlichen Missionen und Schriftenvertheilung empfahl, aber auch betonte, dass man die Proselyten sogleich mit der christlichen Gemeinde in Verbindung bringen müsse, damit sie zu einem christlichen Leben erzogen würden. Als geeignete Missionsfelder wurden die Moldau, Wallachei und Ungarn bezeichnet. Der Bericht fand Zustimmung, und von jetzt ab übernahm die Versammlung die Mission als Sache der Kirche. Jassy, Pesth und Constantinopel sollten besetzt werden. 1841 liess die Kirche einen Aufruf an die Juden ergehn, der 1842 auch deutsch (Basel) gedruckt ist. 1842 ermächtigte die Versammlung das Comité, wenn es räthlich erscheinen sollte, auch in London eine Station zu errichten; doch erkannte man es als besser an, dass eine der dort bestehenden Kirchen das Werk daselbst aufnähme, und die Folge der gegebenen Anregung war die Gründung der Britischen Gesellschaft.

Da trat 1843 der Riss in der Schottischen Kirche ein, welcher sie in zwei Theile zerspaltete: die Kirche von Schottland und die Frei-Kirche. Die bisherigen Missionare schlossen sich alle der letzteren an, und erst das Jahr darauf 1844 war die Nationalkirche im Stande, das Judenmissionswerk wieder aufzunehmen. Sie stellte für dasselbe ein Actionscomité an, dem ein Einberufer (Convener), zuerst ein Professor Alexander F. Mitchell von St. Andrews vorstand, hernach H. W. Smith und Rev. John Alisson.

Die anfangs betretenen Arbeitsfelder wurden alle nach einander aufgegeben, dauernd aber die Türkei und Aegypten innegehalten; man hatte zuerst nicht nach einem klaren Plane gearbeitet.

Als erster Missionar wirkte der Proselyt Rev. Jacob Samuel, welcher 1830 von Glasgow nach Calcutta gegangen war und 14 Jahre den Juden in Indien, Arabien und Persien das Evangelium verkündigt hatte. Nach Tunis wurde der Proselyt Rev. Nathan Davis gesandt, der unter den dortigen Juden viel Fragen erweckte; auch Taufen geschahen. Das erregte nun die Juden so sehr gegen den Missionar, dass derselbe nach Schottland ging, um die Rathsamkeit der Fortsetzung seines Werkes in Tunis zu besprechen. Man hielt es für besser, ihn 1848 nach Gibraltar zu senden; 1850 aber wurde Gibraltar aufgegeben und Davis nach London versetzt.

Auch Cochin (Indien) wurde in Angriff genommen. Hier arbeitete Rev. Laseron. Derselbe stammte aus Deutschland und kam nach längerem Aufenthalt in Berlin, Mecklenburg und Altona nach Edinburgh, wo er sich als Lehrer des Deutschen und Hebräischen sein Brot erwarb. Er unterrichtete auch christliche Kinder, die ihn dann in schwerer Krankheit besuchten, und aus deren Munde zuerst das göttliche Wort sein Herz traf. Später getauft, wurde er 1844 nach Cochin gesandt. Hier unterrichtete er besonders jüdische Kinder; gleichzeitig wurden auch Heidenmissionsschulen, welche jüdische Kinder aufnahmen, von den Schotten unterstützt. 1852 wurden diese

Schulen von 16 weissen Juden, 112 schwarzen Juden und 24 jüdischen Mädchen besucht. Die Mission in Cochin wurde bis 1857 aufrecht erhalten, und dann ihr damaliger Missionar Dr. Yule nach Alexandria versetzt. Laseron beschränkte sich übrigens nicht auf die Juden, sondern unterrichtete und taufte auch Heiden, 1849 auch einen Juden Jehil Benjamin; 1855 wurde er zurückgerufen, da er mit seinem Collegen in schweren Streit gerathen war.

Verkehrterweise sandte man 1848 einen Missionar Douglas nach London, eröffnete eine Capelle daselbst, schloss sie 1850 und zog 1854 wieder den Missionar zurück. — Jetzt wandte man sich nach Deutschland. Hierher wurde 1847 G. F. Sutter, früher Baseler Heidenmissionar in Indien, geschickt. Er kam nach Karlsruhe in Baden, eine Dame half ihm unter den jüdischen Frauen wirken. Einige Juden kamen durch ihn zum Glauben; einer derselben trat in das Schullehrerseminar seines Schwiegervaters Stern in Karlsruhe ein. Auch der nachmalige Pastor J. F. N. Wolf in Jackson, Michigan, ist durch Sutter bekehrt worden. Durch Heranbildung von Missionsarbeitern im Orient hat sich Sutter ein Verdienst erworben. 1865 starb er. Kurze Zeit war auch seit 1850 R. J. C. Lehner in Darmstadt beschäftigt; ihm stand gleichfalls eine Dame als Missionsgehilfin zur Seite; 1858 starb er. An seine Stelle trat J. W. Marcussohn, der aber nur kurze Zeit an jenem Ort stand. Seit 1851 finden wir Douglas in Würzburg, und seit 1852 Pastor Rudolf Stern, einen Sohn des Seminardirektors in Speier. 1856 zog sich die Gesellschaft aber vom deutschen Boden zurück; denn sie erkannte, dass für sie hier keine rechte Aufgabe zu erfüllen sei. Im Bericht von 1889 wird selbst bekannt, dass die früheren Unternehmungen nur Experimente waren.

Von jetzt ab beschränkte man sich auf die Türkei, Asien und Aegypten; von Jerusalem sah man verständigerweise ab. Um den Juden und Proselyten einen Halt zu bieten, beschloss man aber in den neuen muhammedanischen Gebieten protestantische Gemeinden aus den eingeborenen Christen zu bilden und deshalb mit der Judenmission eine Mission an jenen zu verbinden. Hier kann nur über die Thätigkeit an den Juden berichtet werden; von vorn herein aber ist zu bemerken, dass thatsächlich die Arbeit an den Juden weit hinter der an den eingeborenen Christen zurücktrat.

Zum Eintritt in jene Gebiete ist die Schottische Kirche durch den Beschluss des »American Board for foreign missions« dieselben zu verlassen, 1856 nach dem Krim-Kriege gekommen. So wurden nun nach Verhandlungen mit den Amerikanern 1856 Saloniki und Smyrna besetzt. Zwei ihrer Laienagenten traten in die Schottische Mission ein. Marcussohn kam nach Constantinopel; auch Alexandria und Beirut wurden besetzt. Missionar Rev. Abraham Ben Oliel, bisher Britischer Missionar, wurde nach Smyrna gesandt.

Auf den Stationen wurden sonntägliche Gottesdienste eingerichtet, in Saloniki wurde auch eine Knabenschule eröffnet. Hier geschahen bald mehrere Taufen; die Pflege der Bekehrten wurde besonders dem Proselyten Rosenberg anvertraut; als Prediger wurde Rev. Peter Crosbie, als Arzt Dr. Wolse angestellt. Die Juden wurden auch in der Umgegend besucht, ebenso die Griechen, an denen zumal Marcussohn besonders von Cassandra aus arbeitete. Traktate wurden ins Griechische übersetzt, so »The Sum of saving Knowledge« und »Confession of faith«, M'Cauls »Old Paths« ins Jüdisch-Spanische; mit den deutsch redenden Juden verkehrte Lehrer Schillinger, der 1860 starb, und in dessen Schule sich neben andern Kindern auch 52 jüdische befanden. Vergeblich sprachen die Rabbinen den Bann über alle aus, die mit der Mission in Verbindung träten. Ein Colporteur Joschua durchreiste Syrien und Theile Klein-Asiens. Uebertritte in Saloniki selbst waren sehr erschwert, da den Täuflingen grosse Gefahren drohten. In Cassandra wirkten 1860 die beiden Chrischona-Brüder Braendle und C. Hofheinz, der aber das Klima nicht ertragen konnte. Monastir wurde 1863 als Aussenstation durch Stober besetzt. Noch öfter wechselten die Arbeiter; 1885 wirkten dort Crosbie und zwei Lehrer an einer Mädchenschule, die 245 jüdische Mädchen besuchten. Rechten Eingang hat sonst die Mission unter den Juden in Saloniki nicht gefunden.

In Smyrna wurde gleichfalls ein jüdisch-spanischer Gottesdienst durch A. Ben Oliel eingerichtet, und schon 1858 geschahen mehrere Taufen; eine Knaben-, eine Mädchenschule und ein Bücherladen gehörten zu den frühesten Schöpfungen in dieser Stadt. Auf den unruhigen A. Ben Oliel folgte Rev. G. Coull; die Mission beschloss jetzt weniger Proselyten in ihrem Dienst anzustellen. Leopold Rosenberg wurde der Gehilfe von Coull, ausserdem einige Eingeborene; auf Rosenberg folgte G. A. Späth vom Karlsruher Seminar, der später Prediger wurde. Als Aussenstation wurde Voorla erhalten, und in mehreren Städten Klein-Asiens geschah die Verkündigung des Evangeliums auf Missionsreisen. Coull übersetzte den Traktat ›James' anxious inquirer‹ ins Jüdisch-Spanische und mit Hilfe des Laienagenten Ulysses Kynegos ›Prayers for social and family worship‹ ins Neugriechische. 1861 fand wieder eine Taufe statt, und im Laufe der nächsten Jahre wurden einige der früheren Kinder der Missionsschule in Smyrna und auswärts getauft. Ein junger Proselyt Bochor Segura wurde 1868 nach Neufchâtel zur Ausbildung für den Dienst der Kirche gesandt, dann 1871 in Smyrna an der Schule angestellt und später in Constantinopel. Im Laufe des Jahres 1875 erhielt Smyrna, wo nun neben Späth auch Rev. D. B. Spence wirkte, eigene Missionsgebäude. Vor seinem Abgange nach Constantinopel 1879 taufte Spence einen Juden Isaak Schaut. In demselben Jahre starb der erste der durch Späth bekehrten Proselyten Wolf, 1880 erhielt ein durch Späth gewonnener Lehrer die Taufe. In demselben Jahre traten eine Familie von vier Personen und zwei junge Leute über. 1882 starb Späth, der zu den tüchtigeren Arbeitern der Schotten gehört hat. Gegenwärtig stehn in Smyrna Rev. James Murray, Melitz und Kynegos. An Proselyten stehn in Verbindung mit der dortigen Mission acht Communikanten und mehrere Kinder; in der Schule befinden sich 410 Kinder, darunter 160 jüdische. Seit 1881 besteht hier auch eine ärztliche Mission, welche von dem Proselyten Dr. L. Prinski Scott geleitet wird und die über ein Hospital verfügt. Scott stammt aus Polen, kam nach Schottland, studirte in Edinburgh und arbeitete früher in der Medical Mission daselbst.

Alexandria besetzte die Schottische Mission erst, als die Glasgower Gesellschaft dasselbe aufgab 1858. Sie schickte Rev. J. W. Yule dorthin. Dieser richtete dort sogleich Gottesdienste für Christen und Juden ein, bald auch eine Missionsschule. Durch das Mittel einer Bibelniederlage kam man in vielen Verkehr mit Juden, Griechen und Italienern. Yule errichtete eine höhere Knabenschule, später auch eine Mädchenschule; von der britischen Regierung war er zugleich als Consulatscaplan angestellt. Der Vicekönig schenkte 1861 der Mission ein grosses Grundstück, um auf demselben Bauten für ihre Zwecke zu errichten. 1866 wurde mit dem Bau der Missionsgebäude und einer Schule begonnen, 1867 konnten sie in Gebrauch genommen werden. Die Arbeiter wechselten vielfach. Yule legte 1879 sein Amt nieder; jetzt steht in Alexandria Rev. William Kean und neben ihm Hugh Duncan. Im Laufe der Zeit sind einige wenige Juden getauft worden; 260 Knaben besuchen die Schule, darunter 103 jüdische, und 233 Mädchen, unter ihnen 167 jüdische.

1862 kamen die Presbyterianer von Canada und die Schotten überein, eine Mission in Beirut zu erhalten. Die Canadier sollten den Missionar stellen, die Schotten einen Theil seines Gehaltes zahlen. Rev. James Robertson wurde nun nach Beirut gesandt. Er sammelte dort Briten und Amerikaner zu einer Gemeinde, der er sonntäglich Gottesdienste und für deren Kinder er Sonntagschule hielt. Im jüdischen Viertel eröffnete er eine Schule für Knaben und Mädchen, die trotz der Feindschaft der Rabbinen fortbestand. Mit dem »American Board for foreign missions« wurde gemeinsam eine Kirche erbaut; letztere und nicht mehr die Canadier scheinen seitdem das schottische Werk in Beirut zu unterstützen. Robertson taufte 1872 einen Missionsschüler David Harari, der dann Lehrer in Beirut wurde. An Robertsons Stelle trat 1875 Rev. W. F. Scott, der 1878 zwei Juden taufte. An die Spitze der Beiruter Mission trat später Rev. George M. Mackie, neben dem Staiger und etliche Lehrer stehn; die Schule wird von 590 Kindern besucht.

1859 beschloss die Schottische Kirche auf den Vorschlag des Missionar Sutter vier Zöglinge der Chrischona bei Basel als Laienarbeiter in Macedonien und Abessinien anzustellen. Staiger und Brandeis, letzterer ein Proselyt, wurden für Abessinien bestimmt, der politischen Verhältnisse wegen aber zuerst in Alexandria zurückgehalten, wo sie unter den Juden und Seeleuten arbeiteten. 1862 brachen sie nach Abessinien auf und kamen zuerst nach Kartum; dort erhielten sie vom Könige Theodoros Erlaubniss nach Abessinien zu kommen. Missionar Flad war ihnen bei ihrer Ansiedelung behilflich. 1863 errichteten sie acht Schulen unter eingeborenen Lehrern, und zwei hielten sie in ihren eigenen Häusern ab; auch hatten sie 23 Personen im Taufunterricht. Als Missionar Stern gefangen gesetzt wurde, brachen auch für sie böse Tage an; sie wurden gleichfalls einige Zeit gefangen gesetzt, dann für eine Weile befreit und konnten in dieser Zeit eine Familie von fünf Personen taufen. Aber später wurden sie aufs Neue und in strengere Gefangenschaft gebracht, besonders seitdem Staiger und Brandeis einen Fluchtversuch gemacht hatten; sie wurden verrathen und von da ab in Ketten gelegt. 1868 wurden sie mit den übrigen Gefangenen befreit, Abessinien aber ist seitdem aufgegeben.

1859 entschloss sich die Schottische Kirche auf Bitten der Amerikaner auch Constantinopel zu besetzen; da bereits die Londoner und die Freien Schotten dort waren, hätte sie dies nicht thun sollen. Rev. J. W. Marcussohn, dessen Gesundheit sich in Deutschland gekräftigt hatte, wurde dorthin gesandt, arbeitete daselbst bis 1862 und ging dann nach Amerika; neben ihm standen Robert Scott und ein griechischer Laienagent. Sie nahmen ihren Sitz zuerst in Balat, das 2000 Juden zählte, unter denen noch kein Missionar wohnte. Die Juden waren anfangs sehr unzugänglich, und die Missionsschule wurde zersprengt. So wurde nun die Mission nach Haskioi verlegt, von der hier errichteten Schule hielten sich die Juden ziemlich fern. Marcussohn errichtete nun eine andere in Ortakioi, die auch nicht lange bestand. 1861 wurde Rev. Christie nach Constantinopel versetzt, James Robertson an Stelle von Scott Lehrer und Evangelist, später folgten Rev. W. M. Brown und D. B. Spence. Jetzt gingen die Schulen besser vorwärts, auch Mädchenschulen wurden errichtet. Die Schottische Mission hat überhaupt ihren Schwerpunkt in die Schularbeit verlegt. Christie übersetzte Leslie's ›Method with the Jews‹ in das Jüdisch-Spanische und revidirte im Auftrage des American Bible Board die jüdisch-spanische Uebersetzung des Alten Testamentes, später auch des Neuen Testamentes; diese Revision war eigentlich eine neue Uebersetzung aus dem Grundtext. 1868 wurden ihm Staiger, Israel Melitz und sein Sohn Abraham Christie zu Hilfe gegeben. Brandeis blieb bis 1875, wo er in die Dienste der Chrischona zurücktrat. 1869 wurde Abraham Pilo getauft, der als Colporteur der Britischen Bibelgesellschaft in Klein-Asien verwandt wurde. 1871 sind auch neuerrichtete Missionsgebäude dem Gebrauch übergeben worden. 1875 wurde Dr. Segura als Missionsarzt angestellt. In der Pflege der Mission standen 1889 überhaupt 22 Proselyten, unter ihnen sieben Abendmahlsgenossen; die Missionsschulen sind von 201, fast durchweg jüdischen Kindern besucht.

Ein Damenverein für die Erziehung des weiblichen Geschlechts in Edinburgh und Glasgow unterstützt das Schulwesen der Mission und steht in beständiger Verbindung mit den Lehrern und Lehrerinnen derselben. In Edinburgh gewährt die Kirche von Schottland auch dem Rev. John Blumenreich für sein Werk unter den Juden in jener Stadt und in Leith Beihilfe. Die Einnahmen beliefen sich in den 50er Jahren auf über 3000 Lstrl., 1874 auf 6600 Lstrl. Als Missionare hat man immer mehr schottische Christen angestellt. Die Schulen waren 1877 von 1733 Kindern, darunter 525 jüdischen, besucht; seitdem ist diese Zahl ziemlich gleich geblieben. Ein erheblicher Mangel des Werks der Schottischen Kirche ist, dass hier die direkte Missionsthätigkeit zu sehr in den Hintergrund tritt, und ihr vielfach der frische, vorwärts strebende Missionsgeist fehlt. Kein Wunder denn auch, dass sich die Juden ihr gegenüber zu wenig zur Entscheidung gedrängt fühlen. Das Zeugniss an die Juden muss hier entschieden kräftiger geschehn und den Juden in weit bestimmterer und direkterer Weise entgegengebracht werden.

6. Die freie Kirche von Schottland*).

Die Schottische Frei-Kirche hat von ihrem Entstehen ab Judenmission getrieben, ein selten dastehender Fall in der Kirchengeschichte. Dass hier die Mission stets einen ausgeprägt

---

*) Free Church of Scotland, eine monatlich erscheinende Zeitschrift. Jahresberichte über das Missionswerk.

kirchlichen Charakter getragen hat, ist ihr auch zu Gute gekommen; während andererseits die Versuche, die eigenen kirchlichen Verhältnisse auf fremden Boden zu verpflanzen, dem Werke schadeten. Ein Comité, an dessen Spitze ein Convener und ein Sekretär stehn, leitet die Mission im Namen der Kirche. Die Kosten derselben werden durch freiwillige Gaben aufgebracht. In den 50er Jahren betrugen dieselben durchschnittlich über 3000 Lstrl., in den 60er Jahren ebensoviel, in den 70er Jahren stiegen sie allgemach auf über 5000, in den 80er Jahren zeigen sie grosse Unregelmässigkeit auf; 1887 wurde der höchste Betrag mit 17 300 Lstrl. erreicht.

Unter die Personen, welche in der Frei-Kirche für die Mission besonders wichtig geworden sind, zählt zunächst D. Alexander Keith*), Sohn des Predigers Keith zu Keith Hall und Tullialan, Aberdeenshire. Er ist 1791 geboren. 1816 wurde er Prediger von St. Cyrus Forfarshire. Hier beschäftigte er sich viel mit der Erfüllung der Prophezeiungen, wozu er durch Humes Behauptung, dass dieselben nicht erfüllt worden seien, veranlasst wurde. Das Ergebniss war seine Schrift: ›Evidence of the truth of the Christian religion, derived from the literal fulfilment of prophecies‹ 1823, die viele Auflagen und Uebersetzungen erlebte. Andere Werke ähnlichen Inhalts folgten, so ›Signs of the times, the history and destiny of the world and the church‹; ›The Harmony of prophecy‹.. Freilich beging er hier auch den Irrthum in bestimmten Zeitereignissen der Geschichte und Gegenwart die Erfüllung der noch ausstehenden Weissagungen zu erblicken. Sein Studium hatte ihn hauptsächlich auf die Zukunft Israels geführt, und man sah ihn als besonders geeignet an, die ersten Schritte für die Errichtung einer kirchlichen Mission in Schottland zu thun. So war er nun Mitglied jener S. 306 erwähnten Deputation, welche die rechten Missionsfelder aussuchen sollte. 1844 bereiste er auch Palästina, widerrieth aber verständigerweise die Errichtung einer Mission hierselbst und schlug Pesth vor. Er war auch Vorsitzender des Missionscomités sowohl vor als nach der Trennung der Kirchen. Seine Gesundheit nöthigte ihn später

---

*) Free Church 1880, 110. Isr. Watchman 1880, 119.

das Pfarramt niederzulegen, und so widmete er sich ganz literarischen Studien. Er starb 1880.

Ebenso verdient ein anderes Mitglied jener Deputation: Robert Murray M'Cheyne genannt zu werden.*) Derselbe ist 1813 in Edinburgh geboren. Der Tod eines geliebten Bruders wurde für sein inneres Leben zur Entscheidung. Er war ein gern gehörter Prediger und viel gelesener theologischer Schriftsteller; besonders seine ›Pastoralen Briefe‹ fanden grosse Beachtung. In weiten Kreisen der Schottischen Kirche hat er die Aufmerksamkeit auf die Juden gelenkt und ebenso unter den Dissenters in England. Vor allen geschah dies durch den Traktat ›Our duty to Israel‹. Ueber seine Erlebnisse auf der Deputationsreise liess er ›Narrative of a mission of inquiring to the Jews‹ erscheinen. Die Versammlung, welche die Gründung der Britischen Gesellschaft zur Folge hatte, eröffnete er. Er starb 1845.

Endlich ist zu nennen Rev. Dr. th. A. N. Somerville**). Derselbe ist 1813 in Glasgow geboren, war ein Freund von M'Cheyne und wurde schon 1837 Prediger in Glasgow, trat zur Freikirche über und sammelte eine Gemeinde in Glasgow, welche ihm dort eine Kirche erbaute. Wegen seiner Gabe missionirend zu wirken wurde er später nach Canada, dem Orient und Amerika, Indien und andern Gegenden gesandt. Schliesslich legte er das Pfarramt ganz nieder und widmete sich völlig der Evangelisation, die ihn nach Australien, Frankreich, Italien, Deutschland, Russland, Süd-Afrika, Griechenland, Klein-Asien und der Türkei führte. 1886 ward ihm die Anerkennung, dass er Moderator der Frei-Kirche wurde, und darauf besuchte er wieder einige Länder. Vielfach hat er sich dabei an die Juden gewandt; eine in Berlin gehaltene Ansprache ›Judenthum und Christenthum‹ hat Delitzsch ausser in Saat a. H. 1882, 72 besonders herausgegeben. Einer Ansprache in Wien: ›Was verdankt das Christenthum den Juden?‹ hat eine grosse jüdische Zuhörerschaft beigewohnt. Nicht wenige Juden

---

*) Memoir and remains of the Rev. R. M. A. M'Ch. von Rev. Andrew A. Bonar, London 1845. Jew. Herald 1846, 8.

**) The Presbyt. Messenger 1889. Nr. 1. Jew. Herald 1889, 210.

haben denn auch von seinen Ansprachen einen Segen mitgenommen, und viele Christen hat er für die Judenmission erwärmt.

Auch Horatius und Andrew Bonar haben das Missionswerk in der Frei-Kirche im besonderen Maasse gefördert; beide haben zur Errichtung der Britischen Gesellschaft geholfen. Andrew war in den ersten Jahren der Mission in Constantinopel daselbst thätig. Unter den Conveners wird mit besonderem Dank der Name von D. A. Moody Stuart genannt, dessen Enthusiasmus immer wieder den Muth der Kirche für die Judenmission entflammte.

a. Jassy und Lemberg.

1841 waren von der damals noch ungetheilten Kirche Rev. Daniel Edward und der bereits früher erwähnte Hermann Philipp nach der Moldau gesandt worden; Station war Jassy. Dort begannen die Missionare, Edward dazu von seiner Frau treulich unterstützt*), eifrig ihre Arbeit. Die Juden waren äusserst erregt, und in der Verfolgung, welche sich gegen die Mission erhob, hielten viele der Katechumenen 'nicht Stand, andere fielen geradeswegs ab. 1848 verliess Edward Jassy, es blieben aber 29 Proselyten zurück, und die dann eintretende Mission der Londoner fand das Feld schon zubereitet. Zu den durch Edward in Jassy Angeregten gehörte C. S. Newman, der Edward folgte, als derselbe 1843 Constantinopel besuchte. Dort traf N. den Dr. Wilson an, der auf der Rückreise von Indien begriffen war, und wurde von diesem getauft. Zwei Jahre später kehrte er nach Jassy zurück und unterstützte dort treulich Edward und Philipp. 1848 kam er nach Glasgow und studirte auf dem dortigen Normal College. Dr. John Bonar erklärte: »Dieser junge Mann hat alle meine Vorurtheile gegen Proselyten überwunden.« Einige Zeite unterstützte er dann Dr. Thompson von der Frei-Schottischen Mission in Constantinopel an der Schule; später trat er daselbst in den Londoner Dienst.

Die Frei-Kirche gab 1848 Jassy auf. Edward siedelte

---

*) Katharina Edward. Aus dem Englischen, Halle 1869.

nach Lemberg über. Die Versammlungen, welche er hier veranstaltete, wurden selbst von Katholiken zahlreich besucht, so dass der katholische Klerus seine Entfernung bewirkte. Als er am 17. Dezember 1851 Lemberg verlassen musste, nahm ihn die verwittwete Palatinin von Ungarn in ihr Haus auf, vermochte aber nur zur bewirken, dass er nach Lemberg zurückkehren durfte, um seine Angelegenheiten zu ordnen. Edward kam von dort nach Breslau, wo er auch seitdem blieb.

1857 wurde Th. Meyer in die Donaufürstenthümer gesandt und die Mission in Galatz wieder aufgenommen. Seine Arbeit hatte dort wenig Erfolg, und 1861 wurde er abgerufen. 1880 ist dann noch einmal Jassy durch E. Bassin probeweise besetzt worden. Derselbe trat sogleich in lebhaften Verkehr mit vielen Juden, hielt Vorlesungen und Bibelstunden, eröffnete Lesezimmer und hatte trotz aller Warnungen der Rabbinen einen grossen Zulauf. Während des Winters 1881 wurde er zu seiner eigenen weiteren Ausbildung nach Edinburgh gerufen und hielt dort zugleich Missionsvorträge. Weil er sich in den Donaufürstenthümern vor russischen Nachstellungen nicht sicher fühlte, kehrte er dahin nicht zurück, und die dortige Mission wurde aufgegeben. E. Bassin, der überhaupt noch sehr der Klärung bedarf, hatte sich in Jassy mit grossen Plänen getragen. Er wollte eine Ansiedlung von Juden in Palästina bewirken und so die nationale Wiederherstellung Israels anbahnen. In diesem Sinne hat er auch eine Brochure in Jassy verfasst: ›Die Judenfrage und die zu ihrer Lösung vorgeschlagenen Mittel‹, 1881. Ebenso gab er heraus: ›The Passover celebrated now by the Jews‹, Edinburgh 1881; ›The modern Hebrew, and the Hebrew Christian‹, London 1882. Vgl. hernach S. 333 ff.

b. Breslau.

In Breslau wirkte bereits der Proselyt Cerf, der von der Schottischen Staatskirche zur Frei-Kirche übergetreten war. Derselbe war ein ernster, geheiligter Mann, der manchen Juden zum Segen geworden ist, z. B. ist der spätere Londoner Missionar Romann durch ihn bekehrt worden, ebenso ein jüdischer Lehrer Lehner, der später (1851) Missionar der Kirche von Schottland in Darmstadt war. Edward stand auch hier seine Gattin treulich bei, dieselbe aber starb schon 1861. Edward bezeugte den Juden das Evangelium mit grosser Kraft und hat auch einige zur Entscheidung geführt. Er ist von der in der Mission sonst so vielfach herrschenden Krankheit der Judenvergötterung völlig frei, wie denn überhaupt unter den Missionaren der Frei-Kirche von diesem Uebel am wenigsten zu verspüren ist. Leider aber hat Edward seine tüchtige Thätigkeit dadurch beeinträchtigt, dass er statt sich mit aller Macht auf die Judenmission zu legen, es für nöthig ansah, die Deutschen zu bekehren und für sie eine neue Kirche aufzurichten, die er unter dem Namen »Freie evangelisch-deutsche Kirche« ins Leben rief. Dieselbe hat es nur zu einer verschwindenden Anzahl von Anhängern gebracht. Die deutsch-lutherische Kirche sieht er fast nur als ein grosses Uebel an. Edward hatte um so weniger Veranlassung zu einer neuen Kirchenbildung, als ihm die reformirte Gemeinde in Breslau den Gebrauch ihrer Kirche für seine Gottesdienste einräumte.

Sonst verdient Edward manche Anerkennung. Im zweiten Jahr seiner Breslauer Thätigkeit durfte er einen der bemerkenswerthesten Proselyten unserer Tage Israel Pick taufen*), einen Bruder des bereits in der Britischen Mission erwähnten Pick. Derselbe fühlte sich schon als Kind von Herzen zu Gott gezogen und war von früh auf vielen unverständlich. Um den beständigen Zusammenstoss mit andern zu vermeiden, passte er sich dann seiner Umgebung an, obgleich ihn dieselbe anwiderte. Daraus entwickelte sich ein tiefer Zwiespalt seines Wesens, dessen Spuren sich auch noch in seinen späteren Jahren zeigten. Acht Jahre alt, kam er auf ein Dorf und wurde hier anderthalb Jahr mit andern Kindern unterrichtet; dies war die glücklichste Zeit seines Lebens. Er kam dann zu einem blind dem Talmudismus anhangenden Rabbi, unter dessen Erziehung sein Inneres unsäglich litt. Jetzt aber gerieth er auch auf die Bahn des Lasters, auf der er in völlige Verzweiflung versank. Allmählich verbannte er jeden Gedanken an Gott aus seiner Seele und wurde Pantheist. 1844 kam er als Haus-

---

*) Free Church Report 1854. Friedensbote 1879, 82. Jew. Int. 1854, 302. Israel Pick von F. Delitzsch, 2. Aufl., Erlangen 1885.

lehrer in ein Branntweinhaus, wurde hier aber entlassen, als er sich gegen die Verwüstungen aussprach, die der Branntwein anrichtete. Innerlich unglücklich durchwanderte er Böhmen, Mähren und Ungarn zu Fuss. Dabei erfüllte ein heisser Freiheitsdurst seine Seele; in seinem 14. Jahre schon flammte der Gedanke in ihm auf, das jüdische Reich wiederherzustellen. Als 1848 die Revolution kam, stürzte er sich in dieselbe, wollte damals alles umgestalten, erkannte aber bald, dass dies unmöglich sei, und, an allem irre geworden, wurde er in der Noth Journalist in Wien. Von da kam er nach Bukarest, um dort als Lehrer und Prediger an einer jüdischen Gemeinde zu wirken. Bald erkannte er den inneren Tod seiner Gemeinde und seine eigene innere Leere, aber die Hilfe fand er noch nicht. Er glaubte im Christenthum auch für die Juden das System gefunden zu haben, welches alles besser machen werde, aber er fasste dasselbe eben nur als ein anderes religiöses System auf; der gekreuzigte Christus war ihm noch durchaus zuwider, und so trug er sich mit dem abenteuerlichen Gedanken eine mosaisch-christliche Kirche zu gründen. Er schrieb deshalb an mehrere Missionare, fand aber natürlich bei ihnen für seine Pläne kein Gehör. Ihre Worte, die ihn ernstlich auf das hinwiesen, was ihm fehlte, fanden bei ihm keinen Eingang; aber mit dem Judenthum fühlte er sich so zerfallen, dass er seinen Posten aufgab. Er wandte sich nach Amsterdam und liess von dort 1853 einen Brief an seine Glaubensgenossen ergehn, in welchem er sie zur Annahme seiner Form des Christenthums aufforderte. Indessen wurde er in Berlin ohne Zuthun eines Menschen von der christlichen Wahrheit tiefer ergriffen, kam jetzt nach Hamburg und bat dort Dr. Craig um die Taufe, die ihm dieser jedoch nicht sogleich ertheilen wollte. Durch Familienverhältnisse nach Breslau geführt, wandte sich dort Pick an Edward, und durch ihn ist er am 1. Januar 1854 getauft worden. Bei dieser Gelegenheit richtete er: »Ein Wort an mein Volk: Israel hat eine Idee zu tragen, die letzte Lüge der sterbenden Synagoge«, Breslau 1854, aus der fast ein prophetischer Geist herausklingt. Noch andere Schriften liess er ausgehn, so: »Der Stern aus Jakob«, in der er auch seine eigene Entwickelung beschrieb, Barmen 1856. Sodann: »Die sterbende Jüdin im Gitschiner

Spital«, in welcher er die ganze Trostlosigkeit des Judenthums aus seinem Unvermögen, Sterbenden etwas zu bieten, darstellt; die »Kol Nidre Nacht«; »Ist kein Arzt da?« oder »Israel und dessen Propheten« (Saat a. H. 1890, 226). Alle diese Schriften sind von einem ungewöhnlichen Geiste getragen. Aber in ruhigen Bahnen liess Pick sich nicht dahinführen. Jetzt erfüllte ihn ganz der Gedanke an die nationale Wiederherstellung Israels, und zur Verwirklichung derselben begab er sich nach Palästina. Er war hier von einem kleinen Kreise gleichgesinnter Proselyten umgeben, die sich Ameniten nannten, um mit diesem Namen ihren Glauben an die Israel gegebenen Verheissungen auszuprechen. Dort aber ist Pick 1859 verschollen; über seinen Tod weiss man nichts Sicheres, nur allerlei Vermuthungen sind über denselben ausgesprochen worden. Wie ein Meteor stieg Pick auf und verschwand er. Dass er sich nicht einfach in die christliche Zucht und Ordnung begab, hat ihn trotz seiner grossen Gaben darum gebracht, recht fruchtbar für andere zu werden.

  Edward hat seine Arbeit in Breslau unermüdlich fortgesetzt. Er predigte daselbst und gab wiederholt Traktate heraus; für sein Werk unter den Frauen unterstützten ihn auch schottische Frauenvereine. Verschiedene Laienarbeiter berief er zeitweise zu seiner Hilfe, auf die Dauer aber blieb keiner bei ihm. So war der Londoner Missionar Romann zu seiner Gemeinde übergetreten und hatte mit ihm gearbeitet, konnte es aber nicht lange bei ihm ertragen und kehrte zu seiner alten Gesellschaft zurück. Unter den Juden fand er in Breslau nicht vielen Eingang, selten gelangte einer derselben durch ihn zur Bekehrung. 1879 trat ein älteres Ehepaar Löwi und Frau aus Neustadt in Schlesien nach langem Forschen über; Frau Löwi starb wenige Monate nach ihrer Taufe, der Ehemann 1886. Ein Neffe folgte später ihrem Beispiele. Eine wohlhabende Familie Veit aus Bistritz in Böhmen, hernach in Reichenau, war eigentlich eine Frucht der Arbeit von Moody in Prag, Edward vollzog nur die Taufe. Einige, die durch Edward ihre ersten Eindrücke empfangen hatten, wurden dann anderwärts getauft: so der jetzige Methodistenprediger in Amerika, J. H. Wallfisch, der 1880 Christ wurde. Wallfisch, der auch einige Zeit unter Edward in Breslau gearbeitet hat, will jetzt nach Europa zurückkehren. Ein durch Edward Getaufter, Horwitz, ist jetzt Prediger, ein anderer H. Warszawiak gesegneter Judenmissionar, beide in Amerika. Auch die Juden können es übrigens nicht verstehn, dass sie das Judenthum verlassen sollen, um im Christenthum der Sekte eines Fremden anzugehören.

c. Pesth*).

Viel bedeutsamer ist das Werk der Frei-Kirche in Ungarn, besonders in Pesth. Wunderbare Umstände haben zur Errichtung dieser Mission geführt. 1839 residirte in Pesth Erzherzog Josef als Palatin von Ungarn und dessen Gemahlin Maria Dorothea, eine württembergische Prinzessin. Diese betete sieben Jahre lang um das geistliche Wohl Ungarns und besonders, dass ein Bote des Evangeliums in das Land komme, um den erschlafften Protestanten das Evangelium recht zu verkündigen. Im Jahre 1839 nun erwachte sie 14 Nächte hindurch in derselben Stunde und war besorgt, was dies zu bedeuten habe. Da wurde ihr gemeldet, dass ein englischer Geistlicher, Dr. Alexander Keith, im Gasthause sterbend liege, und sogleich wusste sie, dass es dies war, was ihr begegnen sollte. Sie besuchte den Kranken, sorgte für ihn und wartete ihn mit eigenen Händen. Dr. Keith befand sich mit dem gelehrten Linguisten Dr. Blaik auf der Rückreise von der im Auftrage der Schottischen Kirche unternommenen Reise zur Erforschung der Zustände unter den festländischen Juden. Die Abgesandten hatten Ungarn nicht bereisen wollen, weil die politischen Zustände daselbst den Gedanken an eine Mission in diesem Lande auszuschliessen schienen; aber Gottes Fügung liess zwei derselben, Keith und Blaik die Donaufahrt auf der Rückreise erwählen, während die übrigen auf einem andern Wege zurückkehrten. In Pesth drei Tage auf den Dampfer wartend, kamen sie mit Juden in Berührung und liessen, um diesen Verkehr

---

*) Sunday at Home, Nov. und Dec. 1866. A. Keith, The origin of the mission to the Jews at Pesth, April 1866. The Gospel in Hungary 1866. Glasgow. Ein Lichtpunkt im Ungarlande in Echo aus der Heimath und Fremde VI, 5. Saat a. H. 1867, 157; 1868, 229.

weiter zu pflegen, ihre Billets im Stich. Als sie abreisen wollten, erkrankte Keith tödlich. Unter der sorgsamen Pflege der Erzherzogin aber genas er, und als sie von dem Zweck der Reise der beiden hörte, forderte sie dieselben auf, in der Heimath zu sagen, man solle ruhig Missionare nach Pesth senden, sie werde dieselben schützen. Keith blieb seiner Gesundheit wegen denn auch noch sechs Monate, Blaik kehrte zurück. 1841 wurde dann D. Duncan, hernach Professor des Hebräischen am Freikirchlichen Colleg, mit dem Candidaten Robert Smith und dem Studenten der Theologie Herman Allan, der das Jahr darauf ordinirt wurde, nach Pesth gesandt; später kamen andere. Duncan kehrte bereits 1843 zurück, Allan und Schwartz gingen nach Constantinopel; Wingate und R. Smith blieben in Pesth, wo sie auch nach der Trennung beider Kirchen als Missionare der Frei-Kirche bis zur Vertreibung 1852 blieben. Sie lebten sich in Pesth bald ein, und die Regierung legte ihnen keine Schwierigkeiten in den Weg, zumal die von derselben zum Bau der Brücke über die Donau herangezogenen englischen Arbeiter Gottesdienst und Prediger nöthig hatten. Für diese nun richtete man zunächst einen Gottesdienst ein, und derselbe wurde auch von vielen andern besucht. Die Besucher aus Ungarn kamen der Sprache wegen, aber manche fanden hierbei ihren Heiland. Der Same des Wortes wurde auch sonst reichlich ausgestreut.

1842 erhielten die Missionare Besuche von auswärts, so von Dr. Barth aus Calw. Mit diesen hielten sie Gebetsversammlungen ab, und von da an wurde auch ein Gottesdienst in deutscher Sprache eröffnet, dem viele Juden beiwohnten. Nun wurden die Häuser der Missionare oft vom Morgen bis zum Abend nicht leer. Einige 30 traten in regelmässigen Unterricht, und auch manche Christen wurden erweckt. Unter diesen Personen befanden sich zwei Studenten der Medicin, ein Jude und ein Protestant. Der Jude war sehr leidend; doch das hinderte ihn nicht von seinem Krankenbette aus eine christliche Schule zu leiten; er siechte aber hin und starb im Glauben. Sein Freund studirte nach langen Kämpfen Theologie, wurde dann aber auf der Universität in Pressburg ungläubig und fiel in der Revolution bei Kesckemet.

Um dieselbe Zeit bekehrte sich eine wohlhabende irische Familie, die sich in Pressburg niedergelassen hatte, infolge der Predigt der Missionare; ein Glied derselben wurde später Prediger der Kirche von England. Diese Bekehrung machte auf viele Juden einen grossen Eindruck, einen noch tieferen aber die Bekehrung einer jüdischen Familie. In Pesth gehörte damals zu den geachtetsten Familien der Bruder des Wiener Schriftstellers Saphir. Das von ihm gegründete Lehrerseminar galt im Lande als eine Musteranstalt. Mit ihm kam seine ganze Familie, die Frau, zwei Söhne und drei Töchter zur Erkenntniss Christi. Die Rede, welche er bei seiner Taufe hielt, wurde von einer grossen Judenschaar angehört; die Magd des Hauses wurde durch diese Taufe so bewegt, dass sie später auch Christin wurde. Eine grosse Bewegung ergriff Juden und Christen; in wenigen Monaten waren 20 Seelen zum Glauben gekommen und viele Schlummernde zu neuem Leben erweckt. Die kleine Gemeinde aber war innerlich eng verbunden, und von Zeit zu Zeit geschahen neue Uebertritte. Zur weiteren Förderung des Werks wurde jetzt auch eine Missionsschule errichtet. Saphirs ältester Sohn gab sein medizinisches Studium auf und bildete sich unter dem Seminardirektor Stern in Karlsruhe zum Lehrer aus. Jedoch kaum zurückgekehrt, erkrankte er und starb nach langem Krankenlager. Aber noch an seinem Krankenlager unterrichtete er etwa 20 jüdische Kinder. Sein Zustand besserte sich sogar zeitweise, und er konnte in einem grossen Lokal zuletzt 100 Kinder unterrichten. Das ganze Werk aber erregte die höchste Aufmerksamkeit der Juden. Um dasselbe noch weiter zu fördern, wurden sechs der begabtesten Proselyten ausgewählt, als Evangelisten für ihre Brüder vorbereitet zu werden. Nach zwei Jahren war ihre Vorbereitung beendigt. Da brach der furchtbare Aufstand in Galizien aus. Der Erzherzog erkannte, dass nur Gottes Wort so entsetzliche Bewegungen verhindern könne; und als ihn seine Gemahlin fragte, ob er Evangelisten, welche das Wort Gottes unter dem Volke verbreiteten, beschützen würde, versprach er dies gern. So durchzogen dieselben nun in aller Stille das Land, verbreiteten Tausende von Bibeln und Traktaten und riefen eine gewaltige Bewegung unter den Juden hervor. Die Mission selbst trat in Verbindung mit den evangelischen Pastoren des Landes, und es kam zu wöchentlichen Pastoralconferenzen, die so lange bestanden, als die Mission in Ungarn geduldet war. Die ungarischen Pastoren standen auch hernach treu zur Mission und haben es besonders bewirkt, dass später das Werk wieder aufgenommen werden durfte. Der fromme Erzherzog Josef aber starb 1847 im Glauben an das alleinige Verdienst Christi.

Das Jahr darauf brach die Revolution in Ungarn aus. Bei der Beschiessung von Pesth zündete eine Bombe auch im Hause des Missionar Smith. Unter den Schrecken des Krieges aber erwachte in vielen Herzen ein Hunger nach dem Worte des Herrn, und die durch den Krieg unterbrochene Mission konnte 1849 mit neuer Kraft wieder aufgenommen werden. Trotz der Verluste, welche alle in diesen Zeitläufen erlitten hatten, wurden den Boten grosse Mengen von Bibeln abgekauft. Aber die österreichische Regierung beschloss jetzt auch den Geist der Wiederunterworfenen zu knechten und übergab deshalb das ganze Erziehungswesen den Jesuiten. Ueberall wurden die Evangelischen gemaassregelt, und so traf denn schliesslich auch die Mission der Zorn der Regierung. Anfangs 1852 erhielt sie den Befehl binnen 14 Tagen den Kaiserstaat zu verlassen. Kein Protest half. Auch dass Frau Wingate soeben entbunden war und ein Töchterlein von Smith krank, wurde nicht geachtet. Die Kapelle wurde sogleich auf Regierungsbefehl geschlossen, und nur einzeln konnten die Missionare von den vielen, mit denen sie verbunden waren, Abschied nehmen. Erzherzogin Dorothea wurde auch abgerufen und in Wien auf Schritt und Tritt von Spionen überwacht; sie trug aber die evangelische Kirche Ungarns bis zu ihrem letzten Athemzuge auf dem Herzen, und in Wien protestirte sie ohne Scheu gegen die Gewalt, welche dieser Kirche angethan wurde. 1855 starb sie in Pesth, wo sie auch begraben ist. Von da ab verbot das Hausgesetz Verheirathungen mit evangelischen Prinzessinen. So kam das Pesther Missionswerk fürs Erste zu seinem Abschluss.

Von den in dem ersten Zeitraume übergetretenen Juden war schon auf die Familie Saphir hingewiesen. Der Vater S. Saphir verwandte nach seiner Bekehrung alle seine Gaben und Kräfte im Dienst der Judenmission. Sein geistliches Leben reifte immer mehr, 1864 starb er im 84. Lebensjahre. Während der Zeit, wo die Missionare von Ungarn fern waren, führte er die Schule fort und erhielt so den Anknüpfungspunkt für das fernere Werk. Ausser dem früh verstorbenen Sohne Philipp wurde mit dem Vater 1843 der 12 jährige Adolf getauft*). Ganz selbständig erwachte in ihm der Wunsch Christ zu werden. Er hatte in einer Versammlung Dr. Schwartz über Jesaia 53 sprechen hören und kam aus derselben mit der Ueberzeugung, dass der Mensch nur aus Gnaden selig werden könne. Während er dann mit den Familiengliedern zu Tische sass, rief er plötzlich aus: »Ich habe den Messias gefunden.« Alle brachen in ein Gelächter aus; er aber stand von seinem Platze auf, holte eine Bibel und wiederholte, was er Tags vorher von Schwartz gehört hatte. Der Knabe hatte schon früher grosse Seelenkämpfe gehabt. Er war zu einem Rabbi gegangen und hatte ihn gefragt, wie er Vergebung der Sünden erlangen könne; die Reue aber, auf welche dieser ihn verwies, hatte ihm keinen Trost gebracht. Als er dann in der Bibliothek des Vaters ein Buch fand: »Immanuel, Gott mit uns«, rief er aus: »Wenn das wahr wäre, dass Gott in der Gestalt eines Menschen erschiene, welch' ein Segen wäre das!« So innerlich angeregt, hatte er das Wort des Missionars gehört und dasselbe fand nun bei ihm reichen Eingang; er ist dann durch Wingate getauft worden. Hierauf studirte er Theologie in Berlin und Glasgow, besuchte die presbyterianische Predigerschule in Edinburgh und wurde 1854 in seinem 23. Jahre ordinirt. Zwei Jahre arbeitete er als Missionar unter den deutschen Juden in Hamburg und Glasgow. In dieser Zeit verfasste er eine Reihe von Traktaten für Juden, die in mehrere Sprachen übersetzt wurden. Damals trug er sich mit dem Gedanken an eine jüdische Nationalkirche, war aber nüchtern genug sich nicht zu vergeblichen Experimenten hinreissen zu lassen. Er wurde dann presbyterianischer Prediger in South Shields und nach drei Jahren in Greenwich, wo er zwölf Jahre blieb, zuletzt in London. Später zählte er zu den bedeutendsten Predigern Englands und hat den Titel eines

---

*) Freund Israels, Baltimore 1889, 2. Jewish Witnesses, London 1848. Saat a. H. 1875, 49; 1878, 149. Nathanael 1891, Heft 3.

Doktors der Theologie wohl verdient. Durch seine Schriften, besonders durch seine Bibelerklärungen ist er auch weithin bekannt geworden. Er besass in hohem Grade die Gabe den engen Zusammenhang von Altem und Neuem Testament und ihre Einheit in Christo aufzuzeigen. Bekannt sind die Schriften: ›The hidden life‹; ›The Lord's prayer‹; ›Christ and the scriptures‹; ›Israel's Present and Future‹; ›All Israel shall be saved‹. Die letzten drei sind auch deutsch übersetzt und werden sehr zahlreich in Ungarn verbreitet. Diese Schriften zeigen auch, wie warm fort und fort sein Herz für Israels Bekehrung schlug; ebenso seine Traktate: ›Wer ist ein Jude?‹; ›Wer ist der Apostat‹, die zu den besten zählen, welche jetzt die Mission verbreitet. Saphir gehörte auch zu den besonderen Beförderern der Britischen Mission; er starb am 4. April 1891.

1847 erhielt in Pesth auch der angesehene Israelit Fauber aus Gran die Taufe, und 1848 starb der von den Missionaren getaufte Rabbi Hirach. Einer der hervorragendsten Proselyten der Pesther Mission ist Alfred Edersheim*), später Doktor der Theologie von Edinburgh und der Philosophie von Kiel. Er ist 1825 als Sohn eines Bankiers in Wien geboren, wo er dann auch jüdische Theologie studirte. 1842 setzte er sein Studium in Pesth fort und stand dort unter der Leitung des Dr. Porgos. Ungemein begabt, wurde er, als Crémieux Wien besuchte, beauftragt, denselben in der Synagoge mit einer Ansprache zu begrüssen, und er gefiel Crémieux so gut, dass derselbe seinem Vater anbot ihn mit sich nach Paris zu nehmen und für sein Leben zu versorgen. Der Vater aber schlug das Anerbieten ab. Als dann Dr. Porgos für einen Monat nach Padua ging, um sich dort das Doktordiplom zu holen, übergab ihn derselbe dem ihm wohlbekannten Missionar Wingate, zu dem er das Vertrauen hatte, dass er sich seiner wohl annehmen werde. Im Umgange mit Wingate aber kam Edersheim zur Erkenntniss Christi, wurde getauft und ging später mit A. Saphir nach Edinburgh, um Theologie zu studiren. Es gelang aber nur mit vieler Mühe, ihm einen Pass zu verschaffen, und allein dadurch, dass der gerade durch Pesth reisende Dr. Wilson ihn

---

*) Jew. Int. 1889, 70. Jew. Herald 1889, 80. Hope Israels 1889, Nov.

als Sekretär annahm. Hernach war er Missionar der Freien Kirche in Jassy und bediente dann von 1853—75 verschiedene Gemeinden, besonders Torquay. Nach dieser Zeit trat er zur englischen Staatskirche über, deren Ordination er 1875 empfing, war bis 1883 Vikar in Lodero (Dorset), wirkte seit 1884 in Oxford als Universitätsprediger und hielt Vorlesungen. Er war ein fruchtbarer Schriftsteller; besonders bekannt ist von ihm: »The life and the times of Jesus the Messiah« 1883, in welchem Buche er eine grosse Bekanntschaft mit der jüdischen Literatur an den Tag legt. Sodann: »History of the Jewish nation after the destruction of Jerusalem« 1867; »The temple, its ministry and services« 1875; »Bible History«, 9 Bände; »Prophecy and history in relation to the Messiah« 1880—84; »Law and Polity of the Jews« 1883. Auch betheiligte er sich an Speaker's »Commentary on the Apocrypha« und zahlreichen Zeitschriften. Von 1877—83 gab er die Zeitschrift »The prophetic News and Israel's Watchman« heraus, die allerdings einen ungesund chiliastischen Geist athmete. 1889 starb er in Mentone. Vgl. noch »Tohu-va-vohu, a collection of fragmentary thoughts and criticisms«, London 1890.

Zu den Pesther Proselyten der ersten Zeit gehört auch Gideon R. Lederer*). Derselbe ist 1804 in Pesth geboren; sein Vater war Rabbiner, und der Sohn wurde zu dem gleichen Amte ausgebildet, übernahm auch ein Rabbinat, zerfiel dann aber mit dem Talmud und legte sein Amt nieder. Durch die Predigt der Schotten gewonnen, wurde er dann Laienmissionar derselben in Ungarn, musste aber auch weichen, als die Mission aufgehoben wurde. 1853 siedelte er nach London über und später nach New-York, wo wir ihm noch begegnen werden. Auf den tüchtigen Missionar Tomory, der gleichfalls eine Frucht dieser Mission ist, wird bei Constantinopel einzugehn sein, wohin er gesandt wurde, nachdem er seine Ausbildung in Edinburgh erhalten hatte.

Als die Missionare vertrieben waren, versuchte man die Mission in Pesth ganz auszurotten. Die blühende Missionsschule von Philipp Saphir wurde unter strenge Staatsaufsicht

---

*) Israel's Watchman 1879, 155.

gestellt, ein Vorrath von Bibeln mit Beschlag belegt und in der Papiermühle zerstampft, weitere Bibelverbreitung verboten; Colporteure, die Bibeln verbreiteten, wurden gefangen gesetzt. Aber die kleine Gemeinde in Pesth blieb treu. Superintendent Török von der ungarischen reformirten Kirche sicherte den Fortbestand der Missionsschule, indem er sie in Verbindung mit seiner Gemeinde brachte. Der sinkende Muth wurde dann neu belebt, als der Holländer van Andel, der später in Prag stand, nach Pesth kam. Derselbe sammelte 1854 die noch vorhandenen zehn Proselyten um sich und hielt gut besuchte Gottesdienste ab. 1860 fanden auch wieder drei Taufen statt; unter den Getauften befand sich ein früherer Lehrer und ein früherer Schüler der Missionsschule. Lederer theilte 1860 mit, dass durch ihn bis dahin bereits 27 Juden und Jüdinnen der christlichen Kirche zugeführt seien. Van Andel organisirte die Gemeinde, der sich auch eine Anzahl reformirter Christen anschloss, aufs Neue, und dieselbe schloss sich als Filial der Gemeinde Töröks an; wie denn überhaupt die Schotten von Anfang an in Pesth auf eine möglichst enge Verbindung mit der reformirten Landeskirche bedacht waren. 1863 folgte auf van Andel Pastor Rudolf König, bisher Missionar in Constantinopel. Er wurde der Prediger der Gemeinde, während Rev. Andrew Moody die Leitung der Missionsschule erhielt und König in der Missionsarbeit zur Seite trat. Als Moody nach Pesth kam, zählte die Schule 352 Kinder. Vergrössert und in neues Lokal verlegt, hatte sie dann sechs Klassen. Moody hielt einen gut besuchten englischen Gottesdienst, die deutsche Gemeinde unter König zählte 300 Glieder. Zur Beförderung der Mission wurde der »Glaubensherold« herausgegeben, damals das einzige evangelische Blatt Ungarns, und dasselbe that viel für die innere Stärkung des ungarischen Protestantismus. König begann überdem wieder mit Veröffentlichungen und Uebersetzungen von Traktaten in ungarischer und slavischer Sprache; wie denn überhaupt die Schottische Mission ein Hauptverdienst an der Verbreitung guter religiöser Literatur und der Bibel in Ungarn hat.

Wie sehr sich die Zeit geändert hatte, bewies auch der Umstand, dass P. König 1866 eine Audienz bei Kaiser Franz

Josef hatte, dem er sein Anliegen, die Erwerbung eines Platzes für eine neue Kirche und Schule, vortrug. Die Gemeinde hatte sich innerlich und äusserlich sehr gehoben und fortlaufend für den Kirchbau gesammelt. Ein Armen-, ein Frauen-, ein Jünglings- und ein Missions-Verein in ihrer Mitte trugen viel dazu bei, dass ein frisches Leben in ihr waltete; die Judenmission war Gemeindesache. Am 1. Januar 1866 wurde auch ein Diakonissenkrankenhaus Bethesda, eine Schöpfung von König, eröffnet, das erste evangelische Krankenhaus in österreichischen Landen. Die fortwährenden Bekehrungsversuche an evangelischen Kranken in katholischen Anstalten hatten zur Errichtung einer evangelischen gedrängt. Eine Freundin des Diakonissenwerks hatte 1868 unter der Bedingung, sogleich an das Werk zu gehn, 1100 fl. geschenkt. Ein trefflicher Arzt, Dr. Bakody, welcher schon bis dahin die armen Kranken der Gemeinde unentgeltlich behandelt hatte, kaufte ein Haus, vermiethete es sehr billig an die Gemeinde, gab ausserdem 1000 fl. zur Gründung eines ungarischen Freibettes und stellte seine ärztlichen Dienste zur Verfügung. Da erwachte nun die Theilnahme auf vielen Seiten, und es kam eine grosse Menge von Gaben und Geschenken ein; zwei Schwestern arbeiteten im Hause und dasselbe war stets überfüllt. Im Militärkrankenhause wirkte König 1866 voll Eifers unter den verwundeten Soldaten und fand bei ihnen schönen Eingang. Die politische Freiheit, welche Ungarn nach dem Kriege erhielt, räumte alle noch der Mission entgegenstehenden Hindernisse hinweg.

Jetzt wurde auch der mit seiner Frau 1865 getaufte Lipner als Colporteur angestellt und Schönberger nach vollendetem Studium in Pesth und Basel als Evangelist unter der ungarischen Bevölkerung, das Jahr darauf als Missionsmitarbeiter in Pesth; während W. Fröhlich an seine Stelle als Evangelist trat. Fröhlich ist selbst ein Proselyt der Pesther Mission. Einige seiner Kinder gelangten zu besseren Stellungen: sein Sohn Dr. Robert wurde Professor an einem Gymnasium; Dr. Isidor Professor an der Universität in Pesth und Mitglied der Ungarischen Akademie der Wissenschaften; Philipp Ingenieur. Wie stark die Schriftenverbreitung der Mission war, zeigt das Jahr 1867, wo über 10000 Neue Testamente und Bibeln und über 75 000 Bücher und Traktate umgesetzt wurden. 1869 war die Gemeinde auf 600 Seelen gestiegen, die Zahl der Schulkinder auf 500, und an Bethesda wurde als Arzt der Proselyt Dr. A. Lipner angestellt, dessen Vetter, Hermann Lipner, auch mit seiner ganzen Familie 1885 getauft wurde. 1875 trat der Hauptlehrer Mestitz über, der seit 1852 mit der Mission in Verbindung gestanden hatte; er hat hernach in der Pesther Mission als Missionsgehilfe gearbeitet und in einem ›Nothruf an das jüdische Volk‹ seine Volksgenossen zu Christo zu kommen eingeladen. Ein anderer Proselyt Riedel wurde als Colporteur verwandt. 1878 wurde die neue Kirche in Pesth eingeweiht, in der deutsch und englisch und einmal des Monats französisch gepredigt wird; der Schule ist jetzt von der ungarischen Regierung die magyarische Sprache aufgedrängt.

Unter den 1879 Getauften befand sich ein Maler Porges aus Trautenau, der dann in seiner Kunst in Pesth unterrichtete, später aber von der Regierung eine Stelle als Lehrer der Malerei und des Zeichnens in Böhmen erhielt. 1881 starb Alexander Neumann, der in der ersten Zeit der Mission bekehrt wurde. Er stammte aus Pesth, wurde dann Lehrer in Vucovar und trat 1845 über. Er wirkte zuerst an der Missionsschule in Pesth und später als Evangelist im Lande. Mit ausserordentlicher Treue arbeitend, wurde er vielen Juden zum Segen.

In letzter Zeit haben sich auch die Fälle gemehrt, dass frühere Besucher der Missionsschule Christen wurden. Die Colportage wird jetzt durch 14 Männer betrieben. 1882 trat die alte Frau Gerstl über, der bereits ihre ganze Familie vorausgegangen war. 1882 starb der 1844 geborene Dr. Alexander Gottlieb in Haraszti bei Pesth*). Er stammt aus Sadagóra in der Bukowina von früher wohlhabenden Eltern; König hat ihn als Studenten der Medizin 1870 getauft. Er war ein aufrichtiger Christ, den aber die furchtbaren Kämpfe, welche er zu bestehn hatte, früh aufgerieben haben. 1883 starb Superintendent Török, dem die Mission von ihrem Anfange an viel zu danken hat, der sie in den schlimmsten Zeiten vertheidigt und mit der

---

*) Saat a. H. 1890, 240.

reformirten Kirche des Landes eng verbunden hat. 1883 wurde der Anfang zu einem Heim für Waisen gemacht. Moody trat in lebhafte Verbindung mit Rabbiner Lichtenstein in Tápio Szele, die er noch heute aufrecht erhält. König ist jetzt pensionirt. Das Pesther Werk befindet sich in einem blühenden Zustande. Hat gleich die Zahl der Taufen gegen die erste Zeit erheblich abgenommen, so ist doch der Einfluss dieser Mission ein sehr weitgreifender. Durch ihre Verbindung mit der Kirche des Landes hat sie höchst segensreich auf dieselbe eingewirkt und auch das Interesse für die Judenmission in derselben geweckt. Nicht wenige Pastoren arbeiten jetzt unter den Juden ihrer Gemeinden. Durch ihre Bibel- und Schriftenverbreitung, ihre Evangelisation, ihr Diakonissenhaus und ihre Schulthätigkeit hat die Mission den grössten Einfluss auf die Juden und Protestanten Ungarns gewonnen. Die Judenmission wird daher wohl fast nirgends so sehr als eine segensreiche Sache erkannt, wie in Ungarn.

d. Constantinopel.

Constantinopel war eine der drei zuerst von den Schotten besetzten Stationen und ging bei der Trennung in die Hände der Frei-Kirche über. Die ersten Einrichtungen geschahen hierselbst durch Dr. Schwartz, dem Rev. Alexander Thomson und Denniston folgten; letzterer blieb wegen Erkrankung nur kurze Zeit; neben ihnen auch Rev. W. Owen Allan. Man ertheilte zuerst Unterricht an Stiefelputzer und ging dann weiter vorwärts. Auch hier ergriff die Juden bald eine grosse Erregung: viele fingen an zu fragen, die andern wurden desto feindseliger. Als sich 1846 ein junges Mädchen zum Gottesdienste begab, wurde sie von den Juden überfallen und als Wahnsinnige weggeschleppt. Erst durch das Eintreten des britischen Gesandten wurde sie befreit und dann getauft. In demselben Jahre erhielt Rosenthal die Taufe, der später ein gutes Geschäft in Constantinopel hatte. Einer seiner Söhne hat in Berlin studirt und ist als Pastor nach Amerika ausgesandt worden. An einem Abendmahl im September des Jahres nahmen neun Proselyten Theil, alle eine Frucht der Mission. Thomson übersetzte den Brief der schottischen Kirchenversammlung an die Juden, der viel verbreitet, oft auch von den Juden verbrannt wurde; andere Traktate folgten. Seit 1850 wirkten in Constantinopel Thomson und König; der Proselyt C. S. Newman unterrichtete an einer italienischen Knaben- und Mädchenschule; gesundheitshalber legte er 1855 sein Amt nieder, trat aber später in den Londoner Dienst. Eine deutsche Schule wurde in eine italienisch-deutsche umgewandelt.

1853 trat auch Tomory in das Werk ein. Von den Proselyten der Mission war einer durch die Britische Bibelgesellschaft zur Revision der jüdischen Bibel angestellt; ein anderer Dr. M. Leitner wurde Missionsarzt, 1853 trat derselbe zur Londoner Gesellschaft über; ein dritter war Lehrer und Katechet beim ›American Board of Jewish Mission‹ in Saloniki; ein vierter City-Missionar in London; ein fünfter Lehrer an der Londoner Missionsschule in Constantinopel; ein sechster Lehrer an der Schule der Frei-Kirche daselbst. Innerhalb zwölf Jahre waren mehr als 20 übergetreten. In der Revision der deutsch-hebräischen Bibel wurde König von Marcussohn unterstützt. 1855 wurde auch ein Grundstück erstanden, um auf demselben statt der Miethswohnungen eigene Gebäude zu errichten; die dadurch erwachsenen Kosten waren aber so bedeutende, dass die Mission zeitweise daran dachte Constantinopel aufzugeben. Die Zahl der Proselyten betrug 1856 14 Erwachsene und acht Kinder.

Sehr schwierig erwies sich die Arbeit unter den spanischen Juden in Haskioi. 1860 trat Thomson zur Bibelgesellschaft über und Tomory kam an seine Stelle. Die Schule für Mädchen unterstützten Damengesellschaften in Edinburgh, Glasgow und Aberdeen. Unter den 1862 Getauften befand sich Steinhardt, der hernach Stadtmissionar unter Juden und Christen in New-York wurde, dann studirte und seit 1871 eine Gemeinde von Schweizern in Fountain City, Wisconsin, bediente.

1864 wurde König nach Pesth versetzt, und die Mission beschränkte sich in Constantinopel auf Galata. Tomory errichtete hier ein Heim für jüngere, den Unterricht begehrende Juden. Bis 1870 haben in Galata, die Kinder der Proselyten nicht mitgerechnet, einige und 50 Taufen stattgefunden. 1873 wurden in Constantinopel neue Missionsgebäude mit über 40 Zimmern,

Wohnungen für die Missionare und Lehrer, Schulklassen und Kapelle eingerichtet. Tomory hatte dazu 4000 Lstrl. in Schottland gesammelt, 1000 Lstrl. blieben als Hypothek auf dem Gebäude stehn. Als Colporteur diente damals D. Landsmann, früher in Jerusalem. Die deutsche Schule zählte 130, die italienische Mädchenschule, welche hernach das Französische als Unterrichtssprache wählte, 60—70 Kinder.

Durch Landsmann insbesondere ist Elieser Bassin*), dessen Bekehrungsgeschichte eine der ergreifendsten der Gegenwart ist, zur Entscheidung gebracht worden. Bassin ist in Surowicz, Bezirk Mohilew in Russland, geboren. Seine wohlhabenden Eltern bestimmten ihn zum talmudischen Studium. Er wurde Schächter und heirathete die Tochter eines wohlhabenden Juden. Bei einem Besuche in der Rabbinerschule sagten ihm einige junge Leute, dass es in Constantinopel und selbst in Jerusalem von ihrer Religion abgefallene Juden gäbe, die aus den Schriften des Moses und der Propheten zu beweisen suchten, Jesus von Nazareth sei der Messias. Mit ihnen sich in Disputation einzulassen sei gefährlich, da sie über Künste verfügten, denen man nicht gewachsen sei. Die Sache ging Bassin im Kopfe herum, und endlich beschloss er selbst nach Constantinopel zu gehn, um diese Leute kennen zu lernen und sie ihres Irrthums zu überführen. Er übergab seine Frau der Obhut des Schwiegervaters und kam 1869 nach Constantinopel. Auch dort warnten ihn die Juden sich mit den Missionaren einzulassen; auf einen gerade vorübergehenden Proselyten Guttmann wiesen sie dabei als auf einen Meschummed hin. Bassin eilte diesem nach und hörte, dass er in der That Christ sei. Derselbe aber lud ihn ein ins Missionshaus zu kommen, wo er auf alle Fragen Antwort erhalten werde. So kam er zu Landsmann, der gerade krank zu Bette lag, trotzdem aber Bassin einzutreten bat. Sofort fragte ihn dieser, warum er abgefallen sei, und predigte ihm aus dem Talmud. Landsmann erklärte ihm, dass der christliche Glaube der des Alten Testamentes sei, erregte aber dadurch den

---

*) Rhein.-Westf. Blatt 1875, Nr. 2, 3; 1884, Nr. 5, 6. Freund Israels 1884, 55. Friedensbote 1879, Nr. 11, 12. Eliezer or Suffering for Christ von Charlotte Elizabeth Stern, London 1877. Saat a. H. 1878, 202. Vgl. oben S. 317.

äussersten Zorn seines Besuchers. Landsmann zeigte ihm darauf aus 2. Chron. 15, 3, dass Israel jetzt gar nicht mehr den wahren Gott habe, und diese Stelle machte den Frager betroffen. Landsmann wies ihn ferner darauf hin, dass Jehovah nach Jes. 8, 14 für Israel ein Stein des Anstosses und Aergernisses sei, und dass nach Jer. 5, 12 die Kinder Israel Jehovah verleugnen und sagen: er ist es nicht. Das aber hätten sie durch die Verwerfung Jesu gethan. — Die Folge war, dass Bassin fünf Tage lang wieder kam, und trotz der Krankheit von Landsmann die langwierigsten und heftigsten Disputationen stattfanden. Bassin schien innerlich schon beunruhigt, und Landsmann ertrug desto geduldiger alle Lästerungen desselben über Jesus und Maria. Am Freitage hatte von Neuem ein langes Gespräch stattgefunden; am Abende aber kam Bassin wieder und erklärte sich unter Thränen für überwunden: er müsse von seinen Brüdern, die kein Sabbathsopfer mehr hätten, wie aus Sodom ausgehn. Blind geboren und bisher verführt, wolle er nun sehend werden. Er bat deshalb um Aufnahme in das Missionshaus, und dieselbe wurde ihm gewährt. Nach drei Monaten fand seine Taufe öffentlich statt. Bei derselben wies er die anwesenden Juden in einer Ansprache auf Jesum hin; diese verhielten sich still, gingen aber voll Zornes aus dem Gotteshause. Die Aufregung über diese Taufe war unter den Juden so gross, dass sich die Missionare Tage lang nicht auf den Strassen sehn lassen durften. Bassin, der sich heraus wagte, wurde misshandelt, und das wiederholte sich, als er immer wieder den Versuch machte den Juden draussen Jesum zu verkündigen. Bassin hatte auch seiner Frau und dem Rabbiner in Mohilew, von dem er das Schächterdiplom erhalten hatte, die Gründe seines Uebertritts brieflich mitgetheilt. Sein Schwiegervater und die Juden der Heimath beschlossen deshalb sich an ihm zu rächen. Neun Monate nach der Taufe erschien der Schwiegervater in Constantinopel und bat Bassin mit ihm zurückzukehren oder sich von seiner Frau zu scheiden. Als er dies nicht erreichte, erschien er mit mehreren Juden beim russischen Generalconsul und gab an, dass Bassin Deserteur sei. Die Sache war eine Lüge, denn Bassin war nie Soldat gewesen; der bestochene Consul aber liess Bassin ins Gefängniss werfen. Kein Christ durfte ihn besuchen, die Juden dagegen durften, so oft sie wollten, bei ihm eintreten und ihn quälen. Der Consul versprach ihm darauf die Freiheit, wenn er sich von seiner Frau scheide; Bassin wies dies jedoch standhaft ab und redete vielmehr dem Consul ins Gewissen. Zum Lohn dafür schickte ihn der Consul in Ketten nach Russland; eine gläubige Christin, Katharina Schrei, begleitete ihn, um ihn zu trösten, auf der Seereise nach Odessa. Auch in Odessa pflegte sie ihn mit Erlaubniss des Gouverneurs. Die Rabbinen in Odessa dagegen machten vergebliche Versuche, ihn zum Rücktritt oder zur Herausgabe des Scheidebriefs zu bewegen. Durch neue Bestechung bewirkten es dann die Juden, dass er nach seiner Heimath gebracht wurde. Des Winters wegen musste er zu Fuss wandern und das vier Monate lang; unterwegs wurde er von den russischen Mitgefangenen als Jude verflucht. In Mohilew kam er wegen Erkrankung ins Hospital; hier besuchte ihn Pastor Busch, der durch Dalton von ihm gehört hatte, und erquickte ihn an Seele und Leib. Unterdessen wurde seine Unschuld offenbar und er entlassen. Er predigte nun Christum frei öffentlich, und viele Talmudstudenten kamen zu ihm. Die Juden fürchteten, er werde sie abtrünnig machen, und versuchten ihn deshalb im Dnieper zu ertränken; zwei gerade des Wegs kommende Popen retteten ihn noch im letzten Augenblick. Durch erneute Bestechung aber wussten die Juden seine Einreihung ins Militär zu bewirken; er wurde jetzt nicht wegen Desertion, sondern als tauglich zum Soldaten in die Armee eingestellt. Die Frei - Kirche bot dem Kriegsministerium 2000 Rubel für die Stellung eines Ersatzmannes, aber das Anerbieten wurde nicht angenommen. Auf anderweitige Fürsprache erfolgte die Erklärung, dass Bassin gerade als Soldat am besten vor den Juden gesichert sei, und der lutherische Kriegsminister gab ihm ausdrücklich die Erlaubniss im Soldatenrock Judenmission zu treiben. Dann versetzte ihn der Kriegsminister Graf Schuwalow sogar zu diesem Zwecke nach Warschau, wo er in der kaiserlichen Apotheke täglich nur fünf Stunden arbeitete und sonst thun konnte, was ihm beliebte. Er suchte denn auch die Juden unermüdlich auf und erhielt von Landsmann grosse Massen von Bibeln und Traktaten, die ihm auf

Befehl des Kriegsministers frei zugingen. Er erhielt selbst ohne sein Ersuchen einen Urlaub auf vier Monate mit dem Bescheide, in den grössten Städten des Reichs den Juden das Evangelium zu verkündigen, dazu freie Fahrt und Reisegeld. Im Soldatenrock zog er so missionirend umher, und die Juden wagten ihm nichts zu thun. Während seines dreijährigen Aufenthalts in Warschau erhielt er noch einige Male einen solchen Urlaub. Die Juden hatten gerade dadurch, dass sie Bassin in den Soldatendienst gebracht hatten, der Sache des Evangeliums am meisten dienen müssen. Nach drei Jahren wurde er nach Petersburg berufen. Dort trat er mit den evangelischen Kirchen vielfach in Verbindung. Endlich erhielt er Erlaubniss zum Besuche seiner Frau in Mohilew; als er aber dahin kam, war sie todt. Der Schwiegervater erzählte, leider habe sie sterbend ausgerufen: ›Herr Jesu, errette meine Seele.‹ Aus dem Dienst entlassen, ging dann Bassin nach Grossbritannien und wurde von der Frei-Kirche als Missionar nach Jassy gesandt. Später wird noch weiter über ihn zu berichten sein.

Von den in Constantinopel Getauften waren bis 1873 zwei Judenmissionare, mehrere Lehrer in verschiedenen Ländern, Mediziner, andere angesehene Kaufleute geworden, aber nur wenige in Constantinopel verblieben. Viele der in der türkischen Hauptstadt Angeregten sind auswärts getauft worden; die Zahl der bisher Getauften war auf 70 gestiegen, meistens jüngere Leute. Seit dem Einzuge in das neue Missionshaus konnte die Arbeit viel kräftiger aufgenommen werden. In vier Jahren wurden 23 Personen getauft; von diesen studirte Sage in Neufchâtel Theologie; J. Bechar und Hermann Huber traten in die Chrischona ein; Isaak Neumann wirkte an der Constantinopeler Schule, später als Stadtmissionar in Neufchâtel; Blumenkranz wurde Lehrer, neben ihm auch Esther Cohen; der Proselyt Selinger war in der Bibelniederlage angestellt. Auch ein kleines Heim für hilflose Mädchen wurde errichtet, das jetzt bereits 24 Zöglinge enthält; sechs derselben sind Christen geworden, wie sich denn überhaupt unter den Getauften eine ganze Zahl früherer Schulbesucher befindet. Eine ärztliche Mission mit einer Dispensiranstalt wurde unter Leitung des Proselyten

Dr. Samuel Rosenberg eröffnet und von den Juden stark benutzt. Dr. Rosenberg ging dann als Arzt mit General Hicks nach dem Sudan, wo er fiel. Er hatte bestimmt, dass die Mission, weil sie ihn hatte studiren lassen, aus seinem Nachlasse 190 Lstrl. erhielte. Ihm folgte als Arzt Rev. Dr. Hannington, über die Schule wurde Rev. Jos. Henderson gesetzt. H. C. Leitner rief einen Proselytenverein ins Leben, der sich die Verbesserung der schwierigen socialen Lage der Proselyten zur Aufgabe machte*), aber nur kurze Zeit bestand. Von 1865 bis 1881 wurden 65 Erwachsene mit ihren Kindern getauft; die Zahl der Taufen mehrt sich sichtlich, und das ganze Werk in Constantinopel gedeiht. Man hofft jetzt auch die Proselyten mehr in der Stadt erhalten zu können.

c. Amsterdam*).

Einer der hervorragendsten Missionare der neueren Judenmission ist Carl Schwartz. Derselbe, 1817 in Meseritz (Posen) geboren, besuchte Gymnasium und Universität, um Rabbiner zu werden. Während seines Studiums in Berlin kam er zur Erkenntniss Christi und wurde 1837 daselbst getauft. Trotz grosser Dürftigkeit entschloss er sich nun Theologie zu studiren, ging nach Halle, hörte hier besonders Tholuck, Müller, Gesenius und den Philosophen Erdmann, in Berlin Neander, Hengstenberg und Twesten. Bei seiner grossen Geistesschärfe und Beredsamkeit fasste er den Plan die akademische Laufbahn einzuschlagen, aber sein Beruf war ein anderer. Im Berliner Heidenmissionshause unterrichtete er die Zöglinge in fremden Sprachen; eine christliche Frau aber fragte ihn hier, ob er nicht an sein eigen Fleisch und Blut denken wolle, und dies Wort wurde für sein Leben entscheidend. Er bot der Londoner Gesellschaft seine Dienste an und wurde von ihr nach Constantinopel als Missionar gesandt. Auf dem Wege dahin kam er durch Pesth. Hier wurde er von den Schotten aufgefordert unter

---

*) Saat a. H. 1887, 94.

**) Ter Gedachtnis aan Dr. Schwartz, Amsterdam 1871 von A. Saphir und nach Mittheilungen von Dr. Capadose. Rh.-Westf. Blatt 1874, Nov., Dez. Loof den Namen des Heeren, Nijmegen 1886, S. 20.

den Juden ihrer Stadt zu wirken, und das that er mit Bewilligung seiner Gesellschaft. Seine Vorträge über Moses und die Propheten wurden von grossen Schaaren von Juden besucht. A. Saphir erhielt durch einen Vortrag über Jes. 53 den entscheidenden Eindruck für das Leben; er heirathete später eine Schwester desselben. Schwartz wäre gern ganz in Pesth geblieben, aber die Gesellschaft wies ihn nach Constantinopel. 1842 kam er dorthin, blieb hier ein Jahr und wirkte besonders durch seine Abendauslegungen der Propheten. Unter den Zuhörern befand sich ein junger Mann, der später in Woodstock, Illinois, evangelischer Prediger geworden ist. Ebenso haben diese Vorträge den nachmaligen Missionar Matthäus Levi Mollis zum Fragen gebracht, der dann in Jerusalem getauft wurde, um 1865 mit Schwartz in Amsterdam als Missionar zusammenzutreffen. · Durch die in Pesth mit den Schotten verlebte Zeit hatte sich Schwartz aber so sehr zu denselben gezogen gefühlt, dass er 1843 zu ihnen übertrat und dann von ihnen nach Berlin gesandt wurde. Dort blieb er fünf Jahre (so lange hat die Frei-Kirche in Berlin gearbeitet) und nahm sich daselbst besonders der Proselyten an, die er öfters versammelte, während er die Christen durch Predigten an den Sonntagabenden für die Judenmission interessirte. Hier wurden nun durch ihn manche Juden gewonnen, zumal der S. 295 erwähnte Th. Meyer. 1849 begab sich Schwartz nach Prag, und als ihm dort die Eröffnung einer Mission verweigert wurde, nach Amsterdam.

In Amsterdam trat er mit da Costa, Capadose und andern evangelischen Christen der Stadt wie des Landes in sehr enge Verbindung, während dies Pauli von der Londoner Gesellschaft wegen seines schroff anglikanischen Wesens weniger gelang. In Amsterdam und Holland aber entfaltete er ein tief greifendes, für Christen und Juden höchst segensreiches Werk; das Erwachen des Missionsinteresses in Holland selbst ist vor allen andern ihm zu danken. Bald trat er öffentlich auf, das erste Mal Sonnabend, den 25. Januar 1850, in der Persianischen Kirche mit deutscher Predigt. Auch Juden wohnten diesen Sonnabendgottesdiensten bei. Daneben wurde eine Missionsliteratur geschaffen, 36 Traktate erschienen bis 1853. Auch die Vorträge wurden von Juden gut besucht, hernach aber wurden dieselben an ihrem Besuch gewaltsam gehindert. Schwartz sah sich dann genöthigt die Predigten Sonntags zu halten. 1853 schenkte ihm eine fromme holländische Dame, welche durch ihn vielen Segen erfahren hatte, Frau Zeelt, in der Mitte der Stadt ein Gebäude, in welchem sich eine Kirche befand und fünf Zimmer zu vielfältigem Gebrauch. Das Ganze wurde der Frei-Kirche überwiesen. Hier waren schon früher Vorlesungen gehalten und ein Missionsseminar zur Heranbildung von Evangelisten 1852 eröffnet worden, die theils unter den Juden, theils unter den Christen des Landes arbeiten sollten. Als der Raum für die Predigten zu eng wurde, kaufte man ein früheres französisches Theater und wandelte dies in eine Kirche mit 1500 Sitzplätzen um. Daran schloss sich nun die Bildung einer Gemeinde, und besonders sammelten sich zu derselben die durch Schwartz getauften Proselyten. Da der parochiale Zusammenhang in Amsterdam ein sehr loser ist, konnte Schwartz, ohne die Kirche des Landes zu schädigen, leicht in dieser Weise vorgehn. An dem Missionsseminar wirkten van Berkhout, van Loon, Smith und andere als Lehrer. Von dieser Anstalt ist viel Segen auf Holland ausgegangen; sie bestand bis 1861, wo die Frei-Kirche sich nicht mehr im Stande sah den bisher geleisteten Beitrag für diese mehr indirekte Missionsarbeit weiter zu zahlen, während die holländische Kirche sie nicht anerkennen wollte.

Gegen die Zeitungsangriffe der Juden auf die Mission sah es Schwartz als nothwendig an ein öffentliches Organ zu schaffen. Da Costa und Capadose ermuthigten ihn hierzu, und so erschien im Oktober 1850 »De Heraut, een stem over en tot Israel«, an dem sich tüchtige Männer betheiligten. Die leitenden Artikel bestanden 1852 in einer Auslegung der 52 Paraschen aus den fünf Büchern Moses, 1853 aus den 52 Haphtaren der Propheten, 1854 aus Artikeln über die Person und das Werk des Messias nach dem Alten Testament. Diese Arbeiten wurden dann auch als besondere Traktate unter den Juden verbreitet, und das Blatt wurde allen Rabbinern Hollands gesandt. Die Juden selbst sahen sich genöthigt regelmässiger Predigten zu halten und dem Unterricht der Kinder in den ärmeren und mittleren Klassen grössere Sorge zuzuwenden.

Unter den im Jahre 1855 Getauften ist M. S. Bromet zu nennen, der nach seinem Uebertritt viele Misshandlungen der Juden zu erleiden hatte und später eine Anzahl von Schriften erscheinen liess. So: »De wederkomst en de regeering van den Heere Jezus Christus«; »Kort overzicht van eenige gelijkenissen des Heeren«; »De erste opstanding in verband met de wederkomst des Heeren»; »Het national herstel en de bekeering van Israel«; »Elischoa (God is mijn heil)«. Amst. Doet. 1874—76.

Da die früheren Räumlichkeiten theils zu klein waren, theils der Mission nicht als Eigenthum gehörten, wurde eine eigene Missionskirche gebaut und 1856 eingeweiht; sie führt den Namen »St. Pauls-Kirche«, gewöhnlich aber wird sie »Schottische Missionskirche« genannt. Bis dahin waren dreissig Erwachsene und zehn Kinder getauft worden. Mit den Proselyten las Schwartz am Donnerstag Abend den Römer-Brief. In dieser Zeit starb ihm seine erste Frau M. Dorothea Saphir; ein Sohn Alexander aus dieser Ehe ist Prediger in London, Gottlieb Philolog geworden. Später heirathete er Fräulein Cornelia van Vollenhoven, die Schwester des Bürgermeisters von Amsterdam; durch die vier Kinder aus dieser Ehe wurde er noch enger mit Holland verbunden. Er regte auch die Herausgabe der Judenmissionsblätter »De Hope Israels« und »De Ladder Jacobs« an und die Stiftung der »Nederlandsche Vereeniging voor Israel«, war aber auch an der Gründung einer Heidenmissionsgesellschaft betheiligt. An den Samstagabenden hielt er Vorlesungen für Arbeiter, welche zuweilen von 500—700 Personen besucht waren, und wirkte eifrig für die Evangelisation Spaniens.

Das Werk an Israel aber blieb ihm das theuerste. In »De Heraut«, bald das gelesenste Blatt Hollands, trat er überall für die Judenmission ein, und die Schottische Missionskirche war lange der Mittelpunkt für die Missionsthätigkeit unter Juden, Christen und Heiden. Freilich fand er auch vielen Widerspruch; er galt grossen Schaaren stets als Fremdling und hatte den besonderen Zorn der Juden gegen sich geweckt. In das Judenviertel durfte er nicht gehn, und Juden, welche den Unterricht genossen, konnten in demselben nicht länger bleiben. Als er

Sonntag, den 1. August 1858 die Kanzel bestieg, um einer grossen Gemeinde zu predigen, schlich ihm ein junger Jude nach und stiess ihm einen Dolch in seine linke Schulter. Ohnmächtig brach er zusammen, und eine lange Krankheit folgte, von der er aber genas. Der Attentäter wollte sich dafür rächen, dass ein Christ in der Synagoge Traktate vertheilt hatte. Die jüdischen Blätter hatten für diese That nur Worte des Hohns und riefen Schwartz zu, er solle einsehn, dass er sich mit seinem Beginnen lediglich Gefahren zuzöge, und seine Thätigkeit deshalb einstellen. Schwartz liess sich nicht irre machen und besuchte den Verbrecher im Gefängniss, in das er für seine That auf zwölf Jahre kam. Der von Schwartz ausgestreute Same aber ging mannigfach auf. Eine Jüdin aus guten Verhältnissen liess den Missionar an ihr Krankenbett rufen und wurde bekehrt und durch sie ihr Bruder (Bremer) sammt Frau zum ernsten Fragen gebracht. Die Frau desselben starb 1861 im Glauben an Christum; ihr Mann liess sich in Jerusalem taufen, als ein Brief an die Rabbinen in Amsterdam, der bat, ihm die Falschheit des Christenglaubens darzuthun, ohne Antwort geblieben war. Ein Täufling des Jahres 1860 wurde im Seminar zum Evangelisten ausgebildet. Ein Colporteur wurde beauftragt den Proselyten geistliche Hilfe zu bieten, während ein Damenverein in Aberdeen die Mittel darbot, um unter den jüdischen Frauen zu wirken. 1864 aber ging Schwartz nach London, weil er sich nach einem festen Pfarramt sehnte. Er wurde dort Prediger einer freien Gemeinde, erhielt aber seine Verbindung mit der Judenmission stets aufrecht. Im Interesse derselben gab er das Blatt »Scattered Nation« heraus, antwortete dem jüdischen Schriftsteller Deutsch auf seine Verherrlichung des Talmud in der Schrift: »What is the Talmud?« und redigirte noch von England aus die holländische Zeitschrift. In London errichtete er ein Jewish Home für junge Juden aus der Fremde, die ein Handwerk lernen oder sonst sich ausbilden wollten. Ferner stiftete er eine »Hebrew Christian Alliance«, damit dieselbe den Christen ein Zeugniss von der Hoffnung Israels und ein Halt für die nach Wahrheit fragenden Juden werde. Diese Hoffnung war freilich eine überschwängliche, wie denn überhaupt Schwartz in seinem Enthusiasmus oft vor der

Zeit die grössten Erfolge erwartete. Später wirkte er mit Rev. Scott an einer von ihnen in Palace Gardens gekauften Kapelle, auf welche er die Ueberschrift seines Blattes »De Heraut« setzte: »Jesus Christus das Haupt der Gemeinde, der König der Juden.«

Vom Comité der Frei-Kirche erhielt er jährlich den Auftrag Reisepredigten unter Juden und Christen zu halten. Als er 1870 eben nach Deutschland und Ungarn aufbrechen wollte, brach der deutsch-französische Krieg aus, und so wandte er sich nach Holland. Dort durfte er die Früchte seiner früheren Arbeit sehn und predigte zwei Mal in der Missionskirche, das zweite Mal über Jes. 40, 1: »Tröstet, tröstet mein Volk.« Seine letzten Worte waren: »Der Botschafter geht, aber die Botschaft bleibt.« Es war die letzte Predigt, die er überhaupt gehalten hat. Erquickt durch alles in Holland Erlebte, kehrte er nach London zurück und setzte sich sogleich wieder an die Arbeit. Da, während er einen Artikel für seine Zeitschrift schrieb, traf ihn ein Herzschlag; er kniete zum Gebet nieder und entschlief am 24. August 1870. Vielen hat er zum Glauben geholfen; 135 Juden sind durch ihn in Holland und England getauft worden, von denen viele selbst Missionare oder Lehrer geworden sind. Sein Name bleibt in der Geschichte der Kirche Hollands und der Judenmission gleichermaassen eingeschrieben.

Amsterdam blieb nach dem Abgange von Schwartz eine Zeit lang unbesetzt; 1867 aber wurde Theodor Meyer von Ancona, das sich als kein geeigneter Missionsplatz erwiesen hatte, dorthin versetzt. 1866 hatte eine Deputation der Frei-Kirche Amsterdam besucht und mit einem Prediger verhandelt, der dann dort die Predigten hielt, während der Proselyt Brilliant als Missionsgehilfe unter den Juden arbeitete. Schwartz führte selbst seinen Nachfolger ein, der aber mit grossen Schwierigkeiten zu kämpfen hatte; denn er beherrschte nicht genügend das Holländische, und der Nachfolger von Schwartz zu sein, war eine schwere Sache. Doch arbeitete er treu und sammelte die Proselyten um sich, von denen sich zuweilen 50 bei ihm zusammenfanden. Man rief dann 1872 Meyer von dem ihm wenig zusagenden Amsterdam ab und liess A. van Andel an seine Stelle treten. Dieser fand unter den Juden Eingang, bewährte sich aber nicht und musste entlassen werden. Von 1878 ab wurde die Mission zeitweilig aufgegeben. Holländische Evangelisten nur predigten in der Missionskirche und verkehrten mit den Proselyten; gleichzeitig wurde einer holländischen Gesellschaft für die Ausbildung positiver Pastoren der Gebrauch der Gebäude gestattet. Als dieselbe dann 1884 eigene Gebäude erwarb, wurde 1885 der Missionar Dr. Fürst von Prag nach Amsterdam versetzt. Seinen Bibelstunden wohnten zeitweise 50—70 Proselyten bei. Ein von ihm getaufter Jude, Paul M. Stork aus Hamburg, wurde auf Kosten der Frei-Kirche in Edinburgh als Arzt ausgebildet. Fürst wurde dann aber angeklagt in seinen Predigten von der evangelischen Lehre abzuweichen und legte unter den darüber entstandenen Schwierigkeiten 1888 sein Amt nieder. Jetzt benutzt die Niederländische Gesellschaft das Missionsgebäude, während zwei Boten derselben, Korff und Van Os, gleichzeitig für die Schotten mitarbeiten. Seit dem Abgange von Schwartz hat die früher frisch aufstrebende Mission der Schotten in Amsterdam stets ausserordentlich gekränkelt; das Beste wäre es, die Frei-Kirche überliesse das Werk ganz den Niederländern.

f. Andere Stationen.

Andere Stationen hat die Frei-Kirche erst kurz besetzt oder wieder aufgegeben. 1861 war Th. Meyer nach Oesterreich gesandt worden, daselbst eine Mission zu eröffnen. Kurze Zeit hielt er sich in Wien auf, wo sich ein junger Mann infolge seines Zeugnisses später taufen liess. Von da ging er nach Prag. Dort hatte wohl der frühere Fanatismus der Juden aufgehört, aber Meyer war durch die Polizei auf Schritt und Tritt bewacht. Dagegen gelang es ihm mit den evangelischen Pastoren in reichen Verkehr zu treten und eine gewisse Verbindung der Reformirten in Böhmen mit der Frei-Kirche herzustellen. Letztere überwies eine bestimmte Summe für die Ausbildung reformirter Studenten Böhmens und Ungarns auf ihren Collegien und hat jenen Ländern eine Reihe gläubiger Pastoren geliefert. Auch der spätere Professor der Theologie F. Balaghi in Ungarn gehört zu diesen Studirenden. Derselbe hat auch einige Zeit die Sache des Evangeliums in Ungarn treu verfochten, ist dann aber auf protestantenvereinliche Abwege gerathen. Bessere Erfahrung hat die Frei-Kirche mit zwei anderen dieser Studenten gemacht, Cziski und Bethländi, die hernach Professoren der Theologie in Debreczin geworden sind. Diese früheren Studenten der freischottischen Collegien gehören meistens zu den treusten Verkündigern des Evangeliums in Böhmen und Ungarn und sind gewöhnlich Förderer der Judenmission. Durch Colporteure lässt die Frei-Kirche auch gesunde Literatur in Böhmen unter Juden und Christen verbreiten.

1865 wurde Van Andel nach Prag gesandt, wo er zwei Schwestern Pick taufte und einen Mann, der hernach Colporteur wurde. 1870 wurde Schönberger sein Gehilfe und eine Missionsschule errichtet. Diese übernahm Van Andels Nachfolger 1872, der von Pesth nach Prag versetzte A. Moody; sie zählte damals 300 jüdische Kinder. Schönberger verliess die Gesellschaft, weil er sich nach direkter Missionsarbeit sehnte, statt hauptsächlich an einer Schule verwandt zu werden; während Fürst von den Briten zur Frei-Kirche überging und nun nach Prag gesandt wurde. Unter den in dieser Zeit Getauften ist D. Levy zu nennen, der, durch die schottischen Freunde unterstützt, Arzt wurde. Später wirkte Rev. O. Allan in Prag, die Schule ging an eine englische Dame über. J. Gottlieb wurde dann Missionsgehilfe, trat aber 1886 in den Dienst der Berliner Gesellschaft. Prag wurde aufgegeben. Unter den Juden hat hier die Schottische Mission wenig erreicht, dagegen unter den Christen Gutes gestiftet und das Interesse der Evangelischen Böhmens auch für die Juden geweckt.

Ein entschiedener Missgriff war die Besetzung von Frankfurt a. M. von 1856—58, ebenso die von Ancona in den Jahren 1861—66. Auch dass Strassburg von 1877—83 zur Station gemacht wurde, war ein Fehler. Eine Frucht der letzteren Mission ist Georg Margoliouth, Student der Philologie und Neffe des Dr. Margoliouth, der dann nach England gesandt, dort getauft und ein treuer Prediger wurde.

Dass die Frei-Kirche auch eine Mission in dem hinreichend besetzten Palästina errichtete, kann man nicht loben. 1883 bereiste Dr. J. H. Wilson als Deputirter Palästina und schlug dann der Generalversammlung die Errichtung einer ärztlichen Mission in Safed am Galiläischen Meere vor. Der junge Doktor David W. Torrance sollte dorthin gehn. Inzwischen erwies sich Safed als genügend versorgt, und nach einer neuen Untersuchungsreise von James Wells aus Glasgow wurde das von 3—5000 Juden bewohnte Tiberias als Station bestimmt; 1884 nahm auch Dr. Torrance daselbst seinen Aufenthalt. Der Glasgower Judenmissionsdamenverein eröffnete dort unter Leitung einer Miss Fenton, der eine eingeborene Lehrerin beigegeben wurde, eine Mädchenschule; während Wm. Ewing vom Glasgower College, nachdem er einige Zeit das Leipziger Seminar besucht hatte, als geistlicher Missionar 1888 nach Tiberias abging. Auch in Safed ist jetzt eine Missionsschule errichtet. Die Juden und die Eingeborenen lassen sich die ärztliche Hilfe gern gefallen, und da die Mission ein Boot besitzt, wird die ärztliche Hilfe überall an der Küste den Leidenden gebracht. Der dortige geistliche Boden aber ist ein sehr harter.

Seit einer Reihe von Jahren hat die Frei-Kirche auch einen jährlichen Beitrag von 100 Lstrl. zur Erhaltung der Missionsschule unter den Beni Israel in Ostindien gegeben. Die Mission dieser Kirche hat im Allgemeinen eine mit grosser Nüchternheit verbundene Rührigkeit ausgezeichnet, und wenn sie auch in der Wahl ihrer Personen und Stationen nicht immer glücklich gewesen ist, doch viel Gutes gestiftet. Dass sie in einigen Gegenden auch mit den evangelischen Landeskirchen in nahe Verbindung getreten ist und ihr geistliches Leben gefördert hat, gereicht ihr nur zum Lobe, und sie hat damit auch den Grund für eine bessere Zukunft der Judenmission in jenen Gegenden gelegt. Im Grossen und Ganzen gehört die Mission der Freien Schotten zu den besonders erfreulichen Erscheinungen innerhalb der Judenmission.

7. Die Schottische Gesellschaft.

1845 bildete sich eine Judenmissionsgesellschaft in Glasgow, die den Namen: »The Glasgow Christian Society on behalf of the Jews«, später »Scotish Society for Israel's conversion« oder »Glasgow Society of the friends of Israel« annahm, und gab ein Blatt dieses Namens heraus. Zunächst suchte sie Interesse für ihre Sache durch Vorträge zu erwecken, von denen etliche erschienen, z. B.: »Goodwill to Israel« von Rev. John Macfarlane in Glasgow, London. Eigentlicher Zweck dieser Gesellschaft war, auch den nicht zur Staats- oder Freikirche Schottlands gehörigen Evangelischen Gelegenheit für die Uebung der Judenmission zu geben. An der Spitze der Gesellschaft stand Dr. King. Zuerst wurde Rev. James M'Conochie von der Reformed Presbyterian Church angestellt, als Missionar unter den Juden in Glasgow und Schottland zu wirken. Auf der Jahresversammlung 1850 wurde dann erklärt, dass man nun auch ins Ausland gehn und Algier besetzen könne. Der bereits S. 283 genannte Missionar Hermann Philipp sollte dort wirken, nachdem man ihn zuvor hatte Medicin studiren lassen. Im August 1850 ging er nach Tunis ab und konnte bereits 1851 einen Buchdrucker Krotoschin taufen. Philipp trat mit grossen Schaaren von Juden in Verkehr, verbreitete bis ins Innere des Landes hinein viele Schriften unter ihnen, predigte aber auch den Christen und selbst den Muhammedanern und fing an Traktate ins Arabische zu übersetzen. 1852 wurde ihm der Proselyt Rev. Benj. Weiss als Gehilfe beigegeben, der zuvor unter den Juden in Schottland gearbeitet hatte. Philipp selbst wurde 1853 nach Alexandria versetzt. Weiss taufte 1853 den Rabbi Mordecai Maimuny, der 1817 in Bona (Algier) geboren, Sohn eines wohlhabenden Goldschmieds war. 1823 siedelten die Eltern nach Tunis über. Dort raffte die Cholera in einer Woche die Mutter und vier Geschwister hinweg, nur der Vater und dieser Sohn blieben übrig. Der Vater verzog dann an einen andern Ort, Mordecai aber kam, 14 Jahre alt, wieder nach Tunis, um dort jüdische Studien zu betreiben. Der Vater heirathete wieder und zog mit seiner Frau nach Alexandria, später nach Jerusalem. Zuerst war er ein bitterer Feind des Evangeliums und hatte im Verkehr mit Missionar Ewald den Namen Jesu oft gelästert. Mehrere angeregte Juden wusste er von den Missionaren zu entfernen. In Jerusalem erregte ihn besonders das Wirken des Bischof Alexander; doch machte das sanftmüthige Wesen desselben auf ihn Eindruck, und er erhielt von ihm auch ein hebräisches Neues Testament. Als er dasselbe las, ging in ihm eine grosse Veränderung vor sich. Er besuchte Nicolayson und kam dem Evangelium immer näher. Seine Frau aber sah das alles mit grossem Zorn an; Maimuny verliess deshalb Jerusalem in der Hoffnung, dass seine Frau ausserhalb dieser Stadt milderer Gesinnung werden würde. Sechs Jahre wanderte er mit ihr durch Asien, Afrika und Europa, kehrte nach Jerusalem zurück, hatte viele Verfolgungen zu erleiden, musste Jerusalem wieder verlassen und kam nach Bona, später nach Algier und wurde endlich durch Weiss getauft. 1854 taufte derselbe auch einen Rabbi Schelomo.

In Hamburg wurde 1850 der Proselyt Johannes Elvin als Missionar angestellt, die politischen Verhältnisse aber hinderten seine Arbeit sehr. In den 50er Jahren hörte dann die Scotish Society auf als besondere Missionsgesellschaft zu wirken, und ihr Arbeitsfeld wurde theilweise durch die Kirche von Schottland besetzt.

8. Scotish Home Mission.

1885 schlossen sich Edinburgher Freunde der Judenmission zusammen, um den Juden Schottlands, unter denen weder die Staats- noch die Frei-Kirche missioniren, das Evangelium zu verkündigen. Es bestehen ein Comité in Edinburgh und eins in Glasgow. Sekretär ist Rev. Robert Henderson. E. Bassin wurde in demselben Jahre als Missionar angestellt. 1887 schloss sich die neugebildete Gesellschaft mit der Britischen zu gemeinsamem Wirken zusammen, trat aber 1889 von dieser Verbindung zurück. Bassin missionirt in Edinburgh, Dundee und an der Ostküste, während Rev. M. Nachim, bis dahin Britischer Missionar, sein Feld in Glasgow und an der Westküste erhielt. Bassin hält auch öffentliche Vorträge und Gebetsstunden und ertheilt erwachsenen Juden Unterricht in allerlei Wissenschaften. An Sonnabenden versammelt er jüdische Knaben und Mädchen. 1887 liess er eine Schrift erscheinen: «The modern Hebrew and Hebrew Christian», in welcher er über jüdisches Leben und jüdische religiöse Anschauungen Mittheilungen macht, während er im zweiten Theile über sein eigenes Leben berichtet. Dr. Cath. J. Urquhart unterstützt die Mission durch ärztlichen Beistand an kranken Juden. Die Einnahmen der Gesellschaft betrugen 1888 -- 250 Lstrl.

9. Die Presbyterianer von Irland*).

Der Besuch des Rev. Robert M'Cheyne von Dundee in Belfast 1840, der als Deputirter der Kirche von Schottland die Assembly der Irischen Presbyterianer besuchte, gab dort den ersten Anstoss zur Inangriffnahme der Judenmission. Mitglieder der Kirche in Belfast richteten eine Denkschrift an die Versammlung zur Rechtfertigung der Bitte, dass eine Judenmission begonnen werde. 76 Lstrl. und eine goldene Uhr waren bereits für eine solche eingekommen. 1841 beschloss die Assembly das Werk anzufangen, und zugleich wurde eine allgemeine Collekte für dieselbe im September des Jahres angeordnet. Als Einberufer und erster Sekretär wurde Rev. David Hamilton erwählt. 1843 wurden schon 954 Lstrl. beigesteuert. Ueber das weitere Werk dieser Mission waren trotz aller Bemühungen nur unzusammenhängende Nachrichten zu erhalten. 1843 wurde Rev. William Graham nach Damaskus gesandt, aber dort bald vertrieben; er ging darauf nach Beirut und blieb daselbst fünf Jahre. 1846 finden wir Damaskus wieder besetzt, sind jedoch erst seit 1875 im Stande Einiges über die dortige Mission mitzutheilen. In diesem Jahre arbeitete daselbst Rev. W. Wright vereint mit Rev. John Crawford und Rev. Patterson von den American United Presbyterians. Die Hauptthätigkeit entfaltete man jedoch unter den eingeborenen Christen, und besonders durch Schulunterricht; die Judenmission trat jedesfalls hiergegen zurück. Die Amerikaner haben dann das Feld ganz den Iren überlassen.

Mehrere andere Missionsposten sind aufgegeben worden. So Venedig, wohin man Rev. W. Wallace 1875 für kurze Zeit sandte, und Bonn, wohin Rev. W. Graham 1850 kam. Es war von vornherein ein Fehler, letztere im Bereich des Rheinischen Vereins gelegene und von nur wenigen Juden bewohnte Stadt zu besetzen. Immerhin that Graham, was er konnte. Er interessirte manche Studenten für die Mission und betrieb eine umfangreiche Colportage unter Juden und Christen. 1860 eröffnete er eine Missionskirche, besuchte Palästina und Nord-

*) The Missionary Herald of the Presbyterian Church in Ireland.

Amerika und schrieb mehrere Traktate; sein englisch geschriebener Commentar zum Epheserbrief fand in Amerika viele Leser. 1883 starb er in Irland; Bonn ist seitdem mit Recht nicht mehr besetzt worden.

Ebenso verkehrt war es, dass man 1877 Rev. W. Johnston nach Berlin sandte; glücklicherweise rief man ihn bald wieder von dort hinweg. Derselbe war von Wien dahin geschickt worden. Dort hatte er seit 1875 ,wesentlich aber unter Christen, gewirkt. Leider folgte sein Nachfolger Rev. J. D. Pierie hierin seinem Beispiele. Als dieser 1883 Wien verliess, wurde dasselbe aufgegeben.

Etwas mehr den Missionscharakter trägt die in Hamburg und Altona gethane Arbeit. Hier stand zuerst seit 1845 Dr. Craig und fand auch Eingang unter den Juden. 1875 erstanden dort Baulichkeiten, welche den Mittelpunkt für das Werk der Missionare bildeten; Rev. J. C. Aston trat an die Spitze des Werkes. In Hamburg besass man nun eine Kirche, die Jerusalems-Kirche, und in Altona eine Kapelle. Leider schuf man auch hier besondere Gemeinden aus den Christen, die neben der Landeskirche bestehn, und vergeudete dafür einen sehr grossen Theil der Kraft. Man schickte unter die Christen auch Evangelisten aus: so den Proselyten T. David, der zumal das Holsteinische bereiste, T. H. Fedder und F. Schmidt. Immerhin wurden die Juden nicht ganz vergessen. 1877 wurde Arnold Frank getauft. Derselbe studirte dann auf dem College der Kirche in Belfast und ist seit 1884 in Altona als Missionar angestellt. Noch in Belfast gab er 1883 heraus: »The Jewish problem and its solution«, eine Arbeit, die freilich noch sehr die Jugend verräth. Frank ist in Ungarn geboren, kam später nach Hamburg und wurde hier für das Evangelium gewonnen. In den letzten Jahren haben mehrere Taufen stattgefunden, seit 1875 im Ganzen 22; einige der jungen Leute bereiten sich für das Predigtamt vor, während andere in den Dienst der Mission getreten sind.

Im Allgemeinen hat die Irische Mission zu wenig den Judenmissionscharakter getragen und ihren Schwerpunkt in die ihr eigentlich doch fremde Arbeit unter den Christen gelegt.

10. Hebrew Christian Prayer Union.

Ausser der Abrahamic Society, welche als ein Proselytenverein der Londoner Gesellschaft angesehn werden muss, ist eine Verbindung von Proselyten in Grossbritannien ins Leben gerufen worden, die darauf ausgeht ein Band um die zur evangelischen Kirche übergetretenen Juden aller Länder zu schlingen. Dieser Verein führt den Namen ›Hebrew Christian Prayer Union‹ und hat Berichte herausgegeben, welche im Operative, Palestine Place, London erschienen sind. Bereits 1867 hatte, wie früher erwähnt (S. 341), Schwartz eine ›Hebrew Christian Aliance‹ geschaffen, die aber später einging. Den Anstoss zur Neubildung einer solchen Vereinigung gab dann nicht ein Proselyt, sondern Rev. J. B. Baraclough, Vorsteher der Mission der Londoner Gesellschaft in London selbst. 1882 bildete sich nun diese Vereinigung unter dem angegebenen Namen und zwar in der Sacristei der Londoner Missionskapelle. Damals waren zwölf Proselyten anwesend; diese erwählten eine Commission, welche sogleich über ihren Kreis hinausgriff und besonders auch Dr. H. A. Stern und Dr. Lazeron an ihre Spitze stellte. Im Juli wurde eine grössere Versammlung veranstaltet und Stern zum Präsidenten der Vereinigung gewählt. Gemeinsame Gebetsstunden, mindestens viermal im Jahre, und brüderliche Zusammenkünfte sollten das Band zwischen den Proselyten bilden. Jeden Sonnabend sind ausserdem die Mitglieder verpflichtet für die Sache des Vereins zu beten. Am jüdischen Versöhntage wird auch eine Feier veranstaltet. Gegenstand des Gebets sind natürlich das geistliche Wohl Israels, die Judenmission und die Wiederbringung des Volks.

Im ersten Jahre betrug die Zahl der Mitglieder bereits 143. Unter denselben befanden sich 1885 35 Geistliche der Kirche von England, 18 Prediger anderer Kirchen, 53 Laienmissionare und 20 Studenten der Theologie. Ende 1886 hatten sich 393 Proselyten der Vereinigung angeschlossen, die ihre Sekretäre auch in Frankreich, Deutschland, Schweden, Russland, Rumänien, Türkei, Klein-Asien, Nord- und Süd-Amerika hat. Die Zahl der Mitglieder ist dann auf 536 gestiegen; unter ihnen befinden sich die Bischöfe Hellmuth und Schereschewsky,

45 Geistliche der Kirche von England, 34 von andern Kirchen, 58 Laienmissionare, 23 Studenten der Theologie. Von bekannteren Proselyten seien genannt: die Prediger A. Saphir, Bachert, Adler, Bassin, Bendix, Ben Oliel, Bernstein, Brühl, Cassel, Dworkowicz, Eppstein, Freshman, Ginsburg, Gottheil, Gurland, Hefter, Hershell, Isaaks, Lotka, Lucky, Margoliouth, Matthews, Myers, Rabinowitz, Rosedale, Rosenthal, Schönberger, Tomory, Warschawski. Als ein Zeichen der Zeit ist diese Vereinigung beachtenswerth. Je mehr dieselbe die geistliche Stärkung ihrer Mitglieder zu ihrer Hauptaufgabe macht, desto gesegneter wird sie wirken. Sie zeigt aber auch, wie sich allmählich die Bausteine für ein christliches Israel mehren, und gewinnt auch hierdurch ihre Bedeutung.

11. Allgemeinere Missionsbemühungen.

Die Britische Bibelgesellschaft hat das Werk der Mission durch Herausgabe des hebräischen Neuen Testaments von Delitzsch und des Alten Testaments wie des Neuen Testaments in hebräischer, jüdisch-deutscher und jüdisch-spanischer Sprache wirksamst unterstützt. In ihren Berichten wird häufig auch von der Thätigkeit der Colporteure unter den Juden der verschiedensten Länder erzählt. Die Missionsgesellschaften in Grossbritannien aber haben die Augen der weitesten Kreise daselbst auf die Juden gerichtet, und vielfach begegnet man dort einem regen Eifer innerhalb der Gemeinden, den Juden das Evangelium nahe zu bringen. Zahlreich sind insbesondere die Predigten und Vorträge, welche zur Ueberzeugung der Juden gehalten und dann herausgegeben worden sind. Schon aus dem Jahre 1811 besitzen wir eine Predigt von Josef Kinghorn, die den Juden darthun will, dass Jesus seine Wunder nicht durch den geheimnissvollen Namen Gottes, wie unter ihnen vielfach geglaubt wird, vollbracht habe. Zeitweise wurden ganze Cyklen von Vorträgen gehalten. So 1843 von verschiedenen Predigern in Liverpool über die Bestimmung der Juden und in demselben Jahre zwölf Vorträge über die Ansprüche, welche das Volk der Juden nach der Schrift hat, oder 1848 wieder zwölf Vorträge über Israels Erlösung. Viele Gedichte entstanden im Missionsinteresse und auch Sammlungen solcher sind veranstaltet worden, so 1828 »The Harp of Judah«. Sehr zahlreich sind die Schriften, welche Missionszwecken dienen. 1805 richtete Charles Crawford in London »A Letter to the Hebrew nation«, um in gewinnendster Sprache den Juden darzuthun, dass Jesus der Messias sei. Ihm antwortete aber sehr erregt der Jude Salomon Bernett 1809 in: »The constancy of Israel«, dass die Juden nicht zur Strafe, sondern, damit ihre religiösen Principien der Welt erhalten blieben, zerstreut worden seien. 1816 schrieb John Allen: »Modern Judaism«, eine Darstellung des neueren Judenthums; Rev. Charles Jerram: »A treatise of the doctrine of atonement«, London 1828; M. A. S. Barber 1844: »Redemption in Israel«, Geschichte der Bekehrung einiger Juden in neuerer Zeit. Rev. Rob. Johnstone, Heidenmissionar in Madras, wies auf den Zusammenhang der Bekehrung von Heiden und Juden hin in: »The conversion of the Jews and its bearing on the conversion of the Gentiles«, Edinburgh 1853. Rev. H. S. M'Kee in Dublin gab 1864 den kleinen Katechismus von Westminster in hebräischer Uebersetzung unter dem Titel: »Sepher Hochmoth Hakaton« heraus. Bischof J. Ch. Ryle von Liverpool schrieb den Traktat: »Scattered and Gathered« in vier Abschnitten: die Bedeutung des Namens Israel, die gegenwärtige Lage Israels, die zukünftigen Aussichten desselben und die Pflicht der Kirche gegen Israel. Diese Schrift hat viele Auflagen erlebt und wird auch durch die Rheinisch-Westfälische Gesellschaft in deutscher Uebersetzung: »Israels Zerstreuung und Sammlung«, Bonn 1863, verbreitet. Von Rev. E. Tilney Basset, London 1870, liegt vor: »Search and see, a brief examination of certain messianic texts of the Old Test.«. Von Rev. E. Rushton Talbot ist die Judenfrage nach Röm. 11 behandelt: »The mystery of the Jew revealed by St. Paul in Rom 11«, London 1872. »The Jew, founded on fact« von Rev. C. G. Ashwin, London 1884, ist ein Gedicht, wie ein Jude zur Erkenntniss geführt wird. M. W. Strang: »The Jews, their past, present and future«, London, Glasgow 1885, wendet sich gegen die Versuche, die auf Israel lautenden Verheissungen des Alten Testamentes ohne Weiteres auf die christliche Kirche zu beziehn. Archdeacon Kaye schrieb

London 1887 über das Verhältniss des christlichen Predigtamtes zu den Juden: »The Christian ministry in relation to the Jews«, und Rev. George Lovely, London 1888: »The Jews now and hereafter«.

Geschichtliche Werke über die Juden sind nicht wenige erschienen. J. A. Huie: »History of the Jews«, Edinburgh 1841. Rev. James Bennet; »The present condition of the Jews«, 1848. Rev. J. W. Brooks: »A history of the Jews from the earliest times to the present day«, London 1874. Murray: »History of the Jews«, London 1874. Eine maasslose Verherrlichung der Juden treibt Bernard Cracroft in einer von Ludwig Klausner deutsch übersetzten Geschichte der Juden im westlichen Europa. Aehnliches gilt von George Elliot, welcher der jüdische Dr. David Kaufmann, Krotoschin 1877, ein literarisches Denkmal »George Elliot und das Judenthum« gesetzt hat. Im Roman »Deronda« hat jene Schriftstellerin die Juden und das Judenthum weit über die Christen und das Christenthum gestellt, ebenso in der von dem Juden Emil Lehmann, Hamburg 1880, übersetzten Schrift: »Die Juden und ihre Gegner«.

Mit besonderer Vorliebe hat man in Grossbritannien die letzten Dinge und die Zukunft Israels behandelt, zumeist aber ohne jede Nüchternheit und ohne biblisches Verständniss. Diese Krankheit hat sich aus der früheren Zeit fortgeerbt. Schon 1806 finden wir: »The restoration of the Jews, the crisis of all nations, to which is prefixed a brief history of the Jews from their first dispersion«. Dann 1817: »The fulfillment of prophecies« von J. Bicheno, London. In »Messiah's Kingdom« beschreibt John Bayford, London 1820, das sichtbare Regiment des Königs Christus und entwickelt dann aus der Schrift die Hoffnung Israels. William Hamilton lieferte: »A defence of the scripture doctrine concerning the second advent of Christ« und erklärte sich, eine seltene Erscheinung in England, scharf gegen das 1000jährige Reich. Wider ihn liess W. Cunninghame erscheinen: »The doctrine of the millenial advent and reign of the Messiah« 1829. In demselben Jahre erklärte sich gegen die nationale Wiederherstellung der Juden: »Objections to the doctrine of Israel's future restoration to Palestine and national preeminence«, zwölf Briefe, London. Desto eifriger trat für dieselbe Begg ein in: ›A connected view of some of the scriptural evidences of the Redeemer's speedy personal return and reign in earth‹. Aehnlich: ›The Hope of Israel, an exposition in a course of Advent sermons of Elijah, the conversion of Israel, the fall of Antichrist and the reign of the Messiah‹ von Rev. H. Girdlestone, London 1842; ›The restoration of the Jews, the history, principles and bearings of the question‹, Edinburgh 1861.

Die Zeitschrift ›Christian Watchman and Prophetic News‹, seit 1877 und zuerst unter der Leitung von Dr. Edersheim stehend, wurde ein besonderer Sprechsaal für diejenigen, welche die letzten Dinge und Israels Zukunft mit Vorliebe behandeln. Einige Aufsätze in dieser Zeitschrift sind lesenswerth, im Allgemeinen aber herrscht in ihr kein gesunder Geist. So wird z. B. unter dem Jesaia 19, 19 genannten Altar des Herrn die grosse Pyramide verstanden, und nach deren Zollen werden die Jahre der Weltgeschichte berechnet. Selbst eine eigene Schrift ist jener Pyramide in diesem Sinne gewidmet worden: ›The Tower of Egypt or the Types and Chronology of the Great Pyramid‹, von A. R. G., London 1884. Bis zum Ende der 80er Jahre sollte das Ende eintreten. Eine 1883 erschienene Schrift: ›Seven reasons for believing the end may be in 1888‹, setzt letzteres Jahr als Endjahr fest. ›The Hours of God's judgment‹, erschienen 1881, bestimmt als Zeit der Wiederkunft Christi die Jahre zwischen 1881—1889, andere Schriften auf 1896. Auch die Zeitschrift ›The Christian Herald and Signs of our times‹ von Rev. M. Baxter geht ähnliche Wege. Vielfach werden Conferenzen über die zweite Ankunft Christi gehalten, welche in phantastischer Weise die Entwickelung der Dinge malen. Auf derselben Linie bewegen sich ›Our Lord's Coming again, his Appearing and Reign‹ von Dr. Neatby, London 1878, und ›Things which must shortly come to pass‹ von Rev. Nath. Stackey, London 1881. W. J. Christie hat eine Gesellschaft gestiftet, die den Namen ›The Blessed Hope Union‹ führt; ihre Mitglieder vereinigen sich, um gemeinschaftlich die Wiederkunft Christi und die Herstellung Israels zu erwarten. Diese Union hat auch eine Zeitschrift ins Leben gerufen, welche ihre Sache vertritt: ›Our Hope‹. Derselben Art ist ›The Kingdom and the restoration‹, London 1882, auch ›Erchomena or things to come‹ von Lewis H. J. Tonna, London 1882.

Ueberaus thöricht ist das Unternehmen, die Engländer zu Nachkommen der zehn Stämme zu machen. Mehrere Zeitschriften sind dem Nachweise dessen gewidmet. Von Schriften über den Gegenstand seien genannt: ›Lectures on our Israelitish origin‹ von John Wilson, 450 Seiten! Diese Thorheit wird in England so ernst behandelt, dass z. B. Rev. R. Gascoyne, John Wilkinson und R. Cornall Gegenschriften gegen ihre Anhänger erlassen haben.

Auch die rabbinische Literatur hat Beachtung gefunden. Thom. Robinson verfasste: ›The Evangelists and the Mischnah or illustrations of the four gospels drawn from Jewish traditions‹, London 1859. W. H. Bennett: ›The Mischna as illustrating the Gospels‹, Cambridge 1884; letzterer ergreift entschieden Partei für die Pharisäer. ›The Talmud and the New Testament‹, Abdruck aus ›Modern Review‹, London 1883. Charles Taylor, ›Sayings of Jewish fathers‹, Cambridge 1877.

Die das Missionsinteresse vertretende Literatur trägt im Allgemeinen einen höchst einseitigen Charakter. Es fehlt oft an der genügenden Kritik, Nüchternheit und an ruhigem, sachlichem Urtheil. Viel Ungesundes stösst hier ab; anderseits findet man in ihr viele wohlthuende Wärme für den Gegenstand, und oft ist sie aus einem Herzensinteresse an den Juden geboren.

D. Proselyten in Grossbritannien.

Nicht bloss die Mission hat der Kirche zahlreiche Juden im Inselreiche zugeführt, sondern auch der Einfluss des allgemeinen christlichen und kirchlichen Lebens hat dies gethan. Die Meinung aber, dass nur ausländische und keine eingeborenen Juden in Grossbritannien Christen werden, ist durchaus falsch. Missionar Ewald berichtet 1866, dass er 20 englischjüdische Familien, aus 39 Seelen bestehend, und 29 einzelne englische Juden bisher getauft habe. Ein Proselyt, welcher Prediger geworden ist, schreibt in demselben Jahre, dass er vor 40 Jahren Christ geworden sei; ihm seien dann sein Vater und seine Mutter mit ihren acht Kindern gefolgt, von seinen 79 Verwandten väterlicher- und mütterlicherseits aber alle bis auf zehn übergetreten, vier unter ihnen Prediger der englischen Kirche geworden. 1887 schätzte »Jewish Herald« die Zahl der in England lebenden Proselyten auf 3000, eine Zahl, die wahrscheinlich zu gering angegeben ist, und diese Proselyten gehören allen Gesellschaftsklassen an. Besonders gross ist die Zahl der Proselyten, welche Prediger der Kirche von England geworden sind; 1836 waren acht derselben vorhanden, 1855 schon 104, jetzt über 200.

Unter den nicht in der Mission bisher genannten und auch zumeist nicht durch dieselbe gewonnenen Proselyten mögen hier genannt werden:

1. Theologen.

Rev. John Blumenreich*), 1824 in Schwerin geboren. Sein Vater ertrank, als er vier Jahre alt war, während die Mutter die Ostermahlzeit zubereitete. Mit 15 Jahren trat er als Lehrling in ein Berliner Geschäft ein, eignete sich aber nicht für die Kaufmannschaft und wurde deshalb einem christlichen Buchbinder übergeben, bei dem er drei wenig erfreuliche Jahre verlebte. Er wanderte dann als Geselle und trat in Solingen bei einem Meister ein. Derselbe war ein frommer Mann und bewog ihn einer Versammlung christlicher Freunde beizuwohnen. Von da ab war er bei diesen Stunden öfters zugegen, denn er fühlte sich hier vom Christenthum angezogen. In der Furcht Christ werden zu können, wollte er dann diese Stelle verlassen; doch that er es nicht, besuchte nun aber fleissig den jüdischen Gottesdienst. Er wurde jetzt Zeuge davon, wie niedrig viele Rabbinen und Juden von dem dachten, was ihm ein Heiliges war, und so wurde er wieder geneigter die christliche Wahrheit auf sich wirken zu lassen. Nach langen Kämpfen drang er auch durch und wurde am 24. December 1843 getauft. Als er dies den

---

*) The missionary, his trials and triumphs, Selbstbiographie, Edinburgh 1865, 4. Aufl. Saat a. H., Ostern 1870, 227, Michaelis 351. Dibre Emeth 1889, Nr. 10.

Seinigen mittheilte, sagten sich diese von ihm los; ihn aber trieb es den Juden das Evangelium zu verkündigen, und er ging deshalb 1844 nach England. In das Hebrew College der Londoner wurde er nicht aufgenommen, wohl aber in das Operative. Hier blieb er vier Jahre, und es ging ihm in der Anstalt gut. Aber jetzt drängte es ihn noch mächtiger zur Mission. Die Stadtmission konnte ihn nicht annehmen, weil er des Englischen nicht mächtig genug war; dagegen fand er als Arbeiter der Innern Mission in Leith Verwendung. Er wirkte hier unter den Armen, unterrichtete Kinder und hielt Bibelstunden. 1848 heirathete er. Da starb 1849 der Herr, der ihn aus seinen eigenen Mitteln angestellt hatte, und nun wurde er 1850 Stadtmissionar in Edinburgh. Er fand viele Zuhörer, auch unter Katholiken, hatte aber oft die übelste Behandlung zu dulden. Während dieser Zeit studirte er zugleich Theologie und schloss sich den Vereinigten Presbyterianern an; 1858 erhielt er auch nach bestandener Prüfung die Erlaubniss zum Predigen. 1860 durfte er seine Verwandten besuchen. In Edinburgh und Leith bediente er besonders die zahlreichen dortigen Deutschen. 1862 wurde er ordinirt und Pastor der deutschen Gemeinde; zugleich ist er Sekretär der Gesellschaft in Edinburgh, welche das Evangelium unter den ausländischen Juden, Seeleuten und Auswanderern verkündigen lässt, und hat bereits manche Juden für Christum gewonnen.

Ein treuer Freund der Mission und besonders der Londoner Gesellschaft ist Rev. James Cohen. Schon 1849 lesen wir in ›Jew. Intelligence‹ eine Ansprache desselben an die Studenten im Hebrew College: später war er häufig ein Redner auf den Jahresfesten der Gesellschaft. 1871 begegnet er uns als Rektor von Whitechapel in London, später in Heston; er ist ein begabter Prediger. Rev. H. Herlitz war früher Insasse des Wanderers' Home der Londoner gewesen, hatte darauf das College derselben besucht und ist dann ein angesehener Pastor der Staatskirche in einer grossen Gemeinde geworden. Albert A. Isaaks, früher in Exeter, ist jetzt Prediger in Leicester und hat die treffliche Biographie von H. A. Stern geschrieben. Seit 1889 giebt er die Monatsschrift ›The Everlasting Nation‹ heraus, welche das Hauptgewicht darauf legt, dass die Juden noch als christliche Nation ihre Aufgabe vollenden müssen. In dieser Zeitschrift findet sich manches Lesbare, aber das Christliche tritt hier hinter dem Nationalen zurück, und auch sie scheint der Gefahr erliegen zu wollen, dass die Nation auf Kosten des Evangeliums verherrlicht wird. Rev. Alexander Levi aus Warschau ist ebenfalls Prediger in England geworden und unterstützt die Britische Gesellschaft lebhaft. Als tüchtiger Prediger ist auch Rev. Mocatta in England bekannt, und Dr. George Philipps hat sich den Ruf des bedeutendsten Erklärers des angelsächsischen Kirchenrechtes in England erworben.

2. Staats- und sonst hervorragende Männer.

Der Musiker Julius Benedict trat in Neapel zur evangelischen Kirche über und ging dann nach London. Er begründete die sogenannten Popularconcerte in der britischen Hauptstadt und schrieb viele Cantaten, die »Heilige Cäcilie« und andere. Die Königin machte ihn zum Ritter. John Braham, eigentlich Abraham*), geb. 1774, gest. 1856, stammt aus London und wurde früh Waise; er war dann Schüler des Synagogenchorleiters und Opernsängers Meyer Lion oder Leoni, der sein Verwandter war. Wegen seiner trefflichen Tenorstimme wurde er bald im Chor der Grossen Synagoge verwandt. Viele Juden interessirten sich für ihn und liessen ihn ausbilden; schon mit zehn Jahren sang er auf dem Theater. 1798 ging er nach Paris und gab dort trotz der Revolution viel besuchte Concerte. Dann begab er sich nach Italien, wo er sich weiter ausbildete und auch öffentlich auftrat. Nach London zurückgekehrt, wurde er der erste Sänger Englands, auch componirte er; besonders machte ihn sein Lied »Death of Nelson« ausserordentlich populär. Von seinem bedeutenden Vermögen baute er ein grosses Theater in London. Er selbst trat zum Christenthum über, und von seinen Kindern wurde eine Tochter Frances eine Countess Waldgrave, hernach Gattin des Lord Curlingford.

Zu den berühmtesten Proselyten der Gegenwart gehört

---

*) Meyer 3, 610. Peixotto 231.

die Familie Disraeli auch d'Israeli. Der Vater Isaak*) stammte aus einer jüdisch-spanischen Familie, welche nach England übersiedelte. Er war 1766 geboren und pflegte schon früh die Beschäftigung mit den Wissenschaften. Er studirte ausser in England auch in Holland und Frankreich und schrieb später englische Gedichte; besonders erwarb er sich als Kenner der Literaturgeschichte einen Ruf. Zuerst wurde er bekannt durch seine »Curiosities of literature«, 1791, von denen noch mehrere Bände in späteren Jahren erschienen; ferner »Literary miscellanies«; »Quarrels of authors«; »Calamities of authors«. Seine Darstellung machte ihn beim englischen Publikum höchst beliebt; auch als politischer Schriftsteller trat er hervor und liess bald torystische Neigungen erkennen. So in »Commentaries of the life and reign of Charles I«, 5 Bände, 1828—31. Oxford ernannte ihn für dieses Werk zum Doktor der Rechte. 1841 erschienen drei Bände »Amenities of literature«. Seit er 1839 erblindete, half ihm seine Tochter in seiner literarischen Thätigkeit. Je länger desto weniger fühlte er sich von der Synagoge angezogen; trotzdem wurde er 1813 zum Vorsteher von Bevis Marks Synagoge gewählt, er lehnte aber dieses Amt ab. Dafür wurde er vom Vorstande zu einer Geldstrafe verurtheilt. Hieraus entspann sich ein langer Briefwechsel, der von seiner Seite mit aller Feinheit und in ehrenwerthester Weise, von Seiten der Synagoge mit besonderer Rohheit geführt wurde. Die Folge war, dass Disraeli 1817 seinen Austritt aus der Synagoge erklärte. Ihm folgte sein Schwager Josua George Basevi, ein bekannter Architekt. Disraeli schrieb dann später eine Schrift: »Geist des Judenthums«, deutsch, Stuttgart 1836. Dieselbe ist gewissermassen eine Rechtfertigung seines Uebertritts und will nachweisen, dass die Verwerfung der Theokratie und Ersetzung derselben durch menschliche Autoritäten der Grundschade Israels war. Dadurch seien die Juden das unleidlichste Volk auf Erden geworden und auf stets neue Abwege gerathen. Durch die Mission aber könnten die Juden nicht zur Wahrheit geführt werden, sondern nur durch die bürgerliche und politische Verschmelzung mit ihrer Umgebung. Er

---

*) Brockhaus 6, 556.

starb 1848 auf seinem Landsitze Bradenham House in Buckinghamshire. Seine Werke hat der Sohn herausgegeben, London 1849—51, 1862—63. Er war aus Ueberzeugung Christ geworden, aber seine Auffassung des Christenthums war eine rationalistische. Der Prediger, welcher ihn und die Seinigen in die Kirche aufnahm, war der als Dichter nicht unbekannte Samuel Rogers. Mit Disraeli traten über seine Frau, geboren 1777, seine Tochter Sarah, geboren 1802, die Söhne Benjamin geboren 1805, Ralph 1809 und James 1813.

Von diesen Kindern ist der hervorragendste Benjamin, der spätere Viscount Hughenden of Hughenden*). Der Vater hatte ihn für die Advokatur bestimmt, er wandte sich aber lieber der Literatur zu und schrieb 20 Jahre alt »Vivian Grey« 1825, »Contarini Fleming« 1832. Der Held ist in beiden Romanen ein begabter Knabe voll glühender Rachsucht und schrankenlosen Ehrgeizes —, Ideale, welche, wenn gleich in gemilderter Form, durch Disraelis ganzes Leben mit ihm gegangen sind. Im Roman »Coningsby« 1844 ist wieder der Ehrgeiz das Charakteristische an seinem Helden. Jedesmal aber ist die Darstellung eine glänzende und legt besonders eine lebhafte Einbildungskraft an den Tag. Nach einer Orientreise trat er in politischen Versammlungen auf und schloss sich der Liberalen Partei an, zumal in den Verhandlungen über die Reformbill. 1833 liess er eine Brochüre ausgehn: »What is he?« welche die Revolution verherrlicht. Das that er noch mehr in »Revolutionary epic«, London 1834, aber vergeblich bewarb er sich um einen Sitz im Parlament. Da schlug er sich plötzlich zu der andern Partei; denn er wollte um jeden Preis Erfolge erzielen, für diesen Zweck waren ihm alle Mittel recht. Er wurde auch 1837 für Maidstone gewählt und hier näherte er sich den Conservativen unter Peel. 1841 für Shrewsbury gewählt, bildete er mit Lord John Manners die Partei Jung-England, die er in

---

*) Mill, B. Disraeli, the author, orator and statesman, London 1863. Public life of the Earl of Beaconsfield, London 1874, von T. Hitchman. Lord B., a biography by T. P. O'Connor. Lord B.'s Letters 1831—52. Benjamin D. und W. Marr, in: Allgemeine Conservative Monatsschrift, Februar 1880. Lord B.'s Charakterbild von G. Brandes, Berlin 1879. Althaus, Englische Charakterbilder, 2 Bände, Berlin 1870.

vielen Aufsätzen vertrat. In seinen Schriften verherrlichte er das Mittelalter, vor allem aber die Juden; denn da sein erster Glaubenssatz die Bedeutung seiner eigenen Person war, musste auch der Stamm, dessen Glied er war, das Hervorragendste in der Welt sein. Seine Romane »Alroy« 1832, »Coningsby« 1844 und »Tancred« 1847 sollten seine Ideen über die Bedeutung der Juden entwickeln, und so stellte er den Satz auf: »All is race, there is no other truth.« Jesu Autorität beruht nach ihm auf seiner jüdischen Abstammung. Vom Christenthum sagt er: »Christianity is completed Judaism or is nothing. Christianity is Judaism for the multitude, but still is Judaism.« Die jüdische Rasse gilt ihm als das einzige Medium zwischen Gott und allen anderen: »Jesus wurde als Jude geboren, lebte als Jude und starb als Jude, wie es sich für einen Prinzen aus Davids Hause ziemt.« Von einem Sünderheilande wusste Disraelis nichts. Kaum ein Jude hat die Vergötterung der jüdischen Rasse so entsetzlich getrieben wie er, und den Tag des Heils erwartete er für die Welt in der Zeit, wo sie die jüdische Rasse ebenso vergöttern würde wie er selbst. Die römische Kirche hatte seine Sympathie, weil sie eine Jüdin als Himmelskönigin verehrt. Im Roman »Sibyl« 1845 sagt er: »Die römische Kirche ist die einzig noch vorhandene christliche Kirche.« Später aber, als die Uebertritte zum Katholicismus häufiger wurden, schrieb er gegen denselben den Roman »Lothair«. Sein Standpunkt ist alles, nur nicht der christliche. 1858 setzte er die Zulassung der Juden zum Unterhause durch. Als Peel zum Freihandel drängte, wurde er neben George Bentinck der lebhafteste Vertheidiger des Schutzzollsystems. Nach Bentincks Tode gelang es ihm, während man ihm bis dahin nur mit Widerstreben gefolgt war, die Führerschaft unter den Schutzzöllnern zu erlangen. Als 1852 das Whigministerium fiel, wurde er vom Earl of Derby als Schatzkanzler in sein Cabinet erwählt. Plötzlich sagte er sich jetzt vom Schutzsystem los, erwies sich aber für das Finanzministerium untauglich und musste dasselbe 1858 wieder mit dem Schatzkanzleramt vertauschen. Später bekämpfte er Gladstones Reformbill und wurde 1866 wieder Minister. Da schwenkte er aufs Neue; denn der Erfolg war ihm alles, Grundsätze waren ihm nichts, und brachte 1867 noch radikalere Reformen als Gladstone ein. Nach Derbys Rücktritt wurde er 1868 selbst Premierminister, musste aber schon im Dezember des Jahres zurücktreten; er wurde jetzt Peer und zum Viscount Beaconsfield ernannt. Seit dem Tode von Derby 1869 war er der eigentliche Führer der Conservativen. 1874 wurde er wieder Minister, brachte mehrere Gesetze zur Verbesserung des Looses der arbeitenden Klassen ein und griff 1876 lebhaft die orientalische Frage auf. Im russisch-türkischen Kriege war er Russlands Gegner und hatte auf die Gestaltung des Friedensschlusses beim Berliner Congress 1878 grossen Einfluss. Er starb 1881 ohne Kinder. Erbe wurde sein Neffe Ralph Coningsby Disraeli. Beaconsfield war ein überaus begabter Mann, ein glänzender Schriftsteller, ein gewandter Staatsmann, aber kein Charakter und religiös haltlos. Sein entsetzlicher Ehrgeiz und eine förmliche Selbstvergötterung verdarben schliesslich alles an ihm.

Frederik Goldsmid hat sich in Indien und durch seine Arbeiten über dasselbe einen Namen erworben. George Joachim Göschen stammt aus jüdischer Familie und ist ein bekannter Parlamentarier in England geworden; er hat auch das Amt eines Kanzlers der Schatzkammer bekleidet. A. Hanauer ist Sergeant-Major geworden. Auch das Parlamentsmitglied Labouchere wird unter den Proselyten angeführt; er soll als Jude Leubuscher geheissen haben. Proselyten sind auch die Parlamentsmitglieder Sir Julius Benedict, der Vetter von H. Heine, Bernal Osborne, Samuelson und Samuda. Von den angesehenen portugiesischen Familien traten über die Ximenes, die ähnlich wie Disraeli wegen Nichttheilnahme an den Satzungen der Synagogengemeinde in Strafe genommen werden sollten. Moses Ximenes wurde Ritter, Sir Moses Ximenes wurde High Sheriff. Ferner die bekannte Finanzfamilie Uzielli. Im Anfange des Jahrhunderts traten über Mordecai und Menasse Lopez; letzterer wurde 1805 Baronet und Parlamentsmitglied, er starb 1831 als Oberbeamter einer Grafschaft; ihm folgte sein Neffe Ralph Franco. Ebenso traten über die Jessuruns, Alvares und die Levys.

Dr. Leone Levi*) ist 1821 in Ancona geboren und von

---

*) Presbyt. Messenger 1888, Nov. 16. Meyer 17, 540.

seinen Eltern streng jüdisch erzogen werden. Der Vater hatte viele Noth in seinen geschäftlichen Unternehmungen; 1844 sandte ihn sein Bruder, der Leiter des Geschäfts geworden war, nach Liverpool, um dort ein Geschäft zu eröffnen. Bei einem Eisenkaufmann fand er freundliche Aufnahme; durch diesen veranlasst, fing er auch an den christlichen Unterricht zu besuchen, die Bibel und christliche Schriften zu lesen. Nach anfänglichem Gedeihen des Geschäfts ging es mit demselben zurück; eine Zeit lang begab er sich deshalb wieder in seine Heimath, hernach jedoch aufs Neue nach England. Unfälle im Geschäft veranlassten ihn 1849 einen Artikel im Liverpool Albion zu schreiben, in welchem er die Errichtung einer allgemeinen Handelskammer vorschlug, welche das Tribunal in allen Geschäftsangelegenheiten sein sollte. Von da ab wurde man auf ihn aufmerksam. Die Kammer trat ins Leben und Levi wurde ihr erster Sekretär. Er schrieb als solcher »Commercial Laws, their principles and administration« 1850—52, 4 Bände, ein auch auswärts viel gelesenes Buch. Die englische Merkantilgesetzgebung wurde durch seine Bemühungen sehr vereinfacht, und für die internationale Handelsgesetzgebung hat er die bedeutendsten Anregungen gegeben. Von seinen Schriften sind noch zu nennen: »Waging and earnings of the working classes« 1867; »History of British commerce and of the economic progress of the British nation« 1863—70. Sein Amt führte ihn zuerst nach London, dann nach Edinburgh, wo er mit dem Verleger Clark und einigen Quäkern in enge Verbindung trat. Dann wurde ihm 1862 eine Stelle als Professor der politischen Oekonomie an King's College in London angeboten. Er galt als Autorität im internationalen und im Handelsrecht. 1859 wurde er Barrister in Lincoln's Inn, 1861 Doktor in Tübingen. Das Jahr seines Uebertritts ist nicht bekannt, er wurde aber von ganzem Herzen Christ und schloss sich den Presbyterianern an; bei vielen christlichen Werken betheiligte er sich eifrig und starb 1888.

Dr. Menser war früher Rabbiner gewesen und hat als Christ das Werk der Londoner Gesellschaft eifrig unterstützt. Sir Francis Palgrave galt als einer der hervorragendsten Kenner der alten Geschichte von England, die er beschrieben hat.

Marcus Sachs*) ist in Inowrazlaw (Posen) geboren und wurde in Berlin von einem Oheim erzogen, der ihn auf das Gymnasium sandte, auf dem er die klassischen Studien mit besonderer Vorliebe trieb. Als Student verlor er sich ganz in die französische Literatur, und Voltaire wurde sein Ideal. Ursprünglich hatte er Rabbi werden wollen, seine religiösen Ueberzeugungen aber liessen ihn dann davon abstehn. Er wollte nun Kaufmann werden, wurde aber wegen seiner Wahrhaftigkeit entlassen. So ging er denn 1842 nach England und später nach Schottland. Hier erlebte er die Spaltung innerhalb der Nationalkirche; er selbst wurde durch Prof. John Brown für das Christenthum und für die Frei-Kirche gewonnen. 1845 wurde er getauft. Das Schreiben an Brown, in welchem er die Taufe erbittet, nennt Delitzsch eine Perle der judenchristlichen Literatur. Nach beendigtem Theologiestudium wurde er Hilfslehrer und später Professor der semitischen Sprachen am College der Frei-Kirche in Aberdeen und war als Gelehrter wie als Christ gleich hoch geschätzt. Er starb 1874.

Ernst J. Türkheim**) aus England wurde zum jüdischen Lehrer herangebildet und in seinem 21. Jahre Hauptlehrer der jüdischen Schule zu West Hartlepool in London. Auch predigte er und mit solchem Erfolge, dass man ihn bat, ausschliesslich als Prediger zu wirken. Er studirte deshalb eifrig das Alte Testament und fing jetzt an ein streng jüdisches Leben zu führen, um das, was er werden wollte, auch ganz zu werden. Aber das Studium des Alten Testamentes und die Beschaffenheit des jüdischen Gottesdienstes liessen in ihm bald Zweifel am Judenthum erwachen. Ein Freund, dem er sich vertraute, gab ihm ein hebräisches Neues Testament zu lesen, das er am Bibelstand im Cristal-Palast gekauft hatte. Nun ganz am Judenthum irre geworden, verzichtete er auf sein Predigtamt und kehrte nach London zurück; auch eine Stellung als jüdischer Lehrer gab er bald auf. Seine Freunde wiesen ihn jetzt an Alexander vom Bibelstande, und durch diesen gelangte er zur Entscheidung; 1873 wurde er getauft.

---

*) M. S., In memoriam. Aberdeen 1872.
**) The Christian, Mai 1873, 15. Freund Israels 1874, Januar 403.

3. Frauen.

In der reichen Familie de Lissau wurde eine Tochter Emma auf wunderbaren Wegen zur Erkenntniss Christi geführt. Die Berichte hierüber aber waren nur theilweise zu erlangen und fehlten gerade über die Hauptpunkte. Es kann deshalb nur der Titel der bezüglichen Schriften genannt werden: »Sophie de Lissau, London 1827; »Emma de Lissau« 1828, französisch, Toul 1855; »Jew. Herald« 1889, Nr. 1 ff.; »Die Familie de Lissa«, Schnaase, Danzig 1829.

Frau Murray Vicars*), Ehefrau des Rev. Murray Vicars, der als Missionar der Londoner Gesellschaft in Bagdad stand, war Tochter eines wohlhabenden jüdischen Kaufmanns. Durch eine christliche Wärterin war sie zuerst auf das Christenthum hingewiesen worden. Ihr Vater war ein eifriger Jude; bei der Einweihung einer Synagoge erkältete er sich so, dass er in eine tödtliche Krankheit verfiel. Die Juden wagten es ihm nicht zu sagen, dass er sterben werde. Das machte die Tochter doppelt bedenklich. Als der Vater starb, beschäftigte sie der Gedanke noch mehr, warum ein frommer Jude vom Tode nichts hören dürfe und sie gelangte zur Erkenntniss Christi. Ihren Heiland bekannte sie dann einmal muthig vor einer grossen Zahl von Juden bei einer Gerichtsversammlung in Erbschaftsangelegenheiten. Als sie mit ihren Angehörigen auf das Alte Testament schwören sollte, rief sie laut: »Das Neue Testament für mich.« 1885 starb sie.

Aus der Rothschildschen Familie haben mehrere Töchter englische Lords geheirathet, deren Nachkommenschaft dann zur christlichen Kirche gehörte. Je höher die sociale Stellung der Juden in England ist, desto eher treten die Töchter in Mischehen, und deren Kinder werden gewöhnlich Christen, während diese Frauen selbst öfters Jüdinnen bleiben. Die Zahl solcher Mischehen ist in England keine kleine, ein Beweis, wie gleichgiltig viele auf jüdischer und christlicher Seite daselbst über die Religion denken; aber auch ein Beweis für die geringe Widerstandskraft besonders

---

*) Jew. Int. 1885, 120.

der höheren jüdischen Kreise in England gegen den Einfluss ihrer Umgebung.

E. Rückblick auf Grossbritannien.

Grossbritannien hat im Gebiete der Judenmission seine Pflicht durchaus gethan. Wie es in diesem Jahrhundert dieselbe erst wieder aufgenommen hat, so ist es hier auch die Führerin geblieben und von keinem andern übertroffen, ja nicht einmal annähernd erreicht worden. Unter den Juden des Inselreiches selbst wirken etwa 74 Missionsarbeiter, auf gegen 1500 Juden kommt also ein solcher. Noch mehr, wenn man gegenwärtig etwa 400 Arbeiter in der Judenmission kennt, so fallen nicht weniger als 310 auf britische Kirchen oder Gesellschaften, also über Dreiviertel der Gesammtzahl. Eben daher hat auch die Darstellung des von denselben getriebenen Werkes einen so breiten Umfang einnehmen müssen.

Nirgends findet sich eine so grosse Sympathie für die Juden wie in den christlichen Kreisen Grossbritanniens, nirgends ein so begeistertes Festhalten an den Verheissungen der Schrift für Israel, und nirgends eine so grosse Bereitschaft ihr Wohl zu fördern. Fast alle Abtheilungen der evangelischen Kirche des Landes sind hier nach und nach in die Arbeit eingetreten und dann auch in derselben verblieben. Diesen Vorzügen gegenüber stehn aber allerdings auch Mängel, die überall in dem vorher Berichteten zu Tage getreten sind: eine fleischliche Verherrlichung der unbekehrten Juden, die ihren Stolz und ihre Hartnäckigkeit noch vermehrt, und ein schmerzlicher Mangel an Verständniss für die evangelischen Kirchen der Völker, unter denen die Juden leben. Eben daher ist nicht selten das von Briten getriebene Werk mehr eine Proselytenmacherei als ein Missionswerk, das doch überall die Juden in die Gemeinschaft der Kirche und des christlichen Volks einzuführen bestrebt sein muss. Viele Zersplitterung herrscht in der Arbeit und vieles Experimentiren, das zum Verlassen so mancher Felder, die man betreten hat, führte; oft eine der Weisheit ermangelnde Behandlung der Proselyten und zu häufige oder zu frühe Verwendung solcher im Judenmissionsdienst. Häufig tritt die Arbeit an den Juden hinter der an den Christen zurück und verliert zuweilen selbst ganz den Charakter eines Judenmissionswerkes.

Trotz dem ist das von den Briten Geleistete sehr beachtenswerth. Die vorliegenden Mittheilungen werden es gezeigt haben, dass es angesichts der Leistungen der Judenmission in Grossbritannien verkehrt ist, derselben Unfruchtbarkeit vorzuwerfen. Schon die unmittelbaren Erfolge sind beachtenswerth. Wenn z. B. im Inselreiche bei 100000 jüdischen Bewohnern mindestens 3000 Proselyten vorhanden sind, also drei Prozent derselben sich der evangelischen Kirche zugewandt haben, so kann diese Thatsache nicht übersehen werden. Und wenn unter den Predigern des Evangeliums im Lande 200 bekehrte Juden sind, so muss man zugeben, dass in positivster Weise ein erheblicher Einfluss durch die Proselyten auf das britische Volk ausgeübt wird. Ebenso aber haben die Missionare der britischen Judenmission in den verschiedensten Ländern eine nicht unbeträchtliche Anzahl von Juden für das Christenthum gewonnen, von denen manche für ihre Umgebung wichtig geworden sind. Besonders aber ist es der von Grossbritannien aus geübten Mission gelungen, unter den Juden in Europa, Asien, Afrika und zum Theil auch in Amerika und Australien das Alte und Neue Testament allenthalben zu verbreiten und eine Bekanntschaft mit der Bibel unter den Juden herbeizuführen, welche nie zuvor vorhanden war. Die Folge ist, dass sich die Anschauungen über den religiösen Gehalt des Christenthums weithin unter den Juden ausserordentlich geändert haben. Ebenso hat das geschriebene und das mündliche Zeugniss, welches diese ausgebreitete Mission allenthalben und unermüdlich unter den Juden abgelegt hat, dieselben viel tiefer beeinflusst, als diese selbst es wissen und zugeben. Kurz für den Abbruch des talmudischen Judenthums und für eine neue religiöse Grundlegung haben die Briten unter den Juden sehr Bedeutendes gethan; ihre Mission ist ein höchst wichtiger Faktor in dem jüdischen Leben unsers Jahrhunderts geworden.

Europa im Allgemeinen.

Am Schwierigsten in Europa ist die Arbeit unter den Juden in den romanisch-katholischen Ländern. Die Umgebung scheint hier den religiösen Sinn derselben fast erstickt zu haben. In den germanisch-evangelischen Ländern ist der Einfluss des Christenthums auf die Juden ein sehr bemerkenswerther. Nicht bloss sind in ihnen die Uebertritte ziemlich zahlreiche, sondern hier ist wohl auch die grösste Zahl von Uebertritten geistig hervorragender und das Christenthum mit religiöser Wärme erfassender Juden zu finden. Unter den Slaven haben sich die Juden durch ihre grossen, dicht zusammengedrängt wohnenden Massen am meisten ihre volkliche und religiöse Eigenart erhalten und zeigen sich hierselbst religiösen Fragen am zugänglichsten. Russland stellt sich aber einer religiösen Neubelebung derselben durch das Evangelium immer feindseliger entgegen. Unter den Muhammedanern sind sie allenthalben geistig ziemlich stumpf geworden: erst das Eindringen der europäischen Kultur weckt sie in diesen Gebieten wie in Europa, so ausserhalb desselben auf; ihr religiöses Verlangen aber erweist sich als ein wenig lebendiges.

Europa zählt jetzt etwa fünfeinhalb Million Juden. Ausser dem, was durch die direkte Thätigkeit der Kirchen oder einzelner Personen an den Juden geschieht, arbeiten hier unter denselben etwa 260 Missionsagenten, die 40 verschiedenen Gesellschaften angehören. Diese Missionsthätigkeit geschieht so gut wie ausschliesslich durch Angehörige europäischer Länder. Etwa 1 700 000 Mark werden jährlich in Europa für die direkte Missionsarbeit verwandt. Genügend besetzt sind die Gebiete der germanischen und romanischen Länder, nicht so die der slavischen; die muhammedanischen sind hinreichend in Angriff genommen.

II.
Die aussereuropäischen Länder.

1. Asien.

In Asien, dessen jüdische Bevölkerung 300000 Seelen nicht übersteigt, sind Klein-Asien, Palästina, Persien und theilweise auch Ostindien die Missionsfelder. Etwa 80 Personen arbeiten auf denselben: In Jerusalem seit Alters die Londoner Gesellschaft und kurze Zeit auch das Hebrew Christian Work von Freshman in New-York, das aber bereits wieder von Palästina abgetreten ist. In Jaffa die Londoner und Briten, in Safed die Londoner, in Tiberias die Frei-Kirche von Schottland. Die Londoner könnten diese Arbeit mit ihren Kräften in Palästina allein verrichten, und es ist durchaus überflüssig, dass auch noch andere dahin gekommen sind. In Beirut arbeiten die Schotten, in Smyrna die Londoner und Schotten, in Damaskus die Londoner und Irischen Presbyterianer, in Persien die Londoner, in Ostindien die Frei-Kirche von Schotland. Aus Rangun in Birma wurde 1889 die Taufe eines 70 jährigen Juweliers berichtet, der nach langem Suchen durch die Lektüre des hebräischen Neuen Testamentes zum Frieden gekommen war. Die Juden von Central-Asien und Arabien sind wegen der politischen Verhältnisse noch nicht zu erreichen; unter den von Sibirien darf eigentliche Mission nicht getrieben werden.

2. Afrika.

In Afrika, das zwischen 350000—400000 Juden zählt, ist die Nordküste und Abessinien mit zusammen 30 Missionsagenten besetzt. In Tunis, Mogador und Abessinien stehn die Londoner, in Alexandria die Schotten, in Algier der Schwedische Missionsbund, in Rabat die englischen Presbyterianer und die Unirten Presbyterianer. Die Missionare der Brüdergemeine in Capland suchen seit 1886 das Interesse für die Judenmission unter den Kaffern und Hottentotten zu wecken; Beiträge werden an den Central-Verein in Leipzig gesandt. Unter den Bassutos sammeln die Missionare der Pariser Evangelischen Mission seit 1886 Gaben für die französische Judenmission. Die Holländer wirken mehrfach, wie bereits berichtet, unter den Juden im Caplande und in Süd-Afrika. Zu den Juden der Sahara und Inner-Afrikas kann die Mission noch nicht gelangen. In Afrika ist Abessinien das verheissungsvollste Missionsfeld, der Boden in den muhammedanischen Gebieten noch ein ziemlich harter.

3. Amerika.

Die jüdische Bevölkerung von Amerika ist im Wachsen begriffen. Canada zählt etwa 2500 Juden, die Nord-Amerikanische Union vielleicht 250000 (andere Angaben schätzen die Zahl niedriger), und besonders aus Russland wandern fortwährend grosse Schaaren derselben ein. Mehrfach hat man den Versuch gemacht, jüdische Ackerbaucolonien zu gründen, bisher aber stets vergeblich; erst ganz neuerdings scheint es so, als ob man einen Erfolg in dieser Beziehung erzielen werde. In Mittel- und Süd-Amerika übersteigt ihre Zahl nicht 50000, so dass sich die jüdische Gesammtbevölkerung Amerikas auf wenig mehr als 300000 Seelen beläuft. In New-York sollen fast 100000 Juden wohnen, eine grosse Anzahl wohnt auch in Philadelphia, San Francisco, Baltimore und Chicago. Dagegen giebt es nicht viele organisirte Gemeinden von Juden, 1881 waren nur 278 solche in Nord-Amerika vorhanden. Die polnisch-russischen Gemeinden hangen gewöhnlich der Orthodoxie an. Viel grössere Schaaren von Juden haben sich zu

Wohlthätigkeitsvereinen zusammengeschlossen, welche die Form von Orden oder Logen haben. Der Orden der Benê Berith zählte 1881 in 302 Logen 23 000 Mitglieder, der unabhängige Orden freier Söhne Israels 86 Logen mit über 8600 Gliedern, der Orden Kescher schel barzel 170 Logen mit 10 000 Gliedern, Improved Order freier Söhne Israels 44 Logen mit 2800 Gliedern.

In politischer Beziehung sind die Juden das ganze Jahrhundert hindurch den Christen gleich gestellt gewesen. Viele haben einflussreiche Staatsämter verwaltet, sind Gesandte der Union gewesen oder haben als Redakteure bedeutender Zeitungen grossen Einfluss ausgeübt. Die gesellschaftliche Stellung der Juden dagegen ist nicht die gleiche wie die politische: von der sogenannten besseren Gesellschaft sind sie meistens ausgeschlossen; viele Gasthöfe und Schulen nehmen keine Juden auf, weil sich sonst die andern Besucher von ihnen zurückziehn würden, und auch antisemitische Schriften, wie z. B. 1889 »Judas Iscariot« treten an die Oeffentlichkeit.

In religiöser Hinsicht weist das amerikanische Judenthum die höchste Zerfahrenheit auf. Die Orthodoxie erhält sich nur unter grösseren Schaaren von den aus Russland Eingewanderten, sonst feiert der Unglaube die grössten Siege. Die Prediger nennen sich zumeist nicht mehr Rabbiner, sondern Reverends oder Doktoren, und an die Stelle des Namens Synagoge ist gewöhnlich der »Tempel« getreten. Die Gottesdienste werden zumeist englisch gehalten, das Hebräische kommt nur in wenigen vor. Sängerchöre und Orgel sind eigentlich selbstverständlich, selten ist auch der Sonnabend durch den Sonntag ersetzt worden. Nur die Rasse bildet ein vereinigendes Band. Rabbiner Dr. Kohler in New-York erklärt, dass die Humanität alle Amerikaner mit einander verschmelzen müsse. Rabbiner Dr. F. Adler predigt: »Wir sehn, dass die alte Stellung, einem persönlichen Gott zu dienen, ganz unhaltbar geworden ist.« Rabbiner Dr. Krauskopf in Philadelphia: »Wir verwerfen den Glauben, dass die Bibel von Gott geschrieben wurde oder von Menschen unter Leitung eines Gottes. Wir verwerfen den Glauben an eine leibliche Auferstehung, die Paradiesesfreuden, die Prophetie, den biblischen Glauben, Riten, Ceremonien und Verordnungen, welche unser Leben weder veredeln noch heiligen.« Es darf daher nicht Wunder nehmen, wenn Fälle vorkommen wie die, dass Unitarier in der Synagoge und Juden bei den Unitariern predigen. Gegen das positive Christenthum dagegen ist oft gerade das alle Schranken niederreissende Judenthum in Nord-Amerika voll der grössten Gehässigkeit. Das Aeusserste in Schmähungen desselben leisten z. B. Rabbiner Dr. Felsenthal, Chicago, in: »Die Proselytenfrage im Judenthum« 1878; Dr. M. Eisler: »Die Judenfrage in Deutschland«, New-York 1880, und Fr. Donner: »Das Judenthum der Vereinigten Staaten von Nord-Amerika«, eine Bekehrungsgeschichte für die Herren Pastoren Stöcker u. s. w., 2. Aufl., Wien 1881.

Vereinzelte Missionsbemühungen begegnen uns schon früh in diesem Jahrhundert. Zunächst fand die Londoner Mission Freunde. Die Verfasserin der »History of the Jews« 1818 (deutsch 1819), Hannah Adams in Boston schickte wiederholt Beiträge nach London, die sie in Amerika gesammelt hatte. 1819 aber ordinirte der »Amerikan Board of Commissioners for foreign missions« die Missionare Parsons und Fisk für die Arbeit unter den Juden. 1823 finden wir Fisk und King in Palästina. Fisk starb 1825, King kehrte dann nach Amerika zurück. Sie haben dort nur kurze Zeit gearbeitet und den Londonern bei ihren ersten Schritten im Lande beigestanden, selbst aber das Werk schnell aufgegeben. Schon bei dieser Gelegenheit trat der eigentliche Charakterzug der amerikanischen Judenmission zu Tage: Die Arbeit wird mit Begeisterung aufgenommen, aber bald fallen gelassen, wenn sie nicht früh genug und nicht die hinreichend sichtbaren Früchte trägt. Für die stürmische und auf geduldiges Warten wenig angelegte amerikanische Eigenart scheint sich die Judenmission nicht besonders zu eignen.

Eine beachtenswerthe Anregung für die Judenmission in Amerika gab C. F. Frey. Als derselbe 1816 von England herüberkam, scheint er dort bereits eine »American Society for evangelizing the Jews« vorgefunden zu haben. An deren Stelle trat 1820 »The Society for ameliorating the condition of the Jews in New-York«. Die Berichte über diese Gesellschaft waren nicht zu erlangen, und nur auf dürftigen Notizen anderer Zeitschriften beruhen die wenigen hier über sie folgenden Mittheilungen. Zu den eifrigsten Beförderern der Gesellschaft gehörte Dr. Elias Boudinot aus New-Jersey, der auch Präsident der Bibelgesellschaft war und um 1817 in der Schrift: »The Star of the West« die Identität der Indianer und der zehn Stämme hatte beweisen wollen. Den Anstoss zur Bildung der neuen Gesellschaft gab Frey, der 1823 auch ihr Agent wurde. Durch einen Proselyten Dr. Marcus war er aufgefordert worden für die Ansiedelung judenchristlicher Familien in Amerika zu wirken. Auf seinen Rath fasste denn auch die neue Gesellschaft den Plan Katechumenen und Proselyten zum Landbau heranzubilden. Der Name der Gesellschaft deutete ja bereits darauf hin, dass dieselbe nicht bloss die religiöse Wiedergeburt der Juden, sondern auch die sociale Neugestaltung ihres Lebens bezweckte. Frey sammelte für den Landbauplan 15 000 Dollars, aber dann fand sich keine Verwerthung für das Geld; denn Katechumenen und Proselyten wollten keine rechten Ackerbürger werden. Wie schon S. 18 erwähnt, legte sich deshalb Frey jetzt besonders auf die Literatur und schrieb ein Werk: »Joseph und Benjamin«. Immerhin wurde ein Anfang mit der Colonisation gemacht. Dr. Boudinot hinterliess ein Legat für diese Zwecke, und es wurde ein Stück Land von 500 Morgen gekauft, auf dem ein steinernes Gebäude und eine Wassermühle erbaut wurden. Der Plan, den Missionar Marc in Frankfurt a. M. über diese Colonie zu setzen, kam nicht zur Ausführung. Zwischen den wenigen Proselyten, die zuerst die Colonie bezogen, entstanden sehr bald Streitigkeiten, und so ging dieselbe recht schnell ein. Ueberhaupt waltete ein Unstern über allen Unternehmungen der Gesellschaft. Chiliastische Streitigkeiten brachen in ihr aus und lähmten ihre Kraft. Anfangs freilich schien sie gewaltig aufblühn zu wollen. 1825 zählte sie 322 Hilfsgesellschaften und besass ein Blatt »The Missionary Herald« (Boston), später »Jewish Chronicle«. Als erster Agent wird S. N. Rowan genannt. Später hören wir, dass Missionar Johann Neander von der Bremerlehe-Gesellschaft zur amerikanischen Gesellschaft übertrat, in deren Dienst er einige Jahre stand, um dann als Missionar der Presbyterianer in New-York zu wirken. Gleichzeitig mit Neander arbeiteten die Proselyten Bonhomme und Bernheim. Ebenso war bei der Gesellschaft drei Jahre lang Missionar Forrester thätig, der zahlreiche Schriften unter den Juden verbreitete. In einem Missionshause erhielten Katechumenen Unterricht. 1845 war an demselben der Proselyt Rev. Dr. John Leopold Lichtenstein angestellt*).

Lichtenstein ist 1813 in Hechingen (Hohenzollern) geboren. Der Vater, ein Handelsmann, liess den Sohn die Talmudschule besuchen. Auf derselben zeichnete er sich besonders aus und wurde, erst 17 Jahre alt, schon als Lehrer in Habsheim (Elsass) angestellt, wo er mehrere Jahre blieb und sich ernstlich weiter bildete. 21 Jahre alt besuchte er die Eltern am Laubhüttenfeste. Auf der Rückreise brach der Postwagen, und um am Sabbath nicht zu reisen, hielt er sich den Sonnabend in Basel auf. Dort hörte er von Börling, der Christ geworden und in das Missionshaus eingetreten war. Um ihn zum alten Glauben zurückzuführen, besuchte er ihn, wurde im Gespräch aber selbst zu der Erkenntniss gebracht, dass Jesus der Messias sei, und bekannte dies nun auch vor den Juden. Da brachen Verfolgungen über ihn aus, und zuletzt war er seines Lebens nicht mehr sicher. Er ging deshalb nach Strassburg und wurde dort 1834 getauft; seinen Namen Johannes wandelte er nachmals in John um. Später bereitete er sich in Genf auf die Theologie vor, kehrte aber 1836 nach Strassburg zurück, um noch die obersten Klassen des Gymnasiums zu besuchen. 1839 bezog er die Universität Erlangen, wo ihn besonders Thiersch und Hofmann anzogen. 1841 ging er nach Berlin und blieb dort bis 1842; Hengstenberg und Neander hatten hier grossen Einfluss auf ihn. 1842 wurde er in Bayern von Dr. Harless ordinirt und trat dann in den Dienst der Strassburger Judenmission. 1845 folgte er dem Rufe der amerikanischen Gesellschaft, blieb aber bei derselben nur ein Jahr, da ihm ihre Regeln undurchführbar erschienen. Er wurde dann presbyterianischer Prediger und bediente die von ihm gegründete presbyterianische Gemeinde in Paterson, N. J. bis 1851, war von 1851—54 Pastor der deutschen Gemeinde und Professor der alten Sprachen in Albany, Ind.; von 1854—62 Prediger einer reformirten Gemeinde in Buffalo, N. Y.; von 1862—66 an der ersten deutsch-

---

*) Freund Israels von P. Werber 1883, Nr. 1. Saat a. H. 1883, 113.

reformirten Gemeinde in Cincinnati (Ohio) und dann bis zu seinem Tode 1882 Pastor der ersten deutschen Presbyterianergemeinde derselben Stadt. Er war ein sehr begabter Prediger und ein gelehrter Mann. Als Professor Büchner aus Deutschland herüberkam, materialistische Vorträge zu halten, hielt er Gegenvorträge, die gedruckt und viel gelesen wurden; ebenso wurden seine Vorträge über die Person Christi veröffentlicht.

Das Missionshaus, an dem Lichtenstein angestellt war, wurde bald aufgegeben. 1849 belief sich die Einnahme auf 3000 Dollars; »Jewish Chronicle« erschien in 2000 Exemplaren. 1850 arbeitete im Dienst der Gesellschaft der Proselyt Bernhard Steinthal in Philadelphia; ein Sohn Bernheims, der im Missionsdienst starb, wurde nach Süd-Carolina gesandt; der Proselyt Levy aus London und Amsden aus Vermont wirkten als Agenten; die Proselyten Steiner und Frank, welche theologische Seminare besucht hatten, sollten eintreten, Bonhomme ganz in Philadelphia und Steinthal in New-York verbleiben. Letzterer eröffnete eine Schule für jüdische Kinder. Vier Colporteure durchwanderten das Land. Präsident war damals Philipp Milledoler. In diesem Jahre werden drei Taufen berichtet. 1851 waren einige Missionsarbeiter und vier Colporteure angestellt, 1853 sogar neun und vier bis fünf Colporteure; 14 Juden wurden getauft, in den zwei Jahren vorher 15; viele der Bekehrten wurden in der Mission verwendet. Von den 29 Proselyten dieser drei Jahre wurden einer Missionar, zwei Colporteure, zwei Studenten der Theologie, einer Missionslehrer. Mittel zur Unterstützung von Proselyten hatte die Gesellschaft nicht; doch konnte man 1854 immerhin 18 Proselyten zu ihrem Lebensunterhalt verhelfen. Von da ab sind weitere Nachrichten nicht zu erlangen gewesen. Rev. Tris sagte vor kurzem, dass die Gesellschaft in einem elenden Zustande noch existirte und wenig Gutes leiste. In den 60er und 70er Jahren wird hier und da von ihrer kümmerlichen Existenz Erwähnung gethan; ihr Wirken scheint sich nach und nach auf Colportage beschränkt zu haben. Ein klares Bild von ihrer Thätigkeit hat man nie gewinnen können; pomphafte Verherrlichung ihrer Thaten kennzeichnen aber auch ihre Kundgebungen. Rev. A. Bernstein sagt, dass in Folge ihres vagen Charakters und der Unbestimmtheit ihrer Zwecke sowohl unter dem Publikum als unter ihren eigenen Arbeitern bedauerliche Missverständnisse stattgefunden hätten (Friedensbote 1876, 174). Die Geschichte dieser ersten grösseren amerikanischen Missionsgesellschaft ist jedesfalls keine rühmliche.

Einen besseren Eindruck macht das Werk der Episcopalen, über das besonders ein gelegentlich erscheinendes Blatt dieser Kirche: »Gospel of the circumcision«, New-York berichtet. Auf der General-Versammlung in New-York 1841 wurde die Judenmissionsangelegenheit dem Hause der Deputirten vorgelegt. Das Beispiel der Kirche von England trieb zur Nacheiferung. Im Juni 1842 legte darauf der Board of Missions die Sache einer besonderen Commission unter dem Vorsitze des Bischof Doane von New-Jersey vor und trat in Verbindung mit der Londoner Gesellschaft. 1844 begann alsdann der Board of Missions die Arbeit und beschloss eine neue hebräische Uebersetzung des Common Prayer Book zu veranstalten. Dem Hause der Bischöfe wurde eine Bittschrift von Proselyten vorgelegt, welche die Anstellung eines Missionars und die Errichtung einer Missionskapelle begehrten. 1845 wurde denn auch Rev. J. P. Labagh als Missionar für die Juden in New-York angestellt. Die »Domestic Comittee« beschloss die Eröffnung einer Missionscapelle, und mehrere Bischöfe bewilligten eine Collekte am Charfreitage. Man kaufte die Erlöserkirche in New-York und begann am 1. Advent 1846 mit den Gottesdiensten. Juden besuchten dieselben, und unter den Communikanten der Kirche befanden sich mehrere Proselyten. Labagh blieb zweieinhalb Jahr. Ihm folgte im Dezember 1847 Rev. Thomas Cook bis Ende 1852. Jetzt aber erlahmte der Eifer, die Collekten wurden geringer, man trieb keine eigene Mission mehr, sondern unterstützte nur noch die Londoner. Auf der Generalversammlung 1859 aber legte Rev. C. Jacobi aus der Diöcese Connecticut eine Denkschrift über die Wiederaufnahme der Mission vor, und der Erfolg war, dass die »Church Mission to the Jews« ins Leben trat. Jacobi wurde der erste Missionar, andere folgten, und eine bis heute bestehende Missionsschule wurde eröffnet.

Im dritten Jahresbericht ist von 17 getauften Erwachsenen und von fünf getauften Kindern die Rede. Elf hätten die

Confirmation erhalten. Ein Missionar arbeitete in der Stadt, die Beiträge nahmen zu. 1863 fand Rev. B. Wright auf einer im Auftrag der Londoner Mission nach Amerika unternommenen Reise in New-York einen Missionar, einen Colporteur und eine von etwa 30 jüdischen Kindern besuchte Missionsschule der Episcopalen vor; Missionar war Rev. Wm. Wardlow. Im genannten Jahre wurden fünf Juden getauft, unter ihnen ein sehr gebildeter und wohlhabender Mann, der durch eine schwere Krankheit zur Entscheidung geführt worden war. 1872 hatten die Episcopalen Missionare auch in einigen grossen Städten des Ostens, Weiteres aber war über ihr damaliges Werk nicht zu erfahren.

Von 1877 ab nahm die Episcopal-Kirche als Kirche die Judenmission iu die Hand, und nach längeren Berathungen organisirte sich am 10. Januar 1878 eine »Church Society for promoting Christianity among the Jews« in Amerika. 1883 wurde sie als Hilfsgesellschaft der »Domestic and Foreign Missionary Society« anerkannt, der sie jährlich Bericht zu erstatten hat. Die Bischöfe stellten sich an die Spitze des Ganzen, und einem Comité wurde die Leitung der Mission übergeben. An die Pastoren ist die Aufforderung ergangen, sich der Juden in ihren Gemeinden anzunehmen, und viele haben dies gethan. Im zweiten Jahre des Bestehens des neuen Missionswerkes waren bereits 45 Geistliche in dieser Weise thätig. Neben ihnen aber wurden besondere Missionare beschäftigt, welche mit den Ortspastoren in enger Verbindung stehn. Missionsschulen wurden in grossen Städten errichtet, und eine ausgebreitete Schriftenvertheilung findet statt. 1880 sind über 100000 Bibeln und Traktate vertheilt worden. Die Schule in New-York wurde von 85 Kindern besucht: zwei derselben sind getauft, zwei confirmirt worden; auch die Eltern eines der confirmirten Kinder wurden getauft. In New-York eröffnete man auch eine Industrie- und eine Sonntagsschule. Bedeutende Prediger hielten Vorträge, welche die Juden fleissig besuchten. Die Vorträge erschienen dann in öffentlichen Blättern und wurden von den Juden lebhaft besprochen.

Als Evangelist war in New-York der Proselyt Meyer Lerman thätig, der in London das Operative besucht und die Taufe

erhalten hatte. Derselbe hat 1885 auch in New-York eine
»Hebrew Christian Brotherhood and Prayer Union« ins Leben
gerufen, deren Sekretär er ist. Im ersten Jahre des Bestehens
der neuen Episcopal Mission wurden in New-York neun Juden
getauft. Neben Lerman arbeitete dort Rev. J. C. Fleischhacker.
Letzterer ist in Deutschland geboren, auf Chrischona bei Basel
ausgebildet und dann als Laienbruder ausgesandt worden. Er kam
nach Amerika und wurde anfangs der 70 er Jahre Hilfsprediger
des Dr. Tyng in New-York an der St. George-Kirche. Dort
predigte er deutsch und hatte besonders viele Proselyten zu
Zuhörern. Später trat er in den Dienst der Episcopalen. In
der Diöcese New-York wurden von andern Geistlichen noch
vier Taufen angemeldet, aus Indiana durch Rev. Austin zwei.
In St. Louis hielten der Bischof und angesehene Prediger Vorträge, welche die Juden gern hörten. Missionar war daselbst
Rev. Chesnutt. In Jackson (Mississippi) hatte Rev. Tucker sieben
Proselyten unter seinen Abendmahlsgenossen; im Ganzen wurden
während des Jahres 22 Juden getauft.

1881 war Präsident der Mission der Bischof von New-York,
neben ihm waren 49 Bischöfe Patrone. In den verschiedenen
Staaten der Union wirkten 41 Lokalsekretäre, ausserdem ordinirte und nicht ordinirte Missionare und zwei Bibelfrauen. Aus
485 Gemeinden gingen 34 000 Mark Beiträge ein; über 100
Juden empfingen in diesem Jahre die Taufe, in Louisville
(Kentucky) allein 30 Personen. Im Immanuels-Missionshause
zu New-York, das man aus einem Legat 1882 zu kaufen im
Stande war, wurde eine Missionskapelle eröffnet, und hier hat
seitdem regelmässiger Gottesdienst stattgefunden. An eigent-
lichen Missionsarbeitern waren 1882 vorhanden: acht ordinirte
Prediger, ein Laienmissionar, sechs Lehrerinnen. Zwei neue
Missionsschulen wurden errichtet. Die Zahl der an den Juden
ihrer Kirchspiele arbeitenden Pastoren war auf 222 gestiegen,
die Einnahme betrug 50 000 Mark. Dagegen scheinen nur sechs
Taufen vorgefallen zu sein. In dem Jahresberichte 1883 werden
270 mitarbeitende Pastoren an 261 Orten und 21 eigentliche
Missionsarbeiter genannt. Die Gesammtzahl der durch die
Mission der Kirche bisher Getauften war auf fast 600 gestiegen,
die der mithelfenden Bischöfe auf 56. In diesem Jahre ging

auch die bisher noch bestehende »Protestant Episcopal Society« zu Philadelphia in die allgemeine Mission auf. Jene bestand schon längere Zeit. Aus einem Kapital bezog sie jährlich 2400 Mark Zinsen und ausserdem freie Beiträge. In ihrem Dienst hatte ein Rev. Neumann und nach dessen Tode der Proselyt Weintraub aus Tiberias gearbeitet, der vom Bischof Gobat getauft worden war; seine Frau stammte aus Talitha Kumi. 1884 hatten die Episcopalen 12 ordinirte, einen nicht ordinirten Missionar, 12 Lehrer und Lehrerinnen und 110000 Mark Einnahmen. 15 Taufen werden erwähnt. Lerman traf in New-York mit 40 Proselyten zusammen. Der Jahresbericht von 1885—86 erwähnt eine Missionsschule in Baltimore unter Rev. A. M. Finkelstein, in Philadelphia unter Rev. V. E. F. Mamreoff, andere in Chicago, New-Orleans u. s. w. Nach dem Bericht von 1886—87 wurde das Werk in 254 Städten getrieben. In New-York steht die Mission nach einem neueren Bericht mit vielen Proselyten in Verbindung, von denen die meisten den mittleren Klassen angehören. Die Mission jener Stadt hat in den letzten Jahren nicht wenige Juden in die Kirche aufgenommen. Jetzt bestehen vier Missionshäuser in New-York, Philadelphia, Chicago, New-Orleans, Schulen mit über 400 Kindern, Sonntagsschulen und eine bedeutende Schriftenverbreitung. Nach dem Bericht von 1889 gehören über 700 Proselyten der Episcopal Kirche von Amerika an. Monatlich erscheint »Israel's Watchman« von Rev. Dr. Lewis de Lew in Baltimore seit 1888. De Lew, Dr. juris et theologiae, beschreibt seine Bekehrung in »Ben Onie«, Baltimore.

Von allen amerikanischen Missionsunternehmungen ist jedesfalls die der Episcopalen die beachtenswertheste. Hier ist die Mission Sache der Kirche, ihrer Pastoren und Gemeinden. In der richtigen Erkenntniss aber, dass die Pastoren dem Werke nicht die genügende Kraft schenken können, hat man denselben auch Berufsmissionare zur Seite gestellt. Dadurch jedoch, dass die Augen der Pastoren auf die Juden ihrer Kirchspiele gelenkt worden sind, wird eine viel grössere Zahl derselben, als es sonst der Fall wäre, auf das Evangelium hingewiesen und das Netz viel weiter über sie ausgebreitet. Die Judenmission, in die allgemeine kirchliche Thätigkeit eingereiht, verliert auf diese Weise den fremdartigen Charakter, den sie sonst vielfach trägt, und dem Evangelio wird viel leichter bei den Juden der Eingang gebahnt. Es muss nun abgewartet werden, ob die Episcopalen Beständigkeit genug haben werden, in der bisher verfolgten Weise das Werk weiter fortzusetzen. Bisher hat sie und andere der Erfolg jedesfalls hierzu ermuthigen können.

Seit 1865 unterstützt der »American Board for foreign missions« die Schotten in Beirut, mit denen er gemeinsam eine Kirche erbaut hat, und deren Missionar er theilweise unterhält. Die American United Presbyterian Church hat mit den Irischen Presbyterianern in Damaskus gemeinschaftlich noch 1875 eine Mission erhalten. — 1870 wurde eine »American Christian Society for promoting Christianity among the Jews« in New-York er-errichtet. Präsident war Rev. J. C. H. Milligan, Sekretär Rev. A. C. Tris, welcher zu den Presbyterianern gehört und aus Holland nach Amerika gekommen ist. Jetzt ist derselbe Prediger in Albany, New-York. Er wurde 1869 auf seinen Vorschlag nach New-York gesandt, um dort Vorlesungen unter den Juden zu halten. Die Verhältnisse der alten amerikanischen Gesellschaft fand er so traurig vor, dass er von seinem Unternehmen abtreten wollte; aber das Erbarmen gegen Israel trieb ihn die Arbeit unter grossen Opfern aufzunehmen. Bis 1876 wirkte er in der begonnenen Weise, trat dann aber wegen geschwächter Gesundheit zurück. 1874 erschien von ihm in der amerikanischen Traktatgesellschaft ein Aufruf an die Kinder Israels, deutsch auch von Axenfeld in Barmen, hernach auch spanisch und 1885 jüdisch-deutsch. Der mit der rabbinischen Literatur bekannte Verfasser zeigt zuerst, dass die alte Religion Israels nicht mehr besteht, und darum kein Jude die Gewissheit der Versöhnung haben kann, und beantwortet dann die Einwände gegen das Christenthum. Ein Blatt des Vereins führte den Namen »The Star of Bethlehem«. Auch diese Mission besteht nicht mehr.

Vorübergehend war auch das Werk der »Baptist Society for the evangelization of the Jews«, die 1845 genannt wird. 1846 redigirte ihr Blatt C. F. Frey; ein Missionar wirkte in New-York und ein anderer in Indiana. Als City-Missionar begegnet uns der aus Ungarn übergesiedelte G. R. Lederer von 1855 bis 1876 in New-York; er liess dort eine Zeitschrift »The Israelite indeed« seit 1857 erscheinen. Er war damals der einzige Judenmissionar in der Stadt und beschränkte sich nicht auf die literarische Thätigkeit im Missionsgebiete, sondern verkündigte den Juden auch mündlich das Evangelium. Einen jungen Juden, dem er 1857 die Wahrheit besonders ernst bezeugt hatte, traf er sechs Jahre später als Christen an. 1870 sah P. König aus Pesth bei einem Besuche in New-York den greisen Missionar von einem grossen Kreise gläubiger Proselyten umgeben. Später gab derselbe ein anderes Blatt »Nathaniel« heraus. Seine Hoffnung, die Rückkehr der Juden nach Palästina noch zu erleben, ging nicht in Erfüllung. Er starb 1879. Von seinen geistlichen Kindern sind mehrere Prediger geworden; der bekannteste unter denselben ist der Bischof der amerikanisch-protestantisch Bischöflichen Mission Schereschewsky in China. Dr. Joseph S. Schereschewsky[*]) stammt aus Polen. Lederer traf ihn eines Tages in den Strassen von New-York, wo er noch polnisch gekleidet in gebrochenem Englisch sich zur Einsetzung von Glasscheiben anbot. Schereschewsky hatte früher bessere Tage gesehn. Er hatte in Polen eine Rabbinerschule besucht, aber in der Heimath keine Ruhe gefunden. Unter dem fortgesetzten Verkehr mit Lederer fing dann die christliche Erkenntniss bei ihm zu keimen an, und an einem Passahabende, den er im Hause des Missionars mit verschiedenen Proselyten zubrachte, welche die Feier sonst ganz nach jüdischem Gebrauche begingen, aber bei dem Mahle den Namen Jesu anriefen, brach er zu voller Erkenntniss durch. Er wurde 1856 getauft, und da er bedeutendes Sprachtalent an den Tag legte, beschloss man ihn studiren zu lassen. So kam er in ein bischöfliches Seminar und wurde für den Missionsdienst ausgebildet. Man ordinirte ihn und schickte ihn nach China, wo er in Peking seine Station erhielt. Nach einem Jahre bereits beherrschte er die Mandarinensprache so völlig, dass ihn der amerikanische Gesandte als Dolmetscher anstellte. Bei seiner tüchtigen Kenntniss des Hebräischen war er aber auch im

---

[*]) Dibre Emeth 1874, 177. Saat a. H. 1875, 108.

Stande das Alte Testament in die Mandarinensprache zu übersetzen, womit er 1860 begann. Er hat die entsprechenden Wörter für Elohim und Jehovah gefunden, und ihm ist es zu danken, dass die Schrift in weite Kreise der Chinesen gelangte. Mit grösstem Eifer arbeitete er auf dem Missionsfelde; ein Anerbieten, in Amerika Erholung zu suchen, lehnte er ab. Als ihm während des amerikanischen Krieges kein Gehalt gezahlt werden konnte, blieb er dennoch auf seinem Posten und erwarb sich sein Brot durch Unterrichtgeben. Wo er irgend in China Juden erreichen konnte, brachte er auch ihnen das Evangelium; besonders den Juden im Innern des Reichs hat er Christum verkündigt. 1875 nahm er nach zweimaliger Ablehnung das Amt eines Missionsbischofs an.

Auch die Stadtmission in New-York treibt nun schon seit längerer Zeit die Judenmission daselbst. Sie hält regelmässige Gottesdienste ab, zum Theil in hebräischer Sprache, und vertheilt hebräische Traktate unter den Juden.

Die »American Tract Society« lässt unter den Juden in Castle Garden, New-York durch den Colporteur und Proselyten S. Goldstein Bibeln und Traktate vertheilen. Er ist der geeignete Mann unter den einwandernden Juden zu wirken, da er 13 Sprachen spricht. Von den Traktaten der Gesellschaft sei erwähnt: »Beweis aus den alttestamentlichen Propheten, dass der Messias schon gekommen und Jesus von Nazareth der verheissene Messias ist«.

Auch im Gebiete der Lutherischen Kirche treffen wir Missionsunternehmungen an. 1878 entstand in der Conferenz, einer Vereinigung norwegisch-dänischer Gemeinden, ein Missionsverein. In der Zeitschrift »Lutheranern og Missionsbladet« hatten Pastor J. G. Gjertsen und Professor Sven Rud. Gunnersen in Rochester zur Errichtung eines Missionsvereins aufgefordert. Derselbe trat dann auch mit mehreren Lokalvereinen ins Leben und führt den Namen »Zionsverein für Israel«. Das dänisch geschriebene Blatt »Lutheranern« berichtet über den Fortgang des Werks. Die Conferenz stellte Paul Theodor Ludwig Buszin als Pastor an. Derselbe, 1834 in Klecko (Posen) geboren, wurde in Sagard (Insel Rügen) 1856 durch P. Ockel getauft, dann Gehilfe am Stralsunder Rettungshaus, hierauf Zögling des

Berliner Missionshauses von 1860—62, später Lehrer in Hinter-Pommern und hierauf Pastor in Meredosia, Ill. 1880 aber stellte der Verein als Missionar den Proselyten und Candidaten der Theologie Th. C. Meyersohn an. Derselbe ist 1850 in Kurland geboren, wurde 1874 von Gurland in Mitau getauft, kam in das Berliner Missionshaus 1875 und wurde dort 1881 ordinirt. Von Gurland und Wangemann in Berlin empfohlen, wurde er von der Conferenz angestellt. Zuerst nach Palästina gesandt, erkannte er ganz richtig, dass der dortige Boden hinreichend bearbeitet sei, und bat daher, ihn in sein Vaterland Russland zu senden, wohin man ihn auch schickte, nachdem er zuvor noch in Kairo gearbeitet hatte. Ende 1882 kam er nach Petersburg und fand hier viele Unterstützung bei den Evangelischen. Nicht wenigen Juden wurde er zum Segen und unterrichtete eine erhebliche Anzahl derselben, welche dann die Pastoren der Stadt tauften. Mit Dr. Althausen vereint wirkte er besonders auch für die Vereinigung der Proselyten in der Stadt und für die Errichtung eines Proselytenheims. 1888 wurde er nach Minsk versetzt und arbeitet dort mit gleichem Eifer*). Die dicht gedrängte und religiös bewegte jüdische Bevölkerung bietet für sein Wirken einen trefflichen Boden; aber die russische Regierung tritt demselben allerdings überall hindernd entgegen. Die Einnahmen der Conferenz betrugen 1888 etwa 15 000 Mark.

In Verbindung mit dieser Mission steht jetzt auch Pastor P. Werber**), der früher in Pomeroy (Ohio) stand, nunmehr in Baltimore und seit 1888 das Missionsblatt »Der Freund Israels« in Monatsnummern herausgiebt. Paul Werber ist 1841 in Lithauen geboren, dann in Berlin getauft worden, hat dort das Johannis-Stift besucht und ist auf demselben zum Predigtamt in Amerika vorbereitet worden. Werbers Blatt wird regelmässig an etwa 1000 jüdische Familien gesandt, und manche seiner Artikel werden als Traktate verbreitet. Auch hat derselbe Juden unterrichtet und getauft.

Die Lutherische Emigrantenmission von New-York hat sich auch schon seit Jahrzehnten und bis heute der jüdischen Ein-

---

*) Nathanael 1891, Heft 1 u. 6.
**) Dibre Emeth 1876, 74.

wanderer angenommen. Die Synode der Lutherischen Kirchen von Ohio, Missouri und andern Staaten rief, durch Pastor Th. Buszin dazu angeregt, nach Verhandlungen der Delegirten der Synode in Fort Wayne 1883 eine Mission ins Leben. Sie berief den Missionar Daniel Landsmann, der zehn Jahre in Jerusalem und 17 in Constantinopel gestanden hatte, unter den Juden von New-York zu arbeiten. Die Einnahme der Mission betrug früher zwischen 6—8000 Mark, jetzt weniger. »Der Zeuge der Wahrheit für evangelisch-lutherische Gemeinden« und »Der Lutheraner« in New-York berichten über das Werk. In den letzten Jahren hat sich Landsmann darauf beschränken müssen, die Juden in ihren Häusern und in Wirthshäusern aufzusuchen; ausserdem vertheilt er Schriften. Einige Taufen haben stets stattgefunden.

In Chicago ist 1885 »The Hebrew Christian Work« begonnen. Die »Home Mission« der Lutherischen General-Synode in Baltimore beauftragte den Proselyten und Docenten am Theologischen Seminar in Chicago, Rev. S. D. Berger zugleich Judenmission zu treiben. An jedem Sonnabend Nachmittag 4 Uhr hielt derselbe öffentliche Predigten für Juden ab, anfangs unter vielem Widerspruch der Juden, die ihn sogar auf der Strasse mit Steinen und Schmutz bewarfen. Als er dann seine Stelle aufgab, hielt die Synode auch mit dem Missionswerk inne. Nun aber veranlasste Rev. Freshman aus New-York Glieder verschiedener Kirchgemeinschaften ein Comité zu bilden, zu dem unter anderen die Professoren Curtiss und Scott und Herr W. E. Blackstone gehören. Ein von diesem angestellter Proselyt Bernhard Angel missionirt unter den Juden. Man hat auch ein Lesezimmer für die Juden eröffnet, eine Sonntagsschule für jüdische Kinder und eine Industrieschule für jüdische Mädchen. Am Freitag wird eine Andachtsstunde für Proselyten gehalten. Die Einnahmen belaufen sich auf etwa 3000 Mark. Jahresberichte und »The Home Christian« berichten über das Werk.

Kurze Zeit übten auch die Deutschen Methodisten Judenmission. Ein Vortrag des Professor Schaub auf einer Conferenz von Methodistenpredigern in Colesbury, Jowa 1886, gab dazu Anlass. Es bildete sich ein Comité, dessen Sekretär der Proselyt Rev. J. H. Wallfisch in Galena, Ill., wurde. Wallfisch ist

1880 von Professor Cassel in Berlin getauft und war kurze Zeit in der Mission der Schottischen Freikirche thätig gewesen; nach Amerika ausgewandert, wurde er Prediger der bischöflichen Methodisten. Er bildete unter den Zöglingen des deutsch-englischen Colleges in Galena ein Institutum Judaicum. Später verliess er Galena und erhielt vom Milton College den Grad eines Dr. of music. Nach seinem Abgange erkaltete der Eifer, und das Werk ging ein.

Auch die Wesleyaner haben einen Anfang mit der Judenmission gemacht. Rev. Julius Magath, Professor am Emory College in Oxford (Georgia), der selbst Proselyt ist, wurde von der Nord Georgia-Konferenz beauftragt, als Judenmissionar in ihrem Namen zu arbeiten. 1886 liess er eine Zeitschrift: >The Hebrew Missionary< erscheinen, die 1888 den Namen: >The Hebrew Messenger< annahm, gegenwärtig aber nicht mehr fortgesetzt wird. Magath übersetzte auch eine Schrift des katholischen Proselyten M. M. Léman ins Englische: >Jesus before the Sanhedrin< 1887.

Besondere Energie entfaltet Rev. Jacob Freshman[*]), der in New-York eine Mission unter dem Namen >Hebrew Christian Work< ins Leben gerufen hat. Der Vater desselben, Karl Freshman (Jew. Herald 1875, 92), 1819 geboren, stammte aus Ungarn, war ein orthodoxer Jude und wanderte 1853 nach Canada aus. Er kam nach Quebec und wurde dort Rabbi, in welchem Amte er drei Jahre blieb. Das Neue Testament, welches er kennen lernte, gewann ihn, und alsbald legte er sein Amt nieder; dafür hatte er bittere Verfolgung zu leiden. Bei Rev. J. Elliott, Präsidenten der Montreal-Konferenz, trat er in den christlichen Unterricht und wurde von ihm in die Kirche der Methodisten aufgenommen. Seine ganze Familie, Frau, vier Söhne und drei Töchter, wurde mit ihm getauft. Auch zwei presbyterianische und ein congregationalistischer Prediger halfen die Taufe vollziehn. Bald darauf wurde er als Prediger angestellt, und ihm zuerst die Arbeit unter den Deutschen in der Provinz angewiesen. Neun Jahre blieb er in diesem Amt und wirkte in demselben mit grossem Segen an vielen Herzen. Darauf be-

---

*) The Hebrew Christian, New-York, Monatsschrift. Annual report.

diente er englisch sprechende Gemeinden. Seine Tüchtigkeit und Gelehrsamkeit wurden damit belohnt, dass er zum Doktor der Theologie ernannt wurde. Auch einige Juden sind durch ihn zum Glauben gekommen. 1874 fiel er von einem Wagen so unglücklich, dass er 1875 an den Folgen dessen starb.

Sein Sohn Jacob, bisher methodistischer Prediger in Canada, kam 1881 nach New-York. Die grosse Menge der Juden, welche er dort vorfand, weckte in ihm den Trieb, denselben das Evangelium zu verkündigen. Drei Monate hielt er besondere Gottesdienste für Juden, die immer zahlreicher besucht wurden. Er kündigte darauf an, dass er eine judenchristliche Gemeinde bilden wolle, ein Gedanke, der bei den eigenthümlich gearteten Verhältnissen Amerikas nicht unberechtigt war; wiewohl eine derartige Gemeinde stets in der Gefahr steht eine persönliche Schöpfung zu bleiben, deren Dauerhaftigkeit eine sehr zweifelhafte ist. Freshman erklärte zur Bildung einer solchen Gemeinde schreiten zu wollen, wenn sich zehn männliche Glieder zusammenfänden. Am Neujahrstage 1882 konnte dies geschehn. Mehrere von ihm eingeladene Pastoren aus New-York und Brooklyn waren bei dem Eröffnungsgottesdienste zugegen. Freshman verlas als Glaubensbekenntniss der neuen Gemeinde das Apostolicum und die von der Evangelischen Allianz aufgestellten Glaubenssätze. Die Gemeinde stellte sich die Aufgabe, das Evangelium unter den Juden zu verbreiten. Sogleich wurden drei wöchentliche Gottesdienste und eine Sonntagsschule unter der Leitung seiner ihm treu zur Seite stehenden Frau eingerichtet. Die Versammlungen geschahen meist in Freshmans Hause. Aber die Christen zeigten wenig Theilnahme für das Werk; ein Besuch in England, wo er die grossen Missionsanstalten sah, ermuthigte ihn jedoch seine Sache fortzusetzen. Es gelang ihm ein Comité aus Mitgliedern verschiedener Kirchen zur Unterstützung seines Unternehmens zu bilden. Nun miethete er in einer öffentlichen Halle, Cooper Union, ein Zimmer, dessen Miethe ein Herr für ein Jahr zahlte; auch noch ein anderer Saal in 73 Allen Street kam hinzu. Bei den Gottesdiensten wurden die deutsche, englische und hebräische Sprache gebraucht. Die Juden suchten oft die Versammlungen zu stören, und es gab manche schmerzliche Auftritte. In dem nämlichen Hause wurden auch eine Lesehalle und ein Zimmer für den Unterricht von Katechumenen gemiethet; ebenso wurde eine zweite Sonntagsschule in den Räumen eröffnet und mit der Traktatvertheilung begonnen. Von Anfang an geschahen einige Taufen. Im zweiten Jahre konnten schon drei Missionsgehilfen angestellt werden, und die Ausgabe betrug in demselben über 4000 Mark.

Freshmans treffliche Eigenschaften traten sogleich in dieser ersten Zeit seines Wirkens zu Tage: grosse Frische, Eifer und Muth, starkes Gottvertrauen und ungemeine Rührigkeit, aber daneben auch das echt amerikanische Hasten und viel Unweisheit. Besonders hat er in der Verwendung von Proselyten grosse Missgriffe gethan, und er war oft genöthigt mit den Missionsgehilfen zu wechseln. Das Amt derselben ist die Juden aufzusuchen und ihnen das Evangelium zu bringen. Die Proselyten versammelte er jeden Freitag Abend zur Gebetstunde in seiner Wohnung; übrigens aber schlossen sich auch Nichtproselyten seiner Gemeinde an. Bald schuf Freshman sich ein Monatsblatt »The Hebrew Christian«, das fortlaufend über sein Werk berichtet. Rev. Dr. M. J. Dennis, ein Proselyt, früher Missionar in Palästina, schloss sich ihm an und missionirte unter den Juden in Boston. 1884 geschahen durch Freshman elf Taufen, aber von seinen drei Mitarbeitern mussten zwei als unbewährte Leute entlassen werden. Oefters sah er sich in der Nothwendigkeit mit seinen Sälen zu wechseln, und das war dem Werke schädlich. Man erstand deshalb St. Marks' Place N. 17, bisher eine öffentliche Schule, 1885 und richtete es für die Missionszwecke ein. Auf den Kaufpreis von 20000 Dollars konnte man zunächst nur eine Anzahlung von 5000 leisten, zu denen ein Herr W. E. Dodge 1000 und dessen Sohn, ein Prediger, 500 Dollars beigesteuert hatten. Am 11. Oktober 1885 wurde ein Eröffnungsgottesdienst gehalten, an dem ein methodistischer Bischof die erste Predigt hielt und verschiedene Kirchgemeinschaften sich betheiligten. Eine Woche hindurch fanden Versammlungen statt. In diesem Jahre beschäftigte Freshman wieder drei Missionsgehilfen, deren Zahl dann nach und nach bis auf zwölf stieg. 1886 wurden sieben Erwachsene getauft. Im nämlichen Jahre reiste Freshman nach

Europa und trat in Paris mit dem Proselyten Rev. Hirsch in Verbindung, der von ihm im Missionswerke unter den dortigen Juden unterstützt wird; auch in dieser Sache hat er es an der nöthigen Prüfung fehlen lassen. 1887 wurden wieder zehn Juden getauft. Die Zahl der von Freshman getauften Proselyten, welche Predigerseminare besuchten, war auf neun gestiegen; einer derselben wurde nach Chicago gesandt, um dort als Missionar zu arbeiten. Für die dortige Arbeit waren 3000 Mark eingekommen, und auch in jener Stadt ist ein Lesezimmer und eine Sonntagsschule eröffnet worden. In Philadelphia, Toronto und Montreal (Canada) wurden ebenso Stationen errichtet. Verkehrterweise beschloss Freshman auch in Palästina eine eigene Mission zu beginnen, wohin er 1889 reiste. Der erste von ihm dort angestellte Proselyt bewährte sich nicht; die seitdem daselbst Arbeitenden standen in haltloser Arbeit. Freshman hat das jetzt selbst eingesehn und seine Mission von dort zurückgezogen. Von den durch ihn Getauften sind einige bereits Pastoren amerikanischer Gemeinden; so Emil Lewy und Ignatius Hosea Lish, beide bei den Presbyterianern. Erfreulich bleibt es, dass, so viele Mängel auch Freshmans Werk zeigt, derselbe wirklich einmal vielen Juden Amerikas das Evangelium nahe bringt.

Eine judenchristliche Brüderschaft, die sich 1867 in New-York und 1868 in Chicago bildete und Rev. J. Lotka als Missionar anstellte, ist bald wieder eingegangen. Präsident derselben in Chicago war der Proselyt W. W. Harscha. Rev. C. T. Lucky, ein mit dem Talmud sehr bekannter Mann, wurde von dem separirt lutherischen Pastor Pohlmann in New-York ordinirt. Er ging dann nach Galizien, um dort unter den Juden zu wirken, und ist auch gegenwärtig wieder dort thätig. 1887 begann er in Alfred Centre bei New-York eine judenchristliche hebräische Zeitschrift »Eduth le-Israel« herauszugeben, welche nach einer Unterbrechung in Lemberg fortgesetzt wird, und zwar nunmehr auf Kosten der Berliner Gesellschaft. Redakteur derselben ist seitdem M. Löwen, Lucky aber ihr wichtigster Mitarbeiter. Letzterer ist ein sehr eifriger und begabter Missionar, aber ganz in den nationaljüdischen Ideen befangen, die auch Friedländer in sich aufgenommen hatte. Friedländer schrieb, nachdem er sich in Amerika niedergelassen hatte, daselbst das Blatt: ›The Peculiar People‹, welches den nationaljüdischen Standpunkt mit aller Einseitigkeit vertrat. Ihm erschien es jetzt als die wichtigste Aufgabe, unter den Juden das nationale Bewusstsein zu wecken. Wohl sollten die Juden Jesum als ihren Messias erkennen, aber die religiöse Verschiedenheit sollte ihnen gegen ihre nationale Zusammengehörigkeit zurücktreten. Eben deshalb hielt er jetzt die Mission, welche die Juden der allgemeinen christlichen Kirche zuzuführen bestrebt ist und sie aus dem nationalen Zusammenhange herausführt, für ein grosses Uebel. Ueber dem vergeblichen Versuche, die Juden national mit einander in unserer Zeit zu vereinigen, ist er dann 1889 in Brooklyn gestorben, erst 58 Jahre alt, und hat seine Familie in dürftigen Verhältnissen hinterlassen. Die Zeitschrift ›Peculiar People‹ aber, an welcher auch Lucky, ohne seinen Namen zu nennen, mitgearbeitet hatte, wird von dem Sabbatharier Rev. William L. Daland (Westerly, Rhode Island) unter dem Motto: ›Judaeus sum, Judaici nihil a me alienum puto‹ fortgesetzt. Die Tendenz des Blattes ist dieselbe geblieben; es vertritt thatsächlich mehr die Sache der Juden gegen die Christen als die des Christenthums unter den Juden.

In Canada sind schon früh Sympathien für die Londoner Mission erwacht, und es wurden von dort aus öfters nach London Berichte über Bemühungen einzelnen Juden das Evangelium zu bringen gesandt. So 1836 aus Montreal die Geschichte der Bekehrung von Henry Abraham Joseph, der 1803 in Sorel (Unter-Canada) geboren ist. Derselbe wanderte viel in Amerika hin und her und wurde zuerst durch die Predigt eines Bischofs in Jamaika in einer Kirche der Bai von Honduras auf das Evangelium hingewiesen. Doch erstickte er bald den empfangenen Eindruck, wurde Sklavenhändler und erwarb viel Geld als solcher; sein Schiff wurde dann aber von britischen Kreuzern aufgegriffen. Später ging es in seinen äusseren Umständen mehrfach auf und ab, und er schloss sich dann in New-York den Freidenkern an. Nach Verlust seines Vermögens kehrte er in die Heimath zurück und ergab sich hier dem Trunk, verging sich und kam ins Gefängniss. Während dieser Zeit las er viel im Alten Testament und kam darüber ein wenig zur Besinnung. Aus dem Gefängniss entlassen, ging er nach Montreal. Hier schwankte er stets zwischen dem Vorsatze ein besseres Leben zu führen und Selbstmordsplänen hin und her; einmal verwundete er sich auch wirklich sehr ernst mit einem Rasirmesser und wurde so ins Hospital gebracht. Hier wurde er aufrichtig bekehrt und durch Rev. Fuller getauft.

Meyer David Rosenberg ist 1798 in Lithauen geboren. Sein Vater, ein armer Rabbi in einer kleinen Stadt, hatte vier Söhne und zwei Töchter. Der Sohn wurde schon mit 15 Jahren verheirathet, verlor aber seine Frau bald. Da kam ein Neues Testament in seine Hände, und dieses wie das Studium von Maimonides machten ihn am Rabbinismus irre. Von nun an führte er ein unruhiges Wanderleben. 1827 liess er sich wieder nieder und verheirathete sich auch, wurde Schmuggler und gerieth so oft mit den Soldaten in blutige Kämpfe. Zuletzt wurde er mit seinen beiden Schwiegervätern und 15 andern Juden überrascht, der Bruder und ein Schwiegervater fielen von Kugeln durchbohrt, die andern wurden in Ketten gelegt. Ein Jahr blieb er in Untersuchungshaft und hatte in dieser Zeit viel auszustehn. Endlich wurde er zur Verbannung nach Sibirien verurtheilt. Ehe er jedoch dorthin kam, wusste ihm ein jüdischer Arzt zur Flucht zu verhelfen, und er kam nach Preussen 1844. Sein Sohn wurde ihm nachgesandt, und beide hielten sich jetzt in Berlin auf. Hier lernte der Vater den Missionar Biesenthal kennen und wurde von demselben schliesslich mit seinem Sohne unterrichtet. Da aber die Möglichkeit sie zu erhalten in Berlin nicht vorhanden war, gingen sie über Hamburg nach Canada. Auf dem Schiffe befanden sich Auswanderer, die ein Prediger führte; bei diesem setzten der jüdische Vater und sein Sohn jetzt den Unterricht fort. Als der Prediger erfuhr, dass beide schon in Berlin den ersten Unterricht empfangen hatten, schöpfte er gegen sie Verdacht, gewann dann aber wieder Vertrauen zu ihnen. Der Vater wurde noch während der Fahrt getauft, der Sohn später. Ersterer starb 1873 in geordneten Verhältnissen, letzterer wurde ein tüchtiger Kaufmann.

Der Bischof von Huron, Dr. Baldwin, führte 1884 am Charfreitag eine Collekte für die Judenmission ein, während Bischof

Hellmuth, der bekannte Proselyt, die Judenmission in Canada lebhaft unterstützte. Die Theilnahme für die Londoner Mission ist hier im Wachsen begriffen. 1857 wird auch »The Foreign and Jewish Committee of the Presbyt. Church« in Canada genannt, welche die Synoden von Neu-Braunschweig und Neu-Schottand unterstützen. Der Schatzmeister Alex. Morris unterhielt einen Briefwechsel mit der Kirche von Schottland. In Uebereinstimmung mit der Kirche von Schottland sandten diese Presbyterianer dann Rev. Dr. A. Eppstein nach Macedonien, um dort zu arbeiten, die Schotten trugen einen Theil des Gehalts. Von ihrem gemeinschaftlichen Missionswerk in Beirut war bereits S. 311 die Rede. Die Presbyterianer in Canada wollen jetzt auch, überflüssiger Weise, eine Mission in Palästina errichten. Als Repräsentant der Britischen Gesellschaft stand eine Zeit lang der Proselyt Rev. Anselm Schuster in Canada. Auch in Jamaika verbreiteten Freunde der Londoner Mission bereits 1839 Schriften unter den dortigen Juden. Taufen werden ebenso von dort berichtet: 1844 aus St. Croix in Westindien von fünf erwachsenen Juden, unter denen einer Lehrer an einer Regierungsschule war. 1847 erschien in Jamaika: »A Gentile's entreaty, address to the Jews« von J. J. Freeman, der im Auftrage der Londoner Gesellschaft Ansprachen an die Juden in Kingston, Spanish Town und Falmouth hielt.

Aus der die Judenmission betreffenden Literatur in Amerika ist zuerst eine Schrift von Warden Cresson zu nennen, der amerikanischer Consul in Jerusalem war: »Jerusalem the centre and joy of the whole earth and the Jew the recipient of the glory of God«, 2. Aufl., London 1844. Der Verfasser sieht der Wiederherstellung Israels 1847 entgegen. Er hatte sich zum Consul in Jerusalem machen lassen, um die Erfüllung der Weissagungen dort zu erleben und dann die Juden in der grossen Trübsal zu beschützen! Von demselben phantastischen Verfasser stammt: »The Lord's Olive Free shewing the preeminence and ascendancy of Israel in the coming dispensation above all nations of the earth«, und »Day break, we look for day break from the east«, eine Vierteljahrszeitschrift. In England und Amerika herrscht vielfach dasselbe unnüchterne Wesen und dieselbe Ueberspannung in der Auslegung der Weissagungen.

Von Samuel Kellogg, Professor der Theologie in Allegheny, Penn., erschien 1883 (London): »The Jews, prediction and fulfilment, an argument for the times«: Nachdem die früheren Weissagungen bezüglich Israels erfüllt sind, müssen auch die noch ausstehenden in Erfüllung gehn. In der neueren politischen und socialen Erhebung der Juden erblickt der Verfasser den Anfang der Erfüllung der Schriftverheissungen überhaupt. In schwedischer Sprache erschien von Pastor R. Andersen in Brooklyn eine Schrift über die Judenmission, New-York 1887. Der Verfasser führt die verschiedenen Missionsgesellschaften an, bringt Skizzen aus dem Werk der Missionare Lerman, Fleischhacker, Freshman, Landsmann, Werber u. s. w. Über Dalands literarische Thätigkeit ist S. 389 berichtet.

Die Zahl der Juden ist nicht gering, welche durch die christliche Umgebung in Amerika zur Erkenntniss gekommen sind; während eine andere nicht kleine Anzahl in Europa zum Christenthum übergetreten und später ausgewandert ist. Die Geschichte der meisten ist nicht bekannt geworden, sondern man begegnet nur hier und da wie zufällig ihren Namen. Folgende Proselyten mögen angeführt werden:

Paul Israel Baumgart*). Derselbe ist in Oberlauringen (Bayern) geboren. Seine Mutter starb ihm frühe; der Vater schickte ihn, als er sechs Jahre alt war, zu den Grosseltern, um dort die Schule zu besuchen; später kam er wieder in seinen Heimathsort. Dort unterrichtete ihn in allerlei weltlichem Wissen der Pastor Hänlein, worauf er sich für das Lehrfach vorbereitete. Bereits mit 17 Jahren bekleidete er eine Hilfslehrerstelle, kehrte aber nach anderthalb Jahren in das Vaterhaus zurück. Hier las er das Neue Testament, das sein Vater einmal mit andern alten Büchern erstanden hatte, schlug die hier angeführten Weissagungen im Alten Testament nach und las dann die jüdischen Erklärungen zu denselben. Da ihn letztere nicht befriedigten, kam er auf den Gedanken, dass am Ende doch das Christenthum wahr sein könne. Er wandte sich deshalb an Pastor Dr. Schenk, der damals an seinem Ort das Pfarramt ver-

---

*) Freund Israels von Werber 1887, Nr. 12.

waltete, und erhielt von ihm neben andern Missionsschriften das Leben von Augusti, das einen tiefen Eindruck auf ihn machte. Ein halbes Jahr später wandte er sich nach Nürnberg, wo er christlichen Unterricht erhielt, zwei Jahre aber bis zur Taufe noch warten musste, weil er erst dann das gesetzliche Alter erreichte. Inzwischen wurde er, um Lehrer zu werden, auf die Vorbereitungsschule nach Nürnberg gesandt. Von Löhe erhielt er weiteren Unterricht und 1836 dann in Windsbach die Taufe, worauf er mehrere Schulstellen bekleidete. In dieser Zeit war durch Löhe die nordamerikanische Mission begonnen, und 1843 ging nun Baumgart nach Amerika zur Uebernahme einer Lehrerstelle daselbst. Später wandte er sich dem Predigtamte zu, war zuerst Pastor in Logan, Ohio, und hat 40 Jahre an verschiedenen Gemeinden gewirkt, zuletzt in Darmstadt, Ill. Diese geringe Stelle behielt er, weil sie ein anderer nicht annehmen wollte. 1887 starb er 72 Jahre alt, ein treuer, lebendiger Christ.

In Eagle (Ontario) wurde 1880 S. Edelstein angestellt, der in Leipzig studirt hatte und durch Bischof Hellmuth die Ordination empfing. Rev. Fleischhacker aus Deutschland und in Chrischona erzogen, trat in englische Dienste, wurde in Jerusalem ordinirt und dann zweiter Prediger an St. George in New-York, neben Dr. Tyng Ende der 60er Jahre. Er hatte besonders die deutschen Gottesdienste zu halten und für die vielen Proselyten jener Gemeinde zu sorgen. Dr. Ludwig Jacoby, ebenso ein Proselyt, ist der Gründer des deutschen Methodismus in St. Louis, Mo. und hat denselben in Deutschland verbreiten helfen. Seine Lebensbeschreibung findet sich in Rev. Fr. Kopps Charakterbildern aus der Geschichte des Methodismus, die aber für dieses Buch nicht zu erlangen waren. — Abraham Jaeger aus Deutschland, der Rabbiner in Mobile gewesen war, trat, 35 Jahre alt, 1872 über und wurde später Baptistenprediger daselbst. Früher ein Feind des Christenthums, aber innerlich unbefriedigt, hatte er das Neue Testament gelesen und kam dann zur Ueberzeugung. Später liess er eine Schrift: »Mind and heart in religion or Judaism and Christianity« erscheinen. — Rev. Kaloria, in Jerusalem geboren, ist jetzt Pastor in Süd-Amerika. E. Littwien aus Lithauen, in Berlin getauft, trat für kurze Zeit in den Dienst der Rheinischen Judenmission, wurde später Pastor in Hespeler, Ont. und dann an der Petri-Gemeinde in Logan, Ohio.

Isidor Löwenthal aus Posen*) war der Erstgeborene von fünf Geschwistern; sein Vater war nicht besonders orthodox, die Mutter desto strenger. Schon mit 17 Jahren hatte er das Gymnasium beendigt, wurde dann aber auf Wunsch des Vaters Kaufmann, fühlte sich jedoch in diesem Beruf nicht befriedigt. Er gründete mit andern Altersgenossen einen liberal-politischen Verein und sollte wegen eines aufreizenden Gedichtes eingesperrt werden. Deshalb floh er und kam 1846 nach New-York. Eine Zeit lang bemühte er sich vergeblich eine bürgerliche Existenz zu begründen; zuletzt wurde er Hausirer und bot an einem kalten Novembertage dem Rev. S. M. Gayley, Wilmington, Del. seine Waare an. Dieser lud ihn mitleidig ein, die Nacht bei ihm zu bleiben, und lernte so den jungen Mann kennen. Freundlich bot er ihm den Aufenthalt in seinem Hause an, bis er eine Lehrerstelle für ihn finden würde, was derselbe dankbar annahm. Durch dieses Predigers Vermittelung erhielt er auch eine Stelle für Deutsch und Französisch am La Fayette College zu Easton, Pa., 1847. Sehr schnell eignete er sich nun das Englische an und war bald mit der englischen Literatur völlig vertraut. Er studirte unermüdlich, nur vier Stunden schlief er gewöhnlich. Sein eiserner Wille und sein vortreffliches Gedächtniss überwältigten alle Schwierigkeiten. Dem Rev. Gayley hatte er seine Abstammung nicht mitgetheilt, im Juli 1847 aber that er dies und bekannte ihm, dass er vom Christenthum innerlich überwunden sei. Die Hausandachten bei Gayley hatten den ersten Samen in sein Herz gepflanzt, und von da gelangte er weiter bis zur völligen Erkenntniss. Während der Herbstferien des folgenden Jahres trat er über und wurde von Gayley in der presbyterianischen Kirche getauft. 1848 wurde er als Sprachlehrer an die Mount Holly Collegial School berufen, an der er etliche Jahre blieb. Rev. Philipps an der ersten presbyterianischen Kirche in New-York rieth ihm jetzt Prediger zu werden, und 1852 bezog er auch wirklich ein

---

*) Freund Israels von Werber 1889, Nr. 1. Jew. Herald 1875, 45.

Theologisches Seminar in Princeton, N.-J. Schon jetzt wurde er regelmässiger Mitarbeiter am »Biblical Repository«. Beim Abgange vom Seminar hielt er einen Vortrag über Indien als Missionsfeld, und in die Mission zog es ihn mit aller Macht. Er stellte sich also dem presbyterianischen »Board of Foreign Missions« zur Verfügung, und dieser schickte ihn 1856 nach Afghanistan. In kurzer Zeit lernte er dort die afghanische Sprache mit ihren Dialekten und konnte schon nach einem Jahre afghanisch predigen. Aber nur sieben Jahre waren ihm in der Mission beschieden. Während dieser kurzen Zeit übersetzte er das ganze Neue Testament in das Puschtu und liess es drucken; ein fast vollständiges Wörterbuch der Sprache hinterliess er im Manuskript. In fünf asiatischen Sprachen predigte er mit Leichtigkeit und war ein Kenner des Orients wie kaum ein anderer. Europäer und Indier schätzten ihn gleich sehr, während des indischen Aufstandes wurde er besonders um Rath gefragt. Mit Sir John Lawrence war er befreundet. Er besass die reichste Sammlung asiatischer Manuskripte und seltener Bücher, die sich je in den Händen eines Privatmannes befand, und dabei predigte er unermüdlich. Durch ein Missverständniss eines Dieners wurde er, als er des Nachts auf seinem Dache umherging, erschossen; der Diener hatte ihn für einen Dieb gehalten. Er starb 1864, noch nicht ganz 38 Jahre alt.

Bernhard Pick, 1861 in Berlin getauft, siedelte dann nach Amerika über und stand hier als Pastor in Rochester, New-York. Er ist ein fruchtbarer Schriftsteller. Lesenswerth ist sein Artikel »The Mission among the Jews« in »Encyclopaedia of Biblical, theological and ecclesiastical literature«, New-York 1888, 166—187; »The Talmud, what it is and what it knows about Jesus and his followers«, New-York 1887. Auch übersetzte er zwei Schriften von Delitzsch: »Jesus und Hillel« und: »Jüdisches Handwerkerleben« ins Englische. 1878 schrieb er »Luther as a Hymnist«; 1887 »Historical Sketch of the Jews since the destruction of Jerusalem«. Er wurde Doktor der Theologie und ist jetzt Pastor in Allegheny. — Dr. Max L. Rossvally bemüht sich besonders um die Vereinigung der Proselyten in Amerika. 1877 hat er über 200 derselben in New-York zu Gebetsversammlungen vereinigt und in Brooklyn monatliche

Gebetsstunden für solche veranstaltet. Er schrieb: Der sterbende Tambour und sein Gebet, deutsch Hamburg 1891. Der Proselyt Schmah wurde 1882 in Prag als Evangelist der American Mission Society angestellt, während der Proselyt Steinhardt, von den Schotten in Constantinopel getauft, 1871 Prediger in Amerika wurde. 1882 amtirte als Pastor in Louisville, Ky., Dr. Max Stern und dessen Sohn Hermann in St. Diego, Calif. — Christian Jacob Weisel*) ist in Ladenburg (Baden) geboren. Sein Vater war Vorbeter an der Synagoge, der Sohn sollte Rabbiner werden. Weil er das nicht wollte, verliess er das elterliche Haus und ging nach Strassburg. Hier kam er mit P. Härter, Missionar Oster und anderen in Berührung, und zwischen 16 und 17 Jahre alt wurde er getauft. 1837 verheirathete er sich in Strassburg und hatte sechs Kinder aus erster Ehe, seine Gattin starb 1846. Im Jahre 1849 verheirathete er sich zum zweiten Mal, diese Ehe blieb kinderlos. Später ging er nach Amerika und wurde Prediger im Staate New-York. Entschieden lutherisch gerichtet, nahm er an dem unionistischen Wesen der New-Yorker Anstoss und trat nach zwei Jahren zu der bekenntnisstreuen Synode über. Er war dann Pastor der Lutherischen St. Johannis-Gemeinde in Williamsburg, N.-Y. 1877 starb er, ein sehr entschiedener Zeuge des Evangeliums und hochbegabter Prediger. Zwei seiner Söhne stehn im Predigt- und Schulamt.

Den Lebensgang eines andern ungenannten Proselyten, der Pastor in Amerika geworden ist, erzählt Saat a. H. 1880, 28. Derselbe stand als Soldat in Kolberg und bat den dortigen Garnisonprediger sich seiner anzunehmen, da er als früherer Jude von den Kameraden viel zu leiden habe. Derselbe war der Sohn eines jüdischen Handelsmannes aus der Gegend von Bromberg. Der Knabe hatte die evangelische Schule besucht und auch am evangelischen Religionsunterricht theilgenommen. Er wurde dann Schneider und lebte in den Tag hinein. Durch das schauerliche Ende eines Gotteslästerers aber wurde er zum Fragen gebracht und kam nun auch zu einem frommen Meister in einer pommerischen Stadt. Das Haus desselben und die Pre-

---

*) Der Lutheraner. St. Louis 1877, 23. Freund Israels von Werbet 1883, Nr. 2. Saat a. H. 1882, 162.

digten des Pastors brachten ihn zum Nachdenken; er nahm bei demselben Unterricht, und, auch durch die Verfolgungen der Juden des Orts und die Briefe der Eltern nicht abgeschreckt, wurde er getauft. Sein Garnisonprediger war dann sein treuer Freund. 1860 wurde er vom Militär entlassen, kam als Gehilfe in ein Rettungshaus und später in das Missionshaus nach Berlin. In dieser Zeit that er einen Fall, und obwohl er denselben sofort tief bereute, zweifelte doch Missionsdirektor Wallmann, ob er gerade den Versuchungen im Missionsberufe recht würde widerstehen können. Er trat deshalb aus dem Missionshause aus und wieder in den Rettungshausdienst ein, in dem er eine entschiedene Gabe zum Unterrichten an den Tag legte. So wurde er Lehrer und als solcher in Pommern angestellt, wo er sich auch verheirathete. Aber es trieb ihn zum Predigtamt, und deshalb beschloss er nach Amerika zu gehn. Er studirte dann auf der Concordia-Universität in St. Louis und wurde Pastor in der Missouri-Synode.

Der bereits S. 310 erwähnte Missionar der Schotten, Rev. J. T. Wolf ist jetzt Pastor in Jackson, Michigan. — Von Laien sei zuerst erwähnt der reiche Proselyt Salem in Boston, der seinen Reichthum ganz für das Reich Gottes verwerthet. In Lancaster, Penn. hat ein Proselyt lange Jahre ein christliches Asyl verwaltet. Viele Proselyten verbergen ihre jüdische Abstammung gern; so der überaus reiche Bankier Bellmont in New-York, der 1816 in Alzey (Hessen) geboren, ein Verwandter Rothschilds ist und mit diesem in Geschäftsverbindung steht. Nur gelegentlich hört man die Namen so mancher Proselyten, die in Europa bekehrt wurden, und von denen eine ganze Anzahl Pastoren geworden sind. Noch seltener erlangt man Kunde von Proselyten in andern Lebensstellungen, obgleich solche in allen Ständen ziemlich zahlreich vorhanden sind, wie dies mehrfach von Amerika aus betont wird, und wie dies die erwähnten Proselytenvereinigungen oder manche Zahlen, z. B. aus der Bischöflichen Kirche beweisen. Allerdings aber kommt auch der Fall nicht ganz selten vor, dass Proselyten wieder zum Judenthum zurückkehren. Eigentliche Missionsarbeiter besitzt Amerika etwa nur 30, und gegen 100 000 Mark mögen für das Missionswerk jährlich angewandt werden. Die Missionsarbeit in diesem Lande aber trägt einen sehr fliessenden Charakter und entbehrt der rechten Stetigkeit. Immerhin ist ein gewisser Fortschritt auf diesem Gebiete zu verzeichnen, und Anfänge eines Besseren sind vorhanden. Die geistige Macht des Christenthums aber tritt darin recht zu Tage, dass sich in einem Lande, dessen staatliches und öffentliches Leben die unbedingteste Gleichstellung aller Religionsgenossen aufweist, und in dem es keine Landesreligion oder Landeskirche giebt, doch verhältnissmässig viele Juden zur christlichen Religion wenden.

4. Australien.

Australien zählt jetzt etwa 13 000—14 000 Juden. 5000 derselben wohnen in der Colonie Victoria, 5000 in Neu-Süd-Wales, die übrigen zerstreut. In der Hauptstadt von Neu-Süd-Wales, Sydney, lebt der grösste Theil der Juden jener Provinz. Ihre äusseren Verhältnisse sind sehr gute. Sie geniessen die volle bürgerliche Gleichstellung, und manche derselben bekleiden öffentliche Aemter. Sir Paul Samuel ist Generalagent der Colonie in London, Julian Salomons, Q. C., war einige Jahre oberster Richter; beide haben auch in der Synagoge hervorragende Stellungen eingenommen. In Melbourne ist der Chief Magistrate Alderman Benjamin ein Jude; in den gesetzgebenden Versammlungen sitzen vier Juden, von denen sich freilich drei fast gar nicht um das Judenthum kümmern. Besonders viele Advokaten in Melbourne sind Juden, ihre grosse Masse aber Kaufleute, manche auch Fabrikanten und Bergwerksbesitzer.

Ein Missionsinteresse hat sich in Australien nur hier und da gezeigt; doch wird schon früh in unserem Jahrhundert von einzelnen Bemühungen um das Heil der Juden berichtet. Die Londoner Mission fand auch dort Theilnahme. Rev. William Cowper berichtet 1820 aus Sydney, dass dort eine Anzahl Juden wohne, und er mit einem derselben, Marcus, bereits seit 1809 verkehre. Ihm und andern habe er hebräische und englische Bibeln und Neue Testamente gegeben, die er von der Londoner Gesellschaft bezogen habe. Marcus ist 1767 in Mannheim (Baden) geboren. Sein Vater starb, als er fünf

Jahre alt war, und übergab ihm vor seinem Tode ein arabisches Neues Testament. Er wurde dann von Verwandten in Polen erzogen, zog später nach Metz, um sich dort für das Rabbinat vorzubereiten, und kam nach jahrelangen Reisen endlich nach Australien. Er sprach 17 Sprachen; ob er Christ geworden ist, kann nicht gesagt werden.

In Melbourne hat dann der Proselyt Pastor Sam. Finkelstein aus Russland den Juden der Stadt das Evangelium durch Predigten und Schriften nahe zu bringen gesucht. Mit ihm traten andere Pastoren in Verbindung und unterstützten ihn. Er wandte sich besonders an die Deutschen Australiens und empfing auch von ihnen Liebesgaben für die Judenmission. Weiteres ist über seine Thätigkeit nicht bekannt geworden. Aus Lights Pass bei Agaston in Süd-Australien, wo 1868 das erste Judenmissionsfest mehrerer Gemeinden gehalten wurde, liefen Gaben für die Rheinische Mission und für den Central-Verein in Leipzig von der Evangelischen Immanuel-Synode alter Grundlage ein. Ebenso empfing die Schottische Frei-Kirche Gelder für ihre Mission von der Synode der Presbyterianer in Ost-Australien 1886; zugleich wurde berichtet, dass man auch in dieser Kirche der Judenmission seine Aufmerksamkeit zu schenken begonnen habe.

Der bereits S. 260 erwähnte Rev. S. J. Green ist indepedentistischer Pastor in Bathurst, wo er grosses Vertrauen besitzt. 1879 konnte er eine neue schöne Kirche einweihen. Von dem Rev. Salomon, der hernach Gemahl der Königin von Tahiti geworden ist, wurde S. 259 berichtet.

Auch aus Vandiemensland oder Tasmanien werden einzelne Missionsbemühungen mitgetheilt. In den grössten Städten Herbart Town, Launceston u. s. w. wohnten etwa 500 Juden, fast alle religiös gleichgültig. Rev. Alfred Stackhouse in der Stadt Perth nahm sich derselben an und durfte auch einige taufen, das erste Mal 1849. Er bildete auch einen Missionsverein, der ziemlich erhebliche Beiträge an die Londoner Mission sandte; bis 1860 hören wir von Stackhouse, hernach nichts mehr über ihn und das dortige Werk. Neben demselben waren auch einige andere Prediger thätig gewesen, und so wurde denn für zwei Jahre der Proselyt und bisherige Missionar in Palästina D. Daniel nach Tasmania gesandt, wo er unter den Juden missionirte; hernach rief man ihn wieder zurück, da die erforderliche Arbeit hinreichend von den Predigern gethan werden konnte.

Die Missionsbemühungen in Australien sind also bisher noch sehr dürftiger Art, und Anzeichen dafür sind nicht vorhanden, dass es demnächst hierin besser werden möchte.

III.
Schlusserwägungen.

Das Judenthum ist während unsres Jahrhunderts je länger desto sichtbarer in seinen Grundfesten erschüttert worden. Die von den Juden heiss ersehnte und mit unablässigem Eifer erstrebte bürgerliche Gleichstellung mit den Bewohnern der Länder, in deren Mitte sie leben, hat sie in eine neue Welt eingeführt, welche für sie übermächtig geworden ist. Die Erkenntniss dessen hat grosse Schaaren im europäischen Osten dahin geführt, die Scheidewand zwischen sich und ihrer Umgebung noch zu erhöhn und sich im Chassidismus gegen dieselbe zu verschanzen. Der Chassidismus ist in der That der letzte Versuch der Juden, sich mit ihren religiösen Mitteln als die Gemeinde Gottes zu erhalten. Bei allen übrigen geht der Prozess unaufhaltsam vorwärts, der sie aus ihrer früheren Geisteswelt für immer heraus führt: das Andere, das Fremde übt eine unwiderstehliche Macht über ihren Geist und ihr ganzes Dasein aus. Sie haben gemeint an dem Leben ihrer Umgebung theilnehmen und doch Juden bleiben zu können; aber sie sind hierüber in Gewalten und Mächte hineingerathen, von welchen sie sich nicht mehr frei machen können. Sie wollen sich durchaus ein Eigenes erhalten, wissen aber zumeist nicht, was dies sein soll; jedesfalls fehlt ein gewisses, unzweifelhaftes und klar bestimmtes geistiges Gut, das sie in das neue Dasein mit herüber genommen hätten und das nun ihr Leben einheitlich gestalten könnte. Diejenige Einheit Gottes, welche sie der Dreieinigkeit entgegenhalten, und welche sie etwa als letzten Rest ihres früheren religiösen Lebens retten wollen, ist nichts, das sie allein oder eigenartig besitzen; denn sie theilen dieselbe mit Muhammedanern und Unitariern, theilweise auch mit Pantheisten. Und jedesfalls erweist sich diese ihre Einheit Gottes als ein blasser Gedanke, der unfähig ist ein Neues zu gestalten, das sie in der übrigen Welt als eine religiös oder sittlich berechtigte Besonderheit darstellte. In ihrer talmudischen Verfassung und Geistesart waren sie eine sich von allen andern deutlich abhebende Religionsgemeinschaft; jetzt sind sie es nicht mehr; denn es fehlt der alles bestimmende Mittelpunkt ihres Lebens und Wesens: sie bewegen sich in einer fortwährend wechselnden Peripherie.

Da aber eine bestimmte religiöse und sittliche Position sich nicht hat finden lassen, von der aus sich die Juden als Besonderheit behaupten können, so haben grosse Schaaren derselben an deren Stelle etwas Physisches erwählt, das die verbindende und vereinigende Macht unter ihnen sein soll: den Stamm oder die Rasse. In der Zeit der Ausbildung des Nationalitätenprinzips wird auch innerhalb der Judenschaft von vielen die Fahne desselben erhoben, und sogar bis in einige Proselytenkreise hinein ist dies geschehn. Damit aber verbessert sich die Lage der Juden nicht; denn durch nichts geben sie der Umgebung mehr Recht sie als Fremde zu behandeln, als wenn sie ihre Abstammung zuletzt alles entscheiden lassen. So bleiben sie eine Nation in der Nation. Und auch die Proselyten, welche es Gott nicht überlassen wollen, das bekehrte Volk Israel einmal wieder in seiner alten Heimath als Volk zu gebrauchen, sondern welche eigenwillig den Versuch der Errichtung eines christlichen Judenvolkes in den fremden Ländern machen, schaden sich selbst ebensosehr wie ihrem Volke; denn sie lassen in der Religion das Nationale absondernd oder trennend wirken, während nicht die mindeste Nöthigung dazu vorliegt. Nichts zeigt also die Schwäche der Stellung der Juden so deutlich, wie die Thatsache, dass die Religionsgemeinde in etwas Nichtreligiösem das letzte verbindende Band sucht. Etwas Aeusseres reicht nun einmal auf die Dauer nicht aus und vermag keinen bleibenden Halt oder Schutz gegen die überall auf die Juden eindringenden anderen Mächte zu bilden.

Nur kurze Zeit schien es, als ob die bürgerliche Emanzipation der Juden dieselben so gestärkt habe, dass sie sich aller Einflüsse von aussen her erwehren könnten. Es hat aber nur eines kleinen Anstosses, der antisemitischen Bewegung, bedurft, um es offenbar werden zu lassen, dass die Juden in den neuen Verhältnissen keine Position gefunden hatten, von der aus sie ihre Besonderheit zu behaupten im Stande wären; nur der religiöse Verfall trat darüber unter ihnen noch deutlicher zu Tage. Eben dieser religiöse Verfall unter den Juden der Gegenwart hat aber eine doppelte Folge. Er macht grosse Schaaren der Juden desto feindseliger gegen das Christenthum, das immer entschiedener den Anspruch an sie erhebt, sich ihm zu ergeben. Das antichristische Lager erhält denn auch fortwährend aus der Mitte des Judenthums überaus gefährliche Anhänger, und der Abfall innerhalb des Christenthums wird von Juden in furchtbarer Weise gefördert. Anderseits aber wissen auch die Juden der positiven Macht des Christenthums immer weniger entgegenzusetzen, und noch nie hat dasselbe seit den Tagen der Apostel eine solche Anziehungskraft auf jüdische Gemüther ausgeübt wie heute. Eben darum ist erst jetzt recht eigentlich die Missionszeit unter den Juden angebrochen. Man urtheile über die immer zahlreicher werdenden Uebertritte von Juden in unserem Jahrhundert, wie man wolle; unbestreitbar ist es doch, dass gewaltsame Bekehrungen in dieser Zeit höchst selten geschehn sind. Das Gefühl von der Ueberlegenheit der christlichen Welt und ihrer Güter ist es vielmehr, welches jetzt so viele Juden zum Verlassen der Synagoge und zur Annahme des Christenthums führt. Selbst wenn Juden, welche die Taufe begehren, das Christenthum nur als die grössere Culturmacht oder als die das gesammte Leben gestaltende Gewalt empfinden, legen sie damit ein Zeugniss ab, dass sie in demselben eine Erscheinung erblicken, welche viel Werthvolleres besitzt als ihre Religionsgemeinschaft; früher hingegen stand ihnen die letztere über allem, was ihnen im Christenthume geboten ward. Wir sehen aber diesen Prozess, den die Emanzipation eine kurze Zeit aufgehalten hatte, sich jetzt noch schneller vollziehn, und schon diese Erfahrung lässt den endlichen Sieg des Christenthums über die Juden als etwas Wahrscheinliches in Aussicht nehmen. Das soll und muss aber alle Gläubigen, zumal in der evangelischen Kirche doppelt anspornen, den Juden das Evangelium nahe zu bringen, und dies um so mehr, als auf der andern Seite die Gefahr immer grösser wird, dass die Juden den ungöttlichen Sinn in der Christenheit vermehren und den Abfall in derselben beschleunigen helfen. Ueberblickt man aber die gesammte Evangelisationsthätigkeit der evangelischen Christenheit unter den Juden unserer Tage, so fällt von vorn herein auf, dass dieselbe gegen früher einen ausserordentlichen Aufschwung genommen hat. Nach den geringen Anfängen im Halleschen Institutum, welches nicht einmal das Ende seines, des vorigen, Jahrhunderts erlebt hat, ist es dahin gekommen, dass gegenwärtig Mission im engeren Sinne von gegen 50 evangelischen Gesellschaften und etwa 400 Arbeitern derselben getrieben wird; während die für dieses Werk verwandte Summe sich jährlich auf zwei Millionen Mark beläuft. Ein Missverhältniss ist es aber allerdings hierbei, dass dreiviertel aller Arbeiter und Einnahmen auf die Briten fallen; wogegen das eigentliche Mutterland der evangelischen Judenmission, Deutschland, nur etwa 13 Arbeiter und 64000 Mark Beiträge liefert. Selbst Schweden, Norwegen und Dänemark senden acht Arbeiter aus und bringen 58000 Mark auf. Die ältesten der in diesem Jahrhundert entstandenen Gesellschaften traten infolge der von London ausgegangenen Anregungen ins Leben; hernach fand wieder in den 40er Jahren mit dem allgemeinen religiösen Aufschwunge auch ein solcher in der Judenmission statt, und endlich hat die antisemitische Bewegung nicht bloss die Aufmerksamkeit vieler auf die Juden gelenkt, sondern auch in weiteren evangelischen Kreisen die Erkenntniss geweckt, dass man in der Judenfrage nur durch das Evangelium helfen könne. Seit 1870 sind etwa 20 neue Gesellschaften entstanden.

Die Missionsgesellschaften haben aber das grosse Verdienst, Christen wie Juden darauf hingewiesen zu haben, dass auch für die zerstreuten Kinder Israels das Evangelium Christi da ist. Wenn man sich gegenwärtig in der evangelischen Christenheit dessen mehr bewusst wird, dass man die Pflicht hat, den Juden Christum zu verkündigen, so ist dies in der That an erster Stelle die Folge des Wirkens der Missionsgesellschaften. Und dem Zeugniss der Missionsfreunde hat man die wachsende Erkenntniss zu danken, dass die Juden nicht eine so grosse Gefahr für manche christliche Völker der Gegenwart geworden wären, wenn man sich besser an die Missionspflicht gegen dieselben erinnert hätte.

Als ein undankbares Evangelisationsgebiet aber haben sich die Juden unsers Jahrhunderts durchaus nicht bewiesen. Die aus verschiedenen Kirchen Europas in der Zeitschrift »Dibre Emeth« gesammelten Tabellen*) rechtfertigen die Behauptung, dass in unserem Jahrhundert ungefähr 120000 Juden zu der christlichen Kirche übergetreten sind. Etwa der vierte Theil dieser Taufen ist in der evangelischen Kirche geschehn. Diese Zahl ist aber darum eine sehr beachtenswerthe, weil in den Gebieten der evangelischen Völker und Länder nur etwa ein Siebentel aller Juden wohnen. Die evangelische Christenheit hat eben in der Judenmission eine viel grössere Rührigkeit an den Tag gelegt als die römische und die griechische, sie hat daher auch viel grösseren Eingang unter den Juden gefunden; diese selbst verbinden mit dem Worte Judenmission immer den Gedanken an evangelisches Christenthum.

Die innere Erschütterung, welche das Judenthum durch die antisemitische Bewegung erfahren hat, tritt auch darin zu Tage, dass seitdem die Zahl der Judentaufen ausserordentlich zunimmt. Auch die evangelische Mission ist von da ab mit einer grösseren Anzahl von Taufen bei den Uebertritten betheiligt. Nach einer auf statistisches Material gestützten Schätzung wird sich die Zahl der von evangelischen Missionsgesellschaften getauften Juden gegenwärtig jährlich auf 250 belaufen. Wenn daneben die übrige Zahl der jährlich zur evangelischen Kirche übertretenden Juden nur auf 400 angenommen wird, so ist dieselbe jedenfalls eine überaus niedrig gegriffene. Allein in der preussischen Landeskirche sind 1888 nicht weniger als 348, im Jahre 1889 dann 283 Juden getauft worden, während, ein besonderes Zeichen der Zeit, 38 Kinder von Eltern, die Juden blieben, im Jahre 1889 zur Taufe gebracht worden sind. Die bedeutend grössere Menge der Juden aber vollzieht ihren Uebertritt in Preussen, Russland und Oesterreich ohne Vermittelung

---

*) Dibre Emeth 1877, 65, 100, 182; 1878, 141.

der Mission. Es ist also eine ungemein mässige Schätzung, wenn die Gesammtzahl der Uebertritte von Juden zum Protestantismus ungefähr auf 650 des Jahres berechnet wird. Es scheint sogar, als ob die evangelische Kirche gegenwärtig der römischen wie der griechischen in der Anzahl der Taufen gleichstehe, was früher nicht der Fall war. Nicht minder bemerkenswerth aber ist die Thatsache, dass in der Gegenwart das Evangelium nicht geringeren Eingang bei den Juden als bei den Heiden findet. Denn die Zahl der Judentaufen steht keinesfalls in einem Missverhältniss zu der der Heidentaufen; das Judenthum giebt vielmehr jetzt im Verhältniss ebensoviele Bekenner an die christliche Kirche ab wie das Heidenthum.

Nur die Uneinigkeit in der Christenheit und der sie weithin verwüstende Unglaube und Aberglaube hindern das Evangelium seine volle Macht an den Juden zu ihrem Heile zu beweisen. Denn mag gleich unter ihrer grossen Masse gegenwärtig eine ungemeine religiöse Gleichgiltigkeit und unter vielen anderen in ihrer Mitte Feindschaft gegen das Christenthum herrschen, so beweisen es doch gar manche Erscheinungen, wie die südrussische Bewegung und die Zunahme der Taufen seit dem Auftauchen des Antisemitismus, dass in der Judenschaft noch vielfach ein starkes religiöses Bedürfniss lebt, welches grosse Schaaren dem Christenthum näher führt. Dem soll nur Rechnung getragen werden, und die Erfahrungen der Mission wollen hierzu ermuthigen. Denn die vielfach zersplitterte, oft wenig überlegte und mit vielen Mängeln behaftete evangelische Missionsarbeit hat trotzdem Erfolge erzielt, welche, allein von der Anfangszeit der christlichen Kirche abgesehn, kaum zu hoffen gewagt worden sind. Jede innere Belebung der evangelischen Kirche hat auch stets ein Anwachsen ihrer Missionskraft zur Folge gehabt, und dass sich die evangelische Judenmission gegenwärtig in aufsteigender Linie bewegt, ist immerhin ein Lebensbeweis für die evangelische Christenheit. Dabei wird es die Pflicht der Missionsgesellschaften bleiben, die Kirchen und ihre Glieder beständig an das Zeugniss vor den Juden zu erinnern, sie zu demselben zu ermuthigen und die Erkenntniss in ihnen zu wecken, dass hier eine Aufgabe vorliegt, welche der Herr selbst ihnen gestellt hat. Zurück kann jedesfalls die evangelische Christenheit nicht mehr; denn die Juden in ihrer Mitte lassen ihr nur die Wahl, die Juden entweder für den Dienst Christi zu gewinnen oder sie zu einer ungeheuren Macht des Verderbens, der materiellen, gesellschaftlichen, volklichen, religiösen und geistigen Zersetzung in ihrem eigenen Bereich heranwachsen zu sehn.

Die Judenfrage ist für die christlichen Völker jedesfalls eine brennende geworden. Denn während die Heiden fern von ihnen wohnen, steht es mit den Juden anders: sie sind Glieder an dem Leibe der christlichen Völker geworden und tragen also auch ganz direkt entweder zur Gesundheit oder zur Krankheit derselben bei. Das hat unser Jahrhundert unwiderleglich gezeigt. Juden, die das Evangelium von Herzen angenommen haben, sind ein grosser Segen für unsere Völker, die andern eine steigende Gefahr für dieselben geworden. Den Juden gegenüber giebt es thatsächlich denn auch nur ein Entweder-Oder. Entweder sie werden durch die Kraft des Evangeliums hier äusserlich gehalten und dort innerlich überwunden, oder sie helfen das zerstören, was wir noch haben. Gewiss wird einmal noch das jüdische Volk eine Beute Christi werden. Aber ob die evangelische Christenheit ihre geschichtliche Stellung und ihre Aufgabe im Reiche Gottes behält, hängt von ihrer Treue ab. Ihre Ohnmacht oder ihre Macht wird den Juden gegenüber immer deutlicher zu Tage treten. Auch auf dem Felde der Judenmission stehn uns eben die wichtigsten Dinge bevor; die Gegenwart aber fordert uns zu einem Kampfe auf, in dem Siege um Siege errungen werden können.

Nachträge.

Band I, S. 47, Z. 4: Elias Germanus, gewöhnlich E. Levita genannt.

I, 51: W. Becker, Immanuel Tremellius, Ein Proselytenleben im Zeitalter der Reformation, 2. Aufl., Leipzig 1890.

I, 104, Z. 29: H. Rinn, Der Hamburger Judenfreund Esdras Edzard, Nathanael 1886, S. 65—91.

I, 215 Anm.: Christoterpe v. A. Knapp 1853, S. 151 f.

I, 359. G. Dalman, Graf Zinzendorf und die Juden. Saat a. H. XXVI, 119, 202. XXVII, 46. ‖ Shawe, Sam. Lieberkühn's Judenmissionsmethode, Saat a. H. XXV, 103. G. Marx, Die Feier des Versöhntages in der Brüdergemeine, Saat a. H. XXII, 186. Jüdisch-deutsche Psalmen, Saat a. H. XVI, 177 vgl. XVII, 5 Anm. Carl Marx, S. Lieberkühn, Bruderbote 1888, 168 f.

Band II, 124: G. Dalman, Traditio Rabbinorum veterrima de librorum V^{ia} T^i ordine atque origine, Leipzig 1884. — Die Tötung Ungläubiger nach talmudisch-rabbin. Recht, das. 1885. — Jüdisch-deutsche Volkslieder aus Galizien und Russland, 2. Ausg., Berlin 1891.

II, 175, 3. 4: J. Müller's Äusserungen in derselben Richtung in Saat a. H. 1891. Vgl. dagegen: ›Falsche Wege. Ein Warnungswort wider die jetzt von Leipzig aus gelehrte ‚neue Methode'‹, Nathanael 1891, S. 161—181.

II, 183: In der Provinz Brandenburg sind 1890 überhaupt 151 Juden zur ev. Kirche übergetreten, darunter 146 in Berlin.

II, 194: Der Baptistenprediger Jul. Köbner hat erscheinen lassen: Das Lied von Gott, ein didaktisches Gedicht in 8 Theilen, Hamburg. Schöpfung, Fall, Erlösung und endliche Vollendung werden hier behandelt. Ebenso: Liederstrauss für Christen.

II, 204: Der Verfasser von ›Schlüssel zur Offenbarung Johannis‹ ist W. Stärkel, luth. Pastor in Norka (Russland).

II, 239: Der General v. d. Burg ist nicht ein Sohn des Majors Menno Burg und nicht jüdischer Abstammung.

II, 242: In Königsberg lehrt an der Universität auch der Proselyt Dr. Lichtheim als Professor der Medizin.

II, 248: Moritz, später Moritz Gottlieb Saphir (Allgem. Deutsche Biographie XXX, 364), ist als Dichter und humoristischer Schriftsteller bekannt geworden. Er war der Sohn des jüdischen Obersteuereinnehmers in Lovas Berény (Ungarn), geb. 1795. 11 Jahre alt trieb er in Prag talmudische Studien, beschäftigte sich aber auch mit deutscher Wissenschaft. Schon 1814 veröffentlichte er Aufsehen erregende Aufsätze. 1821 liess er »Poetische Erstlinge«, Pesth, erscheinen; 1822 kam er nach Wien und arbeitete an Bäuerle's Theaterzeitung. Wegen seiner scharfen Feder musste er Wien verlassen und ging nach Berlin, wo er einige Blätter gründete. Wegen seiner Pamphlete, die sich besonders gegen Dichter und Künstler wandten, musste er auch aus Berlin weichen und ging nun nach München 1829. In Blättern, die er hier schuf, ging er wieder nach der alten Weise vorwärts und siedelte endlich nach Paris über. Wieder zurückgekehrt, wurde er 1832 in München Protestant und hielt hier humoristische Vorlesungen. 1834 setzte er in Wien seine humoristische Thätigkeit fort; 1858 starb er in Baden. Seine gesammelten Schriften sind 1832 in 4 Bänden, Stuttgart, erschienen, später in 26 Bänden in Brünn, 1880. Seine Schöpfungen haben keinen bleibenden Werth.

II, 230: Ferd. Gotthold Maxim. Eisenstein. geb. 16. April 1832, gest. 11. Oktober 1852 in Berlin, war trotz seiner Jugend Doktor der Philosophie, Docent an der Universität und Mitglied der Akademie, ein bedeutender Mathematiker.

II, 286: In Wien erscheint seit 1888 ein jüdisches Blatt »Selbst-Emancipation, Organ der Jüdisch-Nationalen«, redigirt von Dr. Nathan Birnbaum.

II, 288: Eine Zuschrift aus Ungarn giebt dem Verfasser Anlass zu Berichtigungen betreffs Ballagi's. Derselbe ist 1815 in Tarnóka geboren. Vom Vater im Talmud unterrichtet, studirte er denselben dann an mehreren Orten. In Pesth, wo er 1838 die Technische Hochschule besuchte, wurde ihm als Juden die Staatsprüfung verweigert; in Paris setzte er seine technischen Studien fort. Seine Taufe geschah in Notzingen. Die Anstalt in Pesth, ursprünglich Lutheraner und Reformirte vereinend, wurde dann vor allem darum reformirt, weil die Lutheraner sie wegen der liberalen Theologie Ballagi's verliessen. In Debreczin war er nie, sondern trat 1878 in den Ruhestand. Sein Kirchenblatt erscheint seit 1858. In seinen Biblischen Studien steht er ganz links. Er stiftete das erste protestantische Waisenhaus.

Sein Bruder Karl, 1823 geboren, wurde in Pápa getauft, war Lehrer an den Gymnasien in Pesth, Kecskemét, dann an einer Präparandie und ist seit 1869 Königl. Schulinspektor. Von den Söhnen des Moritz ist Dr. Aladár Professor der neueren Geschichte an der Universität Pesth und Dr. Géza Professor an der Rechtsakademie in Sáros-Patad.

II, 298: Seit 1890 erscheint in Holland das antisemitische Blatt: »De Talmudjood« in Mersen.

Dr. J. H. Gunning schrieb: De Chasidim. Eene bladzijde uit de geschiedenis van het hedendaagsche Jodendom. Eene vorlezinge met veele aantekeningen. Groningen 1891.

II, 308: Unter den 23 000 Offizieren des französischen Heeres gab es 1890 265 Juden.

II, 309: In Frankreich erscheint jetzt ein antisemitisches Blatt »Alliance antisémitique.«

II, 311: Die französische Gesellschaft beschäftigt jetzt P. B. Laub, einen Proselyten, als Missionar*). Derselbe ist in der Bukowina von orthodox jüdischen Eltern geboren und hat eine streng talmudische Erziehung genossen. In früher Jugend erhielt und las er ein Neues Testament; dies und der Verkehr mit einem gläubigen Christen beeinflussten bald sein Denken. Später entschloss er sich dann zu einer ernstlicheren Hingabe an Jesum Christum. Er verliess desshalb die Heimath, kam nach Stuttgart und wurde dort durch Miss. Gottheil getauft. Er studirte darauf in Basel Theologie und beschloss Judenmissionar zu werden. Deshalb besuchte er

---

*) Réveil d'Israel. 1890/91.

das Seminar in Leipzig und machte in dieser Zeit eine Missionsreise in Böhmen, Galizien, der Bukowina, Rumänien und Süd-Russland. Hiernach folgte er 1889 einem durch Fr. Flad veranlassten Rufe in die Missionsarbeit, welche die Londoner in Tunis treiben, und hierauf dem Rufe der französischen Gesellschaft.

Ausserdem hat die französische Gesellschaft den Pastor Borloz, welcher früher eine Gemeinde im Departement Hautes-Alpes bediente, der sich jetzt aber gesundheitshalber in Algier aufhält, 1891 für die Arbeit unter den dortigen Juden gewonnen. Derselbe steht in Tlemcen (Oran), stammt aus dem Kanton Waadt und hat unter seinen Vorfahren Juden.

II, 330: Alexander I. gründete 1814 in Petersburg eine Gesellschaft von Judenchristen. Von 1870—1887 traten zur russischen Kirche 8597 Juden über.

Band III, 129: Chr. Ginsburg war 1885 der Herausgeber von Salkinson's hebr. N. Testament, vgl. S. 261.

III, 174, Z. 14: Der Mission ist die Familie Rothschild 1852 mit der Errichtung eines Krankenhauses, Dr. L. A. Frankl 1856 mit der Errichtung einer Schule nachgefolgt. Siehe über des letzteren Reise »Nach Jerusalem« zwei Theile 1858. — Tilge: Rothschild u. s. w.: — In Jerusalem erscheint jetzt eine jüdisch-deutsche Zeitschrift: Das neue jüdische Volksblatt.

III, 347: Andere Schriften von E. Bassin: A Finger-post to the Way of Salvation, 1882, auch hebräisch 1886, und The Passover (o. J.).

III, 352: W. Johnstone, Israel after the flesh, the Judaism of the Bible separated from its spiritual religion. London 1850. A. W. Streane, Chagigah, a translation of the treatise from the Babyl. Talmud, Cambridge 1891.

III, 369: Doch wirkt der Kolporteur der Brit. und Ausl. Bibelgesellschaft von Aden aus auch unter den arabischen Juden. Eine ostindische Gesellschaft zur Bekehrung der Juden in Persien, Arabien und Hindostan entstand um 1830.

III, 380: Rev. Tris liess 1891 bei der Amerik. Traktatgesellschaft erscheinen Questions and Answers between a Jew and a Christian.

III, 384: Prof. S. J. Curtiss in Chicago hat eine Biographie Franz Delitzsch's 1891 in Edinburgh erscheinen lassen. — Schriften Landsmann's: Jeschua Sar ha-Panim, Jeschuah ha-Nozri ist der Maschiach Emeth; Memra Jhah; Schabbath, Feiertage und Beschneidung (Amerik. Traktatgesellschaft); Was sagen die Rabbinen über Maschiach? (1888); Was sagt die Kabbala etc. über die Dreieinigkeit Gottes? (1888); Jude und Judenchrist; Bibel und Talmud sämmtlich jüdisch-deutsch, aber teilweise auch in hebräischer Übersetzung.

Berichtigungen.

I, S. 5, Z. 28: C. F. Heman. || 21, Z. 23: S. Stern. || 37, Z. 16: Porcheti de Salvaticis victoria adversus impios ebraeos, Paris 1520. || 46, Z. 10 tilge: mit jüdisch-deutschen Lettern. || Z. 26: Emunath Hameschichijjim. || 47, Z. 6: 1544. || 49, Z. 16 tilge: von Salomo Jarchi. || 56 Ende, l.: Mysterium von Bekehrung der Juden. || 57, Z. 13 »Johannes Isaak« gesperrt zu drucken. || 65, Z. 1: Abr. Michael Cardoso. || Z. 2: Mardochai Mochiach. || das. u. 205, Z. 8: Nechemja Chija Chajon. || 72, Z. 32: Chr. Ludwig in Leipzig und Sebastian Schmidt in Strassburg. || Z. 34: G. H. Lehmann. || 73, Z. 3: Halichot. || Z. 4f. lies: Hanau. Von Jac. Jehuda Leon übersetzt Jo. Saubert De Templo Hierosolymitano, Helmstadt 1665. || Z. 8: Jehuda Arje de Modena. || Z. 13: Joh. Schmidt. || Z. 30: Schickard. || 74, Z. 28: Rittangel || 75, Z. 30: Schickard. || Z. 35: Forster. — 156, Z. 15: veröffentlichte mit lateinischer Übersetzung [die Übersetzungen sind theilweise von Anderen]. || 215 u. ö.: Aug. Herm. Francke. || 220, Z. 3f.: Buddeus in Halle u. Jena. || Z. 11: Stuck, vgl. II, S. 50. ||

II, S. 29, Z. 20: des Wortes der Juden bei der Verurtheilung Jesu. || 170: Immanuel Erhard Völter. || 173, Z. 21: tauften sie sich gegenseitig. || 174, Z. 1 v. o. 1874 [nicht: 1879]; Z. 5 v. u. Missionar Faber [nicht: Missionar Vollert]. || 177, Z. 5 v. u. Tilge: Eine Zeit lang u. s. w. || 306: Ph. S. van Ronkel starb 1890 als ref. Prediger in Leyden. Er war 1819 geboren. || 295, Z. 8 v. u. 1870 [nicht 1875]. || 321, Z. 9: Er starb 1885 [nicht: Er ist jetzt Bischof in Christiansund].

III, 41, Z. 9 v. u. Reichardt [nicht: Reichhardt]. || 43, Z. 14: 1851. || Z. 9 v. u. 1873. || 169, Z. 20: Christgläubige Juden, unter ihnen besonders Jechiel Lichtenstein (Herschensohn) — vgl. über ihn II. 173 — wünschten selbst, eine eigene Gemeinde zu bilden, ohne von Mayer dazu veranlasst zu sein. || 264, Z. 1. 2 v. u. Tilge: Cardiff, Bristol. || 289, Z. 8 tilge: Cardiff, Bristol. || Z. 10: hatte sich ihr kurze Zeit angeschlossen, vgl. S. 347. || Z. 11 tilge: Dresden. || Z. 12: Wien, Pressburg, Lemberg. || Z. 11 v. u.: in Wien, Stuttgart und Russland. || 292, Z. 18: ist in Beziehung zur Parochial Mission getreten. || Z. 17 v. u.: (früher Missionar der Londoner Gesellschaft in Damaskus, ursprünglich aus Wilna stammend und in London durch Ewald dem Christenthum zugeführt). ‖ 293, Z. 9: machte er seine Mission selbständig unter dem Namen »East London Mission to the Jews (Rosenthal Fund)«. ‖ 294, Z. 13: ist 1889 eine Mission in Cairo angefangen worden. — ‖ 295, Z. 1: seit 1867. ‖ 296, Z. 11: Edinburg. ‖ 304, Z. 14 v. u.: seine, seitdem von C. T. Lipschytz fortgesetzte Arbeit. ‖ 343, Z. 15 tilge: während zwei Boten u. s. w. ‖ 373, Z. 3 v. u.: Prediger der Presbyterianer, vgl. II, 140. ‖ 376, Z. 6: ein jährlicher Report und (statt: besonders). ‖ 378, Z. 4 v. u. 379, Z. 15 v. o.: Doch ist die scheinbare Ausdehnung der Mission mehr nominell als wirklich. ‖ 379, Z. 20: Missionsstationen. ‖ 380, Z. 13: 1864 wurde von Rev. A. C. Tris in New-York eine Mission begonnen, deren Komittee sich 1870 als »American Christian Society for promoting Christianity among the Jews« organisirte. ‖ Z. 18: Howard, Kansas. Tilge: Er wurde 1869 u. s. w. ‖ Z. 14 v. u.: 1870. ‖ Z. 11 v. u.: 1889. ‖ Z. 6 v. u.: Nach dem Rücktritte von Tris hat die Gesellschaft sich aufgelöst. ‖ 383, Z. 12 v, u.: Im Dienste (statt: In Verbindung mit). ‖ Z. 10 v. u.: 1878. ‖ 385, Z. 16: der beiden katholischen Proselyten Lémann. ‖ 387, Z. 8: tilge: treffliche. ‖ Z. 12: leichtfertiger, voreiliger Taufe und in der Verwendung. ‖ Z. 3: tilge: deren Zahl u. s. w. ‖ 388, Z. 7: tilge: einer derselben ... eröffnet worden. ‖ Z. 11: wurde zeitweis missionirt. ‖ Z. 10 v. u.: schloss sich aber dann den Sabbathariern an. ‖ 389, Z. 17: Daland, Westerly R. J. ‖ 392, Z. 8: dänische. ‖ Z. 9: Titel: »Israelsmissionen in New-York.« ‖ Z. 13: In der »Encyclopaedia of Missions« von Edwin Mansell Bliss (New-York 1891) ist der die Juden und die Judenmission behandelnde Artikel (»The Jews« von Dr. G. H. Dalman in Leipzig, während die Artikel über die Bibelübersetzungen (in Hebräisch, Jargon u. s. w.) von Dr. B. Pick in Allegheny verfasst sind. ‖ 395, Z. 4 v. u.: Philosophie. ‖ Z. 3 v. u.: (ursprünglich Rosenthal, 1873 Christ geworden, seine Bekehrungsgeschichte s. in »Der sterbende Tambour und sein Gebet« 1887). ‖ 396, Z. 1: Über die sonstige Thätigkeit Rossvally's s. »Lebenserfahrungen des Evangelisten Dr. M. L. Rossvally«, Hamburg 1891. Er ist jetzt in England thätig. ‖ 397, Z. 18 muss es heissen S. 308. ‖ 399: Der episkopale Archdeacon King in Sidney beschäftigt seit 1890 einen Proselyten, Abrahamowitsch, als Missionar unter seinen Volksgenossen. Derselbe reist auch ausserhalb Sidneys etc. und verbreitet Neue Testamente. ‖ 264 unter dem Text — auch deutsch: Von der Synagoge zum Kreuz. Wege Gottes mit dem Israeliten Isaak Levinsohn, Frankfurt a. M. 1890.

Einige Ungenauigkeiten in der Schreibung der Eigennamen sind in dem Namenverzeichnisse stillschweigend berichtigt.

Namenverzeichniss.

𝔐 = Missionar; 𝔓 = Proselyt; 𝔓𝔐 = Proselytenmissionar.
Ein Sternchen * bezeichnet die Hauptstelle.

Band I.

A.

Abarbanel, Is., 74. 145. 148. 189. 193. 219. 221. 432.
Abbadie, Jac., 180.
Abendana, Joh., 113. 153.
Abicht, J. G., 74. 219.
Aboab, M. D., 224. 426.
Abraham (Schweiz) 137.
Abraham, M. B., 146. 148.
Acosta, Uriel 64. 159.
d'Acosta, Nun., 360.
Adam, Mich., 𝔓 47. 58.
Adams, Hannah, 5.
Adam, J. Sam., 226.
Addison, L., 177.
Adler, F. Th., 246.
Adolf 329.
Adrian, Joh., 𝔓 114.
Aegidius 98.
Albo, Joseph, 220. 397.
Alexander, Joh., 𝔓 190.
Alexandersen, Dan., 𝔓. 159.
d'Allix, P., 182. 189. 424.
Allendörfer, H., 406.
Alphen, H. v., 396.
Alting, J., 154
Altmann, J. G., 409.
Alschech, Mose, 148.
Amalie A. v. Anhalt 103.
Amalie E. v. Hessen 103.
Amama Sixtus, 152.
Amesius, 152.
Amsdorf 27.
Amyraldus 142.
Anna Sophie v. Hessen 103.

Anton, C. (Mosche Gerson Kohen), 𝔓 402.
Anton, P., 200. 228.
Antoine, N., 136.
Arje (Leo Mutinensis) 173.
Aron s. Staffelsteiner.
August v. Sachsen 102.
August, J. M., 𝔓 394.
Augusti, E. F., 386. 411.
Augusti, J. Chr. W., 386.
Augusti, M. F. A. (Jos. Herschel), 370. 381* 𝔓.
Arcularius 117.
Arnold, M., 117. 155. 239.
Arnd, Jos., 75.
Arndt, Joh., 329.
Aron, Mos. Ben., 𝔓 108.
Aron, R., 𝔓 303.
Axenfeld, C., 359. 381.
Azahel, J. B., 164.

B.

Bäck 5.
Baldamus, J. C., 228.
Balduin, Th., 98.
Bangius, Th., 191.
Bausa, E. S., 377.
Barratier, P., 235.
Barratier, J. P., 235.
Barlaeus, Casp., 155.
Barlow, Th., 181.
Barton, Ed., 170.
Bartenora 402.
Bartolocci 2.
Baruch s. Christiani.

Bashuysen, J. H. v., 148. 220. 223. 237. 239. 396.
Basnage, Jac., 4. 236.
Bastholm, Ch., 4.
Batelerius, J., 154.
Baumbach, B., 76.
Baumgarten, Sieg. Jac., 4. 404.
Baxter 196.
Becker, G., 237.
Beck, Mich., 116.
Beckmann 72. 74.
Beckmann, Th. Math., 216.
Bedford, Arth., 423.
Benjamin 411.
Bennewitz, M 317. 324. 339. 430.
Benzel 192.
Bell, J., 169.
Berger, P., 220.
Bernard, ℬ 25.
Bernhard (Rabbi Jacob) 50. 56.
Bernhard, Ad., 243.
Bernhard, Chr. D., ℬ 396. 400.
Bernhard, Rud., ℬ 409.
Bernhold 379.
Bernsdorf, Graf, 322.
Beza, Th., 44.
Beza, Ferd., 178.
Bezel, Chr., 193.
Bibliander, Th., 136.
Biedermann, Joh. G., 224.
Biesenthal, J. H. R., ℬM 389.
Bilderbeck 181.
Birkmann, Barb., 322.
Bircherodius, Th. Br., 121.
Blaufuss, F., 226.
Bleibtreu, Ch. J. (Mayer), ℬ 126.
Bleibtreu, Joh. W., ℬ 127.
Blendinger 74.
Blossiers, D., 163. 422.
Blumhardt 5.
Bock, Fr. Wilh. (Rabbi Isaak), ℬ 116.
Bodenschatz, J. Ch., 231.
Bollhagen 219. 220.
Bohle 74.
Böhme, Jac., 75.
Böhmer, J. H., 226.
Borg, E. M., ℬ 393.
Büschenstein, Joh., 59.
Bosc, P. du, 157.
Bossuet 189.
Bothmer, v., 430.
Bottsack, Joh., 84. 115.
Boyle, Rob., 179. 190.
Bourdeaux, de, 184.
Bräunichen 118.
Breithaupt, J. F., 219.
Brenius, D., 197.
Brenck, M. Casp., 406.
Brenz, S. Fr. (Löw), ℬ 93. 123.
Brenz o. Brinz, Vic. Christ., ℬ 123.
Brett, Sam., 175.
Brocard, Jac., 148.
Brodberg, N., 432.
Broughton, H., 146. 169.
Broughton, Row., 169.
Brückner 386.
Bucher, S. Fr., 230.
Buddeus, J. Fr., 220. 226.
Bugenhagen 26.
Bunyan 329.
Burlidius, Aeg., 59.
Burkhardt, Chr. G.(Im. Liepmann), ℬ 132.
Burgmann, J. G. M 412.
Burklin 72. 73. 74.
Burnet, Th., 173.
Büsching, Fr., 4.
Buxtorf, J. L., 44. 105. 109. 136. 206.
Buxtorf, J. II., 136.
Buxtorf, J. III., 136.
Buxtorf, J. IV., 136. 408.

C.

Calixt, F. U., 78.
Calixt, G., 77. 98.
Callenberg, J. H., 93. 214. 226. 233. 240. 246f.* 396f. 418f. 426. 433.
Callenberg II. 253. 322.
Calmet, Aug., 189.
Calov, Ab., 78. 98.
Culvert, Th., 182. — J., 182.
Calvin 44.
Calvör, C., 239f. 327. 329. 429.
Camenz 220.
Cardoso, Is., 144.
Cardoso, Abr. Mi., 165.
Carl G. S. v. Anhalt 304. 322.
Carpov, P. Th., 243.

Carpzov, J. B. I., 73. 74. 77. 78. 117.
129. 426.
Carpzov, J. B. II., 220.
Carret, Lud., ℬ 138.
Carsten, Nic., 231.
Cassel, D., 5.
Cartwright, Ch., 173.
Caesar, B. 70.
Castilio 141.
Castilione, Gualter de, 156.
Castro, Or. de, 157.
Cellarius 72. 75.
Chaim, Moschebar., 370.
Chajon, N. Ch., 65. 205.
Chandler, Ed., 423.
Chasid, Jud., 65.
Chrétienne, La Mère, 413.
Christ, Ph. Joh., ℬ 368.
Christfels, Ph. E. (Mardochai Schemaja),
  ℬ 235 f. 377.*
Christfels, II u. III, ℬ 381.
Christfels s. Unfug.
Christhold, Chr. Alb., ℬ 374.
Christhold, Chr. Soph. Magd., ℬ 374 f.
Christian, Chr. G., ℬ 393.
Christian V. v. Dänemark 191.
Christian VI. v. Dänemark 429.
Christian August v. d. Pfalz 102.
Christian II. v. Anhalt 103.
Christianus, Paul, ℬ 131.
Christiani, Fr. Alb. (Baruch), ℬ 134.*
  221. 239. 328.
Christine v. Dänemark 430.
Christlieb, W., ℬ 103.
Christlieb, F. W., ℬ 132.
Christlieb, C. W., ℬ 404.
Christoph (Moses), ℬ 140.
Christoph v. Württemberg 54.
Clajus, Joh., 102.
Clairveaux, Bernh. v., 15.
Clausberg, Ch. v., ℬ 429.*
Clavering, R., 173. 421.
Cleicus, Sam., 173.
Clericus, Joh., 155.
Clodius, Dav., 98. 110.
Cnoll (Knoll), Ad. A., 219. 235. 378.
Cnoll (Knoll),, J. Nic., 219. 235.
Coccejus (Koch, Coch) J., 151. 155.
Collier, Th., 167.

Collins, Ant., 179. 421.
Collins, Sam., 188. 431.
Collmann, Benj., 433.
Conring 76.
Copilia s. Liepmann.
Coresch, Dan. C., ℬ 418.
Costa, Is. da, ℬ 6.
Costa, Ur. da, 143. 146.
Costus, P., 148.
Cramer, J. J., 219. 221.
Cramer, And., 87. 98. 102.
Cranmer 53.
Creidius 98.
Cremer, H., 20.
Crenius, Th., 158.
Cromwell, O., 164 f.
Cromwell, Sohn, 167.
Croze 74.
Croze, la, 224.
Crullius, J., 421.
Cunaeus, P., 156.
Curtius, Seb., 102.

D.

Dadichi 250.
Dannhauer 76. 77. 84. 88. 98.
Danz, Joh. Andr., 72. 110. 131. 231.
Darnmann (Schittenhoven), ℬ 412.
Darmstädter, Lud. Em., ℬ 127.
Dassow 72. 73. 77. 110.
Davenport, Joh., 172. 195.
Dedekenus 110. 113.
Degenfeld, B. v., 305. 331.
Delitzsch, Frz., 7. 20. 21. 48. 194. 392.
Dembowski, Graf, 346.
Detharding, G. A., 4. 428.
Difenbach, Martin, L. 84. 106. 116.
  127.
Dithmar, J. Chr., 412.
Dober, J. Leonh., 359. 364.
Doddrige, R., 427.
Dorscheus 105.
Dort, L. J. E. de, ℬ 341.
Draconites, Joh., 50. 56. 57.
Dreier, Chn., 78.
Dreyhaupt 246.
Driesche, J., 148.
Dürkop 429.

E.

Ebert 74.
Edelmann, J. Chr., 398.
Eduard L v. England 163.
Edzard, Esdras, 2. 72. 104 f.* 116. 206.
 232. 406.
Edzard, G. Elieser, 109. 113.
Edzard, Hier., 113.
Edzard, Joh., 113. 191.
Edzard, Jod. Pancrat., 112.
Edzard, Jod. Glan., 104.
Edzard, Seb., 113.
Eggers 408.
Eibeschütz, Jon., 205. 402.
Eilers, Wessel, 387.
Eisenmenger, J. And., 78 f.* 130. 403.
Eleasar (England), ℬ 168.
Eleazar, D., 164.
Elias (in Frankfurt) 170.
Elisabeth v. England 53. 170.
Elisabeth v. Preussen 322.
Elkana, P., ℬ 101.
l'Empereur, C., 148. 236; C. l'E. ab
 Oppyck 155.
Engerer, S. H., 232.
Episcopius, S., 153.
Erasmus 59.
Erdmann 219.
Ernst v. Sachsen 130.
Ertel 219.
Eschenbach, Chr., 183.
d'Espagne, J., 183.
Eskuche 219. 220.
Esra. Abr. ibn, 74. 192.

F.

Fabricius, J. Alb., 338.
Fabricius, M. Th., 101.
Fabricius, Theodosius, 101.
Fabronius 105.
Fagius, Paul, 46. 58.
Fahlander, J., 432.
Falster, Chr., 191.
Farar, D., 146. 170.
Faro, A. G. (Rodriguez), ℬ 162.
Faust, Joh. Fr., 138.
Fecht, J., 77. 78.
Fels, Chr. L., ℬ 103. 116.

Felgenhauer, P., 196.
Ferdinand, Th., ℬ 186.
Fink, D. F., 5.
Finus, H., 151.
Firmian v. Salzburg 391.
Fischer, L., 20.
Fitzner, H., 348.
Flacius, M., 98.
Flegel, Pet., ℬ 57. 114.
Fons, P. de la, 142.
Fonseca, Aron Dias, ℬ 415.
Fonseca, Isaak Dias, ℬ 414. 415.
Förster, J., 75. 98.
Fortunatus, W., ℬ 125.
Fox, J., 168. 186.
Franco, Sal., ℬ 190.
Frank, G., 4.
Frank, Jos., 72.
Frank, Jac., 205. 341.
Francke, Aug. Herm., 110. 200. 215.
 248. 359. 365. 385.
Francke II., G. A., 263.
Frankel, Bärmann (Koppel), ℬ 398. 401.
Fränkel, Dav., 380.
Fränkel, Sal. Is., 398. 400.
Frankenberg, Abr. v., 74.
Franz, W., 84. 102.
Freilinghausen, Anast., 239. 252. 266.
 327. 329.
Fresenius, J. Fried., 353.
Fresenius, J. Ph., 323. 351 f.
Friedrich I. v. Preussen 80. 131. 243.
Friedrich II. v. Preussen 301.
Friedrich II. und III. v. Gotha 385.
Friedrich IV. v. Dänemark 428.
Friedrich v. Baden 54.
Friedrich Wilhelm v. Brandenburg 62.
 160.
Friedrich Wilhelm I. v. Preussen 357.
 365.
Frischmuth 75. 76.
Fröhlich, E. Margaritha, 154.
Fromm, Hirsch, 378.
Frommann, E. A., 220.
Frommann, H. Chr. Im., ℬ 257. 388 f.*
 399.
Frommüller, C., 76.
Fundam, J., ℬ 414.
Fürst, Jul., 3.

G.

Gagner, Joh., 421.
Galle, Joh., 192.
Gallus, Ph., 101.
Gasser, J. M., 392.
Gebhard, B. H., 74. 75. 239.
Geestmann, W. H., 261.
Geier, M., 73. 74.
Geiger, G. P., 220.
Gelling, Mich., ℬ 114.
Genz 74.
Gerber, Chr., 216. 239.
Gerhard, Joh., 98.
Gerlov, 74.
Germanus, Elias, 47. 86. 220.
Germanus, Steph., ℬ 58.
Georg Wilhelm v. Braunschweig 103.
Georg v. Hessen 103.
Germanus s. Speeth.
Gerson, Sohn v. Chr., ℬ 117. 395.
Gerson, Ph. Fried., ℬ 119.
Gerson, Steph., ℬ 119. 132.
Gesner 98.
Gilbert, M., 148.
Gläsener, J. M., 227.
Glassius, Sal., 105.
Glaubrecht 325. 360 (Oeser).
Gleiss 104.
Gnesius 40.
Golding 141.
Gölitz, E. G., 239.
Gottfried, J. A. Chr., ℬ (Nathan), 399.
Gottfried, P., ℬ 418.
Gotthold, Fr. I., ℬ 431.
Götze, Chr., 216.
Gouge, W., 172.
Gousset, J., 156.
Gräfe, Chr., 74.
Grambs 73. 313.
Grape, Z., 72. 73.
Grätz 5. 203.
Gravius 98.
Gräve, Alex., 433.
Gregorius Magnus 328. 329.
Grindley, J., 421.
Groddeck, G., 73.
Grönewegen, H., 149. 154.
Grossgebauer, V., 73.

Grotius, Hugo, 115. 145. 148. 252. 328. 329.
Grue, Th. le, 176.
Grumbach, Rheingraf zu, 351.
Grünbaum s. Navrazky.
Grünbeck, Mich., ℬ 370.
Guisius 175.
Guldager, Hans, 428.
Gullmann 376.
Günther, Graf zu Schwarzburg, 103. 117. 384.
Gunzenburger, S. F., ℬ 409.
Gutbier 110.
Gutherz, J. Fr., ℬ 394.
Güttel, Casp., 27. 47.

H.

Haberkorn, 75. 103. 105.
Hackspan 11. 72. 73. 74. 89. 98. 135.
Hadrianus, Math., ℬ 58.
Halevi, Is., ℬ 50.
Halidt, Anna, 120.
Halsberg 141.
Halsted, Th. D., 163.
Hamburger, Chr. G., ℬ 394.
Hammond, G., 176.
Hankelmann 72. 110. 113. 116.
Hansen, Chr. Aug., 228.
Hardt, Anton v. d., 225. 230. 245.
Harot, H. v. d., 74. 93. 110. 219. 395.
Harrison, J., 171.
Härting, R., 6.
Hartmann, J. C., 7.
Hartmann, J. Th., 219.
Hartmann, A. Th., 251.
Hartmann, J. L. E., ℬ 412.
Harzuge, J., ℬ 58.
Hasaeus, Th., 146.
Hausmeister, J. H., ℬ 5.
Havemann, M., 77. 88. 98. 239.
Haynemann, ℬ 373.
Heidegger, J. H., 139.
Heilbronner, J. Chr., ℬ (Mos. Präger), 388.
Heineccius, Mich., 223.
Heinrich Julius v. Braunschweig 118.
Heinrich IV. v. Frankreich 141.
Heinrich v. Schwarzburg 103.
Helic, Luc., ℬ 114.

Heller, Lip., 402.
Helvetius 121.
Helvicus 75. 98.
Helwig, Chr., 75. 77. 158.
Helwig, L. J., 98.
Heman, C. F., 5.
Henne-Am-Rhyn, Ot., 5.
Hene, Löwe, 400.
Hentzen 324.
Herbst, W., 101.
Herliberger, C., 409.
Hermann (v. Cöln), ⅋ 78.
Herschel s. F. A. Augusti.
Herschel s. Zeitmann.
Hersleb 429.
Herz, M., ⅋ 145.
Herz, A. (Chr. Leberecht), ⅋ 397.
Hesse, O. W., 369.
Hesselberg 433.
Heubner 219.
Hildebrand 98.
Hillel 220.
Hilpert 74.
Hieronymus s. Melammed.
Hieronymi, Dav., ⅋ 131.
Hirsch, P. W., ⅋ 132. 404.
Hirsching, F. K. G., 246.
Hirschlein, J. (Chr. Gottleb od. Gottlieb), ⅋ 409.
Hirt, J. Fr., 200.
Hirtentreu, Const. Friedr., ⅋ 373.
Hirtentreu, Soph. Johanna, ⅋ 373.
Hirtentreu, M. Christ., ⅋ 373.
Hochmann v. Hohenau 240.
Hochstetter 263.
Hohenlohe, Franciska Barb. Gr. zu, 379.
Hohenlohe-Schillingsfürt, F. zu, 379.
Holberg, L. v., 4. 428.
Holten, Albert v., 110.
Honting 155.
Hooghe, R. de, 155.
Horche, H., 242. 329.
Hoornbeek, Joh., 149.
Horn, Gustav Gr., 125.
Hornig, Casp., 127.
Horst, J. C., 𝔐 323. 353.
Hosmann, Sig., 184. 219.
Hottinger, Heinr., 105. 139.
Hottinger, J. Jac., 408.

Huldrich, Jac., 105.
Hülsemann 105.
Hulsius, A., 153.
Hunnius, Nic., 98. 101.
Huntington, Lucy v., 188.
Husen, F. v., 156.
Husen s. Lombardus.
Hutter, El., 101. 265.
Hutter, L., 98. 176.
Hyde, Th., 173.

I.

Ichhausen 400.
Imbonato, J. C., 2.
Ingemethorp, Th., 171.
Isaak, Rabbi, 182.
Isaak s. Bock.
Isaak, Joh., 57.
Isenburg, Gr. zu, 360.
l'Isle, de, 190.

J.

Jablonski, D. E., 241.
Jacob s. Bernhard.
Jacob, Rabbi, 32.
Jacob I. v. Schottland 170.
Jacob II. v. England 168.
Jacob, Moses, 194.
Jacobus, Joh. (Jacob John), ⅋ 162. 190.
Jakob, Abr., ⅋ 425.
Jagels, Abr., 116. 181. 189. 193. 403.
Jagels Sohn 189.
Jaquelot, Is., 157.
Jawan 346.
Jehuda aben Tibbon 58.
Jehuda Arje de Modena 73.
Jehuda, Sal. ben, 397.
Jekuthiel, Ar. bar, 382.
Jesaia, P., ⅋ 187.
Jeschurun, ⅋ 108.
Jesel 29.
Jesse, Henr., 176.
Joachim, Ernst, Markgraf 123.
Jöcher, J. C., 246.
Johann v. Münster 58.
Johann Georg v. Sachsen 103.
Johann v. England 168.
Johann Ludwig v. Jever 387.
John, Th. (Jom Tob), ⅋ 191.

27*

Jonas, Justus, 25. 52.
Joseph, P., ₧ s. Zadock.
Joseph v. Oesterreich 81.
Jost 5.
Juda, Abr., ₧ 426.
Jugendres, Seb. Jac., 227. 405.
Junius, Franz, 55.
Jurieu, P., 155.

K.

Kaatz, Fr. Chr., ₧ 388.
Kahn, D. J., ₧ 339.
Kahmann 373.
Kalkar, Chr. K., ₧ 5. 319. 381.
Kals, J. W., 414.
Karl I. v. England 168.
Karl II. v. England 167.
Karl IV. von Deutschland 14.
Karl V. v. Deutschland 38.
Karl XI. v. Schweden 192.
Karl XII. v. Schweden 382.
Karo, Joseph, 64.
Katanni, Abr. ben, 86.
Kaym, P., 75.
Keller, W., 219.
Kempe, And., 100.
Kemper, Joh., ₧ 194. 432.
Kempis, Thomas a, 222. 252.
Kessler 98.
Keyser, M. W. Chr., ₧ 394. 431.
Kidder, Rich., 106. 113. 179. 421.
Kimchi, David 74. 259.
Kirchner, P. Chr., 405.
Kirchhoff, Dav., 342. 359. 371.
Kissling 237.
Kliebhahn, And., 379.
Kluge, J. D., 242.
Knapp 322.
Kniphof 310.
Knoll 378, vgl. Cnoll.
Köcher, H. F., 3.
Koch (Coccejus), Joh., 155.
Köhler, W., 125.
König (Basel) 137.
Kolshorn 237.
Königsmann 429.
Köppen, Nic., 74. 220.
Koppel s. Frankel.
Krakovia s. Kemper.

Kraansburg 153.
Krakewitz, v., 238.
Kraut 220.
Krellmann, J. H., 358.
Kromeyer, H., 145.

L.

Labbadie, J. de, 149.
Lake 158.
Lakemacher, J. G., 223.
Lange, J., 229. 239. 328. 379.
Lara, David Cohen de, 105. 109.
Lardner, Math., 423.
Leberecht, Ph. Nic., 241. 395.
Leberecht s. Herz.
Lehmann, H., 72.
Lehr 294.
Leib 219.
Leichner 268. 344.
Lemmich, H., 194.
Lent, Joh. v., 75. 77. 78.
Leo Mutinensis s. Arje.
Leone, J. Joh., 73.
Leopold v. Oesterreich 62. 81.
Lepusculus, S., 136.
Leslie, Chr., 181.
Less, Angelika, 112.
Leuschner, M. G., 102.
Leusden, J., 70. 154.
Leutwein, Chr. Th., 216.
Levi, IL B., 76.
Levi, Jac., 140.
Levy, Phlp., ₧ 423.
Levita, Elia, 220, s. Germanus.
Lewis, P., 423.
Leydecker, Melch., 156.
Lichtenstein, G. Ph. (Meyer), 124.
Lichtenstein, J. Dan., ₧ 124.
Lida, Dav., 79.
Lieberkühn, Sam., 359. 365 f. III. 408.
Liepmann s. Burkhardt.
Liepmann Chr. F. (Copilia), 386.
Lightfoot 171. 173 f. 196.
Limborch, Ph. v., 157. 181.
Lindanus 57.
Lindenblatt, G. P., 192.
Link, Wenc., 47.
Lipmann, 74. 90. 142. 161. 378.
Lippe, Gr. z., 240.

Lippmann 11.
Lith, v. d., 406.
Lochner, C. Fr., 135.
Loen, v., 240. 341.
Lombardus, Marcus (C. Husen), 38.
Longmanns 175.
Lonsano s. Neumann.
Loscan 220.
Losius 219.
Lossius 98.
Louise Amoena v. Anhalt 103.
Louise Caroline v. Baden-Durlach 322.
Louise Ulrike v. Schweden 322.
Löw s. Brenz.
Löwe od. Lebh, Chr. Peter, ℬ 432.
Lubin, Eilh., 141.
Lucius, Sam., 409.
Ludovicus 72.
Ludovici, J. G., 304.
Ludovici, J. F., 304.
Ludwig v. Baden 54.
Ludwig V. v. Hessen-Darmstadt 102.
Ludwig VII. v. Hessen-Darmstadt 355.
Ludwig VIII. v. Hessen-Darmstadt 355.
Ludwig XIII. v. Frankreich 188.
Ludwig, Chr., 72.
Ludwig, v., 251.
Ludolf, H. W., 248.
Lund, Dan., 192.
Lundius, Joh., 427.
Lütkens, N., 220. 228.
Luther, Mart., 11. 20. 21.* 25f. 59f. 70. 164. 221. 292. 328.
Luzzatto, M. Ch., 205.

M.

Magdaleine, L. L. de la, 401.
Magdaleine, Seb. Jul. de la, 401.
Mai (Majus), J. H., 73. 77. 78. 110. 220. 239. 254.
Maimonides, Mos., 58. 74. 175. 188. 192. 220. 412.
Makschan, N. C. B. Chr., ℬ 194.
Malach, Chajim, 65.
Mandel, Is., ℬ 194.
Manitius, J. A., 𝔐 265. 286f.* 417.
Mann, J. D. v., 387.
Marcus, Gers., ℬ 223.
Marcus, J. F., ℬ 4.

Marcus, Mos., ℬ 425.
Mardochai Machiach 65.
Mardochai s. Christfels.
Mardochai, Moses, 377.
Maresius, S., 154.
Margaritha, Anr., ℬ 162.
Margaritha, Ant., ℬ 221.
Margolith od. Margaritha, ℬ 133.
Maria v. England 53.
Markuski, J., 152.
Marperger, B. W., 409.
Marsch 425.
Martini, J., 98. 104.
Martini, Raym., 106.
Martyr, Just., 224.
Masius, Steph., 110.
Mastricht, P. v., 154.
Mather, Increase, 196.
Mathesius, Joh., 20.
Matthaei, A. R. G. C., ℬ 398 (s. Schimon).
Mayer, D. J. F., 78. 104. 106.
Mayer s. Bleibtreu.
Medem, Anna v., 100.
Meelführer, M. R., 221. 239.
Megerlin, Dav. Fr., 403.
Meintel, J. G., 237.
Meintel, C. S., 237.
Meier, Christ. C., ℬ 395 (Hamburg).
Meier, Chr. F., ℬ 393 (Altona).
Meier s. Meyer.
Meis, Fr. E., 394.
Meissner, B., 98.
Melander 45.
Melech, Sal. ibn, 73. 110. 220. 432.
Melammed, Jac. (D. Hieronymus), ℬ 108.
Menachem, Elch. Ben. (E. Paulus) ℬ 133.
Menasseh ben Israel 144* f. 155. 164 f. 173. 185. 196.
Mendelssohn, Moses, 145. 202.
Mentes, J. F., ℬ 393.
Mentzer, B., 98.
Mercatus, P., 395. 431.
Mercerius 72.
Meriech, Hanna, 326.
Meuschen, J. G., 231.
Meyer, Chr. P. (S. B. Meir), ℬ 116.

Meyer, Joh., 156. 396. 412. 418.
Meyer, J. Chr., 𝔓 395.
Meyer s. Lichtenstein.
Meyers 402.
Michaelis, Joh. Hnr., 229. 257.
Michelsen, Al., 5.
Micraelius, J., 75.
Middlesex, E. S., 164.
Mieg 70.
Millar, R., 422.
Millius, Dav., 413.
Milman, 6.
Mirus 386.
Mitternacht, 127. 239.
Modena, Juda Arje, 73.
Molitor 73. 74.
Moller, Chr., 225. 240. 293. 384.
Möller, V., 93.
Molther, Joh., 75. 85. 328.
Molther, Menrad, 45.
Monis, Juda, 𝔓 433.
Montalto, El., 141.
Montezinos, de, 145.
Morata, Olympia, 52.
Morgan, Th., 179. 421.
Morinus, Joh., 173.
Mornaeus 140. 171.
Morus, Heinr., 177.
Moritz, Landgraf v. Hessen, 102.
Mosemann, F. H., 86.
Moser, J. J., 246. 251.
Moses s. Christoph.
Mosheim, L., 230.
Moyer, F., 423.
Moyne, St. le, 156.
Muhammed VI. 108.
Muhlius, J., 73. 110. 427.
Müller, Joh. (Hamburg) 70. 74. 76. 114. ‖ (Gotha) 93. 254*ff. 390.
Müller, Joh. Christ., 161.
Müller, Joh. Christophor., 224.
Mundin 220.
Münden 243. 347. 373. 394.
Münster, Seb., 46. 136.
Muthmann, 𝔐 324.
Mylius, Geo., 98.

N.

Nagel, J. And., 220. 236.
Naphtali, Sal., 𝔓 50.
Nathan 65.
Nathan s. Gottfried.
Nathanael, Juda, 𝔓 169. 186.
Navarra, Ant. v., 53.
Navrazky od. Naferoffsky, J., 𝔓 370.
Navrazky od. Naferoffsky, M., 𝔓 370.
Neander, Conr., 101. 102.
Neander, Michael, 72. 75. 101.
Negri, Sal., 248 f.
Neumann, J. G., 98.
Neumann, W. H., (Lonsano), 𝔓 393.
Neumann, J. Chr. (M. Praeger), 𝔓 394.
Neumann (Kopenhagen), 𝔓 430.
Nerretter, D., 176. 220.
Neuspitzer, Jo. Al., 160.
Newcom 421.
Nicholas, Ed., 164.
Nigrinus, G., 78.
Niehenk, M. J. B., 225.
Nitschmann, Anna, 371.
Nonnen, Nic., 238.
Norberg, Olav, 432.
Normann, Lor., 73. 194.
Norrelius 194. 432.

O.

Ockley, Sam., 173.
Odhelius, L., 193.
Oeser s. Glaubrecht.
Oettingen, G. C. V. v., 𝔓 132.
Olearius, G., 101. 227.
Opfergelt, F., 230.
Opitz, Heinr., 72.
Oporin 230.
Oppyck s. l'Empereur.
Otto, J. C., 𝔓 88.
Otto, J. H., 139.
Oudine, Cas., 156.
Owen, J., 173.
Owmann, Jac., 219.

P.

Paget, Joh., 172.
Palmerood 192.
Pappus 98.

Pardo s. Vietor.
Parker 53.
Patienz 98.
Pauli, A. A., ℬ 381.
Pauli, C. W. H., ℬℳ 369.
Pauli, J. Chr., ℬ 381.
Paul, Mich., ℬ 397. 404.
Paulus s. Menachem.
Pellican, Conr., 45. 137. 149.
Peringer 72.
Petri, Fr., 101.
Pertsch 220.
Petersen, A., 359.
Petersen, J. W., 239.
Pfaff 396.
Pfedersheimer, P., ℬ 46.
Pfeil, J. Gebh., 423.
Pfeiffer, Aug., 72. 76. 110. 134. 400.
Pfeifer (Pastor) 308.
Philipp, Ferd., ℬ 186.
Philipp, G. G., ℬ 394.
Philipp v. Hessen 45. 56.
Philipp, W., ℬ 393.
Picard, Bernh., 413.
Picciotto 163.
Pictet, Ben., 409.
Pinchion, W., 195.
Pistor, Joh., 138.
Placaeus, Jos., 40. 142.
Placius 406.
Plessing (Blessing), ℳ 324.
Plitt, G., 6. 20.
Pocock, Ed., 173.
Polen, König von, 346.
Polier 136.
Pomerius, Jul., 45.
Pomis, Levi od. C. de, ℬ 133.
Poole 185.
Prache, H., 74.
Prager s. Heilbronner.
Präger s. Neumann.
Prideaux, H., 175.
Pritius, J. G., 217.
Prossnitz, Löb., 65.
Pryme, W., 163. 167.
Porchetus de Salvaticis 37.

Q.

Quandt, J. J., 242.
Querido, Jac., 65.
Quick, J., 142
Quistorp 98.

R.

Raab, A. v., 329.
Rabe 236.
Ragstadt de Weill, Fr., ℬ 160.
Rainold, J., 171.
Rambach, J., 231. 239.
Rambach, F. E., 179. 423.
Raschi 74. 219.
Ravis, Chr., 86. 175.
Rechtmeyer, Phil. Jul., 48.
Regius 298.
Reimann, J. F., 117. 226.
Reineccius, Chr., 134. 220. 221. 239.
Reinhard, L., 228.
Reinhardt, Konr., 122.
Reinwolle, Chr. Im., ℬ 398.
Reland, Adr., 413.
Remigius 98.
Renata v. Ferrara 52.
Reuchlin, W., 59.
Reuter, Chr., 387.
Reviga, Abr., 378.
Rhenferd, Jac., 155. 231.
Rhegius, Urb., 48. 49.
Rittangel, 74.
Ritmeier, Chr. H., 220.
Rivinus, And., 110.
Robertson, W., 176.
Rodriguez s. Faro.
Rohling 83.
Rohn 411.
Roi, J. F. A. de le, 7. 305.
Römeling, A. Chr., 239.
Ronnow, M., 193.
Rosenbohm, Sim., ℬ 432.
Rosenroth, Knorr v., 74. 173.
Ross, Alex. (Rossaeus), 176. 220.
Rosskampf 414.
Rothe 239.
Roy, Dan. le, 412.
Ruben, Abr. ben, 170.
Ruchat 261. 409.
Rudbeck, O., 194.

Rusmeier, J., 223.
Russmeier, Mich. Chr., 239.

S.

Saadja Gaon 421.
Sachs, H., 48.
Sachs s. Zarfosi.
Sachsen-Weimar, Ernst v., 358.
Salomo, Chr., 𝔅 426.
Salomo, Jac., 𝔅 285.
Salomo, Joh., 𝔅 115.
Salomon, W. od. C. F. A., 𝔅 357.
Salthenius 306, 310.
Samuel, Rabbi, 47.
Sandys, Ed., 171.
Santen, Chr. Phlp. v., 224.
Sartorius 385.
Saubert, Jo., 73. 74.
Say, Sam., 426.
Scandorph, Nic. P., 191.
Schadaeus, El., 56. 85. 98. 101. 328.
Schade, J. C., 200. 215 f. 315.
Schamnai 220.
Schamarja, Rabb., 32.
Schaper 386.
Scheidius, B., 72. 73. 231.
Schemaja s. Christfels.
Sheringham, B., 172.
Scherzer 72. 74. 98. 219.
Schickard 73. 75. 86.
Schindler 98.
Schimon s. Matthaei.
Schittenhoven s. Darnmann.
Schmidt, Joh., 73. 78. 98. 135.
Schmidt, J. Chr., 422.
Schmidt, Seb., 72. 74.
Schnell 74.
Schöttgen, Chr., 220. 229.
Schramm, J. Conr., 74. 219. 222. 226.
Schreiber 428.
Schreier, M. G., 218.
Schubart 373.
Schubert, J. E., 239. 243.
Schuckmann 98.
Schudt, J. Jac., 2. 104. 110. 116. 127. 163. 372.

Schulenburg, J. Chr., 239.
Schult, Joh., 432.
Schultz, Steph., 𝔐 215. 253 f. 304 f.* 415. 426. 430.
Schuppius, Balth., 113.
Schwarz, F. W. S. (Berlin) 2.
Schwenten, Dan., 72.
Scialiti, Mos., 𝔅 187.
Scriver 239.
Seckendorf, v., 406.
Seidel, M., 181. 183.
Selden, Joh., 175.
Selnecker, Nic., 20. 78. 133.
Semler, Joh. Sal., 4.
Sennert 72. 74. 75. 116.
Serarius, Pet., 154.
Serpilius, G., 394.
Seufert, J. H., 241. 395.
Sibersma, Hero., 413. 416. 418.
Sidney, Arth. Ph. de, 141.
Silberschlag 118.
Silvius, Joh., 141.
Simon, Rich. 117. 121.
Skunk 192.
Smalcius 196.
Sohnius, Fr. Cas., 86.
Soldanus 103.
Sommer, G. Chr., 227.
Sommerschmidt 220.
Soesmann 414.
Sostmann, Alex., 412.
Spangenberg 360.
Spanheim, Fr., 150.
Speeth, J. N. (M. Gembels), 1. f
Spener, Ph. Jac., 87. 110. 125. 127. 200. 206*f. 243. 328. 359. 365.
Spitz 72.
Spinoza, B., 64. 143.
Sprecher 74. 220
Springer, M. D., 222.
Staffelsteiner, P. (N. Aron.), 𝔅 56.
Stämmen, Chr., 74.
Stapfer, J. Fr., 409.
Starke 72.
Stehelin, J. P., 83. 421.
Steger, B. H., 5.
Steinmetz 248.
Steinmüller, J. C. P., 237.
Stern, S., 5. 26.

Stolberg-Wernigerode, Gr., 349.
Storr, J. Ph., 74. 222. 388. 396.
Stridzberg 432.
Struve 73.
Stuck 220 (s. II, 20).
Stuss, H., 231.
Süssmilch 400.
Surenhuis, W., 156. 396.

T.

Taufenburg, F. W. Chr., ℬ 405.
Tarnov 98.
Tayler, Fr., 173.
Texeira de Matos, M., 100. 191. 430.
Thame, K. H., 392.
Thilen, J. Fr., 238.
Tibbon, Jehuda Aben, 58.
Tilemann 110.
Toland, Joh., 179. 421.
Tossanus, Dan., 137.
Tour d'Auvergne, Heinr. de la, 54.
Tovey 168.
Tremellius, Em., ℬ 51 f.
Trigland 162.
Troki, Isaak, 156.
Trotzendorf 114.
Tryphon 224.
Tudela, B. v., 235.
Turretius, Alph., 408.
Tychonius, Lassen, 428.
Tychsen, O. G., 𝔐 251.
Tympe, J. G., 227. 396.

U.

Uchtmann 156.
Uffelmann, H., 225.
Ullmann 72. 74. 220.
Ulrich, Joh. Casp., 133. 135. 139. 408. 412.
Unfug, Frau (Christfels), 380.
Unger, Chr. Th., 73.
Urlsperger 285.
Usgate 326. 426.

V.

Varenius 74. 75. 78. 98. 154.
Vedelius, N., 78.
Veil, Jacob de, ℬ 188.

Veil, Ludwig Compiegne de, ℬ 181. 188.
Verbrugge 396.
Vermilius, P. Mart., 52 f.
Vieria, ℬ 417.
Vietor, M. C. (M. Pardo), 100.
Vital, Chaim, 73. 402.
Vitringa 154. 396.
Viverius, Jac., 141.
Vives, Isk., 93.
Vockerodt 247. 261. 385. 390.
Voetius, G., 70. 146. 153.
Volandi, Joh., 102.
Volkel 195.
Vormbaum, R., 7. 104. 359.
Vorst, W. H., 155.
Vossius, J., 145. 149.
Vythage 155.

W.

Wachert 74.
Wachner, G., 227.
Wacke 74.
Wagenseil 72. 74. 76. 89. 90 f. 98. 117. 135. 142. 188. 221. 256. 378.
Walch, J. G., 226.
Wales, Prinz v., 422.
Wallich 384.
Walther, 74. 98. 220.
Walther, 𝔐 417.
Wandalinus, J., 428.
Warburton, W., 422.
Warmestre 187.
Wasmuth 74. 75. 86. 98.
Weber, A., 75.
Weber, F., 11.
Weidler, J. F., 220. 225.
Werdmüller 411.
Wessel, Pet., 428.
Wesselhoff, L., 381.
Whiston, Wil., 426.
Wibel, J. Chr., 236. 380.
Widmann, J. G., 𝔐 75. 269 f.
Wieger 353.
Wiggers, J., 5.
Willemer, Ph. H., 231.
Willig, K. G., ℬ
Winkelmann
Winkler, J. F., 219.
Witsius, H.,

Witter 220.
Wöldicke, Marc., 428.
Wöldicke, G., 428.
Wolf, J. Christ., 2. 3. 113. 159. 239. 388. 417.
Wolf, Jac., 𝔓 163.
Wolf, Phil., 𝔓 59.
Wolf, J. H., 73.
Wolfgang v. Zweibrücken 53.
Wölfer, 433.
Woltersdorf, E. G., 324.
Woltersdorf, A. F., 𝔐 276. 312. 324 *f. 426.
Woolston, Th., 179. 421.
Wolton, W., 421.
Wülfer, J., 73. 93. 110.

X.
Xeres, Jon. Ben. Jac., 𝔓 423.

Y.
York, Erzbischof von, 172.

Z.
Zadok, Jos. bar, 𝔓 (P. Joseph). 133.
Zakuto, Abr., 144.
Zaluski, Graf, 315.
Zarfosi, E. Chr. (A. Sachs), 𝔓 116.
Zebi, Sabbathai, 64. 93. 108. 116. 123. 144. 205. 340. 412.
Zebi, Chaim, 65.
Zeitmann, Gottf. Th. (M. Herschel), 𝔓 375.
Zeller, Al., 397. 412.
Zeltner, D., 327.
Zeltner, G. G., 110. 232. 380.
Ziegra, M. C., 114.
Zimmermann, M. Joh. J., 99.
Zinzendorf, Graf Nic., 359 f. III.. 408.
Zobel, N. E. F., 243.
Zoega 219.
Zornius, P., 227.
Zwinger 124.
Zwingli 44.

Band II.

A.
Abarbanel 23. 339.
Aberhoff 199.
Abramson, 𝔓 56.
Abric, P., 312.
Adams, H. C., 4. 306.
Adelberg 168.
Adler, L. (Cassel), 93.
Adler (London) 98.
Adler, J., 𝔓𝔐 323. 332 f.
Adler, G. S., 26.
Adler, Gu. Geo. 194.
d'Aquilar, Ephr., 𝔓 70.
d'Alembert 75.
St. Albans, Duke of, 70.
Alexander, Bischof, 𝔓𝔐 295.
Alexander L. Kaiser, 330 f. 411.
Alexander II., Kaiser, 331. 348.
Alexis, Wil., 244.

Althausen, Dr., 𝔓 336 f.
Andrée, Rich., 265.
Annoni, H. A., 62.
d'Argens 11.
Aronhold, S. H., 𝔓 209.
Asser, M. E., 𝔓 292.
Assing (Assni), D. A., 𝔓 239.
Assing, Ludw., 𝔓 240.
Auberlen, K. A., 125.
Auerbach, Berth., 92.
Augusti, F. A., 𝔓 52. 160.
Ayerst, W., 144.
Axenfeld, C., 8. 157. 159 f.* 215.

B.
Bach, K. D. Fr., 𝔓 56.
Bach, Minister, 289.
Bach, Seb., 252.
Baerens, J. H., 314.

Bahn, M. A., ℬ 194
Ball, P., 𝔐 149. 159.
Banga, 𝔐 275.
Banzel, P., 310.
Baquol, Jeanette, ℬ 141.
Baquol, James, ℬ 141
Bartholdy, J. L. S., ℬ 185.
Barth, Chr. G., 126. 127. 170. 174.
Bastholm 71.
Bauer, J. Hartwig, 3. 37.
Bauer, Bruno, 246.
Bauern, P., 185.
Baum, J. Chr., 58.
Baumgart, J. S., 25.
Baumgarten, M., 125.
Baumgarten, A. J., 280.
Baumstark 70.
Beaconsfield, Lord, ℬ 98.
Becher, Ant., 27. 51.
Becker, C., 𝔐 127. 133. 166.* 168. 188. 332.
Becker, Fr. W., 𝔐 137. 157. 202. 219.
Becker, W., 𝔐 3.
Beere, R., 68.
Beethoven, L. v., 252.
Bellson, ℬ𝔐 240.
Belmonte, H., 302.
Belmonte, E., ℬ 302.
Benaron, A., ℬ 127.
Benary, F. F., ℬ 209.
Benary, K. A. A., ℬ 210.
Benda, C. T., ℬ 194.
Bendemann, Ed., ℬ 249.
Bendemann, Rud., ℬ 249.
Bender, C. G., 118.
Bendix, F., ℬ 210.
Benfey, Th., ℬ 211.
Benjacob, J., 91.
Benjamin, S. (Felix), ℬ 50.
Berdiajeff, Graf, 220.
Berg 319
Bergmann, P. L., 179.
Berliner 98.
Bernal, Jac.·Is. 70.
Bernal, Ralph, 70.
Bernal, Osborne, ℬ 70.
Bernard, D., ℬ 338.
Bernays, Jac., ℬ 212.
Bernays, Mich., 212.

Bernhard der Heilige 199.
Bernhard, Is., 10.
Bernhardt, W., 𝔐 167. 170.
Bernhardy, Gott., ℬ 212.
Bernhoft, Th.Christ., 320. 321. III, 412.
Bernouilli, Ed., 30. 275.
Bernstein, A., 92.
Bernstorff, Graf, 21. 57.
Betscheler 203.
Betzner, 𝔐 150. 154.
Beyer, L. J., 37. 44. 46. 50. 55. 64.
Bialoblotzky, Ch. H. Fr., 120.
Bicheno, J., 68.
Biedermann, Gottb., 23.
Bieling, R., 𝔐 152.
Biesenthal, Joach. Heinr., ℬ𝔐 120. 156.
Bilderdyk 292. 298f. 302f.
Birnbaum, N., 409.
Bismarck, Fürst, 254.
Blendinger, K., 125. 169.
Bloch, Ed., ℬ 156. 212.
Bloch, S., 281.
Bloch, Mor. (Ballagi) ℬ 288. 409 f.
Blom, J. G., 320.
Blomberg, Fr. v., 135.
Blumhardt, Christ., 127.
Blumhardt (Basel) 3. 274.
Böcklin, v., 256.
Bögehold 159.
Bogrow 87.
Böhmer 120.
Bohn, K. E., 3.
Bonifacius 201.
Bonn, ℬ 212.
Bonnet, 𝔐 15. 161.
Bopp 209.
Börling, J. J., ℬ𝔐 149.
Bormann 131.
Börne, ℬ 187.
Borowsky 25. 27.
Brühm 275.
Brandes, G., 314. 321.
Branis, Chr. Jul., ℬ 213.
Branis, Frau, ℬ 203.
Branis, Rabb., 203.
Brauer 47.
Braunschweig, Herzog v., 11. 48.
Breidenbach, Jul., ℬ 229.
Brenner, C., 𝔐 275. 295.

Breysig 217.
Brilliant, Leop., ℬ 156.
Brimann, ℬ 267.
Bring 321.
Brinkmann 44.
Bromet, M. L., ℬℳ 295.
Brüggen, Th. v., 87.
Bücher, Gottfr., 25.
Büchner 216.
Buchholz, Fr., 113 f.
Buchholz, C. Aug., 114.
Büchsel 145. 211.
Bugge 317.
Buhl 315.
Bührlin 23.
Bülow, Axel, ℳ 315.
Bunsen, v., 239.
Burg, Menno, 239. III, 409.
Burger, Emil, ℳ 310.
Burgmann, J. G., ℳ 39 f.
Burkhardt, J. R. L., 275.
Büsching, Ant. Fr., 3. 25.
Byron, Lord, 230.

C.

Cachet, Lion, ℬ 304.
Caban, Isr., 173.
Callenberg, Io. Heinr., 22 f. 25. 38. 40. 115. 166. 177.
Campe 11.
Capadose, Abr., ℬ 179. 280 f. 292. 297. 298.*
Caro, F., ℬℳ 149. 203.
Caro, Jos., 50.
Caro, Reg.-Rat, ℬ 229.
Casalis 310.
Caspari, K. H., 126.
Caspari, K. P., 188.* 320.
Caspari, Bruder, ℬ 189.
Caspari, Schwester, ℬ 189.
Cassel, P. Steph., ℬ 127. 189 f.* 271.
M'Caul, Al., ℳ 131. 178. 202. 305.
Cerf, Ang. Henr., ℬ 188.
Cerf, F. Rud., ℬ 188.
Cerf, C. Fr., ℬ 249.
Chamisso, A. v., 199. 240. 244.
Charlotte v. Russland 187.
Chevalier 302.

Chivokrod, Sal., 339.
Christiani 332.
Christlieb, J. L. K. F., ℬ (Mendel) 50.
Christlieb (Heinemann), ℬ 51.
Christmann, ℬ 51.
Chorinsky, Graf, 86.
Chrysander 22.
Clarke, Rich., 67.
Claudius, Matth., 199.
Clodius, Dav., 22.
Clogher 66.
Cludius, Her., 25.
Cohen, Dr., ℬ 240.
Cohen, H., 270.
Cohen (Odense) 71.
Cohen, S., 59.
Cohn, L. A., ℬ 213.
Cohn (Altona) 13.
Compert, L., 92.
Conrad 142.
Consalvi 186.
Coppenhagen, C. Jul., ℬ 235.
Cossmann, Th. Emil, ℬ 194.
Costa, da, Abr., ℬ 304.
Costa, da, Dan., 301.* 304.
Costa, da, Francisca, 304.
Costa, da, Gabr., 301.
Costa, da, Isk., ℬ 13. 127. 160. 292 f. 296 f. 300 f.*
Costa, da Villareal, Cath., ℬ 70.
Costa, da, Rebecca, 304.
Costa, da, Uriel, 301.
Creizenach, Mich., 213.
Creizenach, Th., ℬ 213.
Cremer 160.
Crémieux, A., 96. 308.
Crola, Heinr., 187.
Crusius (Leipzig) 23. 53.
M'Culloch 70.
Cumberland, R., 69.

D.

Daab, Heinr., ℳ 147. 149.
Dalman, G. (Marx), 3. 43. 122. 124. 133. 173. 178. III, 408. 413.
Dalton, H., 337.
Danielson 323.
Dänzer 51.
David, Chr. Ge. N., ℬ 317.

David, Ferd., ℘ 249.
David, Louise, 249.
David, A. F., ℘ 57.
Deggeler 336.
Delbanco 316.
Delitzsch, Franz, 3. 47. 120f.* 125f.
  132f. 160. 164f. 171f. 188f. 315. 337.
Desportes, H., 309.
Dessoir, Ferd., 250.
Dessoir, Ludw., ℘ 250.
Detmond I., ℘ 229.
Detmond II., J. H., ℘ 229.
Deutsch, S. H., ℘𝔐 168. 220.
Diderot 75.
Diebitsch, K. F. v., 110.
Diedrichs (Elberfeld) 135. 157.
Diefenbach, J. G., 124.
Dietlen, Joh., 168.
Dietz, D., 30.
Dietz (Darmstadt) 54.
Dietzel 168.
Dirichlet 185.
Dittmar, H., 277.
Dober, C. S., 43.
Dober, L., 48.
Döbele s. Theobald
Döderlin, J. C., 24.
Dohm, Chr. W., 30. 115.
Döring, C. A., 126. 135. 157.
Dove 227.
Dove (Kirchenrecht) 231.
Dohna, Burggraf, 163.
Draconites 26.
Dresch, L. v., 114.
Drumont, Ed., 308.
Dühring, E., 264.
Duschak 97.
Duytsch, Chr. Sal., 59f.* 305.
Dworkowicz, Paul, ℘𝔐 170. 173. 334. 337.

E.

Eardly s. Sampson.
Ebel 221.
Ebers, G. M., ℘ 214.
Eberty, G. Fr. Fel., ℘ 230.
Ecker von Eckhofen 31.
Eduard v. England 65.
Eduard, Jul. Ant., ℘ 137. 191.
Edward, Dan., 𝔐 336.

Edzard, 47. 128.
Egeling 302.
Ehlers 149.
Ehrlich, J. G., 31.
Eibeschütz, Jonath., 39f. 53. 54. 56. 60.
Eisenberg, Christian, 𝔐 167. 170.
Eisenmenger, J. A., 118.
Eisenmenger II. 33.
Eisenschmidt, H., 335.
Eisermann 29.
Eyre, Jos., 67.
Ekmann, Ed., 324.
Elisabeth v. Preussen 211.
Elsässer, Alex., 233.
Elsner, Sam., 142. 154.
Engel 21.
Ephiphanes, D. II., 111.
Ephraim, Jos., 111.
Ephraim (Holland) 304.
Ernesti, Fr. Chr. (Saul), 24. 48. 51.
Ernesti, Fr. W., 51.
Ernesti, Ludw. H., 51.
Ersch 4. 225.
Essen, v., 61.
Esther 65.
Ewald, Paul, 192. 278.
Ewald, Ferd. Chr., ℘𝔐 275. 278. 279f.
Ewald, J. L., 115. 117.

F.

Faber, W., 𝔐 3. 47. 127. 134. 171f.* 315.
Fabius, Aug., 95.
Fabri, Dr., 160.
Fabricius, E. Chr., 26.
Fay, L., ℘ 280.
Falk, Joh., 128.
Falk, Max, ℘ 289.
Falk I., K. G., ℘ 156.
Falk II. (Minister) 230.
Faltin, R., 147. 160. 174. 320. 322f. 340f.*
Farmann 275.
Fehren 23.
Feinberg, Rob. Osc., ℘ 156.
Feingold, ℘𝔐 311.
Feldner 207.
Felix s. S. Benjamin.
Felsenthal 128.
Fichte, J. G., 33. 105. 198. 213. 222. 248.
Fickert 119.

Filehne, Wilh. Jac., ℬ 215.
Fink, D. E., 3.
Fischel, O. E. J. ℬ 156.
Fischer, C. C., 118.
Fischer, F., 267.
Fischer, Hans Aug., ℬ 254.
Fischer, Maler, 317.
Fischer, Nic. Wolfgang, ℬ 137. 240.
Flad, Mart., 275.
Fleischmann 168.
Fliess, Ferd. W., 28.
Focke 146.
Fork 57.
Foss, R., 217.
Fould, Achille, ℬ 312.
Fould, Benoit, ℬ 312.
Fouquet de la Motte 244.
Franco, Abr. J., ℬ 70.
Franco, Jac., ℬ 70.
Frank, Fr. Alex., ℬ 240.
Frank, H. R., 125.
Franck (Paris) 281.
Frankel, B. W., ℬ 240.
Fränkel (Elberfeld), ℬ 240.
Fränkel, Dav. Hirschel, 9.
Fränkel, Ed. Jul., ℬ 156.
Fränkel, Joh. Casp., ℬ 63.
Fränkel, Frau, ℬ 186.
Fränkel, Max, ℬ 186.
Fränkel, Zach., 91.
Frankenheim, M. L., ℬ 215.
Frankfurt, Grossherzog v., 116.
Frantz, Ad., 265.
Frantz, Const., 265.
Franz Josef II. v. Oesterreich 57.
Franzos, K. Em., 92.
Frauenstädt, Chr. M. J., ℬ 215.
Frauenstädt (Breslau) 216.
Frey, Chr. Fr., ℬℳ 57.
Frey, Elisab., 257.
Freudenberg, ℬ 46.
Friedberg Alb. Em. v., ℬ 230.
Friedberg, E., ℬ 336.
Friedberg, Ed., ℬ 231.
Friedberg, Heinr. v., ℬ 132. 230f.
Friedenreich, Chr. L. J. G., ℬ 51.
Friedenthal, Karl Rud., ℬ 253.
Friedenthal, Major, ℬ 254.
Friedländer, Aug. Mor., ℬ 146.

Friedländer, Benj., ℬ 186.
Friedländer, Joh. Joach., ℬ 186.
Friedländer, Ed. Jul. Th., ℬ 186.
Friedländer (Stettin), ℬℳ 215.
Friedländer, H., ℬ 175.
Friedländer, Jac., ℬ 215.
Friedländer, Ludwig, ℬ 215.
Friedländer, Ludw. Herm., ℬ 241.
Friedländer, Mar. El., ℬ 186.
Friedländer, Max, ℬ 243.
Friedländer, Sam. Sal., ℬ 186.
Friedländer, Vict., ℬ 241.
Friedmann, ℬℳ 343.
Friedrich, Carl W., ℬ 55.
Friedrich, J. C., ℬ 215.
Friedrich, Nath. Gottl., ℬ 51.
Friedrich, deutscher Kaiser 109. 231. 236. 237.
Friedrich v. Württemberg 234.
Friedrich d. Gr. v. Preussen 9f. 19. 52. 76. 104.
Friedrich Wilh. I. v. Preussen 224.
Friedrich Wilh. II. v. Preussen 11. 19.
Friedrich Wilh. III. v. Preussen 105. 117. 142. 154. 202.
Friedrich Wilh. IV. v. Preussen 105. 187. 188. 190. 237. 239. 242. 249.
Fries, J. J., 116.
Frohberg, Reg., ℬ 257.
Fröhling, Carol., ℬ 323.
Fromm, Henr. Charl. (Spitta), ℬ 57.
Frommann, Benj. Gotth., ℬ 48.
Frommann, Imm., ℬ 160.
Fürst, J., 2. 91. 123. 187.

G.

Gaab, J. F., 62.
Gad, ℬ 235.
Gage 69.
Galitzin, Fürst, 331.
Galway, Lord, 71.
Gans, Ed., ℬ 231.
Gaussen 159. 281.
Gazan, A. J., ℬ 296.
Geel, C., ℳ 295.
Geibel, P. J., 140. 223.
Geiger, Abr., 91. 314.
Gellert, Chr. F., 24.
Gelling, ℬ 26 (I, 114).

Giembick, F.. A., P 156.
Genz 21.
Gerhard, Joh., 207.
Gerlach, Gottfr. Benj., 35.
Gerlach, M. v., 172. 315.
Gerlich 39 f.
Gesenius 209.
Gess, W. Fr., 126.
Giesebrecht 255.
Glagau, O., 261.
Gluck 252.
Gobat 322.
Godefroy 292.
Goldberg, Bertha, P 151.
Goldberg, D., 153 f. 155.
Goldberg, J. P., PM 126. 133. 151. 163.
Goldenberg, Golde, P 347.
Golding 66.
Goldschmidt, Herm., P 216.
Goldstern, Isr., PM 161 f.
Gordon, G., 69.
Gordon, Ph., PM 324.
Gossner, Joh., 131. 143. 150. 156. 228.
Göthe, W. v., 33. 228.
Gottheil, P. E., PM 153. 170. 275.
Gottlieb, K. J., PM 152.
Gottfried s. Selig.
Götze, Joh. M., 29.
Grabowsky 136.
Grattenauer, C. W. F., 110. 113.
Grätz, H., 92. 95.
Grau 266.
Grégoire, Abbé, 168.
Gregor XVI. 309.
Grimm, Jac. Ludw., 227.
Grimm, Wilh. C., 227.
Groeben, Graf v. d., 144.
Groen v. Prinsterer 292. 298. 304.
Grote 215.
Grove 214.
Gruber 4. 225.
Grünbaum, Ed. Siegb., P 194.
Gründler 206.
Grundtvig 313.
Grünwald 51.
Guers, E., 282.
Guizot 312.
Gumpertz, A. Sal., 10. 11.
Giuretzky-Cornitz, v., 144.

Gurland, R., PM 150. 160. 321. 322. 333. 340.*
Gurlitt 119. 197. 198 f. 219.

H.

H. A. (Princess v. Dessau) 125. 211.
Hackenschmidt, Chr., 141.
Härem, P. L., 320 f.
Hagberg 324.
Hahn, Ed. M., 216.
Haynau, v., 227.
Halevy, F., 92.
Halevy, L., 92.
Hallmann 29.
Hamann, G., 8. 11. 12.
Hamburger, P 296.
Händel 251.
Händes, G. F. G., M 127. 142. 148.* 240.
Händler, PM 288.
Hansy, M 39 f.
Happach 112.
Hardenberg, Fürst, 57. 186.
Harenberg, Joh. Chr., 48.
Harms, Claus, 169. 305. 313.
Hart, Aar., 66.
Härter 141.
Härting, R., 3.
Hartmann, Chr., 3.
Hartmann, M., 228.
Hartmann, Th. Ant., 39. 118.
Hartmann, E. v., 265.
Hartwig, Eug. (Landsberg), P 178.
Hartwig (Landsberg) 178.
Hasenkamp 24.
Hasebrock 304.
Hasselmann 223.
Hauptmann, M., 184.
Hausmeister, J. A., PM 55. 140. 160. 275. 280. 309.
Hecking, G., 22.
Hefter, A. D., PM 169. 332. 333.
Hegel 201. 209 f. 213. 225. 232. 238. 244.
Heilbronn, Ph. Dav., P 51.
Heine, J. Chr. II., P 161. 222. 244 f.
Heine, G., 126.
Heinebach 216.
Heinemann, Mose (Selig), P 51 f.
Heinemann (Christlieb), P 51.
Heinemann, Christian, P 51.

Heinemann, Christiane ₱ 51.
Heinemann, Heinr., ₱ 250.
Heinesdorf, ₱ 216.
Heinersdorf, Chr. Jul., ₱ 192. 215.
Heinersdorf, Jer., ₱ 192.
Heinersdorf, Jos., ₱ 192.
Heinersdorf, Mor., ₱ 192.
Heinrich IV. v. Deutschland 217.
Heller, Fr. W., 31.
Heller, Sel., ₱ 95.
Helweg 316.
Heman, C. F., 3. 268. 278. 322.
Heman, H. W. Dav., ₱₥ 276f.
Henderson 71.
Hengstenberg, E. W., 125. 143. 205.
Hennes, Chr., 159.
Henoch, Jos., ₱ 156.
Henschel, A. W. E. F., ₱ 241.
Henschel, Chr. M., ₱ 254.
Henschel, Geo., ₱ 250.
Hensel, S., 8.
Hensel, W., 185.
Herder, J. G., 12. 27. 32. 35.
Hermann, Benj. Ant., ₱ 250.
Hermannsen 316.
Hershell, Ridley, ₱ 278.
Herwig (Dekan) 126.
Herwig, Marie Sophie, 126.
Herz, Marcus, 13. 21.
Herz, Henriette, ₱ 187.
Herz (Königsberg), ₱ 192. 193.
Herzfeld, Ad., ₱ 56.
Herzfeld, Jac., ₱ 56.
Herzfeld, L., 92.
Hess, H., 116.
Hesse, F., ₥ 147. 149.
Hessen-Darmstadt, Landgraf v., 55.
Hetzel, W. Fr., 28.
Heuch, F. C., 321.
Heusser, M., 127.
Heydick 299.
Heydmann, A., ₱ 217.
Heydmann, G., ₱ 217.
Heynig 31.
Hildebrand, Sal. Gottfr., 22.
Hiller, Ferd. v., ₱ 250.
Hilmer 119.
Hilprecht, Herm., 172.
Hipp 112.

Hirsch, Baron, 308.
Hirsch (Königsberg), ₱ 242.
Hirsch, Ferd., 217.
Hirsch, M. (Paris), ₱₥ 311.
Hirsch, Max, 89.
Hirsch, Moritz, ₱ 279.
Hirsch, Nachm., ₱ 49.
Hirsch (Thorn), ₱ 193.
Hirsch (Jodlauken), ₱ 193.
Hirsch, Samson Raph., ₱ 92.
Hirsch, Siegfr., ₱ 200.
Hirsch, Th., ₱ 217.
Hoff, J. L. C., ₥ 37.
Hofmann, J. Chr. v., 125. 196.
Hoffmann 118.
Höfler, P., 168.
Holdheim, Sam., 92.
Hölscher, J. O., 119.
Holtzendorff 214.
Homberg, Herz, 19.
Höpfner, E. Fr., 124.
Hörig, P., ₥ 171.
Hoch s. Neander.
Horn 138.
Hoornbeck 22.
Hossbach, P., 218.
Hübner, P., 171.
Huie, J. A., 4.
Humboldt, Alex. v., 21. 225. 227. 246.
Humboldt, Wilh. v., 21.
Hummel 179. 250.
Hurwitz 13.

I.

Ideler 231.
Immanuel, Siegm., ₱ 219.
Isaak, Mos., 41.
Isabella v. Oesterreich 316.
Israel, Levi (Samoez), 27.
Istóczy 285.

J.

Jacobi, A. F. E., 23.
Jacobi, B. F., ₱₥ 193.
Jacoby, F. J., 11. 16.
Jacoby, H. O., ₱ 218.
Jacobi, M., 227.
Jacobi, S. L., 197.

Jacobi, Mathematiker, ℬ 204.
Jacobi, K. G. I., ℬ 218.
Jacobs, Jos., 264.
Jacobson, Hnr. (Berlin), ℬ 242.
Jacobson J. (Königsberg), ℬ 242.
Jacobsohn, S. S., 𝔐 149. 152. 156.
Jacobson, H. [nicht: J.], 95.
Jakobson, Isr., 91.
Jacobson, Heinr. Fr., ℬ 232.
Jaffé, Ph., ℬ 218.
Jagel, Abr., 25.
Jäger 214.
Janasz, Ad., ℬ 337.
Jänike, Pastor, 49. 131. 142. 157.
Jany, ℬ 233.
Janow 13.
Japha, Mart. Siegfr., ℬ 235.
Jeiteles, ℬ 219.
Jellinek 92.
Jerram, Ch., 68.
Jerusalem, Abt, 24. 25. 35. 49.
Joachim, Jos., ℬ 251.
Joachimsthal, Ferd., ℬ 220.
Johannsen 124.
Jolberg, Reg. Jul., ℬ 160. 228. 239. 255 f.*
Jonathan, Rabbi, 23.
Jonas, Ludw., ℬ 188. 193 f.
Jonas, Sophie, 193.
Josef II. v. Oesterreich 19. 20. 286.
Joseph ben Josua 120.
Josephson, Jac. Axel, ℬ 325.
Josephson, Karl, ℬ 252.
Josephson, Ludwig, ℬ 252.
Jost, J. M., 91. 117.
Julius, Henriette, ℬ 257.
Julius, Nic. Heinr., ℬ 257.
Jung 119.
Jung-Stilling 124.
Justinus, Martyr., 299.

K.

Kayser, P., ℬ 233.
Kayserling (Aargau) 274.
Kayserling, M., 8. 10. 92.
Kalisch, W. Ludw., ℬ 246. 354.
Kalkar, Chr. A. H., ℬ 3. 57. 71. 315 f.*
Kalkar, N. S., 316.
Kalkar, O., 317.

Kalkar, Sim. Isaak, 315.
Kalthoff, 𝔐 145. 158.
Kan, de, 305.
Kant, Im., 11. 21. 23. 216.
Karpeles, Gust. 134.
Karo 26.
Kaskel, J. M. Fr., ℬ 156.
Katharina, ℬ 61.
Katterfeld, ℬ 339.
Kawel, Pastor, 207.
Keetmann 177.
Keyl, Sam. Benj., 24.
Keller 230.
Kern 50.
King, Jonas, 309.
Kierkegaard 313. 321.
Kypke, J. D., 𝔐 27.
Klee, 𝔐 332.
Kleist-Retzow, v., 211.
Kling 228.
Klopstock 15.
Klüber 234.
Kuldil, R. A., ℬ 171.
Knapp (Halle) 46.
Knapp, Alb., 126.
Knill, Pastor, 335.
Köbner, Jul., ℬ 194. III 408.
Kochem, Alb. H. M., 35.
Köcher, J. F., 2.
Köcher, Joh. Christ., 25. 26.
Koffka, Nath. Jac., ℬ 251.
Kofler, Karl, ℬ 194.
Köhler, Aug., 160.
Köhler, P., 265.
Kölbele, Joh. Balth., 12.
Köllner, W., 274.
Könen, H. J., 58.
Kongenberg, J., 59.
König, 𝔐 162.
Konradin III. v. Deutschland 218.
Köpke, E., 255.
Köpke, K., 255.
Kopp 26.
Köppen (Schlesien) 207.
Köppen, Dan. Joach., 36.
Korff, F. W. A., 𝔐 295.
Korfi 255.
Kortüm, v., 31.
Kosegarten, J., 120.

Kossmann, H., ℬ 156. 220.
Kosman 111.
Kossuth, Ludw., 284.
Kottwitz, v., 119.
Krahbe, Pastor, 171. 177. 201.
Kraft, C., 120.
Krafft, H. U., 213.
Krafft (Bonn) 159.
Krafft (Erlangen) 237. 274.
Krafft (Strassburg) 141.
Krafft (Berlin), 𝔐 145. 149.
Krafft, Sophie, 126.
Krause, Chr. W., 28.
Kriegesmann, W. Chr., 27.
Kritz, Pastor, 189.
Krohn, Gust., Jac., ℬ 235.
Kropveld, El., ℬ 296.
Krüdener, v., 241.
Krüger, Gust. A., 309. 346.
Krüger, M. O. L., 119. 149.
Krummacher, F. W., 145. 281.
Kuh, Christ. Dan., ℬ 254.
Kuh, Ephr., 21.
Kuhn 210.
Kullen 149.
Kunze 132. 143. 152. 156. 207. 212. 220. 243.
Küpfer, Pastor, 282.
Küpper, Pastor, 158. 159.

L.

Labre, de, 227.
Lachmann, Karl, 221.
Lachs, ℬ 206.
Landau 13.
Landésen, Pastor, 336.
Landsberg, L. K., ℬ 156.
Landsberg s. Hartwig.
Landsmann, ℬ𝔐 322.
Lapidoth, ℬ 305.
Lasker, Jg. Jul., ℬ 156.
Lassalle, Ferd., 89. 243.
Lasson, A., ℬ 222.
Latrobe 43.
Laub, P. B., ℬ𝔐 III 410.
Lavater, J. C., 12. 15. 24. 63.
Lazarus, Mor., 270.
Leb 41.
Lebel s. Schnitzer.

Lebert, Herm., ℬ 242.
Leewy, Hertog, 58.
Leeuw, L. de, ℬ 295.
Leffmann, ℬ 320.
Lefranc 111.
Lehmann 92.
Lehrs, K., ℬ 220.
Lehrs, Siegfr., ℬ 221.
Leib, M. M., 271.
Leibnick, Sam., ℬ𝔐 161.
Lémann, ℬ 309.
Lennep, van, 301.
Leo, ℬ 338.
Leo XIII. 309.
Leonhard, Joh. Fr. Conr., ℬ 55.
Lessing, G. E., 11 f. 27. 32. 276. 314.
Lessmann, Dan., ℬ 222.
Lettow 185. 186.
Levi, Dav., 67. 68.
Levi, Hirsch, ℬ 132.
Levin (Nürnberg) 97.
Levin, Alb. Aug., ℬ 156.
Levin, Dav., ℬ 156.
Levin (Schweden), ℬ 322.
Levinsen 316.
Levita, Elias, 27. 50.
Lewald, ℬ 254.
Lewald, Fanny, ℬ 257.
Leweck, Jul. Ludw., ℬ 156.
Lewis 120.
Lewitz, ℬ 223.
Lewy, ℬ 61.
Lhotzky, H., 𝔐 172. 174. 343.
Lichtenstein, Jech. Zebi, ℬ𝔐 173. 347. III 412.
Lichtenstein, J. (Tápio Szele), 290.
Lichtenstein, Jac., ℬ 195.
Lichtenstein, Mor., ℬ 195.
Lichtenstein, Sigism., ℬ 196.
Lichtenstadt (Breslau), ℬ 137.
Lichtenstadt, Jer. L., ℬ 240.
Liebermann, ℬ 309.
Lichtheim, ℬ III 409.
Liebermann v. Sonnenberg, M., 264.
Liewen, Frd., ℬ 322.
Lightfoot 121.
Lindau, C. F. F. L., ℬ 242.
Lindau, Herm. Leonh., ℬ 242.
Lindau, Paul, 242.

Lindner, Prof., 205. Otto 216.
Lindström, A., 321 f.
Lippe, K., 95.
Lippmann Rabbi, 26.
Lissau, Emma v., ℬ 280.
Lissauer, Jul. Th. E., ℬ 156.
Litske, M., 𝔐 16. 39.
Lobegott, ℬ 50.
Loebel, C. F. R., ℬ 223.
Löbel, Moses, 233.
Loebel (Lübben) 57.
Loewen, G. M., ℬ𝔐 153.
Löffler 35.
Logier 252.
Löhe, W., 125. 167.
Loménie, de, 232.
Lomnitz, Jul. James, ℬ 156.
Lorck 71.
Lösser, Ad., ℬ 129.
Lothar der Sachse 218.
Louis Ferd. v. Preussen 21. 187.
Louis Phil. v. Frankreich 312.
Louise v. Preussen 104.
Löw, Leop., 91.
Löwe, H. G. F., ℬ 223.
Löwenstein, A. E. L. M., ℬ 194 f.
Löwenstein, Otto, 195.
Luc, J. A. de, 36. 62.
Lucky,Th.,ℬ𝔐 153.175. III 266.388.413.
Lüderwald, J. B., 28.
Ludwig, Gen.-Sup., ℬ 338.
Luthardt 125. 175. 196.
Luther, M., 118. 121.
Luwisch, M., ℬ𝔐 323.
Luzzatto, M. C., 121.
Luzzatto, Sam. Dav., 91.

M.

Maass, M., ℬ 224. 271.
Madiai 300.
Magnus (Norwegen) 320.
Magnus, Ed., ℬ 224.
Magnus, Heinr. Gust., ℬ 225.
Magnus, Joh. Matth., ℬ 224.
Magnus. Ludw. Imm., ℬ 225.
Magnus, Marc., ℬ 224. 227.
Maimon, Sal., 21.
Maimonides, Mos., 9. 27.
Mallet (Bremen) 138.

Mamiock, ℬ𝔐 311.
Mann, K., 256. 282. 303.
Mannhardt 217.
Manzoni 240.
Marc(k), L. D., ℬ𝔐 135. 274. 280.
Marcard 118.
Marcus, J. Fr., ℬ 71.
Marcus, Isaak, ℬ 322.
Marcus s. Selig.
Margolin, ℬ 336.
Marheineke 124. 209.
Marr, W., 261.
Martin, J. H., 177.
Martini s. Meyer.
Martius, C. Ant., 24.
Marx, Ad. Bernh., ℬ 251.
Marx, Carl, ℬ 89. 246.
Marx, Ludw., 178. Carl, III 408.
Marx (Königsberg), ℬ 254.
Masch, Andr. Gottl. 36.
Massena, ℬ 312.
Matamaros, M., 300.
Maupertuis 11.
Maulvauth, A., 311.
Megerlin, M. Dav. Fr., 22.
Meier, Mos. Her. Ed., ℬ 225.
Meyer, Ant., ℬ 49. 52.
Meyer, Abr., ℬ 50.
Meyer (Posen), ℬ 235.
Meyer, Bendix Aaron (Martini), ℬ 55.
Meyer, J. Fr. v., 8. 12. 120. 124. 126 f. 135. 275.
Meyer, S. M. v., ℬ 233.
Meyer (Paris) 208.
Meyerbeer, Giac., 92.
Meyerssohn, Sams., ℬ 150. 153 f.*
Meyerson, Th., ℬ𝔐 336.
Meiron 69.
Meisner, K., 174.
Mellish, W., 71.
Mendel 197.
Mendel s. Christlieb.
Mendel, And. K. Jo., ℬ 198.
Mendel, Betty, ℬ 199.
Mendel s. Neander.
Mendel, Esther, ℬ 197. 198.
Mendel, Hanna, ℬ 199.
Mendel, Henr., ℬ 198.
Mendelssohn, Alex., 185.

28*

Mendelssohn, Dor., 𝕭 185.
Mendelssohn, G. B., 𝕭 𝕷 184.
Mendelssohn, Henr., 𝕭 185.
Mendelssohn, Joseph, 184.
Mendelssohn (Pommern) 255.
Mendelssohn, Maria Jos., 𝕭 185.
Mendelssohn, Moses, 8 f.* 26. 27. 30. 31 f. 45. 50. 52. 57. 63. 89. 108. 159. 178. 184 f. 197. 204. 249. 276. 302. 314.
Mendelssohn, Nathan C. Th. N., 𝕭 185.
Mendelssohn, Recha, 184.
Mendelssohn (Sachsen), 𝕭 255.
Mendelssohn-Bartholdy, Abr., 𝕭 184. 185.
Mendelssohn-Bartholdy, Cécile, 185.
Mendelssohn-Bartholdy, Fanny, 𝕭 184.
Mendelssohn-Bartholdy, Felix, 𝕭 184.
Mendelssohn-Bartholdy, Karl, 𝕭 185.
Mendelssohn-Bartholdy, Lea, 𝕭 184.
Mendelssohn-Bartholdy, Paul, 𝕭 184.
Mendelssohn-Bartholdy, Paul, 185.
Mendelssohn-Bartholdy, Reb., 𝕭 184.
Mendes da Costa, A., 24.
Merker, G. L. A., Pastor, 30.
Merle 228.
Merzbach, B., 𝕭 156.
Metzger, J. G., 27.
Meurer, Pastor, 207.
Meuter, J. M., 𝕸 39. 60. 63.
Meyer s. S. 435.
Michaelis, Jo. Dav. 11. 26. 27.
Michelsen, A., 3. 317.
Mitscherlich, M., 227.
Mobachius, J., 58.
Moerl, J. S., 55.
Möser, Justus, 24.
Molchow, D. E., 95.
Moldenhauer, 𝕸 149.
Moldenhawer, J. H. D., 29. 71.
Molenaar 292.
Mollis, M. L., 𝕭𝕸 295.
Mommsen, Th. 267.
Monod, E., 310.
Monod, J., 310.
Monod, P. S., 312.
Morawsky, G. A., 𝕭 156.
Morisco, Vater, 318.
Morisco, Amelia, 𝕭 318.
Morisco, Betty, 𝕭 318.

Moritz, J. C., 𝕭𝕸 150. 154. 275. 313. 317 f. 325. 331.
Mosch, du, 𝕭 305.
Moses, E., 𝕭 28.
Mossa, N. J., 𝕭𝕸 127.
Moulinié, P. E. C. F., 275. 280.
Müller, Joh., 174. III 408.
Müller (Bremen) 138. 139.
Munk, S., 91.
Mutzenbrecher, Pastor, 257.
Mynster 316.

N.

Napoléon I. 78. 106. 185. 307.
Napoléon III. 311. 312.
Näscheler 124.
Nathanson 71.
Neander, Joh. (M. Hoch), 𝕭 139.
Neta, Nath., 346.
Neumann, C. Fr., 𝕭 225.
Neumann (Breslau), 𝕭𝕸 151. 202*f. 240.
Neumann (Petersburg) 336.
Neumann, Heinr., 𝕭 203.
Neumann, Ludw., 𝕭 203.
Neumann, Paul, 𝕭 144. 203.
Neumann (Leeuwarden), 𝕭 59.
Neumann, W. 198.
Neustetel 256.
Neville, Miss, 144.
Nicholas, Pastor, 338.
Nicolai, Fr., 3. 11. 21. 28.
Nicolaus v. Russland 311.
Nicolovius 142.
Niebuhr 186.
Nichenk, G., 26.
Nielsen, Fr., 314.
Niemeyer 46.
Niendorf, Ant., 261.
Nietz, Pastor, 176. III 119.
Nitzsch, K. W., 221.
Nitzschke, J. F., Pastor, 177. III 80. 119.
Noesgen, 𝕸 157.
Nunes, E., 𝕭 296.
Nyström, 𝕸 323. 324.

O.

Oertel, G. C., 27.
Oetinger 24.
Offenbach, Jac., 92.

— 437 —

Oliel, Abr. ben, 𝔅𝔐 322.
Oliel, Moses ben, 𝔅𝔐 322.
Oort, H. 298.
Oppenheim (Paris) 312.
Oppenheim, Maler, 92.
Oppenheimer 54.
Oppert 254.
Oranien, Prinz v., 303.
Orlich, L., 24.
Os, A. v., 𝔐 295.
Oster, J. P., 𝔐 275. 309.
Otto 49.
Overcamp, v., 227.
Overmann, Sara, 𝔅 296.

P.

Paalzow, Chr. Ludw., 35. 109.
Parten 217.
Pauli, Chr. W. H., 𝔅𝔐 43. 59. 136* f. 216. 226. 293. 296. 305.
Pauly (Berlin), 𝔅 226.
Paulus 117.
Pavly, Joh. v., 283.
Peel 70.
Peixotto, J., 63. 70. 71.
Peltzer 157.
Perponcher, de, 298.
Perrot 264.
Perthes, Just., 199.
Pertz 219.
Pestalozzi 132.
Pétavel, A. F., 280 f.
Pétavel, W., 275 f. 281.
Petiscus, Pastor, 185.
Petri, K. Gottfr., 𝔅𝔐 135.
Pfaff 25.
Pfeil, Chr. C. Ludw. v., 22.
Philippi, Fr. Ad., 𝔅 204 f.
Philippsborn, K. J. H., 𝔅 57.
Philippson, Ludw., 88. 92. 97. 166. 308.
Pick, Isr., 𝔅 267.
Pick (Lemberg), 𝔅 279.
Pierre, Prof. de la, 270.
Pilat, Thadd., 87.
Pinhas, J., 227.
Pinkerton 331.
Pinkson, Jeanette, 𝔅 205.
Pius IX. 78. 219.
Planck, G. J., 25. 199.

Plater, J. 86.
Plath, K., 266.
Plato 198.
Plitt, G., 3. 168.
Plitt, W., 48.
Poyda, v., 130.
Poggendorf 227.
Pollack (Königsberg), 𝔅 254.
Polowczew, 𝔅 339.
Porath 𝔅 165.
Poretzky, A., 𝔅 156.
Pöschel 165.
Posner, Sig. Aug., 𝔅 156. 206. 220.
Posner, E. W. J. G., 𝔅 156. 207.
Potocki, Graf, 56.
Pressel, W., 125. 160. 170.
Pressensé 310.
Priestly, Jos., 67. 68.
Priluker, Jac., 345.
Prinz, Z. N. H., (-Pauli) 136.
Pröls, Rob., 244.
Proudhon 248.
Pucher 332.

R.

Rabe, Joh. Jac., 26.
Rabbinowicz, J. J. M., 95.
Rabinowitz, Jos., 𝔅 173. 310. 345 f.*
Rabinowitz, Dav. u. Ephr. 346.
Radowitz, v., 227.
Radziwill, Fürst, 138.
Rambach, Joh. Jac., 147.
Ramstler, C. F., 177.
Rammler 21.
Ramson, J. W., 112.
Ranke, L. v., 189. 217. 218.
Rapaport oder Rapoport (Paris), 𝔅 312.
Rappaport, M., 𝔅 336.
Rapoport, Sal. Jud., 91.
Rappard 275.
Rappard, v. (Pinne), 138.
Rappard, v. (Cöln), 159.
Raschi 27.
Ratisbonne, Th., 𝔅 309.
Raub, C. J. Sig., 𝔅 194.
Rautenberg 257.
Raynal 308.
Recke-Volmerstein, Adalb. Graf v. der, 130. 143. 158. 258.

Rehuel Abudiente, S. de, P 69.
Reichardt, C. J., M 157.
Reifert 303.
Reinbeck 15.
Reinert (Reinhard) M 39 f.
Reinfelder 234.
Reinhard 159.
Reinhold, Joh. Sam., P 49.
Reinhold, F. L., 125.
Reinhold, K. W., P 247.
Reis, Jos. v., P 325.
Reissmann 185.
Reuss, Fürst, 164.
Rohden L. v., 157. 159.
Ricardo, Dav., P 70.
Richardson 51.
Richter, Miss.-Inspekt., 158.
Richter, Ludw., 230.
Riess, Pet. Th., P 226.
Riesser, Gabr., 92. 117.
Ringemann, Chr., P 72.
Rink, H. W., 126.
Ritschel, Pastor, 186.
Ritter, H., 97.
Ritter, W. Frz. H., P 156.
Ritter, Nath., P 235.
Robert, E. F. L. (Ternow), P 248.
Roche, la, Sophie, 240.
Rogge, 214.
Rohling, A., 267. 285.
Röhr, Gen.-Sup., 143.
Roi, de le, J., M 3.
Roi, de le, Th., M 149.
Rombach 199.
Romberg, Friederike (v. Halle), P 187.
Romberg, Mor., P 187.
Ronkel, Ph. Sam. van, P 305. III 412.
Rönne 316.
Röper, M 39 f.
Rose, G., 227.
Rose, Geo., 142.
Rose, H., 227.
Rosenhain, J. Geo., P 226.
Rosenstiel, P 235.
Rosenstrauch, Max, PM 160. 343.
Rosenthal, PM 337.
Rossini 222.
Röthe, M 39 f.
Rothschild, Baron, 69. 308. 312.

Rousseau, Jean Jaques, 298.
Rubens s. Stern.
Rubino, Jos. K. Fr., P 227.
Rühs, Fr., 47. 71. 115 f. 314.
Rülf, J., 98. 269.
Russmeyer, J., 22.
Rütz, F. G. Christ., 59.

S.

Sachs, J. H., 63.
Sachs, Mich., 91.
Salomon (Leiden), P 306.
Salomon, G., 116. 118.
Saltet, M 150. 154.
Salvador, Mos., P 306.
Salvator, J., 95.
Salzmann (Strassburg) 124.
Salzmann, W. A., P 157.
Samocz s. J. Levi.
Sampson, Gideon (Eardley), P 70.
Sander, F. S. E., 125.
Saphir, Ad., P 315. 352.
Saphir, M. G., P III 409.
Saul, Abr., s. Ernesti.
Saul, L., 133. 140. 167. 169.*
Savigny, 231. 251.
Sayn-Wittgenstein, Fürst, 216.
Schaden, v., 196.
Schadow 249.
Schäfer 55.
Schäffer, M., 141.
Scharf, M 149.
Scheibel 137. 192. 202.
Schelling 198. 213. 237.
Schenkendorf, M. v., 241.
Schick, Direct. P 228.
Schick, Prof., P 228.
Schiller, F. v., 33.
Schimko, Fr. D., 284.
Schirrmacher 217.
Schlatter, Anna, 127.
Schlegel, Dor. v., 21.
Schlegel, Fr. v., 21. 185.
Schlegel, H., 72.
Schleiermacher 21. 105. 187. 194. 198.
 199. 209. 217. 234.
Schlitt, J., M 294.
Schlosser, Fr. Christ., 214.

Schlosser, L. G. W., 125.
Schlottmann, Const., 126. 172.
Schmidlin 234.
Schmidt, A., 250.
Schmidt (Düsselthal) 131.
Schmidt (Kopenhagen) 319.
Schmidt-Phiseldeck 314.
Schnedermann, G., 167.
Schneider, K. F. Th., 201.
Schnitzer (Emin Pascha) 252.
Schnitzer, L. (Lebel), 253.
Scholl 196.
Schönberger, C. A., ⅋𝔐 152.
Schönefeld, ⅋ 165.
Schönemann, F. L., 27.
Schönemann, Prof., 225.
Schönerer, v., 285.
Schönike, v., 53.
Schopenhauer 216.
Schöttgen, Chr., 121.
Schreiber, Em., 95.
Schreiner, S. W., 36.
Schubert 274.
Schubring 185.
Schüler, G. A., 266.
Schultz (Berlin), Pastor, 131. 142. 155. 206. 217. 220. 229. 232. 239. 243. 249. 251.
Schultz, St., 𝔐 24. 37 f. 39 f. 50 f. 71. 172. 280.
Schultz, Wittwe v. St., 46.
Schultze, J. H., 12.
Schulze, A. M., 125.
Schulze, Dir. (Halle), 46.
Schumann 52.
Schütz 132.
Schwabedissen, H., 𝔐 149. 153.
Schwalb, M., ⅋ 208.
Schwartz, K., ⅋𝔐 293 f.
Schwarz, F. W., 125. 146.
Schwerin, Graf, 194.
Scott, W., 230.
Scriver 211.
Selig, Christian, ⅋ 51.
Selig, Christiane, ⅋ 51.
Selig, Christlieb, ⅋ 56.
Selig, J. F. II. (S. Marcus), ⅋ 52.
Selig s. Heinemann.
Selig, Gottfried, ⅋ 42. 51.*

Seligmann, Ad., ⅋ 235.
Seligmann, Christ. Gottfr., ⅋ 49.
Semler 25. 50.
Sehrwald, 𝔐 139.
Seyberth, 𝔐 39.
Sicht 39.
Silbermann, Jul. Fr., ⅋ 228.
Silbermann, K. F., ⅋ 157.
Siegfried, C., 124.
Sieveking, K., 112. 197.
Silberschlag 50.
Simon (London) 43.
Simon, Jac., ⅋ 209.
Schimscha, Jos., 𝔐 149.
Simson, Bernh., 236.
Simson, Mart. Ed. v., ⅋ 228. 235 f.*
Simson (Berlin) ⅋ 228. 236.
Smith, H., 𝔐 163.
Smith, Baron, 70.
Smith, J. Cull. Eardley, 281.
Sobernheim, Jos. Fr., ⅋ 242.
Sobernheim (Vater), ⅋ 243.
Solymossi, E., 285.
Sommer 120.
Sondermann (Königsberg), ⅋ 209.
Sontheim, ⅋ 129.
Spalding 35.
Spiegelberg, ⅋ 243.
Spiess 280.
Spinoza, B., 16. 210.
Spitta, C., Joh., 57.
Spittler, C. F., 274.
Spohr, L., 249.
Stahl, F. J., ⅋ 228. 236 f.*
Stahr, Ad., 258.
Stanhope, Geo., 65.
Stark 137.
Stärkel, W., ⅋ III 408.
Steffens 137. 202.
Steger, B. H., 3. 168.
Stein, Freiherr v., 117.
Steinfeld, K. F. E. A., 156.
Steinkopf (London) 274.
Steinkopf, G., 49.
Steinle, Carol, 256.
Steinmetz, Abt, 40.
Steinmetz, Fr. Chr., 24. 48. 51.
Steinschneider, M., 92.
Stern (W. Rubens) 97. 283.

Stern, M., B 140.
Stern, H. A., BM 173.
Stern, H., B 140.
Stieglitz, v., 339.
Stilling, Jung-, 179. 241.
Stobbe, O., 118.
Stöcker, Ad., 191. 262 f.
Stockfeld, J., M 158. 275.
Stockhausen 256.
Stolberg, A., Graf, 142.
Stoll, M 149.
Stoll, J. F., 22.
Stolle, J. F. W., M 127. 157. 161.
Stoové, J. H. 294.
Strack, Herm. L., 4. 123. 146. 172. 283. 346.
Straschun, O., 123.
Strauss, Dav. Fr., 201. 303.
Strauss (Berlin) 204.
Strauss, Sam. K., B 156.
Streckfuss, K., 117.
Strehlke, E., 217.
Strousberg, Bethel Henry, B 254.
Struensee, G. S., 24.
Struve, Traug., 197.
Stuck, G. H., 50.
Sturm, J., 126.

T.

Tann, v. d., 196.
Tarnow s. Bitter.
Teichler, M 149.
Teller 33. 35 f. 41. 62.
Tersteegen, Gerh., 24.
Tertullian 201.
Texeira, d. M. A., 292.
Thaarup, Thom., 114. 116. 314.
Thalemann, Chr. W., 26.
Thelwall, A. S., M 131. 293.
Theremin 142.
Theobald, J. C. G., B 50.
Thibaut 231.
Thiersch 236.
Tholuck, Fr. A. G., 120. 128 f. 142. 147. 155.
Thube, M 39.
Thun 289.
Tipseles 98.
Tob, Isr. Schem., 173.

Toller 63.
Töppen 217.
Torrels 322.
Török 284.
Töttermann, C. A. R., 124.
Treitschke, H. v., 190. 265 f.
Treschow, M., C. L., B 177.
Treschow, M 177. 313.
Treuherz, Jul., B 156.
Tryde, Dor. (Kalkar), 317.
Tuff, M., B 324.
Tychsen, Ol. Gerh., M 26. 39 f. 71.*

U.

Uhle 12.
Uhlefeldt, E. v., 240.
Uhlig, M. C., M 296.
Ullmann 145.
Ulmer 133. 168.
Ulrich 19.
Ulrichs, J. Casp., 62.
Urlsperger, J., 47.

V.

Valenti, de, 131.
Valentiner, B 279.
Vambéry, Herm., B 289.
Varnhagen v. Ense 198. 240. 244.
Varnhagen (R. Levin) 21. 248.
Velsen, v., M 149.
Velthusen, E., 27.
Venetianer, A., B 290.
Vennig, Joh., 335.
Villareal, Cath. da Costa, B 70.
Vinet 305.
Virchow 214.
Vollbeding, Joh. Christ., 120.
Vollert, Steph., M 174. 324. III 412.
Voltaire 6. 298.
Völter, Jmm. Rich., 170.
Vormbaum, R., 3. 49. 159. 163.

W.

Wahrmund, A., 265.
Waldenström 322. 324.
Wallis, Leo, M 161.
Warneck, Fr., 265.
Warschauer (Königsberg), B 193.
Warschauer (Berlin), B 254.
Way, Lewis, 138. 142. 331.

Weber, Ferd., 122. 126. 134. 167. 169. 173.
Weber (Berlin) 208. 217.
Wedemann, M 149.
Weicker, G., 126.
Weiland, L. W. (Weil), B 54.
Weiler, R., B 171.
Weingarten, Herm., 209.
Weingarten, Jul., 209.
Weingarten, Vater, B 209.
Weiz, J. Conr., 177.
Wendel 145.
Wendt, M 137.
Wengerski, Graf, 338.
Wentzel, Ed. Em. Jos., B 156. 235.
Werner, A. C., 27.
Werner (Württemberg) 275.
Werthheim, E., 198.
Wessely, J. H., 19.
Westphal, v., 247.
Wiedberg, F., 25.
Wiegand, M 315.
Wiesner, J. S., 26.
Wiggers, Jul., 3. 127.
Wilhelm I. v. Holland 303.
Wilda, F. W. A., 194.
Wilkinson, John, M 323. 336. 352.
Williams 67.
Williger, H., 303.
Wilmanns, C., 261.
Winkelmann 217.
Witte, L., 128.
Witte, M 146. 149.
Witteveen 297.

Wittgenstein, B 136.
Witzleben, v., 142. 144. 154.
Wolf, J., 116.
Wolf, J. Chr., 25.
Wolff, Jos., BM 208. 276.
Wolff, Paul, BM 315. 323. 335.
Wolff, O. L. B., B 228.
Wöllner 45.
Wronski, Max, B 206 f.
Wünsche, Aug., 123.

Z.

Zadig, Abr., B 243.
Zadok, A. ben, 30.
Zaremba 150.
Zastrau, C. F., 28.
Zay, Graf C., 284.
Zeelt 298.
Zehme 205.
Zeller, Chr. H., 125. 159.
Zickwolf 55.
Ziegra, C., 26.
Ziemann, B 243.
Ziethe, W., 142. 146.
Zimmermann 26.
Zimmern, Dav., 255.
Zimmern, Frau, 228.
Zimmern (Jena), B 228. 239.
Zöller 12.
Zunz, Leop., 91. 232.

Nachtrag.

Löwenstein, R., B 354.

Band III.

A.

Aberdeen, Earl, 192.
Abraham (Jerusalem) 197.
Abrahams, Geo., B 70.
Adams, Henry, B 40.
Adams, Hannah, 372.
Adams, W. J., 37.
Adler, A. C., BM 83. 85.* 351.
Adler, F., 371.
Adler, Jam., 299.
Adler (Russland), BM 301.
Agasche, BM 237. 238. 241.

Alame, BM 238. 242.
Alexander I. v. Russland 22. 70. 80. 101. 119f.
Alexander II. v. Russland 133.
Alexander, A. B., 49.
Alexander, J., B 133. 263. 364.
Alexander, M. Sal., BM 15. 28. 35. 37. 42. 44.* 49. 51. 56. 76. 103. 153. 181. 188. 197. 346.
Alisson, J., 307.
All, Mc., 138.
Allan, Herm., M 322.

Allan, W. Owen, ℳ 331. 344.
Allen, J., 31. 352.
Althausen, ℬℳ 301. 383.
Altschiller, L., ℬ 129.
Alvares, ℬ 362.
Amsden, ℬ 375.
Andel, A. van, ℳ 279. 328. 342. 344.
Anderson, R., 392.
Angel, B., ℬℳ 384.
Argawy, M., ℳ 237. 239. 243.
Arias, P. E., ℬℳ 154. 155.
Aron 251.
Arthuro, M. Christoph, ℬ 280.
Ashley 31.
Ashwin, C. G., 352.
Aston, J. C., ℳ 349.
Athanasius 238.
Augsburger, Emm., ℬ 266.
August v. Preussen 284.
Augusti, F., ℬ 393.
Augusti (Breslau) 80.
Austin 378.
Ayerst, W., ℳ 24. 34 f.* 45. 59. 86. 87. 97. 116. 143.
Axenfeld, C., ℳ 91.

B.

Bachert, S. T., ℬℳ 112. 351.
Bagster 15. 55.
Bahnmeyer 149.
Babri, Jos., ℬℳ 143. 266.
Bailey 276.
Bakody 329.
Balaghi, F., ℬ 343. 409 f.
Baldwin 390.
Ballin, Jos., ℬ 88.
Banga, J. J., ℳ 116. 135.
Baptist, J., ℳ 203.
Barber, A. S., 352.
Barclay, J., ℳ 162. 187.
Bardel 229. 232 f.
Baring, Thom., 21. 23. 31.
Barnett, ℬℳ 299.
Baron, Dav., ℬℳ 68. 299.
Barraclough, J. B., 39. 350.
Barry 291.
Barth 322.
Basevi, J. Geo., ℬ 359.
Basset, E. Tilney, 352.

Bassett, J., 209.
Bassin, Elies, ℬℳ 317. 333.* 347. 351. 411.
Baumgart, P. Isr., ℬ 392. 393.
Baxter, M., 354.
Bayford, J., 353.
Bechar, J., ℬ 336.
Becker, C., ℳ 88. 103.
Becker, F. W., ℳ 24. 25. 35. 51. 111.* 113. 120 f. 125. 129.
Becker, W., ℳ 113.
Begg 354.
Behrens, Al. J., ℬℳ 139. 143. 169. 195.
Bell 229.
Bellmont, ℬ 397.
Bellson, R., ℬℳ 24. 88.* 92. 114. 270. 272.
Bender 228.
Bendix, ℬℳ 351.
Benedict, Jul., ℬ L 358. II. 362.
Benjamin, ℬ 83.
Benjamin (Melbourne) 398.
Benjamin, Jeh., ℬ 308.
Bennet, Jam., 250. 353.
Bennet, W. H., 355.
Benni, ℬ 99. 122.
Benoly, Gabr., ℬℳ 66. 274.
Bentinck, Geo., 361.
Benzion, ℬℳ 270.
Berger, S. D., ℬ 384.
Bergfeldt, J. Gottl., ℳ 24. 25. 98. 178.
Bergheim, M., ℬ 180. 198.
Bernett, S. D., 352.
Bernheim, ℬ 373.
Bernstein, A., ℬℳ 68. 75. 351. 375.
Bernstein, Th., ℬ 72.
Berkhout, v., 339.
Beru, W. P., ℳ 230 f. 239 f.
Bethländi 344.
Betzner, ℳ 305.
Bicheno, J., 353.
Biedermann, St., 149.
Biesenthal, J. R. H., ℬℳ 90.* 116. 219. 272. 390.
Bickersteth, E., I 29. II 291.
Bird, ℳ 176.
Blaik 306. 321.
Blackstone, W. E., 384.
Bloch, J. P., ℬℳ 85.
Blomfield 36. 69.

— 443 —

Blumenkranz, B 336.
Blumenreich, J., B 313. 356.*
Blyth 294.
Bogue 95. 127.
Bonar, A., 249. 299. 306. 316.
Bonar, H., 249. 316.
Bonar, J., 163. 316.
Bonhomme, B 373.
Börling, Jac., BM 96. 102. 105. 374.
Bossuet 149.
Boudinot, El., 373.
Braham, Frances, 358.
Braham, J. (Abraham), B 358.
Brandeis, BM 231. 311.
Brändle, M 309.
Braunschweig, Herzog v., 283.
Bremer, B 341.
Bridgeworth, Cox, 80.
Brilliant, BM 342.
Bromet, M. S., B 340.
Bronkhorst, BM 229. 241.
Brook, Isaak, 39.
Brooks, J. W., 353.
Brown, J. A., 30.
Brown, John (Schottland), 364.
Brown, W. M., M 312.
Bruce, R., 209.
Brunner, J., BM 276.
Brunner, W., 259. 265. 276.
Buchanan, Claud., 14. 211. 213.
Buchner, A., 129.
Büchner 375.
Bunting 250.
Burnet, W., M 138.
Burtchnell, S. B., M 154.
Busch 335.
Buszin, Th. L., B 382.

C.

Calman, E. Scott, B 179.
Cameron 232. 234.
Cantoni, G., B 204.
Capadose, Abr., B 37. 338.
Caplan W. H., BM 293. 295.
Caro, BM 110.
Cartwright, J. B., M 24. 33. 70.
Cassel, P., BM 37. 94. 274. 351. 385.
Castelli 154.

Cerf, M., BM 108. 110. 306. 317.
Chajim, Hesek., 209.
Chajim, S., 209.
Chaplin, T., M 187.
Charlton, J. M., 256.
Chesnutt 378.
Cheyne, Mc. R., 249.
Christie, Vater, M 312.
Christie, Abr., Sohn, M 313.
Clark 363.
Clarke, M 146.
Cohen (Aix) 136.
Cohen, Est., B 336.
Cohen, J. Ev. (J. Baptist), 158.* 160. 204.
Cohen, James, B 357.
Cohen, Jos. Ph., BM 262. 276.
Cohen (Diaconisse), B 300.
Colenso 55.
Coll 140.
Collyer, W., 14.
Comondo, Const., 160.
Constantin v. Russland 121.
Cooper (Jerusalem) 184. 186.
Cooper (London) 6.
Cook, Jane, 15. 31. 182. 213.
Cook, Thomas, 376.
Cornall, R., 355.
Corvé s. Biesenthal.
Costa, da, Is., B 338.
Cotter, R. H., M 144. 153.
Coull, G., M 310.
Cowper, W., 398.
Cox, R., 119.
Cracroft, B., 353.
Craig, M 319. 349.
Crawford, H., M 185.
Crawford, J., M 348.
Crawford, Ch., 352.
Crémieux 216. 326.
Cresson, Ward., 391.
Crooll, Jos., 30.
Crosbie, P., M 309.
Cunningham(e), W. (Presbyterianer), 294. 305. 306. 353.
Cunninghame, W. (London), 30.
Cuno 272.
Curlingford 358.
Curtiss 384. 412.
Czerskier, B 16.

Czersky 260.
Cziski 344.

D.

Dahan, J. A., BM 222.
Daland, W. L., 389. 392.
Dalberg 149.
Dalton, E., 24. 176. 179.
Dalton, Pastor, 335.
Damier, J., B 99.
Daniel, D., BM 400.
Danzel 88.
Darmon, S., BM 221.
David, Fanta, BM 244.
David, Hak., B 206.
David, T., BM 349.
Davidson, B., BM 256f.
Davis, J., BM 305.
Davis, N., BM 217. 307.
Deane, J. C. W., 261.
Delitzsch, Frz., 15. 91. 114. 116. 137. 261. 276. 315. 351. 364. 395.
Dennis, M. J., B 387.
Denniston, M 331.
Derby, Earl, 361.
Deutsch, S. H., BM 24. 109.* 123. 131.
Deutsch (Talmud) 341.
Disraeli (d'Israeli), B., B 360.*
Disraeli, Frau, B 360.
Disraeli, Is., B 359.
Disraeli, Ralph, B 360.
Disraeli, R. (Coningsby), 362.
Disraeli, Sar., B 360.
Dixon 299.
Doane 376.
Dodge, W. E., 387.
Donner, Fr., 372.
Döring, C., 111.
Douglas, M 308.
Drummond 150.
Ducat, B 197.
Duncan, H., 311.
Duncan, J., 284. 322.
Dunlop, J., 256.
Dworkowicz, P., BM 92. 275. 280. 351.

E.

Eardley, Culling, 250. 254.
Edelstein, S., B 393.
Edersheim, A., BM 326. 354.

Edmund 295.
Edward, D., M 110. 279. 284. 316f.
Egsiabher, Gebra, B 238.
Ehrlich, BM 253.
Eisenmenger 52.
Eisenstein, B 400.
Eisler, M., 372.
Elias, M 242.
Elijahu, Dr., B 209.
Elijaha, Mullah, B 206.
Elliot, Geo., 353.
Elliott, J., 385.
Ellis, O. J., M 134.
Elvin, Joh., BM 347.
Eppstein, A., BM 391.
Eppstein, J. M., BM 24. 63. 67.* 163. 198. 205. 207. 351.
Erdmann 337.
Erf-Wheeler, P. D., M 187.
Ewald, F. C., BM 24. 59f. 181f. 196. 216. 346. 355.
Ewing, W., M 345.
Ezekiel, B 206.

F.

Falk, Joh., 147. 148.
Faltin, R., 135. 277. 281. 282.
Fanta, Kendy, BM 235.
Farman, S., M 159. 216.
Fauber, B 326.
Fay, T. L., B 97.
Fearn, S., 10.
Fedder, T. H., M 349.
Felsenthal 372.
Fénelon 149.
Fenner, M 24. 217.
Fenton 345.
Finkelstein, A. M., B 379.
Finkelstein (Fenglestein), P. M. u. Lyd., B 199. 281.
Finkelstein, S., B 399.
Finn, A. H., M 292. 293.
Finn, Jam., 202. 213.
Fisk, M 175. 176. 372.
Flad, Anna, 233.
Flad, Fr., M 75. 218.
Flad, Mart., M 227*f. 312.
Flatt 149.
Fleischbacker, J. C., 378. 392. 393.

— 445 —

Flemming, W., 37.
Fletcher, Jos., 250.
Forrester, M 374.
Fox, Jos., 10.
Frank, Arn., BM 349.
Frank (Amerika), BM 375.
Frank, F. A., B 87.
Frankel, E. B., BM 136. 187. 207. 218.
Frankl, L. A., 172. 174. 411.
Fränkel (Elberfeld) 37. 114.
Fränkel, F. A., B 87.
Franz Josef v. Oesterreich 328.
Freeman, J. J., 391.
Freshmann, C., B 385.
Freshmann, J., BM 351. 369. 384f.* 413.
Frey, Frau, B 7.
Frey, Jos. S. Chr. Fr., BM 7 f. 10*f. 69. 70. 100. 372. 380.
Frey, S. Levi, 10.
Frey, Thom., 14. 39.
Friedländer, Zebi H., BM 188f. 388.
Friedmann, B., BM 192.
Friedmann, Geo., BM 282.
Friedrich W. III. v. Preussen 25. 35.
Friedrich W. IV. v. Preussen 22. 55. 273.
Fröhlich, J., B 329.
Fröhlich, R., B 329.
Fröhlich, Ph., B 329.
Fröhlich, W., BM 96.
Frohwein (Warschau) 282.
Frohwein, M 282.
Frommann, Im., B 91.
Frumentius 226.
Fry, Thom., 30.
Fulda, L., B 108.
Fuller, A., 12.
Fuller (Montreal) 390.
Fürst, A., BM 253. 260. 267. 343.
Fürst, J., 91. 256.

G.

Garribaldi 145.
Gasgogne, R., 355.
Gayley, S. M., 394.
Geiger 110.
Gellert, Alex., BM 259. 272. 282.
Gerike, M 305.
Gerlach, A., M 139.
Gersfeld 106.

Gerstl, Frau, B 330.
Gerstmann, W. A., B 87.
Gerstmann, BM 159. 180. 182.
Gesenius, W., 15. 256. 337.
Gideon, Samps., 250.
Gilben, M. v., 11.
Gill, J., 256.
Ginsburg, Chr., 129.
Ginsburg, Crighton, B. J., BM 163. 219.* 259. 288. 351.
Girdlestone, H., 154.
Gjertsen, J. G., 382.
Gladstone 361.
Gluck, Mor., B 140.
Gobat 182. 227. 229. 379.
Gobau, Desta, M 237. 242.
Goethe, W. v., 87. 148.
Goff, R., 65.
Goldberg, J. Pet., BM 94.* 105. 220.
Goldberg, J. B., BM 160. 171. 181. 197. 198. 204. 214.
Goldberg, D., B 306.
Goldinger, T. W., BM 24. 99.* 128. 129.
Goldsmid, B., B 8.
Goldsmid, F., B 362.
Goldstein, S., B 382.
Goodhardt, C. J., 37. 44.
Göschen, Geo. Joach., 362.
Goschu, M 235. 240.
Gossner, J., 110.
Gottheil, P. E., BM 266.* 275. 351.
Gottlieb, Al., B 330.
Gottlieb, K. J., BM 277. 344.
Gottschalk, L., B 87.
Graf, M 24.
Graf, H., B 37. 83.
Graf, D., 83.
Graham, W., M 348.
Grandpierre 254.
Green, S. J., B 260. 399.
Grimshawe, T. S., 30.
Guastella, E., 145.
Guhrauer, G. E., B 87.
Gumpf, E. F., B 265.
Gunnersen, S. R., 382.
Gunning, J. H., 410.
Günther, Pater, 149.
Gurland, R., BM 301. 351. 383.
Guerney, W., 10.

Guttmann, B 333.
Gützlaff 108. 179.

H.

Habtu 237.
Haerter 104. 396.
Haenlein 392.
Halbmillion, Jac., BM 299. 302.
Halevi 240.
Halsted, Th. D., 6.
Hamilton, D., 348.
Hamilton, J., 250.
Hamilton, W., 353.
Hanauer, A., B 362.
Hanauer, J. C., BM 189. 195.
Händler, H. G., BM 24. 140. 143.
Hannington 337.
Harari, D., B 208. 311.
Harden 20.
Harless 374.
Harms 111. 250.
Harscha, W. W., 388.
Hartley 157. 159.
Hartmann, H., M 134.
Hartmann, J.Chr., M 24.97.*116.134.260.
Harusch, H. (Ramo), B 224.
Hatchard, T. G., 45. 49.
Haupt 11.
Hausmeister, J. A., BM 24. 96. 103.* 116. 117. 136. 265.
Hawtrey, C. S., 13. 32. 39. 43. 70.
Hedberg, El., 101.
Hefter, A. D., BM 89. 113.* 142. 185. 278. 351.
Heidenheim, W., 90.
Heine, H., B 362.
Hellmuth, O., B 72. 102. 350. 391. 393.
Henderson 250. 305.
Henderson, Jos., 337.
Henderson, R., 347.
Hengstenberg 295. 337. 374.
Herlitz, H., B 357.
Hermann, B 122. 128.
Herschell, Rabbi, 100.
Hershell, D. Abr., B 254.
Hershell, Farrar, 254.
Hershell, L., B 255.
Hershell, V., B 255.
Hershell, Ridley, B69.250*f.260.279.351.

Hershon, P. Is., BM 77. 183. 197. 198.
Herwig 96. 104. 305.
Hicks 337.
Hildner 204.
Hillier 180.
Hirach, B 326.
Hirsch (Paris), B 388.
Hirsch, J. D., B 74.
Hirsch, Th. K. E., B 88.
Hiscock, T. E., 66. 139.
Hofacker, L., 104.
Hoff, J. C. L., M 24. 25.114.120.*127.139.
Hoffbauer 149.
Hofheinz, C., M 309.
Hofmann, J. Chr. K. v., 374.
Hoga, S., B 15. 54. 71.
Holz, B 128.
Hooght, v. d., 15.
Hooper 66.
Horne, M., 30.
Horwitz, B 321.
Howe 259.
Huber, H., 336.
Huie, J. A., 353.
Hume 314.
Hunter, Z.
Huruata 259.

I.

Ifland, A. E., BM 132. 134. 274.
Iliewitz, A., BM 186.
Isaak (Constantinopel), B 159.
Isaaks, Alb. A., B 351. 357.
Israel, Dav., B 204.

J.

Jacob, bar Abr., 16.
Jacob, E., 24.
Jacob, (Constantinopel) B 159.
Jacobi, C., 376.
Jacobs, B., 13.
Jacobs, S. P., B 8.
Jacobi, B. F., BM 99. 275.
Jacoby, L., B 393.
Jaeger, Abr., B 393.
Jaffe, Bär, 258.
Jaffe (Berlin) 268.
Jaffe, Ph., BM 258. 266.
Jair, B 209.

— 447 —

Jan, Aga, P 209.
Jänicke Z. 11. 25. 42. 97. 111. 120. 127. 178.
Jarret, Thom., 212.
Jasu, T., BM 235.
Jay, W. P., 293.
Jedidja, P (Smolinsky), 15. 132*. 274.
Jehuda 53.
Jerram, Ch., 352.
Jessurun, P 362.
Johannes, P 241.
Johannes v. Abessynien 237. 243.
John, B., s. Cohen.
John, Ev., BM 158.
Johnstone, W., M 349. 411.
Johnstone, Rob., 352.
Joschua, P 309.
Josef v. Oesterreich 321 f.
Joseph, H. J., BM 71.
Joseph, H. Abr., P 389.
Josephsohn, C., BM 230.
Jost, M., 53. 91.
Jowett 146. 175.

K.

Kameras, N., BM 115. 278.
Katagary 119.
Kalthoff, M 103.
Kaloria, P 393.
Karfunkel, P 266.
Kastenbaum, P 217.
Kaufmann, D., 353.
Kaye, A., 352.
Kean, W., 311.
Keating, W., 212.
Keetmann 95.
Keith, A., 306. 314. 321.
Keller, P., 229.
Kellogg, S., 392.
Kelk, A. H., M 190.
Kemp, van, 7.
Kempfer, P 113.
Kennaway, J., 32.
Kent, Herzog v., 13.
Kerr, M 296.
Kiel, D., BM 195. 197.
Kimchi, D., 54.
King, M 176.
King (Schottland) 346.

King, G., 30.
Kinghorn, Jos., 351.
Kienzlin 228.
Klausner, L., 353.
Klee, C. H., M 89. 92.
Klein 53.
Kleinhenn, F. G., M 24. 75. 131. 166*f. 272.
Knapp 148.
Kohler 371.
Köllner, W., 116.
König, R., M 277. 328.* 332. 381.
Kopp, F., 393.
Koppel, J., BM 93. 133. 257. 259. 261. 267.* 272.
Korff 343.
Kortüm 11.
Krauskopf 371.
Krummacher, G. D., 111.
Krummacher, Fr. W., 151.
Kronheim, J. Nath., BM 76.
Krönig, J. C. S., BM 78.
Krönig, P 272.
Krotoschin, P 346.
Kunze 90.
Küpper 103.
Kynegos, U., M 310.

L.

Labagh, J. P., M 376.
Labouchere (Leubuscher) 362.
Lachs, P 110.
Landsmann, D., BM 15. 200*f. 333. 384. 392. 412.
Lange, M 24. 125.
Laseron, M. Dr., P 256.
Laseron, BM 307 f.
Lauria, Laz. (Luria), BM 181.
Lawrence, M 24. 123. 125.
Lawrence, J., 395.
Lazarus, Jos. Geo., P 72. 77.
Lebrecht 90.
Lederer, G. R., BM 327. 381.
Leeves, M 157. 159.
Lehmann, E., 353.
Lehner, R. J. C., M 308. 317.
Leibnitz, G. v., 87.
Leitner, M., BM 161. 332.
Leitner, C., BM 278. 337.

Leland, J., 30.
Lémann 385. 413.
Leo, P 126.
Leo XII. 145.
Lerman, M., 377. 392.
Leslie 312.
Lessing, G. E., 87. 269.
Levi, A., PM 218.
Levi, Abrah. (Smyrna), P 204.
Levi, Jac. (Athen), P 159.
Levi, Jac. (Calcutta), P 211.
Levi (Jerusalem), PM 180.
Levi, Leone, P 362.
Levy (London), Familie, P 362.
Levy (Amerika) PM 375.
Levy (Prag), P 344.
Levy (Plymouth) 49.
Levinsohn, Jsaak (Brody), 53.
Levinsohn, Jsaak (London), PM 263. 413.
Lew, Lewis de, P 379.
Lewis, W. B., M 24. 146. 158. 175. 179. 203.
Lewin, P 122.
Lewy, E., P 388.
Lichtenstein, J., P 104. 374.*
Lichtenstein, J. (Tápió Szele) 277. 279.
Lichtenstein (Königsberg), P 275.
Lidi, Al., P 164.
Liebermann, C. H., P 87.
Liebstein, H., P 255.
Liena, PM 238.
Lion (Leoni) M., P 358.
Lipner (Colporteur) P 329.
Lipner, A., PM 330.
Lipner, H., P 330.
Lipschütz, Sar., 147.
Lipshytz, C. T., PM 413.
Lish, Jgn. Hos., 388.
Lissau, de E., P 365.
Lissau, de S., P 365.
Littleham, Jsaak, 8.
Littwien, E., P 393.
Löhe, W., 393.
Long 206.
London, H,, PM 217.
Loon, van, 339.
Lopez, Menass., P 362.
Lord, J., M 160. 171. 195.
Lord, James Henry, M 291.

Lotka, Jac., PM 141.* 210. 351. 388.
Love, J., 6.
Lovely, G., 353.
Löwe, P 128.
Löwen, Mos., PM 266. 388. 413.
Löwenthal, Jsid., P 394.
Löwi, P 320.
Lowitz, J., PM 257.
Lucky, Th., P 266. 388. 413.
Luncz 173.
Luria, Laz. (Eleasar), PM 181. 197. 214.
Lurja, N,. P 15. 274.*
Lutze 272.
Lynder, Jes. Mos., 271.
Lyons, Juda (Leib), P 195.

M.

Macaulay 21.
Macfarlane, J., 346.
Macgowan 181. 187.
Mackie, G. M., M 311.
Madden, W., 76.
Magath, Jul., P 385.
Magee 35.
Maimonides 147.
Maimuny, Mord., P 346.
Maitland, Fuller, 254.
Maitland, S. M., 31. 43.
Mamlock, L. C., PM 77. 138.
Mamreoff, V. E. F., P 379.
Mantegazzi 145.
Manners, J., 360.
Manning, M 288.
Marcado, P 162.
Marc, J. D., PM 96. 116. 373.
Marcus (England), P 18.
Marcus, S. Aug., P 87.
Marcus (Bernstein), P 100.
Marcus (Sydney) 398.
Marcussohn (Jerusalem) P 196.
Marcussohn, L. W. (Constantinopel), PM 308. 312. 332.
Margoliouth, E., P 66.
Margoliouth, Geo., PM 293. 344. 351.
Maria Dor. v. Oesterreich 321 f.
Maria, P 37.
Mark, Jac., P 285.
Markheim, M. A., PM 78. 136. 154. 204. 219.

Markowicz, Isaak, B 286.
Marks, Mos., B 71.
Marpurgho, V. Luk., B 204.
Marsh 27f. 43. 45.
Massiah, J. P., BM 293.
Matthews, A., BM 261. 290. 351.
Mayer (Glasgow) B 259.
Mayer (Abess.), M 228.
Mayer, W., BM 169.
Mayers, Jos., BM 165.
Mazzini 154.
M'Caul, Al., M 15. 16. 23. 24. 35. 48. 49*f. 64. 70. 75. 87. 99. 110. 116. 120f. 136. 141. 166. 180. 198. 204. 208. 214. 246. 272. 292. 309.
M'Caul, J. B., 57.
M'Cheyne, R. M., 306. 315. 348.
M'Conochie, J., M 346.
Meier, Peter, B 37.
Meier (Russland), B 301.
Melanchthon, Ph., 269.
Melitz, Isr., BM 310. 313.
Mendelssohn, Mos., 100. 271.
Menclek 225. 244.
Menser, B 363.
Mestitz, B 330.
Meyer, Th., BM 295. 317. 338. 342. 343.
Meyersohn, Th. C., BM 301. 383.
Michaelis 11.
Milledoler, Ph., 375.
Miller, Jos., 256.
Milligan, J. C. II., 380.
Milton 261.
M'Ilwaine, W., 76.
Mirkowitsch, BM 223.
Mitchell, A., 307.
Mizrai, Jos., B 212.
M'Kee, H. S., 352.
Mocatta, B 358.
Modena, Herzog v., 145.
Möhler 149.
Mollis, M. L., BM 263. 338.
Monod 254.
Montefiore, L., B 276.
Montefiore, Mos., 5. 174. 186. 276.
Moody (Amerika) 298.
Moody, A., M 320. 328. 344.
Moresco, A., B 117.
Moresco, B., B 117.

Moreton 297.
Morgan 59.
Moritz, J. Chr., BM 24. 63. 99.* 117. 260. 305.
Morris, Al., 391.
Moses, Dr. (Persien), B 209.
Moses, L. Mor., B 87.
Mossa, N. Im., B 93. 268*. 272f.
Mowbray 252.
Mühleisen, J., 48.
Mühlenbruch, L., M 205.
Müller, Geo., 268.
Müller, J. (Halle), 337.
Murray, J., M 310. 353.
Meyers od. Myers, A. M., B 73. 116. 351.

N.

Nachim, M., BM 263. 283. 347.
Naphthali, Jsr., BM 258.
Napier 235.
Napoléon I. 76. 100.
Napoléon III. 232.
Nasielsky, S., 133.
Naudi, Cleardo, M 79. 146. 175.
Neander, A., B 110. 337. 374.
Neander, J., BM 373.
Neat, Ch., M 146.
Neatby, J., 354.
Neil, Jam., M 187.
Neuhaus, B 135.
Neumann, Al., B 330.
Neumann, R., B 15.
Neumann, G., B 282.
Neumann, Isaak, B 336.
Newman, Card., 2.
Newmann, C. S., BM 162. 316.* 332.
Nicolayson, J., M 24. 25. 43. 176f. 196f. 216. 237. 347.
Nicolaus v. Russland 101. 121. 131.
Niemeyer 148.
Nietz, G., 119.
Nitzschke, M 80. 119.
Norollah, M., BM 210.

O.

Ockel 382.
Oczeret, A. L., BM 192. 195.
Oliel, A. Ben, BM 218. 351. 399.
Oliel, Ch. Ben, B 387.
Oliel, Moses Ben, BM 288.

Oliel, Maxwell, B 287. 288.
Oliel, Rahel, B 288.
O'Neil M 121.
Orobio, Isaak, 54.
Os, van, 343.
Osborne, B., B 362.
Oster, P. J., M 86. 117. 135. 396.
Otremba, A., M 140.
Owen 8.

P.

Page, E., M 217.
Palgrave, Franc., B 363.
Palmerston 180.
Palotta, C. W., B 143. 170.
Parminter, Jane, 20.
Parsons, M 175. 372.
Paskiewitsch 126.
Paterson 305.
Patterson, M 348.
Pauli, C. W. H., BM 58. 69. 81f. 88. 338.
Pauli, H., 83.
Peel 361.
Peixotto, J., L
Pennfather, W., 297.
Peres, Ph., B 263.
Pétavel 154.
Peter 157.
Petrus, B 240. 241.
Philipp (Constantinopel), B 159.
Philipp, H., BM 283.* 316. 346.
Philipps, Geo., B 358.
Philipps (New-York) 394.
Philippson, L., 103.
Pick, Abr., B 279. 280. 318.
Pick, B., B 92. 395. 413.
Pick, Charl., B 279.
Pick, Elis., B 280.
Pick, J. J., BM 141. 266. 279.
Pick, Isr., B 279. 318.
Pick, Josepha, B 280.
Pick, Kath., B 279. 344.
Pick, Ph., B 279.
Pick, Reg., B 279.
Pick, Ros., B 279.
Pick, Th., B 279.
Pierie, J. D., M 349.
Pieritz, J. A., BM 58. 75. 180.
Pilo, Abr., B 313.

Pinkerton, Rob., 41. 79. 119. 305.
Pius VII. 150.
Pius IX. (Ferretti) 150.
Pliny, M 176.
Pohlmann 388.
Polan, M., BM 295.
Pollock, B 261.
Pomare (Tahiti), 259.
Poper, H., BM 24. 105.* 107. 114.
Porges, B 330.
Porgos, B 326.
Purday, Ch. Elis., 65.
Pusey 1.

R.

Rabington, Th., 21.
Rabinowitz, Jos., B 113. 277. 279. 300. 302. 351.
Rachamin, B 209.
Radziwill, Fürst, 26.
Raffles 250.
Ramftler 80. 119.
Rappoport, N. D., BM 134.
Rassam 234.
Ratisbonne, B 175.
Reich, B 22.
Reichardt, J. C., M 15. 16. 24. 25. 41f.* 64. 66. 106. 116f. 131. 154. 158. 184f.
Reichardt, H. C. II., M 171. 206. 208. 215. 218.
Recke-Volnerstein, Graf, 97.
Redener 99.
Renan 154.
Reiss, En., B 265.
Reiss, Jac., B 265.
Reynold 66.
Reynolds, J. J., 34.
Richardson, J., M 217.
Richmond, Legh, 30. 305.
Richter 103.
Riedel, B 330.
Ringeltaube 7.
Robert, E., B 265.
Robertson, Jam., M 311. 312.
Robinson, Th., 355.
Roeder, E. O. C., B 263.
Rogers, S., 360
Romann, A. N., BM 110.* 317. 320.
Rose, Geo. 22. 25. 42. 50. 120. 127. 178.

Rosedale, E. G., 𝔅 256.
Rosedale, W. C., 𝔅 256. 351.
Rosenberg, L., 𝔅𝔐 283. 309. 310.
Rosenberg, M. D., 390.
Rosenberg, S., 𝔅 337.
Rosenfeldt, J. F., 𝔅𝔐 122. 126. 128.
Rosenstrauch, M., 𝔅𝔐 142.
Rosenthal (Constantinopel), 𝔅 331.
Rosenthal (Abessin.), 𝔅𝔐 230 f.
Rosenthal (Kaufmann) 331.
Rosenthal, Mich., 𝔅𝔐 208. 292.351. 412 f.
Rosenthal, W. Ch. S., 𝔅 180.
Rossvalley, Max L., 𝔅 395. 413.
Rostan, M., 135.
Rothschild, Lion Nath., 4. 5. 174. 365. 397. 411.
Rothschild (Paris) 137.
Rowan, S. N., 373.
Rubens, S., 95.
Rubini 209.
Rubino, J. C., 𝔅 75.
Russel, J., 3.
Russo, Ph., 𝔅 204.
Ryder 21.
Ryle, J. Ch., 352.

S.

Saalmüller, 𝔐 229.
Sabanski, Ch., 𝔅𝔐 198.
Sachs, M., 𝔅 364.
Sage, 𝔅 336.
Salem, 𝔅 397.
Salkinson, J. E., 𝔅𝔐 15. 261. 279. 300.
Salma, Abuna, 228.
Salmon, A. D., 𝔅𝔐 259. 399.
Salomo, König, 225.
Salomon (Solomon), Neh. Benj., 𝔅𝔐 22. 45. 50. 70.* 80. 119.
Salomons, Jul., 398.
Saltet, 𝔐 305.
Samany, 𝔅𝔐 237. 238 f.
Samson, 𝔅 306.
Samuda, 𝔅 362.
Samuel, Jac., 𝔅𝔐 213. 307.
Samuel, P., 398.
Samuelson, 𝔅 362.
Sanbatu, 𝔅𝔐 237. 239 f.
Sankey 298.
Saphir, Ad., 𝔅 116. 246. 323." 338. 351.

Saphir, M. Dor., 𝔅 340.
Saphir, Ph., 𝔅 325. 327.
Saphir, S., 𝔅 323. 324.
Sargisson 302.
Sargon, Abr., 𝔅 212.
Sargon, Mich., 𝔅 212.
Saul, Aar., 𝔅𝔐 57. 86.
Saul (London), 𝔅 3.
Saunders, Isaak, 30.
Savonarola 150.
Schapira (Jerusalem), 𝔅 201.
Schapira, A. W., 𝔅𝔐 294.
Schaub 384.
Schauffler 159. 255.
Schaut, Isaak, 𝔅 310.
Scheffer 273.
Scheibel 110.
Schelomo, 𝔅 347.
Schenk 392.
Schereschewsky, Jos. S., 𝔅 350. 381.
Schillinger 309.
Schlochow, E. M., 𝔅𝔐 24. 108.* 137.
Schlottmann 90.
Schmah, 𝔅𝔐 396.
Schmidt, F., 𝔐 349.
Schoen, Gabr., 𝔅 89.
Schoenberger, C. A., 𝔅𝔐 142. 276.* 329. 344. 351.
Schoenkalowska, Jd., 𝔅 98.
Schor, J., 𝔅𝔐 293.
Schottlaender 123.
Schrei, Kath., 335.
Schroth 229.
Schubert, G. H., 149.
Schuffamer, E., 𝔅𝔐 198. 215.
Schulhoff, M., 𝔅 263.
Schultz, St., 𝔐 96.
Schultze, G., 89.
Schuster, Ans., 𝔅 391.
Schuwalow 335.
Schwartz, Gottl., 340.
Schwartz, K., 𝔅𝔐 160. 219. 295. 322. 325. 331. 337.*f. 350.
Schwarzenberg, Abr., 𝔅 123.
Scott, L. P., 𝔅 310.
Scott (London) 342.
Scott, R., 𝔐 312.
Scott, Th., 30.
Scott (Amerika) 384.

Segall, J. F., ₰ℳ 208.
Segura, Boch., ₰ 310. 313.
Selinger, ₰ 336.
Senff, ₰ 295.
Shaftesbury, Earl of (Ashley), 32. 78.
Shepherd, E. U., ℳ 218. 223.
Sherman, C. P., ℳ 208.
Sherman, Rev., 259.
Silberstein ₰ 97.
Simeon, Ch., 21. 27. 33. 34.
Simon, Er. H., ₰ℳ 69.* 81.
Simson, H. B., ₰ 99.
Sittenfeld, Ad. R., ₰ 127.
Sittenfeld, F., ₰ 127.
Skolkowsky, Jac., ₰ℳ 24. 99.*
Smith, F., ℳ 70. 123. 125. 133. 135. 158.
Smith, H. W., 307.
Smith, R., ℳ 322. 324. 339.
Solbe, G., ℳ 204.
Somerville, A. N., 315.
Spaeth, G. A., ℳ 310.
Speaker 327.
Spence, D. B., ℳ 310. 312.
Spencer 82.
Spiro, F., ₰ℳ 78.
Spittler, C. F., 116.
Stackey, N., 354.
Stackhouse, Alf., 399.
Staiger, ℳ 231. 311. 313.
Steiner, L., ₰ 88.
Steinhardt, ₰ 332. 396.
Steinkopf, Dr., 101.
Steinmann, ₰ 128.
Steinschneider 53.
Steinthal, B., ₰ 375.
Stern, H. Aar., ₰ℳ 44. 63.* 161. 206. 208. 213. 229. 264. 312. 350. 357.
Stern, Herm. (Diego), 396.
Stern, Jos. P., ₰ℳ 186. 199.*
Stern, M. C. H., ₰ℳ 106. 265.
Stern, Max, ₰ 396.
Stern, Rud., 308.
Stern, S., ₰ 107.
Sternberg, Aar., ₰ℳ 258.
Sternschuss, P. H., ₰ℳ 195. 206.
Steudel 149.
Stewart, J. H., 72.
Stober, ℳ 309.
Stöcker, A., 372.

Stockfeld, J., ℳ 24. 102.
Stolberg, Graf, 149.
Stone, S. J., 293.
Storck, P. M., ₰ 343.
Strack, Herm., 90.
Strang, M., 352.
Strauss, D., 154.
Streane, A. W., 411.
Stuart, D. A. M., 284. 316.
Sturm, Chr. Ch., 90.
Sutter, G. F., ℳ 308. 311.
Suffrin, A. E., ₰ℳ 293.
Swaine, E., 250.

T.

Tadla, Abba, ℳ 235. 240.
Talbot, E. R., 352.
Tartakover, ₰ℳ 48. 181.
Taylor, C., 355.
Tedesco, Gius., ₰ 204.
Teesasu, Abba, ℳ 242.
Teichler, ℳ 110.
Thelwall, A. S., ℳ 24. 27. 69. 81.
Theodorus v. Abessinien 2281. 312.
Thiersch, Prof., 374.
Tholuck, A., 86. 122. 337.
Thomas, Sir, 74.
Thompson (Calcutta) 212.
Thomson, Al., 316. 331.
Tucker 378.
Tiedge 261.
Titlow, S. 71.
Tobias, W., ₰ 71.
Toledano, Jer., ₰ 288.
Tomory, Al., ₰ℳ 327. 332. 351.
Tonna, H. J., 355.
Török 328. 330.
Torrance ℳ 345.
Treitel, Deb., 100.
Tremellius, ₰ 113.
Treschow, Pet., 32. 117.
Tris, A. C., ℳ 375. 380. 411. 413.
Tscherkoff, ₰ 192.
Tschoudy, ℳ 146. 175.
Türkheim, E. J., ₰ 364.
Twesten 337.
Tymmim, A., ₰ℳ 195.
Tyng 378. 393.

U.

Urquhart, Cathr. J., 347.
Uzielli, 𝔓 362.

V.

Vatke, W., 90.
Veiler, R., 𝔓 281.
Veith, Jos., 𝔓 149.
Venetianer, A., 𝔓 277.
Vicars, M., 𝔐 206. 365.
Vicars, Frau, 𝔓 365.
Victoria v. England 13. 232. 358.
Villiers 61.
Vollenhoven, Corn. van, 340.
Voltaire 364.

W.

Wachler 110.
Wagner 278.
Waldmeier, 𝔐 229. 236. 239.
Wallace, W., 348.
Wallfisch, J. H., 𝔓 320. 384.
Wallmann, 𝔐 397.
Walpole, Georg., 151.
Wangemann 383.
Wardlaw 250.
Wardlow, W., 𝔐 377.
Warren, W., 39.
Warschawski, P. J., 𝔓𝔐 75. 304.
Warszawiak, H., 𝔓𝔐 321.
Waschitschek, 𝔓𝔐 24. 125.
Way, Drus., 17.
Way, L., 17. 18. 19.* 50. 56. 70. 78. 86. 101. 119f. 135. 146. 175. 203.
Wazy, Aar., 𝔓𝔐 238.
Weintraub, 𝔓𝔐 379.
Weisel, Chr. Jac., 𝔓 396.
Weiss, B., 𝔓𝔐 346.
Weiss, E., 𝔓𝔐 279. 282.
Wells, Jam., 345.
Wendt, 𝔐 24. 120. 126.

Werber, P., 𝔓 383. 392.
Wermelskirch, J. G. G., 𝔐 24. 25. 42. 97. 121.
Wertheim, B., 𝔓 69.
West, J. C. H., 𝔐 24. 25. 111.
Wilson, J. H., 𝔐 316. 326. 344.
Wilson, J., 355.
Wilkinson, J., 𝔐 257. 260*f. 296f. 355.
Wingate, W., 𝔐 264. 283. 322 f. 326.
Witzleben, v., 25.
Wolfers, Ph., 𝔓 88.
Wolff, Jos., 𝔓𝔐 24. 96. 146*f. 157f. 175. 203. 213.
Wolff, Joh., 𝔓 151.
Wolff, Jet., 𝔓 151.
Wolf, J. F. N., 𝔓 308. 397.
Wolf (Smyrna) 310.
Wolff, M. L., 𝔓 151.
Wolfson, 𝔓 127.
Wolkenberg, M., 𝔓𝔐 67. 77. 170.
Wolse, 𝔐 309.
Wood, B., 30.
Woodrow 284.
Wosan, H., 𝔓 236.
Wright, B. W., 𝔐 37. 144. 215. 348. 377.

X.

Ximenes, M., 𝔓 362.

Y.

Yong, Geo., 250. 259.
Young 296.
Yule, J. W., 𝔐 308. 310.

Z.

Zeelt 339.
Zerbib, T. E., 𝔓𝔐 223. 224.
Zewi, Sabbathai, 171.
Zion, Ben, 𝔓𝔐 281.
Zuckerkandlu. Frau, 𝔓𝔐 264. 272. 279. 283.
Zuckertort, G. J., 𝔓𝔐 126. 129.
Zweifel, E., 54.

www.ingramcontent.com/pod-product-compliance
Lightning Source LLC
Chambersburg PA
CBHW032000300426
44117CB00008B/838